J. von Staudingers
Kommentar zum Bürgerlichen Gesetzbuch
mit Einführungsgesetz und Nebengesetzen
Buch 2 · Recht der Schuldverhältnisse
§§ 650i–650o; §§ 650u–650v
(Verbraucherbauvertrag und Bauträgervertrag)

Kommentatorinnen und Kommentatoren

Dr. Christoph Althammer
Professor an der Universität Regensburg

Dr. Georg Annuß, LL.M., M.A.
Rechtsanwalt in München, Außerplanmäßiger Professor an der Universität Regensburg

Dr. Christian Armbrüster
Professor an der Freien Universität Berlin, Richter am Kammergericht a. D.

Dr. Arnd Arnold
Professor an der Universität Trier, Dipl.-Volksw.

Dr. Markus Artz
Professor an der Universität Bielefeld

Dr. Martin Avenarius
Professor an der Universität zu Köln

Dr. Ivo Bach
Professor an der Universität Göttingen

Dr. Christian Baldus
Professor an der Universität Heidelberg

Dr. Wolfgang Baumann
Rechtsanwalt und Notar a. D. in Wuppertal, Professor an der Bergischen Universität Wuppertal

Dr. Winfried Bausback
Professor a. D. an der Bergischen Universität Wuppertal, bayerischer Staatsminister der Justiz a. D., Mitglied des Bayerischen Landtags

Dr. Roland Michael Beckmann
Professor an der Universität des Saarlandes, Saarbrücken

Dr. Andreas Bergmann
Professor an der Fernuniversität in Hagen

Dr. Falk Bernau
Richter am Bundesgerichtshof, Karlsruhe

Dr. Martin Bialluch, LL.M.
Rechtsanwalt in Hamburg

Dr. Marcus Bieder
Professor an der Universität Osnabrück

Dr. Werner Bienwald †
Professor an der Evangelischen Fachhochschule Hannover, Rechtsanwalt in Oldenburg

Dr. Tom Billing
Rechtsanwalt in Berlin

Dr. Reinhard Bork
Professor (em.) an der Universität Hamburg

Dr. Jan Busche
Professor an der Universität Düsseldorf

Dr. Georg Caspers
Professor an der Universität Erlangen-Nürnberg

Dr. Dr. h. c. Tiziana Chiusi
Professorin an der Universität des Saarlandes, Saarbrücken

Dr. Michael Coester, LL.M.
Professor an der Universität München

Dr. Dr. h. c. Dagmar Coester-Waltjen, LL.M.
Professorin an der Universität Göttingen

Dr. Johanna Croon-Gestefeld, LL.M.
Professorin an der Universität Lüneburg

Dr. Thomas Diehn, LL.M.
Notar in Hamburg, Lehrbeauftragter an der Universität Hamburg

Dr. Katrin Dobler
Richterin am Oberlandesgericht Stuttgart

Dr. Heinrich Dörner
Professor an der Universität Münster

Dr. Werner Dürbeck
Vorsitzender Richter am Oberlandesgericht Frankfurt a. M., Honorarprofessor an der Universität Frankfurt a. M.

Dr. Anatol Dutta, M. Jur.
Professor an der Universität München

Dr. Christina Eberl-Borges
Professorin an der Universität Mainz

Dr. Dres. h. c. Werner F. Ebke, LL.M.
Professor an der Universität Heidelberg

Dr. Jan Eickelberg, LL.M. †
Professor an der Hochschule für Wirtschaft und Recht, Berlin

Jost Emmerich
Richter am Oberlandesgericht München

Dr. Volker Emmerich
Professor an der Universität Bayreuth, Richter am Oberlandesgericht Nürnberg a. D.

Dr. Cornelia Feldmann
Rechtsanwältin in Freiburg i. Br.

Dr. Matthias Fervers
Professor an der Universität Kiel

Dr. Timo Fest, LL.M.
Professor an der Universität Erlangen-Nürnberg

Dr. Karl-Heinz Fezer
Professor em. an der Universität Konstanz, Honorarprofessor an der Universität Leipzig, Richter am Oberlandesgericht Stuttgart a. D.

Dr. Philipp S. Fischinger, LL.M.
Professor an der Universität Mannheim

Dr. Holger Fleischer
Direktor am Max-Planck-Institut für ausländisches und internationales Privatrecht in Hamburg, Professor an der Bucerius Law School, Hamburg

Dr. Robert Freitag, Maître en droit
Professor an der Universität Erlangen-Nürnberg

Dr. Jörg Fritzsche
Professor an der Universität Regensburg

Dr. Tobias Fröschle
Professor an der Universität Siegen

Dr. Susanne Lilian Gössl, LL.M.
Professorin an der Universität Bonn

Dr. Beate Gsell, Maître en droit
Professorin an der Universität München, Richterin am Oberlandesgericht München

Dr. Thomas Gutmann, M. A.
Professor an der Universität Münster

Dr. Martin Gutzeit
Professor an der Universität Gießen

Dr. Martin Häublein
Professor an der Universität Innsbruck

Dr. Johannes Hager
Professor an der Universität München

Dr. Felix Hartmann, LL.M.
Professor an der Freien Universität Berlin

Dr. Wolfgang Hau
Professor an der Universität München, Richter am Oberlandesgericht München

Dr. Rainer Hausmann
Professor an der Universität Konstanz

Dr. Stefan Heilmann
Vorsitzender Richter am Oberlandesgericht Frankfurt, Honorarprofessor an der Frankfurt University of Applied Sciences

Dr. Jan von Hein
Professor an der Universität Freiburg i. Br.

Dr. Jörn Heinemann
Notar a. D. in Neumarkt i.d. Opf., Professor an der Hochschule für Wirtschaft und Recht, Berlin

Dr. Christian Heinze
Professor an der Universität zu Köln

Dr. Stefan Heinze
Notar in Köln

Dr. Tobias Helms
Professor an der Universität Marburg

Dr. Silas Hengstberger, LL.B.
Wiss. Mitarbeiter an der Universität Mannheim

Dr. Dr. h. c. mult. Dieter Henrich
Professor an der Universität Regensburg

Dr. Carsten Herresthal, LL.M.
Professor an der Universität Regensburg

Christian Hertel, LL.M.
Notar in Weilheim i. OB.

Dr. Stephanie Herzog
Fachanwältin für Erbrecht in Würselen

Joseph Hönle
Notar in München

Dr. Ulrich Hönle
Notar in Waldmünchen

Dr. Clemens Höpfner
Professor an der Universität zu Köln

Dr. Bernd von Hoffmann †
Professor an der Universität Trier

Dr. Rainer Hüttemann
Professor an der Universität Bonn

Dr. Martin Illmer, M. Jur.
Richter am Landgericht Hamburg, Privatdozent an der Bucerius Law School

Dr. Florian Jacoby
Professor an der Universität Bielefeld

Dr. Ulrich von Jeinsen
Rechtsanwalt und Notar in Hannover, Honorarprofessor an der Universität Hannover

Dr. Dagmar Kaiser †
Professorin an der Universität Mainz

Dr. Bernd Kannowski
Professor an der Universität Bayreuth

Dr. Christoph A. Kern, LL.M.
Professor an der Universität Heidelberg

Dr. Christian Kesseler
Notar in Düren, Honorarprofessor an der Universität Trier

Dr. Walter Klein
Rechtsanwalt in Köln

Dr. Fabian Klinck
Professor an der Universität Bochum

Dr. Frank Klinkhammer
Richter am Bundesgerichtshof, Karlsruhe, Honorarprofessor an der Universität Marburg

Dr. Steffen Klumpp †
Professor an der Universität Erlangen-Nürnberg

Dr. Jürgen Kohler
Professor an der Universität Greifswald

Dr. Sebastian Kolbe
Professor an der Universität Bremen

Dr. Stefan Koos
Professor an der Universität der Bundeswehr München

Dr. Rüdiger Krause
Professor an der Universität Göttingen

Dr. Lena Kunz, LL.M.
Akad. Mitarbeiterin an der Universität Heidelberg

Dr. Steffen Kurth, LL.M.
Rechtsanwalt in Bielefeld

Dr. Clemens Latzel
Privatdozent an der Universität München

Dr. Arnold Lehmann-Richter
Professor an der Hochschule für Wirtschaft und Recht Berlin

Dr. Saskia Lettmaier, B.A., LL.M.
Professorin an der Universität Hamburg, Richterin am Schleswig-Holsteinischen Oberlandesgericht in Schleswig

Stefan Leupertz
Richter a. D. am Bundesgerichtshof, Honorarprofessor an der TU Dortmund

Dr. Johannes Liebrecht
Professor an der Universität Zürich

Dr. Jan Lieder, LL.M.
Professor an der Universität Freiburg i. Br., Richter am Schleswig-Holsteinischen Oberlandesgericht

Dr. Dimitrios Linardatos
Professor an der Universität des Saarlandes, Saarbrücken

Dr. Martin Löhnig
Professor an der Universität Regensburg

Dr. Dirk Looschelders
Professor an der Universität Düsseldorf

Dr. Stephan Lorenz
Professor an der Universität München

Dr. Sigrid Lorz
Professorin an der Universität Greifswald

Dr. Katharina Lugani
Professorin an der Universität Düsseldorf

Dr. Tobias Lutzi, LL.M., M.Jur.
Professor an der Universität Augsburg

Dr. Gerald Mäsch
Professor an der Universität Münster, Richter am Oberlandesgericht Hamm a.D.

Dr. Robert Magnus
Professor an der Universität Bayreuth

Dr. Ulrich Magnus
Professor an der Universität Hamburg, Affiliate des MPI für ausländisches und internationales Privatrecht, Hamburg, Richter am Hanseatischen Oberlandesgericht zu Hamburg a. D.

Dr. Mark Makowsky
Professor an der Universität Mannheim

Dr. Peter Mankowski †
Professor an der Universität Hamburg

Dr. Dr. h. c. Heinz-Peter Mansel
Professor an der Universität zu Köln

Dr. Peter Marburger †
Professor an der Universität Trier

Dr. Wolfgang Marotzke
Professor an der Universität Tübingen

Dr. Sebastian A. E. Martens
Professor an der Universität Passau

Dr. Dr. Dr. h. c. mult. Michael Martinek, M.C.J.
Professor an der Universität des Saarlandes, Saarbrücken, Honorarprofessor an der Universität Johannesburg, Südafrika

Dr. Annemarie Matusche-Beckmann
Professorin an und Vizepräsidentin der Universität des Saarlandes, Saarbrücken, Stellv. Richterin am Verfassungsgerichtshof des Saarlandes

Dr. Felix Maultzsch, LL.M.
Professor an der Universität Frankfurt a. M.

Dr. Johannes Meier
Akad. Rat a.Z. an der Universität Marburg

Dr. Patrick Meier
Notar in Bischofsheim i.d. Rhön, Privatdozent an der Universität Würzburg

Dr. Dr. Detlef Merten
Professor an der Deutschen Universität für Verwaltungswissenschaften Speyer

Dr. Tanja Mešina
Staatsanwältin, Stuttgart

Dr. Rudolf Meyer-Pritzl †
Professor an der Universität zu Kiel, Richter am Schleswig-Holsteinischen Oberlandesgericht in Schleswig

Dr. Morten Mittelstädt
Notar in Hamburg

Dr. Oliver Moufang
Rechtsanwalt in Frankfurt a.M., Honorarprofessor an der Hochschule Wiesbaden

Dr. Peter O. Mülbert
Professor an der Universität Mainz

Dr. Hans-Heinrich Nöll
Rechtsanwalt in Hamburg

Dr. Jürgen Oechsler
Professor an der Universität Mainz

Dr. Hartmut Oetker
Professor an der Universität zu Kiel, Richter am Thüringer Oberlandesgericht in Jena a. D.

Wolfgang Olshausen
Notar a. D. in Rain am Lech

Dr. Dirk Olzen
Professor an der Universität Düsseldorf

Dr. Sebastian Omlor, LL.M., LL.M.
Professor an der Universität Marburg

Dr. Gerhard Otte
Professor an der Universität Bielefeld

Dr. Frank Peters †
Professor an der Universität Hamburg, Richter am Hanseatischen Oberlandesgericht zu Hamburg a. D.

Dr. Christian Picker
Professor an der Universität Tübingen

Dr. Andreas Piekenbrock
Professor an der Universität Heidelberg

Dr. Jörg Pirrung †
Richter am Gericht erster Instanz der Europäischen Gemeinschaften i. R., Honorarprofessor an der Universität Trier

Dr. Paul Popescu
Rechtsanwalt in Köln

Dr. Maximilian Freiherr von Proff zu Irnich
Notar in Köln

Dr. Lukas Rademacher M.Jur.
Professor an der Universität zu Kiel

Dr. Thomas Raff
Notar in Ludwigshafen

Dr. Manfred Rapp †
Notar a. D., Landsberg am Lech

Dr. Dr. h.c. Thomas Rauscher
Professor an der Universität Leipzig, Professor h.c. an der Eötvös Loránd Universität Budapest, Dipl.Math.

Dr. Peter Rawert, LL.M.
Notar in Hamburg, Honorarprofessor an der Universität Kiel

Dr. Wolfgang Reetz
Notar in Köln

Eckhard Rehme
Vorsitzender Richter am Oberlandesgericht Oldenburg i. R.

Dr. Moritz Renner
Professor an der Universität Mannheim

Dr. Tilman Repgen
Professor an der Universität Hamburg

Dr. Philipp Reuß, M.Jur.
Professor an der Universität Göttingen

Dr. Christoph Reymann, LL.M. Eur.
Notar in Landsberg am Lech, Professor an der Privaten Universität Liechtenstein

Dr. Reinhard Richardi
Professor an der Universität Regensburg, Präsident a. D. des Kirchlichen Arbeitsgerichtshofs der Deutschen Bischofskonferenz, Bonn

Dr. Volker Rieble
Professor an der Universität München, Direktor des Zentrums für Arbeitsbeziehungen und Arbeitsrecht

Dr. Daniel Rodi
Akad. Rat a. Z. an der Universität Heidelberg

Dr. Christian Rolfs
Professor an der Universität zu Köln

Dr. Dr. h. c. Herbert Roth
Professor an der Universität Regensburg

Dr. Ludwig Salgo
Apl. Professor an der Universität Frankfurt a. M.

Dr. Adam Sagan, M. Jur.
Professor an der Universität Bayreuth

Dr. Anne Sanders
Professorin an der Universität Bielefeld

Dr. Daniel Schäuble
Notar in Waldshut-Tiengen

Dr. Renate Schaub, LL.M.
Professorin an der Universität Bochum

Dr. Martin Josef Schermaier
Professor an der Universität Bonn

Dr. Gottfried Schiemann
Professor an der Universität Tübingen

Dr. Eberhard Schilken
Professor an der Universität Bonn

Dr. Martin Schmidt-Kessel
Professor an der Universität Bayreuth

Ulf Schönenberg-Wessel
Notar und Rechtsanwalt in Kiel

Dr. Günther Schotten
Notar a. D. in Köln, Honorarprofessor an der Universität Bielefeld

Dr. Andrea Schulz
Bundesministerium der Justiz und für Verbraucherschutz

Dr. Holger Schulz
Direktor des Amtsgerichts Meldorf

Dr. Roland Schwarze
Professor an der Universität Hannover

Dr. Andreas Schwennicke
Rechtsanwalt und Notar a. D. in Berlin

Dr. Stephan Serr
Notar in Ochsenfurt

Dr. Reinhard Singer
Professor an der Humboldt-Universität Berlin, Richter am Oberlandesgericht Rostock a. D.

Dr. Stephanie Sittmann-Haury, M.M.
Wiss. Mitarbeiterin an der Universität Mainz

Dr. Dr. h. c. Ulrich Spellenberg
Professor an der Universität Bayreuth

Dr. Ansgar Staudinger
Professor an der Universität Bielefeld

Dr. Björn Steinrötter
Professor an der Universität Potsdam

Dr. Malte Stieper
Professor an der Universität Halle-Wittenberg

Dr. Markus Stoffels
Professor an der Universität Heidelberg

Dr. Michael Stürner, M. Jur.
Professor an der Universität Konstanz, Richter am Oberlandesgericht Karlsruhe

Dr. Felipe Temming, LL.M.
Professor an der Universität Hannover

Burkhard Thiele
Präsident des Oberlandesgerichts Rostock a. D., Präsident des Landesverfassungsgerichts Mecklenburg-Vorpommern a. D.

Dr. Christoph Thole
Professor an der Universität zu Köln

Dr. Karsten Thorn
Professor an der Bucerius Law School, Hamburg

Dr. Gregor Thüsing, LL.M.
Professor an der Universität Bonn

Dr. Madeleine Tolani, LL.M.
Professorin an der Hochschule Wismar

Dr. Barbara Veit
Professorin an der Universität Göttingen

Dr. Bea Verschraegen, LL.M., M.E.M.
Professorin an der Universität Wien, adjunct professor an der Universität Macao

Dr. Klaus Vieweg
Professor an der Universität Erlangen-Nürnberg

Dr. A. Olrik Vogel
Rechtsanwalt in München

Dr. Markus Voltz
Notar in Offenburg

Dr. Reinhard Voppel
Rechtsanwalt in Köln

Dr. Rolf Wagner
Professor an der Universität Potsdam, Ministerialrat im Bundesjustizministerium

Dr. Christoph Andreas Weber
Privatdozent an der Universität München

Dr. Johannes Weber, LL.M.
Notarassessor, Geschäftsführer des Deutschen Notarinstituts, Würzburg

Gerd Weinreich
Vorsitzender Richter am Oberlandesgericht Oldenburg a. D., Rechtsanwalt in Oldenburg

Dr. Matthias Wendland, LL.M.
Professor an der Universität Oldenburg

Dr. Domenik H. Wendt, LL.M.
Professor an der Frankfurt University of Applied Sciences

Dr. Olaf Werner
Professor an der Universität Jena, Richter am Thüringer Oberlandesgericht Jena a. D.

Dr. Denise Wiedemann, LL.M.
Wiss. Referentin am Max-Planck-Institut für ausländisches und internationales Privatrecht, Hamburg

Dr. Daniel Wiegand, LL.M.
Rechtsanwalt in München

Dr. Wolfgang Wiegand
Professor an der Universität Bern

Dr. Peter Winkler von Mohrenfels †
Professor an der Universität Rostock, Richter am Oberlandesgericht Rostock a. D.

Dr. Felix Wobst
Notar in Gerolzhofen

Heinz Wöstmann
Richter am Bundesgerichtshof, Karlsruhe

Dr. Luitpold Graf Wolffskeel von Reichenberg
Notar in Bamberg

Dr. Hans Wolfsteiner †
Notar a. D., Rechtsanwalt in München

Dagmar Zorn
Dipl.-Rechtspflegerin, Großbeeren

Redaktorinnen und Redaktoren

Dr. Christian Baldus
Dr. Christine Budzikiewicz
Dr. Dr. h. c. mult. Christian von Bar, FBA
Dr. Tobias Fröschle
Dr. Hans Christoph Grigoleit
Dr. Johannes Hager
Dr. Dr. h. c. mult. Dieter Henrich
Dr. Carsten Herresthal, LL.M.
Sebastian Herrler
Dr. Jürgen Kohler
Stefan Leupertz
Dr. Dr. h. c. Manfred Löwisch
Dr. Robert Magnus
Dr. Ulrich Magnus
Dr. Heinz-Peter Mansel
Dr. Peter O. Mülbert
Dr. Gerhard Otte
Dr. Thomas Raff
Dr. Peter Rawert, LL.M.
Dr. Volker Rieble
Dr. Christian Rolfs
Dr. Dr. h. c. Herbert Roth
Dr. Markus Stoffels
Dr. Barbara Veit
Dr. Wolfgang Wiegand

J. von Staudingers
Kommentar zum Bürgerlichen Gesetzbuch mit Einführungsgesetz und Nebengesetzen

Buch 2
Recht der Schuldverhältnisse
§§ 650i–650o; §§ 650u–650v
(Verbraucherbauvertrag und Bauträgervertrag)

Neubearbeitung 2025
von
Johannes Meier
A. Olrik Vogel

Redaktor
Stefan Leupertz

ottoschmidt – De Gruyter · Berlin

Die Kommentatorinnen und Kommentatoren

Neubearbeitung 2025
§§ 650i–650o: JOHANNES MEIER
§§ 650u–650v: A. OLRIK VOGEL

Neubearbeitung 2019
FRANK PETERS

Sachregister

STEFANIE HÖRPEL,
Bad Honnef

Zitierweise

STAUDINGER/J MEIER (2025) Vorbem 1 zu §§ 650i–650n
STAUDINGER/VOGEL (2025) § 650u Rn 1

Zitiert wird nach Paragraph bzw Artikel und Randnummer.

Hinweise

Der **Staudinger ist online auf juris** abrufbar. Nähere Angaben dazu sowie das Abkürzungsverzeichnis finden Sie auf www.staudinger-bgb.de.

Der **Stand der Bearbeitung** ist Mai 2025.

Am Ende eines jeden Bandes befindet sich eine Übersicht über den aktuellen Stand des Gesamtwerks STAUDINGER.

Die Deutsche Nationalbibliothek verzeichnet diese Publikation in der Deutschen Nationalbibliografie; detaillierte bibliografische Daten sind im Internet über http://dnb.dnb.de abrufbar.

ISBN 978-3-8059-1363-8

Satz: jürgen ullrich typosatz, Nördlingen.

Umschlaggestaltung: Bib Wies, München.

♾ Gedruckt auf säurefreiem Papier, das die DIN ISO 9706 über Haltbarkeit erfüllt.

Fragen zur allgemeinen Produktsicherheit: productsafety@degruyterbrill.com

Inhaltsübersicht

Seite*

Buch 2 · Recht der Schuldverhältnisse
Abschnitt 8 · Einzelne Schuldverhältnisse
Titel 9 · Werkvertrag und ähnliche Verträge

Untertitel 1 · Werkvertrag
Kapitel 3 · Verbraucherbauvertrag 1
Kapitel 4 · Unabdingbarkeit 137

Untertitel 2 · Architektenvertrag und Ingenieurvertrag 142**

Untertitel 3 · Bauträgervertrag 143

Sachregister 261

* Zitiert wird nicht nach Seiten, sondern nach Paragraph bzw Artikel und Randnummer; siehe dazu auch „Zitierweise".

** Die Kommentierung der §§ 650p–650t ist im STAUDINGER-Band zu §§ 631–650h; §§ 650p–650t enthalten.

Kapitel 3
Verbraucherbauvertrag

Vorbemerkungen zu §§ 650i–650n

Schrifttum

BATSY, Baurechtsreform 2017 und Bauträgervertrag, MittBayNot 2017, 445

BREIDENBACH, Die Voraussetzungen von Informationspflichten beim Vertragsschluß (1989)

BÜLOW, Der ewig schwebend unwirksame Verbrauchervertrag, WM 2018, 793

CANARIS, Wandlungen des Schuldvertragsrechts – Tendenzen zu seiner „Materialisierung", AcP 200 (2000) 273

DAUNER-LIEB, Verbraucherschutz durch Ausbildung eines Sonderprivatrechts für Verbraucher? (1983)

EHRL, Das neue Bauvertragsrecht im Überblick, DStR 2017, 2395

ENGLERT-DOUGHERTY/ENGLERT NZBau 2019, 625

FLEISCHER, Informationsasymmetrie im Vertragsrecht (2001)

FREIHERR VON PROFF, Neue Vorgaben für Bauträgerverträge und Verbraucherverträge: Auswirkungen des Gesetzes zur Reform des Bauvertragsrechts, ZfIR 2017, 589

GLÖCKNER, Die Folgen der Verbraucherrichtlinie und ihrer Umsetzung für Bauverträge, BauR 2014, 411

ders, BGB-Novelle zur Reform des Bauvertragsrechts als Grundlage effektiven Verbraucherschutzes – Teil 1, VuR 2016, 123

ders, BGB-Novelle zur Reform des Bauvertragsrechts als Grundlage effektiven Verbraucherschutzes – Teil 2, VuR 2016, 163

ders, Verbraucherschutz bei Bauverträgen – 5 Jahre nach dem Gesetz zur Reform des Bauvertragsrechts, VuR 2023, 403

GRÖNER/KÖHLER, Verbraucherschutz in der Marktwirtschaft (1978)

HABERMAS, Faktizität und Geltung (1997)

HERZOG, Der neue Verbraucherbauvertrag, ZJS 2018, 524

HILLMEIER, Freiheit und soziale Verantwortung im Vertragsrecht, Auftrag an den Gesetzgeber, BB 1976, 725

ILLMER, Warum nur Bauverträge?, ZRP 2017, 122

KARCZEWSKI, Der neue alte Bauträgervertrag, NZBau 2018, 328

KEMPER, Verbraucherschutzinstrumente (1994)

KLEINJOHANN, Textformerfordernis bei Änderung eine Verbraucherbauvertrags?, NZBau 2022, 141

KNIFFKA, Gesetzesinitiative Bauvertragsrecht, BauR 2016, 1533

ders, I. Einführung – Das neue Recht nach dem Gesetz zur Reform des Bauvertragsrechts, zur Änderung der kaufrechtlichen Mängelhaftung und zur Stärkung des zivilprozessualen Rechtsschutzes (BauVG), BauR 2017, 1747

LANGJAHR, Was ist ein Verbraucherbauvertrag?, IBR 2018, 24

dies, Verbraucherbauverträge bedürfen der Textform!, IBR 2018, 25

dies, Welche besonderen Vorschriften gelten für Verbraucherbauverträge?, IBR 2018, 26

dies, Unternehmer muss über den Inhalt der Bauleistung informieren!, IBR 2018, 27

dies, Vor Vertragsschluss übergebene Baubeschreibung wird Vertragsbestandteil!, IBR 2018, 28

dies, Zweifel bei der Auslegung des Vertrags gehen zu Lasten des Verfassers!, IBR 2018, 29

dies, Fertigstellungstermin ist anzugeben!, IBR 2018, 30

dies, Verbraucher kann Bauvertrag widerrufen!, IBR 2018, 31

LENKEIT, Das neue Widerrufsrecht für Verbrau-

cher bei Verträgen am Bau – Teil 1, BauR 2017, 454
ders, Das neue Widerrufsrecht für Verbraucher bei Verträgen am Bau – Teil 2, BauR 2017, 615
MAASE, Verbraucherbauvertrag gem § 650i BGB auch bei gewerkeweiser Vergabe?, BauR 2022, 1549
MAGNUS, Das Widerrufsrecht beim Verbraucherbauvertrag, JZ 2019, 224
MEIER/GETCOSGUN/BÜCKEN, Verbraucherbauvertrag bei gewerkeweiser Vergabe, NZBau 2023, 503
MOTZKE, Hintergründe und Rechtsfolgen zweier unterschiedlicher Bauvertrag; Legaldefinitionen, Zu §§ 650a und 650i BGB nF, NZBau 2017, 515
MÜLLER, Kein Verbraucherschutz bei Bauträgerverträgen unterhalb der Kernsanierung?, BauR 2020, 167
OMLOR, Aktuelles Gesetzgebungsvorhaben: Neukodifizierung des Bauvertragsrechts, JuS 2016, 967
ders, Der neue Verbrauchervertrag, Mitgliedstaatliche Konzeption in unionsrechtlichem Rahmen, NJW 2018, 817
ORLOWSKI, Mehr Sicherheit von Verbrauchern?, BauR 2017, 1470
PAUSE, Verbraucherbaurecht und Bauträgerrecht – zugleich ein Ausblick auf weitere Entwicklungen im Gesetzgebungsverfahren, BauR 2017, 430
PAUSE/VOGEL, Vorschläge zum Verbraucherbau- und zum Bauträgervertrag, Der Referentenentwurf des Bundesjustizministeriums, NZBau 2015, 667
PFENNIG, Die Baubeschreibung in der notariellen Praxis – unter besonderer Berücksichtigung des neuen Bauvertragsrechts, RNotZ 2018, 585
VON PROFF, Neue Vorgaben für Bauträgerverträge und Verbraucherbauträgerverträge: Auswirkungen des Gesetzes zur Reform des Bauvertragsrechts, ZfIR 2017, 589
REICH, Markt und Recht (1977)
ders, Zivilrechtstheorie, Sozialwissenschaften und Verbraucherschutz, ZRP 1974, 187
REIFNER, Alternatives Wirtschaftsrecht am Beispiel der Verbraucherverschuldung (1979)
REITER, Das neue Bauvertragsrecht – Teil II: Verbraucherbauvertrag, Architekten- und Ingenieurvertrag, Bauträgervertrag, JA 2018, 241
RETZLAFF, IV. Kapitel 3 Verbraucherbauvertrag – Dass neue Recht nach dem Gesetz zur Reform des Bauvertragsrechts, zur Änderung der kaufrechtlichen Mängelhaftung und zur Stärkung des zivilprozessualen Rechtsschutzes (BauVG), BauR 2017, 1830
RING, Die Reform des Bauvertragsrechts zum 1. Januar 2018, NJ 2017, 485
R SCHUHMACHER, Verbraucherschutz bei der Vertragsanbahnung (1983)
W SCHUHMACHER, Vertragsaufhebung wegen fahrlässiger Irreführung unerfahrener Vertragspartner (1976)
SCHMUDE, Verbraucherschutz und Vertragsfreiheit, Festschrift Ballerstedt, 1975, 481
SEIDENBERG, Senkrechtlift und andere Schnäppchen: Der Widerruf bei Bauverträgen, NJW 2019, 1254
SIMITIS, Verbraucherschutz: Schlagwort oder Rechtsprinzip? (1976)
SCHERHORN, Gesucht, der mündige Verbraucher (1974)
ders, Verbraucherinteresse und Verbraucherpolitik (1975)
STAMM, Die Einordnung des Verbraucherwerkvertrags, NJW 2020, 3057
STRETZ, Die unklare Baubeschreibung und ihre Auslegung gem § 650k Abs 2 BGB, BauR 2022, 554
VAHRENKAMP, Verbraucherschutz bei asymmetrischer Informationserteilung (1991)
WAGNER, Bauverträge mit Verbrauchern, BauR 2013, 393
WENDEHORST, Das neue Gesetz zur Umsetzung der Verbraucherrechterichtlinie, NJW 2014, 577
WESSEL, Die Neuregelung durch die Reform des Bauvertragsrechts 2018, MDR 2017, 1218
WIESINGER, Der Bauvertrag im Konsumentenschutzrecht, Unter besonderer Beachtung des VRUG, ZVB 2015, 124
ZEHNER, Anwendbarkeit des Verbraucherbauvertragsrechts nach § 650i BGB bei Vergabe von Einzelgewerken, NZBau 2021, 584.

Systematische Übersicht

I. Verbraucherschutz im Werkvertragsrecht vor der Bauvertragsreform
1. Verbraucherschutzrecht in §§ 631 ff BGB ____ 1
2. Verbraucherschutz außerhalb der §§ 631 ff BGB: Verbraucherrechterichtlinie (VRRL) ____ 3
3. Verbraucherschutz vor der VRRL ____ 8
a) Fernabsatzrichtlinie aus dem Jahr 1997 ____ 9
b) Haustürgeschäftsrichtlinie aus dem Jahr 1985 ____ 12

II. Reform des Bauvertragsrechts vom 4. 5. 2017 ____ 14

III. Verhältnis der VRRL und des besonderen Verbraucherbauvertragsrechts
1. Abgrenzung zwischen VRRL bzw den §§ 312 ff BGB und den §§ 650i ff BGB ____ 15
2. Gründe für den Ausschluss der heutigen Verbraucherbauverträge aus dem Anwendungsbereich der VRRL 19
a) Keine Regelungskompetenz der EU ____ 21
b) Eignungsunfähigkeit der VRRL auf Verbraucherbauverträge ____ 25
c) Verbraucherbauverträge sind regelmäßig keine im Fernabsatz oder außerhalb von Geschäftsräumen geschlossenen Verträge ____ 27
d) Klimaschutz? ____ 29
3. Rechtsvergleichende Perspektive auf die Umsetzung des Ausschlusstatbestandes aus Art 3 Abs 3 lit f VRRL ____ 30
a) Vereinigtes Königreich ____ 30
b) Österreich ____ 31
c) Italien ____ 33

IV. Systematik der baurechtlichen Werkverträge
1. Systematik des Werkvertragsrechts ____ 34
2. Bau- und Verbraucherbauvertrag – nomen (non) est omen? ____ 37

Alphabetische Übersicht

Abschlagszahlungen ____ 1
Anbauten ____ 5, 19, 40, 42
außerhalb von Geschäftsräumen geschlossene Verträge ____ 3 f, 7, 11, 15 ff, 20, 27 f

Beseitigung ____ 37, 40, 42
besondere Vertriebsformen ____ 4, 6, 11, 15 ff

Codice del consumo ____ 33

Eigentumsordnung ____ 23 f
erhebliche Umbaumaßnahmen ____ 4 ff, 15, 17, 19, 25 f, 31 f, 40 f

Fern- und Auswärtsgeschäfte-Gesetz (FAGG) ____ 31
Fernabsatz ____ 3 f, 9, 11, 15, 17, 20, 23, 27
Fernabsatzrichtlinie ____ 3, 8 f, 23

Gesamtbetrachtungsformel ____ 24
Gesetz über den Widerruf von Haustürgeschäften und ähnlichen Geschäften vom 16. 1. 1986 (HWiG) ____ 13
Gesetz zur Umsetzung der Verbraucherrechterichtlinie ____ 8
gesetzliche Leitbilder ____ 14
große Verbraucherbauverträge ____ 7, 18
Grundstückskaufverträge ____ 24

Haustürgeschäftsrichtlinie ____ 3, 8, 12, 21 ff
Herstellung ____ 37, 40, 42

Instandhaltungsmaßnahmen ____ 5, 38, 40
Instandsetzungsmaßnahmen ____ 5, 19, 40 ff
Italien ____ 33

Klammerprinzip ____ 34, 36
kleine Verbraucherbauverträge ____ 6, 16, 18
Klimaschutz ____ 20, 29

Mindestharmonisierungsansatz ____ 3

mittlere Verbraucherbauverträge ____ 12

normative Vergleichbarkeit ____ 5
notarielle Beurkundung ____ 24

öffentlicher Vertrag ____ 33
Österreich ____ 31 f

rechtliche Einheit ____ 24
Regelungskompetenz ____ 21
Renovierungsmaßnahmen ____ 41

Teilgewerke ____ 42
The Consumer Rights (Payment Surcharges) Regulations ____ 30

überschießende Umsetzung ____ 7
Umbau ____ 29, 40, 42

Verbraucherbauverträge im engeren Sinne ____ 6, 15
Verbraucherrechterichtlinie ____ 3, 8, 31
Verbraucher-Richtlinie-Umsetzungsgesetz ____ 31
Verbraucherschutzgefälle ____ 6
Vereiniges Königreich ____ 30
Vollharmoniesierungsgrundsatz ____ 7, 24

Wiederherstellung ____ 37, 40, 42

I. Verbraucherschutz im Werkvertragsrecht vor der Bauvertragsreform

1. Verbraucherschutzrecht in §§ 631 ff BGB

1 Das Verbraucherschutzrecht im Werk- und Bauvertragsrecht existierte fragmentarisch bereits vor der Reform aus dem Jahr 2017 (BeckOGK/Merkle [19. 2. 2016] § 650 Rn 4). So enthielt **§ 632a Abs 3 aF** eine für Abschlagszahlungen konzipierte Vorschrift, nach der einem Verbraucher-Besteller für die von ihm geleisteten Abschlagszahlungen von einem Unternehmer Sicherheiten in der dort bestimmten, (ursprünglich) an § 14 Nr 2 VOB/A angelehnten (BT-Drucks 16/511, 15), Höhe zu leisten waren (zu weiteren Änderungen des § 632a BGB durch die Bauvertragsreform aus dem Jahr 2017 s § 650m Rn 3, nach der nun nicht mehr der kompliziert zu berechnende Wertzuwachs beim Besteller, sondern die vom Unternehmer erbrachte und geschuldete Leistung [sog Vertragswert] entscheidend ist). Der Gesetzgeber begründete dies damals konzis damit, dass § 632a Abs 3 „auch Bauträgerverträge erfasst" und somit „dem Verbraucherschutz [dient]" (BT-Drucks 16/511, 15). Für Abschlagszahlungen im Rahmen eines Verbraucherbauvertrages nach § 650i BGB ist nun eine besondere Regelung in § 650m BGB vorgesehen. Die ebenso den Verbraucher schützende Vorschrift des § 640 Abs 2 S 2 BGB ist erst im Wege der Bauvertragsreform im Jahr 2017 eingeführt worden.

2 Abgesehen von § 632a BGB fanden sich in den §§ 631 ff BGB **keine verbraucherrechtsspezifisch ausgestalteten Regelungen**. Dies könnte, wie Glöckner berechtigterweise vermutet, damit zusammenhängen, dass „Immobilien" bzw „Bauwerke" nicht im unmittelbaren Sinne „konsumiert", demnach nicht buchstäblich „verbraucht" werden (Soergel/Glöckner Vor §§ 650i–650o Rn 1; Glöckner VuR 2016, 163, 164), und sich stattdessen dadurch auszeichnen, dass ihre bestimmungsgemäße Nutzung nicht per se zu ihrer Entwertung führt, sondern ihr Wert erhalten bzw gesteigert wird. Immobilien sind „latent investiv" (Soergel/Glöckner Vor §§ 650i–650o Rn 1; Glöckner VuR 2016, 163, 164). Jedenfalls standen diese Verträge augenscheinlich nicht im Fokus des stetig wachsenden Bedürfnisses einer den Verbraucher schützenden Rechtspolitik.

2. Verbraucherschutz außerhalb der §§ 631 ff BGB: Verbraucherrechterichtlinie (VRRL)

3 Breiter war das Verbraucherbaurecht jedoch im Rahmen der **Grundsätze der Verbraucherverträgen in den §§ 312 ff BGB** gefächert und in der diese determinierende **Verbraucherrechterichtlinie (VRRL)** enthalten (BeckOGK/Merkle [19. 2. 2016] § 650i Rn 4). Durch die VRRL wurden zwei davor geltende Richtlinien – die **Haustürgeschäftsrichtlinie** (Richtlinie 85/577/EWG des Rates vom 20. 12. 1985 betreffend den Verbraucherschutz im Falle von außerhalb von Geschäftsräumen geschlossenen Verträgen [ABl L 372 vom 31. 12. 1985, 31]) – sowie die **Fernabsatzrichtlinie (kurz: FARL**; Richtlinie 97/7/EG des Europäischen Parlaments und des Rates vom 20. 5. 1997 über den Verbraucherschutz bei Vertragsabschlüssen im Fernabsatz [ABl L 144 vom 4. 6. 1997]) – ersetzt und dabei **der Mindestharmonisierungsansatz zugunsten einer Vollharmonisierung aufgegeben** (Erw 2; Art 4 VRRL). **Zweck der VRRL** war es ausweislich Art 1 VRRL, „ein hohes Verbraucherschutzniveau zu erreichen und damit zum ordnungsgemäßen Funktionieren des Binnenmarktes beizutragen". Der Richtliniengeber hob hervor, dass ein solcher Schutz nicht zuletzt im Fernabsatz und außerhalb von Geschäftsräumen geschlossenen Verbraucherverträgen „unabdingbar" sei,

> „wenn ein echter Binnenmarkt für Verbraucher gefördert werden soll, in dem ein möglichst ausgewogenes Verhältnis zwischen einem hohen Verbraucherschutzniveau und der Wettbewerbsfähigkeit der Unternehmen bei gleichzeitiger Wahrung des Subsidiaritätsprinzips gewährleistet ist" (Erw 4).

4 Der Anwendungsbereich der VRRL umfasste grundsätzlich „jegliche Verträge, die zwischen einem Unternehmer und einem Verbraucher geschlossen werden" (Art 3 Abs 1 S 1 VRRL). Gem **Art 3 Abs 3 lit f VRRL** vom Anwendungsbereich ausgenommen wurden indes Verträge „über den Bau von neuen Gebäuden" sowie „erhebliche Umbaumaßnahmen an bestehenden Gebäuden". Die Begründung dieser Exklusion erscheint fragwürdig und tendenziell sinnentleert, wenn der europäische Richtliniengeber in Erw 26 ausführt, dass diese Verträge „bereits Gegenstand einer Reihe spezifischer einzelstaatlicher Rechtsvorschriften" sind und daher die „in dieser Richtlinie enthaltenen Bestimmungen … sich nicht für diese Verträge [eignen]." (ebenso kritisch Soergel/Glöckner Vor §§ 650i–650o Rn 26). Die besondere Spezifikation exemplifiziert der Richtliniengeber mit den Verträgen über den Verkauf noch zu bebauender Liegenschaften oder mit dem Mietkauf (Erw 26). Damit ließ es die europäische Rechtsetzung dann allerdings bewenden. Die Vermutung liegt nahe, dass der unionale Richtliniengeber nicht davon auszugehen vermochte, dass diese Verträge in den besonderen Vertriebsformen des Fernabsatzes oder außerhalb von Geschäftsräumen geschlossen werden (Glöckner BauR 2014, 411, 412 merkt an, dass „die gegenständliche Konzentration auf Haustür- und Fernabsatzgeschäfte deutlich" werde).

5 Der deutsche Gesetzgeber bestätigt diesen Befund in seiner Begründung zum Umsetzungsgesetz der VRRL (vgl BT-Drucks 17/12637, 46; dazu s Rn 27 f). Gleichwohl präsentiert der Richtliniengeber eine **Definition** der „erheblichen Umbaumaßnahmen", die Gegenstand von solchen Verträgen, „die dem Bau eines neuen Gebäudes vergleichbar sind, beispielsweise Baumaßnahmen, bei denen nur die Fassade eines alten Gebäudes erhalten bleibt" (Erw 26). Dieser **normativen Vergleichbarkeit** der Umbaumaßnahmen mit einem Neubau dürften **sehr restriktive Grenzen** gesetzt sein, wird das

bemühte Beispiel zum Maßstab erhoben. Diesem Verständnis scheint denn auch der deutsche Gesetzgeber verhaftet, indem er sich dafür ausspricht, den Begriff der erheblichen Umbaumaßnahmen „im Sinne des Verbraucherschutzes eng auszulegen" (BT-Drucks 17/12637, 46). Die Begründung des Richtliniengebers rezipierend liefert der deutsche Gesetzgeber indes **materielle Merkmale** zur Analyse und Feststellung der normativen Vergleichbarkeit: Maßgeblich seien **Umfang und Komplexität des Eingriffs** sowie das **Ausmaß des Eingriffs in die bauliche Substanz** eines Gebäudes (BT-Drucks 17/12637, 46). Anbauten (Garage, Wintergarten) oder Instandhaltungsmaßnahmen seien keine erheblichen Umbaumaßnahmen: „Dies gilt auch dann, wenn das Dach eines Hauses neu gedeckt wird" (BT-Drucks 17/12637, 46). Die Instandsetzungs- und Renovierungsarbeiten exkludiert der deutsche Gesetzgeber in undifferenzierter Weise aus dem Anwendungsbereich des § 650i Abs 1 BGB (vgl BT-Drucks 18/8486, 61). Diese Auffassung ist richtlinienwidrig, da der europäische Gesetzgeber die Instandsetzungs- und Renovierungsarbeiten grundsätzlich unter den Ausschlusstatbestand des Art 3 Abs 3 lit f VRRL fassen wollte, jedoch nur dann, wenn sie die Erheblichkeitsschwelle erreichen (Erw 26 aE; dazu § 650i Rn 77).

6 Daraus folgt zunächst, dass Bauaufträge dem Verbraucherschutz der VRRL und den §§ 312 ff, 355 ff BGB unterliegen *können*, sofern sie *nicht* den Bau eines neuen Gebäudes oder erhebliche Umbaumaßnahmen betreffen und weitere tatbestandliche Voraussetzungen der §§ 312 ff BGB, insbes das Vorliegen der besonderen Vertriebsformen in den §§ 312b ff BGB, erfüllt werden. Insofern kann daher entweder zwischen **großen** (Verbraucherbauverträge nach § 650i Abs 1 BGB) **und kleinen Verbraucherbauverträgen** (Bauverträge nach § 650a BGB bzw baurechtlich geprägte Verträge gem § 631 BGB; Soergel/Glöckner Vor §§ 650i–650o Rn 29; ähnlich Leinemann/Kues/Schlagowsky § 650i Rn 3, 4, der in diesem Zusammenhang zwischen „kleineren" und „größeren" Bauverträgen unterscheidet; BeckOK-BauVertrR/Langjahr [6. 11. 2020] 650i Rn 1a f; MünchKommBGB/Busche § 650i Rn 2; Pfennig RNotZ 2018, 585, 587; Magnus JZ 2019, 224, 225; Maase BauR 2022, 1549, 1557; Reiter JA 2018, 241) oder, wie etwa Segger-Piening, pointierter zur Diskussion stellt, zwischen **Verbraucherbauverträgen im engeren Sinne**, also jenen, die den Tatbestand des § 650i Abs 1 BGB erfüllen, und **Verbraucherbauverträgen im weiteren Sinne**, also jenen, die den Verbraucherverträgen der VRRL und den §§ 312 ff BGB unterfallen, differenziert werden (jurisPK-BGB/Segger-Piening § 650i Rn 7, 25 f). Die **kleinen Verbraucherbauverträge** können verbraucherspezifischen Schutz, der sich insbes in den Informationspflichten des Unternehmers und dem Widerrufsrecht der Verbraucher widerspiegelt, nach der VRRL genießen. Die **großen Verbraucherbauverträge** unterstehen dagegen, abgesehen von § 312 Abs 2 iVm § 312a Abs 1, 3, 4 und 6 BGB (dazu Rn 15), **keinem Schutz nach der VRRL**. Auf diese Weise entstand infolge des Inkrafttretens der VRRL und ihrer mitgliedstaatlichen Umsetzung in den §§ 312 ff BGB bei großen Verbraucherbauverträgen ein **empfindliches Verbraucherschutzgefälle**, welches den deutschen Gesetzgeber zum Handeln veranlassen musste („Paradoxon", NK-WerkBauVertrR/Polkowski § 650i Rn 4; ob der deutsche Gesetzgeber darin einen „Wertungswiderspruch" gesehen hat, dürfte freilich zweifelhaft sein, so aber vProff ZfIR 2017, 589, 594; als widersprüchlich empfundene Schutzlücke bezeichnend, Retzlaff BauR 2017, 1830).

7 Der deutsche Gesetzgeber setzte die Bereichsausnahmen in Art 3 Abs 3 VRRL **nicht** in der Weise um, dass er die darin enthaltenen Verträge gänzlich vom verbraucherspezifischen Schutz ausgeschlossen hat. Die **allgemeinen Informationspflichten** bei anderen Verträgen als Fernabsatzverträgen oder außerhalb von Geschäftsräumen geschlossenen Verträgen nach Art 5 VRRL, transformiert in **§ 312a BGB**, hat er **partiell** (§ 312 Abs 2 iVm § 312a Abs 1, 3, 4 und 6 BGB) auf **alle Verbraucherverträge**, somit **auch auf Verbraucherbauverträge nach § 650i Abs 1 BGB**, erstreckt (BeckOGK/Merkle [19. 2. 2016] § 650i Rn 4; KompBauR/Jurgeleit [5. Aufl 2020] Teil 2 Rn 41; Maase BauR 2022, 1549, 1555). Des **Vollharmonisierungsgrundsatzes** und dem darin enthaltenen Verbot von der VRRL abzuweichen, insbes auch dem Verbot, strengere oder weniger strenge Rechtsvorschriften einzuführen zum Trotz, sind derartige **Ausweitungen des Verbraucherschutzes durch den nationalen Gesetzgeber europarechtlich dennoch zulässig**. Der Vollharmonisierungsgrundsatz wirkt nämlich **nur so weit**, wie auch der Anwendungsbereich der betreffenden Richtlinie reicht. Jenseits ihres Anwendungsbereiches steht es den Mitgliedstaaten anheim, ein identisches oder ähnliches Verbraucherschutzniveau zu implementieren (Hk-BGB/Schulte-Nölke § 312 Rn 7; Bittner/Clausnitzer/Föhlisch, Das neue Verbrauchervertragsrecht [2014] Rn 33; BeckOGK/Busch [1. 7. 2023] § 312 Rn 33.1; problematisch einstufend dagegen KompBauR/Jurgeleit [5. Aufl 2020] Teil 2 Rn 47). Teilweise wird diesbzgl von der **„negativen Umsetzung"** gesprochen (wie jurisPK-BGB/Segger-Piening § 650i Rn 7). Jedenfalls handelt es sich **nicht** um eine **„überschießende Umsetzung"**, mit der eine Aufwertung des in der VRRL vorgesehenen Verbraucherschutzes einherginge (Langen/Berger/Dauner-Lieb/Rückert § 650i Rn 2; den Begriff der „überschießenden Umsetzung" zwar verwendend, indes klarstellend, dass es sich nicht um eine Steigerung des Schutzes handelt, Pause BauR 2017, 430, 431). Vielmehr liegt hierin eine **nationalrechtliche Fixierung eines vergleichbaren Verbraucherschutzniveaus außerhalb des Regelungskreises einer Richtlinie** begründet. Der deutsche Gesetzgeber hatte ebendiese Zielsetzung vor Augen, indem er es „im Interesse eines hohen Verbraucherschutzniveaus" für sachgerecht erachtete, die allgemeinen Informationspflichten „möglichst umfassend anzuwenden" (BT-Drucks 17/12637, 46). Somit genießen auch Verbraucherbauverträge (große Verbraucherbauverträge) einen fallweisen Schutz nach der VRRL.

3. Verbraucherschutz vor der VRRL

Durch die VRRL wurde die Fernabsatzrichtlinie sowie die Haustürgeschäftsrichtlinie **8**
konsumiert, ergänzt und ein neues, höheres Verbraucherschutzniveau etabliert. Die VRRL hat der deutsche Gesetzgeber durch das **Gesetz zur Umsetzung der Verbraucherrechterichtlinie** und zur **Änderung des Gesetzes zur Regelung der Wohnungsvermittlung** (BGBl 2013 I 3462) transformiert. Der Ausnahme in **Art 3 Abs 3 lit f VRRL** trug er mit § 312 Abs 2 Nr 3 aF Rechnung, in dem es anfänglich hieß:

> „(2) Von den Vorschriften der Kapitel 1 und 2 dieses Untertitels ist nur § 312a Absatz 1, 3, 4 und 6 auf folgende Verträge anzuwenden: … Nr 3 Verträge über den Bau von neuen Gebäuden oder erhebliche Umbaumaßnahmen an bestehenden Gebäuden".

Im Rahmen der Reform des Bauvertragsrechts aus dem Jahr 2017 novellierte der deutsche Gesetzgeber § 312 Abs 2 Nr 3 BGB dergestalt, als er nun die „Verträge über den Bau von neuen Gebäuden oder erheblichen Umbaumaßnahmen an bestehenden Gebäuden" durch die „Verbraucherbauverträge nach § 650i BGB" ersetzte, womit freilich **keine inhaltliche Änderung** zu § 312 Abs 2 Nr 3 aF verbunden war (Erman/Schwenker/Rodemann § 650i Rn 1; auch Zehner NZBau 2021, 584, 585).

a) Fernabsatzrichtlinie aus dem Jahr 1997

9 Der Ausschluss von bestimmten Bauverträgen aus dem Anwendungsbereich der Verbraucherschutzrichtlinien ist kein Novum. Die Vorgängerin der VRRL war die **Fernabsatzrichtlinie (FARL)** aus dem Jahr 1997. Im Zentrum dieser Richtlinie stand in der Europäischen Union (EU) erstmals „die Angleichung der Rechts- und Verwaltungsvorschriften der Mitgliedstaaten über Vertragsabschlüsse im Fernabsatz zwischen Verbrauchern und Lieferern" (Art 1 FARL). Deren Richtliniengeber erkannte, dass der freie Verkehr von Waren und Dienstleistungen nicht nur den gewerblichen Handel, sondern auch Privatpersonen betrifft. Der Verbraucher sollte daher zu den Gütern und Dienstleistungen eines anderen Mitgliedstaates zu den gleichen Bedingungen Zugang haben, wie die Bevölkerung des jeweiligen Mitgliedstaates selbst (Erw 2). Und so ist es „für das reibungslose Funktionieren des Binnenmarktes unabdingbar, daß der Verbraucher sich an ein Unternehmen außerhalb seines Landes wenden kann" (Erw 3) – eine Begründung, die sich in der VRRL sprachlich in sehr ähnlicher Gestalt wiederfindet. Im Vordergrund der FARL standen „elektronische Technologien" (Erw 13), etwa Heimcomputer, sowie die Benutzung des Fernsehens, des Rundfunks, der Presse (vgl dazu die ergiebige Gesetzesbegründung des dt Gesetzgebers, BT-Drucks 14/2658, 15) und des Telefons (Erw 12). Bereits diese Richtlinie enthielt, ebenso wie die VRRL in Art 3, Ausnahmen von ihrem sachlichen Anwendungsbereich. Gem **Art 3 Abs 1 der FARL** galt diese Richtlinie nicht für Verträge: „die … für den Bau und den Verkauf von Immobilien geschlossen werden". Im Gegensatz zur VRRL ergibt sich in den Erwägungsgründen der FARL allerdings keine ersichtliche Begründung für diese Ausnahme.

10 Die FARL wurde durch das Gesetz über Fernabsatzverträge und andere Fragen des Verbraucherrechts sowie zur Umstellung von Vorschriften auf Euro (FernAbsG, BGBl 2000 I 897) in das deutsche Recht überführt. In **§ 1 Abs 3 Nr 4 FernAbsG** setzte der deutsche Gesetzgeber Art 3 FARL um, indem er die „Verträge … über die Errichtung von Bauwerken" ausschloss (zu den Gründen und dem Zusammenspiel zwischen der VRRL und dem Verbraucherbauvertragsrecht in den §§ 650i ff BGB siehe Rn 15).

11 Außerhalb dieses, so in der VRRL fortgesetzten Ausschlusses, griff der Verbraucherschutz nach den §§ 312 ff BGB ein, dort jedoch, abgesehen vom heutigen § 312a BGB, lediglich bei den vorgesehenen, besonderen Vertriebsformen, wie dem Fernabsatz oder bei außerhalb von Geschäftsräumen geschlossenen Verträgen (dazu Rn 15 ff).

b) Haustürgeschäftsrichtlinie aus dem Jahr 1985

12 Die VRRL hat nicht nur die FARL, sondern auch die Haustürgeschäftsrichtlinie abgelöst und modifiziert. In Art 3 Abs 2 lit a der Haustürwiderrufsrichtlinie wurden Verträge über den Bau von Immobilien in gleicher Weise vom Anwendungsbereich ausgenommen, wobei in Art 8 der Richtlinie den Mitgliedstaaten gestattet wird „noch günstigere Verbraucherschutzbestimmungen auf dem Gebiet dieser Richtlinie zu erlassen oder beizubehalten".

13 Eine Begründung zum genannten Ausschlusstatbestand lässt die VRRL hier freilich ebenso vermissen wie die FARL. Die Haustürwiderrufsrichtlinie wurde durch das Gesetz über den Widerruf von Haustürgeschäften und ähnlichen Geschäften vom 16. 1. 1986 (HWiG) in der BRD umgesetzt (BGBl 1986 I 122). In § 6 HWiG wurden

Ausnahmen vom Anwendungsbereich geregelt, wobei diese Ausnahmen lediglich zwei Nummern betrafen: selbstständiges bzw geschäftsmäßiges Handeln (Nr 1) oder den besonderen Abschluss von Versicherungsverträgen (Nr 2). Der deutsche Gesetzgeber machte demnach von Art 8 der Haustürwiderrufsrichtlinie in der Weise Gebrauch, als er eine dezidierte Beschränkung auf bestimmte Verträge, insbes im Hinblick auf Verträge über den Bau von Immobilien, nicht aufgenommen hatte (dazu auch BGH 22. 3. 2007 – VII ZR 268/05, NJW 2007, 1947 Rn 14).

II. Reform des Bauvertragsrechts vom 4. 5. 2017

Mit dem Gesetz zur Reform des Bauvertragsrechts, zur Änderung der kaufrechtlichen Mängelhaftung, zur Stärkung des zivilprozessualen Rechtsschutzes und zum maschinellen Siegel im Grundbuch- und Schiffsregisterverfahren vom 4. 5. 2017 (BGBl 2017 I 969) wurde in der BRD mit Wirkung zum 1. 1. 2018 **erstmals ein besonderes, auf die baurechtlichen und die hier unter besonderer Betrachtung stehenden verbraucherschutzrechtlichen Bedürfnisse angepasste, Werkvertragsrecht aus der Taufe gehoben** – „ein Meilenstein in der Entwicklung des Bauvertragsrechts" (Kniffka BauR 2017, 1747). Diese Reform war lange überfällig, so doch insbes das Bauvertragsrecht mit den jeweiligen besonderen Ausprägungen im Architekten-, Ingenieur- und Bauträgerrecht zu einer, neben dem klassischen Werkvertragsrecht, **parallelen Werkvertragsordnung** herangewachsen ist, die speziell durch die Rechtsprechung des VII. Zivilsenats des BGH sowie durch die Kontribution der Wissenschaft und Praxis determiniert wurde. Zwar gründet das Bauvertragsrecht auf den Vorschriften des allgemeinen Werkvertragsrechts nach den §§ 631 ff BGB. In den Details konnte es das Werkvertragsrecht alleine indes oftmals nicht leisten, zu adäquaten Antworten für bauvertragsrechtliche Fragen zu gelangen. Die im Grunde **über Jahrzehnte** so betriebene **„judikative Gesetzgebung" sprengte sukzessive seinen Rahmen**. Das Baurecht avancierte insoweit zu „einer komplexen Spezialmaterie … , zu der eine umfangreiche Rechtsprechung ergangen ist", die „kaum noch zu überblicken" und damit schwer handhabbar geworden ist (BT-Drucks 18/8486, 1, 24). Das Fehlen „klarer gesetzlicher Vorgaben … [erschwerte] eine interessengerechte und ökonomisch sinnvolle Gestaltung und Abwicklung von Bauverträgen". Hinsichtlich der Verbraucher barg dieser Zustand zudem die Gefahr, dass **ihre wirtschaftlichen Ressourcen**, deren **wesentlicher Teil** ohnehin für den Bau eines Gebäudes aufgezehrt wird, noch weiter belastet bzw erschöpft zu werden drohte. Daher konstatierte der Gesetzgeber, dass **unerwartete Mehrkosten**, etwa im Zusammenhang mit der **verzögerten Fertigstellung** des Baus oder im Falle der **Insolvenz des beauftragten Bauunternehmers** „gravierende Auswirkungen" verursachen (vgl BeckOK-BGB/Voit [1. 2. 2024] § 650i Rn 1). Auch die gerichtliche Kontrolle von Formularklauseln half den Verbrauchern zumeist nicht weiter, **da gesetzliche Leitbilder**, an denen die Vertragsbedingungen materiell-rechtlich zu messen wären (§ 307 Abs 1, 2 Nr 1 BGB), **fehlten** (BT-Drucks 18/8486, 1, 24). Durch die Implementierung eines Verbrauchbauvertragsrechts wurde dabei nicht nur der schlichten Notwendigkeit des Verbraucherschutzes im Baurecht Genüge getan, sondern auch im Verhältnis zu anderen Rechtsbereichen (etwa dem Verbrauchsgüterkauf nach den §§ 474 ff BGB, dem Verbraucherdarlehensvertrag nach den §§ 491 ff BGB, den Verbraucherschutzvorschriften gem der §§ 305 ff BGB oder in den §§ 312 ff BGB) **eine weitere – aber sicherlich nicht letzte Lücke** (Ausweitung des Verbraucherschutzes auf alle Werkverträge fordernd, Illmer ZRP 2017, 122) – **im deutschen Privatrecht geschlossen.** 14

III. Verhältnis der VRRL und des besonderen Verbraucherbauvertragsrechts

1. Abgrenzung zwischen VRRL bzw den §§ 312 ff BGB und den §§ 650i ff BGB

15 Das Verhältnis zwischen der VRRL und dem besonderen Verbraucherbauvertragsrecht gestaltet sich nicht unkompliziert und unterliegt einer **Ausschlussmethode bzw einer negativen Abgrenzung**, die freilich in ihrer Konsequenz nicht absolut durchgehalten werden kann. Gem **Art 3 Abs 3 lit f VRRL** wurden Verträge „über den Bau von neuen Gebäuden, erhebliche Umbaumaßnahmen an bestehenden Gebäuden" aus dem Anwendungsbereich der VRRL ausgenommen. Mithin kann von **großen Verbraucherbauverträgen** bzw von **Verbraucherbauverträgen im engeren Sinne** gesprochen werden (Rn 6). Diese betreffen den direkten sachlichen Anwendungsbereich des § 650i Abs 1 BGB. Die **allgemeinen Informationspflichten** bei anderen Verträgen als Fernabsatzverträgen oder außerhalb von Geschäftsräumen geschlossenen Verträgen nach **Art 5 VRRL, umgesetzt in § 312a BGB**, hat der deutsche Gesetzgeber **teilweise** (§ 312 Abs 2 iVm § 312a Abs 1, 3, 4 und 6 BGB) auf alle Verträge, demnach **auch auf Verbraucherbauverträge nach § 650i Abs 1 BGB ausgedehnt** (Maase BauR 2022, 1549, 1555). Bei der Anwendung des § 312a BGB ist es entgegen mancher Stimmen aus dem Schrifttum (Leinemann/Kues/Schlagowsky § 650i Rn 3 aE) auch **nicht notwendig**, dass die **besonderen Vertriebsformen** des Fernabsatzes bzw eines außerhalb von Geschäftsräumen geschlossenen Vertrages nach den §§ 312b ff BGB vorliegen (zutreffende Einschätzung bei jurisPK-BGB/Segger-Piening § 650i Rn 29 und Maase BauR 2022, 1549, 1555). Diese Vorschrift gilt somit für alle Verbraucherverträge, deren Definition sich nun nicht mehr durch den direkten Verweis, aber in **inhaltlicher Beständigkeit in § 310 Abs 3 BGB** niederschlägt (ibrOK-BauVertrR/Stretz [22. 4. 2024] § 650i Rn 6).

16 Die **kleinen Verbraucherbauverträge bzw Verbraucherbauverträge im weiteren Sinne** (Rn 6) unterliegen den §§ 631 ff BGB bzw speziell den §§ 650a ff BGB, sofern im letzteren Falle der nachgerade „kryptische" Anwendungsbereich eines Bauvertrages gem § 650a BGB eröffnet ist. Diese Verträge unterfallen auch den verbraucherschützenden Vorschriften nach **§§ 312, 312a BGB** und den **besonderen Vorschriften der §§ 312b ff BGB**, den letzteren jedoch nur, sofern eine **besondere Vertriebsform** eines außerhalb von Geschäftsräumen geschlossenen Vertrages, eines Fernabsatzvertrages vorliegt bzw der Unternehmer sich eines Vertrages im elektronischen Geschäftsverkehr (§§ 312i, 312j BGB) bedient.

17 Bislang ungeklärt ist dagegen die Frage, wie mit den vom Verf so genannten **„mittleren Verbraucherbauverträgen"** zu verfahren ist. Mit solchen „mittleren Verbraucherbauverträgen" sind Verträge zwischen einem Verbraucher und Unternehmer gemeint, nach denen **ein oder mehrere Unternehmer zur Herstellung von Einzelbauwerken bzw Einzelgewerken verpflichtet werden, die Teil des Baus eines neuen Gebäudes** oder der **erheblichen Umbaumaßnahmen** an einem **bestehenden Gebäude sind und nicht unter die VRRL fallen**. Diese Einzelgewerke stehen, wie das OLG Hamm zutreffend urteilte (OLG Hamm 27. 4. 2021 – I-24 U 198/20, NZBau 2021, 664 Rn 77), in einem engen **Zusammenhang** mit der Errichtung eines neuen Gebäudes bzw mit der Vornahme von erheblichen Umbaumaßnahmen. Die Frage, ob diese Verträge dem Verbrauchbauvertrag nach § 650i Abs 1 BGB unterfallen, ist allerdings umstritten (dazu im Detail Rn 17 f). Der **BGH** hat jedenfalls vorerst die Frage dahingehend „geklärt", dass solche Verträge aufgrund des Ausschlusstatbestandes in Art 3 Abs 3 lit f VRRL, der den sachlichen

Anwendungsbereich des § 650i Abs 1 BGB konstituiert, **keine Verbraucherbauverträge seien** (BGH 16. 3. 2023 – VII ZR 94/22, NZBau 2023, 375 ff) und sich dabei der bis dahin im Vordringen befindlichen Auffassung in der Literatur angeschlossen (Ehrl DStR 2017, 2395, 2398; Glöckner JZ 2020, 63, 71 f; Glöckner VuR 2016, 123, 126; Langjahr IBR 2018, 24; Magnus JZ 2019, 224, 227; Omlor NJW 2018, 817, 818; Pause BauR 2017, 430, 431; Pfennig RNotZ 2018, 585, 588; Retzlaff BauR 2017, 1830, 1831; Reichelt/Maurer ZfIR 2023, 267, 269; Roos IBR 2023, 238; Vogel BauR 2020, 388, 391; Zehner NZBau 2021, 584, 588; Erman/Schwenker/Rodemann § 650i Rn 3; Langen/Berger/Dauner-Lieb/Rückert § 650i Rn 16 f). **Diese Sichtweise ist** zusammen mit einem Teil der Literatur (Messerschmidt/Voit/Lenkeit § 650i Rn 23 f; Motzke NZBau 2017, 515, 519; Meier/Getcosgun/Bücken NZBau 2023, 503, 505; Jagenburg/Baldringer/Vowinckel/Meier, Der Werkvertrag [im Erscheinen]; anfangs weite Auslegung erwägend BeckOGK/Merkle [1.1.2025] § 650i Rn 5, im Weiteren: jedenfalls bleibe es bei einem Verbraucherbauvertrag, wenn lediglich Gewerbe von untergeordneter Bedeutung vom Gesamtauftrag exkludiert werden, § 650i Rn 42, und schließlich in § 650i Rn 52 ff dafür überzeugenderweise plädierend auch Einzelgewerke unter den Verbraucherbauvertrag zu fassen; jurisPK-BGB/Segger-Piening § 650i Rn 20; BeckOK-BGB/Voit [1. 2. 2024]§ 650i Rn 4; NK-WerkBauVertrR/Polkowski § 650i Rn 12; ibrOK-BauVertrR/Stretz [22. 4. 2024] § 650i Rn 19: „sprechen jedoch sehr gute Gründe dafür … das Erfordernis der Erbringung sämtlicher Bauleistungen aus einer Hand aufzugeben"; jedenfalls die Herausnahme von untergeordneten Bauleistungen [s o Merkle] führen nicht zum Ausschluss des Verbraucherbauvertrages, KompBauR/Jurgeleit [5. Aufl 2020] Teil 2 Rn 50) sowie mit der obergerichtlichen Rechtsprechung des **OLG Hamm** (OLG Hamm 27. 4. 2021 – I-24 U 198/20, NZBau 2021, 664 Rn 52 ff) und des **OLG Zweibrücken** (OLG Zweibrücken 29. 3. 2022 – 5 U 52/2, ZfBR 2022, 568, 569 f) **abzulehnen** (s dazu umfassend § 650i Rn 51 ff). Auch diese Verträge sollten angesichts der **verbraucherbauvertragsrechtlichen, spezifischen Zwecke** (dazu § 650i Rn 4 ff) dem **Verbraucherschutzniveau von den §§ 650i ff BGB** erfasst werden (Kostenfaktor, Informationsdefizit, Verhandlungsmacht, siehe § 650i Rn 55 ff). Dem steht die VRRL nicht entgegen, soweit die besondere Vertriebsform des Fernabsatzes bzw der außerhalb von Geschäftsräumen geschlossenen Verträge **nicht** vorliegt.

Aus den angeführten sachlichen Anwendungsimplikationen zwischen der VRRL **18**
und den §§ 650i ff BGB ergibt sich deshalb folgendes Bild, das eine Vorbedingung in der Fragestellung enthält, ob die besonderen Vertriebsformen der §§ 312b ff BGB im Einzelfall gegeben sind:

Die besonderen Vertriebsformen in den §§ 312b ff BGB liegen **tatbestandlich nicht vor:**

kleine Verbraucherbauverträge	**mittlere Verbraucherbauverträge**	**große Verbraucherbauverträge**
§ 312a BGB (+)	§ 312a BGB (+) bzw § 312 Abs 2 iVm § 312a Abs 1, 3, 4 und 6 BGB (+), abhängig von der Qualifizierung als Verbraucherbauvertrag § 650i ff BGB (str, üA ablehnend)	§ 312 Abs 2 iVm § 312a Abs 1, 3, 4 und 6 BGB (+) §§ 650i ff BGB (+)

Die besonderen Vertriebsformen nach den §§ 312b ff BGB liegen **tatbestandlich vor:**

kleine Verbraucherbauverträge	mittlere Verbraucherbauverträge	große Verbraucherbauverträge
§ 312 ff BGB (+)	üA: §§ 312 ff BGB (+) tvA: § 312 Abs 2 iVm § 312a Abs 1, 3, 4 und 6 BGB (+) §§ 650i ff BGB (+)	§ 312 Abs 2 iVm § 312a Abs 1, 3, 4 und 6 BGB (+) §§ 650i ff BGB (+)

2. Gründe für den Ausschluss der heutigen Verbraucherbauverträge aus dem Anwendungsbereich der VRRL

19 Angesichts des komplexen Verhältnisses zwischen der VRRL und den §§ 650i ff BGB ist zu fragen, wie diese verworrene Gemengelage entstand, insbes aus welchen Gründen der europäische Gesetzgeber den Anwendungsbereich der VRRL (mit Ausnahme der allgemeinen Informationspflichten nach Art 5 VRRL, umgesetzt in § 312a BGB) durch die Ausschlusstatbestände in Art 3 Abs 3 VRRL und die sich darin befindliche Ausnahme in Art 3 Abs 3 lit f VRRL limitierte. In Erinnerung gerufen sei abermals, dass **Art 3 Abs 3 lit f VRRL** Verträge „über den Bau von neuen Gebäuden, erhebliche Umbaumaßnahmen an bestehenden Gebäuden" vom Anwendungsbereich der VRRL ausnimmt, da diese „bereits Gegenstand einer Reihe spezifischer einzelstaatlicher Rechtsvorschriften" sind und daher die „in dieser Richtlinie enthaltenen Bestimmungen ... sich nicht für diese Verträge [eignen]." Die besondere Spezifikation veranschaulicht der Richtliniengeber mit den Verträgen über den Verkauf noch zu bebauender Liegenschaften oder dem Mietkauf (Erw 26). Darin erschöpft sich die unionale Begründung, auch wenn der Richtliniengeber a posteriori gleichwohl die **Definition** der „erheblichen Umbaumaßnahmen" bereitstellt. Diese seien Gegenstand derartiger Verträge,

> „die dem Bau eines neuen Gebäudes vergleichbar sind, beispielsweise Baumaßnahmen, bei denen nur die Fassade eines alten Gebäudes erhalten bleibt. Dienstleistungsverträge insbesondere im Zusammenhang mit der Errichtung von Anbauten an Gebäude (z. B. dem Anbau einer Garage oder eines Wintergartens) und im Zusammenhang mit der Instandsetzung und Renovierung von Gebäuden, die keine erheblichen Umbauarbeiten darstellen, wie auch Verträge über Dienstleistungen von Immobilienmaklern und über die Vermietung von Räumen für andere als Wohnzwecke sollten unter diese Richtlinie fallen".

20 Die Ausführungen in **Erw 26 der VRRL** enthalten zwei Aspekte, die nach einer tiefergehenden Betrachtung verlangen. Namentlich die **„spezifischen einzelstaatlichen Rechtsvorschriften"** (unter a) einerseits sowie die vermeintlich **fehlende Eignung der VRRL-Bestimmungen für Verbraucherbauverträge** (unter b) andererseits. Darüber hinaus wird der zu bezweifelnde Gesichtspunkt entscheidungserheblich sein, dass Verbraucherbauverträge **regelmäßig weder in der Vertriebsform** des Fernabsatzes (unter c) **noch** außerhalb von Geschäftsräumen geschlossen werden. Arrondiert wird diese Verhältnisanalyse durch die erwarteten und später von der EU beschlossenen

hohen Klimaschutzbestrebungen, die schon zuzeiten der Verabschiedung der VRRL im Europäischen Parlament eine gewisse Rolle spielten (unter d).

a) Keine Regelungskompetenz der EU

Die Analyse ergibt, dass der europäische Gesetzgeber über **keine Kompetenz für die sachliche Erfassung** von Verbraucherbauverträgen nach dem Gepräge des § 650i Abs 1 BGB verfügt. Hierfür ist es notwendig, nicht nur die VRRL und die sie tragenden Gründe in den Blick zu nehmen, zumal dieselben für den Ausschlusstatbestand in Art 3 Abs 3 lit f VRRL in Erw 26 der VRRL lediglich abstrakt und vage abgefasst wurden und keine substanziellen inhaltlichen Rückschlüsse erlauben. Erforderlich ist vielmehr eine Analyse anhand der FARL und der Haustürgeschäftsrichtlinie, die durch die VRRL konsumiert und inhaltlich überarbeitet wurde. Die Rekonstruktion der die VRRL stützenden Richtlinien ist insoweit maßstabsbildend, als gerade die Ausschlusstatbestände in Art 3 Abs 3 VRRL, insbes der hier entscheidende Ausschluss in Art 3 Abs 3 lit f VRRL, in inhaltlicher Hinsicht bereits in der FARL und der Haustürgeschäftsrichtlinie angelegt waren, selbst dann, wenn die sprachlichen Fassungen von- und untereinander abweichen. 21

Gem **Art 3 Abs 1 der FARL** galt diese Richtlinie nicht für Verträge: „die (…) für den Bau und den Verkauf von Immobilien geschlossen werden". Nähere Erläuterungen für diesen Ausschluss sind in den Erwägungsgründen der FARL indessen nicht zu erblicken. Ebenso leiden sie an einem Mangel von Begründungen für den weithin inhaltsgleichen Ausschluss in der Haustürgeschäftsrichtlinie (Art 3 Abs 2 lit a Haustürgeschäfts-RL). 22

Der **Schlüssel** für die in der FARL, der Haustürgeschäftsrichtlinie sowie ihrer Nachfolgerin, der VRRL, enthaltenen Ausschlusstatbestände findet sich jedoch in der **Begründung des deutschen Gesetzgebers bei der Umsetzung der FARL** wieder. Die FARL wurde durch das Gesetz über Fernabsatzverträge und andere Fragen des Verbraucherrechts sowie zur Umstellung von Vorschriften auf Euro (FernAbsG) in das deutsche Recht transformiert (BGBl 2000 I 897). In **§ 1 Abs 3 Nr 4 FernAbsG** setzte der deutsche Gesetzgeber Art 3 FARL um, indem er „Verträge über … die Errichtung von Bauwerken" aus dem Anwendungsbereich des FernAbsG ausnahm. Der sich darin befindliche Ausschluss auf Verträge über „die Errichtung von Bauwerken" erklärte der deutsche Gesetzgeber (BT-Drucks 14/2658, 33) wie folgt (Hervorhebungen durch den Verf): 23

> „Die Fernabsatzrichtlinie nimmt Bau-, Kauf- und andere Verträge über Immobilien aus ihrem Anwendungsbereich aus. Dies vollzieht Nummer 4 nach. Der Grund für diese Ausnahme liegt darin, dass solche Verträge in aller Regel **eine enge Beziehung zum nationalen Eigentums- und Sachenrecht** haben. **Die Eigentumsordnung der Mitgliedstaaten bleibt jedoch nach Artikel 295 vom EG-Vertrag unberührt**. Ferner bestehen für solche Verträge in den nationalen Rechtsordnungen in der Regel schon **allgemeine Form- und Schutzvorschriften** (wie zB §§ 873, 925 BGB), die entweder einen Vertragsabschluss im Wege des Fernabsatzes **unmöglich** oder **einen zusätzlichen Schutz durch Informationspflichten und Widerrufsrechte überflüssig machen**."

24 Art 295 des EG-Vertrages entspricht dem heute geltenden **Art 345 AEUV**. Nach Art 345 AEUV bleibt die **Eigentumsordnung** in den europäischen Mitgliedstaaten **unberührt**. Dass Verbraucherbauverträge, wenn nicht immer, so doch häufig **im Zusammenhang mit dem Erwerb eines Grundstücks** einhergehen, dürfte keines näheren Beweises bedürfen. Im deutschen Recht scheint die Kollision weniger unmittelbar mit dem Sachenrecht bzw der Eigentumsordnung zusammenzuhängen. Vielmehr ergeben sich diesfalls Komplikationen des Bau- und Verbraucherbauvertragsrechts mit der **notariellen Beurkundungspflicht von Grundstückskaufverträgen nach § 311b Abs 1 S 1 iVm § 433 BGB** und zwar dann, wenn sie mit dem Grundstückskaufvertrag eine **rechtliche Einheit** bilden – **Gesamtbetrachtungsformel des § 311b Abs 1 S 1 BGB** (dazu § 650i Rn 86). Eine rechtliche Einheit führt dazu, dass die zugehörigen Verträge das gleiche rechtliche Schicksal teilen: nicht nur bei wechselseitiger, sondern auch (in bestimmen Fällen, siehe § 650i Rn 86) bei einseitiger Abhängigkeit. Die VRRL, in der die maßgebenden Ausschlusstatbestände aus der FARL und der Haustürgeschäftsrichtlinie in Art 3 Abs 3 VRRL aufgehen, würde aufgrund der in ihr etablierten Harmonisierungsbestrebungen (Vollharmonisierungsgrundsatz), der in ihr enthaltenen vorvertraglichen Informationspflichten sowie insbes der Möglichkeit eines Widerrufs und der folgenden einer Dispensierung eines vor einem Notar geschlossenen Vertrags das jeweilige nationale Sachenrecht und die Eigentumsordnung **in ihren dogmatischen Grundfesten erschüttern** und einen **Verstoß gegen Art 345 AEUV auslösen**. Daher war es dem Unionsgesetzgeber auf der Ebene der Kompetenzverteilung zwischen den Mitgliedstaaten und der EU schon dem Grunde nach verwehrt, (große) Verbraucherbauverträge dem europäischen Recht zuzuweisen. Einzig bei jenen Verträgen, denen eine solche dingliche Komponente nicht inhärent ist (etwa die in Erw 26 S 5 VRRL genannten Dienstleistungs- oder Werkverträge oder die vom Verf so genannten kleinen Verbraucherbauverträge) läuft die EU nicht Gefahr kompetenzwidrig in die Geschicke nationaler Legislativzuständigkeiten einzugreifen. Insoweit konnte und durfte der europäische Gesetzgeber Verbraucherbauverträge nach dem heutigen Muster des § 650i Abs 1 BGB nicht regeln.

b) Eignungsunfähigkeit der VRRL auf Verbraucherbauverträge

25 Die zweite Säule des in Art 3 Abs 3 lit f VRRL vorgenommenen Ausschlusses erklärt der europäische Gesetzgeber in Erw 26 der betreffenden Richtlinie mit einer **fehlenden Eignung der Regelungen der VRRL für Verträge über Neubauten und über erhebliche Umbaumaßnahmen**. Diese vage, pauschale und ebenso wenig erörterte Weichenstellung muss in Zweifel gezogen werden (Soergel/Glöckner Vor §§ 650i–650o Rn 26: „überzeugt nicht"; Glöckner BauR 2014, 411, 415; ebenso Illner ZRP 2017, 122, 124). Der deutsche Gesetzgeber zeigte durch die Bauvertragsnovelle aus dem Jahr 2017, dass die Implementierung eines vergleichbaren, in vielen Aspekten identischen Verbraucherschutzes auch auf dem Gebiete des Verbraucherbauvertragsrechts zum einen möglich ist und zum anderen nötig erscheint. So orientierte sich der deutsche Gesetzgeber bei der Ausgestaltung der Baubeschreibungspflicht gem § 650j BGB iVm Art 249 EGBGB gerade an den Informationspflichten aus der VRRL. Bereits die grammatikalische Nähe des Art 249 EGBGB für Verbraucherbauverträge und Art 246 EGBGB, durch den Art 5 VRRL umgesetzt wurde, belegt dies ausdrücklich. Lediglich in begründeten Ausnahmefällen wich der deutsche Gesetzgeber von Art 246 EGBGB ab. Die „wesentlichen Eigenschaften des angebotenen Werks" nach Art 249 EGBGB müssen etwa (nur) „in klarer Weise" dargestellt werden. Demgegenüber muss nach Art 5 Abs 1 VRRL und Art 246 EGBGB der Unterneh-

mer den Verbraucher in „klarer und verständlicher Weise“ unterrichten (dazu Karczewski NZBau 2018, 328, 329). Die Abweichung von der zum Leitbild genommenen VRRL wies der deutsche Gesetzgeber mit dem Argument aus, dass im „Hinblick auf teilweise komplexen technischen Informationen, die etwa zur Beschreibung der Wärmedämmung oder der technischen Ausstattung eines Bauvorhabens erforderlich sind“, ein Art 5 Abs 1 VRRL (Art 246 EGBGB) entsprechender Maßstab bei der Baubeschreibung nach § 650j BGB unangemessen wäre (BT-Drucks 18/8486, 74). Im Ergebnis glückte es dem deutschen Gesetzgeber dennoch nicht, das Verständlichkeitsgebot aufzugeben, da dieses über die Anwendung des Transparenzgebots gem § 307 Abs 1 S 2 BGB bei Vorliegen von AGB abermalig zur Anwendung gelangt (§ 650j Rn 40 ff).

Demgegenüber muss der Unternehmer nach § 650l S 2 BGB iVm Art 249 § 3 EG- **26**
BGB etwa den Verbraucher über das Bestehen des Widerrufsrechts ordnungsgemäß belehren, wobei diese Anforderungen angesichts der ausdrücklichen Begründung des deutschen Gesetzgebers Art 246 § 3 EGBGB nachgebildet sind (BT-Drucks 18/8486, 74). Im Ergebnis muss deshalb konstatiert werden, dass zwar die Erwägungen des europäischen Gesetzgebers zweifelhaft erscheinen, seine Überlegungen jedoch faktisch zu einem Ausschluss der Verträge über Neubauten und erheblichen Umbaumaßnahmen führten.

c) Verbraucherbauverträge sind regelmäßig keine im Fernabsatz oder außerhalb von Geschäftsräumen geschlossenen Verträge

Wenn auch in den Erwägungsgründen der VRRL nicht ausdrücklich enthalten, so **27**
leitete den europäischen Gesetzgeber die Vorstellung, dass Verbraucherbauverträge in dem Wesen des später eingeführten § 650i Abs 1 BGB in praxi **regelmäßig weder im Fernabsatz noch außerhalb von Geschäftsräumen geschlossen werden**, weshalb ein dahingehender hoher Verbraucherschutz, jedenfalls entsprechend den Vorgaben der VRRL, nicht notwendig erschien. Im Gegensatz zum europäischen Gesetzgeber adressierte der deutsche Gesetzgeber im Rahmen der Bauvertragsnovelle aus dem Jahr 2017 diesen Gesichtspunkt ausdrücklich. Er stellte heraus, dass solche „Verträge … regelmäßig … weder im Fernabsatz noch außerhalb von Geschäftsräumen geschlossen“ werden (BT-Drucks 17/12637, 46).

Dieser Eindruck liegt jedenfalls im Falle von Fernabsatzverträgen nahe (Retzlaff **28**
BauR 2017, 1830, 1832). Wenn theoretisch nicht auszuschließen, so ist in der Tat nur **schwerlich vorstellbar**, dass Verbraucherbauverträge über Fernkommunikationsmittel geschlossen werden. **Etwas anders liegt die Sachlage** indes bei der Vertriebsform der **außerhalb von Geschäftsräumen geschlossenen Verträge**. Dies zeigt das Urteil des BGH aus dem Jahr 2007, in dessen Verfahren die Frage aufgeworfen war, ob Verbraucherschutzvorschriften nach der damals geltenden Haustürwiderrufsrichtlinie auf den Abschluss eines Bauvertrages über ein Einfamilienhaus und aller dazugehörigen notwendigen Gewerke, anwendbar sei (BGH 22. 3. 2007 – VII ZR 268/05, NJW 2007, 1947 Rn 14). Der Entscheidung des BGH lag ein Sachverhalt zugrunde, in dem Vertragsverhandlungen in einem öffentlichen Café stattgefunden hatten und diese Verhandlungen, was für die Annahme dieser besonderen Vertriebsform notwendig ist, für den Abschluss des Vertrages mitursächlich gewesen sein könnten (BGH 22. 3. 2007 – VII ZR 268/05, NJW 2007, 1947 Rn 16). In den Entscheidungsgründen verwies der BGH auf sein früheres Urteil aus dem Jahr 1999, das den Bau eines Wintergartens

zum Gegenstand hatte, wobei der Bauunternehmer bzw sein Vertreter den Besteller in seiner Wohnung aufsuchte (BGH 19. 11. 1998 – VII ZR 424-97, NJW 1999, 575, 576). Abseits dessen, dass im letzteren Falle kein Verbraucherbauvertrag nach dem Muster des § 650i Abs 1 BGB, sondern vielmehr ein Bauvertrag nach § 650a BGB vorlag, ist beiden Sachverhalten zu entnehmen, dass **auch Verbraucherbauverträge zuweilen außerhalb von Geschäftsräumen geschlossen werden**. Insoweit erscheint die Vorstellung des europäischen und die Begründung des deutschen Gesetzgebers mehr als fraglich. Dennoch führte dieser Gesichtspunkt zum Ausschluss der heutigen Verbraucherbauverträge aus dem Anwendungsbereich der VRRL.

d) Klimaschutz?

29 Nicht in die ausdrücklich dokumentierten teleologischen Überlegungen des europäischen Gesetzgebers floss der Faktor des Klimaschutzes ein, obwohl in den Verhandlungen des europäischen Parlaments zu erwarten stand, dass die erhöhten Klimaziele der EU zukünftig dazu führen würden, dass der Bau von neuen Gebäuden sowie der Umbau von bestehenden Gebäuden zunimmt. Verbraucherschutzstandards – so die Befürchtung – könnten demgegenüber das Bauen erschweren oder für Unternehmer unattraktiver machen, und so die klimapolitisch gewünschte Erhöhung der Bautätigkeit hindern. Die hohen Klimaziele sollten daher prospektiv nicht durch das hohe Verbraucherschutzniveau der VRRL unterhöhlt werden. Auch daraus erklärt sich, weshalb Verbraucherbauverträge aus dem Anwendungsbereich der VRRL gleichsam „verbannt" werden mussten.

3. Rechtsvergleichende Perspektive auf die Umsetzung des Ausschlusstatbestandes aus Art 3 Abs 3 lit f VRRL

a) Vereinigtes Königreich

30 Der Ausschlusstatbestand in Art 3 Abs 3 lit f VRRL wurde durch die europäischen Mitgliedstaaten klaglos hingenommen und in der Regel ohne nähere Begründung umgesetzt. So enthält die sehr kurze Begründung des Umsetzungsaktes des vormaligen Mitglieds der EU – des **Vereinigen Königreichs** – zu **The Consumer Rights (Payment Surcharges) Regulations 2012** lediglich die Feststellung, dass „contracts for the **construction of new buildings**, the **substantial conversion of existing buildings** and for rental of accommodation for residential purposes" aus dem Anwendungsbereich herausgenommen wurden (abrufbar unter: https://www.legislation.gov.uk/uksi/2012/3110/note).

b) Österreich

31 Im **österreichischen Recht** wurde die VRRL im **Fern- und Auswärtsgeschäfte-Gesetz (FAGG)** durch das **Verbraucher-Richtlinie-Umsetzungsgesetz** (BGBl I Nr 33/2014) umgesetzt, wobei der Ausschlusstatbestand identisch mit der deutschen Sprachfassung ist. Nach **§ 1 Abs 2 Z 7 FAGG** sind (Hervorhebungen durch den Verf) „**Verträge** … über den **Bau von neuen Gebäuden**, **erhebliche Umbaumaßnahmen** an bestehenden Gebäuden" nicht umfasst. Durch den österreichischen Gesetzgeber wird § 1 Abs 2 Z 7 FAGG vermittels Bezugnahme und in Abgrenzung zu § 26d des österreichischen Konsumentenschutzgesetzes (KSchG) begründet (Hervorhebungen durch den Verf):

> „**§ 26d KSchG** trifft Regelungen über die Form und die Vertragsurkunde für Verträge über Leistungen zur Sanierung von Wohnräumen, die in einer Haustürgeschäft-Situation im Sinn des § 3 KSchG geschlossen werden. Auch für die-

se Bestimmung ist zur Herstellung einer richtlinienkonformen Rechtslage eine **klare Grenzziehung zum Fern- und Auswärtsgeschäfte-Gesetz** vorzunehmen. Diejenigen Wohnungsverbesserungsverträge, die dem Kapitel III der Verbraucherrechte-Richtlinie und damit dem Fern- und Auswärtsgeschäfte-Gesetz als Umsetzungsnorm zu diesem Kapitel unterliegen, sind von den Regelungen des § 26d KSchG auszunehmen (Abs 5), weil für diese Verträge das vollharmonisierte Regime der Richtlinie zum Tragen kommt. Zur Lösung der Frage, ob solche Verträge vom Richtlinienregime für FAV und AGV erfasst werden, ist Artikel 3 Abs 3 Buchstabe f der Richtlinie (umgesetzt in § 1 Abs 2 Z 7 FAGG) heranzuziehen. Demnach sind ‚erhebliche Umbaumaßnahmen an bestehenden Gebäuden' aus dem Anwendungsbereich der Richtlinie ausgenommen, während ‚unerhebliche' Umbaumaßnahmen der Richtlinie unterliegen. Daher sind zumindest für solche Wohnraumsanierungen, die ‚unerheblich' sind, die Umsetzungsbestimmungen zur Richtlinie im FAGG anzuwenden. Für Verträge über Sanierungen unerheblichen Ausmaßes gilt somit das FAGG, für Verträge über Sanierungen erheblichen Ausmaßes hingegen § 26d KSchG" (ErlRV, Regierungsvorlage, 21).

KSchG und FAGG stehen grundsätzlich nebeneinander, da beide Gesetze verbraucherschützend sind und an den identischen Verbraucherbegriff anknüpfen (Wiesinger ZVB 2015, 124). Kollidieren jedoch KSchG und FAGG in einem unlösbaren inhaltlichen Widerspruch, so genießt das FAGG den Vorrang (Wiesinger ZVB 2015, 124). Ebenso wie in Deutschland (schon früh Glöckner BauR 2014, 411, 415), wird auch in Österreich dem Begriff der „erheblichen Umbaumaßnahmen" ein **sehr enges Verständnis** beigemessen (Wiesinger ZVB 2015, 124). 32

c) Italien

In **Italien** wurde die VRRL ua im Codice del consumo umgesetzt. Der Anwendungsbereich dieses Gesetzes (Art 46) wird im Art 47 durch die Ausschlusstatbestände **(Exclusioni)** begrenzt. Und so werden getreu der VRRL gem Art 47 Abs 1 lit f des Codice del consumo „contratti … per la costruzione di nuovi edifici, la trasformazione sostanziale di edifici esistenti e per la locazione di alloggi a scopo residenziale" dem Anwendungsbereich entzogen. Eine dezidierte Begründung des italienischen Gesetzgebers bzgl dieses Ausschlusstatbestandes ist nicht enthalten. Aufschluss für die betreffende Ausnahme gibt jedoch Sbarbaro. Sie stellt heraus, dass der gemeinsame Nenner dieser Verträge die **Grundstücks- bzw die Immobilienbezogenheit** ist, es also um jene Verträge geht, die einer besonderen Regulierung durch das nationale Recht unterliegen (I nuovi diritti dei consumatori. Commentario al DLgs n 21/2014 a Gambino Alberto Maria e Gilberto Nava, Cioppihelli, Torino 2014, Articolo 47, Exclusioni, 57: „La *ratio* dell'esclusione di tale *macro* categoria di contratti, aventi come commune denominatore il collegamento con beni immibili, si colloca nel loro rivelo socio-economico, che naturalmente induce ad una particolare ponderazione dell'affare."). Damit sind Verträge über Immobilien im allgemeinen Zivilrecht und Verbraucherrecht bereits hinreichend formalisiert. Insbes betrifft dies die **Übertragungsformalitäten** nach dem italienischen Recht (Sbarbaro in: I nuovi diritti dei consumatori. Commentario al DLgs n 21/2014 a Gambino Alberto Maria e Gilberto Nava, Cioppihelli, Torino 2014, Articolo 47, Exclusioni, 57: „Alcune delle fattispecie elencate dalle lett *e)* ed *f)* possono inquadrarsi nei contratti di appalto, bella compravendita immobiliare e nella regolamentazione civilistica generale sulla constituzione e sul transferimento di diritti realia venti ad oggetto beni immobili".) Bei einem **„öffentlichen Vertrag"** (Decreto legislativo 31 marzo 2023, 33 n 36 Codice dei contratti pubblici in attuazione dell'articolo 1 della legge 21 giugno 2022, n 78, recante delega al Governo in materia di contratti pubblici) ist nach italienischem Recht ein **Ausschreibungs- und Vergabeverfahren** zu verlangen (Sbarbaro in: I nuovi diritti dei consumatori. Commentario al DLgs n 21/2014 a Gambino Alberto Maria e Gilberto Nava, Cioppihelli, Torino 2014, Articolo 47, Exclusioni, 58). Für **„private Verträge"** sind **notarielle Vorschriften** zu beachten, die durch die VRRL umgangen werden könnten. Infolgedessen wäre es nach italienischem Recht **„unangemessen"** diese Verträge der VRRL zu unterwerfen, da es sich bei diesen um eine **ganz besondere Vertragsdisziplin** handelt: „Anche con rifermento a queste categoie di contratti la direttiva (considerando n 26) ritiene ‚non appropriate' le norme dalla stessa dettate." (I nuovi diritti dei consumatori. Commentario al DLgs n 21/2014 a Gambino Alberto Maria e Gilberto Nava, Cioppihelli, Torino 2014, Articolo 47, Exclusioni, 57). Diese Begründung stimmt mit derjenigen des deutschen Gesetzgebers zu § 1 Abs 3 Nr 4 FernAbsG in Umsetzung des Art 3 FARL aus dem Jahr 2000 überein (siehe Rn 23) und bestätigt die zuvor herausgestellte These.

IV. Systematik der baurechtlichen Werkverträge

1. Systematik des Werkvertragsrechts

34 Systematisch wurden die besonderen Regelungen zum Bauvertragsrecht dem Werkvertragsrecht angefügt. Wie in anderen Bereichen des BGB bediente sich der Gesetzgeber dem Ordnungsgedanken des **Klammerprinzips** (zur Systematik auch Basty MittBayNot 2017, 445; Kniffka BauR 2017, 1747, 1748). „Vor die Klammer gezogen" sind daher die Vorschriften des allgemeinen Werkvertragsrechts aus dem ersten Kapitel des ersten Untertitels (§§ 631–650 BGB). Ihnen folgt sodann im zweiten Kapitel das Bauvertragsrecht (§§ 650a–650h BGB) und im dritten Kapitel der Verbraucherbauvertrag (§§ 650i–650n BGB). Schließlich enthält das System in einem eigenen – dem vierten Kapitel – mit § 650o BGB eine Bestimmung zur Unabdingbarkeit gewisser verbraucherrechtsrelevanter Normen des allgemeinen wie speziellen Werk- bzw Baurechts (dazu auch Motzke NZBau 2017, 515).

35 An welcher dieser Vorgaben der einschlägige Sachverhalt gemessen wird, hängt davon ab, ob der Gesetzgeber für die konkrete Rechtsfrage **Sonderregeln** vorgesehen hat. Sofern dies geschehen ist, **geht das Verbraucherbauvertragsrecht dem Werkvertragsrecht** nach dem methodischen Grundsatz „lex specialis derogat legi generali" vor. Mit den **§§ 650i Abs 3, 650a Abs 1 S 2 BGB** ordnet der Gesetzgeber – als logische Folge dieser Systematik – deklaratorisch an, dass „die folgenden Vorschriften dieses Kapitels" jeweils ergänzend gelten. Zur Anwendbarkeit des allgemeinen Schuldrechts ergibt sich aus dem Gesamtsystem im Verhältnis von Besonderem zu Allgemeinem Schuldrecht, dass auf die §§ 241–432 BGB Bezug genommen werden darf, auch wenn das Bau- bzw Werkvertragsrecht, etwa im Hinblick auf § 634 Nr 3 und Nr 4 BGB, diese Frage nicht explizit benennen.

36 Hieran grenzen in den Untertiteln zwei und drei der Architekten- bzw Ingenieurvertrag (§§ 650p–650t BGB) sowie das Bauträgerrecht (§§ 650u, 650v BGB). In Ermangelung speziellerer Regelungen *sperrt* das Klammerprinzip einen Rückgriff auf die §§ 631 ff BGB. Dies liegt darin begründet, dass ihre Typologie dem Werkvertrag nach dem neunten Titel des BGB als zu diesem „ähnliche Verträge" zwar gleichen, sie ihm indessen aber nicht vollauf entsprechen. Vielmehr weisen sie neben ihrer werkvertragsrechtlichen Prägung zudem Charakteristika des Dienst- (Architekten- und Ingenieurvertrag) oder Kaufrechts (Bauträgervertrag) auf. Daraus erklären sich auch die Regelungen der §§ 650q, 650u Abs 2 BGB, die lediglich ausgewählte Vorschriften der §§ 631–650o BGB für an- – oder konträr dazu – für unanwendbar erklären.

2. Bau- und Verbraucherbauvertrag – nomen (non) est omen?

Die Begriffsbestimmungen des Bau- und Verbraucherbauvertrages aus den §§ 650a Abs 1 S 1, 650i Abs 1 BGB könnten den Rechtsanwender zu der Annahme verleiten, dass sie jegliche Formen des Bauens umfassten. **Doch ist bauen nicht gleich bauen** – nomen non est omen (BeckOK-BGB/Voit [1. 2. 2024] § 650i Rn 2; Leinemann/Kues/Schlagowsky § 650i Rn 6: „Abgrenzungsschwierigkeiten sind … vorprogrammiert"). Arbeiten an einem Gebäude erfüllen keineswegs zwingend die Voraussetzungen des Bauvertrages nach § 650a Abs 1 S 1 BGB und erst recht nicht diejenigen, welche § 650i Abs 1 BGB an das Vorliegen eines Verbraucherbauvertrages knüpft (Leinemann/Kues/Schlagowsky § 650i Rn 5; zur Abgrenzung zwischen einem Verbraucherbauvertrag und einem Verbraucherwerkvertrag, Stamm NJW 2020, 3057). Im Gegenteil beschränkt § 650a Abs 1 S 1 BGB den weiten Kreis der mannigfachen Möglichkeiten handwerklichen Tätigwerdens auf nur vier Varianten: 37

- Herstellung
- Wiederherstellung
- Beseitigung
- Umbau

Dies bringt auch § 650a Abs 2 BGB zum Ausdruck, wonach **Instandhaltungsmaßnahmen** lediglich dann als Bauverträge qualifiziert werden, wenn sie von „wesentlicher Bedeutung" sind. „Wesentlich" in diesem Sinne ist eine Sanierung zur Pflege, Wartung oder Inspektion („Werk für die Konstruktion, den Bestand oder den bestimmungsgemäßen Gebrauch") des Bauwerks (BT-Drucks 18/8486, 53). 38

Weiterhin erfährt der Tatbestand des § 650a Abs 1 S 1 BGB eine Konkretisierung dahingehend, als sich seine einzelnen Werkleistungen auf das gesamte Bauwerk und somit gleichfalls auf Außenanlagen oder isolierte Bauteile beziehen können (zur Frage, ob Spezialtiefbauarbeiten eine Bauwerksleistung darstellen, Englert-Dougherty/Englert NZBau 2019, 625, 626 f). 39

In persönlicher wie sachlicher Hinsicht noch höher sind die im Anwendungsbereich des Verbraucherbauvertrags zu überwindenden Hürden (ebenso KompBauR/Jurgeleit [5. Aufl 2020] Teil 2 Rn 47). § 650i Abs 1 BGB verlangt, dass der Vertrag zwischen einem Unternehmer und einem Verbraucher zustande kommt, wobei sich ersterer zum 40

- Bau eines neuen Gebäudes oder

– zu erheblichen Umbaumaßnahmen an einem bestehenden Gebäude

verpflichtet. Daraus ist zu schließen, dass dem Verbraucherbauvertrag, was mancherorts Kritik verdient, **Bauleistungen folgender Art nicht zugehören**:

– **Beseitigung**

– **Herstellung, Wiederherstellung** oder der **Umbau einer Außenanlage** (Orlowski BauR 2017, 1470, 1472)

– **Herstellung, Wiederherstellung** oder der **Umbau des Teils eines Gebäudes** oder einer **Außenanlage** (Orlowski BauR 2017, 1470, 1472), wobei hiervon die Frage zu unterscheiden ist, ob eine **gewerkweise Vergabe von Bauleitungen den Tatbestand** des § 650i Abs 1 BGB bei sog „mittleren Verträgen" eröffnen kann; str, s § 650i Rn 51 ff)

– **wesentliche oder unwesentliche Instandhaltungsmaßnahmen** (Orlowski BauR 2017, 1470, 1472), die regelmäßig nicht in die Kategorie erheblicher Umbaumaßnahmen fallen (§ 650i Rn 78 f) sowie schließlich

– **Anbauten**, wie zB Garagen oder Carports, bei denen eine solche Einordnung ebenfalls fernliegt.

41 **Instandsetzungs- und Renovierungsmaßnahmen** nimmt der deutsche Gesetzgeber undifferenziert aus dem Anwendungsbereich heraus. **Dies entspricht nicht den Vorgaben der VRRL**. Vielmehr führte der europäische Gesetzgeber in **Erw 26** aus, dass „Dienstleistungsverträge … insbesondere im Zusammenhang mit der Instandsetzung und Renovierung von Gebäuden, **die keine erheblichen Umbaumaßnahmen** darstellen, … unter diese Richtlinie fallen" sollten. Demnach **differenziert** der unionale Gesetzgeber zwischen jenen **Instandsetzungs- und Renovierungsmaßnahmen, die erhebliche Umbauarbeiten**, und solchen, die **keine erheblichen Umbaumaßnahmen** darstellen. Das ist konsequent, denn auch Instandsetzungs- und Renovierungsmaßnahmen bringen **Eingriffe in die bauliche Substanz** mit sich und erfüllen daher den Terminus eines **Umbaus**. Regelmäßig werden sie freilich dem eng auszulegenden Begriff der **Erheblichkeit der Umbaumaßnahmen nicht genügen** (§ 650i Rn 77).

42 Aus einer Gesamtschau dessen kann im Gegenschluss die Erkenntnis gewonnen werden, dass diese Arbeiten zwar keinem Bau- oder Verbraucherbauvertrag, aber dennoch dem in dieser Beziehung a priori subsidiären **Auffangtatbestand des § 631 Abs 2 BGB** unterliegen, der sie als „bauähnliche Leistungen" erfasst („herbeizuführender Erfolg"). Damit sind die Anwendungskriterien der §§ 650a Abs 1 S 1, 650i Abs 1 BGB deutlich restriktiver zu begreifen, als sie nach dem Wortlaut der Vorschriften nach prima facie anmuten, wenngleich die Gründe hierfür nicht von der Hand zu weisen sind:

Bauarbeiten	§ 631 BGB	§ 650a BGB	§ 650i BGB
Herstellung	(+)	(+)	(+), soweit Neubau
Wiederherstellung	(+)	(+)	(+), soweit erheblich
Beseitigung	(+)	(+)	(–)
Umbau	(+)	(+)	(+), soweit erheblich
Instandsetzung	(+)	(+)	(+), soweit erheblich
Instandhaltung	(+)	(+), soweit wesentlich	(–)
Renovierungsarbeiten	(+)	(+)	(+), soweit erheblich
Teilgewerke	(+)	(+)	Str bei „mittleren Verträgen“
Anbauten	(+)	(+)	(–)
Planungsleistungen	(+)	(-)	(–)

§ 650i
Verbraucherbauvertrag

(1) Verbraucherbauverträge sind Verträge, durch die der Unternehmer von einem Verbraucher zum Bau eines neuen Gebäudes oder zu erheblichen Umbaumaßnahmen an einem bestehenden Gebäude verpflichtet wird.

(2) Der Verbraucherbauvertrag bedarf der Textform.

(3) Für Verbraucherbauverträge gelten ergänzend die folgenden Vorschriften dieses Kapitels.

Schrifttum

Batsy, Baurechtsreform 2017 und Bauträgervertrag, MittBayNot 2017, 445
Bülow, Der ewig schwebend unwirksame Verbrauchervertrag, WM 2018, 793
Breidenbach, Die Voraussetzungen von Informationspflichten beim Vertragsschluß (1989)
Canaris, Wandlungen des Schuldvertragsrechts – Tendenzen zu seiner „Materialisierung“, AcP 200 (2000) 273
Dauner-Lieb, Verbraucherschutz durch Ausbildung eines Sonderprivatrechts für Verbraucher? (1983)
Ehrl, Das neue Bauvertragsrecht im Überblick, DStR 2017, 2395
Fleischer, Informationsasymmetrie im Vertragsrecht (2001)
Freiherr von Proff, Neue Vorgaben für Bauträgerverträge und Verbraucherverträge: Auswirkungen des Gesetzes zur Reform des Bauvertragsrechts, ZfIR 2017, 589
Glöckner, Die Folgen der Verbraucherrichtlinie und ihrer Umsetzung für Bauverträge, BauR 2014, 411
ders, BGB-Novelle zur Reform des Bauvertrags-

rechts als Grundlage effektiven Verbraucherschutzes – Teil 1, VuR 2016, 123
ders, BGB-Novelle zur Reform des Bauvertragsrechts als Grundlage effektiven Verbraucherschutzes – Teil 2, VuR 2016, 163
ders, Verbraucherschutz bei Bauverträgen – 5 Jahre nach dem Gesetz zur Reform des Bauvertragsrechts, VuR 2023, 403
Gröner/Köhler, Verbraucherschutz in der Marktwirtschaft (1978)
Habermas, Faktizität und Geltung (1997)
Herzog, Der neue Verbraucherbauvertrag, ZJS 2018, 524
Hillmeier, Freiheit und soziale Verantwortung im Vertragsrecht, Auftrag an den Gesetzgeber, BB 1976, 725
Illmer, Warum nur Bauverträge?, ZRP 2017, 122
Karczewski, Der neue alte Bauträgervertrag, NZBau 2018, 328
Kemper, Verbraucherschutzinstrumente (1994)
Kleinjohann, Textformerfordernis bei Änderung eine Verbraucherbauvertrags?, NZBau 2022, 141
Kniffka, Gesetzesinitiative Bauvertragsrecht, BauR 2016, 1533
ders, I. Einführung – Das neue Recht nach dem Gesetz zur Reform des Bauvertragsrechts, zur Änderung der kaufrechtlichen Mängelhaftung und zur Stärkung des zivilprozessualen Rechtsschutzes (BauVG), BauR 2017, 1747
Langjahr, Was ist ein Verbraucherbauvertrag?, IBR 2018, 24
dies, Verbraucherbauverträge bedürfen der Textform!, IBR 2018, 25
dies, Welche besonderen Vorschriften gelten für Verbraucherbauverträge?, IBR 2018, 26
dies, Unternehmer muss über den Inhalt der Bauleistung informieren!, IBR 2018, 27
dies, Vor Vertragsschluss übergebene Baubeschreibung wird Vertragsbestandteil!, IBR 2018, 28
dies, Zweifel bei der Auslegung des Vertrags gehen zu Lasten des Verfassers!, IBR 2018, 29
dies, Fertigstellungstermin ist anzugeben!, IBR 2018, 30
dies, Verbraucher kann Bauvertrag widerrufen!, IBR 2018, 31
Lenkeit, Das neue Widerrufsrecht für Verbraucher bei Verträgen am Bau – Teil 1, BauR 2017, 454
ders, Das neue Widerrufsrecht für Verbraucher bei Verträgen am Bau – Teil 2, BauR 2017, 615
Maase, Verbraucherbauvertrag gem § 650i BGB auch bei gewerkeweiser Vergabe?, BauR 2022, 1549
Magnus, Das Widerrufsrecht beim Verbraucherbauvertrag, JZ 2019, 224
Meier/Getcosgun/Bücken, Verbraucherbauvertrag bei gewerkeweiser Vergabe, NZBau 2023, 503
Motzke, Hintergründe und Rechtsfolgen zweier unterschiedlicher Bauvertrag; Legaldefinitionen, Zu §§ 650 a und 650 i BGB nF, NZBau 2017, 515
Müller, Kein Verbraucherschutz bei Bauträgerverträgen unterhalb der Kernsanierung?, BauR 2020, 167
Omlor, Aktuelles Gesetzgebungsvorhaben: Neukodifizierung des Bauvertragsrechts, JuS 2016, 967
ders, Der neue Verbrauchervertrag, Mitgliedstaatliche Konzeption in unionsrechtlichem Rahmen, NJW 2018, 817
Orlowski, Mehr Sicherheit von Verbrauchern?, BauR 2017, 1470
Pause, Verbraucherbaurecht und Bauträgerrecht – zugleich ein Ausblick auf weitere Entwicklungen im Gesetzgebungsverfahren, BauR 2017, 430
Pause/Vogel, Vorschläge zum Verbraucherbau- und zum Bauträgervertrag, Der Referentenentwurf des Bundesjustizministeriums, NZBau 2015, 667
Pfennig, Die Baubeschreibung in der notariellen Praxis – unter besonderer Berücksichtigung des neuen Bauvertragsrechts, RNotZ 2018, 585
Reich, Markt und Recht (1977)
ders, Zivilrechtstheorie, Sozialwissenschaften und Verbraucherschutz, ZRP 1974, 187
Reifner, Alternatives Wirtschaftsrecht am Beispiel der Verbraucherverschuldung (1979)
Reiter, Das neue Bauvertragsrecht – Teil II: Verbraucherbauvertrag, Architekten- und Ingenieurvertrag, Bauträgervertrag, JA 2018, 241
Retzlaff, IV. Kapitel 3 Verbraucherbauvertrag – Dass neue Recht nach dem Gesetz zur Reform des Bauvertragsrechts, zur Änderung der kaufrechtlichen Mängelhaftung und zur Stär-

kung des zivilprozessualen Rechtsschutzes (BauVG), BauR 2017, 1830
RING, Die Reform des Bauvertragsrechts zum 1. Januar 2018, NJ 2017, 485
R SCHUHMACHER, Verbraucherschutz bei der Vertragsanbahnung (1983)
W SCHUHMACHER, Vertragsaufhebung wegen fahrlässiger Irreführung unerfahrener Vertragspartner (1976)
SCHMUDE, Verbraucherschutz und Vertragsfreiheit, in: Festschrift Ballerstedt (1975) 481
SEIDENBERG, Senkrechtlift und andere Schnäppchen: Der Widerruf bei Bauverträgen, NJW 2019, 1254
SIMITIS, Verbraucherschutz: Schlagwort oder Rechtsprinzip? (1976)
SCHERHORN, Gesucht, der mündige Verbraucher (1974)
ders, Verbraucherinteresse und Verbraucherpolitik (1975)
STRETZ, Die unklare Baubeschreibung und ihre Auslegung gem § 650k Abs 2 BGB, BauR 2022, 554
VAHRENKAMP, Verbraucherschutz bei asymmetrischer Informationserteilung (1991)
WAGNER, Bauverträge mit Verbrauchern, BauR 2013, 393
WENDEHORST, Das neue Gesetz zur Umsetzung der Verbraucherrechterichtlinie, NJW 2014, 577
WESSEL, Die Neuregelung durch die Reform des Bauvertragsrechts 2018, MDR 2017, 1218
ZEHNER, Anwendbarkeit des Verbraucherbauvertragsrechts nach § 650 i BGB bei Vergabe von Einzelgewerken, NZBau 2021, 584.

Systematische Übersicht

I. Einführung 1

II. Trias der verbraucherbauvertragsrechtlichen Normzwecke 4
1. Kostenfaktor 9
a) Gesetzgeberische Kostenzwecküberlegungen 9
b) Statistische Erhebungen 10
c) Niederschlag des Kostenfaktors in den §§ 650i ff BGB 13
2. Informationsdefizit 15
a) Grundsätzliches Informationsdefizit des Verbrauchers 15
b) Konkretes Informationsdefizit des Verbraucher-Bauherrn 17
c) Informationsschutzfunktionen beim Verbraucherbauvertrag 18
3. Verhandlungsmacht 19

III. Anwendungsbereich
1. Unionsrechtlicher Rahmen des Verbrauchervertrages 20
a) Unionsrechtlicher Rahmen in persönlicher Hinsicht 20
b) Unionsrechtlicher Rahmen in sachlicher Hinsicht 22
2. Persönlicher Anwendungsbereich 24
a) Verbraucher 24
aa) Natürliche Personen 26
bb) Juristische Personen 27
cc) Personen(handels-)gesellschaften 32
dd) WEG 36
ee) Innenverbände 41
b) Unternehmer (§ 14 BGB) 42
3. Sachlicher Anwendungsbereich 43
a) Abgrenzung zwischen VRRL und §§ 650i ff BGB 44
b) Von § 650i Abs 1 BGB erfasste Verträge 49
aa) Große Verbraucherbauverträge – Verträge nach § 650i Abs 1 BGB 49
bb) Kleine Verbraucherbauverträge – keine Verträge nach § 650i Abs 1 BGB 50
cc) Mittlere Verbraucherbauverträge = Einzelgewerke? 51
4. Zeitlicher Anwendungsbereich 65

IV. Bau- bzw Umbauverpflichtung (§§ 631, 633 BGB) 66

V. Bau eines neuen Gebäudes (§ 650i Abs 1 Alt 1 BGB) 67

VI. Erhebliche Umbaumaßnahmen (§ 650i Abs 1 Alt 2 BGB)
1. Ursprung und die Vorgaben der VRRL 70
2. Erheblichkeit als normative Gleichwertigkeit mit dem Neubau 72
3. Begriff des Umbaus 75
a) Richtlinienautonome Auslegung des Umbaubegriffs 75
b) Eingriff in die bauliche Substanz 76
c) Instand*setzungs*- und Renovierungsmaßnahmen 77
d) Instandhaltungsmaßnahmen 78

VII. Textform des Verbraucherbauvertrages (§ 650i Abs 2 BGB)
1. Ursprung und Zwecksetzung 80
2. Anforderungen an die Textform (§ 126b BGB) 82
3. Gegenstand der Textform (Vertragsänderungen, Nachträge) 83
4. Rechtsfolgen fehlender Textformeinhaltung 84
5. Implikationen der Textform mit der notariellen Beurkundung nach § 311b Abs 1 S 1 BGB 86
a) Rechtliche Einheit 86
b) Vorrang der notariellen Beurkundung 87
c) Heilung durch Eintragung nach § 311b Abs 1 S 2? 90

VIII. Ergänzende Geltung des Kapitels 3 (§ 650i Abs 3 BGB) 96

Alphabetische Übersicht

Abrechnungsstruktur 6
Abschlagszahlungen 6, 13, 51
Anwendungsbereich 20 f
asymmetrische Informationslage 17
Aufhebungsvertrag 62
Ausschlusstatbestand 2, 44 f, 70, 78
Ausschreibungen 3, 16 f
Außen-GbR 34

Baubeschreibung 13, 18, 51, 56, 81, 85, 87 f
Baubeschreibungspflicht 6, 13, 85
Bauherrengemeinschaft 34
Beurkundung 46, 86 f, 89, 95
Bruchteilsgemeinschaft 26, 41

Dauerschuldverhältnis 64
Dual-Use 25

eheliche Gütergemeinschaft 41
Eigenleistungen 58
Einzelgewerke 22, 51, 54, 56 ff, 74
Einzelrechtsfähigkeit 32
Erbengemeinschaft 26, 41
erheblichen Umbaumaßnahmen 40, 44, 49 ff, 54, 57, 61, 70 ff, 77, 79
Erneuerungsmaßnahmen 67
Erweiterungsmaßnahmen 67
Exklusivitätsverhältnis 53

Fassade 49, 71
Fernabsatz 2, 20, 35, 45, 48, 61
Fertigbauhäuser 67

GbR 34 ff
gemeinnützige GmbH 21, 27, 29
gemeinnützige Stiftung 21, 28 f
gemeinnütziger Verein 21, 27 ff
Gesamtnichtigkeit 84 f, 95
Gesamtrechtsfähigkeit 32
Gewerblichkeit 31, 33, 64
Große Verbraucherbauverträge 22, 49
Grundstückskaufvertrag 46, 86 f, 93, 95

Handelsgewerbe 33 f
Hauptleistungspflichten 86
Haustürgeschäftsrichtlinie 2, 44 f, 70

Industriehalle 25, 69
Informationsdefizit 6, 15, 17, 30, 56, 81
Informationsmodell 15 f
Insolvenzrisiko 56
Instandhaltungsmaßnahmen 77 ff
Instandsetzungsmaßnahmen 77, 79
intervertraglicher Verbraucherschutz 13

Juristische Personen 27, 31, 38 f, 42

Kalkulationsstruktur 6

KG 33, 37
Klauselrichtlinie 21
kleine Verbraucherbauverträge 22, 50
Kompromissmodell 16
konfrontative Vertragskultur 3, 17
Konkretisierung 1
Kostenfaktor 9, 13, 30, 40, 56

Miteigentümergemeinschaft 41
mittlere Verbraucherbauverträge 22, 51

Natürliche Personen 21, 26, 29, 35
normative Gleichwertigkeit 72
Nutzungszweck 69

OHG 33

Personen(handels-)gesellschaften 32
Persönlicher Anwendungsbereich 26 f
Photovoltaikanlage 73
Planungsfunktion 18
postvertraglicher Schutz 13

Rechtssicherheit 63
Relativität der Schuldverhältnisse 25, 69
Renovierungsmaßnahmen 75 ff

Sachlicher Anwendungsbereich 43 f, 51 ff, 60 ff
Schutzmodell 16, 19
Selbstorganschaft 32
Selbstständigkeit 31, 64
Spezialisierung 1
Statistische Erhebungen 10

Teilgewerke 53 f
Teilkündigung 62
Teilrechtsfähigkeit 37
Textform 13, 18, 51, 80 ff, 91 ff

Überprüfungsfunktion 18
Umbaubegriff 75 ff

Verbraucherbauverträge im weiteren Sinne 22, 50
Verbraucherrechterichtlinie (VRRL) 2
Verbraucherschutzgefälle 22, 61
Verbraucherverträge 20 f, 35, 61
Verhandlungsmacht 7, 19, 30, 56
vermögensverwaltende Tätigkeit 25, 69
vermögensverwaltende GbR 38
Vermögensverwaltung 25, 38
vertraglicher Wirksamkeitsschutz 13
Vertragsakzessorietät 86
Vertrauensfunktion 18
Vertriebsform 2, 20 ff, 31, 44, 48, 50, 61, 78
Vollharmonisierungsgrundsatz 21, 61
vorvertragliche Schutzfunktion 13

Wandelbarkeiten der Verbraucherrolle 64
Warnfunktion 89
WEG 36 ff
wesentlichen Eigenschaften 18
Wettbewerbsfunktion 18
Widerrufsgrund 14
Widerrufsrecht 6, 14, 44, 47, 51, 78
Wohngebäude 25, 68 f

Zeitlicher Anwendungsbereich 65
zusammengesetzte Verträge 86, 89

I. Einführung

1 Das deutsche Privatrecht durchlebt bereits seit mehreren Dekaden in vielfältigen Regelungsbereichen eine stets voranschreitende, **sukzessive Spezialisierung, tiefergehende Konkretisierung und Detaillierung**. Die Mannigfaltigkeit der besonders ausgeprägten vertraglichen Schuldverhältnisse hat neue Vertragsmuster und neue Vertragstypologien hervorgebracht. Am deutlichsten ist dies etwa im Bereich des Auftrags- und Geschäftsbesorgungsrechts (§§ 662 ff, 675 ff BGB) wahrzunehmen, was manchen Rechtswissenschaftler bereits dazu veranlasste, eine Systembildung anhand einer alphabetischen Zusammenstellung der unter das Geschäftsbesorgungsrecht fallenden Verträge vorzunehmen (Staudinger/Martinek/Omlor [2017] § 675 Rn B1–B265). Zurückzuführen ist diese Progression auf die **ökonomischen, sozialen sowie ge-**

sellschaftlichen Veränderungen seit der zweiten Hälfte des 20. Jahrhunderts, die nicht zuletzt durch die Internetrevolution in den 1970er Jahren befeuert wurden und seither die privatrechtlichen Vertrags- und Schuldverhältnisse entscheidend mitgestalten. Zu den aktuellsten Entwicklungen gehört die im Wege der Distributed-Ledger-Technologie zunehmende Tokenisierung der Rechtsordnung, in ihrer bekanntesten Unterart – der Blockchain-Technologie. Ihr Facettenreichtum und ihre Auswirkungen auf dieselbe, sind, wenngleich in den letzten Jahren mehr und mehr zentraler Forschungsgegenstand eines „Rechts der Digitalisierung", auch heute noch nicht in aller Gesamtheit abzusehen.

2 Vielen neuen Veränderungen konnte das existierende und insoweit „wehrhafte" deutsche Privatrecht ertrotzen. Anderen gravierenden Veränderungen dahingegen nicht. Und weil das Recht und die Gesetzgebung naturgemäß mindestens eine Sekunde hinter der Wirklichkeit zurückbleiben, provozierten diese Umstände breite Rechtslücken, die de lege lata nicht mehr zu schließen waren. Vornehmlich das deutsche Schuldrecht musste daher immer wieder neue Modifikationen erfahren. Eine bedeutende soziale Säule dieser Veränderungen bildet der immer akuter gewordene **Schutz des Verbrauchers**. Daher sind sukzessive besondere Vorschriften für den Verbrauchsgüterkauf (§§ 474 ff BGB), den Verbraucherdarlehensvertrag (§§ 491 ff BGB) und für die besonderen Vertriebsformen der Fernabsatzverträge, der außerhalb von Geschäftsräumen geschlossenen Verträge sowie der Verträge im elektronischen Geschäftsverkehr (§§ 312 ff BGB) entstanden, die allesamt auf die europäische Gesetzgebung, insbes auf die **Verbraucherrechterichtlinie (VRRL)** und die vor ihr geltenden **Fernabsatz- und die Haustürgeschäftsrichtlinien** zurückzuführen waren. Insoweit stellt die Regelung des besonderen Verbraucherbauvertrages **ein weiteres, bedeutendes Glied in der Kette des umfassenden privatrechtlichen Verbraucherschutzes** dar. Die Aufnahme des Verbraucherbauvertrages nach dem Leitbild des § 650i Abs 1 BGB ist dabei nicht direkt, sondern im Wege der negativen Abgrenzung zur VRRL – genauer: zum **Ausschlusstatbestand in Art 3 Abs 3 lit f VRRL**, bedingt worden (Vorbem 15 zu §§ 650i–650n).

3 Die spezielle Regelung eines Verbraucherbauvertrages geht mit der **Einführung der besonderen Vorschriften für eine eigenständige werkvertragsrechtliche Kategorie des Bauvertrages nach § 650a BGB** einher. Diese Reform war lange überfällig – so finden sich erste Reformbestrebungen bereits in den 80er Jahren. Endlich erkannte der Gesetzgeber, dass „das Baurecht … zu einer komplexen Spezialmaterie geworden" ist, zu der eine umfangreiche Rechtsprechung erging. „Diese ist für den Rechtsanwender kaum noch zu überblicken". Das geltende Werkvertragsrecht ist in Ansehung der unterschiedlichen möglichen Vertragsgegenstände sehr allgemein gehalten. „Für die **komplexen, auf eine längere Erfüllungszeit angelegten Bauverträge** sind die Regelungen des Werkvertragsrechts häufig nicht hinreichend. Wesentliche Fragen des Bauvertragsrechts sind gesetzlich nicht geregelt, sondern der Vereinbarung der Parteien und der Rechtsprechung überlassen. Das **Fehlen klarer gesetzlicher Vorgaben** erschwert eine interessengerechte und ökonomisch sinnvolle Gestaltung und Abwicklung von Bauverträgen" (BT-Drucks 18/8486, 1, Hervorhebungen durch den Verf). Die **Komplexität** sieht der Gesetzgeber in der **Eigenart des Baugeschehens** selbst und in den **während des Baus auftretenden Veränderungen** (BT-Drucks 18/8486, 24). Reformbedarf bestand gerade auch vor dem Hintergrund, dass die Baubranche, wie der Gesetzgeber ausdrücklich betont, „einer der größten und wichtigsten Wirtschaftszweige der Bundes-

republik Deutschland“ ist, die sich aufgrund fehlender klarer gesetzlicher Vorgaben durch eine **konfrontative Vertragskultur** „mit unklaren oder unvollständigen Ausschreibungen und intrasparenten Kalkulations- und Abrechnungspraktiken“ auszeichnete (BT-Drucks 18/8486, 24). Diese gravierenden Regelungsdefizite sollten durch die Implementierung des Bauvertrages nach den §§ 650a ff BGB behoben werden. Vor der Neuregelung noch prekärer war die Sach- und Rechtslage für einen Verbraucher, für dessen Bauverträge der Gesetzgeber eine **„Trias an teleologischen Zwecküberlegungen“** anstellt.

II. Trias der verbraucherbauvertragsrechtlichen Normzwecke

Die gesetzgeberischen Motive für die Implementierung eines eigenständigen Verbraucherbauvertrages können auf **drei Normzwecke** zurückgeführt werden: 4

Die Risiken, welche den Verbraucher bei Abschluss eines Bauvertrages erwarten, sind gänzlich anders geartet als bei den übrigen Vertragstypen. So wende er „für die Errichtung oder den Umbau eines Hauses häufig **einen wesentlichen Teil seiner wirtschaftlichen Ressourcen** auf“ wobei **unerwartete Mehrkosten** „durch eine nicht rechtzeitige Fertigstellung des Baus oder die Insolvenz des beauftragten Bauunternehmers … **gravierende Auswirkungen**“ auf die finanzielle Lage des Verbrauchers haben können (BT-Drucks 18/8486, 1, 24, Hervorhebungen durch den Verf) – **Kostenfaktor** (1.). 5

Der Verbraucherschutz ist allgemein zivilrechtlich durch ein **grundsätzliches Informationsdefizit** (2.) des Verbrauchers geprägt. Die **unklaren oder unvollständigen Ausschreibungen** sowie eine **intransparente Kalkulations- und Abrechnungsstruktur** verschlechtern die Mündigkeit des Verbrauchers, diese nachzuvollziehen weiter, weshalb der Gesetzgeber speziell für diese Art von Verträgen die Kodifikation einer Baubeschreibungspflicht, eine verbindliche Vereinbarung über die Bauzeit, ein Widerrufsrecht sowie die Obergrenze für Abschlagszahlungen für notwendig hielt (BT-Drucks 18/8486, 2, 24). 6

Schließlich konstatiert der Gesetzgeber, dass Verbraucher gegenüber den Bauunternehmern in der Regel **nicht** über die **notwendige Verhandlungsmacht** (3.) verfügen, um für sich günstigere Vertragsbedingungen auszuhandeln (BT-Drucks 18/8486, 24). 7

Die Kombination dieser Überlegungen, die untereinander jeweils Schnittmengen bilden bzw einander bedingen, bewegte den Gesetzgeber zur Schaffung einer eigenständigen vertragsrechtlichen Normenkategorie des Verbraucherbauvertrages. 8

1. Kostenfaktor

a) Gesetzgeberische Kostenzweckiiberlegungen

Die wohl **bedeutendste** (BeckOK-BGB/Voit [1. 2. 2024] § 650i Rn 1; BeckOGK/Merkle [1. 1. 2025] § 650i Rn 2; Langen/Berger/Dauner-Lieb/Rückert § 650i Rn 1; dazu auch Leinemann/Kues/Schlagowsky § 650i Rn 2) **Zwecküberlegung** zur Einführung eines Verbraucherbauvertrages liegt in dem Umfang der wirtschaftlichen und finanziellen Dispositionen, die der Verbraucher beim Bau eines neuen Gebäudes bzw beim erheblichen Umbau eines bereits bestehenden Gebäudes tätigen muss. Der Verbraucher wendet in der Regel den **wesentlichen Teil seiner wirtschaftlichen Ressourcen** auf (BT-Drucks 18/8486, 1, 9

24). Bauverträge in der Größenordnung des § 650i Abs 1 BGB werden, wie der Gesetzgeber feststellt, zumeist **nur einmal im Leben** geschlossen und sind regelmäßig mit **hohen finanziellen Verpflichtungen** verbunden (BT-Drucks 18/8486, 63). Regelmäßig wendet der Verbraucher seine **gesamten Ersparnisse** zur Finanzierung des Bauprojekts auf und ist **über viele Jahre hinweg an ein Immobiliendarlehen gebunden** (BT-Drucks 18/8486, 63; auch LEINEMANN/KUES/SCHLAGOWSKY § 650i Rn 2). Beim Vertrieb von schlüsselfertigen Häusern wird der Verbraucher darüber hinaus häufig mit zeitlich limitierten Rabattangeboten zu **einem schnellen Vertragsabschluss** gedrängt (BT-Drucks 18/8486, 63).

b) Statistische Erhebungen

10 Diverse Statistiken bestätigen die Einschätzung des Gesetzgebers. So betrug laut **statista** der Anteil aller an Privatpersonen vergebenen Kredite im **Jahr 2023** eine Größenordnung von **1.505,7 Milliarden Euro** (https://de.statista.com/statistik/daten/studie/6804/umfrage/kredite-an-privatpersonen-in-deutschland/). Davon beliefen sich die **Wohnungsbaukredite (Wohnungen, Häuser)** der Privatpersonen auf einen Betrag von **1.271,3 Milliarden Euro** (https://de.statista.com/statistik/daten/studie/6809/umfrage/wohnungsbaukredite-an-privatpersonen-in-deutschland/) und stellten somit **knapp 85 % (84,43 %) der gesamten Kreditverbindlichkeiten von Privatpersonen** dar. Die üblichen Konsumentenkredite machten dagegen lediglich einen Umfang von 234,4 Milliarden Euro aus (https://de.statista.com/statistik/daten/studie/6814/umfrage/hoehe-der-konsumentenkredite-in-deutschland/).

11 Beträchtlich sind zudem die **Marktanteile der Wohnungsbaukredite** an der gesamten Kreditvergabe der Banken. Bei Sparkassen nahmen sie im Jahr 2023 insgesamt **35,1 %**, bei Genossenschaftsbanken einen Anteil von **29,4 %** und bei Großbanken einen Anteil von **19,6 %** aller vergebenen Kredite an Unternehmer sowie Verbraucher ein (https://de.statista.com/statistik/daten/studie/580362/umfrage/marktanteile-an-privaten-wohnungsbaukrediten-in-deutschland-bankengruppen/). Aufschlussreich ist auch der **Anteil der Wohnkosten** an den gesamten monatlichen Konsumausgaben. So ließen sich die Wohnkosten (Wohnen, Energie und Wohnungsinstandhaltung) auf **36 % der monatlichen Konsumausgaben von Privatpersonen** beziffern, wozu sowohl Mieten als auch die Bedienung der Immobilienverbindlichkeiten zählen (https://de.statista.com/statistik/daten/studie/380505/umfrage/wohnkostenanteil-an-konsumausgaben-privater-haushalte-in-deutschland/). Am gesamten verfügbaren Haushaltseinkommen betrug ihr Anteil **25,7 %** (https://de.statista.com/statistik/daten/studie/458460/umfrage/wohnkostenanteil-am-haushaltseinkommen-privater-haushalte-in-deutschland/).

12 Lohnenswert erscheint auch der Blick auf die **Überschuldungsgründe** in Deutschland (auf diese Statistik hat bereits SOERGEL/GLÖCKNER Vor §§ 650i–650o Rn 2 hingewiesen). Zu den häufigsten Überschuldungsgründen zählen im Jahr 2024: (1) Erkrankung, Sucht, Unfall (18,4 %) sowie (2) die Arbeitslosigkeit mit 18,1 %. **(3)** Mit **14,9 %** ist auf dem dritten Platz die **unwirtschaftliche Haushaltsführung** angegeben, wobei bei **statista** ausdrücklich hervorgehoben wird, dass die **steigenden Wohnkosten** ursächlich dafür sein können, dass bei Privatpersonen **nachhaltige Zahlungsschwierigkeiten** auftreten (https://de.statista.com/statistik/daten/studie/166338/umfrage/anzahl-der-schuldner-in-deutschland-seit-2004/).

c) Niederschlag des Kostenfaktors in den §§ 650i ff BGB

13 Die Gesetzgebungsmotivation der mit dem Abschluss eines Verbraucherbauvertrages eingegangen wirtschaftlichen Dispositionen schlägt sich **in jeder den Verbraucher**

schützenden Norm nach den §§ 650i ff BGB nieder. Die **Textform gem § 650i Abs 2 BGB** sowie die **Baubeschreibungspflicht nach § 650j BGB**, mit ihren weitreichenden **vorvertraglichen Informationspflichten aus § 650j BGB iVm Art 249 EGBGB**, sollen den Verbraucher bereits „vor dessen Vertragserklärung" und demnach vor Eingehung hoher finanzieller Verbindlichkeiten schützen **(vorvertragliche Schutzfunktion)**. Die **Baubeschreibung** wird gem § 650k Abs 1 iVm § 650j BGB darüber hinaus zum Gegenstand des Vertrages und erlangt auf diese Weise eine **vertragliche Dimension** (es sei denn, die Vertragsparteien haben etwas anderes vereinbart). Die AGB-Kontrolle nach den §§ 307 ff BGB, die bei einem Verbraucherbauvertrag gem § 650k BGB zulasten des Unternehmers noch weiter verschärft wird, schützt den Verbraucher hinsichtlich der Wirksamkeit auf der vertragsinhaltlichen Ebene **(vertraglicher Wirksamkeitsschutz)**. Die teilweise **herabgesetzten Anforderungen an die Abschlagszahlungen** sowie an die **Höhe der Absicherung der Vergütungsansprüche** gem der §§ 650m, 632a, 650b, 650c BGB schützen den Verbraucher während der Vertragserfüllung **(intervertraglicher Verbraucherschutz)**. Die **Pflichten zur Erstellung und Herausgabe von Unterlagen nach § 650n BGB** schützen den Verbraucher vor der Ausführung der geschuldeten Bauleistung (§ 650n Abs 1 S 1 BGB) bis zur Phase der Fertigstellung (§ 650n Abs 2 BGB) und reichen überdies noch in den nachvertraglichen Bereich des Schuldverhältnisses hinein **(postvertraglicher Schutz)**.

Zentral hat der Schutz des Verbrauchers vor Eingehung immenser wirtschaftlicher Verbindlichkeiten indes im **Widerrufsrecht nach § 650l iVm §§ 355 ff BGB** seinen Ausdruck gefunden (Omlor JuS 2016, 967, 968; dass dieser Schutz teilweise nicht ausreichend ist, zutreffend kritisch Magnus JZ 2019, 224, 225). Das Widerrufsrecht zeichnet sich gegenüber anderen einseitigen Vertragsbeendigungsgründen (Kündigung, Rücktritt, Störung der Geschäftsgrundlage, Schadensersatz statt der ganzen Leistung) gerade dadurch aus, dass dieses **keinen materiell-rechtlichen Widerrufsgrund** voraussetzt. Innerhalb der Widerrufsfrist soll dem Verbraucher die **einzigartige Möglichkeit** gegeben werden, die mit der Eingehung eines Verbraucherbauvertrages getroffenen wirtschaftlichen Entscheidung einer nochmaligen Überprüfung zu unterwerfen und im Zweifel **grund- und voraussetzungslos** davon Abstand zu nehmen. 14

2. Informationsdefizit

a) Grundsätzliches Informationsdefizit des Verbrauchers

Nicht nur bei einem Verbraucherbauvertrag, sondern ganz grundsätzlich liegt die **allgemeine sachliche Rechtfertigung** für einen besonderen und **umfassenden Schutz des Verbrauchers** darin begründet, dass der Verbraucher im Verhältnis zu seinem unternehmerischen Vertragspartner unter einem **fundamentalen Informationsdefizit** leidet (Dauner-Lieb, Verbraucherschutz durch Ausbildung eines Sonderprivatrechts für Verbraucher [1983] 63 „Informationsgefälle", 67 „typische Informationsdefizite"; Schumacher, Vertragsaufhebung wegen fahrlässiger Irreführung unerfahrener Vertragspartner [1979] 77: unerfahrene Rechtsgenossen, „die besonders informationsbedürftig sind"; s auch Grunewald/Peifer, Verbraucherschutz im Zivilrecht [2010] 6). Unter den allgemein aufgestellten **Verbraucherschutzbegründungsmodellen** (grundlegend zu Modellen Tamm, Verbraucherschutzrecht [2011] 138 ff) bringt dies das sog **Informationsmodell** zum Ausdruck (Gröner/Köhler, Verbraucherschutzrecht in der Marktwirtschaft [1987] 43; so in Bezug auf den Verbraucherbauvertrag im Speziellen auch jurisPK-BGB/Segger-Piening § 650i Rn 9; BeckOK-BGB/Martens [1. 2. 2025] § 13 Rn 3; Staudinger/Fritzsche [2024] § 13 Rn 5). 15

16 Dieses Modell kann in seiner Einstufung als **Minimalansatz** zwar nicht alleine überzeugen. Vielmehr muss das Informationsmodell mit dem andererseits zu weit gehenden **Schutzmodell (Maximalansatz)**, welches dem Verbraucher eine **strukturell schwache Position** gegenüber dem Unternehmer attestiert (Reich, Markt und Recht [1977] 185: „Die Asymmetrie der Macht- und Kommunikationsstruktur setzt sich in der Asymmetrie des Rechtes fort"; Schmude, in: FS Ballerstedt [1975] 481, 487, 489; Grunewald/Peifer, Verbraucherschutz im Zivilrecht [2010] 6; BeckOK-BGB/Martens [1. 2. 2025] § 13 Rn 3; Staudinger/Fritzsche [2024] § 13 Rn 5) und auf diesem Wege zum einen den ersteren tendenziell bevormundet und zum anderen den letzteren tendenziell unangemessen benachteiligt, zu einem **Kompromissmodell** vereinigt werden (Jagenburg/Baldringer/Vowinckel/Meier, Der Werkvertrag [im Erscheinen]). Nach diesem Kompromissmodell wird bei der **„gestörten Vertragsparität"** (Breidenbach, Die Voraussetzungen von Informationspflichten beim Vertragsschluß [1989] 25; Bülow/Artz, Verbraucherprivatrecht [6. Aufl 2018] 5) daher nicht nur die **Person des Verbrauchers** als solche in den Blick genommen, sondern eine **situativ-spezifische Beurteilung** zugrunde gelegt (BeckOK-BGB/Martens [1. 2. 2025] § 13 Rn 3; Staudinger/Fritzsche [2024] § 13 Rn 5 ff; Jagenburg/Baldringer/Vowinckel/Meier, Der Werkvertrag [im Erscheinen]). **Maßgeblich** sind daher nicht nur die abstrakten Schutzdefizite des Verbrauchers, sondern im Hinblick auf den Verbraucherbauvertrag die **spezifischen verbraucherbauvertragsrechtlichen Schutzüberlegungen** (Jagenburg/Baldringer/Vowinckel/Meier, Der Werkvertrag [im Erscheinen]).

b) Konkretes Informationsdefizit des Verbraucher-Bauherrn

17 Bei einem Verbraucherbauvertrag äußert sich das fundamentale Informationsdefizit des Verbraucher-Bauherrn in einer besonderen Weise (vollkommen zutreffend daher jurisPK-BGB/Segger-Piening § 650i Rn 9, wenn er konstatiert, dass die Regelungen des Verbraucherbauvertrags sich „in den methodischen Kanon des bestehenden Verbraucherschutzrechts" einreihen; Langen/Berger/Dauner-Lieb/Rückert § 650i Rn 1; Leinemann/Kues/Schlagowsky § 650i Rn 2). Der Gesetzgeber identifiziert eine **konfrontative Vertragskultur** in der Baubranche, die mit **„unklaren oder unvollständigen Ausschreibungen"** sowie mit **„intransparenten Kalkulations- und Abrechnungspraktiken"** verbunden ist (BT-Drucks 18/8486, 24) und konstatiert eine in der Regel bestehende **asymmetrische Informationslage zwischen Verbraucher und Unternehmer** (BT-Drucks 18/8486, 62). Das folgt nicht zuletzt daraus, dass der Unternehmer gegenüber dem Verbraucher über eine deutlich **größere geschäftliche und fachliche Kompetenz** verfügt (BeckOGK/Merkle [1. 1. 2025] § 650i Rn 2). Insbes schöpft der Bauunternehmer aus einem erheblichen Wissensvorsprung betreffend die Arten der Bauleistungen sowie Baumaterialen und -produkte (Lenkeit BauR 2017, 454, 465).

c) Informationsschutzfunktionen beim Verbraucherbauvertrag

18 Diesem Schutzdefizit begegnet der Gesetzgeber mit einer Reihe von gesetzlichen Vorgaben. Insbes müssen dem Verbraucher nach **§ 650j BGB** die **vorvertraglichen Informationen** in Form einer **Baubeschreibung in Textform (§ 1)** zur Verfügung gestellt werden, deren Einzelheiten sich aus **Art 249 EGBGB** ergeben. Bedeutend sind dabei **(§ 2)** die **wesentlichen Eigenschaften des angebotenen Werks**, die in **klarer** Weise darzustellen sind (dazu Basty MittBayNot 2017, 445, 450), sowie gem § 2 Abs 2 des Art 249 EGBGB die **verbindlichen Angaben zur Bauzeit** (BT-Drucks 18/8486, 62). Durch einen solchen Verbraucherschutz sollen den bei Vertragsverhandlungen entstandenen **gerechtfertigten Erwartungen des Bestellers** Genüge getan **(Vertrauensfunktion)**, die **Überprüfung der angebotenen Leistung (Überprüfungsfunktion)** und der **Vergleich mit**

den Angebotsleistungen anderer Unternehmer (Vergleichs- und Wettbewerbsfunktion) (BT-Drucks 18/8486, 62; NK-WerkBauVertrR/POLKOWSKI § 650j Rn 2) sowie eine **verlässliche Planung** im Hinblick auf die bestehenden Lebensumstände und die daraus folgenden Folgefragen (Kündigung des bestehenden Mietvertrages, die Planung des Umzuges) **(Planungsfunktion)** ermöglicht werden [BT-Drucks 18/8486, 62; OMLOR JuS 2016, 967, 968]).

3. Verhandlungsmacht

Schließlich führt der Gesetzgeber die **strukturell schwächere Position des Verbrauchers** gegenüber dem Unternehmer an, die ihn davon abhalten würde, die für sich günstigeren Vertragsvereinbarungen auszubedingen (BT-Drucks 18/8486, 1; auch BeckOGK/MERKLE [1.1.2025] § 650 Rn 28) bzw für ihn ungünstige zu verhindern (BT-Drucks 18/8486, 37). Darin äußert sich das bereits genannte **Schutzmodell**, nach dem angenommen wird, dass der Verbraucher sich in einer **strukturell unterlegenen Position** befindet und dieser das **Diktat des Unternehmers** regelmäßig hinnehmen muss. Die strukturell stärkere Position des Bauunternehmers resultiert vornehmlich aus seiner **erheblichen fachlichen Überlegenheit sowie seiner Vertragsabschlussübung bzw -routine**, die üblicherweise einen breiten Missbrauch ermöglicht (LENKEIT BauR 2017, 454, 465 zum „erheblichen Wissensvorsprung" und zu möglichen Missbrauchsszenarien). So verweist LENKEIT zu Recht auf vollkommen geschäftsunerfahrene Verbraucher, die wegen der **psychologischen Beeinflussung** und der hinzutretenden **Überraschungseffekte** zu schnellen Vertragsabschlüssen gedrängt werden, die sie unter normalen Umständen nicht tätigen würden (BauR 2017, 454, 465). Aus diesen Gründen verdienen sie einen breiten Verbraucherschutz, insbes bei Verbraucherbauverträgen, die üblicherweise nur einmal im Leben geschlossen werden, dafür aber so lange Vertragsbindungen (Kredite) mit sich bringen. 19

III. Anwendungsbereich

1. Unionsrechtlicher Rahmen des Verbrauchervertrages

a) Unionsrechtlicher Rahmen in persönlicher Hinsicht

Verbraucherbauverträge sind ausweislich § 650i Abs 1 BGB **Verträge zwischen einem Verbraucher und einem Unternehmer**. Sie sind daher auch als **Verbraucherverträge iSv § 312 Abs 1 BGB** einzuordnen, was die teilweise Anwendung von § 312a BGB gem § 312 Abs 2 BGB (§ 312a Abs 1, 3, 4, 6 BGB) nachweist (dazu auch MAASE BauR 2022, 1549, 1555). Dass in **§ 312 Abs 2 Nr 3 BGB** Verbraucherbauverträge aus dem Anwendungsbereich der §§ 312 ff BGB herausgenommen werden, ist **(1)** durch die fehlende europäische Gesetzgebungskompetenz, **(2)** die tendenziell fehlende Eignung dieser Verträge für die in den §§ 312b ff BGB vorgesehenen besonderen Vertriebsformen (Fernabsatz, AGV, elektronischer Geschäftsverkehr) und **(3)** die konsequente Tatsache, dass diese Verträge in diesen Vertriebsformen auch tatsächlich (selten) geschlossen werden, bedingt (dazu umfassend und kritisch Vorbem 19 ff zu §§ 650i–650n). Diese Gründe berauben jedoch Verbraucherbauverträge nicht ihrer **Qualifikation als Verbraucherverträge**. Obwohl in § 312 Abs 1 BGB nicht mehr ausdrücklich auf die Definition des Verbrauchervertrages **gem § 310 Abs 3 BGB** verwiesen wird, war mit diesem Verweisungsfortfall keine inhaltliche Änderung verbunden (Vorbem 15 zu §§ 650i–650n). Es gelten daher für die Definition des **Verbrauchers § 13 BGB** und für die des **Unternehmers § 14 BGB**. 20

21 Die Definition des Verbrauchers ist ursprünglich auf **Art 2 lit b der Klauselrichtlinie** (Richtlinie 93/13/EWG 5. 4. 1993 über mißbräuchliche Klauseln in Verbraucherverträgen, Amtsblatt Nr L 095 vom 21. 4. 1993 S 0029 – 0034) sowie auf **Art 2 Nr 1 VRRL** zurückzuführen. In **Erw 16 VRRL** legt der unionale Gesetzgeber schlicht fest, dass die Definition des Verbrauchers nur natürliche Personen umfassen „sollte". Diese Vorgabe ist **trotz** des in **Art 4 VRRL** zugrunde gelegten **Vollharmonisierungsgrundsatzes** jedoch **nicht in Stein gemeißelt**, da der europäische Gesetzgeber in **Erw 13 der VRRL** den Mitgliedstaaten ausdrücklich die **Befugnis** eingeräumt hat, „diese Richtlinie auf Bereiche anzuwenden, die nicht in deren Anwendungsbereich fallen". Dabei hat der europäische Gesetzgeber sogleich einen zentralen Punkt im Blick:

> „So können die Mitgliedstaaten beispielsweise beschließen, die Anwendung dieser Richtlinie auf juristische oder natürliche Personen auszudehnen, die keine ‚Verbraucher' im Sinne dieser Richtlinie sind, beispielsweise Nichtregierungsorganisationen, neu gegründete oder kleine und mittlere Unternehmen."

Die **Gründe für diese Extension** sind verschieden. Zuvörderst wollte der unionale Gesetzgeber keine Hindernisse dafür bereiten, dass der Verbraucherschutz in den jeweiligen Mitgliedstaaten nicht noch größere Ausstrahlungswirkung findet, als dies nach der VRRL ohnehin schon der Fall ist. Ein anderer, bedeutender Grund besteht freilich darin, dass er sich auch **nicht** in die jeweiligen nationalen **Vertrags- und Gesellschaftsrechtsordnungen einmischen wollte** und teilweise auch **nicht durfte** (im Hinblick auf das Vertragsrecht spricht er dies in Erw 14 ausdrücklich an). Insoweit wäre auch nach deutschem Recht prospektiv eine Öffnung des Verbraucherbegriffs für juristische Personen **de lege ferenda** möglich und mE für **gemeinnützige Vereine, (rechtsfähige) gemeinnützige Stiftungen sowie für die gemeinnützige GmbH (gGmbH)**, sofern ihr Betrieb nach Art oder Umfang einen in kaufmännischer Weise eingerichteten Geschäftsbetrieb nicht erfordert (Gedanke des § 1 Abs 2 HGB), auch **dringend geboten** (dazu Rn 27 ff).

b) Unionsrechtlicher Rahmen in sachlicher Hinsicht

22 In sachlicher Hinsicht gestaltet sich die Rechtslage hiergegen weitaus komplizierter. Von der VRRL sind lediglich **„kleine Verbraucherbauverträge" bzw Verbraucherbauverträge im weiteren Sinne** (s zu dieser Terminologie Vorbem 6, 18 zu §§ 650i–650n) umfasst. Die **„großen Verbraucherbauverträge"** zwischen einem Verbraucher und einem Unternehmer nach dem Muster des § 650i Abs 1 BGB sind gem Art 3 Abs 3 lit f VRRL dem Geltungsbereich der Richtlinie entzogen. Der deutsche Gesetzgeber hat die vorvertraglichen Informationspflichten in der Umsetzung des Art 5 VRRL gem § 312a Abs 1, 3, 4, 6 BGB zulässigerweise auch auf Verbraucherbauverträge (s zur Möglichkeit dieser Öffnungen Vorbem 15 zu §§ 650i–650n sowie Rn 61) erstreckt, diese Verträge ansonsten jedoch ausgenommen. Die Auslagerung war durch **(1)** die fehlende Gesetzgebungskompetenz des europäischen Gesetzgebers, **(2)** eine fehlende Eignung dieser Verträge für besondere Vertriebsformen und **(3)** dem fehlenden Abschluss dieser Verträge in dieser Form in tatsächlicher Hinsicht bedingt (dazu Vorbem 19 ff zu §§ 650i–650n). Dieses **Nebeneinander** der unionalen Gesetzgebung für kleine Verbraucherbauverträge und der nationalen Gesetzgebung für große Verbraucherbauverträge hat nach den gegebenen Bestimmungen komplizierte Implikationen hervorgerufen (dazu Vorbem 6 zu §§ 650i–650n sowie Rn 61). Insbes für **mittlere Verbraucherbauverträge** ergibt sich ein **gravierendes Verbraucherschutzgefälle**, das **de lege lata** zwar vermeidbar gewesen wäre,

wobei der BGH unlängst in seiner Entscheidung zu Einzelgewerken (BGH 16. 3. 2023 – VII ZR 94/22, NZBau 2023, 375) jedoch die Chance verpasste, den infolgedessen entstehenden Wertungswiderspruch zu beheben (Rn 53 ff).

Aus der Gesamtschau der Regelungen nach den §§ 312 ff BGB auf der einen und den §§ 650i ff BGB auf der anderen Seite ergibt sich daher folgendes Bild: 23

Besondere Vertriebsformen nach den §§ 312b ff BGB **liegen vor**:

Art von Verträgen	**Kleine VB-Verträge**	**Mittlere VB-Verträge**	**Große VB-Verträge**
Schutzvorschriften	§§ 312 ff BGB	§§ 312 ff BGB Vorrang der VRRL vor §§ 650i ff BGB	§ 312 Abs 2 BGB iVm § 312a Abs 1, 3, 4, 6 BGB §§ 650i ff BGB

Besondere Vertriebsformen nach den §§ 312b ff BGB **liegen nicht vor**:

Art von Verträgen	**Kleine VB-Verträge**	**Mittlere VB-Verträge**	**Große VB-Verträge**
Schutzvorschriften	§§ 312, 312a BGB	**Str** 1. Ansicht: §§ 312, 312a BGB 2. Ansicht: § 312 Abs 2 BGB iVm § 312a Abs 1, 3, 4, 6 BGB §§ 650i ff BGB	§ 312 Abs 2 BGB iVm § 312a Abs 1, 3, 4, 6 BGB §§ 650i ff BGB

2. Persönlicher Anwendungsbereich

a) Verbraucher

Beim Verbraucher handelt es sich um eine **natürliche Person**, die ein Rechtsgeschäft zu Zwecken abschließt, die **überwiegend weder ihrer gewerblichen noch ihrer selbstständigen Tätigkeit** zugerechnet werden können. 24

Das **Merkmal des „Überwiegens“** ist auf die Änderung durch die VRRL (Art 2 Nr 1 VRRL) zurückzuführen, um **Dual-Use-Problematiken** Herr zu werden. Gem **Erw 17 der VRRL** konstituieren **„Verträge mit doppeltem Zweck“** nur dann die Verbrauchereigenschaft, wenn sie nicht überwiegend gewerblichen Zwecken dienen. Wann private die gewerblichen Zwecke überwiegen, bleibt indes weiterhin problematisch (s dazu Glöckner BauR 2014, 411, 413; BeckOGK/Merkle [1.1.2025] § 650i Rn 28) und muss **in jedem Einzelfall normativ gelöst werden** (BGH 23. 10. 2001 – XI ZR 63/01, NJW 2002, 368 f), wobei darunter **alle entscheidenden Faktoren**, die für die **Zweckrichtung des Handels** entscheidend sind, beurteilt werden müssen. Dies ist freilich der besonderen Mate- 25 rie des Bauvertragsrechts geschuldet. Bei Baugeschäften könnte eine Immobilie in Auftrag gegeben werden, die teilweise privat und teilweise gewerblich genutzt werden soll. In diesem Fall würde es sich anbieten, auf die **Fläche, den Wert** (GLÖCKNER BauR 2014, 411, 413; ibrOK-BauVertrR/STRETZ [22. 4. 2024] § 650i Rn 13; insoweit kann den absoluten Aussagen des OLG Dresden 10. 6. 2015 – 5 U 1847/14, WM 2017, 371, 373, wonach es bei der Vermietung oder Verpachtung von Immobilien nicht auf die Größe der Fläche ankomme, nicht zugestimmt werden) bzw auf den **Anteil der jeweils entfallenden Baukosten** abzuheben (BeckOGK/MERKLE [1.1.2025] § 650i Rn 28). Soll eine Immobilie teilweise gewerblich genutzt und teilweise vermietet werden, kann die Vermietung als eine oft **vermögensverwaltende Tätigkeit** den privaten Zwecken zugerechnet werden (BeckOGK/MERKLE [1.1.2025] § 650i Rn 29). Zu einer gewerblichen Tätigkeit wird sie selbstredend dann, wenn der mit der Vermögensverwaltung einhergehende **organisatorische und zeitliche Betrieb wertend in einem planmäßigen Geschäftsbetrieb** mündet (BGH 23. 10. 2001 – XI ZR 63/01, NJW 2002, 368 f; OLG Dresden 10. 6. 2015 – 5 U 1847/14, WM 2017, 371, 373; GLÖCKNER BauR 2014, 411, 413). **Keine gewerbliche Tätigkeit** ist anzunehmen, wenn eine **Industriehalle** in Auftrag gegeben, die der Verbraucher **an einen Dritten zu vermieten gedenkt**. Die Vermietung stellt grundsätzlich **keine gewerbliche, sondern vermögensverwaltende Tätigkeit** dar und gehört als solche in die Kategorie der **privaten Zwecke einer natürlichen Person** (LANGEN/BERGER/DAUNER-LIEB/RÜCKERT § 650i Rn 11). Insoweit muss zwischen der **Nutzungsabsicht des Dritten** und derjenigen **des das Gebäude in Auftrag gebenden Bestellers** unterschieden werden; eine klassische Ausprägung der **Relativität der Schuldverhältnisse** (JAGENBURG/BALDRINGER/VOWINCKEL/MEIER, Der Werkvertrag [im Erscheinen]). Dabei ist zu beachten, dass die Errichtung eines Wohngebäudes **nicht automatisch** die Verbrauchereigenschaft begründet und die Errichtung eines Gewerbegebäudes **nicht automatisch** die Verbrauchereigenschaft ausschließt (OMLOR NJW 2018, 817, 819). **Entscheidend** sind vielmehr die **konkreten, dem Abschluss des Bauvertrages zugrundeliegenden Zwecke.**

aa) Natürliche Personen

26 Unter natürliche Personen fallen **Menschen** („aus Fleisch und Blut", BeckOGK/ALEXANDER [1. 2. 2025] § 13 Rn 224). **Nicht bedeutend** für die (tatbestandliche) Annahme einer natürlichen Person sind offensichtlich Fragen der Geschäftsfähigkeit, der individuellen Kenntnisse und Fähigkeiten, insbes nicht die Einsichtsfähigkeit, sowie die Frage der Staatsangehörigkeit oder der Ansässigkeit (BeckOGK/ALEXANDER [1. 2. 2025] § 13 Rn 225 ff). Die Verbrauchereigenschaft setzt lediglich die Rechtsfähigkeit voraus (§ 2 BGB). Ebenso **irrelevant** ist, ob der Verbraucher bei Vertragsverhandlungen oder beim Vertragsschluss von einem Fachmann, etwa einem Architekten oder einem Bauingenieur, **vertreten** wird (BeckOGK/MERKLE [1.1.2025] § 650i Rn 22). § 13 BGB beschränkt den Anwendungsbereich nicht auf eine einzige Person (BeckOGK/ALEXANDER [1. 2. 2025] § 13 Rn 229). Auch **mehrere natürliche Personen** können Verbraucher-Vertragspartner sein, es sei denn, sie haben sich gesellschaftsrechtlich zusammengeschlossen, wozu die jeweils einschlägigen Besonderheiten gelten (dazu Rn 27 ff). Haben sich mehrere Personen zu einem **Verband** organisiert, entscheidet die Frage, ob der Verband eine eigene Rechtsfähigkeit erlangt hat (Rn 27 ff) oder es sich vielmehr um einen **bloßen Innenverband** (etwa Bruchteilsgemeinschaft, Erbengemeinschaft usw, s Rn 41) handelt. Im letzteren Falle ist nicht der Innenverband, sondern die jeweiligen Verbandsangehörigen auf ihre Verbrauchereigenschaft zu untersuchen.

bb) Juristische Personen

In ihrem Gegensatz zu natürlichen, sind aus dem Anwendungsbereich des § 13 BGB juristische Personen ausgeschlossen. Verbraucher können **daher weder wirtschaftliche noch gemeinnützige Vereine** (§§ 21, 22 ff BGB), **weder wirtschaftliche noch gemeinnützige GmbH** (§ 4 S 2 GmbHG iVm §§ 51–68 AO), **keine Stiftungen** (§§ 80 ff BGB), **keine AG, keine Genossenschaften oder Europäische Gesellschaft** sein. 27

Dieser Grundausrichtung muss insbes aus verbraucherbauvertragsrechtlichen Gründen zu **bedenken** gegeben werden, dass **die den Verbraucherschutz stützenden teleologischen Leitmotiven bzgl §§ 650i ff BGB** bei (kleinen) gemeinnützigen Vereinen (§ 21 BGB), (rechtsfähigen) gemeinnützigen Stiftungen sowie bei gemeinnützigen GmbH (§ 4 S 1 GmbHG iVm §§ 51–68 AO) **in gleicher, wenn nicht gar in identischer Weise zum Tragen kommen** (Jagenburg/Baldringer/Vowinckel/Meier, Der Werkvertrag [im Erscheinen]; die Ausweitung des § 13 BGB im Wege einer analogen Anwendung befürwortend, Elssner/Schirmbacher VuR 2003, 247, 251 f). 28

Wie natürliche Personen wenden bei der Vergabe von Bauleitungen auch diese juristischen Personen aufgrund ihrer Größe und finanzieller Ausstattung mitunter **einen wesentlichen Teil ihrer wirtschaftlichen Ressourcen** auf und sind über viele Jahre an Kreditverbindlichkeiten gebunden. Diesen Schluss stützen wiederrum die **statistischen Erhebungen**. Die im Jahre 2016 vom **„Forum Zivilgesellschaften“** durchgeführte und durch das Bundesministerium für Familie, Senioren, Frauen und Jugend (BMFSFJ) geförderte Statistikerhebung mit dem Titel: **„Datenreport Zivilgesellschaft“** stellte erstmals einen Überblick über den Stand und die Entwicklungen der Zivilgesellschaft und des bürgerlichen Engagements in Deutschland auf eine sichere Erhebungsgrundlage (Krimmer [Hrsg], Datenreport Zivilgesellschaft [2019] 1). Im Jahr 2016 existierten 602.602 gemeinnützige Vereine, 21.806 gemeinnützige Stiftungen, 25.300 gemeinnützige GmbHs sowie 8.743 gemeinnützige Genossenschaften (Krimmer [Hrsg], Datenreport Zivilgesellschaft [2019] 10, Tabelle 3.1.). Die **jährlichen Einnahmen** beliefen sich bei **49,9 %** dieser Organisationen lediglich auf eine Größenordnung von **10.000 EUR**, bei 12 % lagen die Einnahmen zwischen 10.001–20.000 EUR, bei 20,6 % zwischen 20.001–100.000 EUR, bei 13 % zwischen 100.001–1 Mio EUR und lediglich bei 4,5 % bei mehr als 1 Mio EUR (Krimmer [Hrsg], Datenreport Zivilgesellschaft [2019] 115, Tabelle 6.1.). Auffallend ist eine deutliche Einnahmendifferenz zwischen Vereinen und Stiftungen auf der einen und den gemeinnützigen GmbH auf der anderen Seite. 34,2 % der gemeinnützigen GmbH nahmen zwischen 100.001–1 Mio EUR und 41,8 % mehr als 1 Mio EUR ein (Krimmer [Hrsg], Datenreport Zivilgesellschaft [2019] 115, Tabelle 6.1.). Bei gemeinnützigen Vereinen entfielen auf beide Kategorien lediglich 15 %, bei gemeinnützigen Stiftungen immerhin auf knapp 30 %. 29

Im Ergebnis gilt es jedoch festzuhalten, dass diese Organisationen nicht über große Einnahmen und vermutlich auch nicht über große Vermögensreserven verfügen. Im Resümee der präsentierten Statistik heißt es daher kurz (Hervorhebungen durch den Verf): **„Generell** gilt jedoch: **Die meisten Organisation haben wenig Geld.“** (Krimmer [Hrsg], Datenreport Zivilgesellschaft [2019] 114). Die Zwecküberlegungen hinsichtlich des hohen Kostenfaktors, die dem Verbraucherschutz nach den §§ 650i ff BGB zugrunde liegen, greifen demnach auch bei diesen kleinen juristischen Personen ein. Noch augenfälliger dürfte die vergleichbare Lage im Hinblick auf das **fundamentale Informationsdefizit** sowie die **limitierte Verhandlungsmacht** werden. 30

31 Dass diese Organisationen eines verbraucherspezifischen Schutzes nicht nur beim Verbraucherbauvertrag, sondern auch bei anderen Vertrags- und Vertriebsformen bedürfen, liegt freilich auf der Hand (Jagenburg/Baldringer/Vowinckel/Meier, Der Werkvertrag [im Erscheinen]). Eine **Erweiterung des § 13 BGB**, etwa im Wege einer teleologischen Extension bzw im Wege einer analogen Anwendung, würde angesichts des eindeutigen Gesetzgeberwillens indes **contra legem** sein (so im Ergebnis auch MünchKommBGB/Bachmann § 13 Rn 14, 17). **De lege ferenda** erscheint eine solche Ausweitung dagegen **nicht nur erforderlich, sondern geradezu zwingend**. Ansonsten sind die entstandenen **Wertungswidersprüche** zwischen natürlichen Personen und den genannten kleinen juristischen Personen **nicht zu verhindern**. Dafür scheint mE angezeigt, das Merkmal der **„natürlichen Person"** in § 13 BGB lediglich durch das Merkmal der **„Person"** zu ersetzen (zum Gesetzesvorschlag im Detail, Jagenburg/Baldringer/Vowinckel/Meier, Der Werkvertrag [im Erscheinen]). Die Tatbestandsmerkmale der **Gewerblichkeit** sowie der **Selbstständigkeit** würden nach wie vor weitere juristische Personen und Personenhandelsgesellschaften, die ersichtlich keine Verbraucher sein sollten, von der Erlangung einer Verbrauchereigenschaft ausschließen. Die gemeinnützige Ausrichtung der oben genannten Organisationen stellte dagegen grundsätzlich die Gewerblichkeit in Frage, sodass sie diesfalls Verbraucher sein könnten. Die Beschränkung auf kleine Organisationen, bei denen gerade der europäische Gesetzgeber eine nationale Extension der VRRL für möglich hielt (Erw 13: „beispielsweise Nichtregierungsorganisationen, neu gegründete oder kleine und mittlere Unternehmen"), könnte durch die **in § 1 Abs 2 HGB enthaltenen Kriterien** eines nach Art und Umfang nicht erforderlichen kaufmännisch eingerichteten Gewerbebetriebs erreicht werden (Jagenburg/Baldringer/Vowinckel/Meier, Der Werkvertrag [im Erscheinen]).

cc) Personen(handels-)gesellschaften

32 In der gesellschaftsrechtlichen Einordnung nehmen **Personen(handels-)gesellschaften** eine **Position in der Mitte** zwischen natürlichen und juristischen Personen ein. Sie sind auf der einen Seite keine natürlichen Personen. Die Rechts- und Prozessfähigkeit, ihre Aktiv- und Passivlegitimation schöpfen sie vielmehr **aus den zur Gesamtrechtsfähigkeit verbundenen Einzelrechtsfähigkeiten der Gesellschafter (§§ 105 Abs 2, 161 Abs 2 HGB)**. Sie haben sich von den sie bildenden Gesellschaftern jedoch **verselbstständigt** und kommen daher den juristischen Personen durchaus nahe. Auf der anderen Seite unterliegen sie im Gegensatz zu juristischen Personen **nicht dem Prinzip der Fremd- sondern der Selbstorganschaft**. Die einzelnen Gesellschafter sind und müssen nämlich stets in der Lage sein, die Gesellschaft jederzeit zu steuern und zu gestalten. Diese Mittelstellung und die Besonderheit der gesellschaftsrechtlichen Einordnung ist ein **deutsches Phänomen**, was nicht nur bei der Qualifizierung als Verbraucher, sondern auch bei anderen den europäischen Richtlinien erforderlich werdenden Qualifikationen nach, etwa im Hinblick auf den „wirtschaftlich Berechtigten" iSd Geldwäscherichtlinien (Omlor/Meier ZGR 2020, 586), mitunter Schwierigkeiten verursacht.

33 Deshalb sind Personenhandelsgesellschaften, wie die **OHG oder KG keine Verbraucher**. Doch liegt dies weniger daran, dass Personenhandelsgesellschaften nicht der Definition der „natürlichen Person" entsprechen, so doch nach der Rechtsprechung des BGH eine Gesellschaft des bürgerlichen Rechts (§§ 705 ff BGB) als eine Personengesellschaft diesem Merkmal ebenso zugänglich ist. Vielmehr kommen für diese Wertung **materiell-rechtliche Gründe** zum Tragen. OHG und KG erfordern notwen-

digerweise die Verfolgung eines gemeinsamen Zwecks, der im **Betrieb eines Handelsgewerbes** mündet (§ 1 Abs 1 HGB). Die Gewerblichkeit schließt die Verbrauchereigenschaft nach § 13 BGB schon per definitionem aus. Von der Verbrauchereigenschaft konsequenterweise ebenfalls ausgenommen sind auch **kleingewerbetreibende Gesellschaften des bürgerlichen Rechts** (§ 1 Abs 2 HGB), sofern sie durch die Eintragung im Handelsregister nicht ohnehin zu OHGs und damit zu Unternehmern erstarken.

Sofern der gemeinsame Zweck einer **Außen-GbR** (§ 705 Abs 2 Alt 1 BGB) **nicht im Betrieb eines Handelsgewerbes** liegt, kann die GbR nach der mittlerweile nicht mehr bestrittenen Rechtsprechung des BGH die **Verbrauchereigenschaft** erlangen (aus der früheren Literatur mit einer ernstzunehmenden Kritik anders dagegen, Fehrenbacher BB 2002, 1006, 1010; auch kategorisch ablehnend, Mülbert WM 2004, 905, 910 ff; für die Etablierung einer dritten Kategorie, zwischen Verbraucher und Unternehmer, Dauner-Lieb DB 2003, 1666, 1667 f; dritte Kategorie einer „Zivilperson" fordernd, Krebs DB 2002, 517, 520). Erforderlich für die Annahme einer GbR als Verbraucherin ist eine Gesellschaft **mit einer nichtunternehmerischer Zwecksetzung** (Dauner-Lieb DB 2003, 1666). Anzunehmen ist dies insbes bei **vermögensverwaltenden Gesellschaften des bürgerlichen Rechts**, deren Zweck darin begründet ist, aus dem vorhandenen Vermögen den diesem anhaftenden Wert zu generieren (jurisPK-BGB/Segger-Piening § 650i Rn 14; Jagenburg/Baldringer/Vowinckel/Meier, Der Werkvertrag [im Erscheinen]). Dies ist etwa bei der Vermietung von Immobilien der Fall (Jagenburg/Baldringer/Vowinckel/Meier, Der Werkvertrag [im Erscheinen]). Auch die im Bauvertragsrecht häufig anzutreffende **Bauherrengemeinschaft,** bei der sich mehrere Bauherren zur Verwirklichung eines gemeinsamen Bauobjekts (etwa Mehrparteienhaus) als Außen-GbR zusammenschließen, kann Verbraucherin sein (BeckOGK/Merkle [1.1.2025] § 650i Rn 24; ibrOK-BauVertrR/Stretz [22. 4. 2024] § 650i Rn 10; jurisPK-BGB/Segger-Piening § 650i Rn 14). 34

Nach der **Grundsatzentscheidung des VII. Zivilsenats des BGH** ist für die Qualifizierung einer GbR als Verbraucherin indessen notwendig, dass **sämtliche Gesellschafter** einer GbR ihrerseits **Verbraucher nach § 13 BGB** sind (BGH 30. 3. 2017 – VII ZR 268/15, NJW 2017, 2752 Rn 25 ff unter Anschluss an die überwiegende Auffassung in der Literatur, Krebs DB 2002, 517, 518; Mülbert WM 2004, 905, 912; Fehrenbacher/Herr BB 2002, 1006, 1010; Mohrhauser, Der Fernabsatz von Finanzdienstleistungen an Verbraucher [2006] 38 f; dem BGH folgende Literatur: Langjahr IBR 2018, 24; Retzlaff BauR 2017, 1830, 1831; BeckOGK/Merkle [1.1.2025] § 650i Rn 24; ibrOK-BauVertrR/Stretz [22. 4. 2024] § 650i Rn 10; jurisPK-BGB/Segger-Piening § 650i Rn 14) **und zwar „unabhängig davon, ob die GbR lediglich zu privaten Zwecken und nicht gewerblich oder beruflich tätig ist"** (BGH 30. 3. 2017 – VII ZR 268/15, NJW 2017, 2752 Rn 25). Sobald die Gesellschafter zu ihrem Kreis allerdings einen Unternehmer gem § 14 BGB – und sei er auch noch so klein – zählen, ist die Verbrauchereigenschaft ausgeschlossen. Zur Begründung dieses Standpunktes wird auf den Wortlaut des § 13 BGB und seine unionsrechtlich bedingte **enge Auslegung** (BGH 30. 3. 2017 – VII ZR 268/15, NJW 2017, 2752 Rn 26–30), auf die Systematik zwischen § 13 BGB und § 14 BGB (BGH 30. 3. 2017 – VII ZR 268/15, NJW 2017, 2752 Rn 30) sowie auf die lediglich auf natürliche Personen zugeschnittene AGB-Kontrolle der § 310 Abs 3 BGB unterliegenden Verbraucherverträge (BGH 30. 3. 2017 – VII ZR 268/15, NJW 2017, 2752 Rn 32–34) verwiesen. **Diese Rechtsprechung** ist **an sich** und auch vor dem Hintergrund der spiegelbildlichen Rechtsprechung zur WEG **abzulehnen** (Jagenburg/Baldringer/Vowinckel/Meier, Der Werkvertrag [im Erscheinen]). Denn **„an sich"** ist diese Rechtsprechung bereits des- 35 halb abzulehnen, weil **nicht die gesellschaftsrechtliche Einordnung** über die Verbrauchereigenschaft (persönlich-rechtliche Ebene), sondern **die Art der zum Zweck gesetzten und betriebenen Tätigkeit** entscheidet (materiell-rechtliche Ebene). Andernfalls entstehen **erhebliche Schutzdefizite**, wie solche, die bei gemeinnützigen juristischen Personen (Rn 28 ff) bereits dargetan wurden. Die VRRL steht einer weiten Einordnung nicht entgegen, da der europäische Gesetzgeber sich nicht in die nationalen gesellschaftsrechtlichen Einordnungsimplikationen verwickeln wollte (Rn 20). Zudem wäre angesichts der in Erw 13 eingeräumten nationalen Ausweitungsbefugnis (Rn 21), wenn nicht de lege lata, dann doch de lege ferenda, eine dahingehende Änderung möglich (Rn 21).

dd) WEG

36 In Bezug auf die WEG hat der **VIII. Zivilsenat BGH** ebenfalls für Recht erkannt, dass eine **WEG als eine Verbraucherin** qualifiziert werden kann. Die von der WEG verfolgten Zwecke seien auf die Verwaltung und nicht auf eine gewerbliche oder selbstständige Tätigkeit ausgerichtet (BGH 25. 3. 2015 – VIII ZR 243/13, NJW 2015, 3228 Rn 25 ff). Die WEG sei als Verbraucherin nach BGH indes nur dann einzustufen, wenn an ihr **mindestens ein Verbraucher iSd § 13 BGB** partizipiert und mit ihr Geschäfte begründet werden, deren **Tätigkeitsbezug weder gewerblichen noch selbstständigen Naturells** ist (BGH 25. 3. 2015 – VIII ZR 243/13, NJW 2015, 3228 Rn 25 ff; auch überwiegende Auffassung in der Rspr und Lit: OLG München 25. 9. 2008 – 32 Wx 118/08, NJW 2008, 3574; Derleder ZWE 2010, 10, 11; Bub ZWE 2010, 246, 350; Gottschalg NZM 2009, 217, 219; Lehmann-Richter AnwZert MietR 22/2012 Anm 1 unter B II; Langjahr IBR 2018, 24; Lenkeit BauR 2017, 454, 456; Retzlaff BauR 2017, 1830, 1831; BeckOGK/Merkle [1. 1. 2025] § 650i Rn 26; NK-WerkBauVertrR/Polkowski § 650i Rn 8; ibrOK-BauVertrR/Stretz [22. 4. 2024] § 650i Rn 11). **Andere** lehnen die Eigenschaft der WEG als Verbraucherin generell ab (LG Rostock 16. 2. 2007 – 4 O 322/06, ZMR 2007, 731 ff; Hügel/Elzer NZM 2009, 457, 458 f; Krampen-Lietzke RNotZ 2013, 575, 597 f). **Manche** negieren gar die Eigenschaft sowohl als Verbraucherin als auch als Unternehmerin (Kreuzer ZWE 2010, 163, 165; Krebs DB 2002, 517, 520).

37 Die WEG kann nach **§ 9a Abs 1 WEG** Rechte erwerben und Verbindlichkeiten eingehen, vor Gericht klagen und verklagt werden. Mit anderen Worten: Sie ist ebenso wie die GbR **rechts- und prozessfähig** (zu den einzelnen Gründen der für die Rechtsfähigkeit sprechenden Gesichtspunkte, Jagenburg/Baldringer/Vowinckel/Meier, Der Werkvertrag [im Erscheinen]). **Diese Eigenschaften hat der BGH der WEG ausdrücklich zuerkannt** (BGH 2. 6. 2005 – V ZB 32/05, NJW 2005, 2061, 2062 ff; Anm v Niedenführ LMK 2005, 154356; Häublein ZMR 2005, 557 ff). Allerdings reicht ihre rechtliche Handlungsfähigkeit, wie bei der GbR, nur so weit, als sie im Rechtsverkehr offenkundig nach außen auftritt **(Teilrechtsfähigkeit)**. Was der BGH seinerzeit judizierte, setzte der deutsche Gesetzgeber erst in § 10 Abs 6 WEG aF und später in dem heutigen § 9a Abs 1 WEG um (BGBl 2020 I 2187). Strukturell entspricht die WEG einem **rechtsfähigen Verband sui generis** und damit einer Personenmehrheit, die von Gesetzes wegen zu einer gemeinschaftlichen Organisation zusammengefasst ist (BGH 25. 3. 2015 – VIII ZR 243/13, NJW 2015, 3228 Rn 32). Dies vor Augen, lässt sich hieraus der Schluss ableiten, dass der BGH seine handlungsleitenden Motive für die Anerkennung der WEG-Rechtsfähigkeit weniger in einer **Parallele** zur juristischen Person, denn vielmehr in derjenigen **zur GbR** verortete (im Detail dazu Jagenburg/Baldringer/Vowinckel/Meier, Der Werkvertrag [im Erscheinen]). Das ist zutreffend, weil die WEG aufgrund ihrer Struktur mehr der GbR, als einer juristischen Person entspricht. Es nimmt daher nicht wunder, dass das Schrift-

tum zur WEG für eine Parallelität mit den Personenhandelsgesellschaften, deren dogmatischen Stamm die GbR bildet, plädiert, wenngleich die Haftungsverteilung von der GbR bis hin zu einer KG je eine andere ist (zutreffend daher GENZ NZM 2022, 402, 405).

Gesetzt den Fall begibt sich die **Rechtsprechung des VII. und VIII. Zivilsenats des BGH** allerdings in einen offen **Wertungswiderspruch.** Während der VII. Zivilsenat die **Verbraucherstellung einer GbR ablehnt**, sofern an ihr lediglich **eine juristische Person** als Gesellschafterin partizipiert, kann eine **WEG** in adversativer Richtung aus Sicht der VIII. Zivilsenates hauptsächlich aus juristischen Personen bestehen, **solange ihr eine einzige natürliche Person angehört.** Dies überrascht insoweit, als beide Organisationsformen erhebliche Ähnlichkeiten aufweisen, der BGH die Verbrauchereigenschaft bei Beteiligung einer juristischen Person indessen an **zweierlei Maß** misst. Auf völliges Unverständnis stößt schließlich ein **Vergleich zwischen vermögensverwaltender GbR und WEG.** Wie der VIII. Zivilsenat zu Recht konstatierte, bewegt sich der Zweck einer WEG ebenfalls im Bereich der **Vermögensverwaltung.** Wohnungseigentümer können dabei auch juristische Personen sein, ohne dass damit ein Verlust ihres Verbraucherschutzes einherginge. 38

Diesem Wertungswiderspruch kann mE nicht der Einwand entgegengebracht werden, dass bei einer GbR es die jeweiligen Gesellschafter in der Hand hätten, darüber zu befinden, ob sie eine juristische Person als eine weitere Gesellschafterin aufnehmen, und sie demnach den Verlust der Verbrauchereigenschaft vermeiden könnten. Demgegenüber, so das Argument weiter, wären die an einer WEG beteiligten Personen nachgerade als „Schicksalsgemeinschaft" der Aufnahme einer juristischen Person als neue Wohnungseigentümerin ausgesetzt. Dies ist allein aufgrund § 12 Abs 1 WEG wenig plausibel. Nach **§ 12 Abs 1 WEG** kann bei der Veräußerung ein **Zustimmungsvorbehalt** anderer Wohnungseigentümer oder eines Dritten, insbes des Verwalters, vereinbart werden. Der Zustimmungsvorbehalt des **Verwalters** ist ein übliches Vorgehen. Auch wenn die Zustimmung nach § 12 Abs 2 WEG nur aus wichtigem Grund versagt werden kann, lässt dies gleichwohl Raum die Aufnahme von bestimmten Erwerbern zu verhindern. 39

Speziell bei einer WEG werden oft Bauaufträge vergeben. Diese dürften freilich **in den meisten Fällen** die materiell-rechtliche Höhe eines Verbraucherbauvertrages nach § 650i Abs 1 BGB **nicht** erreichen. Regelmäßig gibt die WEG nicht den Bau eines neuen Gebäudes in Auftrag. Wahrscheinlicher, wenn auch praktisch aufgrund der sehr engen Auslegung des § 650i Abs 1 BGB dennoch selten anzunehmen, dürfte die Beauftragung mit **„erheblichen Umbaumaßnahmen"** sein (in diese Richtung auch BeckOK-BGB/VOIT [1. 2. 2024] § 650i Rn 6; NK-WerkBauVertrR/POLKOWSKI § 650i Rn 8). Daher vergibt die WEG **Bauverträge nach § 650a BGB**, wenn es etwa um bauliche Leistungen nach **§§ 20, 21, 22 WEG** geht (dazu BUB ZWE 2010, 246, 247 ff). Von den Trias der verbraucherbauvertragsrechtlichen Zwecken dürfte vor allem der **Kostenfaktor**, mithin die Kreditaufnahme und lange Bindung der WEG an diese Verbindlichkeiten, einschlägig sein (vgl dazu BUB ZWE 2010, 246, 247 ff; DERLEDER ZWE 2010, 10 ff). 40

ee) Innenverbände

Keine Rechtsfähigkeit und somit keine Verbraucherfähigkeit erlangen lediglich als Innenverbände organisierte Personenmehrheiten (BeckOK-BGB/MARTENS [1. 2. 2025] § 13 41

Rn 28 ff; MünchKommBGB/Bachmann § 13 Rn 105). Dazu zählen etwa die **Bruchteilsgemeinschaft** (§§ 741 ff BGB), zB in Form einer **Miteigentümergemeinschaft** (§§ 1008 ff BGB), die **eheliche Gütergemeinschaft** (§§ 1415 ff BGB) oder die **Erbengemeinschaft** (§§ 2032 ff BGB). Eine nun durch das MoPeG (Gesetz zur Modernisierung des Personengesellschaftsrechts – Personengesellschaftsrechtsmodernisierungsgesetz – MoPeG, BGBl 2021 I Nr 53 vom 17. 8. 2021, 3436) in **§ 705 Abs 2 Alt 2 BGB** kodifizierte **Innen-GbR** ist weder rechtfähig noch verfügt sie über eine Verbrauchereigenschaft. Die Verbrauchereigenschaft können jedoch die jeweils an einem solchen Innenverband teilnehmenden natürlichen Personen aufweisen.

b) Unternehmer (§ 14 BGB)

42 Dem Verbraucher-Besteller muss für § 650i Abs 1 BGB ein Werkunternehmer iSd § 14 BGB als Vertragspartner gegenüberstehen. Nach § 14 Abs 1 BGB ist Unternehmer „eine natürliche oder juristische Person oder eine rechtsfähige Personengesellschaft, die bei Abschluss eines Rechtsgeschäfts in Ausübung ihrer gewerblichen oder selbständigen beruflichen Tätigkeit handelt“. In Ergänzung zu § 14 Abs 1 BGB wird in § 14 Abs 2 BGB der Begriff der rechtsfähigen Personengesellschaft als eine Gesellschaft definiert, „die mit der Fähigkeit ausgestattet ist, Rechte zu erwerben und Verbindlichkeiten einzugehen“. Unternehmer ist in negativer Abgrenzung zu § 13 BGB derjenige, welcher nicht in diesem Verbraucher ist. Es ist daher ein Alternativverhältnis zwischen § 13 BGB und § 14 BGB anzunehmen. Eine gleich wie geartete dritte Kategorie zwischen Unternehmer und Verbraucher gibt es nicht (für die Etablierung einer dritten Kategorie, zwischen Verbraucher und Unternehmer, Dauner-Lieb DB 2003, 1666, 1667 f; dritte Kategorie einer „Zivilperson“ fordernd, Krebs DB 2002, 517, 520). Unternehmer können auch **Handwerker, Freiberufler**, **berufsmäßige Betreuer** und sonstige **Kleinbetriebe** sein, sofern sie dauerhaft und planmäßig entgeltliche Leistungen erbringen (jurisPK-BGB/Segger-Piening § 650i Rn 12; Langen/Berger/Dauner-Lieb/Rückert § 650i Rn 7).

3. Sachlicher Anwendungsbereich

43 Große Schwierigkeiten bereitet sodann der sachliche Anwendungsbereich des § 650i Abs 1 BGB. Zurückzuführen sind diese auf das komplexe Verhältnis der VRRL zu den §§ 650i ff BGB.

a) Abgrenzung zwischen VRRL und §§ 650i ff BGB

44 Gem § 650i Abs 1 BGB handelt es sich bei einem Verbraucherbauvertrag um einen Vertrag, bei dem der Unternehmer zum **Bau eines neuen Gebäudes** oder zu **erheblichen Umbaumaßnahmen an einem bestehenden Gebäude** verpflichtet wird. Diese eigentümliche Festlegung des sachlichen Anwendungsbereiches ist auf den Ausschlusstatbestand gem **Art 3 Abs 3 lit f VRRL** zurückzuführen. Vom Anwendungsbereich dieser Vorschrift sind Verträge über den Bau eines neuen Gebäudes oder über erhebliche Umbaumaßnahmen an einem bestehenden Gebäude ausgeschlossen. Der genannte Ausschlusstatbestand stellt **keine Neuschöpfung der VRRL** dar, soweit er auf den Bau von neuen Gebäuden bzw von neuen Bauwerken bezogen ist (im Hinblick auf die Alternative der „erheblichen Umbaumaßnahmen“, siehe Rn 70). Vielmehr waren in den Vorgängerrichtlinien, der **FARL (Art 3 Abs 1)** sowie der **Haustürgeschäftsrichtlinie (Art 3 Abs 2 lit a)**, ähnliche bzw teilweise identische Ausschlusstatbestände enthalten (dazu Vorbem 8 ff zu 650i–650n). Die inhaltliche Ausgrenzung dieser Verträge ist

durch die **(aa) fehlende Gesetzgebungskompetenz** des europäischen Gesetzgebers sowie **(bb, cc) die fehlende Eignung der VRRL-Regelungen** auf dieserart Verträgen bzw **der tatsächlich fehlende Abschluss dieser Verträge in den besonderen Vertriebsformen nach den §§ 312b ff BGB** bedingt (dazu, auch in kritischer Betrachtung, Vorbem 25 ff zu §§ 650i–650n).

aa) Die fehlende Kompetenz des europäischen Gesetzgebers ist durch **Art 345 AEUV** (vormals Art 295 EGV) determiniert. Danach bleibt von der europäischen Gesetzgebung die Eigentumsordnung der Mitgliedstaaten unberührt. Darüber, inwiefern der europäische Gesetzgeber durch die Regulierung von Verträgen über Immobilien oder über „Bauwerke" (Art 3 Abs 1 FARL) in die nationalen Eigentums- und Sachenrechtsordnungen eingreifen würde, legte er weder bei der FARL, noch bei der Haustürgeschäftsrichtlinie noch bei der VRRL Rechenschaft ab. **Eine ergiebige und maßgebende Begründung** findet sich freilich beim deutschen Gesetzgeber zum nicht mehr geltenden, aber in der VRRL aufgegangenen **§ 1 Abs 3 Nr FernAbsG aus dem Jahr 2000**, durch den der weitgehend inhaltsgleiche Ausschlusstatbestand in Art 3 Abs 3 FARL umgesetzt wurde. So macht der deutsche Gesetzgeber klar, dass der 45

> „Grund für diese Ausnahme… [darin behaftet sei], dass solche Verträge in aller Regel eine **enge Beziehung zum nationalen Eigentums- und Sachenrecht** haben. Die Eigentumsordnung der Mitgliedstaaten bleibt jedoch nach **Artikel 295 vom EG-Vertrag** unberührt. Ferner bestehen für solche Verträge in den nationalen Rechtsordnungen in der Regel schon **allgemeine Form- und Schutzvorschriften (wie zB §§ 873, 925 BGB)**, die entweder einen Vertragsabschluss **im Wege des Fernabsatzes unmöglich** oder einen **zusätzlichen Schutz durch Informationspflichten und Widerrufsrechte überflüssig machen**." (BT-Drucks 18/8486, 33, Hervorhebungen durch den Verf).

Im Hinblick auf das deutsche Recht wird weniger die Eigentums- und Sachenrechtsordnung, sondern vielmehr die **Erforderlichkeit der notariellen Beurkundung gem § 311b Abs 1 S 1 BGB** bei den in rechtlicher Einheit mit dem Grundstückskaufvertrag stehenden Bauverträgen angetastet (dazu Vorbem 21 ff zu §§ 650i–650n). Allein die hieraus **drohende Gefahr** ist für den europäischen Gesetzgeber ausreichend gewesen, um diese Art von Verträgen von der europäischen Gesetzgebung freizuhalten. 46

bb) Maßgebend für den Ausschluss in Art 3 Abs 3 lit f VRRL war auch die Annahme, dass sich die VRRL-Regelungen für eine Anwendung auf Verbraucherbauverträge im Format des heutigen § 650i Abs 1 BGB **nicht eignen würden**. Dass diese Eignung sehr wohl besteht, bewies der deutsche Gesetzgebung indessen durch die Kodifizierung der §§ 650i ff BGB und der darin enthaltenen Implementierung von vergleichbaren vorvertraglichen Informationspflichten in § 650i BGB iVm Art 249 EGBGB sowie des Widerrufsrechts aus § 650l BGB (zu dieser Kritik Vorbem 25 zu §§ 650i–650n; Meier BauR 2025, 65, 66 f). 47

cc) Nicht von der Hand zu weisen ist schließlich der Umstand, dass Verbraucherbauverträge **gewöhnlich nicht** mittels Fernkommunikationsmitteln **im Fernabsatz** abgeschlossen werden. Im Hinblick auf die Vertriebsform der außerhalb von Geschäftsräumen geschlossenen Verträge dürfte die Annahme eine **ähnliche** sein, wobei der 48

BGH gleichwohl in seinem Urteil aus dem Jahr 2007 über einen außerhalb von Geschäftsräumen (Café) geschlossenen Bauvertrag zu entscheiden hatte (BGH 22. 3. 2007 – VII ZR 268/05, NJW 2007, 1947, unter Verweis auf eine noch frühere Entscheidung v BGH 19. 11. 1998 – VII ZR 424-97, NJW 1999, 575, 576).

b) Von § 650i Abs 1 BGB erfasste Verträge

aa) Große Verbraucherbauverträge – Verträge nach § 650i Abs 1 BGB

49 Von § 650i Abs 1 BGB sind **sog große Verbraucherbauverträge bzw Verbraucherbauverträge im engeren Sinne** umfasst. Diese betreffen, wie in § 650i Abs 1 BGB augenscheinlich bestimmt wird, den Bau eines neuen Gebäudes oder die Vornahme von erheblichen Umbaumaßnahmen. Die Alternative der „erheblichen Umbaumaßnahmen" erfordert solche Baumaßnahmen, die dem Bau eines neuen Gebäudes **normativ gleichstehen**. Nach den Erwägungsgründen des europäischen Gesetzgebers ist diese Alternative **äußerst eng** auszulegen, da dieser in **Erw 26 der VRRL** fordert, dass es sich um Baumaßnahmen handeln muss, „die dem Bau eines neuen Gebäudes vergleichbar sind, beispielsweise Baumaßnahmen, bei denen nur die Fassade eines alten Gebäudes erhalten bleibt".

bb) Kleine Verbraucherbauverträge – keine Verträge nach § 650i Abs 1 BGB

50 **Nicht** von den §§ 650i ff BGB umfasst, sind hiergegen **kleine Verbraucherbauverträge bzw Verbraucherbauverträge im weiteren Sinne**. Hierbei handelt es sich um Verträge, die den Anforderungen der engen Auslegung der Verträge über den Bau eines neuen Gebäudes sowie über erhebliche Umbaumaßnahmen an einem bestehenden Gebäude nicht entsprechen. Sie unterliegen den §§ 312, 312a BGB, und sohin den dortigen vorvertraglichen Informationspflichten. Den §§ 312b ff BGB unterfallen sie wiederum nur, wenn eine besondere Vertriebsform im Einzelfall vorliegt.

cc) Mittlere Verbraucherbauverträge = Einzelgewerke?

51 **Umstritten** ist die Frage, ob die vom Verf so genannten **mittleren Verbraucherbauverträge** dem Anwendungsbereich des § 650i Abs 1 BGB unterliegen. Die Frage ist von einer kaum zu unterschätzenden Bedeutung, da sie darüber entscheidet, ob etwa die Textform nach **§ 650i Abs 2 BGB** beachtet werden muss, ob ein Widerrufsrecht nach **§ 650l BGB** entsteht, ob umfangreiche vorvertragliche Baubeschreibungsinformationen eingehalten werden müssen **(§ 650j BGB iVm Art 249 EGBGB)**, ob die eingeschränkte Höhe der Abschlagszahlungen nach § 650m BGB nicht überstiegen werden darf, oder auch die Frage, ob der Besteller gem **§ 650f BGB** eine Bauhandwerkersicherung stellen muss, respektive, ob diese Anforderung aufgrund des Vorliegens eines Verbraucherbauvertrages gem **§ 650f Abs 6 Nr 2 Alt 1 BGB** keine Geltung beansprucht (Meier/Getcosgun/Bücken NZBau 2023 503, 505). Dabei sind mit mittleren Verbraucherbauverträgen jene Verträge angesprochen, nach denen **ein oder mehrere Unternehmer** zur Herstellung von **Einzelbauwerken bzw Einzelgewerken** verpflichtet werden, **die Teil des Baus eines neuen Gebäudes oder der erheblichen Umbaumaßnahmen an einem bestehenden Gebäude sind** und nicht unter die VRRL fallen. Es stellt sich also die Frage, ob eine **„gewerkeweise" Vergabe** von Bauleistungen an verschiedene Unternehmer zur Errichtung „eines neuen Gebäudes" bzw zu Vornahmen von erheblichen Umbaumaßnahmen für die Annahme eines Verbraucherbauvertrages hinreichen.

52 Der **Wortlaut des § 650i Abs 1 BGB**, in dem von dem „Bau *eines* neuen Gebäudes" die Rede ist, legt auf den ersten Blick nahe, solcherlei Verträge nicht unter § 650i

Abs 1 BGB zu subsumieren (Maase BauR 2022, 1549, 1557; jurisPK-BGB/Segger-Piening § 650i Rn 19: „Allerdings spricht der Wortlaut wohl eher gegen eine Einbeziehung der Einzelvergabe“). **Eine im Vordringen befindliche Auffassung in der Literatur** spricht sich daher **gegen ein weites Verständnis des § 650i Abs 1 BGB aus** (Ehrl DStR 2017, 2395, 2398, der dem Verbraucherbauvertrag ohnehin einen limitierten Anwendungsbereich attestiert; Glöckner JZ 2020, 63, 71 f; Glöckner VuR 2016, 123, 126; Langjahr IBR 2018, 24; Magnus JZ 2019, 224, 227; Omlor NJW 2018, 817, 818; Pause BauR 2017, 430, 431; Pfennig RNotZ 2018, 585, 588; Retzlaff BauR 2017, 1830, 1831; Reichelt/Maurer ZfIR 2023, 267, 269; Roos IBR 2023, 238; Vogel BauR 2020, 388, 391; Zehner NZBau 2021, 584, 588; Erman/Schwenker/Rodemann § 650i Rn 3; Langen/Berger/Dauner-Lieb/Rückert § 650i Rn 16 f). Neben dem Wortlaut des § 650i Abs 1 BGB wird zusätzlich der **Vergleich** zwischen einem **Verbraucherbauvertrag nach § 650i Abs 1 BGB** und einem **Bauvertrag gem § 650a Abs 1 BGB** angeführt (Magnus JZ 2019, 224, 227). Bei dem Letzteren habe der Gesetzgeber auch Teilleistungen umfassen wollen, weshalb er diese im Wortlaut anlegte. Ein Bauvertrag liege nämlich vor, wenn der Unternehmer „die Herstellung, die Wiederherstellung, die Beseitigung oder den Umbau eines Bauwerks, einer Außenanlage *oder eines Teils davon*“ schulde. Ein solches Merkmal der Teilleistungen sei vom Gesetzgeber beim Verbraucherbauvertrag gerade nicht intendiert gewesen (Maase BauR 2022, 1549, 1558; demgegenüber nicht zu Unrecht BeckOK-BGB/Voit [1. 2. 2024] § 650i Rn 4, der aus dem Wortlautvergleich zwischen § 650a BGB und § 650i Abs 1 BGB eine „parallele Formulierung“ entnimmt und gerade für die Umfassung von Teilgewerken durch § 650i Abs 1 BGB plädiert).

Abgesehen von diesen wortlautorientierten Überlegungen ist ein weitaus gewichtigeres **Argument** dieser Auffassung in dem **Verweis auf die VRRL**, nach deren **Vorgaben in Art 3 Abs 3 lit f VRRL nur** die sog großen Verbraucherbauverträge **aus dem Anwendungsbereich exkludiert werden sollten**, zu verorten. Verträge über Teilgewerke sollten deshalb der in einem **Exklusivitätsverhältnis zu den §§ 650i ff BGB** stehenden VRRL unterfallen. Demnach müsse für die materiell-rechtliche Eröffnung des Anwendungsbereiches gem § 650i BGB die **Ausführung aller Teilgewerke „aus einer Hand“** erfolgen. Ebendieser Auffassung schloss sich der **BGH** in seiner, in Bezug auf die Vorschrift zur Bauhandwerkersicherung nach § 650f Abs 6 BGB **ergangenen, aktuellen und insoweit „klärenden“ – wiewohl fehlsamen – Entscheidung an** (BGH 16. 3. 2023 – VII ZR 94/22, NZBau 2023, 375, zustimmende Anm Reichelt/Maurer ZfIR 2023, 267, 268 ff; Roos IBR 2023, 238: „auch wenn es einen gewissen Wertungswiderspruch darstellt, dass der Verbraucher bei einer gewerkeweisen Vergabe bei der Sicherheitsleistung nach § 650f BGB schlechter gestellt wird, ist der Entscheidung im Ergebnis und in der Begründung zuzustimmen“; Omlor JuS 2023, 683; mit einem kritischen und die Auffassung des BGH ablehnenden Besprechungsaufsatz Meier/Getcosgun/Bücken NZBau 2023, 503). Diese Auffassung war in der obergerichtlichen Rechtsprechung zuvor vom **OLG München** (OLG München 9. 6. 2022 – 20 U 8299/21, NZBau 2023, 19 Rn 41 ff) sowie dem **KG Berlin** (KG Berlin 16. 11. 2021 – 21 U 41/21, NZBau 2022, 401 Rn 21 ff) vertreten worden. 53

Diese Ansicht ist freilich gemeinsam mit einem beträchtlichen **Teil der Literatur** (Messerschmidt/Voit/Lenkeit § 650i Rn 23 f; Motzke NZBau 2017, 515, 519; Meier/Getcosgun/Bücken NZBau 2023, 503, 505; Jagenburg/Baldringer/Vowinckel/Meier, Der Werkvertrag [im Erscheinen]; anfangs weite Auslegung erwägend BeckOGK/Merkle [1.1.2025] § 650i Rn 5, im Weiteren: jedenfalls bleibe es bei einem Verbraucherbauvertrag, wenn lediglich Gewerbe von untergeordneter Bedeutung vom Gesamtauftrag exkludiert werden, § 650i Rn 42, und schließlich in § 650i Rn 52 ff dafür überzeugenderweise plädierend auch Einzelgewerke unter den Verbraucherbauver- 54 trag zu fassen; jurisPK-BGB/Segger-Piening § 650i Rn 20; BeckOK-BGB/Voit [1. 2. 2024] § 650i Rn 4; NK-WerkBauVertrR/Polkowski § 650i Rn 12; ibrOK-BauVertrR/Stretz [22. 4. 2024] § 650i Rn 19: „sprechen jedoch sehr gute Gründe dafür … das Erfordernis der Erbringung sämtlicher Bauleistungen aus einer Hand aufzugeben"; jedenfalls die Herausnahme von untergeordneten Bauleistungen führen nicht zum Ausschluss des Verbraucherbauvertrages, KompBauR/Jurgeleit [5. Aufl 2020] Teil 2 Rn 50), mit der obergerichtlichen Rechtsprechung des **OLG Hamm** (OLG Hamm 27. 4. 2021 – I-24 U 198/20, NZBau 2021, 664 Rn 52 ff) und des **OLG Zweibrücken** (OLG Zweibrücken 29. 3. 2022 – 5 U 52/2, ZfBR 2022, 568, 569 f) **sowie gemeinsam mit der instanzgerichtlichen Rechtsprechung** (LG Münster 3. 12. 2020 – 212 O 24/20, BeckRS 2020, 46693 Rn 18 ff; LG München 28. 10. 2021 – 5 O 2441/21, BeckRS 2021, 47715 Rn 19 ff) **abzulehnen**. Vielmehr umfasst § 650i Abs 1 BGB auch jene Verträge, deren Gegenstand lediglich Teilgewerke sind, die jedoch **(1)** entweder **Teil des Baus eines neuen Gebäudes** bzw **Teil der erheblichen Umbaumaßnahmen** an einem bestehenden Gebäude sind oder mit diesen in einem **unmittelbaren zeitlichen und situativen Zusammenhang** stehen und **(2)** nach außen die **Zugehörigkeit der Einzelgewerkleistungen** zum gesamten Bauprojekt den Unternehmern ersichtlich ist („Erkennbarkeit" fordernd jurisPK-BGB/Segger-Piening § 650i Rn 22).

55 Für diese Sichtweise sprechen überaus **gewichtige teleologische Gründe**: **Methodisch** sei daran gemahnt, dass gerade die **teleologische Auslegung**, wie Möllers zur juristischen Methodenlehre zutreffend ausführt, „eine Reihe der traditionellen Auslegungsfiguren korrigiert, dh mit teleologischen Überlegungen ‚überspielt' werden können. Sie sind insoweit nur bedingt überzeugende Formalargumente" (Möllers, Methodenlehre [5. Aufl 2022] § 4 Rn 33) und „dass der Sinn und Zweck einer Norm so wichtig ist, dass er zahlreiche, bisher kennengelernte[n] Argumentationsfiguren widerlegen und als Formalargumente entlarven kann" (Möllers, Methodenlehre [5. Aufl 2022] § 6 Rn 1).

56 Prägend für die §§ 650i–650n BGB ist die verbraucherschützende Funktionstrias: **(1) Kostenfaktor (2) fundamentales Informationsdefizit sowie (3) schwache Verhandlungsmacht des Verbrauchers** (Rn 4 ff). Dies vor Augen muss konstatiert werden, dass der Verbraucher auch bei der Vergabe von Einzelgewerken im gleichen Maße schutzbedürftig ist. Ihn trifft das **Insolvenzrisiko des Einzelunternehmers** ebenso, da er zur Herstellung des Bauwerkes summa summarum Ausgaben in selber Höhe aufbringen muss, wie er sie bei einem Gesamtauftrag getätigt hätte. Hinzukommt, dass eine werkweise Vergabe weder seine Informationsmängel beseitigt noch seine Verhandlungsposition stärkt. Vielmehr potenzieren sich diese Nachteile in Fällen „mittlerer Verbraucherbauverträge". Wer mehrere Unternehmer beauftragt, erhält **zwangsläufig zahllose Informationen differierender Art und Güte**, die einem angemessenen Aufklärungsbegehren des Verbrauchers zuwiderlaufen können (Meier/Getcosgun/Bücken NZBau 2023, 503, 506). Die jeweiligen Baubeschreibungen der Einzelgewerke sind regelmäßig nicht aufeinander abgestimmt, sodass ein **gleichförmiger Informationsfluss nahezu unmöglich ist**.

57 **Entscheidend** ist freilich auch, dass der **Besteller praktisch nicht alle Bauleistungen an einen Unternehmer vergeben kann**, da viele Unternehmer bestimmte Leistungen – etwa die zusätzliche Errichtung von Solaranlagen, besonders komplexe Unterkellerung usw – gar nicht ausführen. Dies betrifft etwa auch Elektrikerleistungen (KG 16. 11. 2021 – 21 U 42/21, BeckRS 2021, 39589 Rn 2 ff, 23 ff) oder die Erforderlichkeit der

Grunduntersuchungen von externen Geologieunternehmen. Oft ist der Besteller schon aus **finanziellen Gründen** zu einer **zeitlich gestaffelten, gewerkeweisen Beauftragung gezwungen** (OLG Hamm 27. 4. 2021 – I-24 U 198/20, NZBau 2021, 664 Rn 69). Würde die Beauftragung mit Einzelgewerken nicht unter den Tatbestand des § 650i Abs 1 BGB fallen, so ist davon auszugehen, dass **Missbräuche durch Unternehmer** nicht ausgeschlossen werden können (jurisPK-BGB/Segger-Piening § 650i Rn 22 befürchtet ansonsten Umgehungen der §§ 650i ff BGB). Der Unternehmer könnte die für den Bau eines neuen Gebäudes bzw für von erheblichen Umbaumaßnahmen an einem bestehenden Gebäude erforderlichen Bauleistungen **künstlich aufspalten bzw auslagern** und sich auf dieser Weise der verbraucherschützenden Anforderungen **einseitig entledigen**.

Nicht weniger entscheidend für die vorliegende Problematik ist, dass der Verbraucher 58 oftmals auch **nicht alle Gewerke an einen Unternehmer vergeben will**, etwa weil er einzelne Leistungen selbst ausführen möchte **(Eigenleistungen)**. Für die vorliegende Problematik dürfte es nämlich keinen Unterschied machen, ob der Verbraucher die Einzelgewerke an andere Unternehmer vergibt, oder sie selbst ausführt (die Eigenleistungen bzgl dieser Problematik auch für bedeutend erachtend KompBauR/Jurgeleit [5. Aufl 2020] Teil 2 Rn 50; insofern wohl **aA** BeckOGK/Merkle [1.1.2025] § 650i Rn 43, wenn dieser davon spricht, dass Eigenleistungen „in jedem Fall" für die Lösung der Problematik unerheblich sind; ebenso Messerschmidt/Voit/Lenkeit § 650i Rn 22: „unschädlich"). In beiden Fällen wird **das Gesamtprojekt gerade nicht „aus einer Hand" verwirklicht**. Folge davon ist, dass der Verbraucher nach der Gegenauffassung mit dem Verlust der Verbraucherschutzvorschriften dafür bestraft wird, dass er zufälligerweise eigene Werke professionell (Elektriker, Schreiner, Maler) oder unprofessionell in Eigenregie ausführt.

Auch der **Wortlaut des § 650i Abs 1 BGB**, der augenscheinlich von der Gegenauffas- 59 sung zu einem sehr bedeutenden Argument erhoben wurde, steht einer anderen Auslegung nicht entgegen (auch BeckOK-BGB/Voit [1. 2. 2024] § 650i Rn 4; ebenso Messerschmidt/Voit/Lenkeit § 650i Rn 23). Zwar beschränkt sich der Wortlaut des § 650i Abs 1 BGB auf die Beauftragung „*eines* Unternehmers" mit dem Bau „*eines* neuen Gebäudes". Daraus kann indes nicht zugleich der Schluss gezogen werden, dass ein und derselbe Unternehmer mit allen Einzelgewerken beauftragt werden muss. Schließlich können auch mehrere neue Gebäude einem Unternehmer in Auftrag gegeben werden, ohne dass die Qualifikation als Verbraucherbauvertrag dadurch in Mitleidenschaft gezogen würde. Es dürften daher sowohl **Steigerungen als auch Reduzierungen** des Auftrags gestaltet werden. Der Gebrauch des Wortlauts „*ein* Unternehmer" und der „Bau *eines* Gebäudes" ist eine **übliche gesetzgeberische Ausgestaltung**, die bei **Schuldrechtsverträgen** normalerweise zum Ausdruck kommt (diesen „gesetzlichen Normalfall" andenkend, aber im Ergebnis verwerfend Maase BauR 2022, 1549, 1557). So wird durch den Kaufvertrag „*der* Verkäufer *einer* Sache" verpflichtet (§ 433 Abs 1 S 1 BGB), durch den Mietvertrag „wird *der* Vermieter verpflichtet, dem Mieter den Gebrauch *der Sache*…zu gewähren" (§ 535 Abs 1 S 1 BGB), der Beauftragte wird im Rahmen eines Auftrags „*ein* ihm von dem Auftraggeber *übertragenes Geschäft*…zu besorgen" (§ 662 BGB), ein Geschäftsbesorgungsvertrag muss „*eine Geschäftsbesorgung* zum Gegenstand" haben (§ 675 Abs 1 S 1 BGB) und schließlich wird durch den Werkvertrag „*der* Unternehmer zur Herstellung *des versprochenen Werks* verpflichtet" (§ 631 Abs 1 BGB). Überall wird jeweils „eine" bzw „die" Leistung abgestellt, ohne dass bei der Vereinbarung einer lediglich teilweisen Leistung die jeweilige vertragstypologische Einstufung verloren ginge. Zudem wird bei mittleren Verbraucherbauverträgen aus der Kombination der Einzelgewerke auch „ein Gebäude" errichtet (Messerschmidt/Voit/Lenkeit § 650i Rn 23). Die grammatikalische Auslegung des § 650i Abs 1 BGB, die ohnehin durch die Vorgabe des Art 3 Abs 3 lit f VRRL und **nicht nur die nationale Gesetzgebungstätigkeit** bedingt ist, **dürfte mE nicht zu streng gehandhabt werden**.

60 Nicht überspannt werden sollte auch der **Vergleich zwischen § 650i Abs 1 BGB und § 650a Abs 1 S 1 BGB**. Zwar enthält der Bauvertrag nach § 650a Abs 1 S 1 BGB eine Klarstellung dahingehend, dass ein Bauvertrag auch eine teilweise Herstellung, Wiederherstellung, Beseitigung oder einen teilweisen Umbau eines Bauwerks zum Gegenstand haben kann. Eine ausdrückliche Gesetzesbegründung hinsichtlich der Aufnahme solcher Teilbauleistungen in den Tatbestand des § 650a Abs 1 BGB lässt sich freilich vergeblich finden. Vielmehr wurde mit § 650a Abs 1 S 1 BGB „zur Klarstellung des Anwendungsbereiches dieser neuen Vorschriften eine auf der bisherigen Rechtsprechung aufbauende Definition eingeführt", die vornehmlich **der Abgrenzung zum „einfachen Werkvertrag" dienen soll** (BT-Drucks 18/8486, 52).

61 **Die vollharmonisierte VRRL steht einer solchen weiten Auslegung des § 650i Abs 1 BGB nicht entgegen** (iE ebenso jurisPK-BGB/Segger-Piening § 650i Rn 21). Zwar ist die VRRL einerseits grundsätzlich auf alle Verbraucherverträge anwendbar (Art 1 VRRL). Andererseits sind Verbraucherbauverträge aus dem Anwendungsbereich nach Art 3 Abs 3 lit f VRRL exkludiert. Dass der deutsche Gesetzgeber die Abs 1, 3, 4 und 6 des § 312a BGB zur Anwendung gebracht hat, führt zu einer teilweisen Anwendung der VRRL auf Verbraucherbauverträge. **Im sonstigen sachlichen Anwendungsbereich greift die VRRL nicht ein**. Angesichts des **Vollharmonisierungsgrundsatzes** und dem darin enthaltenem Verbot von der VRRL abzuweichen, insbes auch dem Verbot, strengere oder weniger strenge Rechtsvorschriften einzuführen, sind im Anwendungsbereich **Öffnungen des Verbraucherschutzes durch den nationalen Gesetzgeber europarechtlich unzulässig**. Der Vollharmonisierungsgrundsatz wirkt jedoch **nur so weit**, wie auch der **Anwendungsbereich** der betreffenden Richtlinie reicht. **Außerhalb des Anwendungsbereiches** steht es den Mitgliedstaaten **vollkommen frei**, ein identisches oder ähnliches Verbraucherschutzniveau zu implementieren (Hk-BGB/Schulte-Nölke § 312 Rn 7; Bittner/Clausnitzer/Föhlisch, Das neue Verbrauchervertragsrecht [2014] Rn 33; BeckOGK/Busch [1.7.2023] § 312 Rn 33.1). In diesem Bereich, zwischen fehlendem Schutz der VRRL und den hohen Hürden, die für die Anwendung des § 650i Abs 1 BGB zu nehmen sind, welcher, der Rechtsprechung des BGH folgend, die Beauftragung aus einer Hand verlangt, entsteht ein **erhebliches Verbraucherschutzgefälle**, das angesichts der teleologischen Überlegungen (Rn 4 ff) kaum gerechtfertigt werden kann. Die mittleren Verbraucherbauverträge würden nämlich **weder einen Schutz nach den §§ 312b ff BGB** genießen, da im Einzelfall die besonderen Vertriebsformen nicht vorliegen und zugleich **keinen Schutz nach den §§ 650i ff BGB**, weil diese nach der überwiegenden Auffassung dem Anwendungsbereich des § 650i Abs 1 BGB nicht zugänglich sind (auf diesen bedeutenden Punkt hat Illner sehr früh hingewiesen, ZRP 2017, 122, 123). **Diese Wertungswidersprüche verbieten sich**. Vielmehr sollte wie Folgt verfahren werden: **(1) Liegt die besondere Vertriebsform** des Fernabsatzes bzw eines außerhalb von Geschäftsräumen geschlossenen Vertrages **vor**, muss die VRRL sowohl bei kleinen als auch bei mittleren Verbraucherverträgen greifen, sodass das Schutzniveau nach den §§ 312 ff BGB Geltung beansprucht. **(2) Liegt die besondere Vertriebsform nicht vor**, steht der Anwendung des nationalen Rechts bei mittleren Verträgen nichts im Wege. **Erforder-**

lich wäre indes, dass diese Verträge **Teil** des Baus eines neuen Gebäudes bzw Teil der erheblichen Umbaumaßnahmen sind und dies den Unternehmern **ersichtlich** ist (**Erkennbarkeit**; Rn 54, 74).

62 Auch im Hinblick auf die Wandelbarkeit der Verbraucher- und Unternehmerrolle sowie des sachlichen Anwendungsbereichs des § 650i Abs 1 BGB fällt es schwer, der Gegenauffassung zu folgen. So stellt sich die Frage, ob ein Verbraucherbauvertrag nach § 650i Abs 1 BGB etwa dann entfällt, wenn die Parteien **nachträglich** eine der geschuldeten Teilleistungen im Wege eines **Aufhebungsvertrages** abbedingen. In der Sache handelt es sich nach der gegenteiligen Auffassung zum Zeitpunkt der Abbedingung nicht mehr um einen Verbraucherbauvertrag, da lediglich ein Teil und nicht das gesamte Gebäude zum Gegenstand des Vertrages gemacht wird. Valide erschiene noch die Überlegung, dass es bei der Frage, ob ein Verbrauchervertrag vorliegt, stets auf den **Zeitpunkt des Vertragsschlusses** ankommt. In der Abbedingung ist freilich ein **Änderungsvertrag des ursprünglichen Vertrages** zu sehen, sodass grundsätzlich auch dieser Zeitpunkt in Betracht käme. Diese Entwicklung, die etwa auch durch eine **Teilkündigung nach § 648a Abs 2 BGB** herbeigeführt werden kann, ist allerdings vergleichsweise wenig verbraucherschutzgefährdend, da der Unternehmer zu Vertragsbeginn seinen Verpflichtungen nach den §§ 650i ff BGB nachkommen musste.

63 **Komplexer und verbraucherschutzgefährdender** wäre allerdings die genau **entgegengesetzte Entwicklung**. Wird der Unternehmer etwa mit lediglich 80 % der Bauleistungen beauftragt, dürfte nach der Gegenauffassung kein Verbraucherbauvertrag vorliegen. Wird dagegen später sein Auftragsvolumen auf 100 % erhöht, entstünde nachträglich ein Verbraucherbauvertrag, was die Frage aufwirft, ob der Unternehmer nun den Anforderungen der §§ 650i ff BGB nachkommen muss. Dahin entschied letztlich der **BGH** (BGH 26. 10. 2023 – VII ZR 25/23, ZfBR 2024, 138), wonach der Unternehmer im Verlaufe seiner Bauarbeiten **sukzessive mit weiteren Einzelaufträgen** betraut wurde. Der BGH betonte, dass es für die Qualifikation als Verbraucherbauvertrag **nicht auf die Gesamtheit** aller dem Unternehmer stückweise im Verlauf der Bauarbeiten erteilten selbstständigen Aufträge ankomme (BGH 26. 10. 2023 – VII ZR 25/23, ZfBR 2024, 138 Rn 27). Einer solchen **rückwirkenden Betrachtung** stünden bereits die **Gebote der Rechtssicherheit, Rechtsklarheit und des Vertrauensschutzes** entgegen (BGH 26. 10. 2023 – VII ZR 25/23, ZfBR 2024, 138 Rn 31). **Der Entscheidung des BGH ist beizupflichten.** Nur zeichnet sie sich im Unterschied zu der hier in Rede stehenden Frage nicht durch die rechtsgeschäftliche Erweiterung des ursprünglichen Vertrages, sondern durch den **Abschluss selbstständiger Verträge** aus.

64 Diese **Wandelbarkeiten der Verbraucherrolle** bzw des **sachlichen Anwendungsbereichs des § 13 BGB** (Wandelbarkeit der Gewerblichkeit bzw der Selbstständigkeit), sowie konkret, die **Wandelbarkeiten des sachlichen Anwendungsbereiches des § 650i Abs 1 BGB**, sind in der Rechtswissenschaft noch keiner grundlegenden Diskussion zugeführt worden (so auch die Einschätzung von Paulus NJW 2018, 987, 990). **Wegweisend** in diesem Zusammenhang ist die **Entscheidung des EuGH vom 25. 1. 2018 – C-498/16 in der Rs „Schrems", NJW 2018, 1003**, in welcher der Gerichtshof die **grundsätzliche Wandelbarkeit der Verbraucherrolle für möglich** erachte, wobei die Verbrauchereigenschaft stets innerhalb des konkreten Vertrages in Verbindung mit dessen Natur und seiner Zielsetzung beurteilt werden müsse (Rn 29). In der deutschen Rechtswissenschaft zeichnet sich unterdessen die vorsichtige Tendenz ab, der **Wandelbarkeiten des Ver-**

brauchervertrages jedenfalls bei Dauerschuldverhältnissen Beachtung zu schenken (Paulus ZZPInt 21 (2016), 199, 217; Paulus NJW 2018, 987, 990 „Mit anderen Worten ist die Verbrauchereigenschaft jedenfalls im Rahmen des europäischen Zivilverfahrensrechts wandelbar. Dies ist auch richtig; anderenfalls wären Missbrauchsszenarien Tür und Tor geöffnet"; Pfeiffer IWRZ 2018, 134; wohl ablehnend, aber mit Einschränkungen Hoffmann, Die Verbraucherrolle [2019] 146 ff). Sowohl Bau- als auch Verbraucherbauverträge könnten mitunter das **Gepräge eines Dauerschuldverhältnisses** annehmen. Diesen Problemen würde das Verbraucherbauvertragsrecht im Hinblick auf den sachlichen Anwendungsbereich des § 650i Abs 1 BGB nicht begegnen, wenn mittlere Verträge dem Verbraucherbauvertragsrecht ohnehin zuerkannt würden, wozu freilich die dort anzustellenden teleologischen Erwägungen drängen (Rn 56 ff).

4. Zeitlicher Anwendungsbereich

65 Gem **Art 10** des Gesetzes der Bauvertragsnovelle treten die neuen Vorschriften **in den §§ 650i ff BGB am 1. 1. 2018** in Kraft (BGBl 2017 I 969). Gem **§ 39 des Art 229 EGBGB** sind auf Schuldverhältnisse, die vor dem 1. 1. 2018 entstanden sind, die bis zum 24 Uhr des 31. 12. 2017 geltenden Vorschriften Anwendung. Dies entspricht der allgemeinen Regelung nach Art 170 EGBGB (Omlor NJW 2018, 817). Abgestellt wird auf die **Entstehung von Schuldverhältnissen**, demnach auf die Erfüllung aller für den Abschluss von Verträgen **erforderlichen Wirksamkeitsvoraussetzungen**. Insbes bei **aufschiebenden Bedingungen** treten die Rechtsfolgen erst mit der Bedingung ein (§ 158 Abs 1 BGB; dazu insbes Omlor NJW 2018, 817; BeckOGK/Merkle [1.1.2025] § 650i Rn 13).

IV. Bau- bzw Umbauverpflichtung (§§ 631, 633 BGB)

66 Keine Aussagen treffen die verbraucherbauvertragsrechtlichen Regelungen in den §§ 650i ff BGB über den **materiellen Haupt- und Nebenleistungsinhalt der vom Unternehmer geschuldeten Bau- bzw Umbauverpflichtungen**. Ebenso wenig sind solche Regelungen in den bauvertragsrechtlichen Regelungen der §§ 650a ff BGB enthalten. Vielmehr beschreiben die Anwendungsbereiche beider Regelungskreise lediglich die Grenzen der geschuldeten werkvertragsrechtlichen Bauleistungen und sehen für diese besondere Vorschriften vor. Haupt- und Nebenleistungspflichten des Unternehmers richten sich dagegen nach den **allgemeinen werkvertragsrechtlichen Regelungen in den §§ 631 ff BGB**. Im Rahmen der Hauptleistungen ist der Unternehmer insbes zur **Herstellung des versprochenen Werks nach § 631 Abs 1 BGB** bzw zur **Veränderung** einer Sache oder zur **Herbeiführung** eines durch Arbeit oder Dienstleistung **anderen Erfolgs gem § 631 Abs 2 BGB** sowie zur **sach- und rechtsmangelfreien Werkherstellung nach § 633 BGB** verpflichtet.

V. Bau eines neuen Gebäudes (§ 650i Abs 1 Alt 1 BGB)

67 Eine **Orientierung** für den Begriff des „Baus eines neuen Gebäudes" bietet laut ausdrücklicher Gesetzesbegründung die **Vorschrift des § 312b Abs 3 Nr 4 aF**. Diese Vorschrift unterlag von Seiten der Rechtsprechung einer **engen Auslegung** und umfasste nur solche Baumaßnahmen, die das Grundstück **wesentlich umgestalten** und daher den **klassischen Immobiliengeschäften normativ gleichgestellt werden können** (BT-Drucks 18/8486, 61; Herzog ZJS 2018, 524; Langjahr IBR 2018, 24; Ring NJ 2017, 485, 490). Auf **bloße Erneuerungs-, Umbau- und Erweiterungsmaßnahmen** fand die Regelung **keine Anwen-**

dung (BT-Drucks 18/8486, 61). Die Errichtung von Anbauten (Garagen, Wintergärten) sind von dieser Alternative nicht umfasst (ibrOK-BauVertrR/Stretz [22. 4. 2024] § 650i Rn 18). Hauptanwendungsfall dieser Tatbestandsalternative dürften **Fertigbauhäuser** sein (ibrOK-BauVertrR/Stretz [22. 4. 2024] § 650i Rn 16). Zu bemerken ist, dass § 312b Abs 3 Nr 4 aF nicht den Begriff eines „Gebäudes", sondern denjenigen eines „Bauwerks" enthielt. Den Begriff eines „Gebäudes" fand sich etwa in § 2 der alten Musterbauordnung (MBO) wieder, die später durch die HOAI ersetzt wurde. Danach war ein Gebäude nur dann anzunehmen, wenn es sich um selbständig benutzbare, überdachte bauliche Anlage handelte, die von Menschen betreten werden kann und geeignet oder bestimmt ist, dem Schutz von Menschen, Tieren oder Sachen zu dienen, wobei auch nach dieser Vorschrift lediglich **„Kleinstbauten"** nicht umfasst waren (s dazu die Begründung der MBO, https://invenio.bundesarchiv.de/invenio/main.xhtml; tendenziell auf diese Definition im Hinblick auf den Verbraucherbauvertrag abstellend, Herzog, ZJS 2018, 524, 525). Eine **Orientierung kann die MBO** aufgrund ganz **anderer Zwecksetzungen hier allerdings nicht bieten.**

Der Begriff des „Gebäudes" nach § 650i Abs 1 BGB ist nach der überzeugenden **Entscheidung des OLG Hamm** (OLG Hamm 27. 4. 2021 – I-24 U 198/20, NZBau 2021, 664) und der **überwiegenden Auffassung der Literatur** (Omlor NJW 2018, 817, 819; Magnus JZ 2019, 224, 227; Christiansen ZfBR 2022, 315, 316; ibrOK-BauVertrR/Stretz [22. 4. 2024] § 650i Rn 17; KompBauR/Jurgeleit [5. Aufl 2020] Teil 2 Rn 48; Jagenburg/Baldringer/Vowinckel/Meier, Der Werkvertrag [im Erscheinen]; offenlassend dagegen BeckOGK/Merkle [1. 1. 2025] § 650i Rn 34 f), **nicht auf „Wohngebäude" beschränkt**. Dies ergibt sich bereits aus dem **Wortlaut des § 650i Abs 1 BGB**, der dahingehende grammatikalische Einschränkungen nicht enthält (OLG Hamm 27. 4. 2021 – I-24 U 198/20, NZBau 2021, 664 Rn 53; Omlor NJW 2018, 817, 819). Der aus § 312b Abs 3 Nr 4 aF zur Orientierung genommene Begriff des „Bauwerks" muss **weit** verstanden werden und erfasst auch Bauwerke, die von dritter Seite gewerblich genutzt werden sollen (Omlor NJW 2018, 817, 819). Der für das Verbraucherbaurecht zuständige Arbeitskreis des 10. Dt. Baugerichtstages sprach sich in seinen Empfehlungen an den deutschen Gesetzgeber auf Vorschlag des Verf auch dafür aus, dass der Anwendungsbereich des § 650i Abs 1 BGB nicht auf „Wohngebäude" beschränkt bleibt (https://baugerichtstag.de/wp-content/uploads/2025/05/Empfehlung.pdf, 1. Empfehlung). 68

Nicht für den Begriff des Gebäudes, sondern vielmehr für die **Verbrauchereigenschaft nach § 13 BGB** entscheidend ist, ob das Gebäude zu privaten Zwecken oder zu gewerblichen bzw selbstständigen Zwecken genutzt wird. In dem vom **OLG Hamm** entschiedenen Fall hatte der Besteller die Errichtung einer **Industriehalle** in Auftrag gegeben, die er an einen Dritten vermieten wollte. Die Vermietung stellt keine gewerbliche, sondern vermögensverwaltende Tätigkeit dar und gehört als solche grundsätzlich zu privaten Zwecken. Insoweit muss zwischen dem **Nutzungszweck des nutzenden Dritten** und dem **Nutzungszweck des das Gebäude in Auftrag gebenden Bestellers** unterschieden werden, was sich einmal mehr aus dem Prinzip der **Relativität der Schuldverhältnisse** ergibt (Jagenburg/Baldringer/Vowinckel/Meier, Der Werkvertrag [im Erscheinen]). Dabei ist zu beachten, dass die Errichtung eines Wohngebäudes **nicht automatisch** die Verbrauchereigenschaft begründet und die Errichtung eines Gewerbegebäudes **nicht sua sponte** die Verbrauchereigenschaft ausschließt (Omlor NJW 2018, 817, 819). Entscheidend sind vielmehr die konkreten, dem Abschluss des Bauvertrages zugrundeliegenden Zwecke. 69

VI. Erhebliche Umbaumaßnahmen (§ 650i Abs 1 Alt 2 BGB)

1. Ursprung und die Vorgaben der VRRL

70 Ein **Novum** der VRRL war die Erweiterung des Ausschlusstatbestandes gem **Art 3 Abs 3 lit f VRRL** auf „erhebliche Umbaumaßnahmen an einem bestehenden Gebäude". Die Vorgängerrichtlinien (FARL, Haustürgeschäftsrichtlinien) enthielten dieses Merkmal nicht, sodass durchaus die Frage erlaubt ist, was den europäischen Gesetzgeber zur Aufnahme dieses Merkmals bewogen hat. Die Gesetzgebungsmaterialien schweigen dazu. Im Entwurf einer legislativen Entschließung des Europäischen Parlaments zu dem Vorschlag für eine Richtlinie des Europäischen Parlaments und des Rates über Rechte der Verbraucher vom 22. 2. 2011 kam diese Tatbestandsalternative erstmals zum Vorschein (Erw 35). Eine greifbare Erklärung wurde weder in diesem Entwurf noch im späteren Gesetzgebungsverlauf bereitgestellt. Die **Vermutung** liegt deshalb nahe, dass auch solche Verträge **eine enge Beziehung zu Immobilien und Bauwerken und demnach zu Eigentums- und Sachenrechtsordnungen der Mitgliedstaaten** aufweisen, deren Umgestaltung gem Art 345 AEUV jedoch nicht in die legislative Kompetenz der EU fällt (Vorbem 21 ff zu §§ 650i–650n). Ebenso wird die vermeintlich fehlende Eignung der VRRL-Vorschriften auf diese Verträge in Erw 26 herangezogen.

71 Im **maßgebenden Erw 26 der VRRL** liefert der europäische Gesetzgeber sodann die Definition von erheblichen Umbaumaßnahmen. Erhebliche Umbaumaßnahmen seien solche Maßnahmen, die **dem Bau eines neuen Gebäudes vergleichbar** seien, beispielsweise Baumaßnahmen, bei denen **nur die Fassade eines alten Gebäudes erhalten bliebe**. Dagegen seien Dienstleistungsverträge im Zusammenhang mit der **Errichtung von Anbauten an Gebäuden** (zB dem Anbau einer Garage oder eines Wintergartens) **keine erheblichen Umbauarbeiten**.

2. Erheblichkeit als normative Gleichwertigkeit mit dem Neubau

72 Was in Erw 26 der VRRL zum Ausdruck kommt, präzisiert der deutsche Gesetzgeber in seiner Begründung zu § 650i Abs 1 BGB. Maßgeblich seien **(1)** der **Umfang** und **(2)** die **Komplexität des Eingriffs** sowie **(3)** das **Ausmaß des Eingriffs in die bauliche Substanz** des Gebäudes (BT-Drucks 18/8486, 61). Wann demnach eine erhebliche Umbaumaßnahme in dem besagten Rechtssinne vorliege, müsse anhand einer **normativen Einschätzung im Lichte dieser drei Aspekte** bestimmt werden. Hierzu wurde in der Literatur bereits herausgearbeitet, dass sich diese **in keinem statischen**, sondern **in einem dynamischen Verhältnis** zueinander bewegen (Omlor NJW 2018, 817, 818). Soweit eines dieser Merkmale infolge seiner Bewertung unter der Erheblichkeitsschwelle bleibt, können und müssen die Übrigen das bestehende Minus ausgleichen, sodass die Erheblichkeit innerhalb dieses Bezugssystems stets auf einer gemeinsamen Linie zu verorten ist. Das **Minus der einen, kann daher durch** das **Plus auf der anderen Seite aufgewogen werden**.

73 Da der Rechtsbegriff der erheblichen Umbaumaßnahmen zudem eine gewisse Abstraktheit aufweist, wird er in der Praxis zwangsläufig Abgrenzungsfragen aufwerfen. Einzelne Gerichte konnten dieses bereits in leichten Grundzügen konturieren, wobei die entschiedenen Sachverhalte **nicht ernsthaft problematisch** gewesen sind. So sind

der Anbau von zwei Balkonen mit Glasdach und Außentreppe an ein bestehendes Gebäude (OLG Stuttgart 21. 12. 2021 – 10 U 149/21, BeckRS 2021, 49360 Rn 49 f) oder Arbeiten an Außenanlagen (Hof/Terrasse/Pflasterung) **augenscheinlich keine erheblichen Umbaumaßnahmen** iSv § 650i Abs 1 BGB (OLG Celle 28. 3. 2022 – 6 U 6 /22, BeckRS 2022, 22197; m Anm Retzlaff IBR 2022, 569). Das **KG Berlin** (KG Berlin 16. 11. 2021 – 21 U 41/21, NZBau 2022, 401) sah richtigerweise keine Erheblichkeit bei Beauftragung mit einzelnen Maßnahmen des **Innenausbaus im Obergeschoss** eines Einfamilienhauses (Renovierung von Wänden, Decken und Böden, Abschleifen der Treppe). Auch **keine erheblichen Baumaßnahmen** liegen richtigerweise vor, wenn der Unternehmer mit der **Installation einer Photovoltaikanlage** betraut wird (OLG Brandenburg 10. 10. 2024 – 12 U 185/23, BeckRS 2024, 28511 Rn 21). Wennzwar wesentlich, aber im Ergebnis dennoch keine erheblichen Umbaumaßnahmen nach § 650i Abs 1 Alt 2 BGB lagen einem Urteil des **OLG Saarbrücken** zugrunde. Dort errichtete der Unternehmer einen ca 40 qm großen Anbau und der Besteller wandelte eine daneben liegende Garage in einen Wohnraum um, sodass eine neue Wohneinheit von 62 qm entstand (OLG Saarbrücken 31. 3. 2021 – 2 U 214/20, BeckRS 2021, 58135; m Anm Berding IBR 2022, 456).

Ob auch eine **gewerkweise Vergabe erheblicher Umbaumaßnahmen** die Voraussetzungen des § 650i Abs 1 BGB erfüllt, blieb in Literatur und Rechtsprechung bislang unerörtert. Sofern dies nach der hier vertretenen Auffassung schon auf die erste Alternative des § 650i Abs 1 BGB zutrifft (Rn 54 ff), muss diese Sichtweise in konsequenter Fortführung dieser Grundsätze ingleichen für erhebliche Umbaumaßnahmen gelten. Werden folglich **Einzelgewerke** an unterschiedliche Unternehmer vergeben, die im **Zusammenhang mit der Ausführung einer erheblichen Umbaumaßnahme** erfolgen, und ist diese Tatsache für sie ersichtlich, sollte § 650i Abs 1 BGB zur Anwendung gelangen. 74

3. Begriff des Umbaus

a) Richtlinienautonome Auslegung des Umbaubegriffs

Der Begriff des Umbaus wird in der Gesetzesbegründung nicht ausdrücklich definiert. Das Merkmal der Umbauleistung ist dabei beim Verbraucherbauvertrag in § 650i Abs 1 BGB, beim Bauvertrag in § 650a Abs 1 BGB sowie beim Bauträgervertrag in § 650u Abs 1 BGB enthalten, wobei die jeweiligen Gegenstände des Umbaus unterschiedlich sind (Gebäude, Bauwerk, Haus oder vergleichbares Bauwerk). **Vorgeschlagen** wird im Hinblick auf § 650a Abs 1 BGB auf den **Umbaubegriff des § 2 Abs 5 HOAI** abzustellen (Wellensiek BauR 2018, 314, 320; Staudinger/Leupertz/Popescu [2024] § 650a Rn 23; BeckOGK/Merkle [1. 1. 2025] § 650a Rn 80). Danach handelt es sich bei Umbauten um Umgestaltungen eines vorhandenen Objekts mit **wesentlichen Eingriffen in Konstruktion oder Bestand**. Die Orientierung an § 2 Abs 5 HOAI kann überzeugen, jedoch **nur** im Hinblick auf den Bauvertrag und Bauträgervertrag (kritisch in Bezug auf die Orientierung nach § 2 Abs 5 HOAI, Messerschmidt/Voit/Rintelen § 650a Rn 96). Der verbraucherbauvertragsrechtliche Begriff des Umbaus hat dagegen seinen **Ursprung in der VRRL (Art 3 Abs 3 lit f VRRL)** und muss daher **richtlinienkonform und richtlinienautonom** ausgelegt werden, während die §§ 650a, 650u BGB einer nationalrechtlichen Auslegung unterliegen. So unterfallen dem Begriff des Umbaus grundsätzlich auch **Instandsetzungs- und Renovierungsmaßnahmen**. Einen Verbraucherbauvertrag stellen sie nur dann dar, sofern sie die Erheblichkeitsschwelle des § 650i Abs 1 BGB erreichen (Rn 77). Dagegen sind Instandhaltungsmaßnahmen nach dem 75

Vorbild von § 2 Abs 8 HOAI nicht Gegenstand des Umbaubegriffs, sondern vielmehr der Wiederherstellung nach § 650a Abs 1 BGB zuzuordnen (so überzeugend Staudinger/Leupertz/Popescu [2024] § 650a Rn 18; Leinemann/Kues/Lüders § 650a Rn 16 ff; **aA** Langen/Berger/Dauner-Lieb/Rückert § 650a Rn 24; offenlassend BeckOGK/Merkle [1. 1. 2025] § 650a Rn 85 ff).

b) Eingriff in die bauliche Substanz

76 Erforderlich ist für den Umbau der **Eingriff in die bauliche Substanz** (BT-Drucks 18/8486, 61).

c) Instandsetzungs- und Renovierungsmaßnahmen

77 **Instandsetzungs- bzw Renovierungsmaßnahmen** unterscheiden sich von Instandhaltungsmaßnahmen dadurch, dass sie darauf gerichtet sind, **bereits eingetretene Zerstörungen, Beschädigungen oder sonstigen Verschlechterungen der baulichen Substanz zu beseitigen**. Der **deutsche Gesetzgeber** (BT-Drucks 18/8486, 61) sowie ein **Teil der Literatur** (Herzog ZJS 2018, 524, 525; MünchKommBGB/Busche § 650i Rn 7; Langjahr IBR 2018, 24; Magnus JZ 2019, 224, 228; Ring NJ 2017, 485, 490; Langen/Berger/Dauner-Lieb/Rückert § 650i Rn 19) nehmen beim Verbraucherbauvertrag **undifferenziert** die **Instandsetzungs- bzw Renovierungsarbeiten** von Gebäuden aus dem Umbaubegriff heraus. Das ist in dieser Pauschalität abzulehnen. **Instandsetzungsmaßnahmen können vielmehr im Einklang mit europäischen Vorgaben grundsätzlich dem Umbaubegriff unterfallen**. Der europäische Gesetzgeber formuliert in **Erw 26**: „Dienstleistungsverträge … insbesondere im Zusammenhang mit der Instandsetzung und Renovierung von Gebäuden, **die keine erheblichen Umbauarbeiten darstellen**, … sollten unter diese Richtlinie fallen" (Hervorh stammen vom Verf). Demnach differenziert der unionale Gesetzgeber zwischen jenen **Instandsetzungs- und Renovierungsmaßnahmen**, die **erhebliche Umbauarbeiten**, und solchen, die **keine erheblichen Umbaumaßnahmen** darstellen (auch Motzke NZBau 2017, 517, 519; Reiter JA 2018, 241 f; jurisPK-BGB/Segger-Piening § 650i Rn 23). Dies ist konsequent, denn auch Instandsetzungs- und Renovierungsmaßnahmen bringen Eingriffe in die bauliche Substanz mit sich und erfüllen daher den Umbaubegriff. So führt etwa Motzke den Fall der Sanierung einer Tiefgarage an, bei der durch die Instandsetzungsmaßnahmen praktisch jedes Bauteil von dem Umbau betroffen ist (Motzke NZBau 2017, 515, 519 f). **Regelmäßig** werden sie freilich dem eng auszulegenden Begriff der **Erheblichkeit** der Umbaumaßnahmen nicht gerecht.

d) Instandhaltungsmaßnahmen

78 Instand**haltungs**maßnahmen sind in Relation zu Instand**setzungs**arbeiten weniger intensiv, da mit ihnen **kein Eingriff in die bauliche Substanz** einhergeht. Typische Instandhaltungsmaßnahmen sind etwa **Pflege-, Wartungs- oder Inspektionsleistungen** (BT-Drucks 18/8486, 53), also Maßnahmen, die bereits ihrer Wortbedeutung nach Zerstörungen, Beschädigungen bzw sonstigen Verschlechterungen **vorbeugen sollen** und in Abgrenzung zu Instandsetzungs- und Renovierungsmaßnahmen nicht auf die Beseitigung bereits **eingetretener Schäden gerichtet sind**. Dem Bauvertrag unterfallen sie nach § 650a Abs 2 BGB nur, wenn sie für die Konstruktion, Bestand oder bestimmungsgemäßen Gebrauch von wesentlicher Bedeutung sind. Demgegenüber erfasst sie der Umbaubegriff des § 650i Abs 1 BGB bzw der Ausschlusstatbestand nach Art 3 Abs 3 lit f VRRL **nicht.** Sie sind folglich **vom Anwendungsbereich der VRRL geregelt**, werden jedoch auch bei Vorliegen der besonderen Vertriebsformen **lediglich limitiert geschützt. Unabhängig vom Objekt der Maßnahmen** wird etwa nach **Art 16 lit h**

VRRL (umgesetzt in § 312g Abs 2 Nr 11 BGB) ein Widerrufsrecht bei **dringenden Instandhaltungs- und Reparaturarbeiten** expressis verbis ausgeschlossen, sofern der Verbraucher den Unternehmer ausdrücklich dazu aufgefordert hat, ihn aufzusuchen.

In seiner Stellungnahme bemängelte der **Bundesrat** die fehlende Erfassung von Instandhaltungsmaßnahmen bei Verbraucherbauverträgen, „da auch diese mit erheblichen Investitionen verbunden sein können" (BT-Drucks 18/8486, 91). Außerdem werde „eine weitere Differenzierung zwischen Umbauten und erheblichen Umbaumaßnahmen unnötig erschwert" (BT-Drucks 18/8486, 91). In ihrer Gegenäußerung verwies die Bundesregierung generell darauf, dass eine etwaige Erweiterung des § 650i Abs 1 BGB „die Vorgaben der vollharmonisierenden Verbraucherrichtlinie nicht mehr in vollem Umfang einhalten" würde (BT-Drucks 18/8486, 100). Die **Einschätzung der Bundesregierung** ist im **Hinblick auf Instandhaltungsmaßnahmen zutreffend**. Aus Erw 26 folgt, dass nur **erhebliche Instandsetzungsmaßnahmen** von der VRRL ausgeschlossen sind. Unerhebliche Instandsetzungs- und Renovierungsarbeiten sowie alle Instandhaltungsmaßnahmen können der VRRL unterliegen, was der Umkehrschluss aus Art 16 **lit h VRRL** (umgesetzt in § 312g Abs 2 Nr 11 BGB) belegt. Bei ihnen handelt es sich um **kleine Verbraucherbau- bzw Dienst-, oder Werkverträge** (Rn 77). 79

VII. Textform des Verbraucherbauvertrages (§ 650i Abs 2 BGB)

1. Ursprung und Zwecksetzung

Das in § 650i Abs 2 BGB angeordnete Erfordernis der Textform (§ 126b BGB) war im Gesetzgebungsprozess weder im Entwurf des Bundesrates (BR-Drucks 123/16, 12) noch demjenigen der Bundesregierung (vgl BT-Drucks 18/8486, 16) enthalten. **Erst auf Ansuchen des Bundesrates** in dessen weiterem Verlauf fand sie Eingang in die Beratungen zur Reform des Bauvertragsrechts (BT-Drucks 18/8486, 43). Ihr liegt die Erwägung zugrunde, dass dem Verbraucher wegen der hohen wirtschaftlichen Bedeutung des Verbraucherbauvertrages sowie der regelmäßig langen Laufzeit bis zur Fertigstellung des Bauwerks die **Möglichkeit** eingeräumt werden soll, **jederzeit überprüfen zu können, was ihm der Unternehmer konkret schuldet** (BT-Drucks 18/8486, 43). Zugleich beugt die Textform in präventiver Weise **potentiellen Beweisschwierigkeiten** vor (BT-Drucks 18/8486, 43). 80

Mit der Textformvorgabe intendierte der Bundesrat schließlich eine **Harmonisierung** mit der Baubeschreibung nach § 650j iVm Art 249 § 1 EGBGB. Für eine Baubeschreibung nach § 650j BGB gilt gem Art 249 § 1 EGBGB ebenfalls die Textform. Da die Baubeschreibung nach § 650k Abs 1 BGB zumeist Inhalt des Bauvertrages wird (transformative Wirkung der Baubeschreibung), erschien es aus Sicht des Gesetzgebers sachgerecht, einen **formrechtlichen Gleichlauf** herzustellen (BT-Drucks 18/8486, 90). Eine **einheitliche und lückenlose Dokumentation der Bauunterlagen** hilft dem Verbraucher über sein **fundamentales Informationsdefizit** (dazu § 650j Rn 1 ff) **hinweg** (BT-Drucks 18/8486, 90). Diesem Zweck trägt weiterhin die Regelung des Art 249 § 1 EGBGB Rechnung (BT-Drucks 18/8486, 62). Sie dient dem Schutz der gerechtfertigten Erwartungen des Bestellers und ermöglicht eine **Überprüfung der angebotenen Leistung durch einen Sachverständigen** sowie einen **Preis- oder Leistungsvergleich mit anderen Angeboten** (BT-Drucks 18/8486, 62). Dies fördert sodann auch den **Wettbewerb** im Bauwesen (BT-Drucks 18/8486, 62). 81

2. Anforderungen an die Textform (§ 126b BGB)

82 Die konkreten Anforderungen an die Textform sind in § 126b BGB geregelt. § 650i Abs 2 BGB ist lediglich eine **rechtsverweisende Vorschrift**. Es muss insbes eine lesbare, auf einem dauerhaften Datenträger abgegebene Erklärung vorliegen, in der die Person des Erklärenden genannt ist (§ 126b S 1 BGB). Ein dauerhafter Datenträger kann jedes Medium sein, das den Sicherungs-, Aufbewahrung- und Wiedergabeanforderungen in § 126b S 2 Nr 1 und Nr 2 BGB (kumulative Voraussetzungen) genügt. Eine Heilungsvorschrift ist für eine Textform nicht vorgesehen und mangels planwidriger Regelungslücke wird auch eine analoge Anwendung des § 311b Abs 1 S 2 BGB abgelehnt (Langjahr IBR 2018, 25).

3. Gegenstand der Textform (Vertragsänderungen, Nachträge)

83 Die Textform erfasst den gesamten Verbraucherbauvertrag. Dazu gehören **sämtliche Vereinbarungen**, demnach auch **Vertragsänderungen und Anpassungen, Erweiterungen und Beschränkungen sowie sonstige Nachträge** (BeckOGK/Merkle [1.1.2025] § 650i Rn 54 f; Grüneberg/Retzlaff [83. Aufl 2024] § 650i Rn 6; jurisPK-BGB/Segger-Piening § 650i Rn 31; Langjahr IBR 2018, 25; Kleinjohann NZBau 2022, 141; Messerschmidt/Voit/Lenkeit § 650i Rn 34).

4. Rechtsfolgen fehlender Textformeinhaltung

84 Da es sich bei der Textform aus § 650i Abs 2 BGB um eine **gesetzliche Form** handelt, tritt im Falle ihrer Missachtung die Nichtigkeit des Verbraucherbauvertrages nach **§ 125 S 1 BGB** ein. Dies ist auch dann anzunehmen, wenn lediglich eine Vereinbarung der Textform nicht genügt, die Inhalt des Vertrages werden sollte. Eine Heilungsvorschrift ist für die Textform nicht vorgesehen. Bei einer Teilnichtigkeit tritt grundsätzlich nach **§ 139 BGB** die **Gesamtnichtigkeit** ein. Der Vertrag kann nur in dem Falle gerettet werden, wenn nicht anzunehmen ist, dass es auch ohne den nichtigen Teil vorgenommen sein würde § 139 BGB aE.

85 Beim Verbraucherbauvertrag wird die Rechtslage noch dadurch verschärft, dass nicht nur der zentrale Inhalt des Verbraucherbauvertrages **nach den §§ 650i Abs 1, 631 BGB** der Textform genügen muss und diese verfehlen kann, sondern auch der für die Erfüllung der **Baubeschreibungspflichten gem § 650j BGB iVm Art 249 BGB** vorgesehene Inhalt. Selbst der letztere Inhalt muss einerseits der Textform genügen (§ 1 Art 249 EGBGB). Andererseits werden die Baubeschreibungsangaben im Wege der **transformativen Wirkung der Baubeschreibung nach § 650k Abs 1 BGB** zum Inhalt des Vertrages. Dadurch können Formfehler der Baubeschreibung den Verbraucherbauvertrag **infizieren – infektiöse Wirkung**, wobei nach Auffassung des Verf keine vollständige, sondern eine **partielle infektiöse Wirkung der Baubeschreibung** anzunehmen ist (§ 650j Rn 8 f). Nur, wenn die Angaben **nach § 2 Abs 1 S 2 Nr 1–2 Art 249 EGBGB** der Textform nicht unterliegen, stellt sich die Frage nach der Gesamtnichtigkeit des Vertrages gem der §§ 125 S 1, 139 BGB (§ 650j Rn 8 f).

5. Implikationen der Textform mit der notariellen Beurkundung nach § 311b Abs 1 S 1 BGB

a) Rechtliche Einheit

Die bauvertragsrechtlichen Formvorgaben nützen zweifelsohne dem **Schutz des Verbrauchers**. Was der Gesetzgeber hierbei jedoch offenbar aus den Augen verloren hat, ist der Umstand, dass sie mit der in **§ 311b Abs 1 S 1 BGB vorgesehenen Beurkundungspflicht** für Grundstückskaufverträge in **Konflikt** geraten. In praxi wird ein Verbraucherbau- häufig gemeinsam mit einem Grundstückskaufvertrag geschlossen (SCHMITZ RNotZ 2022, 125). Derartige **„zusammengesetzte Verträge"**, die mit dem Grundstückskaufvertrag eine **rechtliche Einheit** bilden, unterliegen nach der Rechtsprechung des BGH ebenfalls der Pflicht einer notariellen Beurkundung (SCHMITZ RNotZ 2022, 125, 126; MünchKommBGB/RUHWINKEL § 311b Rn 58 ff; BeckOGK/SCHREINDÖRFER [1. 2. 2025] § 311b Rn 181 ff). Anderenfalls würde § 311b Abs 1 S 1 BGB um seine **Teloi** gebracht – **Warn-, Beweis-, Übereilungs-, Gültigkeits- und Beratungsfunktion** (SCHOLZ, Zusammengesetzte Verträge im Sinne von § 311b Abs 1 S 1 BGB [2020] 26 ff). Eine andere Kategorie betreffen dagegen jene Bauverträge, die eine mittelbare Pflicht zum Erwerb eines Grundstücks enthalten (SCHMITZ RNotZ 2022, 125, 127). Beurkundungsbedürftig sind **nicht nur die Hauptleistungspflichten**, sondern überdies **sämtliche Abreden, die nach dem Willen der Parteien den schuldrechtlichen Vertragsinhalt bilden sollen** (BGH 19. 11. 1982 – V ZR 161/81, NJW 1983, 563). Dafür verlangt die Rechtsprechung einen **Verknüpfungswillen** dergestalt, als dass beide Verträge voneinander abhängen, sie folglich **„miteinander stehen und fallen"** sollen (BGH 13. 6. 2002 – VII ZR 321/00, NJW 2002, 2559, 2560; OLG München 24. 3. 1987 – 5 U 5335/86, NJW-RR 1987, 1042; OLG Stuttgart 28. 7. 2014 – 5 U 40/14, NZM 2015, 740, 741). Eine reziproke Konnexität muss nicht vorliegen (BGH 22. 7. 2010 – VII ZR 246/08, DNotZ 2011, 196, 197). Vielmehr genügt es bereits, wenn diese **einseitig** besteht. Es wird bloß vorausgesetzt, dass die sich aus § 311b Abs 1 S 1 BGB ergebenden Schutzzwecke auf den anderen Vertrag erstrecken (BGH 22. 7. 2010 – VII ZR 246/08, DNotZ 2011, 196, 198). Der Verknüpfungswille fehlt daher nicht schon deshalb, weil die Parteien die Verträge nicht in einer Urkunde oder zeitgleich abschließen (BGH 13. 6. 2002 – VII ZR 321/00, NJW 2002, 2559, 2560). Selbst die Parteien müssen nicht zwingend identisch sein (Mehrpersonenverhältnisse; BGH 6. 11. 1980 – VII ZR 12/80, BGHZ 78, 346 = NJW 1981, 274, 275; BGH 13. 2. 2003 – IX ZR 76/99633, DNotZ 2003, 632). Allerdings entschied der BGH, dass in Fällen **einseitig begründeter Vertragsakzessorietät** eine Beurkundung nur dann erforderlich sei, **sofern der Grundstückskaufvertrag von dem Bauvertrag abhänge**; umgekehrt gelte dies hingegen nicht (BGH 6. 11. 1980 – VII ZR 12/80, BGHZ 78, 346 = NJW 1981, 274, 275; BGH 22. 7. 2010 – VII ZR 246/08, DNotZ 2011, 196, 198; **aA** SCHMITZ RNotZ 2022, 125, 132). Was den Verknüpfungswillen anbelange, liege dieser nicht schon dann vor, wenn der Besteller das für den praktischen Vollzug des Bauvertrages betreffende Grundstück benötige (BGH 22. 7. 2010 – VII ZR 246/08, DNotZ 2011, 196, 198). Der Verknüpfungswille erfordere indiziell, dass Bau- und Grundstückskaufvertrag kongruierten oder der Unternehmer auf das Zustandekommen des letzteren maßgeblichen Einfluss hätte nehmen können (BGH 22. 7. 2010 – VII ZR 246/08, DNotZ 2011, 196, 198). Insgesamt müssen gleichwohl die Umstände des Einzelfalls darüber entscheiden, ob eine solche Einheit vorliegt. 86

b) Vorrang der notariellen Beurkundung

Beim Verbraucherbauvertrag stellt sich die Frage nach dem Verhältnis der Formgebote nicht nur in Bezug auf § 650i Abs 2 BGB, sondern auch hinsichtlich der in 87

§ 650j Abs 1 BGB iVm § 1 Art 249 EGBGB für die Baubeschreibung vorgesehenen Textform, die darüber hinaus durch die **Einbeziehungsanordnung aus § 650k Abs 1, 3 BGB** flankiert wird. Nach der teilweise vertretenen Auffassung in der Literatur ist ein **Vorrang der notariellen Beurkundung gem § 311b Abs 1 S 1 BGB** im Wege der teleologischen Reduktion des § 650k Abs 1, 3 BGB anzunehmen, um auf diesem Wege den individuellen und überindividuellen Belangen von Beweissicherheit und inhaltlicher Abgeschlossenheit der Urkunde Genüge zu tun (Omlor NJW 2018, 817, 820). Die Beantwortung der Frage kann indes nicht pauschal erfolgen, erfordert sie doch einen **Vergleich der von den jeweiligen Formvorschriften verfolgten Funktionen** und die Analyse, ob etwaige **Normzweckkonflikte** zu Schutzlücken führen. Diese Frage stellt sich nicht nur beim Spannungsverhältnis zwischen § 311b Abs 1 S 1 BGB und den Textformen des Verbraucherbauvertrages, sondern auch in Bezug auf andere Formvorschriften. So kann auch ein der Schriftform nach § 492 BGB unterliegender Verbraucherdarlehensvertrag eine rechtliche Einheit mit dem Grundstückskaufvertrag bilden (MünchKommBGB/Ruhwinkel § 311b Rn 59; BeckOGK/Schreindörfer [1. 2. 2025] § 311b Rn 222). Ebenso steht und fällt ein nach § 550 BGB der Schriftform unterliegender Mietvertrag mitunter dem Formerfordernis eines Grundstückskaufvertrages (Schäfer/Steinkampf NZM 2005, 48 ff; BeckOGK/Schreindörfer [1. 2. 2025] § 311b Rn ff).

88 Sofern diese Erwägungen für den Verbraucherbauvertrag in Anschlag gebracht werden, muss sich der Rechtsanwender zur Bestimmung dieser Derogationswirkung die mit den §§ 650i Abs 2, 650j BGB iVm Art 249 § 1 EGBGB zusammenhängenden Wertungen vor Augen führen. Maßgebend für die Textform sind: **(1)** die wirtschaftliche Relevanz des Verbraucherbauvertrages für den Besteller, **(2)** Informationsbedürfnis bezüglich des vom Bauunternehmer geschuldeten Leistungsinhalts, sowie **(3)** die konsistente Dokumentation und vollständige Unterlagen (Dokumentationsfunktion). **(4)** Die Textform der Baubeschreibung soll zudem der Überprüfung der angebotenen Leistungen durch einen Sachverständigen sowie einem Preis- bzw Leistungsvergleich zugänglich sein, wodurch der Wettbewerb gefördert wird (§ 650j Rn 1 ff, 7 ff). Dies dürfte auch für § 650i Abs 2 BGB gelten.

89 Die Schutzzwecke der §§ 650i Abs 2 BGB, 650j Abs 1 BGB iVm Art 249 § 1 EGBGB finden bei der notariellen Beurkundung nach § 311b Abs 1 S 1 BGB ihren Ausdruck. Grundstückskaufverträge sind deshalb beurkundungsbedürftig, weil der Erwerber aufgrund der zuweilen erheblichen wirtschaftlichen Folgen, die ein solcher Vertrag nach sich zieht, vor einer übereilten Entscheidung bewahrt werden soll (Scherer, Andeutungsformel und falsa demonstratio beim formbedüftigen Rechtsgeschäft in der Rechtsprechung des Reichsgerichts und des Bundesgerichtshofs [1987] 70; Scholz, Zusammengesetzte Verträge im Sinne von § 311b Abs 1 S 1 BGB [2020] 27 f). Andererseits werden die Kosten für den Bau eines Gebäudes diejenigen für den Kauf des Baugrundstücks häufig vielfach überschreiten. Dies legt den Schluss nahe, dass die **Warnfunktion** im Sinne eines argumentum a fortiori bei Verbraucherbauverträgen sogar noch stärker ausgeprägt sein müsste als bei Grundstückskaufverträgen. Da der Verbraucher regelmäßig nicht umhinkommt, beide Verträge abzuschließen, potenziert sich seine Gesamtinvestitionslast. Daher ist es **zwingend erforderlich**, eine **notarielle Beurkundung auch für den Verbraucherbauvertrag** zu verlangen, weil **die schwächere, gemeinhin hinter der stärkeren Form zurücktreten muss** (BeckOGK/Hecht [1. 2. 2025] § 126 Rn 84 mwNw; Pfennig RNotZ 2018, 585, 590: „Aufgrund des in der Regel bestehenden Beurkundungserfordernisses für den Verbraucherbauvertrag ist dieses Textformerfordernis [aus § 650i Abs 2 BGB] in der notariellen

Praxis grundsätzlich nicht von Relevanz“). Diesen Grundgedanken trägt die deklaratorische, indes den allgemeinen Grundgedanken enthaltende Regelung des § 126 Abs 4 BGB.

c) Heilung durch Eintragung nach § 311b Abs 1 S 2?

Eine weitergehende Frage in diesem Zusammenhang ist, ob sich auch eine Heilung nach § 311b Abs 1 S 2 BGB auf den Verbraucherbauvertrag erstreckt. Hier müssen zwei Fälle unterschieden werden, wobei selbstverständlich davon auszugehen ist, dass der Kaufvertrag und der Verbraucherbauvertrag eine rechtliche Einheit bilden: **90**

Fall 1: Der Verbraucherbauvertrag wird zwar nicht notariell beurkundet, aber die Textform nach § 650i Abs 2 BGB eingehalten. Sodann wird der Erwerber, zugleich Besteller, im Grundbuch als Eigentümer eingetragen. **91**

Fall 2: Der Verbraucherbauvertrag wird nicht notariell beurkundet, **aber auch die Textform nach § 650i Abs 2 BGB nicht eingehalten**. Sodann wird der Erwerber, zugleich Besteller, im Grundbuch als Eigentümer eingetragen. **92**

Dem Stand der Rechtsprechung und Literatur entsprechend, erfasst die Heilungsvorschrift nach § 311b Abs 1 S 2 BGB auch den mit dem Grundstückskaufvertrag verbundenen bzw zusammengesetzten Vertrag (dazu auch Schmitz RNotZ 2022, 125, 130, 145 f). Dahin urteilte bereits das **Reichsgericht**, dass ein mit dem Grundstückskaufvertrag zusammengesetzter, aber nicht notariell beurkundeter und auch entgegen des Schriftformgebots nach § 550 BGB (damals § 566 aF) nicht schriftlich geschlossener Mietvertrag „das rechtliche Schicksal des Hauptvertrages teilen“ (RG 10. 1. 1922 – III 512/21, RGZ 103, 381, 383) muss, sodass auch die „Auflassung und die Eintragung … das Mietabkommen für die vereinbarte Mietzeit, wirksam werden“ (RG 10. 1. 1922 – III 512/21, RGZ 103, 381, 383) lässt, **93**

> „da anderenfalls der von den Vertragsschließenden gewollten Zusammenfassung der beiden Geschäfte zu einer Einheit nicht Rechnung getragen würde. Das aber wäre ein mit der Vorschrift des § 313 Satz 2 [heute § 311b Abs. 1 S. 2 BGB) unvereinbartes, die Sicherheit der Grundstücksübereignungsverträge in hohem Grade gefährdendes Ergebnis.“ (RG 10. 1. 1922 – III 512/21, RGZ 103, 381, 383).

Der **BGH** (BGH 29. 9. 1972 – V ZR 170/70, NJW 1972, 2265, 2266; BGH 2. 11. 1973 – V ZR 201/71, NJW 1974, 136) und die **Literatur** (BeckOGK/Schreindörfer [1. 2. 2025] § 311b Rn 346 ff mwNw) sind dieser Auffassung gefolgt, wobei der BGH, etwa in einer Entscheidung die Heilungswirkung eines im Grundbuch eingetragenen Erbbaurechts, über dessen Bestellung sich die Parteien formgerecht geeinigt haben indes später nicht formgerecht abgeändert haben, nicht über den zusammengesetzten Grundstückskaufvertrag hinausreichen ließ (BGH 29. 9. 1972 – V ZR 170/70, NJW 1972, 2265, 2266).

In Bezug auf **Fall 1** lässt sich diese Sichtweise problemlos übertragen. Auch wenn der Verbraucherbauvertrag nicht notariell beurkundet war, war der Besteller durch die Einhaltung der Textform geschützt. Auf **Fall 2** lässt sie sich indes **nicht problemlos** übertragen. Durch die Eintragung des Bestellers als Eigentümer im Grundbuch, wird ihm weder die wirtschaftliche Bedeutung des Verbraucherbauvertrages noch **94** der seitens Bauunternehmer geschuldete Leistungsinhalt (Informationsfunktion) offenbar. Diese Inhalte sind im Grundbuch auch **nicht eintragungsfähig**. Wäre der Verbraucherbauvertrag nicht mit dem Kaufvertrag verbunden, wäre eine Nichtigkeit nach § 125 S 1 BGB anzunehmen. Lediglich durch seine Verbindung tritt diese Rechtsfolge nicht ein. Andererseits würde die Nichtigkeit des Verbraucherbauvertrages zum Auseinanderreißen der von den Parteien gewollten Verbindung beider Verträge führen, die „miteinander stehen und fallen" sollen.

95 Diese Frage war etwa für das KG Berlin nicht entscheidungserheblich, da es in dem von ihm zu beurteilenden Sachverhalt nicht zu einer Eintragung kam (vgl KG 9. 2. 2021 – 21 U 126/19, NJOZ 2021, 793 Rn 41 ff, 54). Sie wird sich aber früher oder später stellen. Die besseren Gründe sprechen aber dafür den **Verbraucherbauvertrag im Fall 2 gemäß § 125 S 1 BGB als nichtig anzusehen**. Bei klassischen Fällen der zusammengesetzten Verträge handelt es sich um jene Sachverhalte, bei denen der mit dem Grundstückskaufvertrag verbundener Vertrag überhaupt keiner Form unterliegt. Wird dieser nicht notariell beurkundet, kommt es zu **einem Verstoß** gegen das Formgebot des § 311b Abs 1 S 1 BGB. Durch die Eintragung im Grundbuch, wird **dieser eine Verstoß** durch § 311b Abs 1 S 2 BGB geheilt. Bei dem hier behandelten **Fall 2** gibt es dagegen **zwei Verstöße:** Aufgrund der anzunehmenden rechtlichen Einheit mit dem Grundstückskaufvertrag kommt es zum einen zu einem Verstoß gegen die notarielle Beurkundungspflicht des Verbraucherbauvertrages nach § 311b Abs 1 S 1 BGB. Dieser Verstoß kann durch die Eintragung nach § 311b Abs 1 S 2 BGB noch geheilt werden. Der Verstoß gegen die Textform nach § 650i Abs 2 BGB kann dagegen zum anderen nicht mehr geheilt werden, da bereits **„das Pulver verschossen ist"**. Der Verstoß und seine Heilung stehen in einem **spiegelbildlichen Verhältnis** (sog **Spiegelbildargument**; BeckOGK/Schreindörfer [1. 2. 2025] § 311b Rn 317). Für die Heilung des Textformverstoßes bedurfte es vielmehr **einer weiteren Heilungsvorschrift und demnach einer weiteren Heilungshandlung**. Diese sind nicht gegeben. Für dieses Ergebnis sprechen auch die Formfunktionen des § 650i Abs 2 BGB, die mE schwerer wiegen dürften, als die des § 311b Abs 1 S 1 BGB. Die wirtschaftlichen Investitionen sind beim Verbraucherbauvertrag regelmäßig (deutlich) höher als bei einem Grundstückskaufvertrag. Den Leistungsgegenstand des Bauunternehmers und demnach seine Erfüllungs- und Gewährleistungsrechte wird der Verbraucher ohne der Textformeinhaltung nur schwerlich geltend machen können, insbes dann, wenn es um bedeutende Details geht. Dieses Ergebnis muss jedoch dazu führen, dass der nichtige Verbraucherbauvertrag nun auch den Grundstückskaufvertrag wegen ihrer rechtlichen Verbundenheit in den Abgrund ziehen und demnach eine **Gesamtnichtigkeit** eintreten muss. Anzudenken wäre das Problem im Wege der Anwendung des § 139 BGB zu lösen. Demgegenüber könnte vom Gesetzgeber gefordert werden, für diese Art von Situationen eine besondere oder allgemeine Heilungsvorschrift zu schaffen (was der Verf auf dem 10. Dt. Baugerichtstag in seinen Thesen gefordert hat, https://baugerichtstag.de/wp-content/uploads/2025/03/24515515_BauR-2025-Thesenheft.pdf, S 73 f).

VIII. Ergänzende Geltung des Kapitels 3 (§ 650i Abs 3 BGB)

96 In § 650i Abs 3 BGB wird die ergänzende Geltung der Vorschriften nach den §§ 650j–650n BGB angeordnet, sofern ein Verbraucherbauvertrag seinem Anwendungsbereich gem § 650i Abs 1 BGB nach vorliegt. Dazu nimmt der Gesetzgeber in seiner Begründung kurz dahingehend Stellung, „dass für die in Absatz 1 definierten

Verbraucherbauverträge ergänzend zu den Regelungen in **Kapitel 1 (Allgemeine Vorschriften)** und **Kapitel 2 (Bauvertrag)** die Vorschriften des Kapitels 3 gelten" (BT-Drucks 18/8486, 61, Hervorhebungen durch den Verf).

Liegt ein Verbraucherbauvertrag nach § 650i Abs 1 BGB vor, finden die §§ 650j–650n BGB Anwendung. Soweit im Einzelfall hinsichtlich des sachlichen Anwendungsbereiches **nicht nur ein Verbraucherbauvertrag**, sondern **zugleich ein Bauvertrag nach § 650a BGB** anzunehmen ist, soweit also beide Vertragsarten eine inhaltliche Schnittmenge bilden, **finden auch die §§ 650a ff BGB Anwendung**, jedoch nur soweit, bis in den §§ 650i ff BGB keine speziellen Regelungen getroffen wurden. Zu den §§ 650a ff BGB zählen insbes Änderungen des Vertrages und das Anordnungsrecht nach § 650b BGB, sowie die Vergütungsanpassung aus § 650c BGB. Die §§ 631 ff BGB finden als allgemeine Vorschriften ohnehin Anwendung. Diese werden jedoch durch die §§ 650a ff BGB sowie durch die §§ 650i ff BGB insoweit verdrängt, wie in den letzteren ergänzende Vorschriften enthalten sind. 97

§ 650j
Baubeschreibung

Der Unternehmer hat den Verbraucher über die sich aus Artikel 249 des Einführungsgesetzes zum Bürgerlichen Gesetzbuche ergebenden Einzelheiten in der dort vorgesehenen Form zu unterrichten, es sei denn, der Verbraucher oder ein von ihm Beauftragter macht die wesentlichen Planungsvorgaben.

Art 249 EGBGB Informationspflichten bei Verbraucherbauverträgen

§ 1 Informationspflichten bei Verbraucherbauverträgen

Der Unternehmer ist nach § 650j des Bürgerlichen Gesetzbuchs verpflichtet, dem Verbraucher rechtzeitig vor Abgabe von dessen Vertragserklärung eine Baubeschreibung in Textform zur Verfügung zu stellen.

§ 2 Inhalt der Baubeschreibung

(1) In der Baubeschreibung sind die wesentlichen Eigenschaften des angebotenen Werks in klarer Weise darzustellen. Sie muss mindestens folgende Informationen enthalten:

1. **allgemeine Beschreibung des herzustellenden Gebäudes oder der vorzunehmenden Umbauten, gegebenenfalls Haustyp und Bauweise,**

2. **Art und Umfang der angebotenen Leistungen, gegebenenfalls der Planung und der Bauleitung, der Arbeiten am Grundstück und der Baustelleneinrichtung sowie der Ausbaustufe,**

3. **Gebäudedaten, Pläne mit Raum- und Flächenangaben sowie Ansichten, Grundrisse und Schnitte,**

4. gegebenenfalls Angaben zum Energie-, zum Brandschutz- und zum Schallschutzstandard sowie zur Bauphysik,

5. Angaben zur Beschreibung der Baukonstruktionen aller wesentlichen Gewerke,

6. gegebenenfalls Beschreibung des Innenausbaus,

7. gegebenenfalls Beschreibung der gebäudetechnischen Anlagen,

8. Angaben zu Qualitätsmerkmalen, denen das Gebäude oder der Umbau genügen muss,

9. gegebenenfalls Beschreibung der Sanitärobjekte, der Armaturen, der Elektroanlage, der Installationen, der Informationstechnologie und der Außenanlagen.

(2) Die Baubeschreibung hat verbindliche Angaben zum Zeitpunkt der Fertigstellung des Werks zu enthalten. Steht der Beginn der Baumaßnahme noch nicht fest, ist ihre Dauer anzugeben.

§ 3 (...)

Schrifttum

Glöckner, Die Folgen der Verbraucherrechterichtlinie und ihrer Umsetzung für Bauverträge, BauR 2014, 411
Kniffka/Koeble/Jurgeleit/Sacher (Hrsg), Kompendium des Baurechts, Teil 2 (5. Aufl 2020), zitiert: KompBauR/Bearbeiter
Langjahr, Verbraucherbauverträge bedürfen der Textform!, IBR 2018, 25
Matkovic, Die Baubeschreibungspflicht des Unternehmers im neuen Verbraucherbauvertrag, (Diss Baden-Baden 2021)
Omlor, Der neue Verbraucherbauvertrag, NJW 2018, 817
Orlowski, Das gesetzliche Bauvertragsrecht – Übersicht und Stellungnahme zum Gesetzentwurf der Bundesregierung, ZfBR 2016, 431
Pause, Verbraucherbaurecht und Bauträgerrecht – zugleich ein Ausblick auf weitere Entwicklungen im Gesetzgebungsverfahren, BauR 2017, 430
Pause/Vogel, Vorschläge zum Verbraucherbau- und zum Bauträgervertrag, NZBau 2015, 667
Pfennig, Die Baubeschreibung in der notariellen Praxis – unter besonderer Berücksichtigung des neuen Bauvertragsrechts, RNotZ 2018, 585
Ring, Die Reform des Bauvertragsrechts zum 1. Januar 2018, NJ 2017, 485
Schmitz, Die beurkundungsrechtlichen Folgen der Verknüpfung von Grundstücks- und Bauverträgen in der notariellen Praxis, RNotZ 2022, 125
Stretz, Die unklare Baubeschreibung und ihre Auslegung gem § 650k Abs 2 BGB, BauR 2022, 554.

Systematische Übersicht

I. Normzwecke 1
1. Vertrauensfunktion 2
2. Überprüfungsfunktion 3
3. Vergleichs- bzw Wettbewerbsfunktion 4
4. Planungsfunktion 5

II. Rechtsnatur der Baubeschreibungspflicht 6

III. Textform der Baubeschreibung
1. Textform nach § 126b BGB 7
2. Rechtsfolgen des Formmangels 8

IV. Implikationen mit der notariellen Beurkundungspflicht nach § 311b Abs 1 S 1 BGB 10

V. Zeitpunkt der Baubeschreibungsvorlage 11

VI. Einzelne Mindestbaubeschreibungsangaben (Art 249 § 2 EGBGB) 15
1. Wesentliche Eigenschaften des Werks (Art 249 § 2 Abs 1 S 1 EGBGB) 17
a) Auslegung des Merkmals der wesentlichen Eigenschaften 17
b) Klare, jedoch nicht verständliche Darstellungsweise 20
2. Mindestangaben nach Art 249 § 2 Abs 1 S 2 EGBGB 22
a) Allgemeine Gebäude- und Umbaubeschreibung (Art 249 § 2 Abs 1 S 2 Nr 1 EGBGB) 22
b) Art und Umfang der angebotenen Bauleistungen (Art 249 § 2 Abs 1 S 2 Nr 2 EGBGB) 23
c) Pläne, Raum- und Flächenangaben, Ansichten, Grundrisse (Art 249 § 2 Abs 1 S 2 Nr 3 EGBGB) 24
d) Energie-, Brandschutz und zum Schallschutz sowie Bauphysik (Art 249 § 2 Abs 1 S 2 Nr 4 EGBGB) 25
e) Baukonstruktionen aller wesentlicher Gewerke (Art 249 § 2 Abs 1 S 2 Nr 5 EGBGB) 26
f) Beschreibung des Innenausbaus (Art 249 § 2 Abs 1 S 2 Nr 6 EGBGB) 27
g) Gebäudetechnische Anlagen (Art 249 § 2 Abs 1 S 2 Nr 7 EGBGB) 28
h) Qualitätsmerkmale (Art 249 § 2 Abs 1 S 2 Nr 8 EGBGB) 29
i) Sanitärobjekte, Armaturen, Elektroanlagen, Installationen, Informationstechnologien (Art 249 § 2 Abs 1 S 2 Nr 9 EGBGB) 30
3. Angaben zum Zeitpunkt der Fertigstellung (Art 249 § 2 Abs 2 EGBGB) 31
4. Überobligatorische Baubeschreibungsangaben? 35

VII. Implikationen mit AGB-Recht (§§ 305 ff BGB) 37
1. Formelle Einbeziehung der Baubeschreibung (§§ 305 ff BGB) 38
2. Materielle Inhaltskontrolle der Baubeschreibung (§§ 307, 308, 309 BGB) 39

VIII. Ausschluss der Baubeschreibungspflicht (§ 650j HS 2 BGB)
1. Regelungszweck 46
2. Wesentliche Planungsvorgaben iSv § 650j HS 2 BGB 47
3. Rechtsfolgen des § 650j HS 2 BGB 48

IX. Rechtsfolgen der Baubeschreibungspflichtverletzung 50
1. Baubeschreibungspflicht als vorvertragliche, nichtleistungsbezogene Informationspflicht 51
2. Rechtsfolgen der Pflichtverletzung im vorvertraglichen Stadium 52
a) Anspruch auf Erfüllung der Informationspflicht 53
b) Anspruch auf Schadensersatz 56
3. Rechtsfolgen der Pflichtverletzung im vertraglichen Stadium 57
a) Unvollständige oder unklare Baubeschreibung 57
b) Fehlende Baubeschreibung 61
c) Verzögerte Baubeschreibung 64

Alphabetische Übersicht

absolute Fixschulden 33
Allgemeine Gebäude- und Umbaubeschreibung 22
Armaturen 30

Baudauer 8 f, 40, 46
Baugrundrisiko 35
Baukonstruktionen 26
Bedenkzeit 12
Beweislastumkehr 49

Elektroanlagen 30
Energie-, Brandschutz und zum Schallschutz 25

Erfüllungsanspruch 6, 53 f, 60, 63
Erklärungszeitpunkt 11
essentialia negotii 8, 19, 62

fakultative Baubeschreibungsangaben 16, 25
Fertigstellungszeitpunkt 5, 8 f, 33 f, 40, 46, 57
Formelle Einbeziehung 38
Freistellung 48

Gebäudetechnische Anlagen 28

Implikationen 10, 21, 37
infektiöse Wirkung 8
Informationsdefizit 1, 3, 19 f
Informationsmodell 1
Informationspflicht 6, 51 ff
Informationstechnologien 30
Installationen 30

Kausalität 59
Klauselrichtlinie 40 f

Materielle Inhaltskontrolle 37, 40, 45
Mindestbaubeschreibungsangaben 15

negatives Interesse 50, 59, 63
notariellen Beurkundungspflicht 10

obligatorische Baubeschreibungsangaben 16

partiell infektiösen Wirkung 8
Pläne, Raum- und Flächenangaben 24
Planungsfunktion 5, 46, 55, 59
Preisangabe 19

Rechtsnatur 6, 50

Sanitärobjekte 30
Schutzmodell 1
Schutzpflicht 6
Simplifizierung 21, 42, 44
Stufenmethode 9

technische Regelwerke 20, 43
Teilgewerke 47
Textform 1 f, 7 f, 10, 12
transformative Wirkung 8, 10
Transparenzgebot 20 f, 40 ff

Überobligatorische Baubeschreibungsangaben 35
Überprüfungsfunktion 3, 19, 29, 46, 59 f
Umbaumaßnahmen 8, 16, 22, 32, 62
Unbestimmtheit 12
unselbstständige, nichtleistungsbezogene Pflicht 51

Vergleichsfunktion 4, 19, 46, 55, 59
Verständlichkeitsgebot 21, 39, 41, 44 f
Vertragsakzessorietät 10
Vertragsfreiheit 40
Vertrauensschaden 59
vorvertragliche Aufklärungspflicht 6
vorvertragliche Pflicht 51
vorvertragliche Informationen 1

Wesentliche Eigenschaften 8, 17
Wesentliche Planungsvorgaben 47
Wettbewerbsförderung 4
Wettbewerbsfunktion 19, 46, 59

Zeitpunkt der Baubeschreibungsvorlage 8
Zeitpunkt der Fertigstellung 5, 31, 47

I. Normzwecke

1 Nach **Art 249 § 1 EGBGB** ist die Baubeschreibung dem Verbraucher **rechtzeitig vor Abgabe seiner Vertragserklärung** in Textform zur Verfügung zu stellen. Die mit der Baubeschreibungspflicht verfolgten Zwecke reihen sich in die dem allgemeinen Verbraucherschutz zugrundeliegenden Begründungsmodelle – das **Informationsmodell und das Schutzmodell** (dazu § 650i Rn 15 ff) – ein. Die Baubeschreibung dient vornehmlich dazu, das strukturelle Informationsdefizit des Verbrauchers zu beseitigen bzw zu minimieren (dazu § 650i Rn 15, 17 f). Mit den **vorvertraglichen Informationen** werden dem Verbraucher indes auch seine Leistungsberechtigungen und -verpflichtungen im Detail offenbar, wodurch er seine strukturelle Schwäche gem dem Schutzmodell re-

duzieren kann (dazu § 650i Rn 15, 19). Der Gesetzgeber nennt im Hinblick auf die Baubeschreibung folgende **vier Zielsetzungen**, wobei sie in ihren Schutzrichtungen jeweils Schnittmengen bilden:

1. Vertrauensfunktion

Ziel der Baubeschreibung ist in erster Linie der Schutz des Verbrauchers und seiner 2
durch Vertragsverhandlungen **entstandenen, gerechtfertigten Erwartungen** (BT-Drucks 18/8486, 62). Insoweit sollen durch die Baubeschreibung gerade jene Leistungsberechtigungen und -verpflichtungen in Textform bestätigt werden, die der Unternehmer im Rahmen der Vertragsverhandlungen mit dem Verbraucher zum avisierten Leistungsprogramm erhoben hat. In dieser Hinsicht ist die Baubeschreibung darauf ausgerichtet, **etwaige Differenzen zwischen dem Versprochenen und dem tatsächlich Geschuldeten zu verhindern**. Die Baubeschreibung dient daher dem **Vertrauen des Verbrauchers**.

2. Überprüfungsfunktion

Ihre zweite Zielsetzung findet die Baubeschreibung in der Überprüfungsmöglichkeit 3
der unternehmerischen Leistungen durch den Verbraucher oder durch einen von ihm beauftragten sachverständigen Dritten. Der Verbraucher-Bauherr hat gegenüber dem Bauunternehmer ein Informationsdefizit sowie eine strukturelle Schwäche aufgrund dessen, dass es sich bei Letzterem um eine im Bauwesen **fachmännische Person** handelt, die Baugeschäfte häufig und routinemäßig abschließt. Der Bauunternehmer verfügt über die praktische und wirtschaftliche Macht, das Informationsgefälle zu seinen Gunsten zu nutzen und den Vertragsinhalt **deutlich zu Lasten des Verbrauchers auszugestalten**. Demgegenüber verschafft die vorvertraglich zu stellende Baubeschreibung dem Verbraucher die Zeit und die Möglichkeit, die unternehmerischen Bauleistungen von einem **Sachverständigen** überprüfen zu lassen und demnach seine strukturelle Schwäche zu reduzieren oder zu beseitigen.

3. Vergleichs- bzw Wettbewerbsfunktion

Die Baubeschreibungspflicht bezweckt zudem einen **Preis- und Leistungsvergleich** mit 4
anderen Angeboten und soll somit den Wettbewerb in der Baubranche fördern. Diese Funktion ist **einerseits individuell** ausgestaltet und soll dem Verbraucher die Möglichkeit gewähren, sich ggf dann doch für die Leistungen eines anderen Bauunternehmers zu entscheiden. Andererseits dient diese Funktion auch **überindividuellen Gesichtspunkten**, indem sie die **Wettbewerbsförderung** und damit **Allgemeininteressen** verfolgt.

4. Planungsfunktion

Eine besondere Stellung nimmt schließlich die **Planungsfunktion** ein. In **Art 249 § 2** 5
Abs 2 EGBGB wird dieser Punkt gesondert aufgegriffen. Danach muss die Baubeschreibung verbindliche Angaben zum Zeitpunkt der Fertigstellung des Werks enthalten. Für den Fall, dass der Beginn der Baumaßnahme noch nicht feststeht, muss stattdessen die Dauer der Baumaßnahme angegeben werden. Der Fertigstellungszeitpunkt ist für den Verbraucher von immenser Bedeutung, da nach diesem

der Verbraucher die **Finanzierung des Bauprojekts** ausrichtet sowie darüber entscheidet, **wann sein bestehendes Mietverhältnis gekündigt und der Umzug vorbereitet werden muss.** Der Verbraucher ist dabei auf eine möglichst frühzeitige und verlässliche Information über die Beendigung der Baumaßnahme angewiesen.

II. Rechtsnatur der Baubeschreibungspflicht

6 Die Baubeschreibungspflicht hat der Gesetzgeber als eine **vorvertragliche Aufklärungs- und Informationspflicht** konzipiert. Dies hat er unmissverständlich in der Gesetzesbegründung zum Ausdruck gebracht und gleich ausgesprochen, dass sich die Rechtsfolgen ihrer Verletzung nach §§ 280 Abs 1, 311 Abs 2 BGB richten (BT-Drucks 18/8486, 62, 63). Als eine im vorvertraglichen Stadium bestehende Pflicht ist sie als eine **Rücksichtsnahme- bzw als eine Schutzpflicht nach § 241 Abs 2 BGB** einzuordnen, zu deren Untergruppen die Aufklärungspflicht als konkrete und die Informationspflicht als allgemeine Pflicht zählen. Unter einer Aufklärungspflicht ist eine Pflicht der einen Partei zu verstehen, die andere Partei über **die entscheidungserheblichen Umstände unaufgefordert zu informieren** (MünchKommBGB/Bachmann § 241 Rn 184). Regelmäßig wird angenommen, dass es sich bei Rücksichtsnahmepflichten um **unselbstständige Pflichten** handelt. Gemeint ist damit, dass grundsätzlich **kein isolierter Anspruch auf die Erfüllung oder Nacherfüllung** existiert. Diese Pflichten sind auch **nicht selbstständig einklagbar.** Rechtsfolgen äußern sie vielmehr dann, wenn die Verletzung der Rücksichtsnahme entweder isoliert zu einem Schaden geführt hat oder wenn die unterlassene, unvollständige oder fehlerhafte Aufklärung eine fehlende, verzögerte oder mangelhafte Leistung kausal bedingt hat. Die Rechtsfolgen spielen sich daher auf der **Sekundärebene** ab und sind im **Schadensersatz- oder Aufwendungsersatzrecht** (§§ 280 Abs 1, 311 Abs 2, 241 Abs 2, 282, 284 BGB) oder im **Rücktritts- oder Kündigungsrecht** (§§ 324, 314 BGB) zu verorten. Dass es entgegen der baurechtlichen Literatur dennoch einen **Erfüllungsanspruch** auf die Baubeschreibung geben muss, s Rn 53 ff.

III. Textform der Baubeschreibung

1. Textform nach § 126b BGB

7 Die Baubeschreibung unterliegt der **Textform.** Die Anforderungen richten sich **nach § 126b BGB.** Es muss insbesondere eine lesbare, auf einem dauerhaften Datenträger abgegebene Erklärung vorliegen, in der die Person des Erklärenden genannt ist (§ 126b S 1 BGB). Ein dauerhafter Träger kann jedes Medium sein, das den Sicherungs-, Aufbewahrungs- und Wiedergabeanforderungen in § 126b S 2 Nr 1 und Nr 2 BGB (kumulative Voraussetzungen) genügt. Die Textform erfasst die gesamte Baubeschreibung mit den Angaben nach Art 249 § 3 EGBGB. Eine Heilungsmöglichkeit ist für die Textform gesetzlich nicht vorgesehen. Mangels planwidriger Regelungslücke wird auch eine analoge Anwendung des § 311b Abs 1 S 2 BGB abgelehnt (Langjahr IBR 2018, 25).

2. Rechtsfolgen des Formmangels

8 Die Rechtsfolgen bei nicht eingehaltener Form hat der Gesetzgeber nicht speziell geregelt. Insoweit gilt grundsätzlich die gesetzliche Nichtigkeitsfolge nach § 125 S 1

BGB, also Nichtigkeit des Rechtsgeschäfts. Im **vorvertraglichen Stadium** wirkt sich diese Rechtsfolge nicht aus, da zwischen den Parteien noch kein Verbraucherbauvertrag abgeschlossen wurde. Kommt es zum Abschluss des Verbraucherbauvertrages und wird die Textform der Baubeschreibung nicht eingehalten, **kann** der Formmangel der Baubeschreibung – durch **die transformative Wirkung der Baubeschreibung aus § 650k BGB** – unmittelbar zum Formmangel des Verbraucherbauvertrages nach § 650i Abs 2 BGB führen. Hier bedarf es jedoch einer **Differenzierung**: Nicht jeder Formmangel der Baubeschreibung führt auch zum Formmangel des Verbraucherbauvertrages. Insoweit ist **keine vollständige infektiöse Wirkung der Baubeschreibung** anzunehmen. Gegenstand des Verbraucherbauvertrages ist (lediglich) die Vereinbarung, dass der Unternehmer zum Bau eines neuen Gebäudes oder zu erheblichen Umbaumaßnahmen an einem bestehenden Gebäude verpflichtet wird (zum Fertigstellungszeitpunkt bzw Baudauer, s sogleich Rn 9). Zutreffend ist zwar, dass das Bauwerk hinreichend bestimmt konkretisiert sein muss, um den Anforderungen der essentialia negotii nachzukommen. Die Konkretisierungsangaben betreffen allerdings nicht alle Informationen aus Art 249 § 2 EGBGB. Erforderlich sind lediglich solche Angaben, die die geschuldete Bauleistung des Unternehmers hinreichend bestimmt festsetzen. Dafür dürften die **Angaben nach Art 249 § 2 Abs 1 S 2 Nr 1–2 EGBGB** tendenziell ausreichen. **Zu weit** ginge demgegenüber die Forderung, **alle wesentliche Eigenschaften** nach Art 249 § 2 Abs 1 S 1 EGBGB und Art 249 § 2 Abs 1 S 2 Nr 1–9 EGBGB zu den essentialia negotii zu erheben. Dies führte zur Überspannung der auch für das Baurecht geltenden allgemeinen Rechtsgeschäftslehre. Im Ergebnis kann daher von einer **partiell infektiösen Wirkung der Baubeschreibung** gesprochen werden.

Im Hinblick auf den Verbraucherbauvertrag kommt eine **Besonderheit** hinzu. Der 9
Verbraucherbauvertrag muss nach der speziellen Regelung des § 650k Abs 3 BGB **Angaben zum Fertigstellungszeitpunkt bzw zur Baudauer enthalten (Art 249 § 2 Abs 3 EGBGB)**. Die Folge fehlender Zeitangaben fängt der Gesetzgeber **partiell** in **§ 650k Abs 3 S 2 BGB** auf. Danach werden die in der Baubeschreibung enthaltenen Zeitangaben zum Inhalt des Vertrages. Nicht ausdrücklich geregelt ist dagegen die Frage, wenn **sowohl der Vertrag als auch die Baubeschreibung** keine Zeitangaben enthalten. Dieser Mangel muss jedoch dazu führen, dass die Baubeschreibung **unvollständig** ist. Ist die Baubeschreibung unvollständig, wird der Vertrag nach den Vorgaben von **§ 650k Abs 2 BGB** ausgelegt. Insofern ist hier eine **Stufenmethode** einschlägig. Dieses Ergebnis könnte ggf mit der Überlegung angegriffen werden, dass dem Gesetzgeber gerade der Fertigstellungszeitpunkt bzw die Baudauer von maßgebender Bedeutung gewesen wäre, sodass im Falle eines vollkommen nicht feststehenden Zeitpunktes der Vertrag als (form-)nichtig anzusehen sei. Diese Überlegung gilt es zurückzuweisen, da der Verbraucher über die Regelung des § 650k Abs 2 S 2 BGB und der darin enthaltenen verbraucherfreundlichen Auslegung hinreichend geschützt ist, ohne gleichzeitig den Vertrag insgesamt zu Fall bringen zu müssen.

IV. Implikationen mit der notariellen Beurkundungspflicht nach § 311b Abs 1 S 1 BGB

Wie beim Verbraucherbauvertrag, so ergeben sich auch bei der Baubeschreibungs- 10
pflicht **Implikationen mit der notariellen Beurkundungspflicht nach § 311b Abs 1 S 1 BGB.** Die in Textform zur Verfügung zu stellenden Baubeschreibungsangaben werden Inhalt des Verbraucherbauvertrages (§ 650k Abs 1 BGB). Der in Textform zu

schließende Verbraucherbauvertrag unterliegt jedoch einer Beurkundungspflicht nach § 311b Abs 1 S 1 BGB, soweit er mit dem Abschluss eines Grundstücksvertrages im Zusammenhang steht (Gesamtbetrachtungsformel, § 650i Rn 86 ff). Beurkundungsbedürftig sind **nicht nur die Hauptleistungspflichten**, sondern überdies **sämtliche Abreden, die nach dem Willen der Parteien den schuldrechtlichen Vertragsinhalt bilden sollen** (BGH 19. 11. 1982 – V ZR 161/81, BGHZ 85, 315 = NJW 1983, 563). Dafür verlangt die Rechtsprechung einen **Verknüpfungswillen** dergestalt, dass beide Verträge voneinander abhängen, sie folglich **„miteinander stehen und fallen"** sollen (BGH 13. 6. 2002 – VII ZR 321/00, NJW 2002, 2559, 2560; OLG München 24. 3. 1987 – 5 U 5335/86, NJW-RR 1987, 1042; OLG Stuttgart 28. 7. 2014 – 5 U 40/14, NZM 2015, 740, 741). Hierfür genügt es bereits, wenn eine **einseitige Abhängigkeit** besteht. Bei **einseitig begründeter Vertragsakzessorietät ist** eine Beurkundung dann erforderlich, **sofern der Grundstückskaufvertrag von dem Bauvertrag abhängt**; umgekehrt gilt dies nicht (BGH 6. 11. 1980 – VII ZR 12/80, BGHZ 78, 346, 349; BGH 22. 7. 2010 – VII ZR 246/08, BGHZ 186, 345 = DNotZ 2011, 196, 198; **aA** Schmitz RNotZ 2022, 125, 132). Implikationen der Beurkundungspflicht entstehen jedoch erst über die **transformative Wirkung der Baubeschreibung** und infizieren sodann den Verbraucherbauvertrags selbst. Diese Problematik ist daher in gleicher Weise zu lösen wie dieselbe Frage beim Verbraucherbauvertrag, dazu § 650i Rn 86 ff. Zur möglichen Heilung des Formmangels und dem Umfang der Heilungswirkung, s § 650i Rn 90 ff.

V. Zeitpunkt der Baubeschreibungsvorlage

11 Problembehaftet ist der Zeitpunkt der Vorlage der Baubeschreibung. In Art 249 § 1 EGBGB wird bestimmt, dass die Baubeschreibung dem Verbraucher „rechtzeitig vor Abgabe von dessen Vertragserklärung" zur Verfügung zu stellen ist. Damit wird auf **zwei Zeitpunkte** Bezug genommen. **(1)** Zum einen der **Zeitpunkt der Baubeschreibungsvorlage**, **(2)** zum anderen **der Abgabezeitpunkt der Vertragserklärung des Verbrauchers.** Der Zeitpunkt der abzugebenden Vertragserklärung kann im Vorfeld des Vertragsabschlusses, also im Zeitraum der Vertragsverhandlungen, sicher feststehen. Das ist insbesondere dann der Fall, wenn der Unternehmer dem Verbraucher eine Frist zur Annahme seines Angebots bestimmt hat. Steht diese **Erklärungsfrist bzw dieser Erklärungszeitpunkt** fest, kann der Unternehmer danach die rechtzeitige Vorlage der Baubeschreibung ausrichten. **Dies muss freilich nicht so sein.** Vielmehr kann und wird es Situationen geben, in denen die Abgabe der Vertragserklärung **ungewiss** ist. Das Gesetz sieht **keine Erklärungsfrist oder eine etwaige Mindestbedenkfrist** (**„Cooling off Period"**, zur parallelen Problematik bei Verbraucherdarlehensverträgen MünchKommBGB/Weber Art 247 § 2 EGBGB Rn 3) für den Verbraucher vor. Er kann seine Vertragserklärung spät oder auch sofort nach Baubeschreibungsvorlage abgeben. Steht der Zeitpunkt der Vertragserklärung nicht fest oder ist nicht abzusehen, wann der Verbraucher sich für oder gegen den Vertragsabschluss entscheidet, wird es für den Unternehmer unter Umständen schwierig sein, die Baubeschreibung rechtzeitig vorzulegen. Die Vorlagepflicht kann naturgemäß nicht in den Stadien der Vertragsanbahnung (§ 311 Abs 2 Nr 2 BGB) und der Vertragsverhandlungen entstehen (§ 311 Abs 2 Nr 1 BGB). In diesen Stadien stehen die Baubeschreibungsangaben noch zur Disposition der Parteien. Vielmehr kann die Vorlagepflicht **frühestens** dann begründet werden, **wenn die Vertragsverhandlungen im Wesentlichen abgeschlossen sind.** Dies bedingt **nicht**, dass man Vertragsverhandlungen über alle in Art 249 § 2 EGBGB enthaltenen Punkte geführt hat und zu einer Einigung gekommen ist. Die

Parteien werden nämlich üblicherweise nicht über jeden einzelnen Aspekt in Diskussion treten, sondern lediglich über jene Punkte verhandeln, die für sie von **entscheidender Bedeutung** sind. Maßgebend dürfte stattdessen der Zeitpunkt sein, zu dem beide Parteien im Wesentlichen davon ausgehen, dass der Vertrag eine **Entscheidungsreife** erlangt hat (das Kriterium der Entscheidungsreife würde dem Verbraucher auch dann helfen, wenn er den Vertrag zügig abschließen möchte oder muss, wodurch der zurecht angenommene und drohende „Bärendienst" der zu langen Frist [Soergel/Glöckner § 650j Rn 14], die den Verbraucher normalerweise schützt, auch eingefangen wäre).

Der **Natur der Sache** und konsequenterweise der **Unbestimmtheit des Rechtzeitigkeitsbegriffs** (Soergel/Glöckner § 650j Rn 13) ist es geschuldet, dass diese Frage **im Einzelfall, unter Einbeziehung situativer Umstände und der geführten Vertragsverhandlungen,** bestimmt werden muss (BeckOK-BGB/Voit [1. 2. 2024] § 650j Rn 3). Abzustellen ist dabei auf die **objektive Sicht des Unternehmers.** Dabei ist zu fragen, **wann der Unternehmer mit der Vertragserklärung des Verbrauchers rechnen darf.** Einen Verlauf, bei dem der Verbraucher seine Vertragserklärung zu schnell abgeben sollte, also der Unternehmer nach Eintritt der Entscheidungsreife kaum die Möglichkeit hätte, der Rechtzeitigkeit der Baubeschreibungsvorlage nachzukommen, dürfte es nicht geben. Die Textform des Verbrauchervertrages nach § 650i Abs 1 BGB erfordert ein entsprechendes Verfahren und verhindert den Eintritt dieser Situation. Der Zeitpunkt, wann der Unternehmer mit der Vertragserklärung rechnen darf, muss **im Zweifel großzügiger** gestaltet werden (auch KompBauR/Jurgeleit [5. Aufl 2020] Teil 2 Rn 68; Matkovic, Die Baubeschreibungspflicht des Unternehmers im neuen Verbraucherbauvertrag [2021] 112 ff). Schließlich geht es um den Abschluss eines für den Verbraucher **wirtschaftlich sehr belastenden Vertrages**, eines Vertrages, den der durchschnittliche Verbraucher im Zweifel **nur einmal im Leben** abschließt. Dies erfordert eine **längere Bedenkzeit**. Die Gesetzesbegründung bestätigt diesen Befund. So führt der Gesetzgeber aus, dass „dem Verbraucher vor dem Vertragsschluss ausreichend Zeit zu einer Überprüfung der angebotenen Leistung, gegebenenfalls auch unter Hinzuziehung eines sachverständigen Dritten, und einem Preis-/Leistungsvergleich mit anderen Angeboten bleiben muss" (BT-Drucks 18/8486, 73). Dies erfordert eine **längere Frist als die üblich angemessene Frist von zwei Wochen** (BeckOGK/Merkle [1. 1. 2025] § 650j Rn 12; Soergel/Glöckner § 650j Rn 13; Matkovic, Die Baubeschreibungspflicht des Unternehmers im neuen Verbraucherbauvertrag [2021] 114 f). **Pauschal** kann diese Frist angesichts der unterschiedlichen Komplexität der Bauvorhaben, der erforderlichen Einarbeitung, Überprüfung und Beurteilung der Baubeschreibung durch den Verbraucher oder durch einen sachverständigen Dritten sowie der Einholung von Vergleichsangeboten, **nicht angesetzt werden** (iE auch jurisPK-BGB/Segger-Piening § 650j Rn 10; Matkovic, Die Baubeschreibungspflicht des Unternehmers im neuen Verbraucherbauvertrag [2021] 115 ff). Soweit teilweise an **§ 17 Abs 2a S 2 Nr 2 S 2 BeurkG** angeknüpft wird (Matkovic, Die Baubeschreibungspflicht des Unternehmers im neuen Verbraucherbauvertrag [2021] 112 ff; Pfennig RNotZ 2018, 585, 590; BeckOGK/Merkle [1. 1. 2025] § 650j Rn 12; ibrOK-BauVertrR/Stretz [22. 4. 2024] § 650j Rn 2; Leinemann/Kues/Abu Saris § 650j Rn 7), so ist die darin enthaltene Frist auch eine **Regelfrist**, von der bei Besonderheiten des Einzelfalls abgewichen werden muss (ebenso Matkovic, Die Baubeschreibungspflicht des Unternehmers im neuen Verbraucherbauvertrag [2021] 114). **Diese Frist hilft nicht weiter und sie ist in ihrer Regelausgestaltung auch zu kurz bemessen** (ablehnend auch Soergel/Glöckner § 650j Rn 13; KompBauR/Jurgeleit [5. Aufl 2020] Teil 2 Rn 68; Messerschmidt/Voit/Lenkeit § 650j Rn 40; jurisPK-BGB/Segger-Piening § 650j Rn 10). Daraus folgt, dass **nach** Vorlage der Baubeschreibung der Unter- 12 nehmer üblicherweise mit einer Vertragserklärung des Verbrauchers **innerhalb einer Frist**, die **mindestens drei Wochen** betragen sollte, rechnen darf. Demnach ist die Baubeschreibung mindestens **drei Wochen vor der avisierten Vertragserklärung** zur Verfügung zu stellen.

13 Ist die Entscheidungsreife eingetreten, ist der Unternehmer nun gehalten, die Baubeschreibung zur Verfügung zu stellen. Auf dem Fuße folgt damit die nächste Frage, ob dem Unternehmer **seinerseits ein Zeitrahmen** zusteht, die Baubeschreibung zu erstellen und sodann zur Verfügung zu stellen. Dies muss angesichts der Komplexität der Baubeschreibungsangaben befürwortet werden. Die Länge dieses Zeitrahmens muss wiederum unter **Einbeziehung situativer Umstände des Einzelfalls** bestimmt werden. Abzustellen ist nun auf die **objektive Sicht des Verbrauchers** und danach zu fragen, **wann der Verbraucher mit der Stellung der Baubeschreibung rechnen darf**. Für den Fall, dass keine situativen Besonderheiten bestehen, ist eine üblich angemessene Frist anzusetzen. **Nach dem Eintritt der Entscheidungsreife** ist der Unternehmer daher gehalten, innerhalb **von zwei Wochen** die Baubeschreibung zur Verfügung zu stellen.

14 Aus diesen Ausführungen folgt Folgendes: Ist die Entscheidungsreife eingetreten, ist der Unternehmer daran gehalten, eine Baubeschreibung **innerhalb von zwei Wochen** zur Verfügung zu stellen. Nach der Vorlage der Baubeschreibung kann der Unternehmer damit rechnen, dass der Verbraucher sich wiederum für oder gegen den Vertragsschluss innerhalb einer Frist entscheidet, **die im Zweifel länger ist** als die üblich angemessene Frist – **mindestens drei Wochen**. Der **gesamte Prozess** nimmt daher **mindestens fünf Wochen** in Anspruch.

VI. Einzelne Mindestbaubeschreibungsangaben (Art 249 § 2 EGBGB)

15 Von zentraler Bedeutung sind die **wesentlichen Eigenschaften des angebotenen Werks**. **Satz 1** des Art 249 § 2 EGBGB stellt den **Quelltatbestand** der wesentlichen Angaben dar, während in Art 249 § 2 Abs 1 S 2 Nr 1–9 EGBGB lediglich die Mindestangaben aufgelistet sind. Die Mindestangaben unterfallen bereits aus systematischer Sicht den „wesentlichen Eigenschaften des angebotenen Werks" und sind daher **konkrete Ausprägungen dieses Auffangtatbestandes** (BT-Drucks 18/8486, 73). Die Liste ist nicht abschließend. Betrifft eine Eigenschaft keine der konkreten Angaben in Nr 1–9 des Art 249 § 2 Abs 1 S 2 EGBGB, muss auf Satz 1 zurückgegriffen werden. Angesichts der Vielfalt der Bauvorhaben, die sukzessiv technische Änderungen und Neuerungen erfahren, ist eine abschließende Auflistung der notwendigen Baubeschreibungsangaben kaum möglich (BT-Drucks 18/8486, 73).

16 Die in Art 249 § 2 Abs 1 S 2 EGBGB enthaltenen Angaben sind Mindestangaben (Art 249 § 2 Abs 1 S 2 EGBGB). Diese Angaben können wiederum in solche unterteilt werden, die unbedingt in der Baubeschreibung angegeben werden **(obligatorische Baubeschreibungsangaben)** und in solche, die „gegebenenfalls" aufgenommen werden können **(fakultative Baubeschreibungsangaben)**. Die letzteren Angaben sind nur dann erforderlich, sofern die **Eigenart des Werks** oder **Besonderheiten der Bau- bzw Umbaumaßnahmen** sie notwendig machen (jurisPK-BGB/Segger-Piening § 650j Rn 29; BeckOGK/Merkle [1. 1. 2025] Art 249 § 2 EGBGB Rn 11).

1. Wesentliche Eigenschaften des Werks (Art 249 § 2 Abs 1 S 1 EGBGB)

a) Auslegung des Merkmals der wesentlichen Eigenschaften

Das Merkmal der „wesentlichen Eigenschaften" ist in § 119 Abs 2 BGB enthalten und kennzeichnet natürliche Merkmale des Bauwerks sowie tatsächliche oder rechtliche Verhältnisse, deren Beschaffenheit und Dauer die Brauchbarkeit und den Wert des Bauwerks beeinflussen (BeckOGK/Rehberg [1. 9. 2024] § 119 Rn 151), also jene Eigenschaften, die Gegenstand von wertbildenden Faktoren sind. Das Merkmal aus **§ 119 Abs 2 BGB** wird nach **teilweise vertretener Auffassung** der baurechtlichen Literatur auf Art 249 § 2 Abs 1 S 1 EGBGB übertragen (KompBauR/Jurgeleit [5. Aufl 2020] Teil 2 Rn 62; wohl auch Grüneberg/Retzlaff [83. Aufl 2024] Art 249 § 2 EGBGB Rn 3). Unabhängig davon, welche inhaltlichen Unterschiede sich abstrakt oder konkret ergeben könnten, dürfte nicht § 119 Abs 2 BGB, sondern **Art 5 Abs 1 lit a VRRL und § 312a Abs 2 S 1 BGB iVm Art 246 Abs 1 Nr 1 EGBGB** für die Auslegung der wesentlichen Eigenschaften maßgebend sein (iE ebenfalls für eine autonome Auslegung, jedoch nicht auf die VRRL verweisend, MünchKommBGB/Busche § 650j Rn 3). Zwar gelten diese Vorschriften aufgrund der Bereichsausnahme in § 312 Abs 2 Nr 3 BGB **gerade nicht** für Verbraucherbauverträge nach § 650i Abs 1 BGB. Insofern befindet man sich nur im nationalen Rechtsraum. **Der deutsche Gesetzgeber orientierte sich** im Hinblick auf die **Baubeschreibungsangaben,** jedenfalls beim **Merkmal der wesentlichen Eigenschaften, gleichwohl an** den Vorgaben des **Art 246 EGBGB**. Bewusst und ausdrücklich ist er von Art 246 EGBGB dahingehend abgewichen, dass statt der „klaren und verständlichen" Darstellungsweise von wesentlichen Eigenschaften, bei Verbraucherbauverträgen lediglich die **„klare" Darstellungsweise** erforderlich ist. Diese bewusste Abweichung begründete der nationale Gesetzgeber mit den „teilweise komplexen technischen Informationen, die etwa zur Beschreibung der Wärmedämmung oder der technischen Ausstattung eines Bauvorhabens erforderlich sind" (BT-Drucks 18/8486, 74). Noch mehr orientierte sich der deutsche Gesetzgeber an den Vorgaben der VRRL bei den Angaben zur Widerrufsbelehrung (vgl BT-Drucks 18/8486, 74). 17

Insoweit ist dafür zu plädieren, dass die **abstrakten materiellen Anforderungen** an das Merkmal der „wesentlichen Eigenschaften" in § 312a Abs 2 S 1 BGB iVm Art 246 Abs 1 Nr 1 EGBGB für Verbraucherverträge und diejenigen in § 650j BGB iVm § 2 Abs 1 S 1 des Art 249 EGBGB für Verbraucherbauverträge **gleich zu verstehen sind**. In den **Leitlinien zur Auslegung und Anwendung der VRRL** (abrufbar unter: https://eur-lex.europa.eu/legal-content/DE/TXT/HTML/?uri=CELEX:52021XC1229(04)) legt die **Europäische Kommission** Anforderungen dahingehend fest, nach denen jene Eigenschaften angegeben werden müssen, die der Verbraucher **für eine informierte Entscheidung benötigt** (3.2.1.). Insbesondere sollen dem Verbraucher **alle produktbezogenen Merkmale sowie „einschränkende Bedingungen" mitgeteilt werden**, die **der verständige Durchschnittsverbraucher** bei einer bestimmten Kategorie von Waren oder Dienstleistungen **normalerweise nicht erwartet, da diese ihre geschäftlichen Entscheidungen besonders stark beeinflussen können** (3.2.1.). Der Bauunternehmer ist insbesondere verpflichtet, auf bestehende **Risiken und Unwägbarkeiten** der Baumaßnahmen hinzuweisen (BeckOGK/Merkle [1. 1. 2025] § 650j Rn 28). Betreffen die Risiken und Unwägbarkeiten jedoch nicht mehr den geschuldeten Leistungsumfang des Bauunternehmers, kann eine Beschreibungspflicht allenfalls aus der **Hinweispflicht und aus dem Gebot von Treu und Glauben** hergeleitet werden (Rn 35 f). 18

19 Ob zum **Gegenstand der Baubeschreibungspflicht** auch die **Preisangabe** bzw die **Aufschlüsselung der Vergütung** gehört, ist umstritten (für eine rein **technische Auslegung** der Baubeschreibung: BeckOGK/Merkle [1. 1. 2025] § 650j Rn 28; ibrOK-BauVertrR/Stretz [22. 4. 2024] § 650j Rn 22 f; jurisPK-BGB/Segger-Piening § 650j Rn 29; der Preis als nicht wertbildender Faktor nach § 119 Abs 2 BGB, KompBauR/Jurgeleit [5. Aufl 2020] Teil 2 Rn 63; Leinemann/Kues/Abu Saris § 650j Rn 29; Pfennig RNotZ 2018, 585, 592). Die Preisangabe ist in Art 249 § 2 EGBGB nicht enthalten. Andererseits gehört angesichts der Regelung des § 632 BGB der Preis auch **nicht zu den essentialia negotii** eines Werk-, Bau- oder Verbraucherbauvertrages (ibrOK-BauVertrR/Stretz [22. 4. 2024] § 650j Rn 22). Insoweit entsteht ein **Informationsdefizit**. Der **Überprüfungsfunktion** sowie der **Vergleichs- und Wettbewerbsfunktion** der Baubeschreibung (Rn 3 f) kann nämlich ohne die genaue Preisangabe nicht Genüge getan werden. **Teilweise** wird daher auf § 312a Abs 2 BGB iVm Art 246 Abs 1 Nr 3 EGBGB rekurriert (Soergel/Glöckner § 650j Rn 39) bzw in der Preisangabe eine wesentliche Eigenschaft des Werks angenommen (Messerschmidt/Voit/Lenkeit § 650j Rn 36; MünchKommBGB/Busche § 650j Rn 3). **Im Ergebnis überzeugt die letztere Auffassung**. Eine wesentliche Eigenschaft des Werks kann die Gegenleistung des Bestellers, auch angesichts der Gegenüberstellung von Abs 1 Nr 1 und Nr 3 des Art 246 EGBGB, indes kaum darstellen. In Anbetracht der teilweisen Ausrichtung der Baubeschreibung an den Vorgaben von Art 246 EGBGB (Rn 17 f, 20) bietet sich vielmehr eine **analoge Anwendung des Art 246 Abs 1 Nr 3 BGB** an. **De lege ferenda** sollte die **Preisangabe in einem gesonderten Absatz 3 des Art 249 § 2 EGBGB** implementiert werden. Diese Forderung ist nicht nur aus dem Informationsbedürfnis des Verbrauchers begründet, sondern erscheint auch für die **Begrenzung der Abschlagszahlungen nach § 650m Abs 1 BGB** bedeutend. Danach sind die Abschlagszahlungen des Verbrauchers nämlich auf **90 % „der vereinbarten Gesamtvergütung“** zu begrenzen. Zum effektiven Schutz müsste dafür freilich **die genaue Höhe der Gesamtvergütung feststehen**.

b) Klare, jedoch nicht verständliche Darstellungsweise

20 Bewusst von den Vorgaben des Art 246 EGBGB ist der Gesetzgeber im Hinblick auf die **verständliche Darstellungsweise** der wesentlichen Eigenschaften **abgewichen**. Diese bewusste Abweichung begründete der nationale Gesetzgeber mit den „teilweise komplexen technischen Informationen, die etwa zur Beschreibung der Wärmedämmung oder der technischen Ausstattung eines Bauvorhabens erforderlich sind“ (BT-Drucks 18/8486, 74). Der Gesetzgeber betont weiterhin, dass die „klaren Informationen“ insoweit ausreichend sind, als der Verbraucher **bei Verständnisproblemen Experten hinzuziehen könne** (BT-Drucks 18/8486, 74). Diese **Aufweichung** entlastet die Bauunternehmer spürend, wenn auch **Unsicherheiten** darüber entstehen dürften, wo die Grenze zwischen klaren auf der einen und verständlichen Informationen auf der anderen Seite zu ziehen ist. Der Unterschied zwischen klaren und verständlichen Angaben dürfte vor allem bei **technischen Regelwerken** erkennbar sein (DIN-Normen, VDI-Richtlinien), die vielmehr an Fachleute gerichtet sind (Pfennig RNotZ 2018, 585, 592 f; Stretz BauR 2022, 554, 558). Die strukturelle Schwäche und das Informationsdefizit des Verbrauchers werden somit nicht ganz beseitigt, was tendenziell ohnehin unmöglich sein dürfte. Der Gesetzgeber verweist zurecht auf das **Instrument der sachverständigen Dritten**. Diese Lösung erscheint vor dem Hintergrund des **Umfangs und der Bedeutung** der mit einem Verbraucherbauvertrag einhergehenden wirtschaftlichen Dispositionen **sinnvoll**. Der Verbraucher soll, so er doch meistens **nur einmal im Leben** einen Verbraucherbauvertrag abschließen dürfte, dazu animiert werden, sich

der Expertise sachverständiger Dritter zu bedienen, auch wenn die Letzteren zusätzliche finanzielle Aufwendungen mit sich bringen. Insoweit statuiert Art 249 § 2 Abs 1 S 1 EGBGB kein Transparenzgebot für den Verbraucher nach dem Muster von § 307 Abs 1 S 2 BGB (jurisPK-BGB/SEGGER-PIENING § 650j Rn 26).

Da die Baubeschreibung indes oft eine Allgemeine Geschäftsbedingung darstellt, ergeben sich **Implikationen mit dem Transparenzgebot nach § 307 Abs 1 S 2 BGB**. Bei diesem muss auf den Verständlichkeitshorizont des durchschnittlichen Verbrauchers abgestellt werden. Dadurch würde das Verständlichkeitsgebot wiederbelebt werden. Zu lösen ist diese Kollision mittels einer **Eingrenzung des Verständlichkeitsgebots und der erforderlichen Simplifizierung der Baubeschreibung** (dazu Rn 42 ff). 21

2. Mindestangaben nach Art 249 § 2 Abs 1 S 2 EGBGB

a) Allgemeine Gebäude- und Umbaubeschreibung (Art 249 § 2 Abs 1 S 2 Nr 1 EGBGB)

Zu den Mindestangaben zählt die allgemeine Beschreibung des angebotenen Gebäudes oder der vorzunehmenden Umbauten unter gegebenenfalls notwendigem Hinweis auf den Haustyp und die Bauweise. **Diese Angaben sind objektbezogen**. Auffallend ist, dass in Art 249 § 2 Abs 1 S 2 Nr 1 EGBGB die aus § 650i Abs 1 BGB folgende Zweigleisigkeit der Begriffe des Baus eines neuen Gebäudes und der Vornahme von „erheblichen Umbaumaßnahmen" nicht gespiegelt wird. Vielmehr benutzt der Gesetzgeber im Hinblick auf die zweite Alternative den **Begriff der Umbauten**. Erforderlich ist dennoch die Angabe, ob es sich bei dem in Auftrag gegebenen Werk um die Errichtung eines neuen Gebäudes oder um die Vornahme von erheblichen Umbaumaßnahmen an einem bestehenden Gebäude handelt (BeckOGK/MERKLE [1. 1. 2025] Art 249 § 2 EGBGB Rn 13). Zur allgemeinen Beschreibung gehören etwa Angaben der Unterkellerung, der Dachform, der Balkone und Terrasse, ggf des Wintergartens. Bei der Angabe des Haustyps sind übliche Bezeichnungen als Einfamilienhaus, Zweifamilienhaus, Mehrfamilienhaus oder als eine Werks- bzw Industriehalle oder Scheune anzugeben (BeckOGK/MERKLE [1. 1. 2025] Art 249 § 2 EGBGB Rn 13; ibrOK-BauVertrR/STRETZ [22. 4. 2024] § 650j Rn 9; MESSERSCHMIDT/VOIT/LENKEIT § 650j Rn 23). Zu den Angaben gehören auch Informationen, ob es sich um ein Massiv- oder Fertighaus, um ein Fachwerkhaus oder um einen Bungalow handelt (SOERGEL/GLÖCKNER § 650j Rn 24). Die Bauweise betrifft etwa Angaben, ob es sich beim Bauwerk um einen Ziegelbau, Leichtbau, oder Holzständerbau handelt (BeckOGK/MERKLE [1. 1. 2025] Art 249 § 2 EGBGB Rn 13; SOERGEL/GLÖCKNER § 650j Rn 24). Als Orientierung können die Musterbaubeschreibungen in der Baupraxis dienen (jurisPK-BGB/SEGGER-PIENING § 650j Rn 31). 22

b) Art und Umfang der angebotenen Bauleistungen (Art 249 § 2 Abs 1 S 2 Nr 2 EGBGB)

Die Nr 2 betrifft die **leistungsbezogenen Angaben**, also die Art und Umfang der angebotenen Leistungen, wobei zu diesen auch Planungs-, Bauleitungs-, Grundstücks-, Baustelleneinrichtungs- sowie Ausbaustufenarbeiten gehören können (ibrOK-BauVertrR/STRETZ [22. 4. 2024] § 650j Rn 11). Anzugeben ist jedenfalls die Information, ob das Bauwerk insgesamt oder lediglich seine Teile errichtet werden sollen (BeckOGK/MERKLE [1. 1. 2025] Art 249 § 2 EGBGB Rn 15). Dies betrifft auch die Kennzeichnung, welche Leistungen der Unternehmer erbringt und welche **Eigenleistungen** vom Verbraucher 23 übernommen wurden (BeckOGK/Merkle [1. 1. 2025] Art 249 § 2 EGBGB Rn 17; Messerschmidt/Voit/Lenkeit § 650j Rn 24).

c) Pläne, Raum- und Flächenangaben, Ansichten, Grundrisse (Art 249 § 2 Abs 1 S 2 Nr 3 EGBGB)

24 Notwendigerweise gehören zur Baubeschreibung Gebäudedaten, Pläne mit Raum- und Flächenangaben sowie Ansichten, Grundrisse und Schnitte. Diese Daten umfassen die zu bebauende Grundstücksfläche, die Wohn- bzw Gewerbefläche des Bauwerks sowie die Nutzfläche (BeckOGK/Merkle [1. 1. 2025] Art 249 § 2 EGBGB Rn 18; Messerschmidt/Voit/Lenkeit § 650j Rn 25). Dazu gehören auch Angaben zum Kubus (BeckOGK/Merkle [1. 1. 2025] Art 249 § 2 EGBGB Rn 18; Soergel/Glöckner § 650j Rn 26; Messerschmidt/Voit/Lenkeit § 650j Rn 25).

d) Energie-, Brandschutz und zum Schallschutz sowie Bauphysik (Art 249 § 2 Abs 1 S 2 Nr 4 EGBGB)

25 Die Angaben nach Nr 4 gehören allesamt zu den fakultativen Baubeschreibungsangaben („gegebenenfalls"). Sie sind also nur dann erforderlich, wenn sie tatsächlich relevant werden. Es handelt sich um Angaben zum Energie-, Brandschutz und zum Schallschutz sowie zur Bauphysik. Diese Angaben werden inhaltlich durch DIN-Normen und durch die anerkannten Regeln der Technik determiniert, ohne dass diese rechtliche Bindungen entfalten. Zum Schallschutz bietet die DIN 4109, zum Wärmeschutz die DIN 4108 eine Orientierung (BeckOGK/Merkle [1. 1. 2025] Art 249 § 2 EGBGB Rn 21). Die Energiestandards ergeben sich aus dem Energieausweis und der dortigen Bezeichnungen als Niedrigenergiehaus (Soergel/Glöckner § 650j Rn 28) oder als KfW-Effizienzhaus (BeckOGK/Merkle [1. 1. 2025] Art 249 § 2 EGBGB Rn 19).

e) Baukonstruktionen aller wesentlicher Gewerke (Art 249 § 2 Abs 1 S 2 Nr 5 EGBGB)

26 Für eine vollständige Baubeschreibung sind unbedingt Angaben über die Baukonstruktionen aller wesentlicher Gewerke erforderlich. Diese Angaben betreffen Beton- bzw Stahlbetonbauarbeiten, die Erd- und Maurerarbeiten, die Konstruktion des Dachs sowie der zu verbauenden Treppen (BeckOGK/Merkle [1. 1. 2025] Art 249 § 2 EGBGB Rn 22). Auch hier sind die anerkannten Regeln der Technik im Hinblick auf die spezifische Art des Bauwerks anzuwenden (Soergel/Glöckner § 650j Rn 29).

f) Beschreibung des Innenausbaus (Art 249 § 2 Abs 1 S 2 Nr 6 EGBGB)

27 Die Beschreibung des Innenausbaus gehört in die Baubeschreibung nur, sofern sie geschuldet bzw tatsächlich relevant wird („gegebenenfalls"). Betroffen sind davon Estricharbeiten, Fliesenarbeiten, Laminat- und Parkettarbeiten sowie sonstige Schreinerarbeiten, Sanitär- und Heizungsarbeiten, Elektrikarbeiten sowie Trockenarbeiten und Türen (Soergel/Glöckner § 650j Rn 30; BeckOGK/Merkle [1. 1. 2025] Art 249 § 2 EGBGB Rn 23).

g) Gebäudetechnische Anlagen (Art 249 § 2 Abs 1 S 2 Nr 7 EGBGB)

28 Auch die Beschreibung der gebäudetechnischen Anlagen ist in die Baubeschreibung aufzunehmen, sofern sie geschuldet bzw tatsächlich relevant wird („gegebenenfalls"). Betroffen sind davon Heizungsanlagen, Sanitäranlagen, Klima- und Lüftungsanlagen, Photovoltaik- und Solaranlagen, und Beförderungsanlagen (Soergel/Glöckner § 650j Rn 31; BeckOGK/Merkle [1. 1. 2025] Art 249 § 2 EGBGB Rn 24).

h) Qualitätsmerkmale (Art 249 § 2 Abs 1 S 2 Nr 8 EGBGB)

29 Die Baubeschreibung erfordert Mindestangaben zu Qualitätsmerkmalen, denen das Gebäude oder der Umbau genügen sollen. Hier geht es um die vom Unternehmer angebotenen Standards. Anhand der Baubeschreibung soll der Verbraucher ihre Einhaltung während der Bauausführung überprüfen und ggf Gewährleistungsansprüche geltend machen können (Überprüfungsfunktion, Rn 3).

i) Sanitärobjekte, Armaturen, Elektroanlagen, Installationen, Informationstechnologien (Art 249 § 2 Abs 1 S 2 Nr 9 EGBGB)

30 Schließlich sollen gegebenenfalls Angaben über Sanitärobjekte, Armaturen, Elektroanlagen, Installationen, Informationstechnologien (Telefon, Internet, Antennen) und über Außenanlagen enthalten sein. Die Nr 9 bildet tendenziell Schnittmengen mit anderen Varianten, insbes mit der Nr 7. Dieser Variante kommt daher eine **ergänzende Funktion** zu.

3. Angaben zum Zeitpunkt der Fertigstellung (Art 249 § 2 Abs 2 EGBGB)

31 Von einer **herausragenden Bedeutung** war dem deutschen Gesetzgeber das Anliegen, verbindliche Angaben zum **Zeitpunkt der Fertigstellung** des Werks zum Gegenstand der Baubeschreibung zu machen (§ 2 Abs 2 S 1 des Art 249 EGBGB). Für den Fall, dass der Beginn der Baumaßnahme noch nicht feststeht, sind Angaben über die **Dauer der Baumaßnahme** zu machen (§ 2 Abs 2 S 2 des Art 249 EGBGB). Die letztere Regelung motiviert der Gesetzgeber nicht nur mit der Schutzbedürftigkeit des Verbrauchers, sondern auch mit seiner Verpflichtung, das Baugrundstück dem Bauunternehmer rechtzeitig bereitzustellen oder vorher die erforderlichen Genehmigungen einzuholen (BT-Drucks 18/8486, 74).

32 Speziell bei jenen Verbraucherbauverträgen, die **erhebliche Umbaumaßnahmen an einem bestehenden Gebäude** zum Gegenstand haben, sieht der Gesetzgeber eine verbindliche Zeitangabe als notwendig an (BT-Drucks 18/8486, 74). Der Verbraucher bedarf hier im Hinblick auf die Finanzierung des Bauprojekts, die Kündigung seines bisherigen Mietvertrags und hinsichtlich der Planung seines Umzuges eines besonderen Schutzes (BT-Drucks 18/8486, 74).

33 Wie die sonstigen Angaben aus § 2 des Art 249 EGBGB, so ziehen speziell die Angaben zum Fertigstellungszeitpunkt weitreichende vertragsrechtliche Rechtsfolgen nach sich. Nach § 650k Abs 1 BGB avancieren die Baubeschreibungsangaben zum Inhalt des Vertrages, es sei denn, die Parteien haben ausdrücklich etwas anderes vereinbart. Die Angaben zum Fertigstellungszeitpunkt betreffen unmittelbar **die unternehmerische Verpflichtung zur rechtzeitigen Leistungserbringung** und lösen im Falle etwaiger Leistungsverzögerungen Schadensersatzansprüche nach §§ 280 Abs 1, 2, 286 BGB aus (ebenso KompBauR/Jurgeleit [5. Aufl 2020] Teil 2 Rn 78). Bei diesen Angaben handelt es sich regelmäßig **nicht um absolute Fixschulden**, die zur Unmöglichkeit (§ 275 BGB) mit allen daraus folgenden Konsequenzen führen. Vielmehr handelt es sich bei ihnen um **relative Fixschulden nach dem Muster von § 286 Abs 2 Nr 2 BGB** (Parallelvorschriften in §§ 323 Abs 2 Nr 2, 281 Abs 2 Alt 2 BGB). Im Falle der Leistungsverzögerung bedarf es daher einer vorherigen Abmahnung seitens des Verbraucher-Bestellers nicht. **Sie ist entbehrlich.** Zu den üblichen **Schadenspositionen** im Falle verzögerter Leistungserbringung zählen die Unterbringungskosten bzw die zu-

sätzlichen Mietausgaben, die frustrierten Umzugskosten oder etwaige Darlehensverbindlichkeiten (etwa wegen eines späteren Darlehensabrufs). Angesichts des Umstandes, dass es sehr oft zu Bauverzögerungen kommt, verursacht die Beschreibungsverpflichtung nach Art 249 § 2 Abs 2 EGBGB erhebliche finanzielle Risiken für den Bauunternehmer.

34 Mangelt es einer Baubeschreibung am verbindlichen Fertigstellungszeitpunkt oder an der Dauer der Bauausführung, ist die Lücke nach § 650k Abs 2 BGB zu schließen, wobei die grundsätzliche Regelung zur Leistungszeit nach **§ 271 BGB** im Zweifel zum sofortigen Baubeginn verpflichtet (Pause/Vogel NZBau 2015, 667, 668; Pause BauR 2017, 430, 435; BeckOGK/Merkle [1. 1. 2025] § 650j Rn 35; ibrOK-BauVertrR/Stretz [22. 4. 2024] § 650j Rn 44). Eine formularvertragliche Klausel, in der lediglich **Ca-Angaben** über den anvisierten Fertigstellungszeitpunkt enthalten sind, ist nach § 307 Abs 2 BGB iVm § 650k Abs 3 S 1 BGB **unwirksam** (OLG Koblenz 9. 3. 2023 – 2 U 63/22, NJW-RR 2024, 77 Rn 24 f).

4. Überobligatorische Baubeschreibungsangaben?

35 Nicht geklärt ist bislang die Frage, ob der Bauunternehmer über Art 249 § 2 EGBGB hinaus verpflichtet ist, Angaben zu machen, **die nicht zu seinem Leistungsprogramm gehören**, jedoch für den Verbraucher Risiken und Unwägbarkeiten mit sich bringen. Beispielhaft wird etwa das **Baugrundrisiko** angeführt (offenlassend BeckOGK/Merkle [1. 1. 2025] § 650j Rn 15). **Teilweise** wird eine solche Pflicht allenfalls aus der Hinweispflicht des Bauunternehmers und dem **Grundsatz von Treu und Glauben nach § 242 BGB** hergeleitet (BeckOK-BGB/Voit [1. 12. 2024] § 650j Rn 2). Andere verweisen darauf, dass über den Katalog von Art 249 § 2 **EGBGB hinausgehende Angaben** dann zu machen sind, sofern sie im Einzelfall für das Bauvorhaben von wesentlicher Natur sind.

36 **Die erste Auffassung überzeugt.** Aus § 650j BGB iVm Art 249 § 2 EGBGB kann eine darüberhinausgehende Baubeschreibungspflicht nicht entnommen werden. **§ 650j BGB ist insoweit abschließend.** Nach Art 249 § 2 Abs 1 S 1 EGBGB sind ausdrücklich die wesentlichen Eigenschaften „des angebotenen Werks“ in klarer Weise darzustellen. In seiner Begründung stellt der Gesetzgeber klar, dass zu den wesentlichen Eigenschaften die Eigenschaften „des geschuldeten Werks“ gehören. Darüberhinausgehende Angaben unterfallen daher den allgemeinen Grundgedanken des Werkvertragsrechts und können nur aus der Prüf- und Hinweispflicht (§ 242 BGB) hergeleitet werden. Diese Auffassung steht insofern **nicht im Widerspruch zum Gesetzgeber**, als dieser ausführt, dass „ausnahmsweise bestimmte Unwägbarkeiten oder Risiken“ in der Baubeschreibung zum Ausdruck zu bringen sind (BT-Drucks 18/8486, 73 aE). Dies meint nur Unwägbarkeiten und Risiken, die sich auf die **angebotene und demnach geschuldete Leistung** beziehen (vgl BT-Drucks 18/8486, 73). Sie müssen also die wesentlichen Eigenschaften des geschuldeten Werks betreffen, auch wenn diese im Preis nicht abgegolten sind. Dafür ist ohnehin Art 249 § 2 Abs 1 S 1 EGBGB maßgebend, sodass die Gesetzesbegründung keine darüberhinausgehenden Angaben verlangt.

VII. Implikationen mit AGB-Recht (§§ 305 ff BGB)

37 Die Baubeschreibung stellt regelmäßig Allgemeine Geschäftsbedingungen dar, sodass die materielle Inhaltskontrolle nach §§ 307–309 BGB zur Anwendung gelangen könnte. Ein Verbraucherbauvertrag, dessen Inhalt die Baubeschreibung nach § 650k BGB wird, ist ein Verbrauchervertrag nach § 310 Abs 3 BGB, für den der Anwendungsbereich des AGB-Rechts eröffnet ist. Das Regelungsregime der §§ 650i ff BGB und das der §§ 305 ff BGB stehen mitunter in einem kollidierenden Spannungsverhältnis, deren Lösung noch gefunden werden muss. Dies betrifft in besonderem Maße die Baubeschreibung.

1. Formelle Einbeziehung der Baubeschreibung (§§ 305 ff BGB)

Keine Probleme ergeben sich bei der formellen Einbeziehung der Baubeschreibung. 38
Sofern eine Baubeschreibung als eine AGB nach § 305 Abs 1 S 1 BGB zu qualifizieren ist, also für eine Vielzahl von Verträgen vorformulierte Vertragsbedingung ist, die eine Vertragspartei (Verwender) der anderen Vertragspartei (Empfänger) bei Abschluss des Vertrages stellt, ist das formelle Verfahren nach §§ 305 ff BGB zu durchlaufen. Das Verbraucherbauvertragsrecht enthält in dieser Hinsicht keine besonderen Vorschriften. Die verbraucherfreundliche Auslegung in § 650k Abs 2 S 2 BGB spiegelt die Regelung des § 305c Abs 2 BGB wieder.

2. Materielle Inhaltskontrolle der Baubeschreibung (§§ 307, 308, 309 BGB)

Während die Baubeschreibung nach Art 249 § 2 Abs 1 S 1 EGBGB nur dem Klar- 39
heitsgebot unterliegt, sind Allgemeine Geschäftsbedingungen am **Klarheits- und dem Verständlichkeitsgebot nach § 307 Abs 1 S 2 BGB** zu messen. Der Gesetzgeber hat das Verständlichkeitsgebot bei der Baubeschreibung absichtlich aufgegeben (Rn 20 f). Es stellt sich daher die Frage, ob das Verständlichkeitsgebot über die Hintertür des AGB-Rechts wiederbelebt wird.

Gem **§ 307 Abs 3 S 1 BGB** greift die materielle Inhaltskontrolle nur ein, wenn durch 40
die AGB von den Rechtsvorschriften abweichende oder diese ergänzenden Regelungen vereinbart werden. Die materielle Inhaltskontrolle greift insbesondere bei Leistungsbeschreibungen nicht. **Eine Baubeschreibung ist eine solche Leistungsbeschreibung**, so sie doch die einzelnen Ausprägungen der geschuldeten Bauwerksleistung konstituiert. § 307 Abs 3 S 1 BGB geht auf **Art 4 Abs 2 der Klauselrichtlinie** aus dem Jahr 1993 zurück (Richtlinie 93/13/EWG des Rates vom 5. 4. 1993 über mißbräuchliche Klauseln in Verbraucherverträgen, ABl L 95 vom 21. 4. 1993, 29). Danach betrifft die Beurteilung der „Mißbräuchlichkeit" der Klauseln **weder den Hauptgegenstand des Vertrages noch** die Angemessenheit zwischen dem **Preis bzw dem Entgelt** und den Dienstleistungen bzw den Gütern, die die Gegenleistung darstellen. Hintergrund dieser Regelung ist, dass der europäische Gesetzgeber sich nicht in die **Gestaltungsfreiheit der Vertragsschließenden** einmischen wollte. Betroffen ist damit die Inhaltsfreiheit der Parteien als eine **Ausprägung des fundamentalen Prinzips der Vertragsfreiheit**. Die Baubeschreibung ist der materiellen AGB-Kontrolle nach §§ 307 Abs 1 S 1, Abs 2, 308, 309 BGB damit zum großen Teil entzogen. Der materiellen Inhaltskontrolle ist aber die Information über den **Fertigstellungszeitpunkt bzw über die Baudauer nach Art 249 § 2 Abs 3 EGBGB** zugänglich. So ist eine Klausel unwirksam, nach der der Bauunternehmer im Hinblick auf den Fertigstellungszeitpunkt lediglich **Ca-Angaben** macht (OLG Koblenz 9. 3. 2023 – 2 U 63/22, NJW-RR 2024, 77 Rn 24 f). Gegen **§ 308 Nr 1 BGB** und gegen das **Transparenzgebot aus § 307 Abs 1 S 2 BGB** verstoßen Klauseln, in denen die Fris-

ten zur Erbringung zu jeweiligen Teilleistungen lediglich mit Ca-Angaben enthalten sind (OLG Koblenz 9. 3. 2023 – 2 U 63/22, NJW-RR 2024, 77 Rn 14–21).

41 Aufgrund des **§ 307 Abs 3 S 2 BGB** ist die Baubeschreibung freilich weiterhin der Transparenzkontrolle nach § 307 Abs 1 S 2 BGB unterworfen. Sofern eine Baubeschreibung der AGB-Definition nach § 305 BGB gerecht wird, muss sie stets am Transparenzgebot gemessen werden. Eine Abweichung vom Transparenzgebot nach unten erlaubt die Klauselrichtlinie als eine **mindestharmonisierte Richtlinie** nicht. Die Aufgabe des Verständlichkeitsgebots bei Verbraucherbauverträgen in Art 249 § 2 Abs 1 S 1 EGBGB würde gerade eine solche **Niveauabsenkung** bedeuten. Daher läuft die absichtliche Aufgabe des Verständlichkeitsgebots bei Verbraucherbauverträgen Gefahr, **europarechtswidrig** zu sein.

42 Die Lösung des Problems liegt zum einen in **der Konkretisierung und der Begrenzung des Transparenzgebots** sowie zum anderen in der **zusätzlich erforderlich werdenden Simplifizierung der Baubeschreibung** (in diese Richtung auch Matkovic, Die Baubeschreibungspflicht des Unternehmers im neuen Verbraucherbauvertrag [2021] 176 ff).

43 Das Transparenzgebot kann nicht unendlich weit gehen, sondern bedarf einer Eingrenzung. Der Verwender muss **nur im Rahmen des Möglichen** Klarheit und Verständlichkeit über seine AGB verschaffen (Möglichkeitskontrolle). Was einem durchschnittlichen Verbraucher nicht verständlich gemacht werden kann, kann nicht zur unternehmerischen Aufklärungspflicht erhoben werden. Insbesondere **technische Angaben und technische Regelwerke**, die zuvörderst Inhalt der Baubeschreibung sind, müssen dem Verbraucher nicht im Einzelnen erörtert werden. Der Verwender muss nicht zum Ausbilder des Verbrauchers avancieren. Er muss grundsätzlich die AGB auch nicht mit zusätzlichen Erklärungen, Kommentaren oder Hinweisen versehen. Darin findet das Transparenzgebot seine Grenze (Matkovic, Die Baubeschreibungspflicht des Unternehmers im neuen Verbraucherbauvertrag [2021] 177 f).

44 Andererseits muss dem Verbraucher die allgemeine und in gewissem Maße konkretisierte Bedeutung der jeweiligen Angaben verständlich sein. Der Verbraucher muss zumindest eine gewisse Vorstellung darüber haben, worum es bei den technischen Angaben geht. Hierfür ist es notwendig, die in Art 249 § 2 Abs 1 S 2 Nr 1–9 EGBGB enthaltenen Bezeichnungen in die Baubeschreibung zu integrieren, sie als solche zu benennen und ggf bestimmte Angaben **durch „Laiensprache" zu simplifizieren** (in der Sache hat dies auch im Sinn, Matkovic, Die Baubeschreibungspflicht des Unternehmers im neuen Verbraucherbauvertrag [2021] 178 f). Ob eine solche Simplifizierung notwendig ist, muss im Einzelfall geklärt werden. Es dürfte der Grundsatz gelten: Je wesentlicher eine Eigenschaft für das Bauwerk ist, desto mehr zusätzlicher Simplifizierungen bedarf es. Auf diesem Wege würde man die Aufgabe des Verständlichkeitsgebots im Verbraucherbauvertragsrecht einerseits und dessen Geltung nach AGB-Recht andererseits zu einer **friedlichen Koexistenz** bringen.

45 Schließlich bietet das Transparenzgebot in § 307 Abs 1 S 2 BGB in problematischen Fällen noch einen letzten Ausweg. Auch wenn dem Verständlichkeitsgebot nicht genüge getan wurde, so muss daraus **nicht unmittelbar** eine unangemessene Benachteiligung resultieren. Vielmehr **„kann"** es bereits dem Wortlaut des § 307 Abs 1 S 2 BGB nach zu einer unangemessenen Benachteiligung aus unverständlichen Baubeschreibungsangaben kommen (Matkovic, Die Baubeschreibungspflicht des Unternehmers im neuen Verbraucherbauvertrag [2021] 180). Damit ist eine **normative Wertung** verbunden, dass eine unangemessene Benachteiligung nicht zwingende Folge sein soll. **Nicht valide** erscheint auf der anderen Seite die Überlegung, dass bei der Baubeschreibung eine unangemessene Benachteiligung stets dann zu negieren sei, wenn der Besteller sich einer fachmännischen Person (etwa eines Architekten) bei der Prüfung der Baubeschreibung bedienen könnte, mit der Folge, dass es deshalb auf den Verständnishorizont des Experten ankomme. Die materielle Inhaltskontrolle nach §§ 307 ff BGB stellt stets auf das Verständnis des durchschnittlichen Verbrauchers ab. Eine andersartige Auslegung würde die Gefahr der Europarechtswidrigkeit mit sich bringen. Im Einzelfall muss aber beurteilt werden, inwiefern eine unverständliche Baubeschreibungsangabe zur **unangemessenen Benachteiligung** des Verbraucher-Bauherrn führt.

VIII. Ausschluss der Baubeschreibungspflicht (§ 650j HS 2 BGB)

1. Regelungszweck

Der Stellung einer Baubeschreibung nach den Vorgaben des Art 249 EGBGB bedarf **46**
es nicht, wenn der Verbraucher oder ein von ihm Beauftragter die wesentlichen Planungsvorgaben macht. Mit dem vom Verbraucher beauftragten Dritten ist etwa ein Architekt gemeint (BT-Drucks 18/8486, 62) oder eine sonstige sachverständige Person. Diese Regelung ist sinnvoll, da die der Baubeschreibungspflicht zugewiesenen **gesetzgeberischen Normzwecke** im Falle der vom Verbraucher vorgegebenen Planungen **nicht einschlägig sind**. Der die Planungen vorgebende Verbraucher erscheint nicht schutzwürdig. Die **Vertrauensfunktion** (Rn 2) greift nicht, da der Besteller die Erwartungen an die wesentlichen Werkvorgaben selbst setzt. Ebenso wenig muss der Besteller die geschuldeten Bauleistungen einer vorherigen Prüfung, etwa durch einen Sachverständigen, unterziehen – **Überprüfungsfunktion** (Rn 3). In der Regel werden die Planungsvorgaben nicht vom Verbraucher, sondern von einem beauftragten, sachverständigen Dritten gestaltet, sodass diese bereits vorher einer ausreichenden Überprüfung unterzogen sind. Der **Vergleichs- und der Wettbewerbsfunktion** wird dadurch entsprochen, dass der Verbraucher anhand seiner Planungsvorgaben vorher unterschiedliche Angebote einholen und diese einem Preisvergleich unterziehen kann. Dies geschieht im Vorfeld der Beauftragung. Zu den wesentlichen Planungsvorgaben zählen die Angaben zum Zeitpunkt der Werkfertigstellung bzw die Bauausführungsdauer nach Art 249 § 2 Abs 2 EGBGB. Dadurch wird der **Planungsfunktion** genüge getan (Rn 5). In der Literatur wird **zu Recht** die Auffassung vertreten, dass der Unternehmer zu **Angaben des Fertigstellungszeitpunktes bzw der Baudauer** auch dann verpflichtet bleibt, wenn der Verbraucher ansonsten die wesentlichen Planungsvorgaben macht. Weder der Verbraucher noch ein von ihm beauftragter sachverständiger Dritter können die Auftrags- und Personallage des Bauunternehmers beurteilen (Orlowski ZfBR 2016, 431; BeckOGK/Merkle [1. 1. 2025] § 650j Rn 5; jurisPK-BGB/Segger-Piening § 650j Rn 46). Insgesamt ist dafür zu plädieren, den Bauunternehmer baubeschreibungspflichtig zu belassen, sofern es sich um Angaben handelt, die **der Planung und der Disposition** des Verbrauchers bzw eines von ihm beauftragten sachverständigen Dritten **entzogen sind**.

2. Wesentliche Planungsvorgaben iSv § 650j HS 2 BGB

47 Zu den wesentlichen Planungsvorhaben zählen jedenfalls die **Vorgaben in Art 249 § 2 EGBGB**. Insbesondere betreffen diese die wesentlichen Eigenschaften des Werks nach Art 249 § 2 Abs 1 S 1 EGBGB sowie den Zeitpunkt der Fertigstellung bzw die Bauausführungsdauer nach Art 249 § 2 Abs 2 EGBGB. Aber auch die in § 2 Abs 1 S 2 Nr 1–9 des Art 249 EGBGB aufgeführten Informationen müssen vom Verbraucher gestellt werden, um die Entbehrlichkeit der Baubeschreibung herbeizuführen. Werden wesentliche Planungsvorgaben nur hinsichtlich von **Teilgewerken** gemacht, so bleibt der Bauunternehmer im Übrigen baubeschreibungspflichtig (BeckOGK/Merkle [1. 1. 2025] § 650j Rn 5). Insgesamt erscheint die Baubeschreibung und damit auch der **Ausschlusstatbestand nach § 650j HS 2 BGB teilbar**. Macht der Verbraucher lediglich **nur teilweise wesentliche Vorgaben**, etwa im Hinblick auf Nr 1–2 des § 2 Abs 1 S 2 Art 249 BGB, im Übrigen jedoch nicht, bleibt der Bauunternehmer baubeschreibungspflichtig. **Die unvollständigen wesentlichen Planungsvorgaben des Verbrauchers** müssen durch die Baubeschreibung des Bauunternehmers inhaltlich ergänzt werden (MünchKommBGB/Busche § 650j Rn 21). Das Gleiche gilt, wenn **lediglich der Teil einer Nummer** des Art 249 § 2 Abs 1 S 2 EGBGB vom Verbraucher vorgegeben ist. Dies führt dazu, dass der Ausnahmetatbestand nach § 650j HS 2 BGB eng auszulegen ist (so auch Pfennig RNotZ 2018, 585, 592).

3. Rechtsfolgen des § 650j HS 2 BGB

48 Die Rechtsfolge des § 650j HS 2 BGB wird teilweise als **„Ausnahme“** (jurisPK-BGB/Segger-Piening § 650j Rn 46; Messerschmidt/Voit/Lenkeit § 650j Rn 6; BeckOK-BauVertrR/Langjahr § 650j Rn 5), teilweise als **„Freistellung“** (MünchKommBGB/Busche § 650j Rn 19 ff; NK-WerkBauVertrR/Polkowski § 650j Rn 9; ibrOK-BauVertrR/Stretz [22. 4. 2024] § 650j Rn 34: „Keine Pflicht“; KompBauR/Jurgeleit [5. Aufl 2020] Teil 2 Rn 79: „Entfallen der Pflicht“) von der Baubeschreibungspflicht beschrieben bzw die Stellung der Baubeschreibung wird teilweise als **„entbehrlich“** (BeckOGK/Merkle [1. 1. 2025] § 650j Rn 5) angesehen. Die Autoren stimmen wohl dahingehend überein, dass es sich bei § 650j HS 2 BGB um einen **Ausschlussgrund** bzw um einen **Ausschlusstatbestand** handelt. **Der Bauunternehmer wird von seiner Baubeschreibungsverpflichtung befreit**. Dies folgt bereits aus der grammatikalischen Auslegung des § 650j HS 2 BGB, in dem die Wortlautwendung „es sei denn“ den bis dahin aufgestellten Inhalt umkehrt.

49 Mit dem Merkmal **„es sei denn“** ist zugleich eine Regelung zur **Darlegungs- und Beweislast** verbunden. Prominente „es-sei-denn“-Vorschriften finden sich etwa in §§ 273 Abs 2, 320, 407, 477, 932 Abs 2, 1006 BGB. Sie alle bringen eine **Beweislastumkehr** mit sich. Nach **allgemeinen Darlegungs- und Beweislastgrundsätzen** trägt derjenige die Darlegungs- und Beweislast, der sich auf die jeweilige Regelung beruft, für den die Regelung demnach günstig ist. Grundsätzlich wäre daher der Verbraucher darlegungs- und beweispflichtig. **Die Beweislastumkehr führt zur gegenteiligen Rechtsfolge**. Es muss in diesem Falle also **der Bauunternehmer beweisen**, dass der Verbraucher die wesentlichen Planungsvorgaben gestellt hat und der Bauunternehmer der grundsätzlichen Baubeschreibungspflicht aus § 650j HS 1 BGB nicht unterliegt. Kann der Bauunternehmer dieser Darlegungs- und Beweislast nicht nachkommen, bleibt er baubeschreibungspflichtig.

IX. Rechtsfolgen der Baubeschreibungspflichtverletzung

Die Rechtsfolgen der Verletzung der vorvertraglich zu stellenden Baubeschreibung sind im Verbraucherbauvertragsrecht nur teilweise geregelt. Die Ausdifferenzierung der Pflichtverletzungsfolgen erfordert die **(1)** Qualifizierung bzw die Identifizierung der Rechtsnatur der Baubeschreibungspflicht, **(2)** die Unterscheidung nach den jeweiligen Arten der Baubeschreibungspflichtverletzung, **(3)** die Unterscheidung nach dem Zeitpunkt des Schadenseintritts sowie **(4)** die Ermittlung des herzustellenden „Zustandes" gem § 249 Abs 1 BGB (negatives versus positives Interesse). 50

1. Baubeschreibungspflicht als vorvertragliche, nichtleistungsbezogene Informationspflicht

Die Baubeschreibung ist dem Verbraucher rechtzeitig vor Abgabe seiner Erklärung zum Abschluss des Verbraucherbauvertrages zu stellen (Art 249 § 1 EGBGB). Es handelt sich daher um eine **vorvertragliche Pflicht** und nicht um eine bloße Obliegenheit (BeckOGK/Merkle [1. 1. 2025] § 650j Rn 36; NK-WerkBauVertrR/Polkowski § 650j Rn 7; Soergel/Glöckner § 650j Rn 6). In der Literatur wird zugleich angenommen, dass es sich bei dieser Pflicht um eine **unselbstständige, nichtleistungsbezogene Pflicht** handele, so sie im vorvertraglichen Stadium zu erfüllen sei, in dem es bekanntlich, etwa unter Verweis auf § 311 Abs 2, 3, 241 Abs 2 BGB (Neben-, Schutz-, Rücksichtsnahme- und hier konkret Aufklärungspflicht), keine leistungsbezogenen Haupt- und/oder Nebenpflichten (§ 241 Abs 1 BGB) geben könne (BeckOGK/Merkle [1. 1. 2025] § 650j Rn 37). Die Besonderheit der Baubeschreibungspflicht besteht darin, dass die vorvertraglich zu stellenden Baubeschreibungsangaben mit dem (wirksamen) Abschluss des Verbraucherbauvertrages gem § 650k Abs 1 HS 1 BGB zum Inhalt des Vertrages werden (abgesehen von der Rückausnahme einer anderen Vereinbarung zwischen den Parteien gem § 650k Abs 1 HS 2 BGB). Die Baubeschreibungsangaben **wandeln** sich daher im Zeitpunkt des Vertragsschlusses von „bloßen" Information zu **haupt- und nebenleistungsbezogenen Verpflichtungen des Bauunternehmers** (jurisPK-BGB/Segger-Piening § 650j Rn 5: „Mit anderen Worten soll die vertraglich geschuldete Leistung fixiert werden"; „Transformation", Soergel/Glöckner § 650j Rn 45). Die Baubeschreibungsangaben konstituieren insoweit, was man im Kaufrecht (§ 434 BGB) oder im allgemeinen Werkvertragsrecht (§ 633 Abs 2 BGB) **Beschaffenheit** nennt (jurisPK-BGB/Segger-Piening § 650j Rn 5). Insofern spielt der **Zeitpunkt dieser Wandlung**, nämlich die Abgabe der Vertragserklärung durch den Verbraucher, eine bedeutende Rolle. 51

2. Rechtsfolgen der Pflichtverletzung im vorvertraglichen Stadium

Zunächst ist das vorvertragliche Stadium zu betrachten. Damit sind Situationen gemeint, in denen etwaige Baubeschreibungspflichtverletzungen begangen werden und **(1) es nicht zu einem Vertragsschluss kommt**, **(2)** oder es zu einem Vertragsschluss kommt, **der Schaden jedoch bereits im vorvertraglichen Stadium eintritt**, die Voraussetzungen etwaiger Schadensersatzansprüche demnach bereits in diesem Zeitrahmen perfekt werden. 52

a) Anspruch auf Erfüllung der Informationspflicht

Überwiegend wird die Auffassung vertreten, dass die Baubeschreibung aufgrund ihrer Unselbständigkeit und ihres nichtleistungsbezogenen Nebenpflichtcharakters 53

nicht einklagbar sei (BeckOGK/Merkle [1. 1. 2025] § 650j Rn 39; ibrOK-BauVertrR/Stretz [22. 4. 2024] § 650j Rn 37; Leinemann/Kues/Abu Saris § 650j Rn 12; BeckOK-BauVertrR/Langjahr § 650j Rn 7; bereits vorher zu Bauverträgen unter dem Regime der VRRL, Glöckner BauR 2014, 411, 427). Es gebe auch **keinen Erfüllungs- oder Nacherfüllungsanspruch** (ibrOK-BauVertrR/Jurgeleit/Stretz [22. 4. 2024] § 650j Rn 37; für einen Erfüllungsanspruch nach Vertragsschluss, Messerschmidt/Voit/Lenkeit § 650j Rn 45). Demgegenüber befürworten andere einen **Erfüllungsanspruch bereits im vorvertraglichen Stadium** (MünchKommBGB/Busche § 650j Rn 18; offenlassend Soergel/Glöckner § 650j Rn 48).

54 **Die letztere Auffassung muss im Ergebnis durchdringen.** Der Gesetzgeber hat in § 650k Abs 1 BGB die Folgen der vorvertraglich zu stellenden Baubeschreibung dem **Art 6 Abs 5 VRRL** und deren Umsetzung in **§ 312d Abs 1 S 2 BGB** nachgebildet. Die Angaben der Baubeschreibung werden grundsätzlich zum Inhalt des Vertrages und determinieren die leistungsbezogenen Verpflichtungen des Bauunternehmers (s die „Wandlung", Rn 51). Zur Vorbildregelung des § 312d Abs 1 BGB wird überwiegend vertreten, dass diese einen **Anspruch auf die Erfüllung** der darin enthaltenen Informationsverpflichtungen verleiht (BeckOGK/Busch [1. 7. 2023] § 312d Rn 13; NK-BGB/Ring § 312d Rn 17; Hk-BGB/Schulte-Nölke § 312d Rn 9). Schon der **Wortlaut in § 312d Abs 1 S 2 BGB** bringt dies zum Ausdruck, indem von der „in Erfüllung dieser Pflicht gemachten Angaben des Unternehmers" die Rede ist. Zwar unterscheidet sich die Wortlautfassung des § 312d Abs 1 S 2 BGB von Art 6 Abs 5 VRRL insoweit, als dass das Merkmal der „Erfüllung" in der VRRL nicht enthalten ist. In der Ausgestaltung der vorvertraglichen Informationspflichten als **eines der bedeutendsten verbraucherschützenden Instrumente** wird man indes kaum annehmen können, dass der unionale Gesetzgeber lediglich eine unselbstständige, nicht erfüllbare und nicht einklagbare Pflicht etablieren wollte. Unabhängig davon spricht der deutsche Gesetzgeber im Hinblick auf §§ 650j, 650k BGB ständig und selbstverständlich von einer „Pflicht" zur Baubeschreibung (BT-Drucks 18/8486, 62), ohne nur einmal auf eine etwaig abweichende oder besondere Qualifizierung dieser Pflicht einzugehen, die sich ihm hätte aufdringen müssen, sofern er ihr eine andere Qualifikation beigemessen hätte. Basierend auf der Auslegung der Gesetzesbegründung dürfte der Gesetzgeber vielmehr die Vorstellung einer zwar vorvertraglichen, aber mit einem Erfüllungsanspruch versehenen Informationspflicht gehabt haben. Dass die Folgen der Informationspflichtverletzung in den §§ 312d ff BGB, aber auch für Verbraucherbauverträge in § 650k BGB **teilweise** speziell ausgestaltet sind, widerspricht diesem Ergebnis offensichtlich nicht.

55 Sofern ein vorvertragliches Schuldverhältnis nach § 311 Abs 2 BGB begründet wurde, müsste der Verbraucher, da er auch seine weiteren Dispositionen danach ausrichtet, einen **Anspruch auf Erfüllung der Baubeschreibung** haben. Dies wird man gegebenenfalls im Zeitpunkt des „ähnlichen geschäftlichen Kontakts" (§ 311 Abs 2 Nr 3 BGB) noch anders sehen können. Wirkt der Bauunternehmer bereits auf die Rechte, Rechtsgüter oder Interessen des Verbrauchers nach § 311 Abs 2 Nr 2 BGB ein oder werden Vertragsverhandlungen nach § 311 Abs 2 Nr 1 BGB aufgenommen, muss zum Schutze des Verbrauchers eine erfüllbare Informationspflicht bestehen. Teleologisch kann anderenfalls keinem der der Baubeschreibungspflicht zugewiesenen Normzwecke (Vertrauens-, Überprüfungs-, Vergleichs-, Wettbewerbs-, Planungsfunktion, Rn 2 ff) Genüge getan werden. Die Verweisung allein auf Sekundäransprüche erscheint unzureichend.

b) Anspruch auf Schadensersatz

Bereits im vorvertraglichen Stadium kann es, wenn auch sehr unwahrscheinlich (so auch BeckOGK/Merkle [1. 1. 2025] § 650j Rn 41), zu Schäden beim Verbraucher kommen. Vorstellbar wäre etwa die **Stellung einer völlig unbrauchbaren Baubeschreibung**, die der Verbraucher aufgrund seiner fehlenden Kenntnisse dennoch einem sachverständigen Dritten zur Überprüfung vorlegt und dieser konsequenterweise die Unzulänglichkeit der Baubeschreibung feststellt. Bei einer **grob fahrlässig oder gar vorsätzlich** gestellten unbrauchbaren Baubeschreibung wäre die Überprüfung durch einen Sachverständigen nicht veranlasst, sodass die an den Sachverständigen zu zahlende Vergütung sich als Schaden erweisen sollte. Hier würde der Bauunternehmer „sehenden Auges" unnötige Kosten auf Verbraucherseite produzieren und einen Anspruch aus §§ 280 Abs 1, 311 Abs 2, 241 Abs 2 BGB gegen sich begründen. 56

3. Rechtsfolgen der Pflichtverletzung im vertraglichen Stadium

a) Unvollständige oder unklare Baubeschreibung

Soweit die Baubeschreibung unvollständig oder unklar ist, ordnet **§ 650k Abs 2 BGB** 57 an, dass der Vertrag unter Berücksichtigung sämtlicher vertragsbegleitender Umstände, insbesondere der Komfort- und Qualitätsstandards, nach der übrigen Leistungsbeschreibung auszulegen ist, wobei Zweifel bei der Auslegung bzgl der vom Unternehmer geschuldeten Leistung zu Lasten des Bauunternehmers gehen. Es handelt sich um eine **gesetzlich angeordnete ergänzende Vertragsauslegung**, bei der die in § 650k Abs 2 S 1 BGB gegebenen Kriterien maßgeblich sind. Die Zweifelsregelung in § 650k Abs 2 S 2 BGB knüpft nach der ausdrücklichen Gesetzesbegründung an den **Rechtsgedanken des § 305c Abs 2 BGB** an (BT-Drucks 18/8486, 62) und statuiert dadurch eine **verbraucherfreundliche Auslegung** (Ring NJ 2017, 485, 491). Mit der Regelung des § 650k Abs 2 S 1 BGB wird das Ziel verfolgt, den Vertrag bei Mängeln der Baubeschreibung **möglichst aufrechtzuerhalten** (BT-Drucks 18/8486, 62). Insbesondere soll der Verbraucher sich nicht mit einer geringeren Qualität begnügen müssen oder zu einer Kündigung für den Fall gezwungen werden, dass der Unternehmer dem übrigen Niveau entsprechende Leistungen verweigert (BT-Drucks 18/8486, 62). **§ 650k Abs 2 BGB** ist auch dann maßgebend, wenn Angaben über den Fertigstellungszeitpunkt bzw über die Bauausführungsdauer **in der Baubeschreibung** fehlen oder unklar sind. Im **§ 650k Abs 3 S 2 BGB** sind die Rechtsfolgen für den umgekehrten Fall enthalten, wenn diese Angaben zwar die Baubeschreibung, jedoch nicht der Verbraucherbauvertrag enthält.

§ 650k Abs 2 S 1 BGB ordnet unmittelbar **zwei Rechtsfolgen** an. **(1)** Zum einen wird 58 der **Vertrag** in den Fällen von Baubeschreibungslücken oder Unklarheiten **aufrechterhalten**. Damit werden die ansonsten geltenden allgemeinen Vorschriften zum Dissens nach §§ 154, 155 BGB sowie zur Teilnichtigkeit nach § 139 BGB verdrängt und die entstandenen Vertragslücken nach den Vorgaben des § 650k Abs 2 S 1 BGB geschlossen. **(2)** Zum anderen wird die lückenhafte bzw unklare Baubeschreibung zusammen mit der geschlossenen Vertragslücke zum Inhalt des Vertrages, sodass ihre **Kombination das schuldrechtliche Leistungsprogramm des Bauunternehmers konstituiert**. Daraus folgt, dass Schadensersatzansprüche des Verbrauchers gegen den Unternehmer in diesem Stadium weniger aus der mangelhaften Baubeschreibung resultieren werden, sondern vielmehr aus der mangelhaften Leistungserbringung (MünchKommBGB/Busche § 650j Rn 18). Damit ist unmittelbar das **Sach- und Rechtsmängelge-**

währleistungsrecht nach §§ 634 ff BGB betroffen, nach dem Schadensersatzansprüche grundsätzlich nur nach der erfolglosen Nacherfüllung möglich sind (Schadensersatz statt der [ganzen] Leistung).

59 Die unklare oder unvollständige Baubeschreibung kann jedoch **alleine oder parallel** für jene Schäden kausal sein, die das **negative Interesse** (§ 241 Abs 2 BGB) **betreffen**. Grundsätzlich resultieren daraus Ansprüche auf **Ersatz des Vertrauensschadens bzw Schadenersatzansprüche neben der Leistung** (§§ 280 Abs 1, 241 Abs 2 BGB; ibrOK-BauVertrR/Stretz [22. 4. 2024] § 650j Rn 42) oder ausnahmsweise **Schadensersatz statt der Leistung nach § 282 BGB** und die **Möglichkeit der Rückabwicklung nach §§ 346, 324 BGB** (Glöckner BauR 2014, 411, 427; ibrOK-BauVertrR/Stretz [22. 4. 2024] § 650j Rn 43). Vorstellbar sind weitergehende Ansprüche, wenn der Verbraucher moniert, dass er **den Vertrag bei vollständiger Baubeschreibung nicht oder nicht in der Weise** geschlossen hätte (Omlor NJW 2018, 817, 819 f; BeckOGK/Merkle [1. 1. 2025] § 650j Rn 43 f; ibrOK-BauVertrR/Stretz [22. 4. 2024] § 650j Rn 42; KompBauR/Jurgeleit [5. Aufl 2020] Teil 2 Rn 72; Messerschmidt/Voit/Lenkeit § 650j Rn 47). Solche Situationen dürften vornehmlich dann eintreten, wenn die **Baubeschreibung derart lückenhaft** oder **derart kompliziert** ausgestaltet ist, dass den mit der Baubeschreibungspflicht **verfolgten Zwecken** (insbes Überprüfungsfunktion, Vergleichs- und Wettbewerbsfunktion, Planungsfunktion) nicht ansatzweise gerecht werden kann (in diese Richtung, auch den Fall der gänzlich fehlenden Baubeschreibung einschließend, Omlor NJW 2018, 817, 820). In diesem Fall kann neben dem Widerrufssystem (§ 650l BGB iVm §§ 357 ff BGB) die Herstellung des Zustandes verlangt werden, als ob der Vertrag nicht geschlossen worden wäre (BeckOGK/Merkle [1. 1. 2025] § 650j Rn 43; KompBauR/Jurgeleit [5. Aufl 2020] Teil 2 Rn 72; Messerschmidt/Voit/Lenkeit § 650j Rn 47). Die **Darlegungs- und Beweislast** im Hinblick auf die **Kausalität zwischen der Pflichtverletzung und dem Schaden** liegt hierbei beim Verbraucher, was sich mitunter als sehr schwierig erweisen sollte (bereits vorher zu Bauverträgen unter dem Regime der VRRL, Glöckner BauR 2014, 411, 427 f; Langen/Berger/Dauner-Lieb/Rückert § 650j Rn 11; Soergel/Glöckner § 650j Rn 49; vgl ibrOK-BauVertrR/Stretz [22. 4. 2024] § 650j Rn 42).

60 Sofern mit den Bauarbeiten insgesamt oder konkret noch nicht begonnen wurde, muss dem Verbraucher, wie bereits im vorvertraglichen Stadium, ein **Erfüllungsanspruch auf die Ergänzung der unvollständigen** bzw **unklaren Baubeschreibung nach den Vorgaben des § 650k Abs 2 BGB** zustehen (so auch Messerschmidt/Voit/Lenkeit § 650j Rn 45; offenlassend Soergel/Glöckner § 650j Rn 48). Anderenfalls könnten die **Überprüfungs- und Planungszwecke der Baubeschreibung** (Rn 3 ff) nicht erreicht werden. Ein Erfüllungsanspruch muss dem Verbraucher **indes auch dann zustehen**, wenn bereits mit den geschuldeten, inklusive der im Wege der Auslegung nach § 650k Abs 2 BGB ermittelten Leistungen begonnen wurde oder diese gar abgeschlossen sind. Der Verbraucher muss angesichts der Vertrauens- und Überprüfungsfunktion der Baubeschreibung Klarheit darüber haben, welche Leistungen er vom Unternehmer verlangen und welche haupt- und nebenleistungsbezogenen Rechte er gegen den Unternehmer geltend machen kann.

b) Fehlende Baubeschreibung

61 **Keine Regelung** trifft das Verbraucherbauvertragsrecht zur Frage, welche Rechtsfolgen im Falle der fehlenden Baubeschreibung eintreten. Vorgeschlagen wird eine **analoge Anwendung des § 650k Abs 2 BGB**. **Andere lehnen die analoge Anwendung** aufgrund einer **absichtlichen Lücke** und ggf nicht vergleichbarer Interessenlage ab und verweisen auf die **ausdrückliche Begründung des Gesetzgebers**. Der Gesetzgeber hielt tatsächlich eine spezielle Regelung für den Fall des vollständigen Fehlens einer Baubeschreibung für nicht erforderlich, da dafür die allgemeinen Schadensersatzregelungen nach §§ 311 Abs 2, 280 Abs 1 BGB ausreichend seien, sofern in einem solchen Fall überhaupt ein Vertrag zustande komme (BT-Drucks 18/8486, 62 f). Insoweit scheint die Befürwortung der analogen Anwendung contra legem.

Dieser Sichtweise müssen **gewichtige Argumente** entgegengehalten werden. Die An- 62
nahme des Gesetzgebers, dass im Falle der fehlenden Baubeschreibung es oft oder manchmal nicht zu einem wirksamen Vertragsschluss komme, dürfte nicht zutreffend sein (iE ebenso KompBauR/Jurgeleit [5. Aufl 2020] Teil 2 Rn 75). Denn zu den **essentialia negotii** eines Verbraucherbauvertrages, ebenso zu den eines Bau- oder Werkvertrages, zählen grundsätzlich (1) die Vertragsparteien, hier indes in Person eines Unternehmers und Verbrauchers, (2) sowie das Werk, hier der Bau eines neuen Gebäudes oder die Vornahme von erheblichen Umbaumaßnahmen. Eine Vergütungsvereinbarung muss angesichts der auch für Verbraucherbauverträge geltenden Vorschrift des § 632 BGB nicht getroffen werden. Zu den **Bestimmtheitsanforderungen** des Bauwerks werden zwar die **wesentlichen Eigenschaften nach Art 249 § 2 Abs 1 S 1 EGBGB** zählen, allerdings nur solche, die nach der normativen, im Einzelfall zugrunde zu legenden Betrachtung die Höhe des allgemeinen Werkvertrages (§ 631 BGB) und des Bauvertrages (§ 650a BGB) überschreiten und die Höhe des Verbraucherbauvertrages (§ 650i BGB) erreichen. Tendenziell sind dafür lediglich die **Angaben nach Nr 1 und Nr 2 des Art 249 § 2 Abs 1 S 2 EGBGB erforderlich**.

Aus **teleologischer Sicht** führt die Gegenauffassung dazu, dass der Bauunternehmer 63
die verbraucherschützenden Vorschriften umgehen könnte, indem er gar keine Baubeschreibung zur Verfügung stellt. Die Verweisung des Verbrauchers auf lediglich das negative Interesse schützende Nebenpflichten gem § 241 Abs 2 BGB hilft ihm im Zweifel nicht weiter. Aufgefangen werden kann das Problem durch die **Zusicherung eines Erfüllungsanspruchs auf das Stellen der Baubeschreibung**, sofern es zu einem wirksamen Abschluss des Verbraucherbauvertrages gekommen ist. Dafür plädiert der Verf. Die inhaltlichen Vorgaben einer solchen, im vertraglichen Stadium zu stellenden Baubeschreibung müssten sich nach denselben Anforderungen richten wie im Falle einer unvollständigen oder unklaren Baubeschreibung. **Maßgebend** muss damit erst recht **§ 650k Abs 2 BGB** sein.

c) Verzögerte Baubeschreibung

Verzögert der Bauunternehmer das Stellen der Baubeschreibung, löst die Pflicht- 64
verletzung mögliche Schadensersatzansprüche nach §§ 280 Abs 1, 2, 286 BGB aus (BeckOGK/Merkle [1. 1. 2025] § 650j Rn 49), sofern dadurch auch die Leistung verzögert wurde. Die Baubeschreibung ist nach Art 249 § 1 EGBGB vor Abgabe der Vertragserklärung des Verbrauchers zu stellen. Eine Abmahnung ist daher nach § 286 Abs 2 Nr 2 BGB entbehrlich. In anderen Fällen resultiert der Anspruch aus §§ 280 Abs 1, 311 Abs 2 BGB (KompBauR/Jurgeleit [5. Aufl 2020] Teil 2 Rn 77).

§ 650k
Inhalt des Vertrags

(1) Die Angaben der vorvertraglich zur Verfügung gestellten Baubeschreibung in Bezug auf die Bauausführung werden Inhalt des Vertrags, es sei denn, die Vertragsparteien haben ausdrücklich etwas anderes vereinbart.

(2) Soweit die Baubeschreibung unvollständig oder unklar ist, ist der Vertrag unter Berücksichtigung sämtlicher vertragsbegleitender Umstände, insbesondere des Komfort- und Qualitätsstandards nach der übrigen Leistungsbeschreibung, auszulegen. Zweifel bei der Auslegung des Vertrags bezüglich der vom Unternehmer geschuldeten Leistung gehen zu dessen Lasten.

(3) Der Bauvertrag muss verbindliche Angaben zum Zeitpunkt der Fertigstellung des Werks oder, wenn dieser Zeitpunkt zum Zeitpunkt des Abschlusses des Bauvertrags nicht angegeben werden kann, zur Dauer der Bauausführung enthalten. Enthält der Vertrag diese Angaben nicht, werden die vorvertraglich in der Baubeschreibung übermittelten Angaben zum Zeitpunkt der Fertigstellung des Werks oder zur Dauer der Bauausführung Inhalt des Vertrags.

Schrifttum

Matkovic, Die Baubeschreibungspflicht des Unternehmers im neuen Verbraucherbauvertrag (Diss Baden-Baden 2021).

ders, Baubeschreibung und Transparenzgebot, Thesen zum 10. Dt. Baugerichtstag, Arbeitskreis XII – Verbraucherbaurecht, S 75 ff.

S die Nachweise zu den Vorbem zu §§ 650i–650n.

Systematische Übersicht

I. Normzwecke
1. Transformative Wirkung der Baubeschreibung (§ 650k Abs 1 BGB) — 1
2. Ergänzende Vertragsauslegung (§ 650k Abs 2 BGB) — 2
3. Verbindliche Zeitangaben des Vertrages (§ 650k Abs 3 BGB) — 5

II. Transformation der Baubeschreibung zum Vertragsinhalt (§ 650k Abs 1 BGB)
1. Transformative Wirkung und ihre Reichweite — 7
2. Ausdrücklicher Transformationsausschluss (§ 650k Abs 1 HS 2 BGB) — 14

III. Unvollständige oder unklare Baubeschreibung (§ 650k Abs 2 BGB)
1. Defizitäre oder fehlende Baubeschreibung — 17
a) Unvollständige oder unklare Baubeschreibung — 18
b) Unverständliche Angaben? — 21
c) Fehlende Baubeschreibung? — 24
2. Auslegung nach den vertragsbegleitenden Umständen (§ 650k Abs 2 S 1 BGB) — 27
3. Verbraucherfreundliche Auslegung nach § 650k Abs 2 S 2 BGB — 30

IV. Fertigstellungszeitpunkt bzw Bauausführungsdauer (§ 650k Abs 3 BGB)
1. Rechtzeitigkeit der Leistung als Vertragsinhalt 31
2. Konstellationen fehlender oder widersprüchlicher Zeitangaben 35
a) Zeitangaben in der Baubeschreibung, nicht im Vertrag 36
b) Zeitangaben im Vertrag, jedoch nicht in der Baubeschreibung 37
c) Zeitangaben weder im Vertrag noch in der Baubeschreibung 38
d) Widersprüchliche Zeitangaben 39

Alphabetische Übersicht

absolute Fixschulden 33
Allgemeine Geschäftsbedingung 1, 4, 22 f
architektonischer Anspruch 27 f
Auffangstatbestand 18
Aufrechterhaltungsfunktion 2, 17

Bauausführungsdauer 5, 31, 39
Baubeschreibungsdokument 11, 15
Baudauer 6, 8, 19, 37 ff
Baugrundrisiko 10
Beschaffenheit 28
Beweislastumkehr 14

Einbeziehungswirkung 11
ergänzende Vertragsauslegung 2, 17, 23, 29, 31, 38
essentialia negotii 5, 25, 34
Exposés 27

fehlende Baubeschreibung 17, 24
Fertigstellung 5, 8, 32, 36
Fertigstellungszeitpunkt 6, 19, 31 f, 36 ff

Günstigkeitskontrolle 13

Hinweispflicht 10

Komfortstandards 2, 14, 27, 29

Planungsfunktion 1, 33
Prospektangaben 27

qualitativer Zuschnitt 27
Qualitätsstandards 2, 14, 27, 29

relative Fixschulden 6, 33

Simplifizierung 22

Teilleistung 6, 31
Transformation der Baubeschreibung 6, 11
Transformationsausschluss 14, 16
transformative Wirkung der Baubeschreibung 1, 8, 11, 13 f
Transparenzgebot 21 f
Treu und Glauben 10

überobligatorischen Angaben 10 f
Überprüfungsfunktion 1
unklare Baubeschreibung 17 f, 27

verbraucherfreundliche Auslegung 4, 30
Vergleich- und Wettbewerbsfunktion 1
Verständlichkeitsgebot 20 ff
vertragsbegleitende Umstände 23, 27 f, 37 f
Vertrauensfunktion 1
Vorrang dispositiver Rechtsnormen 23
vorvertragliche Aufklärungspflicht 7

Zweifelsregelung 36

I. Normzwecke

1. Transformative Wirkung der Baubeschreibung (§ 650k Abs 1 BGB)

Die mit der Baubeschreibungspflicht einhergehenden Normzwecke – **Vertrauensfunktion, Überprüfungsfunktion, Vergleichs- und Wettbewerbsfunktion, Planungsfunktion** (dazu § 650j Rn 2 ff) – können nur erreicht werden, wenn die Baubeschreibung In- 1 halt des Vertrags wird. Der Gesetzgeber erkennt die **asymmetrische Informationslage** (BT-Drucks 18/8486, 62) des Verbrauchers an und möchte den Unternehmer auf die dem Verbraucher vorvertraglich zur Verfügung gestellten Informationen vertraglich „festnageln". Dadurch, dass die Baubeschreibungsangaben zum Vertragsinhalt werden, konstituieren sie die vertraglich geschuldeten Leistungen des Unternehmers **(transformative Wirkung der Baubeschreibung)**. Auf diesem Wege kann der Verbraucher nachvollziehen, welche Leistungen er vom Unternehmer in concreto erwarten kann und welche Berechtigungen ihm für den Fall zustehen, dass die Leistungen nicht oder nicht wie geschuldet erbracht werden. Der Gesetzgeber orientiert sich bei der Ausgestaltung des § 650k BGB an **Art 6 Abs 5 der VRRL** und ihrer deutschen Umsetzung in **§ 312d Abs 2 BGB** bzgl der vorvertraglichen Informationspflichten bei Fernabsatz- und außerhalb von Geschäftsräumen geschlossenen Verträgen (BT-Drucks 18/8486, 62). Die Etablierung eines vergleichbaren Schutzniveaus ist angebracht. Jene Verträge, die nicht vom Anwendungsbereich des § 650i Abs 1 BGB umfasst sind, also insbesondere die kleinen Verbraucherbauverträge oder Verbraucherbauverträge im weiteren Sinn (§ 650i Rn 49 ff), genießen **das gleiche Schutzniveau**, allerdings nur, sofern es sich bei ihnen um Fernabsatzverträge oder außerhalb von Geschäftsräumen geschlossenen Verträge handelt. Die Schließung der Lücke, wenn kein Vertrag iSv § 312d Abs 2 vorliegt, war für die großen Bauverträge und die mittleren Bauverträge (str, Vorbem 17 f, 42 zu §§ 650i–650n, § 650i Rn 51 ff) das vorderste Anliegen des Gesetzgebers bei der Bauvertragsnovelle. Die Regelungen in § 650k BGB sind auf alle Baubeschreiben anzuwenden, unabhängig davon, ob es sich bei der Baubeschreibung um eine Allgemeine Geschäftsbedingung (§ 650j Rn 37 ff) oder um eine Individualvereinbarung (BeckOK-BGB/Voit [1. 2. 2024] § 650k Rn 1; BeckOGK/Merkle [1. 1. 2025] § 650k Rn 1) handelt.

2. Ergänzende Vertragsauslegung (§ 650k Abs 2 BGB)

2 **§ 650k Abs 2 S 1 BGB** regelt die Folgen einer **unvollständigen oder unklaren Baubeschreibung**. Die so entstehenden Vertragslücken müssen unter Berücksichtigung sämtlicher vertragsbegleitender Umstände, insbesondere der Komfort- und Qualitätsstandards nach der übrigen Leistungsbeschreibung, geschlossen werden. Dadurch wird **gesetzlich** eine **ergänzende Vertragsauslegung** angeordnet. Daraus folgt zunächst, dass der Vertrag **möglichst aufrechterhalten werden soll (Aufrechterhaltungsfunktion)**. Die allgemeinen Regelungen zum Dissens nach §§ 154, 155 BGB sowie zur Teilnichtigkeit nach § 139 BGB werden auf diese Weise verdrängt. Unklarheiten sollen in der Weise beseitigt werden, wie es dem Leistungsniveau der Baubeschreibung im Übrigen entspricht. Der Verbraucher soll sich insbesondere nicht mit einer geringeren Leistungsqualität begnügen müssen oder gar zur Kündigung gezwungen werden – **normative Gleichwertigkeit der Leistungen** (BT-Drucks 18/8486, 62).

3 Den Fall der **vollkommen fehlenden Baubeschreibung** regelte der Gesetzgeber absichtlich nicht. Der Gesetzgeber bezweifelt diesbzgl zum einen, ob es in einem solchen Fall überhaupt zu einem wirksamen Vertragsschluss kommt (BT-Drucks 18/8486, 62 f). Darüber hinaus hält er die **Rechtsfolgen der allgemeinen Regelungen zum Schadensersatzrecht** für ausreichend (BT-Drucks 18/8486, 62 f). Der Standpunkt des Gesetzgebers erscheint nicht überzeugend. Vielmehr sollte in diesem Fall § 650k Abs 2 BGB analoge Anwendung finden (dazu Rn 24 ff).

Zweifel bei der Auslegung gehen nach § 650k Abs 2 S 2 BGB zu Lasten des Unternehmers – **verbraucherfreundliche Auslegung** (RING NJ 2017, 485, 491). Hierbei orientierte sich der Gesetzgeber an der Regelung des **§ 305c Abs 2 BGB** (BT-Drucks 18/8486, 62). Diese Regelung greift ohnehin ein, wenn es sich bei der Baubeschreibung um eine **Allgemeine Geschäftsbedingung** handelt (§ 650j Rn 37 ff), sodass es eines Rückgriffs auf § 650k Abs 2 S 2 BGB in diesem Fall nicht bedarf. Sofern es sich bei der Baubeschreibung nicht um eine Allgemeine Geschäftsbedingung, sondern um eine Individualvereinbarung handeln sollte, entfaltet § 650k Abs 2 S 2 BGB die ansonsten von § 305c Abs 2 BGB ausgeübte **kompensatorische Funktion** (wohl auch ibrOK-BauVertrR/STRETZ [22. 4. 2024] § 650k Rn 12). 4

3. Verbindliche Zeitangaben des Vertrages (§ 650k Abs 3 BGB)

Speziell geregelt sind die **verbindlichen Angaben zum Zeitpunkt der Fertigstellung des Bauwerks bzw zur Bauausführungsdauer**. Diese sind bereits **Gegenstand der Baubeschreibung** nach **Art 249 § 2 Abs 3 EGBGB**. Durch § 650k Abs 3 BGB werden sie darüber hinaus auch zum **Gegenstand des Verbraucherbauvertrages**. Es wäre allerdings **zu weitgehend,** daraus zu schließen, dass der Gesetzgeber dadurch diese Angaben beim Verbraucherbauvertrag zu den **essentialia negotii** erhoben hätte (GRÜNEBERG/RETZLAFF § 650k Rn 2). Für den Fall, dass diese Angaben fehlen, wird in § 650k Abs 3 S 2 BGB angeordnet, dass die so entstehende Vertragslücke durch Angaben in der vorvertraglich zur Verfügung zu stellenden Baubeschreibung zu schließen sind. Systematisch wäre angebracht, die Regelung des § 650k Abs 3 BGB vielmehr beim Verbraucherbauvertrag in § 650i BGB zu verorten. Dieser **kompensatorische Effekt der Baubeschreibung** erscheint aus mehreren Gesichtspunkten problematisch. Zu klären sind diesbzgl mehrere Fallvariationen. Wie ist zu verfahren, wenn: 5

a) der Vertrag Zeitangaben enthält, jedoch nicht die Baubeschreibung

b) die Baubeschreibung Zeitangaben enthält, jedoch nicht der Vertrag

c) weder der Vertrag noch die Baubeschreibung Zeitangaben enthalten

d) sowohl der Vertrag als auch die Baubeschreibung Zeitangaben enthalten, diese aber unterschiedlich sind? (s zu diesen Fallgruppen Rn 35)

Die verbindlichen Angaben zum Fertigstellungszeitpunkt bzw zur Baudauer determinieren die **Rechtzeitigkeit der Leistung** und lösen im Falle der Leistungsverzögerungen die entsprechenden Rechtsfolgen aus dem allgemeinen Schuldrecht aus. Der Besteller kann **Schadensersatzansprüche nach §§ 280 Abs 1, 2, 286 BGB** geltend machen oder (ausnahmsweise) das **Rücktrittsrecht nach §§ 346, 323 BGB** ausüben. Bei Bauleistungen des Unternehmers handelt es sich **nicht** um **absolute**, sondern um **relative Fixschulden**. Die Möglichkeit der Rückabwicklung schließt der Gesetzgeber im Falle der bereits erbrachten **Teilleistung nach § 323 Abs 5 BGB** mit dem Argument aus, dass beide Parteien in diesem Fall regelmäßig nicht mehr an der Rückabwicklung des Vertrages interessiert sind (BT-Drucks 18/8486, 63). Vielmehr soll dem Verbraucher in diesem Fall ein **Kündigungsrecht aus wichtigem Grund nach § 648a Abs 1 BGB** zustehen. 6

II. Transformation der Baubeschreibung zum Vertragsinhalt (§ 650k Abs 1 BGB)

1. Transformative Wirkung und ihre Reichweite

7 Die Baubeschreibung mit den Angaben nach § 650j BGB iVm Art 249 § 2 EGBGB ist als eine **vorvertragliche Aufklärungspflicht** ausgestaltet (§ 650j Rn 6). Sie muss vor der Vertragserklärung dem Verbraucher in Textform zur Verfügung gestellt werden (bzgl des Zeitpunktes der Baubeschreibungsvorlage, § 650j Rn 11 ff). Die **Aufklärungspflicht entfällt**, wenn der Verbraucher bzw der von ihm beauftragte, sachverständige Dritte die wesentlichen Planungsvorgaben selbst macht (§ 650j HS 2 BGB). Mit dem Abschluss des Vertrages wird nach § 650k Abs 1 BGB die Baubeschreibung zum Inhalt des Vertrages. Die vorvertraglichen Informationen **wandeln sich daher zum vertraglichen Leistungsprogramm** (BeckOK-BGB/Voit [1. 2. 2024] § 650k Rn 1; **aA** Omlor NJW 2018, 817, 819 f). Man kann von einer **transformativen Wirkung der Baubeschreibung** sprechen (§ 650j Rn 8, 10; Soergel/Glöckner § 650k Rn 3). Kommt es zu Verstößen gegen die Baubeschreibung, wird es daher in der Regel nicht um Rechte des Bestellers wegen einer mangelhaften Baubeschreibung, sondern um **Rechte des Bestellers wegen der mangelhaften Leistungserbringung** gehen (§ 650j Rn 58). Vorstellbar sind freilich auch Schadensersatzansprüche im vorvertraglichen Stadium, die sich nach §§ 280 Abs 1, 241 Abs 2, 311 Abs 2 BGB beurteilen. In seltenen Fällen können Baubeschreibungspflichtverletzungen zum Ersatz des Schadens in der Weise führen, als ob der Vertrag nicht geschlossen worden wäre (§ 650j Rn 59). Im letzteren Fall wäre der Vertrag rückabzuwickeln.

8 Die transformative Wirkung der Baubeschreibung erfasst nach § 650k Abs 1 BGB **nur die Angaben „in Bezug auf die Bauausführung"** (wohl **aA** BeckOGK/Merkle [1. 1. 2025] § 650k Rn 4: „Durch Einführung des Abs 1 wird eindeutig geregelt, dass der gesamte Inhalt der Baubeschreibung und damit die in ihr beschriebenen Bauleistungen verbindlicher Vertragsinhalt sind"). Diese Angaben müssen zu **Angaben zum Zeitpunkt der Fertigstellung des Werks bzw zur Baudauer** nach Art 249 § 2 Abs 2 EGBGB abgegrenzt werden (BeckOK-BGB/Voit [1. 2. 2024] § 650k Rn 2; NK-WerkBauVertrR/Polkowski § 650k Rn 3; ibrOK-BauVertrR/Stretz [22. 4. 2024] § 650k Rn 2, 18; keine Abgrenzung dagegen bei Leinemann/Kues/Abu Saris § 650k Rn 4). Die Letzteren erfahren eine eigenständige Regelung und müssen gem § 650k Abs 3 S 1 BGB in den Verbraucherbauvertrag Eingang finden. Nur für den Fall, dass sie im Vertrag fehlen, wird gem § 650k Abs 3 S 2 BGB auf die Baubeschreibung abgestellt. Der Regelung des § 650k Abs 3 S 2 BGB hätte es ihrerseits nicht bedurft, wenn die Zeitangaben aus der Baubeschreibung ohnehin Eingang in den Vertrag nach § 650k Abs 1 BGB gefunden hätten.

9 § 650k Abs 1 BGB hat der Gesetzgeber ausdrücklich dem **Art 6 Abs 5 VRRL** und ihrer deutschen Umsetzung in **§ 312d Abs 1 S 2 BGB** nachempfunden. Wie bei § 312a Abs 1 S 2 BGB ist erforderlich, dass der Verbraucher über die vorvertraglich zur Verfügung gestellten Informationen **Kenntnis erlangen kann**. Nicht notwendig ist, dass er auch tatsächlich von ihnen Kenntnis hatte (BeckOGK/Busch [1. 7. 2023] § 312d Rn 7).

10 **Umstritten** ist, ob die Baubeschreibung nach § 650j BGB auch **überobligatorische Angaben** enthalten muss. Gemeint sind jene Angaben, die zwar nach der enumerativen Aufzählung in Art 249 § 2 Abs 1 S 2 EGBGB nicht ausdrücklich genannt sind **und**

die nicht zum Leistungsprogramm des Unternehmers gehören, die jedoch für den Verbraucher Risiken und Unwägbarkeiten mit sich bringen. Beispielhaft wird etwa das **Baugrundrisiko** angeführt (offenlassend, BeckOGK/Merkle [1. 1. 2025] § 650j Rn 15). Nach der **hier vertretenen Auffassung** (§ 650j Rn 35 f), kann sich die Aufnahme dieser Angaben allenfalls aus der **Hinweispflicht** des Bauunternehmers und aus dem **Grundsatz von Treu und Glauben nach § 242 BGB** ergeben (ebenso BeckOK-BGB/Voit [1. 2. 2024] § 650j Rn 2).

Im Hinblick auf die transformative Wirkung der Baubeschreibung stellt sich insgesamt die Frage, ob die **überobligatorischen Angaben oder sonstige zusätzliche Informationen**, die den Angaben nach Art 249 § 2 EGBGB nicht unterfallen, nach § 650k Abs 1 BGB zum Inhalt des Vertrages werden, wenn sie **in das Baubeschreibungsdokument implementiert wurden**. Konkret ist demnach zu fragen, ob die Einbeziehungswirkung sich nur auf die konkreten Angaben in Art 249 § 2 EGBGB beschränkt oder das gesamte als „Baubeschreibung" betitelte Dokument umfasst. Von der Klärung dieser Frage wird nämlich auch das Ergebnis der Frage abhängen, **in welcher Form** von der transformativen Wirkung abgewichen werden kann (vgl § 650k Abs 1 **HS 2** BGB). Die **besseren Gründe** sprechen dafür, die transformative Wirkung nach § 650k Abs 1 BGB nur **auf die Angaben in Art 249 § 2 EGBGB zu beschränken** (auch Grüneberg/Retzlaff § 650k Rn 29). Die **Begrenzung der Einbeziehungswirkung** ist bereits im Wortlaut des § 650k Abs 1 BGB enthalten, nach dem nicht die gesamte Baubeschreibung, sondern nur die Baubeschreibungsinformationen „in Bezug auf die Bauausführung" Inhalt des Vertrages werden. Auch die Orientierungsvorschrift in § 312d Abs 1 S 2 BGB wird im Hinblick auf ihre Einbeziehungswirkung **einschränkend ausgelegt** (vgl BeckOK-BGB/Martens [1. 11. 2024] § 312d Rn 10). Die gesetzlich angeordnete Transformation der Baubeschreibungsangaben stellt eine Ausnahme von der allgemeinen Rechtsgeschäftslehre dar und berührt insofern die Inhalts- und Vertragsfreiheit der Parteien. Informationen, die über Art 249 § 2 EGBGB hinausgehen, müssen daher grundsätzlich vertraglich vereinbart werden. Anderenfalls werden sie nicht Vertragsinhalt. Demnach können sie auch in **konkludenter Form** abbedungen werden. Das **Erfordernis** einer **ausdrücklichen Abbedingung nach § 650k Abs 1 HS 2 BGB gilt** für sie **daher nicht**. 11

Mitunter wird es im vorvertraglichen Stadium zur **Stellung mehrerer Baubeschreibungen** kommen. Grundsätzlich dürfte nach dem üblichen Verlauf der Vertragsverhandlungen die **zuletzt gestellte Baubeschreibung** dem Willen der Parteien entsprechen (BeckOK-BGB/Voit [1. 2. 2024] § 650k Rn 4; BeckOGK/Merkle [1. 1. 2025] § 650k Rn 6). Insoweit gilt der **Grundsatz der zuletzt gestellten Baubeschreibung**. Dieser Zustand ist jedoch nicht in Stein gemeißelt. Maßgebend bleibt der **korrespondierende Wille der Parteien**, der sich auf eine andere Version der Baubeschreibung beziehen kann (BeckOK-BGB/Voit [1. 2. 2024] § 650k Rn 5; in diese Richtung auch BeckOGK/Merkle [1. 1. 2025] § 650k Rn 6). Das vorvertragliche Stadium muss daher minutiös ausgelegt werden. 12

Problematisch erscheint zudem, wenn die Baubeschreibung dem Verbraucher **nicht** in der für sie vorgesehenen **Textform nach § 126b BGB oder die Baubeschreibung zu spät** zur Verfügung gestellt wird. Die Rechtsfolge des § 125 S 1 BGB kann in diesem Stadium nicht eintreten, da die Baubeschreibung ihrer Rechtsnatur nach noch nicht rechtsgeschäftlich eingekleidet ist. Dies geschieht erst mit dem Vertragsschluss. Im Sinne der mit der Baubeschreibung verfolgten teleologischen Überlegungen (Funk- 13 tionen der Baubeschreibungspflicht, § 650j Rn 2 ff) muss die **transformative Wirkung der Baubeschreibung** auch für den Fall eintreten, **wenn diese an einem Formmangel leidet oder zu spät gestellt wurde**. Dies gilt im Sinne des Verbraucherschutzes jedoch dann nicht, wenn die Baubeschreibung für den Verbraucher nachteilig ist – **Günstigkeitskontrolle** (so auch Soergel/Glöckner § 650k Rn 8 ff) Eine gegenteilige Sicht würde ein Verbraucherschutzgefälle verursachen und den Unternehmer zum Missbrauch animieren.

2. Ausdrücklicher Transformationsausschluss (§ 650k Abs 1 HS 2 BGB)

14 Die Parteien haben es in der Hand, die **transformative Wirkung der Baubeschreibung** auszuschließen **oder** im Zeitraum zwischen der Baubeschreibungsvorlage und Vertragsschluss **andere individuelle Abweichungsvereinbarungen zu treffen** (anderes Verständnis bei Soergel/Glöckner § 650k Rn 15 f, wonach kein Ausschluss der Transformationswirkung, sondern nur eine Vereinbarung individueller Abweichungen möglich sei). Erforderlich dafür ist ein **ausdrücklicher Transformationsausschluss**. Es sei darauf hingewiesen, dass die Frage der Ausdrücklichkeit nicht die Form (Textform), sondern den **Inhalt der Vereinbarung** betrifft (in diesem Sinne auch BeckOK-BGB/Voit [1. 2. 2024] § 650k Rn 7; BeckOGK/Merkle [1. 1. 2025] § 650k Rn 10; ibrOK-BauVertrR/Stretz [22. 4. 2024] § 650k Rn 4). Ausdrücklich ist eine Vereinbarung dann, wenn sie **der Auslegung nicht zugänglich** ist, also ihr **Inhalt zweifelsfrei** feststeht. **Nicht zulässig** ist demnach ein **konkludenter Transformationsausschluss**. Bleibt der Vertrag hinter dem zurück, was üblicherweise nach den Komfort- und Qualitätsstandards der vergleichbaren Bauwerke erwartet werden kann, muss dies dem Verbraucher klar und deutlich gemacht werden. Ein ausdrücklicher Ausschluss kann im Vorfeld des Vertragsschlusses zwar **auch mündlich** erfolgen (BeckOGK/Merkle [1. 1. 2025] § 650k Rn 10; Leinemann/Kues/Abu Saris § 650k Rn 8). Aufgrund der **Beweislastumkehr („es sei denn")** unterliegt jedoch der Unternehmer der Darlegungs- und Beweislast. Kann der Unternehmer diesen Beweis nicht erbringen, wird **widerleglich vermutet**, dass keine ausdrückliche Abbedingung der transformativen Wirkung besteht.

15 **Überobligatorische oder zusätzliche Informationen**, die in das Baubeschreibungsdokument implementiert wurden, sind von der transformativen Wirkung nach § 650k Abs 1 HS 1 BGB nicht erfasst (Rn 10). Folglich können sie auch **konkludent** abbedungen werden. Ihre konkludente Abbedingung kann **formfrei**, demnach auch mündlich erfolgen.

16 Zu leicht wäre es dem Unternehmer gemacht, wenn der Transformationsausschluss durch die **Vereinbarung einer solchen Klausel** möglich wäre, nach der zum Leistungsprogramm des Unternehmers **nur** jene Verpflichtungen zählen sollen, die auch im Verbraucherbauvertrag vereinbart werden, wenn also die vertragliche Geltung von einem dezidierten Eingang von Vereinbarungen in den Vertrag abhängig gemacht wird. Eine solche Vereinbarung muss als eine „anderweitige Gestaltung" nach § 650o BGB qualifiziert werden. **Sie ist unwirksam.**

III. Unvollständige oder unklare Baubeschreibung (§ 650k Abs 2 BGB)

1. Defizitäre oder fehlende Baubeschreibung

§ 650k Abs 2 BGB regelt die Folgen einer defizitären Baubeschreibung. Nach § 650k Abs 2 S 1 BGB soll der Vertrag im Falle entstehender Vertragslücken durch ergänzende Vertragsauslegung geschlossen werden. Der Gesetzgeber verfolgt damit das Ziel, den Vertrag möglichst aufrechtzuerhalten (BT-Drucks 18/8486, 62) – Aufrechterhaltungsfunktion. 17

a) Unvollständige oder unklare Baubeschreibung

Als Ursachen einer defizitären Baubeschreibung werden die **Unvollständigkeit bzw die Unklarheit der Baubeschreibung** angenommen. Die Begriffe sind selbsterklärend. Unvollständig ist eine Baubeschreibung dann, wenn **eine der wesentlichen Eigenschaften nach Art 249 § 2 Abs 1 EGBGB** fehlt. Das ist dann anzunehmen, wenn eine der obligatorischen, in Art 249 § 2 Abs 1 S 2 Nr 1–9 EGBGB enumerativ aufgezählten Angaben fehlt. Die wesentlichen Eigenschaften sind aber **auch dann unvollständig**, wenn zwar alle Angaben nach Art 249 § 2 Abs 1 S 2 Nr 1–9 EGBGB enthalten sind, aber im Hinblick auf das spezifische Bauwerk noch weitere Eigenschaften als wesentlich angesehen werden müssen. Der **Auffangstatbestand in Art 249 § 2 Abs 1 S 1 EGBGB** erfordert die Aufnahme auch dieser wesentlichen Baubeschreibungsangaben (§ 650j Rn 17 ff). **Nicht** zu den wesentlichen Eigenschaften des Bauwerks gehören nach überwiegender Auffassung **Angaben zum Preis bzw zur Aufschlüsselung der Vergütung** (§ 650j Rn 19). In Anbetracht der Bedeutung des Preises für die Parteien sowie der teilweisen Ausrichtung der Baubeschreibung an den Vorgaben von Art 246 EGBGB (§ 650j Rn 17) bietet sich eine **analoge Anwendung von Art 246 Abs 1 Nr 3 BGB** an. **De lege ferenda** sollte die **Preisangabe in einem gesonderten Absatz 3 des Art 249 § 2 EGBGB** implementiert werden. 18

Nach Art 249 § 2 Abs 2 EGBGB gehören auch **Angaben zum Fertigstellungszeitpunkt bzw zur Baudauer** in die Baubeschreibung. Fehlen diese Angaben, so ist die Baubeschreibung nach § 650k **Abs 2 S 1** BGB unvollständig und muss entsprechend dieser Regelung ausgelegt werden (Grüneberg/Retzlaff § 650k Rn 4; **aA** Soergel/Glöckner § 650k Rn 28). § 650k **Abs 3** BGB regelt einen anderen Fall, und zwar jenen, bei dem zwar die Baubeschreibung Angaben zum Fertigstellungszeitpunkt bzw zur Baudauer enthält, jedoch nicht der Verbraucherbauvertrag. Es geht daher um Defizite des Vertrages. Wie der Fall widersprüchlicher Zeitangaben sowie der Fall, bei dem sowohl die Baubeschreibung als auch der Vertrag keine Zeitangaben enthalten, zu lösen sind, siehe Rn 35 ff. 19

Unklar ist die Baubeschreibung dann, wenn die Baubeschreibung solche Angaben enthält, die auch nach ihrer Überprüfung **keine eindeutigen Rückschlüsse** auf die vom Unternehmer geschuldeten Leistungen erlauben. Erforderlich ist, dass mindestens zwei Auslegungsalternativen möglich sind (Grüneberg/Retzlaff § 650k Rn 5; Langen/Berger/Dauner-Lieb/Rückert § 650k Rn 18). Es geht auch um **vage, unbestimmte, offenbleibende oder ungewisse Angaben**. Auch widersprüchliche Angaben müssen den unklaren Angaben gleichgestellt werden (BeckOK-BGB/Voit [1. 2. 2024] § 650k Rn 9). Die **Abgrenzung** zwischen unklaren und unverständlichen Angaben kann sich mitunter als kompliziert erweisen. Dabei ist diese Abgrenzung erforderlich, so der Gesetz- 20 geber doch ausdrücklich das Verständlichkeitsgebot bei Baubeschreibungen aufgegeben hat.

b) Unverständliche Angaben?

21 Das **Verständlichkeitsgebot** hat der Gesetzgeber bei der Baubeschreibung **ausdrücklich aufgegeben**. Diese Aufgabe begründete er mit den „teilweise komplexen technischen Informationen, die etwa zur Beschreibung der Wärmedämmung oder der technischen Ausstattung eines Bauvorhabens erforderlich sind" (BT-Drucks 18/8486, 74). Vielmehr verwies der Gesetzgeber den Verbraucher bei der Überprüfung der Baubeschreibung auf die Beauftragung eines Sachverständigen. Diese Lösung erscheint vor dem Hintergrund des **Umfangs und der Bedeutung** der mit einem Verbraucherbauvertrag einhergehenden wirtschaftlichen Dispositionen **sinnvoll**. Der Verbraucher soll, so er doch meistens **nur einmal im Leben** einen Verbraucherbauvertrag abschließen dürfte, dazu animiert werden, sich der Expertise sachverständiger Dritter zu bedienen, auch wenn die Letzteren zusätzliche finanzielle Aufwendungen mit sich bringen. Insoweit statuiert Art 249 § 2 Abs 1 S 1 EGBGB **kein Transparenzgebot für den Verbraucher nach dem Muster von § 307 Abs 1 S 2 BGB** (jurisPK-BGB/Segger-Piening § 650j Rn 26).

22 Da die Baubeschreibung indes oft eine Allgemeine Geschäftsbedingung darstellt, ergeben sich **Implikationen mit dem Transparenzgebot nach § 307 Abs 1 S 2 BGB**. Bei diesem muss auf den **Verständlichkeitshorizont des durchschnittlichen Verbrauchers** abgestellt werden. Dadurch würde das Verständlichkeitsgebot wiederbelebt werden. Zwar wird die Baubeschreibung aufgrund des § 307 Abs 3 S 1 BGB oft der materiellen AGB-Kontrolle entzogen sein (vgl § 650j Rn 40). Weiterhin ist sie freilich nach § 307 Abs 3 S 2 BGB dem Transparenzgebot unterstellt (vgl § 650j Rn 41 ff; Matkovic, Die Baubeschreibungspflicht des Unternehmers im neuen Verbraucherbauvertrag [Diss Baden-Baden 2021] 17 ff; BeckOK-BGB/Voit [1. 2. 2024] § 650k Rn 1; Stretz BauR 2022, 554, 555). **Eine nationale Abweichung vom Transparenzgebot ist aufgrund der mindestharmonisierten Klauselrichtlinie unzulässig** (§ 650j Rn 41; einen Ausschluss des Verständlichkeitsgebots für nicht europarechtswidrig einstufend, Matkovic, 10. Deutscher Baugerichtstag, Thesen der Arbeitskreise I bis XII, Arbeitskreis XII, Verbraucherbaurecht, 75, 76 in der Annahme einer „bindenden Rechtsvorschrift"; auf diesen Vorschlag hin, wurde dem Gesetzgeber zur legislativen Klarstellung eine Änderung in Art 249 EGBGB empfohlen, https://baugerichtstag.de/wp-content/uploads/2023/05/Empfehlungen_9.pdf). Das Problem ist stattdessen durch eine **Eingrenzung des Verständlichkeitsgebots auf die möglichen Angaben und die erforderliche, am Verständnishorizont des Verbrauchers orientierte Simplifizierung der Baubeschreibung** zu lösen (dazu § 650j Rn 42 ff, 21; für die Aufgabe des Verständlichkeitsgebots dagegen Pfennig RNotZ 2018, 585, 593 ff). Außerdem muss im Einzelfall geprüft werden, ob aus den unverständlichen Angaben auch eine **unangemessene Benachteiligung** entsteht. Bei § 307 Abs 1 S 2 BGB handelt es sich um eine **Kann-Vorschrift** (§ 650j Rn 45).

23 Soweit die Baubeschreibung als Allgemeine Geschäftsbedingung unverständlich ist und den Verbraucher unangemessen benachteiligt, ist sie unwirksam. Dadurch entsteht eine Vertragslücke. Diese Vertragslücke führt nach § 306 Abs 1 BGB dazu, dass der Vertrag in Abkehr zu § 139 BGB grundsätzlich wirksam bleibt und lediglich in den seltenen Fällen der unzumutbaren Härte nach § 306 Abs 3 BGB zu Fall gebracht wird. Die Lücke wird **gem § 306 Abs 2 BGB** durch die **gesetzlichen Vorschriften** geschlossen (in der Sache auch ibrOK-BauVertrR/Stretz [22. 4. 2024] § 650k Rn 8). Insoweit

richtet sich die Lückenfüllung zunächst nach dem **dispositiven Recht (Vorrang dispositiver Rechtsnormen)**. Demgegenüber richtet sich die Lückenschließeng gem § 650k Abs 2 S 1 BGB nach den vertragsbegleitenden Umständen, insbesondere nach den in der Baubeschreibung im Übrigen aufgestellten Standards. In der Sache wird man sowohl bei § 306 Abs 2 BGB als auch bei § 650k Abs 2 S 1 BGB in der Regel dennoch zu denselben Auslegungsergebnissen gelangen. Dies ist dadurch begründet, dass es im Hinblick auf die Leistungsstandards **am dispositiven Recht regelmäßig fehlt**. Die vom Unternehmer geschuldeten Leistungen unterliegen nämlich einer weitgehenden inhaltlichen Gestaltungsfreiheit der Parteien und sind **grundsätzlich keinen gesetzlichen Beschränkungen** unterworfen. Nicht zuletzt deshalb sind Leistungsbeschreibungen der materiellen Inhaltskontrolle gem § 307 Abs 3 S 1 BGB regelmäßig entzogen. Fehlt es am dispositiven Recht, so wird auch im AGB-Recht die Lücke durch die **ergänzende Vertragsauslegung nach §§ 133, 157 BGB** geschlossen (BeckOGK/Bonin [1. 10. 2024] § 306 Rn 58 ff). Eine solche Lückenschließung verstößt nach Auffassung des BGH (BGH 23. 1. 2013 – VIII ZR 305/11, BeckRS 2013, 2807) nicht gegen die Klauselrichtlinie und wird von diesem anerkannt. Diese Rechtsprechung hat auch das BVerfG (BVerfG 7. 11. 2017 – 2 BvR 1131/16, NVwZ-RR 2018, 169) ausdrücklich gebilligt. Ausgelegt wird demnach danach, was die Parteien vereinbart hätten, wenn sie von der Vertragslücke zum Zeitpunkt des Vertragsschlusses gewusst hätten. Insoweit werden die **vertragsbegleitenden Umstände**, insbes die in der Baubeschreibung aufgestellten Standards, maßgebend. Man wird regelmäßig davon ausgehen können, dass die Parteien insgesamt ein Qualitätsniveau etablieren wollen, das dem der in der Baubeschreibung im Übrigen enthaltenen Leistungen entspricht. Auf diesem Wege wird bei unvollständigen und unklaren Baubeschreibungsangaben auf der einen Seite und den unverständlichen Angaben auf der anderen Seite eine **Parallelisierung** erreicht. Zweifel bei der Auslegung müssen in beiden Fällen – entweder nach § 650k Abs 2 S 2 BGB oder nach dem dafür ohnehin vorbildgebenden **§ 305c Abs 2 BGB** – zu Lasten des Verwenders gehen.

c) Fehlende Baubeschreibung?

Umstritten ist, wie der Fall der vollkommen fehlenden Baubeschreibung zu beurteilen ist. Vorgeschlagen wird eine **analoge Anwendung des § 650k Abs 2 BGB**. **Andere lehnen die analoge Anwendung** aufgrund einer **absichtlichen Lücke** und ggf nicht vergleichbarer Interessenlage ab und verweisen auf die **ausdrückliche Begründung des Gesetzgebers** (BeckOGK/Merkle [1. 1. 2025] § 650k Rn 24 f; Grüneberg/Retzlaff § 650k Rn 40 f). Der Gesetzgeber hielt tatsächlich eine spezielle Regelung für den Fall des vollständigen Fehlens einer Baubeschreibung für nicht erforderlich, da dafür die allgemeinen Schadensersatzregelungen nach §§ 311 Abs 2, 280 Abs 1 BGB ausreichend seien, sofern es in einem solchen Fall überhaupt zu einem wirksamen Vertragsschluss komme (BT-Drucks 18/8486, 62 f). Insoweit scheint die Befürwortung der analogen Anwendung contra legem. 24

Dieser Sichtweise müssen **gewichtige Argumente** entgegengehalten werden (offen BeckOK-BGB/Voit [1. 2. 2024] § 650k Rn 6). Die Annahme des Gesetzgebers, dass im Falle der fehlenden Baubeschreibung es oft oder manchmal nicht zu einem wirksamen Vertragsschluss komme, dürfte nicht zutreffend sein (iE ebenso KompBauR/Jurgeleit [5. Aufl 2020] Teil 2 Rn 75). Denn zu den **essentialia negotii** eines Verbraucherbauvertrages, ebenso zu den eines Bau- oder Werkvertrages, zählen grundsätzlich (1) die Vertragsparteien, hier indes in Person eines Unternehmers und Verbrauchers, (2) sowie 25 das Werk, hier der Bau eines neuen Gebäudes oder die Vornahme von erheblichen Umbaumaßnahmen. Eine Vergütungsvereinbarung muss angesichts der auch für Verbraucherbauverträge geltenden Vorschrift des § 632 BGB nicht getroffen werden. Zu den **Bestimmtheitsanforderungen** des Bauwerks werden daher die **wesentlichen Eigenschaften nach § 2 Abs 1 S 1 Art 249 EGBGB** zählen, freilich nur solche, die nach der normativen, im Einzelfall zugrunde zulegenden Betrachtung, die Höhe des allgemeinen Werkvertrages (§ 631 BGB) und des Bauvertrages (§ 650a BGB) überschreiten und die Höhe des Verbraucherbauvertrages (§ 650i BGB) erreichen. Tendenziell sind **dafür** lediglich die **Angaben nach Nr 1 und Nr 2 des Art 249 § 2 Abs 1 S 2 EGBGB erforderlich.**

26 Aus **teleologischer Sicht** führt die Gegenauffassung dazu, dass der Bauunternehmer die verbraucherschützenden Vorschriften umgehen könnte, indem er gar keine Baubeschreibung zur Verfügung stellt. Die Verweisung des Verbrauchers auf die lediglich das negative Interesse schützenden Nebenpflichten gem § 241 Abs 2 BGB hilft ihm im Zweifel nicht weiter. Aufgefangen werden kann das Problem durch die **Zusicherung eines Erfüllungsanspruchs auf die Stellung der Baubeschreibung**, sofern es zu einem wirksamen Abschluss des Verbraucherbauvertrages gekommen ist. Dafür plädiert der Verf. Die inhaltlichen Vorgaben einer solchen, im vertraglichen Stadium zu stellenden Baubeschreibung müssten sich nach denselben Anforderungen richten, wie im Falle einer unvollständigen oder unklaren Baubeschreibung. **Maßgebend** muss **damit erst recht § 650k Abs 2 BGB** sein.

2. Auslegung nach den vertragsbegleitenden Umständen (§ 650k Abs 2 S 1 BGB)

27 Die durch unvollständige oder unklare Baubeschreibung entstandenen Lücken werden gem § 650k Abs 2 S 1 BGB unter Berücksichtigung **sämtlicher vertragsbegleitenden Umstände** geschlossen. Zu den vertragsbegleitenden Umständen zählt der Gesetzgeber die **Komfort- und Qualitätsstandards**, die in der Leistungsbeschreibung im Übrigen enthalten sind. Es gilt daher der **Grundsatz der normativen Gleichwertigkeit** der Vertragslücken. Nach der ausdrücklichen Gesetzesbegründung soll der Verbraucher sich **nicht mit einer geringeren Qualität begnügen müssen** oder sogar zu einer Kündigung gedrängt werden, weil der Unternehmer die **dem übrigen Niveau entsprechenden Leistungen** verweigert (BT-Drucks 18/8486, 62). Zu den vertragsbegleitenden Umständen zählen nach dem Gesetzgeber beispielhaft: **(1) erläuternde oder konkretisierende Erklärungen der Vertragsparteien, (2) die konkreten Verhältnisse des Bauwerks und seines Umfelds, (3)** der **qualitative Zuschnitt** sowie **(4) der architektonische Anspruch und (5) die Zweckbestimmung des Bauwerks** (BT-Drucks 18/8486, 62). Diese Kriterien hat er der **Rechtsprechung des VII. Zivilsenats** entlehnt (insbes BGH 21. 11. 2013 – VII ZR 275/12, NJW 2014, 620 Rn 11; BGH 4. 6. 2009 – VII ZR 54/07, NJW 2009, 2439, 2440; BGH 14. 6. 2007 – VII ZR 45/06, NJW 2007, 2983, 2984) auf die der Gesetzgeber auch ausdrücklich verweist (BT-Drucks 18/8486, 62). Die **Entscheidung des BGH aus dem Jahr 1993** kennzeichnet den Anfang dieser Rechtsprechung, in der der BGH paradigmatisch etwa ausführte, dass bestimmte Vorgaben „im Zusammenhang eines Industriebaues anders zu verstehen [seien] als bei einem Repräsentativgebäude“, oder „die zu erwartenden Anforderungen an die ästhetische Gestaltung …bei einem schlichten Bürogebäude anders zu sehen [seien] als bei einem Repräsentativbau“ (BGH 22. 4. 1993 – VII ZR 118/92, NJW-RR 1993, 1109, 1110). Darüber hinaus zählen zu den vertragsbegleitenden Umständen auch **Prospektangaben, Exposés** oder sonstige Umstände, wie

etwa die **Aussagen der Vertriebsvertreter** (NK-WerkBauVertrR/POLKOWSKI § 650k Rn 6; jurisPK-BGB/SEGGER-PIENING § 650k Rn 23; BeckOK-BauVertrR/LANGJAHR § 650k Rn 6; MESSERSCHMIDT/VOIT/LENKEIT § 650k Rn 21).

Was der Gesetzgeber mit dieser beispielhaften Aufzählung zum Ausdruck bringt, wird im Kaufrecht oder im allgemeinen Werkvertragsrecht **Beschaffenheit** genannt (jurisPK-BGB/SEGGER-PIENING § 650k Rn 7; SOERGEL/GLÖCKNER § 650k Rn 11). Vertragsbegleitende Umstände sind **einerseits subjektiv** auszulegen und betreffen die „Beschaffenheitsvereinbarung" (so auch jurisPK-BGB/SEGGER-PIENING § 650k Rn 45; SOERGEL/GLÖCKNER § 650k Rn 11). Insoweit genießen die erläuternden und konkretisierenden Erklärungen, der architektonische Anspruch und die dem Bauwerk zugewiesene Zwecksetzung ihren Niederschlag. Andererseits soll auf die **objektiven Umstände**, also etwa auf die konkreten Verhältnisse des Bauwerks und des Umfelds abgestellt werden. Hierdurch erfährt die Baubeschreibung eine **Objektivierung**. Bei den vertragsbegleitenden Umständen handelt es sich daher um einen **subjektiv-objektiven Leistungs- bzw Beschaffenheitsbegriff**, der seit kurzem etwa parallel im Kaufrecht (§ 434 BGB) den Sachmangelbegriff konstituiert. Dieser Begriff ist in der Weise ausgestaltet, dass zwischen den Parteien getroffenen **Vereinbarungen** bzw abgegebenen **Erklärungen Vorrang** zukommt. Dies beweist die Rechtsprechung des VII. Zivilsenats, an der sich die Auslegung richten soll (BGH 4. 6. 2009 – VII ZR 54/07, NJW 2009, 2439, 2440: „Welchen Schallschutz die Parteien…vereinbart haben, richtet sich in erster Linie nach der im Vertrag getroffenen Vereinbarung"). Maßgebend bleibt indes auch die **Gesamtabwägung aller Umstände** (BGH 4. 6. 2009 – VII ZR 54/07, NJW 2009, 2439, 2440). 28

Sofern keine besonderen Erklärungen im vorvertraglichen Stadium abgegeben wurden oder die Parteien nicht im Einzelnen über bestimmte Leistungsmerkmale verhandelt haben, dürfte die ergänzende Vertragsauslegung vor allem darauf hinauslaufen, dass der Komfort- und Qualitätsstandard aus den **technischen Regelwerken**, insbesondere **DIN-Normen oder VDI-Richtlinien** gelten soll. Prominent steht etwa der **Schallschutz nach der DIN 4109** oder nach der **VDI-Richtlinie 4100** (BGH 4. 6. 2009 – VII ZR 54/07, NJW 2009, 2439, 2440; BGH 14. 6. 2007 – VII ZR 45/06, NJW 2007, 2983, 2984; PAUSE BauR 2017, 430, 435). 29

3. Verbraucherfreundliche Auslegung nach § 650k Abs 2 S 2 BGB

Die Regelung des § 650k Abs 2 S 2 BGB knüpft ausdrücklich an den **Rechtsgedanken des § 305c Abs 2 BGB** an. Zweifel bei der Auslegung sollen zu Lasten des Unternehmers gehen. Für die Eröffnung des Anwendungsbereiches des § 650k Abs 2 S 2 BGB ist indes erforderlich, dass sich Zweifel im Hinblick auf **„die geschuldete Leistung"** ergeben. Damit sind nur die **leistungsbezogenen Auslegungszweifel** gemeint, um die es in der Baubeschreibung indes regelmäßig gehen dürfte. Zweifel bzgl anderer Angaben richten sich nach den allgemeinen Regelungen der §§ 133, 157 BGB. 30

IV. Fertigstellungszeitpunkt bzw Bauausführungsdauer (§ 650k Abs 3 BGB)

1. Rechtzeitigkeit der Leistung als Vertragsinhalt

Der Verbraucherbauvertrag muss nach § 650k Abs 3 S 1 BGB Angaben zum Fertigstellungszeitpunkt bzw der Bauausführungsdauer enthalten. Diese Voraussetzung 31 wird für die Baubeschreibung in Art 249 § 2 Abs 2 EGBGB gespiegelt. Diese Angaben determinieren die **Rechtzeitigkeit der Leistungserbringung** und lösen im Falle der Leistungsverzögerung die **üblichen schuldrechtlichen Rechtsfolgen zum Schuldnerverzug** aus. Dem Verbraucher stehen **Schadensersatzansprüche nach §§ 280 Abs 1, 2, 286 BGB** zu. Grundsätzlich ist auch ein **Rücktritt nach §§ 346 Abs 1, 323 BGB** möglich. Der Rücktritt kommt nicht in Betracht, sofern die entstandene Vertragslücke nach § 650k Abs 3 S 2 BGB geschlossen werden kann. Auch diesbzgl verfolgt der Gesetzgeber das Ziel, den **Vertrag möglichst aufrechtzuerhalten**, auch wenn die Rückabwicklung in Folge eines Rücktritts **nicht absolut ausgeschlossen** ist. Der Gesetzgeber geht im Zusammenhang der Rückabwicklung auf die Fallgestaltung ein, nach der der Unternehmer bereits eine **Teilleistung** erbracht hat, aber offensichtlich ist, dass das Fertigstellungsdatum nicht eingehalten wird. In diesem Fall soll das Rücktrittsrecht aufgrund der Regelung des § 323 Abs 5 BGB keine für den Bauvertrag geeignete Lösung abbilden. Vielmehr müsse angenommen werden, dass die Parteien iSv § 323 Abs 5 BGB an der Rückabwicklung **kein Interesse haben** (BT-Drucks 18/8486, 63). In solchen Fällen soll die **Kündigung aus wichtigem Grund gem § 648a BGB wegen ihrer ex-nunc-Wirkung** interessengerechter sein. Die Intentionen des Gesetzgebers sind verständlich und sinnvoll (BT-Drucks 18/8486, 63). Die Rückabwicklung soll erst dann zum Tragen kommen, wenn andere Instrumente versagt haben. Zum starken Instrument zählt diesbzgl die **Schließung der Lücke durch die ergänzende Vertragsauslegung**. Der Gesetzgeber ist in diesem Zusammenhang jedoch lückenhaft vorgegangen (dazu Rn 18), sodass de lege ferenda hierbei noch Handlungsbedarf besteht.

32 Die Zeitangaben nach § 650k Abs 1 S 1 BGB erfordern aufgrund ihrer Verbindlichkeit und aufgrund des nach § 650k Abs 2 BGB geltenden Klarheitsgebot grundsätzlich eine **kalendermäßige Bestimmung** nach Jahr, Monat und Tag oder jedenfalls ein klar bestimmbares Datum (BeckOGK/Merkle [1. 1. 2025] § 650k Rn 28; Leinemann/Kues/Abu Saris § 650k Rn 25). Das inhaltsgleiche Merkmal der „Fertigstellung des Werks" findet sich parallel in § 640 Abs 2 BGB wieder, für den dieselben Voraussetzungen gelten (Grüneberg/Retzlaff § 650k Rn 4). Eine **formularvertragliche Klausel**, in der lediglich **Ca-Angaben** über den anvisierten Fertigstellungszeitpunkt enthalten sind, ist nach § 307 Abs 2 BGB iVm § 650k Abs 3 S 1 BGB **unwirksam** (OLG Koblenz 9. 3. 2023 – 2 U 63/22, NJW-RR 2024, 77 Rn 24 f; Leinemann/Kues/Abu Saris § 650k Rn 25). Auch die **„voraussichtliche" Fertigstellung** ist unklar und damit unwirksam (NK-WerkBauVertrR/Polkowski § 650k Rn 3; Messerschmidt/Voit/Lenkeit § 650k Rn 29).

33 Bei den Angaben nach § 650k Abs 3 S 1 BGB handelt es sich regelmäßig **nicht um absolute Fixschulden**, die zur Unmöglichkeit (§ 275 BGB) mit allen daraus folgenden Konsequenzen führen. Vielmehr sind sie als **relative Fixschulden nach dem Muster von § 286 Abs 2 Nr 2 BGB** zu qualifizieren (Parallelvorschriften in §§ 323 Abs 2 Nr 2, 281 Abs 2 Alt 2 BGB). Im Falle der Leistungsverzögerungen bedarf es daher einer vorherigen Abmahnung seitens des Verbraucher-Bestellers nicht (BeckOGK/Merkle [1. 1. 2025] § 650k Rn 38). **Sie ist entbehrlich**. Zu den üblichen **Schadenspositionen** im Falle verzögerter Leistungserbringung zählen die Unterbringungskosten bzw die zusätzlichen Mietausgaben, die frustrierten Umzugskosten oder etwaige Darlehensverbindlichkeiten (etwa wegen eines späteren Darlehensabrufs). Angesichts des Umstandes, dass es sehr oft zu Bauverzögerungen kommt, verursacht die Beschreibungsverpflichtung nach Art 249 § 2 Abs 2 EGBGB **erhebliche finanzielle Risiken für den Bauunternehmer**. Andererseits sind diese Angaben für den Verbraucher von einer immensen Bedeutung. Er ist auf die verbindlichen Zeitangaben angewiesen, weil der Verbraucher regelmäßig das bestehende Mietverhältnis rechtzeitig kündigen muss, den Umzug organisieren sowie sonstige Vorbereitungen treffen muss. Insoweit sollen diese Angaben der **Planungsfunktion der Baubeschreibung** dienen (dazu § 650j Rn 5).

Durch die verbindliche Aufnahme der Rechtzeitigkeitsangaben im Vertrag (sowie auch in der Baubeschreibung) erhebt der Gesetzgeber diese nicht zu den wesentlichen Vertragsbestandteilen. Sie sind **keine essentialia negotii** (Grüneberg/Retzlaff § 650k Rn 2). Bei einem so weiten Wurf wäre ansonsten eine konkrete Gesetzesbegründung zu erwarten gewesen. Es ist keinerlei Intention des Gesetzgebers ersichtlich, durch besondere essentialia negotii die Grundsubstanz des Verbraucherbauvertrages als besonderen Werkvertrag zu ändern. Sofern die ergänzende Auslegung nach § 650k Abs 3 S 2 BGB versagen sollte, muss die Vertragslücke im Zweifel durch die **gesetzliche Regelung des § 271 BGB** geschlossen werden. Diese birgt für den Unternehmer eine sehr große Gefahr, da nach ihr der Unternehmer zur **sofortigen Leistungserbringung** verpflichtet wäre. 34

2. Konstellationen fehlender oder widersprüchlicher Zeitangaben

Mit der Schließung der Vertragslücke durch den Einsatz der Baubeschreibung nach § 650k Abs 3 S 2 BGB hat der Gesetzgeber eine bedeutende Lücke geschlossen. Die Problemvariationen gehen freilich darüber hinaus und müssen einerseits zueinander abgegrenzt und teilweise einer eigenen Lösung zugeführt werden. Es gilt zwischen folgenden Situationen zu unterscheiden: 35

a) die Baubeschreibung enthält Zeitangaben, jedoch nicht der Vertrag

b) der Vertrag enthält Zeitangaben, jedoch nicht die Baubeschreibung

c) weder der Vertrag noch die Baubeschreibung enthalten Zeitangaben

d) sowohl der Vertrag als auch die Baubeschreibung enthalten Zeitangaben, die jedoch unterschiedlich und insoweit widersprüchlich sind.

a) Zeitangaben in der Baubeschreibung, nicht im Vertrag

Die Situation eines hinsichtlich der Zeitangaben defizitären Vertrages, aber vollständiger Baubeschreibung, wird im **§ 650k Abs 3 S 2 BGB** geregelt. Danach werden die vorvertraglich in der Baubeschreibung übermittelten Angaben zum Zeitpunkt der Fertigstellung des Werks oder zur Dauer der Bauausführung Inhalt des Vertrages (Art 249 § 2 Abs 2 EGBGB). Es hätte sich angeboten, die so entstandene Vertragslücke **nicht immer und nicht absolut** durch die Angaben in der Baubeschreibung zu schließen. **Diese Regelung kann nämlich dem Parteiwillen widersprechen**. Einigen sich die Parteien im Zeitraum zwischen der Baubeschreibungsvorlage und dem Abschluss des Vertrages auf einen bestimmten Zeitpunkt, ohne dass dieser vertraglich vereinbart wird oder wenn dieser etwa der Textform nicht genügt, muss nach der Regelung des § 650k Abs 3 S 2 BGB stets auf die Baubeschreibung abgestellt werden. Vielmehr hätte sich auch hier eine **Zweifelsregelung** angeboten. De lege lata muss weiterhin auf die Baubeschreibung abgestellt werden. Sofern die Parteien den ver- 36 einbarten Fertigstellungszeitpunkt verbindlich festlegen wollen, müssen sie den Vertrag in der Textform nachträglich ändern.

b) Zeitangaben im Vertrag, jedoch nicht in der Baubeschreibung

37 Die genaue entgegengesetzte Situation wäre gegeben, wenn zwar der Vertrag, jedoch nicht die Baubeschreibung Angaben zum Fertigstellungszeitpunkt bzw zur Baudauer enthalten würde. Insoweit ist die Baubeschreibung aufgrund fehlender Angaben nach Art 249 § 2 Abs 2 EGBGB **gem § 650k Abs 2 S 1 BGB unvollständig**. In diesem Fall müsste nach § 650k Abs 2 S 1 BGB eine Auslegung der vertragsbegleitenden Umstände erfolgen (gegen den Einbezug von Zeitangaben in § 650k Abs 2 BGB Soergel/Glöckner § 650k Rn 28; für den Einbezug wie hier, Grüneberg/Retzlaff § 650k Rn 4, 57). Diese **erübrigt sich** freilich, da der Vertrag als **der eigentliche rechtsgeschäftliche Ausdruck des Parteiwillens** und als **Ausdruck der zuletzt getroffenen Entscheidung** maßgebend ist. Nichtdestotrotz sind Schadensersatzansprüche des Bestellers aufgrund der unvollständigen Baubeschreibung nach §§ 280 Abs 1, 241 Abs 2, 311 Abs 2 BGB möglich, wenn das Vorliegen der Voraussetzungen auch sehr unwahrscheinlich ist (§ 650j Rn 56).

c) Zeitangaben weder im Vertrag noch in der Baubeschreibung

38 Problembehaftet ist dagegen die Situation, wenn sowohl der Vertrag als auch die Baubeschreibung keine Angaben über den Fertigstellungszeitpunkt bzw über die Baudauer enthalten. Hier ist ein stufenweises Vorgehen angebracht. **(1)** Der Vertrag leidet an einer Lücke der Zeitangabe gem § 650k Abs 3 S 1 BGB. Grundsätzlich muss die Lücke gem § 650k Abs 3 S 2 BGB durch die Angaben aus der Baubeschreibung geschlossen werden. Nun leidet auch die Baubeschreibung an der Lücke hinsichtlich der nach Art 249 § 2 Abs 2 EGBGB erforderlichen Angaben. Damit ist die Baubeschreibung nach § 650k Abs 2 S 1 BGB unvollständig. **(2)** Die unvollständige Baubeschreibung muss nach § 650k Abs 2 S 1 BGB unter Berücksichtigung sämtlicher vertragsbegleitender Umstände ausgelegt werden, wobei Auslegungszweifel gem § 650 Abs 2 S 2 BGB zu Lasten des Unternehmers gehen. Der Gesetzgeber hatte zwar bei der Regelung des § 650k Abs 2 BGB vielmehr jene Baubeschreibungslücken im Sinn gehabt, die die Qualität der unternehmerischen Leistungen und nicht ihre Rechtzeitigkeit betreffen. Eine **Einschränkung nur auf die qualitätsbezogenen Aspekte der Leistung** ist jedoch **weder** im Wortlaut des § 650k Abs 2 BGB **noch** in der Gesetzesbegründung angelegt. Daher kommt die ergänzende Vertragsauslegung zum Tragen (iE auch Grüneberg/Retzlaff § 650k Rn 4; wohl **aA** BeckOGK/Merkle [1. 1. 2025] § 650k Rn 32, der die zweite Stufe des § 650k Abs 2 BGB unberücksichtigt lässt; ebenso NK-WerkBauVertrR/Polkowski § 650k Rn 4; KompBauR/Jurgeleit [5. Aufl 2020] Teil 2 Rn 88; Langen/Berger/Dauner-Lieb/Rückert § 650k Rn 35; Omlor NJW 2018, 817, 820; Reiter JA 2018, 241, 242). Im Vorfeld des Vertragsschlusses können die Parteien durchaus einen bestimmten Fertigstellungszeitpunkt anvisiert haben. Kann ein solcher Zeitpunkt identifiziert werden, ist dieser nach § 650k Abs 2 BGB maßgebend. **(3)** Ist ein solcher Zeitpunkt jedoch nicht zu erkennen, so muss als **letztes Mittel** die gesetzliche Regelung des § 271 BGB greifen. Auch diese erfordert zunächst die **Auslegung der Umstände des Einzelfalls**. Ergibt auch diese Auslegung keinen bestimmten Zeitpunkt, ist der Unternehmer **nach § 271 Abs 1 BGB zur sofortigen Leistungserbringung** verpflichtet. Es ergibt sich daher ein stufenweises Vorgehen:

(1) § 650k Abs 3 S 2 BGB

(2) § 650k Abs 2 BGB

(3) § 271 Abs 1 BGB.

d) Widersprüchliche Zeitangaben

Schließlich können die Baubeschreibung und der Verbraucherbauvertrag unterschiedliche Angaben zum Fertigstellungsdatum oder zur Bauausführungsdauer enthalten. Hierunter fällt auch der Fall, wenn der **Vertrag einen Fertigstellungszeitpunkt** enthält, **die Baubeschreibung dagegen Angaben zur Baudauer** (vgl BeckOK-BGB/Voit [1. 2. 2024] § 650k Rn 12). Grundsätzlich richtet sich die Rechtzeitigkeit der Leistungserbringung in diesem Fall nach der Angabe im Verbraucherbauvertrag. Der Vertrag ist **der eigentliche rechtsgeschäftliche Ausdruck des Parteiwillens** und stellt **den Ausdruck der zuletzt getroffenen Entscheidung** dar. Hierbei handelt es sich jedoch um einen nur im Grundsatz geltenden Vorrang. Steht dagegen fest, dass die Parteien tatsächlich die Zeitangabe aus der Baubeschreibung gewollt haben, muss der Vertrag zurücktreten. **Ein absoluter Vorrang der vertraglichen Regelung ist abzulehnen** (wohl **aA** BeckOGK/Merkle [1. 1. 2025] § 650k Rn 33; Leinemann/Kues/Abu Saris § 650k Rn 26). Demgegenüber dürfen die Voraussetzungen an der grundsätzlich vorrangigen Geltung des Vertrages nicht überspannt werden. Insoweit kann der teilweise in der Literatur vertretenen Auffassung, nach der die im Vertrag aufgenommene Zeitangabe nur dann gelten solle, sofern auf die entsprechende Abweichung zur Baubeschreibung hingewiesen wurde (so BeckOK-BGB/Voit [1. 2. 2024] § 650k Rn 12), nicht gefolgt werden. 39

§ 650l
Widerrufsrecht

Dem Verbraucher steht ein Widerrufsrecht gemäß § 355 zu, es sei denn, der Vertrag wurde notariell beurkundet. Der Unternehmer ist verpflichtet, den Verbraucher nach Maßgabe des Artikels 249 § 3 des Einführungsgesetzes zum Bürgerlichen Gesetzbuche über sein Widerrufsrecht zu belehren.

Art 249 EGBGB
§ 3 Widerrufsbelehrung

(1) Steht dem Verbraucher ein Widerrufsrecht nach § 650l Satz 1 des Bürgerlichen Gesetzbuchs zu, ist der Unternehmer verpflichtet, den Verbraucher vor Abgabe von dessen Vertragserklärung in Textform über sein Widerrufsrecht zu belehren. Die Widerrufsbelehrung muss deutlich gestaltet sein und dem Verbraucher seine wesentlichen Rechte in einer an das benutzte Kommunikationsmittel angepassten Weise deutlich machen. Sie muss Folgendes enthalten:

1. **einen Hinweis auf das Recht zum Widerruf,**

2. **einen Hinweis darauf, dass der Widerruf durch Erklärung gegenüber dem Unternehmer erfolgt und keiner Begründung bedarf,**

3. **den Namen, die ladungsfähige Anschrift und die Telefonnummer desjenigen, ge-**

genüber dem der Widerruf zu erklären ist, gegebenenfalls seine Telefaxnummer und E-Mail-Adresse,

4. einen Hinweis auf die Dauer und den Beginn der Widerrufsfrist sowie darauf, dass zur Fristwahrung die rechtzeitige Absendung der Widerrufserklärung genügt, und

5. einen Hinweis darauf, dass der Verbraucher dem Unternehmer Wertersatz nach § 357e des Bürgerlichen Gesetzbuchs schuldet, wenn die Rückgewähr der bis zum Widerruf erbrachten Leistung ihrer Natur nach ausgeschlossen ist.

(2) Der Unternehmer kann seine Belehrungspflicht dadurch erfüllen, dass er dem Verbraucher das in Anlage 10 vorgesehene Muster für die Widerrufsbelehrung zutreffend ausgefüllt in Textform übermittelt.

Schrifttum

Annuss, Die Folgen des Rücktritts (§§ 346 ff. BGB), JA 2006, 184
Fikentscher/Heinemann, Schuldrecht (11. Aufl 2017)
Glöckner, Bauverträge im Bürgerlichen Gesetzbuch, JZ 2020, 63, 71
Kipp, Über Doppelwirkungen im Recht, in: FS Martitz (1911) 211
Meier/Schneider, Ausgleich der Kosten für eine über den vertragsgemäßen Zustand hinaus gerichtete Schönheitsreparatur, ZMR 2021, 81
Omlor, Schuldrecht BT: Kein Verbraucherbauvertrag bei Einzelgewerken (Besprechung von BGH, Urteil vom 16. 3. 2023 – VII ZR 94/22), JuS 2023, 683
Reichelt/Maurer, Kein Verbrauchervertrag bei Verpflichtung des Unternehmers nur zur Herstellung einzelner Gewerke des Gesamtneubaus, ZfIR 2023, 267
Roos, Errichtung eines Neubauvorhabens: Einzelgewerkvergabe ≠ Verbraucherbauvertrag!, IBR 2023, 238
Schmidt/Brönneke, Das Widerrufsrecht bei Fernabsatz- und Haustürgeschäften – Neuerungen durch das Gesetz zur Umsetzung der Verbraucherrechterichtlinie, VuR 2013, 448
Schwab/Witt, Examenswissen zum neuen Schuldrecht (2. Aufl 2003)
Vogel, § 650f VI BGB und die Erosion des Verbraucherschutzes, BauR 2020, 388
Voit, Brauchen wir ein Bauvertragsrecht im BGB?, jM 2015, 402.

Systematische Übersicht

I. Normzwecke 1

II. Anwendungsbereich des Widerrufsrechts 6
1. Kleine, mittlere und große Verbraucherbauverträge 7
2. Keine Beschränkung auf Wohngebäude 10
3. Verträge über erhebliche Umbaumaßnahmen 11

III. § 650l BGB als widerrufsrechtsgewährende Regelung
1. Bezug zu § 355 BGB 13
2. Ausschluss des Widerrufsrechts infolge notarieller Beurkundung 14
3. Erlöschen des Widerrufsrechts 15
a) Erlöschen nach Ablauf der Widerrufsfrist (§§ 355 Abs 2, 356e BGB) 15
b) Erlöschen bei vollständiger Vertragserfüllung 16

IV. Widerrufsbelehrungspflicht nach § 650l S 2 BGB iVm Art 249 § 3 EGBGB
1. Inhalt der Widerrufsbelehrung 17
2. Rechtsnatur der Widerrufsbelehrungspflicht 18
3. Deutlichkeitsgebot 19
a) Formale Anforderungen 20
b) Materielle Anforderungen 21
4. Musterbelehrung 22
5. Textform der Widerrufsbelehrung 24
6. Zeitpunkt der Widerrufsbelehrung 25
7. Rechtsfolgen unterbliebener oder fehlerhafter Widerrufsbelehrung 26

V. Anforderungen an die Ausübung des Widerrufs
1. Widerrufserklärung 29
2. Widerrufsfrist 30

VI. Rechtsfolgen des Widerrufs nach den §§ 355, 357d BGB
1. Entfallen der Bindung an den Verbraucherbauvertrag (§ 355 Abs 1 S 1 BGB 31
2. Rückgewähr der empfangenen Leistungen bzw Wertersatz 32
3. Anspruch auf Beseitigung des Bauwerks (Demontage)? 39

Alphabetische Übersicht

Baugrube 21, 35, 38
bauliche Substanz 11 f

Demontage 39
Deutlichkeitsgebot 19
dynamisches Verhältnis 11

Einzelgewerke 8 f
Entschließungsfreiheit 1, 28
erhebliche Umbaumaßnahmen 6, 11

Funktionstrias 8

gewerkeweise Vergabe 8
große Verbraucherbauverträge 7

Industriehalle 10
Instandhaltungsmaßnahmen 12
Instandsetzungsmaßnahmen 12

kleine Bauverträge 7

mittlere Verbraucherbauverträge 8
Musterbelehrung 20 ff

Naturalrückgewähr 34
notarielle Beurkundung 14

Rechtsnatur 18
Relativität der Schuldverhältnisse 10
Rückgewähr 5, 21, 32 ff

Schutzmodell 1
statisches Verhältnis 11

Textform 23 f
Treu und Glauben 36

Überrumpelungssituationen 3

verschuldensunabhängiger Anspruch 35
Vertragserhaltungsinteresse 28
vorvertragliche Rechtspflicht 18

Widerrufsbelehrung 14, 17 ff, 35
Widerrufserklärung 29
Widerrufsfrist 5, 15, 18, 26 ff, 38
widerrufsrechtsgewährende Regelung 13
Wohngebäude 10

I. Normzwecke

Die Durchsetzung des Verbraucherschutzes wäre letztlich wirkungslos, wenn sie nicht auch ein Widerrufsrecht umfassen würde. Das Widerrufsrecht reiht sich in **das Schutzmodell der klassischen Verbraucherschutzelemente** ein (vgl § 650i Rn 15 ff). Insbesondere die mitunter **erheblichen finanziellen Aufwendungen**, die ein Verbraucher im 1

Rahmen des Baus oder der Umgestaltung eines Eigenheims tätigt, erfordern eine sorgfältige Abwägung. Deshalb muss die Möglichkeit bestehen, die rechtlichen Bindungen aus einem geschlossenen Bauvertrag rückgängig zu machen, sofern der Verbraucher seine Entscheidung revidiert. Betroffen ist damit zentral die **Entschließungsfreiheit des Verbrauchers** (BeckOGK/Reiter/Schott [1. 1. 2025] § 650l Rn 1). Dieses bereits zur vorherigen Rechtslage rechtspolitisch geforderte Widerrufsrecht (Voit jM 2015, 402, 406) wird vom Gesetzgeber durch die Norm des § 650l BGB umgesetzt. Hierbei greift er auf bereits **bewährte Mechanismen** zurück (vgl §§ 312g Abs 1, 485, 495 Abs 1, 514 Abs 2, 510 Abs 3 BGB). Tatbestandlich wird in § 650l BGB ein Widerrufsrecht gem § 355 BGB normiert. Die spezifischen Voraussetzungen für die Ausübung des Widerrufsrechts sowie dessen Rechtsfolgen ergeben sich sodann aus den §§ 355 ff BGB.

2 Mit § 650l S 1 BGB wird eine **bestehende Schutzlücke** im widerrufsrechtlichen System des BGB geschlossen (BT-Drucks 18/8486, 63). Anlass hierfür gab die erhebliche finanzielle Verpflichtung, die Verbraucher in der Regel **„zumeist nur einmal im Leben"** (BT-Drucks 18/8486, 63) eingehen, für die sie ihre **„gesamten Ersparnisse zur Finanzierung des Bauprojekts"** aufwenden müssen und sich oftmals zusätzlich durch **langfristige Immobiliendarlehen finanziell binden** (BT-Drucks 18/8486, 63). Die Möglichkeit zur Vertragsauflösung wurde aufgrund dieser tiefgreifenden Belastungen als unabdingbar erachtet.

3 Besonders zugespitzt stellt sich die Rechtslage indessen dar, wenn Verbraucherbauverträge über sog **schlüsselfertige Häuser** abgeschlossen werden, bei denen „Verbraucher mit zeitlich begrenzten Rabattangeboten zu schnellen Vertragsabschlüssen gedrängt werden" (BT-Drucks 18/8486, 63). Durch das verbrauchbauvertragsrechtliche Widerrufsrecht soll daher auch den **Überrumpelungssituationen** begegnet werden (jurisPK-BGB/Segger-Piening § 650l Rn 3).

4 Das Widerrufsrecht, einschließlich jenes aus § 650l S 1 BGB, ist seiner Natur nach **nicht an das Vorliegen eines sachlichen oder materiellen Grundes** gebunden („voraussetzungsloses Widerrufsrecht", KompBauR/Jurgeleit [5. Aufl 2020] Teil 2 Rn 92; Magnus JZ 2019, 224, 229) und stellt die Durchbrechung des Grundsatzes „pacta sunt servanda" dar (BGH 22. 5. 2012 – II ZR 233/10, NZG 2013, 101 Rn 19). Anders als bei anderen Gestaltungsrechten, wie Rücktritt, Kündigung oder Anfechtung, bedarf es für die Ausübung des Widerrufsrechts keiner spezifischen Begründung seitens des Verbrauchers.

5 Die mit dem Widerruf verbundenen Rechtsfolgen, insbesondere die spezielle Rückabwicklungssituation bei Verbraucherbauverträgen – welche häufig dadurch gekennzeichnet ist, dass eine Rückgewähr der bereits erbrachten Leistungen faktisch unmöglich ist –, werden durch den Gesetzgeber in **§ 357e BGB** präzisiert und ergänzt. Dennoch bleibt dieses spezifische Widerrufsrecht aus **rechtspolitischer Perspektive** als wenig weitreichend zu bewerten, da auch hier lediglich eine Widerrufsfrist von 14 Tagen gilt. Angesichts der Tatsache, dass Bauprojekte regelmäßig über viele Monate oder gar Jahre hinweg realisiert werden, fällt die vergleichsweise kurze Widerrufsfrist in der Praxis daher kaum ins Gewicht (Magnus JZ 2019, 224, 225).

II. Anwendungsbereich des Widerrufsrechts

6 Nach der ausdrücklichen Gesetzesbegründung gilt das Widerrufsrecht nur für **Verbraucherbauverträge nach § 650i Abs 1 BGB** (BT-Drucks 18/8486, 63). Im persönlichen Anwendungsbereich ist ein Vertrag zwischen einem Verbraucher (§ 13 BGB) und einem Unternehmer (§ 14 BGB) erforderlich (zum persönlichen Anwendungsbereich im Einzelnen, § 650i Rn 24 ff). Im sachlichen Anwendungsbereich ist ein Vertrag über den **Bau eines neuen Gebäudes** oder **über erhebliche Umbaumaßnahmen an einem bestehenden Gebäude** nötig (zum sachlichen Anwendungsbereich im Einzelnen, § 650i Rn 20 f, 43 ff). Zum zeitlichen Anwendungsbereich, s § 650i Rn 65. Dem Wortlaut nach sind daher nur die **sog großen Verbraucherbauverträge** oder wie SEGGER-PIENIG sie nennt, **Verbraucherbauverträge im engeren Sinne**, umfasst (Vorbem 6 zu §§ 650i–650n). Die zu widerrufenden Verträge müssen nach der gefestigten Rechtsprechung des BGH und der sog KIPP'SCHEN Lehre von der Doppelwirkung im Recht **nicht wirksam** sein (BGH 25. 11. 2009 – VIII ZR 318/08, NJW 2010, 610 Rn 10 ff; KIPP, Über Doppelwirkungen im Recht, in: FS Martitz [1911] 211 ff; vgl auch BGH 21. 6. 1955 – V ZR 53/54; OMLOR NJW 2018, 817, 821; Komp-BauR/JURGELEIT [5. Aufl 2020] Teil 2 Rn 96; MESSERSCHMIDT/VOIT/LENKEIT § 650l Rn 23; SOERGEL/GLÖCKNER § 650l Rn 53).

1. Kleine, mittlere und große Verbraucherbauverträge

7 Eindeutig **nicht umfasst** von den Regelungen der §§ 650i ff BGB sind **kleine Bauverträge**. Diese unterliegen den Regelungen der **§§ 312 ff BGB** und im Besonderen der **§§ 312b ff BGB** für Fernabsatzverträge und außerhalb von Geschäftsräumen geschlossene Verträge. In diesem unionalen Regelungsbereich steht dem Verbraucher ein eigenständiges Widerrufsrecht nach § 312g BGB zu. Hierin darf der deutsche Gesetzgeber nicht eingreifen, weil die sich darin befindlichen Vorschriften durch die unionale Gesetzgebung der Verbraucherrechterichtlinie (VRRL) als einer vollharmonisierten Richtlinie determiniert sind (Vorbem 7 zu §§ 650i–650n).

8 **Umstritten** ist die Frage, ob die vom Verf genannten **mittleren Verbraucherbauverträge** dem Anwendungsbereich des § 650i Abs 1 BGB unterliegen (Vorbem 17 f zu §§ 650i–650n; § 650i Rn 51 ff). Unter den mittleren Verbraucherbauverträgen sind jene Verträge zu verstehen, nach denen **ein oder mehrere Unternehmer** zur Herstellung von **Einzelbauwerken bzw Einzelgewerken** verpflichtet werden, **die Teil des Baus eines neuen Gebäudes oder erheblicher Umbaumaßnahmen an einem bestehenden Gebäude sind** und nicht unter die VRRL fallen. Es stellt sich also die Frage, ob eine **gewerkeweise Vergabe** von Bauleistungen an verschiedene Unternehmer zur Errichtung „eines neuen Gebäudes" bzw zu Vornahmen von erheblichen Umbaumaßnahmen für die Annahme eines Verbraucherbauvertrages ausreicht. **Eine im Vordringen befindliche Auffassung in der Literatur** spricht sich **gegen ein weites Verständnis des § 650i Abs 1 BGB aus** (EHRL DStR 2017, 2395, 2398, der dem Verbraucherbauvertrag ohnehin einen limitierten Anwendungsbereich attestiert; GLÖCKNER JZ 2020, 63, 71 f; GLÖCKNER VuR 2016, 123, 126; LANGJAHR IBR 2018, 24; MAGNUS JZ 2019, 224, 227; PAUSE BauR 2017, 430, 431; PFENNIG RNotZ 2018, 585, 588; OMLOR NJW 2018, 817, 818; RETZLAFF BauR 2017, 1830, 1831; REICHELT/MAURER ZfIR 2023, 267, 269; ROOS IBR 2023, 238; VOGEL BauR 2020, 388, 391; ZEHNER NZBau 2021, 584, 588; ERMAN/SCHWENKER/RODEMANN § 650i Rn 3; LANGEN/BERGER/DAUNER-LIEB/RÜCKERT § 650i Rn 16 f). Dieser Auffassung schloss sich der **BGH** in seiner, in Bezug auf die Vorschrift zur Bauhandwerkersicherung nach § 650f Abs 6 BGB **ergangenen, aktuellen und insoweit**

„klärenden" Entscheidung an (BGH 16. 3. 2023 – VII ZR 94/22, NZBau 2023, 375, zustimmende Anm Reichelt/Maurer ZfIR 2023, 267, 268 ff: kritisch Roos IBR 2023; Omlor JuS 2023, 683; Meier/Getcosgun/Bücken NZBau 2023, 503). Diese Auffassung war in der obergerichtlichen Rechtsprechung zuvor vom **OLG München** (OLG München 9. 6. 2022 – 20 U 8299/21, NZBau 2023, 19 Rn 41 ff) sowie vom **KG Berlin** (KG Berlin 16. 11. 2021 – 21 U 41/21, NZBau 2022, 401 Rn 21 ff) vertreten worden. **Diese Auffassung** ist freilich gemeinsam mit einem beträchtlichen **Teil der Literatur** (Messerschmidt/Voit/Lenkeit § 650i Rn 23 f; Motzke NZBau 2017, 515, 519; Meier/Getcosgun/Bücken NZBau 2023, 503, 505; Jagenburg/Baldringer/Vowinckel/Meier, Der Werkvertrag [im Erscheinen]; anfangs weite Auslegung erwägend BeckOGK/Merkle [19.2.2016] § 650i Rn 5, im Weiteren: jedenfalls bleibe es bei einem Verbraucherbauvertrag, wenn lediglich Gewerbe von untergeordneter Bedeutung vom Gesamtauftrag exkludiert werden, § 650i Rn 42, und schließlich in § 650i Rn 52 ff dafür überzeugenderweise plädierend, auch Einzelgewerke unter den Verbraucherbauvertrag zu fassen; jurisPK-BGB/Segger-Piening § 650i Rn 20; BeckOK-BGB/Voit [1. 2. 2024] § 650i Rn 4; NK-WerkBauVertrR/Polkowski § 650i Rn 12; ibrOK-BauVertrR/Stretz [22. 4. 2024] § 650i Rn 19: „sprechen jedoch sehr gute Gründe dafür ... das Erfordernis der Erbringung sämtlicher Bauleistungen aus einer Hand aufzugeben"; jedenfalls die Herausnahme von untergeordneten Bauleistungen führen nicht zum Ausschluss des Verbraucherbauvertrages, KompBauR/Jurgeleit [5. Aufl 2020] Teil 2 Rn 50), mit der obergerichtlichen Rechtsprechung des **OLG Hamm** (OLG Hamm 27. 4. 2021 – I-24 U 198/20, NZBau 2021, 664 Rn 52 ff) und des **OLG Zweibrücken** (OLG Zweibrücken 29. 3. 2022 – 5 U 52/21, ZfBR 2022, 568, 569 f) **sowie gemeinsam mit der instanzgerichtlichen Rechtsprechung** (LG Münster 3. 12. 2020 – 212 O 24/20, BeckRS 2020, 46693 Rn 18 ff; LG München 28. 10. 2021 – 5 O 2441/21, BeckRS 2021, 47715 Rn 19 ff) **abzulehnen.** Für diese Ablehnung sprechen gewichtige teleologische Erwägungen. Zusammenfassend streiten dafür die **verbraucherschützende Funktionstrias** – Kostenfaktor, fundamentales Informationsdefizit und schwache Verhandlungsmacht des Verbrauchers (§ 650i Rn 4 ff), die **Unmöglichkeit** alle Einzelgewerke einem Unternehmer zu vergeben (§ 650i Rn 57), die Wandelbarkeit der Verbraucherrolle (§ 650i Rn 62 ff) sowie **diverse Missbrauchsgefahren** bzgl der künstlichen Aufspaltung des Vertrages durch den Unternehmer (§ 650i Rn 62 ff). Stattdessen unterfallen nach vorzugswürdiger Auffassung die sog mittleren Verbraucherbauverträge dem Begriff des Verbraucherbauvertrags aus § 650i Abs 1 BGB.

9 Im Hinblick auf das Widerrufsrecht würde diese Auffassung konsequenterweise bedeuten, dass **die einzelnen Verträge über Einzelgewerke** ebenso den Widerrufsmöglichkeiten nach § 650l S 1 BGB zugänglich wären. Dies erscheint vor dem Hintergrund gerechtfertigt, dass den Einzelgewerkunternehmern der **Zusammenhang** der Einzelgewerke mit dem Bau eines neuen Gebäudes bzw mit den Umbaumaßnahmen an einem bestehenden Gebäude offenbar werden, dh **nach außen manifestiert sein muss** (§ 650i Rn 54 aE, 61 aE, 74 aE). Sie können daher mit einem möglichen Widerruf rechnen. Werden die Einzelgewerke in den besonderen Vertriebsformen von Fernabsatzverträgen oder außerhalb von Geschäftsräumen geschlossenen Verträgen abgeschlossen, so müssen sie ohnehin mit dem Widerruf, diesbzgl nach § 312g BGB, rechnen.

2. Keine Beschränkung auf Wohngebäude

10 Bzgl des sachlichen Anwendungsbereiches des § 650i Abs 1 BGB ist darauf hinzuweisen, dass sich dieser **nicht auf Wohngebäude** beschränkt (OLG Hamm 27. 4. 2021 – I-24 U 198/20, NZBau 2021, 664 ff; Omlor NJW 2018, 817, 819; Magnus JZ 2019, 224, 227; Chris-

tiansen ZfBR 2022, 315, 316; ibrOK-BauVertrR/Stretz [22. 4. 2024] § 650 Rn 17; KompBauR/Jurgeleit [5. Aufl 2020] Teil 2 Rn 48; Jagenburg/Baldringer/Vowinckel/Meier, Der Werkvertrag [im Erscheinen]; offenlassend dagegen BeckOGK/Merkle [1. 1. 2025] § 650i Rn 34 f). Dies ergibt sich bereits aus dem **Wortlaut**, der dahingehende grammatikalische oder semantische Einschränkungen nicht enthält (Omlor NJW 2018, 817, 819). Der aus § 312b Abs 3 Nr 4 aF zur Orientierung genommene Begriff des „Bauwerks" muss **weit** verstanden werden und erfasst auch Bauwerke, die von dritter Seite gewerblich genutzt werden sollen (Omlor NJW 2018, 817, 819). So kann der Besteller auch die Errichtung einer **Industriehalle** in Auftrag geben, die er an einen Dritten zu vermieten beabsichtigt. Die Vermietung stellt keine gewerbliche, sondern vermögensverwaltende Tätigkeit dar und gehört als solche grundsätzlich zu privaten Zwecken. Insoweit muss zwischen dem **Nutzungszweck des nutzenden Dritten** und dem **Nutzungszweck des das Gebäude in Auftrag gebenden Bestellers** unterschieden werden – **Relativität der Schuldverhältnisse** (Jagenburg/Baldringer/Vowinckel/Meier, Der Werkvertrag [im Erscheinen]). Dabei ist zu beachten, dass die Errichtung eines Wohngebäudes **nicht automatisch** die Verbrauchereigenschaft begründet und die Errichtung eines Gewerbegebäudes **nicht automatisch** die Verbrauchereigenschaft ausschließt (Omlor NJW 2018, 817, 819). Entscheidend sind vielmehr die konkreten, dem Abschluss des Bauvertrages zugrundeliegenden Zwecke.

3. Verträge über erhebliche Umbaumaßnahmen

Erhebliche Umbaumaßnahmen sind nach dem **Erw 26 der VRRL** solche Maßnahmen**, die** dem Bau eines neuen Gebäudes vergleichbar sind**, beispielsweise Baumaßnahmen**, bei denen **nur** die **Fassade eines alten Gebäudes erhalten bleibt.** Dagegen sind Dienstleistungsverträge im Zusammenhang mit der Errichtung von Anbauten an Gebäuden (zB dem Anbau einer Garage oder eines Wintergartens) keine erheblichen Umbauarbeiten. Was im Erw 26 der VRRL zum Ausdruck kommt, präzisiert der deutsche Gesetzgeber in seiner Begründung zu § 650i Abs 1 BGB. Maßgeblich sind **(1)** der **Umfang** und **(2)** die **Komplexität des Eingriffs** sowie **(3)** das **Ausmaß des Eingriffs in die bauliche Substanz** des Gebäudes (BT-Drucks 18/8486, 61). Wann demnach eine erhebliche Umbaumaßnahme in dem besagten Rechtssinne vorliegt, muss anhand einer **normativen Einschätzung im Lichte dieser drei Aspekte** bestimmt werden. Hierzu wurde in der Literatur bereits herausgearbeitet, dass sich diese **in keinem statischen**, sondern **in einem dynamischen Verhältnis** zueinander bewegen (Omlor NJW 2018, 817, 818). Liegt eines dieser Merkmale bei normativer Bewertung eher unter der Erheblichkeitsschwelle, so können die Verbleibenden dieses Minus ausgleichen. Hierdurch ist die Erheblichkeit einer Umbaumaßnahme innerhalb dieses Bezugssystems stets auf einer gemeinsamen Linie zu verorten. Das **Minus auf der einen Seite kann durch** das **Plus auf der anderen Seite aufgewogen werden** (§ 650i Rn 72). 11

Instand**setzungs**maßnahmen können grundsätzlich dem Umbaubegriff unterfallen, sofern diese in der normativen Betrachtung die Erheblichkeitsschwelle überschreiten (§ 650i Rn 77). Instand**haltungs**maßnahmen sind in Relation zu Instand**setzungs**arbeiten weniger intensiv, da mit ihnen **kein Eingriff in die bauliche Substanz** einhergeht (Pflege-, Wartungs- oder Inspektionsleistungen). Dem Bauvertrag unterfallen sie nach § 650a Abs 2 BGB nur, wenn sie für die Konstruktion, Bestand oder bestimmungsgemäßen Gebrauch von wesentlicher Bedeutung sind. Demgegenüber unter- 12 fallen sie dem Umbaubegriff nach § 650i Abs 1 BGB bzw dem Ausschlusstatbestand nach Art 3 Abs 3 lit f VRRL **nicht.**

III. § 650l BGB als widerrufsrechtsgewährende Regelung

1. Bezug zu § 355 BGB

13 Das Widerrufsrecht folgt nicht unmittelbar aus § 355 Abs 1 BGB, sondern setzt entsprechend dieser Norm ein durch Gesetz **eingeräumtes Widerrufsrecht** voraus („Wird einem Verbraucher durch Gesetz ein Widerrufsrecht nach dieser Vorschrift eingeräumt …"). Die maßgebliche Rechtsgrundlage für die Gewährung eines solchen Rechts bildet § 650l S 1 BGB.

2. Ausschluss des Widerrufsrechts infolge notarieller Beurkundung

14 Ausgeschlossen ist ein Widerrufsrecht gem § 650l S 1 BGB, wenn der Vertrag **notariell beurkundet** wurde. Die Vorschrift findet ihre Parallele in § 312g Abs 2 Nr 13 BGB und ist von der Erwägung motiviert, dass die **Belehrungspflichten des Notars aus § 17 Abs 2a Nr 2 BeurkG** den Verbraucher hinlänglich absichern und ihm die Mündigkeit einer wohlüberlegten Entscheidung verleihen (BT-Drucks 18/8486, 63). Relevant wird dies besonders in Fällen der zusammengesetzten Verträge (§ 650i Rn 86).

3. Erlöschen des Widerrufsrechts

a) Erlöschen nach Ablauf der Widerrufsfrist (§§ 355 Abs 2, 356e BGB)

15 Sofern der Verbraucher ordnungsgemäß über sein Widerrufsrecht belehrt worden ist, erlischt es nach Ablauf von 14 Tagen (§§ 355 Abs 2, 356e S 1 BGB). Wurde der Verbraucher nicht oder nicht ordnungsgemäß über sein Widerrufsrecht belehrt, verlängert sich die Widerrufsfrist, sodass das Widerrufsrecht gem § 356e S 2 BGB spätestens nach Ablauf von 12 Monaten und 14 Tagen nach Vertragsschluss (§ 355 Abs 2 S 2 BGB) erlischt.

b) Erlöschen bei vollständiger Vertragserfüllung

16 Für Fernabsatzverträge und außerhalb von Geschäftsräumen geschlossene Verträge sind in § 356 Abs 4 BGB Erlöschensgründe für jene Fälle vorgesehen, bei denen der Unternehmer die jeweilige vertragstypologische Leistung vollständig erbracht hat. Eine derartige Regelung ist im Bereich des Verbraucherbauvertragsrechts nicht kodifiziert worden. Daraus ist zu schließen, dass dem Verbraucher das Widerrufsrecht auch nach vollständiger Leistungserbringung zusteht (Lenkeit BauR 2017, 615, 617; ibrOK-BauVertrR/Stretz [22. 4. 2024] § 650l Rn 23; Leinemann/Kues/Schlagowsky § 650l Rn 18; Magnus JZ 2019, 224, 228), wenn dieses nicht ohnehin schon nach § 356e S 2 BGB aus Zeitgründen erloschen ist.

IV. Widerrufsbelehrungspflicht nach § 650l S 2 BGB iVm Art 249 § 3 EGBGB

1. Inhalt der Widerrufsbelehrung

17 Nach **§ 650l S 2 BGB iVm Art 249 § 3 EGBGB** muss der Unternehmer den Verbraucher über die **Existenz seines Widerrufsrechts** informieren. Diese Anforderungen sind

Art 246 § 3 EGBGB nachempfunden. Bei den Angaben der Widerrufsbelehrung kann, wie bei der Baubeschreibung, zwischen **obligatorischen und fakultativen Informationen** unterschieden werden. Die fakultativen Angaben („gegebenenfalls") sind nur dann erforderlich, sofern sie im jeweiligen Einzelfall relevant werden. Dies betrifft insbes die **Telefaxnummer und die E-Mail-Adresse** nach Art 249 § 3 Abs 1 S 3 Nr 3 aE EGBGB. Über diese Angaben muss insbesondere dann belehrt werden, sofern im Vorfeld des Vertragsschlusses über diese Kommunikationsmittel Verhandlungen geführt wurden.

2. Rechtsnatur der Widerrufsbelehrungspflicht

Die Widerrufsbelehrungspflicht nach § 650l S 1 BGB iVm Art 249 § 3 EGBGB ist als **eine echte, vorvertragliche Rechtspflicht und nicht als Obliegenheit** ausgestaltet (Soergel/Glöckner § 650l Rn 56; Grüneberg/Retzlaff § 650l Rn 3). Eine ordnungsgemäße Widerrufsbelehrung führt nämlich dazu, dass der Unternehmer im Falle des fristgemäßen Widerrufs durch den Verbraucher seine Wertersatzansprüche nach § 357e S 1 BGB realisieren kann. Andererseits führt eine unterbliebene oder fehlerhafte Widerrufsbelehrung zur Verlängerung der Widerrufsfrist nach § 356e S 1 BGB sowie zu möglichen Schadensersatzansprüchen nach §§ 280 Abs 1, 241 Abs 2, 311 Abs 2 BGB. 18

3. Deutlichkeitsgebot

Bedeutend wird bei der Widerrufsbelehrung das **Deutlichkeitsgebot**. Der Unternehmer ist nach **Art 249 § 3 Abs 1 S 2 EGBGB** verpflichtet, die **Widerrufsbelehrung** deutlich zu gestalten und dem Verbraucher **seine wesentlichen Rechte** in einer an das benutzte Kommunikationsmittel angepassten Weise deutlich zu machen. Das Deutlichkeitsgebot ist auch in § 312a Abs 2 BGB iVm Art 246 Abs 3 EGBGB enthalten, auf dessen Grundsätze als eine Vorbildregelung zurückgegriffen werden kann. 19

a) Formale Anforderungen

Aus formalen Gesichtspunkten muss die Widerrufsbelehrung **deutlich lesbar** sein (BeckOGK/Busch [1. 7. 2023] Art 246 Rn 55; ibrOK-BauVertrR/Stretz [22. 4. 2024] § 650l Rn 12; Messerschmidt/Voit/Lenkeit § 650l Rn 41). Erforderlich dafür ist eine **sichtbare und deutliche Abgrenzung zu sonstigen Vertragsunterlagen** (BGH 25. 4. 1996 – X ZR 139/94, NJW 1996, 1964, 1965; OLG Naumburg 7. 1. 1994 – 3 U 84/93, NJW-RR, 1994, 377) sowie regelmäßig die in der Musterbelehrung vorgeschriebene Überschrift **„Widerrufsbelehrung"** (BGH 1. 12. 2010 – VIII ZR 82/19, NJW 2011, 1061 Rn 18). Eine Hervorhebung von anderen Vertragsunterlagen kann etwa durch **Sperrschrift, Unterstreichung, Farbwahl und Farbintensität, Einrahmung oder der Verwendung von anderen Drucktypen** gestaltet werden (BGH 27. 4. 1994 – VIII ZR 223/93, NJW 1994, 1800, 1801; LG Gießen 1. 3. 2000 – 1 S 499/99, MDR 2000, 693, 694). Dem Verbraucher muss bereits **optisch** deutlich werden, dass die Ausführungen zum Widerruf eine wichtige Belehrung über sein Widerrufsrecht sowie über die mit dem Widerrufsrecht verbundenen Rechten und Pflichten enthält (BGH 1. 12. 2010 – VIII ZR 82/19, NJW 2011, 1061 Rn 18). Die Rechtslage muss dem Verbraucher dabei **unübersehbar zur Kenntnis gebracht werden** (BGH 25. 4. 1996 – X ZR 139/94, NJW 1996, 1964, 1965). Nicht oder nur schwer lesbar ist eine Widerrufsbelehrung dann, wenn die **Schrift klein** ist und etwa **jegliche Untergliederung des Textes fehlt** (BGH 1. 12. 2010 – VIII ZR 82/19, NJW 2011, 1061 Rn 19). Dabei muss die Widerrufsbelehrung für den 20

„Normalsichtigen“ so gestaltet sein, dass er **„ohne Mühe“** die Widerrufsbelehrung wahrnehmen kann (BGH 25. 4. 1996 – X ZR 139/94, NJW 1996, 1964, 1965).

b) Materielle Anforderungen

21 In materieller Hinsicht erfordert eine Widerrufsbelehrung zum Schutze des Verbrauchers **eine möglichst umfassende, unmissverständliche** und ausgehend vom Verständnis eines Verbrauchers **eindeutige Belehrung** über seine **wesentlichen Rechte und Pflichten** (BGH 12. 4. 2007 – VII ZR 122/06, NJW 2007, 1946 Rn 13; BGH 23. 6. 2009 – XI ZR 156/08, NJW 2009, 3020 Rn 17; BGH 22. 5. 2012 – II ZR 233/10, NZG 2013, 101 Rn 29). Nicht ausreichend ist demnach eine Widerrufsbelehrung, in der nur auf die Rückabwicklungspflichten des Verbrauchers, jedoch nicht auf seine Rechte hingewiesen wird (BGH 12. 4. 2007 – VII ZR 122/06, NJW 2007, 1946 Rn 13; BGH 22. 5. 2012 – II ZR 233/10, NZG 2013, 101 Rn 30). Zu den **wesentlichen Pflichten** des Verbrauchers gehört dabei nicht nur die unmittelbare Verpflichtung zur Rückgewähr der unternehmerischen Leistungen nach § 355 Abs 3 BGB, sondern insbes die **Wertersatzpflicht nach § 357e BGB** im Falle der Rückgewährunmöglichkeit. Gerade bei Verbraucherbauverträgen wird die Rückgewähr von bereits verbauten Baumaterialien unmöglich sein (etwa in folgenden Fällen: Ausheben einer Baugrube, Betonieren von Fundamenten oder Errichtung eines Dachstuhls), sodass das **Regel-Ausnahme-Verhältnis im Baurecht faktisch umgedreht wird** (Rn 33 f).

4. Musterbelehrung

22 Art 249 § 3 Abs 2 EGBGB bietet dem Unternehmer eine Hilfestellung dahingehend an, dass er seinen Widerrufsbelehrungspflichten dadurch nachkommen kann, dass er die in **Anlage 10** vorgesehene **Musterbelehrung** ausfüllt und an den Verbraucher übermittelt. Dem Unternehmer wird dadurch keine Pflicht zur Verwendung der Musterbelehrung auferlegt (BT-Drucks 18/8486, 74). Vielmehr steht ihm ein Wahlrecht zu.

23 Die Vorschrift entfaltet in Anlehnung an die inhaltsgleiche Regelung in Art 246a § 1 Abs 2 S 2 EGBGB eine **widerlegliche Vermutung** dahingehend, dass der Unternehmer seinen Belehrungspflichten rechtskonform nachgekommen ist (BGH MMR 2011, 166, 167; BeckOGK/Busch [1. 7. 2023] Art 246a EGBGB Rn 43; MünchKommBGB/Busche § 650l Rn 4). Hier besteht freilich **kein Automatismus**. Der Unternehmer ist hierfür verpflichtet, die Musterbelehrung **unverändert, zutreffend** und in **Textform** zu übermitteln (BT-Drucks 18/8486, 74). Nach der aufsehenerregenden Rechtsprechung des EuGH muss der Unternehmer in der Widerrufsbelehrung auch die Telefonnummer angeben, sofern diese von ihm „verfügbar“ gemacht wurde. Das ist insbesondere der Fall, wenn er klar und deutlich auf Webseiten oder im Impressum auf diese Telefonnummer hinweist (EuGH 14. 5. 2020 – C-266/19, GRUR 2020, 753 Rn 40).

5. Textform der Widerrufsbelehrung

24 Die Widerrufsbelehrung muss nach **Art 249 § 3 Abs 1 S 1 EGBGB** in **Textform** erfolgen. Die konkreten Anforderungen an die Textform sind in **§ 126b BGB** geregelt. Es muss insbesondere eine lesbare, auf einem dauerhaften Datenträger abgegebene Erklärung vorliegen, in der die Person des Erklärenden genannt ist (§ 126b S 1 BGB). Ein dauerhafter Träger kann jedes Medium sein, das den Sicherungs-, Aufbewahrung- und Wiedergabeanforderungen in § 126b S 2 Nr 1 und Nr 2 BGB (kumulative Voraussetzungen) genügt.

6. Zeitpunkt der Widerrufsbelehrung

Der Unternehmer ist nach Art 249 § 3 Abs 1 S 1 EGBGB verpflichtet, den Verbraucher vor Abgabe von dessen Vertragserklärung über sein Widerrufsrecht zu informieren. Insoweit sind die gleichen Anforderungen aufgestellt wie bei der Vorlage der Baubeschreibung nach Art 249 § 1 EGBGB. Höchstwahrscheinlich war die Vorstellung des Gesetzgebers, dass die Widerrufsbelehrung zusammen und zum gleichen Zeitpunkt mit der Baubeschreibungsvorlage übermittelt werden soll (Soergel/Glöckner § 650l Rn 11). Es sei daher auf die Ausführungen zu § 650j Rn 11 ff verwiesen. 25

7. Rechtsfolgen unterbliebener oder fehlerhafter Widerrufsbelehrung

Versäumt der Unternehmer die Belehrung, hat dies Auswirkungen auf den **Beginn der Widerrufsfrist**. Gem **§ 356e S 1 BGB** beginnt sie nicht zu laufen, bis der Verbraucher über das Bestehen seines Widerrufsrechts belehrt wurde. Ein sog **ewiges Widerrufsrecht** ergibt sich hieraus allerdings **nicht**. Vielmehr erlischt es wegen § 356e S 2 BGB iVm § 355 Abs 2 S 2 BGB **spätestens nach 12 Monaten und 14 Tagen ab Vertragsschluss**. 26

Aus dem Wortlaut des § 356e S 1 BGB folgt, dass der Gesetzgeber von der Möglichkeit ausgeht, die Widerrufsbelehrung nachzuholen (grundsätzlich gegen die Nachholung Leinemann/Kues/Schlagowsky § 650l Rn 11). Die fehlerhafte bzw unterbliebene Widerrufsbelehrung stellt zwar eine Pflichtverletzung dar. Als Folge wird gesetzlich zwar der **Beginn der Widerrufsfrist** verlagert, jedoch **keine** darüber hinaus gehende Aussage über die Nachholungsmöglichkeit getroffen (Messerschmidt/Voit/Lenkeit § 650l Rn 46a). **Umstritten** ist diesbzgl die Frage, ob eine **Möglichkeit zur Nachholung der Widerrufsbelehrung** dahingehend besteht, sodass bei erfolgter Nachholung nicht die lange Frist nach § 356e S 2 BGB, sondern **die kurze 14-tätige Frist** zu laufen beginnt und deren Ablauf den Ausschluss des Widerrufsrechts zur Folge hat. Für diese Auffassung spricht der Wortlaut des § 356e S 2 BGB, nachdem die Nachholung möglich und demnach auch die Ingangsetzung der kurzen Frist angezeigt ist (KompBauR/Jurgeleit [5. Aufl 2020] Teil 2 Rn 99; Messerschmidt/Voit/Lenkeit § 650l Rn 43a). Diese Auffassung verweist zudem darauf, dass die Widerrufsbelehrung in Art 249 § 3 EGBGB an die entsprechenden Belehrungen aus der VRRL nachgebildet sind (Umsetzungen in: Art 246a § 4 Abs 1, Art 246b § 1 Abs 1 und Art 246 Abs 3 EGBGB). Nach **Art 10 Abs 2 der VRRL** ist im Falle der Nachholung der Widerrufsbelehrung auch eine 14-Tages-Frist maßgebend (KompBauR/Jurgeleit [5. Aufl 2020] Teil 2 Rn 99; Messerschmidt/Voit/Lenkeit § 650l Rn 43a; in diese Richtung auch Soergel/Glöckner § 650l Rn 13). Gegen die Möglichkeit wird eingewandt, dass die parallele Nachholungsmöglichkeit im Bereich des allgemeinen Verbraucherrechts (§ 312a Abs 2 S 1 BGB iVm Art 246 Abs 3 EGBGB) auf das Verbraucherbauvertragsrecht nicht übertragbar sei, da es dort um die besonderen Vertriebsformen gehe, die eine strukturelle Divergenz zum Verbraucherbauvertragsrecht aufwiesen (als mögliches Argument anführend ibrOK-BauVertrR/Stretz [22. 4. 2024] § 650l Rn 19). 27

Die Lösung der Frage kann nur nach **teleologischen Gesichtspunkten** erfolgen. Dem Verbraucher muss die **lange Frist nach § 356e S 2 BGB** aus folgenden Überlegungen eingeräumt werden: Das Widerrufsrecht bezweckt die **Entschließungsfreiheit des Verbrauchers**. Diese bezieht sich auf den Abschluss des Verbraucherbauvertrages, der 28 dem Verbraucher erhebliche finanzielle Dispositionen und in der Regel dauerhafte Darlehensverbindlichkeiten abverlangt. Der Verbraucher wird in der Regel einen solchen Vertrag nur einmal im Leben abschließen. Diese Erwägungen bedingen, dass dem Verbraucher in der Form des Widerrufsrechts eine einzigartige Berechtigung gewährt wird, sich vom Vertrag ohne einen ersichtlichen sachlichen oder materiellen Grund zu lösen (Rn 4) und die mit Abschluss des Verbraucherbauvertrages einhergehenden weiteren Dispositionen zu unterlassen. Andererseits besteht diese Berechtigung nur innerhalb der kurzen Widerrufsfrist von 14 Tagen. Schließlich muss auch der Unternehmer ab einem bestimmten Zeitpunkt davon ausgehen können, dass der Vertrag in Vollzug gesetzt werden soll. Der Unternehmer hat ein aus dem Grundsatz von „pacta sunt servanda" resultierendes **Vertragserhaltungsinteresse**. Das **Spannungsverhältnis zwischen dem Vertragserhaltungsinteresse des Unternehmers und der Entschließungsfreiheit** des Verbrauchers ändert sich **fundamental**, wenn der Verbraucher nicht bereits vor seiner Vertragserklärung über sein Widerrufsrecht belehrt worden ist. Denn mit dem Abschluss des Verbraucherbauvertrages wendet der Verbraucher regelmäßig seine gesamten Ersparnisse auf und geht in der Regel weitreichende Darlehensverbindlichkeiten ein. Ggf hat der Verbraucher auch sein Mietverhältnis gekündigt oder bereits den Umzug organisiert. Diese Dispositionen lassen sich später mitunter **nicht wieder rückgängig machen** oder erschweren jedenfalls die Möglichkeit, die ursprüngliche Situation wiederherzustellen. Für die Frage, ob der Verbraucher die **schwerfällige Restauration** all dieser Verhältnisse rechtlich will und kann, braucht er deutlich mehr Bedenkzeit, als vor oder mit dem Abschluss des Verbraucherbauvertrages, also in der Phase, in der die sonstigen mit dem Verbraucherbauvertrag einhergehenden Disposition nicht oder nicht endgültig getroffen wurden. Zum fraglichen Zeitpunkt ist jedoch sprichwörtlich „das Kind schon in den Brunnen gefallen". Deshalb scheint die lange Frist nach § 356e S 2 BGB die interessengerechtere Lösung zu sein.

V. Anforderungen an die Ausübung des Widerrufs

1. Widerrufserklärung

29 Die Voraussetzungen für die Ausübung des Widerrufsrechts bestimmen sich gem der §§ 355, 356e BGB. Adressat der Widerrufserklärung ist der Unternehmer (§ 355 Abs 1 S 2 BGB). Aus der Erklärung muss zweifelsfrei hervorgehen, dass der Verbraucher den Verbraucherbauvertrag widerruft (§ 355 Abs 1 S 3 BGB). Dabei ist es erforderlich, dass der Entschluss des Verbrauchers zum Widerruf unmissverständlich zum Ausdruck kommt (§ 355 Abs 1 S 4 BGB). Es sei an dieser Stelle ausdrücklich betont, dass nicht die Formulierung der Erklärung an sich eindeutig sein muss, sondern vielmehr der **Wille des Verbrauchers**, die mit dem Widerruf verbundenen Rechtsfolgen herbeizuführen. Dies umfasst die Lösung von der vertraglichen Bindung (§ 355 Abs 1 S 1 BGB) sowie die Rückabwicklung bereits erbrachter Leistungen (§ 355 Abs 3 BGB). Dementsprechend kann auch eine **schlüssige Handlung** als Widerrufserklärung genügen, sofern der Auflösungswille deutlich erkennbar ist (Schmidt/Brönneke VuR 2013, 448, 454; BeckOGK/Mörsdorf [1. 2. 2022] § 355 Rn 58). Die Verwendung des Begriffs „Widerruf" ist nicht erforderlich (Schmidt/Brönneke VuR 2013, 448, 454). Auch muss er nicht unbedingt begründet werden (§ 355 Abs 1 S 4 BGB). Ein **Teilwiderruf ist anerkanntermaßen nicht möglich**.

2. Widerrufsfrist

Die Widerrufsfrist beträgt 14 Tage ab Vertragsschluss (§ 355 Abs 2 BGB). Bei Verbraucherbauverträgen beginnt sie gem **§ 356e S 1 BGB** jedoch erst zu laufen, nachdem der Verbraucher ordnungsgemäß über sein Widerrufsrecht belehrt wurde. Dies führt jedoch nicht zu einem unbegrenzten Widerrufsrecht. Nach § 356e S 2 BGB iVm § 355 Abs 2 S 2 BGB erlischt es spätestens zwölf Monate und 14 Tage nach Vertragsschluss (Rn 15). 30

VI. Rechtsfolgen des Widerrufs nach den §§ 355, 357d BGB

1. Entfallen der Bindung an den Verbraucherbauvertrag (§ 355 Abs 1 S 1 BGB

Ein Widerrufsrecht stellt eine Ausnahme des Grundsatzes von „pacta sunt servanda" dar. Der Verbraucher und der Unternehmer sind an ihre Erklärungen gem § 355 Abs 1 S 1 BGB nicht mehr gebunden, wenn der Verbraucher seine Willenserklärung rechtmäßig widerrufen hat. Daraus folgt keine ex-tunc-Wirkung, sondern die Auslösung eines Rückgewährschuldverhältnisses nach §§ 355 Abs 3, 357d BGB. 31

2. Rückgewähr der empfangenen Leistungen bzw Wertersatz

Gemäß § 355 Abs 3 S 1 BGB sind im Falle des Widerrufs die empfangenen Leistungen unverzüglich, also ohne schuldhaftes Zögern (§ 121 BGB), zurückzugewähren. Es entsteht **ex-nunc ein Rückgewährschuldverhältnis**. Eine Höchstfrist für die Rückgewähr nach § 355 Abs 1 S 2 BGB ist für den Verbraucherbauvertrag nicht vorgesehen. 32

Die Rückgewähr ist unproblematisch **möglich**, sofern Baumaterialien ohne Komplikationen **getrennt** werden können (Lenkeit BauR 2017, 615, 621; Magnus JZ 2019, 224, 229). Die Rückgewähr ist auch dann nicht ausgeschlossen, wenn der Besteller zwar das Eigentum (§§ 946 ff BGB) erlangt hat, die verbauten Baumaterialien jedoch ohne Substanzverletzung wieder getrennt werden können (Lenkeit BauR 2017, 615, 621; Magnus JZ 2019, 224, 229). 33

Bei Verbraucherbauverträgen erweist sich die Rückgewähr jedoch **regelmäßig als praktisch unmöglich**, da Baumaterialien häufig untrennbar mit dem Grundstück verbunden oder unwiederbringlich vermischt werden (§§ 94 f, 946 ff BGB). Dementsprechend ist die **Naturalrückgewähr** zumeist ausgeschlossen und findet nur in Ausnahmefällen Anwendung, während die Regel in der Wertersatzpflicht gem § 357e S 1 BGB begründet liegt. De facto **kehrt sich somit das gesetzlich vorgesehene Verhältnis** zwischen der Naturalrückgewähr (§ 355 Abs 3 S 1 BGB) als Regel und dem Wertersatz (§ 357e S 1 BGB) als Ausnahme **um**. Eine ausdrückliche normative Fixierung dieser Verkehrung im Gesetz ist jedoch nicht erforderlich, da sie unnötige Komplikationen hervorrufen würde (so Omlor NJW 2018, 817, 821). Insbesondere wäre eine Gesamtbezugnahme auf § 355 BGB im Rahmen des § 650l S 1 BGB dadurch erschwert, was wiederum eine Abkehr von der bisher einheitlichen Methodik bei anderen gesetzlichen Widerrufsrechten (§§ 312g Abs 1, 485, 495 Abs 1, 514 Abs 2, 510 Abs 3 BGB) zur Folge hätte und potenzielle rechtliche Konflikte nach sich zöge. 34

35 Der Gesetzgeber führt exemplarisch drei Konstellationen an, in denen eine Rückgewähr der empfangenen Leistungen unmöglich sei: Das **Ausheben einer Baugrube**, das **Betonieren von Fundamenten** oder die **Errichtung eines Dachstuhls** (BT-Drucks 18/8486, 38). In solchen Fällen schuldet der Verbraucher dem Unternehmer gem § 357e S 1 BGB einen Wertersatz, der als **verschuldensunabhängiger Anspruch** ausgestaltet ist (BT-Drucks 18/8486, 38). Auf diese Rechtsfolge muss der Unternehmer im Rahmen der Widerrufsbelehrung gesondert hinweisen (Art 249 § 3 Abs 1 S 3 Nr 5 EGBGB). Die Wertersatzpflicht des § 357e BGB erweist sich als gerechtfertigt, da der Verbraucher **keinen materiellen Grund** für den Widerruf vorbringen muss, um von seinem Recht Gebrauch zu machen (Rn 4). Vor diesem Hintergrund fügt sich der Widerruf auch mit der Loslösung vom Vertrag aus wichtigem Grund nach § 648a BGB zu einem kohärenten System ein. Die Rechtsfolgen des § 648a BGB erweisen sich für den Verbraucher zwar günstiger (so auch BeckOK-BGB/Voit [1. 2. 2024] § 650l Rn 2). Dafür muss der Verbraucher aber auch einen wichtigen Grund vorweisen.

36 Die Berechnung des Wertersatzes richtet sich gem § 357e S 2 und S 3 BGB nach der vereinbarten Vergütung (BT-Drucks 18/8486, 38). Sollte diese jedoch unverhältnismäßig hoch sein, ist der Marktwert der erbrachten Leistungen maßgeblich. **S 3** dient hierbei als **Korrektiv**, um in Fällen eines erheblichen Missverhältnisses zwischen den vertraglichen Leistungen der Parteien eine angemessene Balance zu gewährleisten (BT-Drucks 18/8486, 38). Hierbei findet der **Grundsatz von Treu und Glauben** besondere Berücksichtigung (Omlor NJW 2018, 817, 821). **Kein Ersatzanspruch, auch nicht nach § 312g Abs 2 Nr 1 BGB analog,** besteht für **vorgefertigte Bauteile**, die jedoch noch nicht verbaut worden sind und ohne Substanzverlust wieder getrennt werden können (NK-WerkBauVertrR/Polkowski § 650l Rn 8).

37 Als **problembehaftet** wird die Konstellation eingestuft, in der der Unternehmer zwar Aufwendungen tätigt, beim Besteller jedoch kein Wertzuwachs entsteht (Lenkeit BauR 2017, 615, 623). Dies gilt etwa für die Errichtung der Baustelle (zB Baustellengerüst). ME handelt es sich jedenfalls bei der Errichtung der Baustelle, zB bei der Aufstellung des Baustellengerüsts, schon gar **nicht um den Fall des Wertersatzes**, sondern um die **erstrangig geschuldete Rückgewähr der Leistung in natura**. Durch die Aufstellung des Baustellengerüsts hat der Besteller nämlich eine Sache zum Gebrauch auf Zeit bekommen. Würde das Baustellengerüst nicht vom Bauunternehmer, sondern von einem Dritten stammen (was häufig der Fall ist), wäre mit dem Dritten ein **typengemischter Vertrag** geschlossen, der **werkvertragliche** (Aufbau des Gerüsts), aber auch **mietrechtliche Elemente** (Gebrauchsüberlassung auf Zeit) enthält. Der Aufbau und die Nutzung des Baustellengerüsts ist die eigentliche empfangene Leistung (BeckOGK/Schall [1. 8. 2024] § 346 Rn 391), die naturgemäß nur in Geld zurückgewährt werden kann. Ob diese Rechtsfolge aus dem zu **§ 355 Abs 1 S 1 BGB inhaltsgleichen § 346 Abs 1 BGB** (so die wohl üA: BeckOGK/Schall [1. 8. 2024] § 346 Rn 391; Soergel/Lobinger § 346 Rn 28; Schwab/Witt/Schwab, Examenswissen zum neuen Schuldrecht [2. Aufl 2003] 343 ff) oder aus **§ 546 BGB** (Annuss JA 2006, 184; jurisPK-BGB/Faust § 346 Rn 24) herrührt, ist für die hiesige Problematik von nachrangiger Bedeutung. Im Vordergrund steht jedenfalls die Art der empfangenen Leistung. Die Gebrauchsüberlassung kann ihrer Natur nach schon gar nicht in identischer Weise zurückgewährt werden, was jedoch nicht ausschließt, dass man bei ihr gleich zum Wertersatzanspruch übergehen sollte. Es dürfte auch nicht in Absolutheit zutreffen, dass der Besteller bei der Errichtung der Baustelle keinen Wertzuwachs bekäme. Er erlangt die Leistungen als solche und die-

se Leistungen haben einen entsprechenden Marktwert. Dies bezieht sich auch auf die sonstigen werkvertraglichen Elemente der Baustelleneinrichtung. Bei diesen „Diensten" handelt es sich um die eigentlich empfangenen und im Rahmen des Rückgewährschuldverhältnisses nach § 355 Abs 1 S 1 BGB zurückzugewährenden Leistungen.

Problematisch erscheint vielmehr die Situation, wenn der Bauunternehmer in der 14-tätigen Widerrufsfrist **„zu viele" Leistungen** erbringt und demnach **zu viele Aufwendungen** tätigt. Das Beispiel von Magnus, in dem der Bauunternehmer in dieser Zeit etwa schon die Baustelle einrichtet, die Baugrube aushebt und erstes Betonfundament legt, zeigt dies eindrücklich (JZ 2019, 224, 229). Die parallele Problematik im Bereicherungsrecht würde man als „aufgedrängte Bereicherung" betiteln, auch lässt sich eine ähnliche Gemengelage bei unbestellten Leistungen nach § 241a BGB identifizieren (Magnus JZ 2019, 224, 229). Hier bedarf es eines **normativen Korrektivs**, das sich nach ähnlichen Gesichtspunkten beurteilen muss, wie die **Grundsätze der aufgedrängten Bereicherung**, also entsprechend der überwiegenden Auffassung grundsätzlich nach dem subjektiven Interesse des Bestellers (dazu allgemein: Grüneberg/Herrler § 951 Rn 21; MünchKommBGB/Schwab § 818 Rn 228 ff; Fikentscher/Heinemann, Schuldrecht [11. Aufl 2017] Rn 1521; Canaris JZ 1996, 344, 345 f; Meier/Schneider ZMR 2021, 81, 87). Werden die Leistungen mit Einverständnis oder in Kenntnis des Bestellers vorgenommen, muss er diese ersetzen (Magnus JZ 2019, 224, 230). Ansonsten ist der Unternehmer daran gehalten, in diesem doch sehr kurzen Zeitraum der Widerrufsfrist sich redlicherweise zurückzuhalten und nur die notwendigen Aufwendungen vorzunehmen (Magnus JZ 2019, 224, 229). Möglich erschiene auch die Ausrichtung nach dem § 670 BGB. Letztendlich ist die hier vorgeschlagene Begrenzung der Ausdruck des § 242 BGB, von dem auch § 357e BGB gekennzeichnet ist (Rn 36). 38

3. Anspruch auf Beseitigung des Bauwerks (Demontage)?

Vor der Baurechtsnovelle war nach überwiegender Auffassung anerkannt, dass der Unternehmer verpflichtet ist, auch das bis dahin hergestellte Bauwerk zu beseitigen. Bei mangelhafter Leistung ist dies im Rahmen des Schadensersatzanspruchs ohne weiteres möglich. Bei mangelfreier Leistung lässt sich ein solcher Anspruch indes nicht aus § 355 Abs 1 S 1 bzw § 346 Abs 1 BGB herleiten. Im Sinne eines effektiven Verbraucherschutzes wird dafür plädiert, einen solchen Anspruch anzuerkennen (Lenkeit BauR 2017, 615, 622). Dies muss auch hier gelten. 39

§ 650m
Abschlagszahlungen; Absicherung des Vergütungsanspruchs

(1) Verlangt der Unternehmer Abschlagszahlungen nach § 632a, darf der Gesamtbetrag der Abschlagszahlungen 90 Prozent der vereinbarten Gesamtvergütung einschließlich der Vergütung für Nachtragsleistungen nach § 650c nicht übersteigen.

(2) Dem Verbraucher ist bei der ersten Abschlagszahlung eine Sicherheit für die rechtzeitige Herstellung des Werks ohne wesentliche Mängel in Höhe von 5 Prozent der vereinbarten Gesamtvergütung zu leisten. Erhöht sich der Vergütungsanspruch infolge einer Anordnung des Verbrauchers nach den §§ 650b und 650c oder infolge

sonstiger Änderungen oder Ergänzungen des Vertrags um mehr als 10 Prozent, ist dem Verbraucher bei der nächsten Abschlagszahlung eine weitere Sicherheit in Höhe von 5 Prozent des zusätzlichen Vergütungsanspruchs zu leisten. Auf Verlangen des Unternehmers ist die Sicherheitsleistung durch Einbehalt dergestalt zu erbringen, dass der Verbraucher die Abschlagszahlungen bis zu dem Gesamtbetrag der geschuldeten Sicherheit zurückhält.

(3) Sicherheiten nach Absatz 2 können auch durch eine Garantie oder ein sonstiges Zahlungsversprechen eines im Geltungsbereich dieses Gesetzes zum Geschäftsbetrieb befugten Kreditinstituts oder Kreditversicherers geleistet werden.

(4) Verlangt der Unternehmer Abschlagszahlungen nach § 632a, ist eine Vereinbarung unwirksam, die den Verbraucher zu einer Sicherheitsleistung für die vereinbarte Vergütung verpflichtet, die die nächste Abschlagszahlung oder 20 Prozent der vereinbarten Vergütung übersteigt. Gleiches gilt, wenn die Parteien Abschlagszahlungen vereinbart haben.

Schrifttum

JAGENBURG, Die Rechtsprechung zum privaten Bau- und Bauvertragsrecht im Jahre 1973, NJW 1974, 2264

VOGEL, § 650f VI BGB und die Erosion des Verbraucherschutzes, BauR 2020, 388.

S die Nachweise zu den Vorbem zu §§ 650i–650n.

Systematische Übersicht

I. Normzwecke
1. Begrenzung der Abschlagszahlungen (§ 650m Abs 1 BGB) — 1
2. Gewähr der vertragsgemäßen Werkherstellung (§§ 650m Abs 2, Abs 3, 309 Nr 15 BGB) — 5
3. Absicherung des Vergütungsanspruchs (§ 650m Abs 4 BGB) — 6

II. Begrenzung der Abschlagszahlungen im Einzelnen (§ 650m Abs 1 BGB)
1. Rechtsnatur der Begrenzung — 7
2. Anwendungsbereich der §§ 632a, 650m Abs 1 BGB — 10
a) Gesetzlicher Anspruch auf Abschlagszahlungen (§§ 632a, 650m Abs 1 BGB) — 10
b) Vertragliche Abschlagszahlungsvereinbarungen — 11
aa) Anwendungsbereich des § 309 Nr 15 BGB — 12
bb) Wesentlichkeitskriterium in § 309 Nr 15 lit a BGB — 14
3. Bezugsgegenstand: vereinbarte Gesamtvergütung — 18
4. Nachtragsleistungen nach § 650c BGB — 20

III. Gewähr der vertragsgemäßen Herstellung des Werks (§ 650m Abs 2, Abs 3 BGB) — 22
1. Orientierung an § 632a Abs 3 aF — 23
2. Anwendungsbereich des § 650m Abs 2 S 1 BGB — 26
a) § 632a Abs 3 aF versus § 650i Abs 1 BGB — 26
b) Ausschluss des Bauträgervertrages (§ 650u Abs 2 BGB) — 28
c) Absicherung der vertraglich vereinbarten Abschlagszahlungen — 29
3. Bezugspunkt der Sicherheit — 30
4. Vertragserfüllungssicherheit bzw -bürgschaft — 31

5. Abdingbarkeit der Sicherheitsregelungen 34
6. Erhöhungen in Folge der Bestelleranordnungen (§ 650m Abs 2 S 2 BGB) 35
7. Alternative Erbringungen der Sicherheitsleistung 36
a) Einbehalt (§ 650m Abs 2 S 3 BGB) 36
b) Garantie bzw sonstige Leistungsversprechen (§ 650m Abs 3 BGB) 37

IV. Grenzen der Absicherung des Vergütungsanspruchs (§ 650m Abs 4 BGB) 38

Alphabetische Übersicht

Abnahmereife 24
Allgemeine Geschäftsbedingungen 10 f, 34, 37

betagte Verbindlichkeit 7 f

Einbehalt 36
Einzelgewerke 27
Erheblichkeitsschwelle 14, 27
Erneuerungsmaßnahmen 27
Erweiterungsmaßnahmen 27

Fiktion 18
Forderungssicherungsgesetz 3, 23

Gebot der Praktikabilität 40
Geringfügigkeitskriterium 34
Gewährleistungsbürgschaft 25, 33

Individualvereinbarungen 11, 34, 37
Instandhaltungsmaßnahmen 27
Instandsetzungsarbeiten 27

Nachtragsleistungen 4, 20

rechtshindernde Einwendung 9
Rechtsnatur 7

Umbaumaßnahmen 27

Verbot der geltungserhaltenden Reduktion 17
vereinbarte Gesamtvergütung 5, 7 ff, 18 f, 30
Vertragliche Abschlagszahlungsvereinbarungen 10 f
Vertragserfüllungsbürgschaft 25, 33
Vertragserfüllungssicherheit 31
Vertragswert 3

wesentliche Eigenschaften 18
Wesentlichkeitskriterium 14

I. Normzwecke

1. Begrenzung der Abschlagszahlungen (§ 650m Abs 1 BGB)

1 Seit Inkrafttreten des BGB am 1. 1. 1900 wurde das Werkvertragsrecht durch eine Vorleistungspflicht des Unternehmers geprägt. Der von Jagenburg als **„Dreh- und Angelpunkt des Bauvertrags“** (NJW 1974, 2264, 2265) bezeichnete und für den Werkvertrag allgemein zentrale Aspekt ist und bleibt die **Abnahme gem § 640 BGB**. Diese Vorleistungspflicht brachte insbesondere bei langfristigen Werkverträgen, deren Erfüllung erhebliche Vorleistungen des Unternehmers erforderte, oft schwerwiegende finanzielle Belastungen mit sich. Nachdem der Unternehmer seine vertraglich geschuldete Leistung erbracht hatte, war es dem Besteller erlaubt, die Abnahme selbst bei nur geringfügigen Mängeln zu verweigern. Darüber hinaus konnte der Besteller die Zahlung der Vergütung ablehnen, indem er sich auf vermeintliche Mängel berief, mit deren Klärung häufig umfangreiche und zeitraubende Beweisaufnahmen verbunden waren (BT-Drucks 14/1246, 4).

2 Eine grundlegende Änderung dieser Rechtslage trat erst im Jahr 2000 mit dem **Gesetz zur Beschleunigung fälliger Zahlungen** ein, das insbesondere darauf abzielte, die Zahlungsprobleme in der Bauwirtschaft zu adressieren (BGBl 2000 I 330). Dieses Gesetz schränkte die Möglichkeit des Bestellers ein, die Abnahme wegen unwesentlicher Mängel zu verweigern, indem es § 640 Abs 1 S 2 BGB einführte. **Kernpunkt** der Reform war jedoch die **Einführung von § 632a aF**, welcher dem Unternehmer das Recht einräumte, vom Besteller Abschlagszahlungen für in sich abgeschlossene und vertragsgemäße Teile des Werkes zu verlangen. Diese Regelung war an **§ 16 Abs 1 Nr 1 VOB/B** angelehnt (BT-Drucks 14/1246, 6). Zwar wurde die Vorleistungspflicht normativ nicht aufgehoben, doch konnte der Unternehmer durch die Möglichkeit, für einzelne abgeschlossene oder vertraglich gesondert zu vergütende Teilgewerke (BT-Drucks 14/1246, 6) Abschlagszahlungen zu verlangen, seine finanzielle Belastung spürbar reduzieren.

3 In der Folgezeit erfuhr die Vorschrift durch das **Forderungssicherungsgesetz** (FoSiG; BGBl 2008 I 2022) sowie durch das Gesetz zur Reform des Bauvertragsrechts und zur Änderung der kaufrechtlichen Mängelhaftung im Jahr 2018 sowohl sprachliche als auch inhaltliche Weiterentwicklungen. Seither ist nicht mehr der schwer zu bestimmende Wertzuwachs beim Besteller maßgeblich, sondern die vom Unternehmer erbrachte und geschuldete Leistung, der **sog Vertragswert** (BT-Drucks 18/8486, 47). Theoretisch können die Abschlagszahlungen nunmehr während der Leistungserbringung bis zu 100 % des Vertragswertes erreichen.

4 Beim Verbraucherbauvertrag sieht der Gesetzgeber jedoch eine Schutzvorkehrung zugunsten des Verbrauchers vor: Die geforderten Abschlagszahlungen dürfen **90 % der vereinbarten Vergütung, einschließlich der Vergütung für Nachtragsleistungen nach § 650c BGB, nicht überschreiten.** Der **fachlich unkundige Verbraucher** kann oftmals nicht beurteilen, wie weit der Bau bereits fortgeschritten wurde und ob die Höhe der jeweiligen Abschlagszahlung gerechtfertigt ist (BT-Drucks 18/8486, 64). Daher kann es oftmals zu **versteckten und nicht begründeten Vorauszahlungen** kommen. Diese Regelung trägt einerseits dem berechtigten finanziellen Interesse des Unternehmers Rechnung, bewahrt jedoch zugleich den Verbraucher vor überhöhten oder intransparenten Abschlagsforderungen. Den **Restbetrag** der Vergütung muss der Verbraucher erst **nach der Abnahme** der Werkleistung begleichen (§ 641 Abs 1 BGB). Zusätzlich stärkt § 650m Abs 1 BGB die Position des Verbrauchers, indem er ihm eine effektivere Möglichkeit einräumt, sein **Zurückbehaltungsrecht gem § 641 Abs 3 BGB** im Falle bestehender Mängel geltend zu machen.

2. Gewähr der vertragsgemäßen Werkherstellung (§§ 650m Abs 2, Abs 3, 309 Nr 15 BGB)

5 Die Bereitstellung einer Sicherheit in Höhe von 5 % der vereinbarten Gesamtvergütung zur Sicherstellung der fristgerechten Herstellung des Werkes, wie in § 650m Abs 2 und Abs 3 BGB festgelegt, entspricht im Wesentlichen den Regelungen des § 632a Abs 3 und Abs 4 BGB der früheren Fassung. Jedoch wurden die Sicherheitsstellungsvorschriften angepasst, um dem neu eingeführten Begriff des Verbraucherbauvertrages Rechnung zu tragen. Darüber hinaus erwies sich eine weitere Klarstellung in § 650m Abs 2 S 2 BGB als erforderlich, um die Vergütungserhöhung, die sich aus der Ausübung des Anordnungsrechts gem der §§ 650b, 650c BGB ergibt, recht-

lich abzusichern. In der Gesamtschau bleibt die bisherige Rechtslage gleichwohl weitgehend unverändert bestehen.

3. Absicherung des Vergütungsanspruchs (§ 650m Abs 4 BGB)

§ 650e BGB regelt die Möglichkeit zur Bestellung einer Sicherungshypothek, während § 650f BGB die Bauhandwerkssicherung zugunsten des Unternehmers vorsieht. 6
Der gesetzliche Anspruch auf eine Bauhandwerkssicherung ist gem § 650f Abs 6 S 1 Nr 2 BGB bei Verbraucherbauverträgen ausgeschlossen (kritisch zu dieser Beschränkung, Vogel BauR 2020, 388, 394 f; Orlowski BauR 2017, 1470, 1472). Dieser Ausschluss ist auf die besondere finanzielle Situation des Verbrauchers während der Bauausführung zurückzuführen. Gerät der Besteller in wirtschaftliche Schwierigkeiten, betreffen diese primär das Verhältnis zur finanzierenden Bank (BT-Drucks 18/8486, 59). Möchte der Unternehmer dennoch eine Absicherung erlangen, kann eine entsprechende vertragliche Klausel vereinbart werden. Der BGH betrachtet eine solche Vereinbarung grundsätzlich als wirksam, sofern sie den Verbraucher nicht iSv § 307 BGB unangemessen benachteiligt (BGH 27. 5. 2010 – VII ZR 165/09, NJW 2010, 2272 Rn 18 ff). Hierin spiegelt sich das gesetzgeberische Anliegen wider, die Schutzbedürftigkeit des Verbrauchers zu wahren.

II. Begrenzung der Abschlagszahlungen im Einzelnen (§ 650m Abs 1 BGB)

1. Rechtsnatur der Begrenzung

Beim § 650m Abs 1 BGB handelt es sich um eine **gesetzliche Beschränkung des gesetzlichen Anspruchs** auf Abschlagszahlungen nach § 632a BGB. Der Unternehmer darf 7
nur 90 % der vereinbarten Gesamtvergütung als Abschlagszahlungen verlangen. § 650m Abs 1 BGB legt dem Besteller indes **kein Verbot** auf, an den Unternehmer mehr Abschlagszahlungen bis hin zur Zahlung der vereinbarten Gesamtvergütung zuzuwenden (Soergel/Glöckner § 650m Rn 10). Insoweit wird in der Literatur die Auffassung vertreten, im § 650m Abs 1 BGB sei eine **Einrede**, also ein **Leistungsverweigerungsrecht zu erblicken** (Soergel/Glöckner § 650m Rn 10; ibrOK-BauVertrR/Stretz [22. 4. 2024] § 650m Rn 15). Dieses greife erst dann ein, wenn der geforderte Betrag die 90%-Marke übersteige. Zahlt der Besteller mehr als 90 % der vereinbarten Gesamtvergütung, kann nach **dieser Auffassung** der Verbraucher den zu viel gezahlten Betrag gem **§ 813 Abs 1 S 1 BGB** kondizieren (Soergel/Glöckner § 650m Rn 17). Die Leistung auf einen Abschlag ist nach wohl überwiegender Auffassung auch keine **Leistung auf eine betagte Verbindlichkeit gem § 813 Abs 2 BGB** (PWW/Prütting § 813 Rn 7). Der legislatorische Zweck des § 813 Abs 2 BGB liegt in der Verhinderung der **sinnlosen Hin- und Herleistungen** (BGH 6. 6. 2012 – VIII ZR 198/11, NJW 2012, 2659, 2661 Rn 25; Staudinger/Linardatos [2024] § 813 Rn 0.31), der gerade bei Abschlagszahlungen jedoch nicht greife.

Dabei muss konstatiert werden, dass die **Zahlung des Bestellers auf eine Werklohnforderung** des Unternehmers das **Paradebeispiel** für eine **betagte Verbindlichkeit** ist (Staudinger/Linardatos [2024] § 813 Rn 0.30). **Zu formal** erschiene die potentielle Einwendung, dass es sich beim Anspruch nach § 632a BGB und seiner Begrenzung nach § 650m Abs 1 BGB nicht um die eigentliche Werklohnforderung nach § 631 Abs 1 Alt 2 BGB, sondern vielmehr um eine davon abzugrenzende Forderung eigener Art 8 handele. Sowohl beim § 631 Abs 1 Alt 2 BGB als auch beim § 632a BGB geht es, bereits aus systematischen Gründen, letztendlich um die **Erfüllung der Gegenleistungsverpflichtung** des Bestellers. Insoweit kann mit guten Gründen in der vorzeitigen Zahlung der nicht oder nicht in dem Umfang geschuldeten Abschlagszahlung **eine betagte Verbindlichkeit** angenommen werden. Folge einer solchen Sicht wäre der **Ausschluss der Kondiktion nach § 813 Abs 1 S 1 BGB im Wege der Kondiktionssperre nach § 813 Abs 2 BGB**.

9 **Gangbar** wäre auch ein **anderer Weg**. Der **Wortlaut des 650m Abs 1 BGB** und der **effektive Verbraucherschutz des Bestellers** legen es nahe, im § 650m Abs 1 BGB nicht bloß eine Einrede, sondern eine **rechtshindernde Einwendung** zu sehen. Der Anspruch auf Abschlagszahlungen soll beim Verbraucherbauvertrag schon dem Grunde nach nur auf 90 % der vereinbarten Gesamtvergütung begrenzt sein. Leistet der **unwissende Verbraucher** demnach mehr, muss er den über die 90-%-Marke hinausgehenden Betrag im Rahmen der **Leistungskondiktion nach § 812 Abs 1 S 1 Alt 1 BGB** kondizieren dürfen. Dieser Weg scheint **ausdifferenzierter** zu sein. Beim unwissenden Verbraucher würde der condictio indebiti auch die Kondiktionssperre nach § 814 BGB nicht entgegenstehen. Leistet dagegen der Verbraucher **in Kenntnis der Beschränkung nach § 650m Abs 1 BGB**, setzt er sich in Widerspruch, wenn er sodann die Überbezahlung im Rahmen der Leistungskondiktion zurückverlangt. Dieser Anspruch wäre wegen der **Kenntnis der Nichtschuld nach § 814 BGB** ausgeschlossen.

2. Anwendungsbereich der §§ 632a, 650m Abs 1 BGB

a) Gesetzlicher Anspruch auf Abschlagszahlungen (§§ 632a, 650m Abs 1 BGB)

10 Beim Anspruch des Unternehmers auf die Leistung der Abschlagszahlungen nach § 632a BGB handelt es sich um einen **gesetzlichen Anspruch**. Diesen begrenzt die Regelung des § 650m Abs 1 BGB auf 90 % der vereinbarten Gesamtvergütung. **Keine Anwendung** finden die §§ 632a, 650m Abs 1 BGB auf **vertragliche Abschlagszahlungsvereinbarungen**. Sollten diese jedoch unwirksam oder im Falle von Allgemeinen Geschäftsbedingungen formell nicht Vertragsbestandteil geworden sein (§§ 305 ff BGB), tritt an ihre Stelle die gesetzliche Regelung der §§ 632a, 650m Abs 1 BGB.

b) Vertragliche Abschlagszahlungsvereinbarungen

11 Keine Anwendung finden §§ 632a, 650m Abs 1 BGB auf **vertraglich vereinbarte Abschlagszahlungen**, etwa in Form von **Zahlungsplänen** (BeckOK-BGB/Voit [1. 2. 2024] § 650m Rn 3). Den Parteien bleibt es grundsätzlich unbenommen, die Abschlagszahlungen nach einem bestimmten Plan und in einer bestimmten Höhe zu vereinbaren. Vertragliche Abschlagszahlungsvereinbarungen können dabei im Rahmen von **Individualvereinbarungen** oder von **Allgemeinen Geschäftsbedingungen** getroffen werden. Während diesbezügliche Individualvereinbarungen nur äußeren Grenzen (§§ 123, 138, 242 BGB) unterworfen sind, sind für formularvertragliche Vereinbarungen **spezielle Schranken** nach **§ 309 Nr 5 BGB** gesetzt.

aa) Anwendungsbereich des § 309 Nr 15 BGB

12 Die rechtliche Absicherung durch § 309 Nr 15 BGB stellt eine bedeutsame Neuerung im Rahmen des AGB-Rechts dar. Diese Vorschrift führt zur Unwirksamkeit von Vereinbarungen, die es dem Unternehmer ermöglichen würden, Abschlagszahlungen zu fordern, welche die in den §§ 632a Abs 1, 650m Abs 1 BGB vorgesehenen

Beträge **wesentlich überschreiten** (§ 309 Nr 15 lit a BGB). Ebenso wird eine Vereinbarung für unwirksam erklärt, wenn sie eine Sicherheitsleistung des Unternehmers vorsieht, die unterhalb der Anforderungen des § 650m Abs 2 BGB liegt.

Der Anwendungsbereich dieser Norm erstreckt sich nicht nur auf Bauverträge, son- 13
dern – durch die Bezugnahme auf § 632a BGB und den klaren Wortlaut des § 309 Nr 15 BGB („eine Bestimmung, nach der der Verwender bei einem Werkvertrag") – **auf sämtliche Werkverträge**. Der Gesetzgeber hat es bewusst unterlassen, jegliche abweichenden Vereinbarungen von den Regelungen der §§ 632a, 650m BGB generell auszuschließen (BT-Drucks 18/8486, 37). Individuelle Vereinbarungen, die den Auftraggeber mit höheren Abschlagszahlungsverpflichtungen belasten, bleiben daher weiterhin zulässig. Auch § 650o BGB, der keine Bezugnahme auf § 650m BGB enthält, steht solchen Abweichungen nicht entgegen. Ziel des Gesetzgebers war es, das Verbraucherschutzniveau zu erhöhen, ohne dabei jedoch den Verbraucher übermäßig zu bevormunden (BT-Drucks 18/8486, 37).

bb) Wesentlichkeitskriterium in § 309 Nr 15 lit a BGB

Das Wesentlichkeitskriterium ist dem BGB nicht fremd; es findet sich prominent in 14
den §§ 93, 94 BGB wieder. Ein Bestandteil gilt gem § 93 BGB dann als wesentlich, wenn er von der einheitlichen Sache nicht abgetrennt werden kann, ohne dass dadurch zumindest ein anderer Bestandteil zerstört würde. Eine ähnliche Abgrenzungsfrage stellt sich jedoch in Bezug auf § 309 Nr 15 lit a BGB ersichtlich nicht. Vielmehr geht es hier um die Frage der zulässigen Höhe der geforderten Abschlagszahlungen, dh, ob die **festgelegten Obergrenzen erheblich überschritten werden**. Es hätte sich daher angeboten, anstelle des Wesentlichkeitskriteriums vielmehr die **Erheblichkeitsschwelle** heranzuziehen, wie sie in den §§ 280 Abs 1 S 3, 323 Abs 5, 536 Abs 1 S 3 BGB normiert ist. Gleichwohl handelt es sich bei beiden Begriffen um **abstrakte Rechtsbegriffe**, die einer **wertenden Auslegung** zugänglich sind. Solche Wertungen führen naturgemäß zur Rechtsunsicherheit und daraus resultierend zu Rechtsstreitigkeiten. Der **Bundesrat** hat in seiner Stellungnahme die Aufnahme dieses Kriteriums aufgrund seiner Unbestimmtheit daher zu Recht moniert (BT-Drucks 18/8486, 82). Seine Kritik richtete sich jedoch nicht allein gegen die konkrete Ausgestaltung, sondern auch **gegen die Aufnahme dieses Kriteriums per se**. Nach Auffassung des Bundesrates sollten abweichende Formularklauseln zur Höhe der Abschlagszahlungen stets unwirksam sein (BT-Drucks 18/8486, 82). Die §§ 632a Abs 1, 650m Abs 1 BGB würden damit eine „absolute Grenze" setzen. Andernfalls, so der Bundesrat, drohe, dass abweichende Regelungen zum Nachteil der Verbraucher bei Verbraucherbauverträgen zum „geschäftsmäßigen Standard" avancieren und damit das Schutzniveau für Verbraucher absenken (BT-Drucks 18/8486, 82). Weder der Ausschuss für Recht und Verbraucherschutz in seiner Beschlussempfehlung noch der Gesetzgeber selbst griffen diese Kritik auf – ein bedauerlicher Umstand.

Soweit ersichtlich, liegt zur Frage des § 632a BGB bislang lediglich eine **Entscheidung** 15
des LG Tübingen vor (LG Tübingen 20. 10. 2020 – 5 O 153/20, BeckRS 2021, 16114). In jenem Fall handelte es sich jedoch nicht um einen Verbraucherbauvertrag, sondern um einen Werkvertrag über die Lieferung und Errichtung eines Kamins. Der Vertrag sah eine hundertprozentige Vorleistungspflicht des Bestellers vor, während der Unternehmer für eine Teilleistung, die lediglich 3 % des Gesamtpreises ausmachte, 45 % der Vergütung – das 15-Fache – verlangte. Dies bewertete das LG Tübingen als Ver-

stoß gegen § 309 Nr 15 lit a BGB und erklärte wegen der zentralen Bedeutung dieser Norm den gesamten Vertrag für unwirksam (BeckRS 2021, 16114, Rn 22 aE).

16 Für **Verbraucherbauverträge** eröffnet sich konkret das Problem, wann die in § 650m Abs 1 BGB vorgesehene Obergrenze von 90 % „wesentlich" überschritten ist. Vorgeschlagen wird, eine zulässige Überschreitung der 90-%-Grenze auf maximal 5 % zu beschränken (MünchKommBGB/Wurmnest § 309 Nr 1 Rn 13; BeckOGK/Weiler [1. 12. 2024] § 309 Nr 1 Rn 54). Diese Fragestellung ist **normativ** zu behandeln. Entscheidend ist, dass die festgelegte Obergrenze den Verbraucher vor verdeckten Vorleistungen schützt und ihm ermöglicht, sein Recht aus § 641 Abs 3 BGB effektiver geltend zu machen. Je höher die Obergrenze angesetzt wird, desto größer ist die Gefahr, dass Verbraucher für verdeckte Vorleistungen zahlen müssen. Dies könnte im Falle von Mängeln dazu führen, dass weitreichende Abschlagszahlungen den Betrag aufzehren, den der Besteller gem § 641 Abs 3 BGB zurückbehalten kann. Wesentlichkeit iSd § 309 Nr 15 lit a BGB ist daher insbesondere bei Formularklauseln anzunehmen, die Abschlagszahlungen iHv 100 % der Gesamtvergütung vorsehen. Dahin entschied auch das **LG Halle** (LG Halle 22. 4. 2021 – 4 O 208/19, BeckRS 2021, 28641 Rn 21). Ein strenger Maßstab sollte indes für geringfügigere Abweichungen gelten, wobei die Grenze bei **maximal 95 %** zu ziehen ist. Das **LG Frankfurt aM** (LG Frankfurt aM 28. 6. 2019 – 2-33 O 248/18, BeckRS 2019, 50481 Rn 63 ff) hielt eine Vereinbarung, die Abschlagszahlungen in **Höhe von 95,5 %** des Pauschalfestpreises vorsah, für unwirksam.

17 Halten formularvertraglich vereinbarte Abschlagszahlungen der materiellen AGB-Kontrolle nicht stand, sind sie unwirksam. Eine Begrenzung auf das noch zulässige Maß widerspricht dem **Verbot der geltungserhaltenden Reduktion**. Folge davon ist, dass **gem § 306 Abs 2 BGB** an ihre Stelle die gesetzlichen Vorschriften geltend. Auf diesem Wege werden der **§ 632a BGB sowie auch seine Beschränkung gem § 650m Abs 1 BGB** wiederbelebt (BeckOK-BGB/Voit [1. 2. 2024] § 632a Rn 3).

3. Bezugsgegenstand: vereinbarte Gesamtvergütung

18 Bezugsgegenstand der Begrenzung nach § 650m Abs 1 BGB stellt die **vereinbarte Gesamtvergütung** dar. Die vertraglich vereinbarte Gesamtvergütung ist bei Verträgen mit Pauschalpreisen leicht ermittelbar (jurisPK-BGB/Segger-Piening § 650m Rn 8). In anderen Fällen (etwa bei Einheitspreisverträgen) kann bereits die Höhe der vereinbarten Vergütung problematisch sein. Die Sachlage wird **im Werkvertragsrecht** darüber hinaus noch dadurch **verschärft**, dass angesichts der Regelung in § 632 BGB zu den essentialia negotii eines Verbraucherbauvertrages (ebenso eines allgemeinen Werkvertrages oder Bauvertrages) die Vereinbarung einer bestimmten Vergütung nicht gehört. Vielmehr tritt an die Stelle der vereinbarten Vergütung die **Fiktion der stillschweigend vereinbarten Vergütung gem § 632 Abs 1 BGB**. Die Höhe der Vergütung muss gem § 632 Abs 2 BGB sodann noch ermittelt werden, was mitunter mit Komplikationen verbunden ist. Bei Verbraucherbauverträgen wird im Hinblick auf die Baubeschreibung diskutiert, ob der „Preis" bzw die „Vergütung" zu den **wesentlichen Eigenschaften des angebotenen Werks nach Art 249 § 2 Abs 1 S 1 EGBGB** gehört, jedoch im Sinne der **rein technischen Baubeschreibungsauslegung** mehrheitlich abgelehnt (§ 650j Rn 19). Angesichts des Umstandes, dass gerade die Preis-, bzw Vergütungshöhe für den Verbraucher immense Bedeutung haben dürften und seine finanziellen Aufwendungen im Rahmen des Verbraucherbauvertragsrechts gerade

die **besonderen Schutzvorschriften** erforderlich machten, müsste **de lege lata** über die **analoge Anwendung des Art 246 Abs 1 Nr 3 BGB** diskutiert werden, wofür der Verf plädiert. **De lege ferenda** sollte die Preisangabe in einem **gesonderten Absatz 3 des Art 249 § 2 EGBGB** kodifiziert werden (zu diesem Vorschlag § 650j Rn 19).

Die Höhe der Abschlagszahlungen bezieht sich auf die **vereinbarte Gesamtvergütung**, demnach auf die **Gesamtsumme** des Auftrags. Daraus folgt, dass die 90-prozentige Beschränkung **nicht die jeweiligen Einzelzahlungen** betrifft (Grüneberg/Retzlaff § 650m Rn 2). Die jeweiligen Abschlagszahlungen können demnach auch 100 % des jeweiligen Baufortschritts abbilden. Vielmehr darf der Verbraucher die Zahlung von **10 % der Restgesamtvergütung verweigern.** In die Gesamtsumme eingeschlossen sind die Umsatzsteuer (jurisPK-BGB/Segger-Piening § 650m Rn 8) Nebenkosten sowie sonstige Gebühren (BeckOK-BGB/Voit [1. 2. 2024] § 650m Rn 4). Abzuziehen sind davon freilich Minderleistungen infolge der Mangelhaftigkeit (Grüneberg/Retzlaff § 650m Rn 2). 19

4. Nachtragsleistungen nach § 650c BGB

Die Gesamtvergütung ändert sich **gem § 650c BGB** im Falle der Anordnungen des Bestellers nach **§ 650b Abs 1 BGB**. Die Vergütung kann dadurch sowohl gemehrt als auch gemindert werden. Konsequenterweise bleibt zwar die **prozentuale Begrenzung der Abschlagszahlungen bei 90 % identisch**, während sie sich in **absoluten Zahlen wandeln kann.** 20

Nach **§ 650c Abs 3 S 1 BGB** kann der Unternehmer bei der Berechnung von Abschlagszahlungen **80 %** einer in einem **Angebot nach § 650b Abs 1 S 2 BGB** genannten Mehrvergütung ansetzen, wenn sich die Parteien nicht über die Höhe geeinigt haben oder keine anderslautende gerichtliche Entscheidung ergangen ist. Mit § 650c Abs 3 S 1 BGB hat der Gesetzgeber dem **Vorleistungsrisiko des Unternehmers** infolge der Ausübung des Anordnungsrechts des Verbrauchers begegnen wollen (BT-Drucks 18/8486, 56). Besteht zwischen den Parteien nämlich Streit über die Höhe der infolge der Vertragsänderungen geschuldeten Mehrvergütung, soll der Unternehmer eine pauschale Vergütung in Höhe von 80 % der im Angebot nach § 650b Abs 1 S 2 BGB angesetzten Höhe verlangen dürfen. Diese gesetzlich angeordnete **Pauschalierung** führt zu einem Berechnungsproblem bei der Begrenzung der Abschlagszahlungen nach § 650m Abs 1 BGB. Hier muss zwischen **zwei Verläufen** unterschieden werden (BeckOK-BGB/Voit [1. 2. 2024] § 650m Rn 6 f): **(1)** Wird die geschuldete Mehrvergütung durch eine **gerichtliche Entscheidung** festgelegt, muss auch die infolge der Anordnung veränderte Gesamtsumme feststehen. Die Beschränkung der Abschlagszahlungen nach § 650m Abs 1 BGB auf 90 % bezieht sich somit auf diese veränderte Gesamtsumme, auch wenn dadurch die Mehrvergütung von 80 % überschritten wird. **(2)** Liegt **keine gerichtliche Entscheidung** vor, so liegt die Höhe der geschuldeten Mehrvergütung in der Schwebe. Die Begrenzung gem § 90 % bezieht sich damit auf die 80 % der Angebotsvergütung gem § 650b Abs 1 S 2 BGB. Prozentuell bedeutet dies folgendes: Die **Gesamtsumme der unveränderten (Rest)Leistungen wird mit 90 %** angesetzt. Die 80-prozentige Vergütung für den **Nachtrag** wird auch auf 90 % beschränkt. Prozentuell ergibt sich im Hinblick auf die Mehrvergütung isoliert eine **prozentuelle Begrenzung von 72 %:** ((Angebot der Mehrvergütung x 0,8) x 0,9 = 0,72). Die Gesamtrechnung ist damit wie folgt: 21

(Gesamtsumme der unver Leistungen x 0,9)
+ ((Angebot der Mehrvergütung x 0,8) x 0,9)
= Begrenzung nach § 650m Abs 1 BGB

III. Gewähr der vertragsgemäßen Herstellung des Werks (§ 650m Abs 2, Abs 3 BGB)

22 Nach § 650m Abs 2 S 1 BGB ist dem Verbraucher bei der ersten Abschlagszahlung eine Sicherheit für die rechtzeitige Herstellung des Werks ohne wesentliche Mängel in von 5 % der vereinbarten Vergütung zu zahlen.

1. Orientierung an § 632a Abs 3 aF

23 Die Regelung des § 650m Abs 2 BGB ist nicht neu, sondern dem § 632a Abs 3 alter, bis 2018 geltender Fassung, nachgebildet und angepasst worden. § 632a Abs 3 S 1 aF sah die Verpflichtung des Unternehmers vor, bei einem Vertrag über die Errichtung oder den Umbau eines Hauses oder eines vergleichbaren Bauwerks, dem Verbraucher-Besteller bei der ersten Abschlagszahlung eine Sicherheit für die rechtzeitige Herstellung des Werkes ohne wesentliche Mängel in Höhe von 5 vom Hundert des Vergütungsanspruchs zu leisten. Die Regelung wurde durch das **Forderungssicherungsgesetz – FoSig** (BGBl 2008 I 2022) eingeführt. Das zentrale Ziel des **FoSig** war es, die zunehmende Verschlechterung des Zahlungsverhaltens der Auftraggeber einzudämmen (BT-Drucks 16/511, 11). Dadurch wurde § 632a BGB insgesamt novelliert und in dessen Zuge auch die **besondere Absicherung der Erfüllungsansprüche der Verbraucher in § 632a Abs 3 aF** geregelt. Der Gesetzgeber erkannte die Notwendigkeit an, bei einem **Bauträgervertrag** sowie bei einem **Generalübernehmervertrag** „den Erfüllungsanspruch des Bestellers in gewisser Weise abzusichern" (BT-Drucks 16/511, 15). Durch die Makler- und Bauträgerverordnung (MaBV) sowie durch die AGB-Kontrolle bei Generalübernehmerverträgen war zwar sichergestellt, dass der Unternehmer nur für bereits erbrachte Leistungen Abschlagszahlungen verlangen konnte. Darin erschöpfte sich das Sicherungsbedürfnis des Bestellers nicht. Vielmehr besteht üblicherweise ein **weiteres Sicherungsbedürfnis** für jene **Mehraufwendungen**, die daraus entstehen, dass das Bauwerk **im Falle der Insolvenz nicht vollendet** bzw wenn **das Bauwerk mangelhaft** errichtet wird (BT-Drucks 16/511, 15).

24 Dabei orientierte sich der Gesetzgeber an der für Bauaufträge der öffentlichen Hand geltenden Regelung des **§ 14 Nr 2 VOB/A aF**, nach der dem Besteller 5 % der Auftragssumme zu leisten waren. Diese, nach Auffassung des Gesetzgebers, sich bewährte und verallgemeinerungswürdige Regelung konnte als eine **Basisabsicherung** auf das BGB übertragen werden, wobei statt der Auftragssumme, **5 % der Vergütung** zu leisten waren (BT-Drucks 16/511, 15). Die Bestimmung **der festen 5-%-Größe** zog der Gesetzgeber im Sinne der **Rechtssicherheit** (BT-Drucks 16/511, 15) dem Kriterium der Angemessenheit vor. Der Sicherungszweck der gesetzlich angeordneten Absicherung war darauf konkretisiert, **die rechtzeitige Herstellung des Werks ohne wesentliche Mängel** sicherzustellen. Dafür war die **Abnahmereife**, also ein vollständiges und ohne wesentliche Mängel hergestelltes Werk, erforderlich (BT-Drucks 16/511, 15). Nach der Vorstellung des Gesetzgebers sollte diese Sicherheit demnach folgende Leistungsstörungen vor der Abnahme umfassen:

– **Schlechtleistung** – wenn die Unternehmerleistung hinter der vertraglich vorausgesetzten Tauglichkeit oder Werthaltigkeit zurückbleibt

– **Verzögerung der Leistung** – wenn die vorgesehene Bauzeit überschritten wird.

Eine **bestimmte Sicherheitsart** hat der Gesetzgeber zwar nicht vorgegeben **(Neutralität der Absicherungsart)**, jedoch zum Ausdruck gebracht, dass er die Bürgschaft in der speziellen Form der **Vertragserfüllungsbürgschaft** vor Augen hatte (BT-Drucks 16/511, 15). Diese sollte bis zur Abnahme die entsprechenden Ansprüche absichern und war nach der Abnahme in dem Falle zurückzugeben, wenn bei der Abnahme keine Mängel vorbehalten wurden. Ein **Zurückbehaltungsrecht** im Hinblick auf die **Gewährleistungsansprüche** sollten nach der ausdrücklichen Gesetzesbegründung dem Besteller **nicht zustehen** (BT-Drucks 16/511, 15). Diese Sicherheit war daher **nicht als Gewährleistungsbürgschaft** ausgestaltet. 25

2. Anwendungsbereich des § 650m Abs 2 S 1 BGB

a) § 632a Abs 3 aF versus § 650i Abs 1 BGB

Durch die Etablierung eines besonderen Verbraucherbauvertrages musste § 632a Abs 3 aF systematisch in das spezielle Recht verlagert werden. Mit der Bauvertragsnovelle ging freilich auch die Anpassung der Regelung an den im § 650i Abs 1 BGB normierten Anwendungsbereich einher. Nun ist die Regelung nur auf den Verbraucherbauvertrag in der Gestalt des § 650i Abs 1 BGB anzuwenden. Erforderlich ist demnach ein Vertrag über den Bau eines neuen Gebäudes oder über den erheblichen Umbau an einem bestehenden Gebäude. Darin sieht der Gesetzgeber „keine wesentlichen Veränderungen“ zur vorherigen Rechtslage (BT-Drucks 18/8486, 64). 26

Dem kann kaum zugestimmt werden. Die Schwelle der Erheblichkeit der Umbaumaßnahmen ist bei einem Verbraucherbauvertrag sehr hoch angesetzt (Vorbem 5, 19 f zu §§ 650i–650n, § 650i Rn 72 ff), sodass nur solche Verträge umfasst sind, die nach dem **(1) Umfang, (2)** der **Komplexität des Eingriffs** sowie **(3)** nach dem **Ausmaß des Eingriffs in die bauliche Substanz** des Gebäudes mit dem Bau eines neuen Gebäudes vergleichbar sind (BT-Drucks 18/8486, 61). Der unionale Gesetzgeber der VRRL führt diesbezüglich das Beispiel an, nach dem beim umzubauenden Gebäude lediglich die Fassade des Gebäudes erhalten bleibt (Erw 26). **Eine solche Erheblichkeitsschwelle war in § 632a Abs 3 aF nicht enthalten**. Zudem bezog sich die alte Regelung auf die Errichtung oder den Umbau eines Hauses „oder eines vergleichbaren Bauwerks“. Nach alter Rechtslage gehörten zu „vergleichbaren Bauwerken“ auch Garagen und Schuppen (geleitet nach § 2 Nr 2 HOAI aF, BeckOGK/Mundt [1. 10. 2017] § 632a Rn 85). Dagegen unterfallen **bloße Erneuerungs-, Umbau- und Erweiterungsmaßnahmen** (BT-Drucks 18/8486, 61), sowie die **Errichtung von Anbauten** (Garagen, Wintergärten) **dem Verbraucherbauvertrag nach § 650i Abs BGB nicht** (ibrOK-BauVertrR/Stretz [22. 4. 2024] § 650i Rn 18). **Instandsetzungsarbeiten** können dem Verbraucherbauvertrag unterfallen, sofern diese erheblich sind (vgl dazu § 650i Rn 77). **Instandhaltungsmaßnahmen** sind vom Anwendungsbereich des § 650i Abs 1 BGB ausgeschlossen (§ 650i Rn 78). Schließlich sind nach der überwiegenden, jedoch abzulehnenden Auffassung **Verträge über Einzelgewerke**, die im Zusammenhang mit der Errichtung eines Gebäudes oder der Vornahme von erheblichen Umbaumaßnahmen stehen bzw deren Teil sind, nicht vom Anwendungsbereich des § 650i Abs 1 BGB umfasst. Insoweit unterscheidet sich der 27 sachliche Anwendungsbereich des § 650m Abs 2 S 1 BGB gravierend von § 632a Abs 3 BGB.

b) Ausschluss des Bauträgervertrages (§ 650u Abs 2 BGB)

28 § 632a Abs 3 aF umfasste den Bauträgervertrag. Gemäß § 650u Abs 2 BGB soll dagegen **nur Abs 1 des § 650m BGB** auf Bauträgerverträge Anwendung finden. Der Gesetzgeber begründet diese Entscheidung mit dem Umstand, dass eine solche Regelung mit § 3 Abs 2 MaBV nicht vereinbar ist, nach der Zahlungen von Teilbeträgen je nach Baufortschritt zu leisten sind (BT-Drucks 18/8486, 77).

c) Absicherung der vertraglich vereinbarten Abschlagszahlungen

29 § 650m Abs 2 S 1 BGB findet nicht nur im Falle der gesetzlich zu leistenden Abschlagszahlungen nach §§ 632a, 650m Abs 1 BGB, sondern auch im Falle der **vertraglich vereinbarten Abschlagszahlungen** Anwendung. § 650m Abs 2 BGB ist in dieser Hinsicht frei formuliert und enthält lediglich das Merkmal der „Abschlagszahlung" als solche. Der Gesetzgeber hätte auf Abs 1 des § 650m BGB Bezug nehmen können, sofern er eine Beschränkung auf gesetzlich geschuldete Abschlagszahlungen vorsehen wollte. Dies tat er augenscheinlich nicht. Die Erfassung von vertraglich vereinbarten Abschlagszahlungen ist aus **verbraucherschutzrechtlichen Gründen** ohnehin gerechtfertigt. Dem Unternehmer wäre es außerdem ziemlich leicht gemacht, wenn er sich den Absicherungspflichten nach § 650m Abs 2 BGB bei vertraglich vereinbarten Abschlagszahlungen entledigen könnte. Daher wird in der Literatur, soweit ersichtlich, auch nicht bestritten, dass § 650m Abs 2 S 1 BGB alle Arten von Abschlagszahlungen erfasst. Sollte im Vertrag **ein anderer Ausdruck als „Abschlagszahlung"** gewählt worden sein, so sind auch solche vor der Abnahme geschuldeten, **die Gegenleistungsverpflichtung des Bestellers abbildenden Zahlungen**, als Abschlagszahlungen iSv § 650m Abs 2 S 1 BGB zu verstehen.

3. Bezugspunkt der Sicherheit

30 Im Rahmen der Bauvertragsnovelle musste in Anbetracht des § 650m Abs 1 BGB auch der Bezugspunkt hin zur „vereinbarten Gesamtvergütung" geändert werden. Dazu Rn 18 ff.

4. Vertragserfüllungssicherheit bzw -bürgschaft

31 Keine Änderungen ergaben sich hinsichtlich des Gegenstandes der Absicherung. Angesichts fehlender Ausführungen des Gesetzgebers soll der Sicherungszweck wie bei § 632a Abs 3 aF in der **Vertragserfüllung** bestehen (Grüneberg/Retzlaff § 650m Rn 3; jurisPK-BGB/Segger-Piening § 650m Rn 17). Insoweit ist im § 650m Abs 2 S 1 BGB identisch mit § 632a Abs 3 BGB die „rechtzeitige Herstellung des Werks ohne wesentliche Mängel" enthalten. Abzusichern sind folgende Leistungsstörungen:

- **Schlechtleistung** – wenn die Unternehmerleistung hinter der vertraglich vorausgesetzten Tauglichkeit oder Werthaltigkeit zurückbleibt
- **Verzögerung der Leistung** – wenn die vorgesehene Bauzeit überschritten wird.

Die Sicherheit sollte **bis zur Abnahme** bestehen und ist nach der Abnahme zurückzugeben, es sei denn, bei der Abnahme wurden Mängel vorbehalten. 32

Weiterhin gilt der **Grundsatz der Neutralität der Sicherheit**, auch wenn die **Vertragserfüllungsbürgschaft** (BT-Drucks 16/511, 15) die üblicherweise zu wählende Sicherheitsart bleiben müsste. Ein **Zurückbehaltungsrecht** im Hinblick auf die **Gewährleistungsansprüche** sollten nach der ausdrücklichen Gesetzesbegründung des FoSiG-Gesetzgebers dem Besteller **nicht zustehen** (BT-Drucks 16/511, 15). Hinsichtlich § 650m Abs 2 S 1 BGB gilt dasselbe. Die Sicherheit ist **nicht als Gewährleistungsbürgschaft** ausgestaltet (BeckOK-BGB/Voit [1. 2. 2024] § 650m Rn 14; Grüneberg/Retzlaff § 650m Rn 2; jurisPK-BGB/Segger-Piening § 650m Rn 17). Vielmehr soll es weiterhin den Parteien überlassen sein, eine etwaige Gewährleistungsbürgschaft zu vereinbaren (BT-Drucks 16/511, 15). 33

5. Abdingbarkeit der Sicherheitsregelungen

Die Vorschriften zur Sicherheit nach § 650m Abs 2 BGB sind **grundsätzlich dispositiv**. Der Gesetzgeber wollte den Verbraucher nicht bevormunden. Im Rahmen einer Individualvereinbarung können Vertragsparteien eine höhere Sicherheit oder auch gar den Entfall der Sicherheitsleistungen vereinbaren. Im Falle von Allgemeinen Geschäftsbedingungen ist dies anders. Im Gegensatz zu § 309 Nr 15 lit a BGB gestattet **§ 309 Nr 15 lit b BGB keinerlei Abweichungen** zulasten des Verbrauchers. Eine Differenzierung anhand eines **Wesentlichkeits- oder Geringfügigkeitskriteriums** ist in diesem Zusammenhang **nicht** vorgesehen. Folglich sind Vereinbarungen, die das **5-%-Niveau unterschreiten**, **ausnahmslos unwirksam**. Ebenso wenig sind formularvertragliche Sicherheitsausschlüsse zulässig. 34

6. Erhöhungen in Folge der Bestelleranordnungen (§ 650m Abs 2 S 2 BGB)

Neu ist die Regelung des § 650m Abs 2 S 2 BGB. Sie verlangt eine entsprechende Anpassung der dem Verbraucher zu leistenden Sicherheiten in Folge der von ihm abgegebenen **Anordnung nach §§ 650b, 650c BGB**. Sofern sich der Vergütungsanspruch des Unternehmers in Folge der Anordnungen um mehr als **10 %** erhöht, muss auch eine weitere Sicherheit in Höhe von 5 % gestellt werden. Die Vorschrift nimmt freilich nicht nur die Erhöhung der Gesamtvergütung in Folge der Ausübung des Anordnungsrechts, sondern auch etwaige **sonstige Änderungen oder Ergänzungen des Vertrages in Bezug**. Gerade diese Regelung befand sich bereits im § 632a Abs 3 S 2 BGB. Diese **pauschalierte Vorgehensweise** hat der Gesetzgeber weder im Hinblick auf § 632a Abs 2 S 2 aF noch im § 650m Abs 2 S 2 BGB im Einzelnen begründet. Wie schon dem § 650m Abs 2 S 1 BGB liegt auch dieser Vorschrift der Gedanke der **Rechtssicherheit** zulasten des Gedankens der Angemessenheit vor. 35

7. Alternative Erbringungen der Sicherheitsleistung

a) Einbehalt (§ 650m Abs 2 S 3 BGB)

In Anlehnung an **§ 17 Nr 6 VOB/B** kann die Sicherheitsleistung auch in der Weise erbracht werden, dass **auf Verlangen des Unternehmers ein Einbehalt** erfolgen kann. Ziel einer solchen Möglichkeit ist die Erleichterung der Sicherheitsleistungen sowie die **Verringerung bzw Vermeidung des mit der Einschaltung der Bank verbundenen Organi-** 36

sations- und Kostenaufwands (BT-Drucks 16/511, 15). Diese Regelung war bereits im § 632a Abs 3 S 3 aF enthalten und ist unverändert in § 650m Abs 3 S 3 BGB übernommen worden.

b) Garantie bzw sonstige Leistungsversprechen (§ 650m Abs 3 BGB)

37 Zu alternativen Sicherheitsleistungen zählen nach § 650m Abs 3 die Stellung **einer Garantie oder die Abgabe eines sonstigen Zahlungsversprechens** eines im Geltungsbereich dieses Gesetzes zum Geschäftsbetrieb befugten Kreditinstituts oder Kreditversicherers. Allgemeine Sicherungsmittel nach §§ 232 ff BGB kommen auch in Betracht (jurisPK-BGB/Segger-Piening § 650m Rn 26). Die Vorschrift war im § 632a Abs 4 aF enthalten und ist unverändert in den § 650m Abs 3 BGB implementiert worden. Die alte und neue Regelung bezwecken zum einen den **Gleichlauf mit der Stellung der Bauhandwerkersicherung nach § 650f Abs 2 S 1 BGB** (§ 648a Abs 2 S 2 aF). Zum anderen sollen die Parteien die Form der Sicherheitsleistung grundsätzlich frei wählen. § 650m Abs 3 BGB ist ausweislich der ausdrücklichen Gesetzesbegründung deshalb nicht zwingend ausgestaltet. Vielmehr soll es den Parteien unbenommen sein, abweichende Individualvereinbarungen und Allgemeine Geschäftsbedingungen zu treffen (BT-Drucks 16/511, 15). Der Gesetzgeber erachtet den verbraucherspezifischen Schutz nach §§ 307 ff BGB, insbesondere nach §§ 310 Abs 3 Nr 1 iVm 307 BGB, als ausreichend. Die zwingende Ausgestaltung der Regelungen zu Sicherheitsleistungen würde anderenfalls der Vereinbarung der VOB/B im Ganzen entgegenstehen (BT-Drucks 16/511, 15).

IV. Grenzen der Absicherung des Vergütungsanspruchs (§ 650m Abs 4 BGB)

38 Gemäß § 650f Abs 6 S 1 Nr 2 BGB ist eine Absicherung des Vergütungsanspruchs durch die Stellung einer Bauhandwerkersicherung bei einem Verbraucherbauvertrag nach § 650i Abs 1 BGB ausgeschlossen. Nach § 650f Abs 6 S 2 BGB ist dies nur in den Fällen möglich, wenn dem Verbraucher ein zur Betreuung des Bauvorhabens durch einen zur Verfügung über die Finanzierungsmittel des Bestellers ermächtigter Baubetreuer zur Seite steht. Abgesehen von den letzteren Fällen ergibt sich demnach ein Sicherungsbedürfnis des Unternehmers. Dieses kann durch vertragliche Vereinbarungen zwischen dem Unternehmer und dem Verbraucher geschlossen werden. In prospektiver Erwartung, dass der Unternehmer entsprechende Vertragsklauseln stellen wird, setzte der Gesetzgeber durch § 650m Abs 4 BGB präventive Schranken.

39 Verlangt der Unternehmer gesetzlich geschuldete Abschlagszahlungen nach § 632a BGB oder vertraglich vereinbarte Abschlagszahlungen (§ 650m Abs 4 S 2 BGB), ist gem § 650m Abs 4 BGB eine vertragliche Regelung unwirksam, die den Verbraucher zu einer Sicherheitsleistung für die vereinbarte Vergütung verpflichtet, sofern diese

- die Höhe der nächsten Abschlagszahlung (Alt 1) oder

- alternativ 20 % der vereinbarten Vergütung (Alt 2)

übersteigt.

40 Die erste Alternative begründet der Gesetzgeber mit dem Vorleistungsrisiko des Unternehmers: Leistet der Verbraucher Abschlagszahlungen, entsteht ein **Sicherungs-**

bedarf in Höhe der unmittelbar bevorstehenden Zahlung (BT-Drucks 18/8486, 65). Da die Höhe der Abschlagszahlungen regelmäßig variieren kann, resultiert hieraus ein **dynamisches Absicherungsbedürfnis**. Dieses kann vertraglich zwar flexibel formuliert werden, führt in der Praxis jedoch dazu, dass die Sicherheitsleistung des Bestellers kontinuierlich angepasst werden muss. Um dem **Gebot der Praktikabilität** Rechnung zu tragen (BT-Drucks 18/8486, 65), hat der Gesetzgeber daher die zweite Alternative eingeführt, die es ermöglicht, eine **pauschale Sicherungsleistung in Höhe von 20 % der vereinbarten Vergütung zu zahlen**. Diese Regelung schafft sowohl für den Unternehmer als auch für den Verbraucher eine klare und umsetzbare Absicherungsgrundlage. Andererseits hält sie sich im Rahmen der gesamten pauschalierten Vorgehensweise in § 650m BGB.

§ 650n
Erstellung und Herausgabe von Unterlagen

(1) Rechtzeitig vor Beginn der Ausführung einer geschuldeten Leistung hat der Unternehmer diejenigen Planungsunterlagen zu erstellen und dem Verbraucher herauszugeben, die dieser benötigt, um gegenüber Behörden den Nachweis führen zu können, dass die Leistung unter Einhaltung der einschlägigen öffentlich-rechtlichen Vorschriften ausgeführt werden wird. Die Pflicht besteht nicht, soweit der Verbraucher oder ein von ihm Beauftragter die wesentlichen Planungsvorgaben erstellt.

(2) Spätestens mit der Fertigstellung des Werks hat der Unternehmer diejenigen Unterlagen zu erstellen und dem Verbraucher herauszugeben, die dieser benötigt, um gegenüber Behörden den Nachweis führen zu können, dass die Leistung unter Einhaltung der einschlägigen öffentlich-rechtlichen Vorschriften ausgeführt worden ist.

(3) Die Absätze 1 und 2 gelten entsprechend, wenn ein Dritter, etwa ein Darlehensgeber, Nachweise für die Einhaltung bestimmter Bedingungen verlangt und wenn der Unternehmer die berechtigte Erwartung des Verbrauchers geweckt hat, diese Bedingungen einzuhalten.

Schrifttum

Orlowski, Das gesetzliche Bauvertragsrecht – Übersicht und Stellungnahme zum Gesetzentwurf der Bundesregierung, ZfBR 2016, 431

Pause, Verbraucherbaurecht und Bauträgerrecht – zugleich ein Ausblick auf weitere Entwicklungen im Gesetzgebungsverfahren, BauR 2017, 430.

Systematische Übersicht

I. Normzwecke und Hintergrund 1

II. Rechtsnatur der Erstellungs- und Herausgabepflichten und Rechtsfolgen 4

III. Erstellung und Herausgabe von Planungsunterlagen (§ 650n Abs 1 S 1 BGB)
1. Planungsunterlagen 5
2. Behörden 9
3. Zeitpunkt 10
4. Erstellung von Unterlagen 12

5. Herausgabe von Unterlagen 13
6. Ausschluss der Pflichten nach § 650n Abs 1 S 2 BGB 16

IV. Erstellung und Herausgabe von Unterlagen bei der Fertigstellung (§ 650n Abs 2 BGB)
1. Unterlagen 17
2. Zeitpunkt 19

V. Erstellung und Herausgabe von Unterlagen gerichtet an Dritte (§ 650n Abs 3 BGB)
1. Berechtigte Erwartungen des Verbrauchers 21
2. Nachweisverlangen (kumulativ) 23
3. Dritte 24
4. Zeitpunkt 25

Alphabetische Übersicht

Abstandsflächennachweis 8

Baubeschreibungen 1, 5 f, 8
Bauordnungsrecht 6 f, 9, 11
Bauzeichnungen 8
Berechnungen 1, 8
Brandschutzpläne 8
Bringschuld 14 f

Erfüllungsort 15

Fertigstellung 3, 15, 18 ff, 25

Hauptleistungspflichten 4
Holschuld 14

Instandhaltungsmaßnahmen 7
Instandsetzungsmaßnahmen 7

Nachweisverlangen 23
Nebenleistungspflichten 4

Planungsunterlagen 1 f, 15, 17

Rechenschaftspflichten 4
Rechtsnatur 3
Rücksichtnahme- oder Nebenpflichten 4

Schallschutznachweis 8
Schickschuld 14
Standsicherheitsnachweis 8

Teilgewerke 16

Wärmeschutznachweis 8

I. Normzwecke und Hintergrund

1 Die Frage der Erstellungs- und Herausgabepflichten von Unterlagen erweist sich als „konfliktträchtig" und bleibt bislang in der juristischen Praxis nicht abschließend geklärt (BT-Drucks 18/8486, 65). Der Gesetzgeber äußerte sich zur Rechtslage vor dem 1. 1. 2018 wie folgt:

> „Die für das Bauwerk zu erstellenden Planunterlagen, Berechnungen und Zeichnungen werden häufig lediglich als Hilfsmittel zur Erstellung eines mangelfreien Werks angesehen, die vom Unternehmer nicht herauszugeben sind" (BT-Drucks 18/8486, 65).

Angesichts der zunehmenden Komplexität moderner Bauvorhaben ist jedoch der Verbraucherbauherr darauf angewiesen, umfassende Kenntnisse aus diesen Planungsunterlagen zu gewinnen (BT-Drucks 18/8486, 65). Dieses Bedürfnis findet in § 650n BGB eine gesetzliche Anerkennung.

Die Planungsunterlagen dienen dem Verbraucher nicht nur zur **Überprüfung der Mangelfreiheit der Bauleistung**, sondern sind auch für die **Vorlage bei Behörden** unverzichtbar. Auf diese Weise wird der Bauherr in die Lage versetzt, den Nachweis über die **Einhaltung öffentlich-rechtlicher Vorschriften** zu erbringen. **Vor Baubeginn** gewährt § 650n Abs 1 BGB dem Besteller daher einen **Anspruch auf Erstellung und Herausgabe der Planungsunterlagen**. Nach Abschluss des Bauvorhabens hat der Verbraucher **gem § 650n Abs 2 BGB** zudem Anspruch auf die Herausgabe von Unterlagen, die dokumentieren sollen, dass **die Bauleistung rechtskonform ausgeführt wurde**. § 650n Abs 3 BGB erweitert diese Ansprüche, indem er sicherstellt, dass die **erforderlichen Unterlagen auch gegenüber Dritten** – etwa finanzierenden Instituten wie der KfW (Kreditanstalt für Wiederaufbau) – bereitgestellt werden können, die die Unterlagen als Nachweis der Einhaltung gewisser Bedingungen verlangen. Voraussetzung hierfür ist, dass der **Unternehmer berechtigte Erwartungen des Verbrauchers** geweckt hat, die von den Dritten an den Besteller gerichteten Bedingungen zu erfüllen, etwa durch Werbung unter Hinweis auf Fördermöglichkeiten der KfW (BT-Drucks 18/8486, 66). 2

Die Notwendigkeit der Unterlagen gem § 650n Abs 1 und Abs 2 BGB ergibt sich aus der **gestiegenen Komplexität der Bauvorhaben** dieser Tage. Um festzustellen, ob die Bauleistung vertragsgemäß ausgeführt wurde, sind solche Unterlagen unverzichtbar. Eine Bauleistung ist insbesondere dann nicht vertragsgemäß, wenn Behörden aufgrund der Nichtvorlage der Planungs- und Fertigstellungsunterlagen die Nichteinhaltung öffentlich-rechtlicher Normen rügen. 3

II. Rechtsnatur der Erstellungs- und Herausgabepflichten und Rechtsfolgen

Die in § 650n BGB normierten Verpflichtungen stellen **speziell ausgestaltete Rechenschaftspflichten** dar, die ihren **allgemeinen Rechtsgedanken in § 666 BGB** finden. Dogmatisch betrachtet handelt es sich hierbei **nicht um Hauptleistungspflichten** (Orlowski ZfBR 2016, 419, 433; Messerschmidt/Voit/Lenkeit § 650n Rn 63; Grüneberg/Retzlaff § 650n Rn 3). Die Hauptleistungspflichten bleiben beim Verbraucherbauvertrag sowie beim Bau- und allgemeinen Werkvertrag in der Erstellung des Werks und der Zahlung der Vergütung verankert. **Ebenso wenig** sind die Erstellungs- und Herausgabeverpflichtungen nach § 650n BGB als **Rücksichtnahme- oder Nebenpflichten iSv § 241 Abs 2 BGB** zu klassifizieren, da Nebenpflichten nicht leistungsbezogen sind und somit nicht der Erfüllung der Hauptleistung dienen. Vielmehr sind diese Verpflichtungen als **Nebenleistungspflichten** einzuordnen (so auch Pause BauR 2017, 430, 439; Soergel/Glöckner § 650n Rn 54 f; ibrOK-BauVertrR/Stretz [22. 4. 2024] § 650n Rn 20). Diese begründen als leistungsbezogene Pflichten einen **Erfüllungsanspruch** (ibrOK-BauVertrR/Stretz [22. 4. 2024] § 650n Rn 20). Dieser Anspruch entsteht kraft Gesetzes und selbstständig einklagbar (BeckOK-BGB/Voit [1. 2. 2024] § 650n Rn 3; Grüneberg/Retzlaff § 650n Rn 1). Werden die Unterlagen unzureichend oder gar nicht erstellt bzw herausgegeben, entstehen **Schadensersatzansprüche wegen nicht oder nicht wie geschuldet erbrachter Leistung nach §§ 280 Abs 1, Abs 3, 281 BGB**. Werden die Unterlagen nicht rechtzeitig erstellt bzw herausgegeben, macht sich der Unternehmer wegen **Verzögerung der Leistung** nach **§§ 280 Abs 1, Abs 2, 286 BGB schadensersatzpflichtig**. 4

III. Erstellung und Herausgabe von Planungsunterlagen (§ 650n Abs 1 S 1 BGB)

1. Planungsunterlagen

5 Gegenstand der Erstellung und Herausgabe sind die Unterlagen, die der Besteller vor der Bauausführung dafür benötigt, um gegenüber Behörden den Nachweis zu führen, dass die Leistung unter Einhaltung von öffentlich-rechtlichen Vorschriften ausgeführt werden wird. Die Unterlagen müssen demnach eine **öffentlich-rechtliche Relevanz** haben (ibrOK-BauVertrR/Stretz [22. 4. 2024] § 650n Rn 6 f). Der Begriff der Unterlagen ist weit zu verstehen und umfasst grundsätzlich jedes Medium, das der Dokumentation dient (Soergel/Glöckner § 650n Rn 12). Bezogen sind die Unterlagen auf die Planung des zu errichtenden Objekts.

6 Welche Beweise gegenüber den Behörden zu führen sind, ergibt sich zunächst aus den Anforderungen des Bauplanungs- und insbesondere des Bauordnungsrechts. Während das Bauplanungsrecht vornehmlich im bundesgesetzlichen BauGB und der BauNVO geregelt ist, sind für das **Bauordnungsrecht** die jeweiligen Landesbauordnungen maßgebend. Darauf beschränken sich die Anforderungen allerdings nicht. Abhängig vom Einzelfall müssen ggf Unterlagen zum Arbeitsschutz, Gesundheitsschutz, Umwelt- und Klimaschutz oder Immissions- und Brandschutz eingereicht werden, **deren Anforderungen parallel zu denen des Bauordnungsrechts** zu erfüllen sind.

7 Hinsichtlich der **bauordnungsrechtlichen Anforderungen** muss grundsätzlich zwischen **genehmigungsfreien und genehmigungsbedürftigen Baumaßnahmen** unterschieden werden. Bei genehmigungsfreien Baumaßnahmen handelt es sich um solche, die etwa **enumerativ** (vgl bspw §§ 62, 63, 64 Abs 1 HBO) aufgelistet sind und zumeist auch **Instandhaltungsmaßnahmen** umfassen (so etwa nach § 62 Abs 1 S 2 HBO). Bzgl Instandhaltungsmaßnahmen wird die Auffassung vertreten, dass diese dem Verbraucherbauvertrag nach § 650i Abs 1 BGB unterfallen, sofern sie die Erheblichkeitsschwelle erreichen (Soergel/Glöckner § 650n Rn 21). Dem muss jedoch entgegengehalten werden, dass Instand**haltungs**maßnahmen im Vergleich zu Instand**setzungs**maßnahmen nicht dem sachlichen Anwendungsbereich des Verbraucherbauvertrages zuzuordnen sind, da sie nach ihrer Definition **nicht die bauliche Substanz** des Bauwerks verändern (§ 650i Rn 78). Bei sonstigen genehmigungsfreien Bauvorhaben entfällt zwar die Prüfung der öffentlich-rechtlichen Vorschriften nicht, sie wird aber spürbar reduziert (vgl etwa § 65 HBO und das diesbzgl vereinfachte Baugenehmigungsverfahren).

8 Bei genehmigungspflichtigen Baumaßnahmen müssen mit dem Bauantrag die für die Beurteilung des Vorhabens **erforderlichen Bauvorlagen** eingereicht werden (vgl etwa § 69 Abs 2 HBO). Ohne einen Anspruch auf Vollständigkeit gehören dazu etwa solche Bauvorlagen wie:

- Bauzeichnungen,
- Baubeschreibungen,
- Abstandsflächennachweis,
- Berechnungen der umgebauten Räume und Flächen,

- Standsicherheitsnachweis,
- Brandschutzpläne,
- Schallschutznachweis oder Wärmeschutznachweis.

2. Behörden

Gegenstand der öffentlich-rechtlichen Prüfung können **nicht nur bauordnungsrechtliche Vorschriften** sein, sondern etwa auch Vorschriften zum Arbeitsschutz, Immissionsschutz, Gesundheitsschutz, Umwelt- und Klimaschutz (Rn 6). Zuständig neben der Baubehörde können daher auch weitere Stellen sein. Ein allgemeiner Begriff der Behörde kann dem **§ 1 Abs 4 VwVfG** und den inhaltsgleichen landesrechtlichen Regelungen (etwa § 1 Abs 2 HVwVfG) entnommen werden (Grüneberg/Retzlaff § 650n Rn 3). Hierbei handelt es sich um jene Stellen, die **Aufgaben der öffentlichen Verwaltung** wahrnehmen. Im Hinblick auf § 650n Abs 1 S 1 BGB geht es um Behörden, die für das Genehmigungs- und Überprüfungsverfahren hinsichtlich der Errichtung eines neuen Gebäudes oder der erheblichen Umbaumaßnahmen sachlich und örtlich zuständig sind. 9

3. Zeitpunkt

§ 650n BGB ist zeitlich gestaffelt (Rn 19, 25). Bzgl § 650n Abs 1 S 1 BGB geht es um Unterlagen, die für die **Stellung des Baugenehmigungsantrags** und für die **Phase vor Baubeginn** gefordert werden. Es geht demnach um eine **ex-ante-Betrachtung**. In § 650n Abs 1 S 1 BGB sind namentlich **zwei Zeitpunkte** angesprochen. Zum einen der **Zeitpunkt des Ausführungsbeginns**, also der Beginn der Erbringung der Bauleistungen. Werden die Unterlagen dem Verbraucher erst zu diesem Zeitpunkt zur Verfügung gestellt, sind sie jedenfalls verzögert, woraus mögliche Schadensersatzansprüche wegen Verzögerung der Nebenleistungen entstehen. 10

Vielmehr müssen **rechtzeitig vor Beginn der Ausführung** der geschuldeten Leistungen die erforderlichen Unterlagen zur Verfügung gestellt werden. Auch hier hilft das jeweilige Bauordnungsrecht, das etwa zwischen Vorlagen unterscheidet, die **bei der Antragstellung** und solchen, die **beim Baubeginn** zur Verfügung gestellt werden müssen. Der Zeitraum muss im Einzelfall konkret ermittelt werden. Notwendig ist jedenfalls, dass der Verbraucher mit der Bereitstellung der Unterlagen **zeitlich in der Lage ist**, seinen öffentlich-rechtlichen Nachweisverpflichtungen **rechtzeitig** nachzukommen, **ohne** dass dabei der zwischen dem Unternehmer und dem Verbraucher vertraglich **vorgesehene Baubeginn verzögert** oder gar mit dem Bau bereits begonnen wird, obwohl die entsprechenden Nachweise gegenüber **den Behörden noch nicht erbracht wurden**. 11

4. Erstellung von Unterlagen

Die Erstellung der Unterlagen bedeutet ihre Kreation, und zwar in der Weise, dass die Behörden sie zur Kenntnis nehmen und die erforderlichen Beweise für die Einhaltung der öffentlich-rechtlichen Vorschriften überprüfen können. 12

5. Herausgabe von Unterlagen

13 Die Unterlagen müssen dem Besteller in der Weise zur Verfügung gestellt werden, dass sie in seinen **Machtbereich** gelangen. Ob dies elektronisch oder analog zu geschehen hat, muss im Einzelfall ermittelt werden. Eine Verpflichtung zur elektronischen Übermittlung besteht nicht. Vielmehr besteht ein Anspruch des Bestellers die Unterlagen, wie zurzeit noch üblich, in analoger Form zu bekommen. Auf welche Art und Weise die Unterlagen herausgegeben werden müssen, richtet sich nach der Art der **jeweiligen Unterlagen**, ihrer **üblichen Dokumentation** und insbesondere danach, **auf welche Weise die Parteien bislang ihre Kommunikation gestaltet haben.**

14 Auch die Frage nach dem Leistungsort der Herausgabepflicht bedarf einer eingehenden Betrachtung. Der Begriff der Herausgabe findet sich prominent in § 985 BGB oder etwa in dem der Herausgabeverpflichtung aus § 650n Abs 1 BGB sachlich näher liegenden § 667 BGB. Aus der Bezeichnung als „Herausgabe" alleine kann indes auf eine bestimmte Schuld nicht geschlossen werden (zB bzgl § 985 BGB, auch beim bösgläubigen Besitzer, BGH 12. 1. 1981 – VIII ZR 184/79, NJW 1981, 752, 753). Vielmehr findet **§ 269 BGB als allgemeine Regelung** auch auf § 650n Abs 1 BGB Anwendung. Bei § 269 BGB ist ein **stufenweises Vorgehen** angezeigt. Danach ist zunächst die **Parteivereinbarung** entscheidend. Sofern eine solche fehlt, ist auf die **Umstände des Einzelfalls**, insbesondere auf die Natur des Schuldverhältnisses abzustellen. Ansonsten hat die Leistung an dem Orte zu erfolgen, an welchem der Schuldner zur Zeit der Entstehung des Schuldverhältnisses seinen Wohnsitz hatte – **Holschuld.** Eine Parteivereinbarung dürfte zwischen Unternehmer und Verbraucher regelmäßig fehlen. Die Umstände des Einzelfalls können jedoch auf eine **Schickschuld** oder noch mehr auf eine **Bringschuld** hindeuten.

15 Die Stellung einer Baubeschreibung nach § 650j BGB sowie die Unterlagen nach § 650n Abs 1 BGB stehen nach einer Auffassung in der Literatur in einem engen sachlichen Zusammenhang mit der Hauptleistungsverpflichtung eines Verbraucherbauvertrages (Motzke/Seewald/Tschäpe/Motzke § 16 Rn 2). Für den Bauvertrag und ebenso für den Verbraucherbauvertrag wird hinsichtlich der Bauverpflichtung ein sich aus der Natur des Schuldverhältnisses ergebender **einheitlicher Erfüllungsort am Ort des Bauwerks** angenommen (BGH 8. 12. 2011 – III ZR 114/11, NJW 2012, 860 Rn 9 ff; Motzke/Seewald/Tschäpe/Motzke § 16 Rn 2; Jauernig/Mansel § 650a Rn 8, § 631 Rn 1). Dieser wäre dann konsequenterweise auch Erfüllungsort für die Pflichten aus §§ 650j, 650n BGB. **Gerade** für vorvertragliche Informationen nach § 650j BGB sowie für Planungsunterlagen nach § 650n Abs 1 BGB dürfte dieser Ort indes nicht maßgebend sein, da beide Parteien angesichts des **noch fehlenden Bauwerks** schlicht kein Interesse an der Herausgabe der Unterlagen an diesem, **noch „leeren" Ort** haben können. Vielmehr muss aus verbraucherschützenden Gesichtspunkten davon ausgegangen werden, dass der Unternehmer einer **Bringschuld** unterliegt. Darauf müssten auch die üblichen Umstände des Einzelfalls hindeuten, nach denen der Unternehmer als Dienstleister die erforderlichen Dokumente dem Verbraucher an seinem Ort zur Verfügung stellen muss. **Anders ist zu entscheiden**, wenn es um Unterlagen nach **§ 650n Abs 2 BGB** geht. Hier ist es bereits zur Fertigstellung des Werks gekommen, sodass ein Gleichlauf mit der Hauptleistungsverpflichtung gerechtfertigt wäre.

6. Ausschluss der Pflichten nach § 650n Abs 1 S 2 BGB

Parallel zu § 650j HS 2 BGB besteht keine Erstellungs- und Herausgabepflicht des Unternehmers, sofern der Verbraucher oder ein von ihm beauftragter Dritter die wesentlichen Planungsvorgaben macht. Ebenso wie bei § 650j HS 2 BGB (§ 650j Rn 48) handelt es sich um einen Ausschlussgrund. Ebenso wie bei der Baubeschreibungsverpflichtung kann die Pflicht nur im Hinblick auf jene wesentlichen Planungsvorgaben entfallen, die vom Verbraucher stammen. Werden vom Verbraucher wesentliche Planungsvorgaben etwa hinsichtlich von **Teilgewerken** gemacht, bleibt der Bauunternehmer im Übrigen baubeschreibungspflichtig (BeckOGK/Merkle [1. 1. 2025] § 650j Rn 5). Parallel zur Baubeschreibung beschränkt sich der Ausschlusstatbestand auf die gemachten wesentlichen Angaben und ist insoweit **teilbar (Teilbarkeit)**. Macht der Verbraucher lediglich **nur teilweise wesentliche Vorgaben**, etwa im Hinblick auf Nr 1–2 des Art 249 § 2 Abs 1 S 2 EGBGB, im Übrigen jedoch nicht, bleibt der Bauunternehmer **erstellungs- und herausgabepflichtig** in Bezug auf die von ihm stammenden Unterlagen. **Die unvollständigen wesentlichen Planungsvorgaben des Verbrauchers** müssen zudem durch die Baubeschreibung des Bauunternehmers inhaltlich ergänzt werden (MünchKommBGB/Busche § 650j Rn 21). Das Gleiche gilt, wenn **lediglich ein Teil einer Nummer** des Art 249 § 2 Abs 1 S 2 EGBGB vom Verbraucher vorgegeben ist. Diese Ansätze sind auf die Erstellungs- und Herausgabeverpflichtung zu übertragen. 16

IV. Erstellung und Herausgabe von Unterlagen bei der Fertigstellung (§ 650n Abs 2 BGB)

1. Unterlagen

Die von § 650n Abs 2 BGB erfassten Unterlagen betreffen solche Nachweise, die dokumentieren sollen, dass bereits ausgeführte unternehmerische Leistungen den einschlägigen öffentlich-rechtlichen Vorschriften entsprechen („erbracht worden ist"). Auch diese Unterlagen müssen **öffentlich-rechtliche Relevanz** haben. Hier geht es im Gegensatz zu § 650n Abs 1 BGB um **eine ex-post-Betrachtung**. Der Gesetzgeber nennt etwa Nachweispflichten aus dem Erneuerbare-Energien-Gesetz (BT-Drucks 18/8486, 65). Ohne Anspruch auf Vollständigkeit und Einschlägigkeit im Einzelfall können dazu auch Nachweise auf den vorbeugenden Brandschutz, auf den Wärme- und Schallschutz, Unterlagen nach EEWärmeG oder der Energieausweis nach EnEV, Schlussabnahmescheine (Heizung, Kamin) oder abfallrechtliche Nachweise gehören (Soergel/Glöckner § 650n Rn 35). In Abgrenzung zu § 650n Abs 1 BGB gehören Planungsunterlagen nicht zu diesem Absatz (Soergel/Glöckner § 650n Rn 33). Ebenso wenig gehören dazu Unterlagen, für die der Besteller einer öffentlich-rechtlichen Nachweispflicht nicht unterliegt, auch wenn er die Unterlagen für sich benötigt (Soergel/Glöckner § 650n Rn 40). Eine solche Pflicht kann allenfalls aus der allgemeinen Pflicht nach §§ 241 Abs 1, 242 BGB hergeleitet werden. 17

Zwischen Beginn und Fertigstellung des Bauwerks können weitere Nachweise erforderlich werden. So werden Bauvorlagen bei der Fertigstellung des Rohbaus verlangt. Zeitlich unterfallen sie dem § 650n Abs 2 BGB. Im Hinblick auf die rechtzeitige Erstellung und Herausgabe dieser reicht es freilich nicht aus, dass sie „spätestens" mit der Fertigstellung des Werks dem Verbraucher zur Verfügung gestellt werden. Hier muss das Merkmal „spätestens" zweckkonform ausgelegt werden (Rn 20). 18

2. Zeitpunkt

19 Im § 650n Abs 2 BGB wird auf den **Zeitpunkt der „Fertigstellung“** abgestellt. Der Begriff der Fertigstellung ist in § 640 Abs 2 S 1 BGB oder etwa auch in Art 249 § 2 Abs 2 S 1 EGBGB enthalten und kennzeichnet die **Abnahmereife**. Dafür ist ein **vollständiges und ohne wesentliche Mängel hergestelltes Werk erforderlich** (BT-Drucks 16/511, 15). Unwesentliche Mängel bleiben ohne Berücksichtigung. Die Bezugnahme auf die Abnahmereife in § 650n Abs 2 BGB ist nicht versehentlich, denn der darin genannte Zeitpunkt soll nach der Gesetzesbegründung sicherstellen, dass der Verbraucher bei seiner Abnahmeentscheidung auf die Unterlagen über die Errichtung zurückgreifen kann (BT-Drucks 18/8486, 65), also die Leistung in Bezug auf wesentliche Mängel überprüfen kann. Insoweit ist § 650n Abs 2 BGB durch zwei Zweckkomponenten gekennzeichnet. Zum einen sollen die Unterlagen als Nachweise des Verbrauchers gegenüber den Behörden dienen – **öffentlich-rechtliche Seite**. Zudem bezwecken sie die Überprüfung der vertraglich geschuldeten Leistung des Unternehmers – **privatrechtliche Seite**.

20 **Der Begriff „spätestens“** bezeichnet nach der grammatikalischen Auslegung den absolut **äußersten Termin**, bis zu dem ein bestimmtes rechtliches Geschehen eintreten soll. Darin könnte der letztmögliche Termin erblickt werden, bis zu dem die Erstellung und Herausgabe von Unterlagen noch erfüllt werden kann, **ohne** dass eine Verzögerung der Leistung einträte – **absolute Zeitgrenze für alle Nachweise**. Diese Auslegung hätte freilich zur Folge, dass solche Unterlagen, die den Behörden während der Bauausführung als Nachweis bereitgestellt werden müssen, etwa Nachweise zum Zeitpunkt der Fertigstellung des Rohbaus (Rn 18), zum Zeitpunkt der Abnahmereife eindeutig als verspätet zur Verfügung gestellt würden. Zur Lösung dieser Problematik wären **zwei Wege gangbar, wobei der letztere Weg überzeugender erscheint**. Möglich wäre es, die Erstellungs- und Herausgabeverpflichtung für Nachweise während der Bauausführung nicht dem § 650n Abs 2 BGB unterzuordnen, sondern eine etwaige Verpflichtung aus der **allgemeinen Regelung des § 241 Abs 1 BGB**, die sowohl für hauptvertragliche als auch für nebenvertragliche Leistungsverpflichtungen gilt, herzuleiten. In der Rechtssicherheit abträglicher Weise müsste in jedem Einzelfall geklärt werden, ob eine etwaige Verpflichtung nach § 241 Abs 1 BGB besteht. Zudem führte eine solche Sichtweise zum Auseinanderreißen von inhaltsgleichen Nachweisen, nämlich allesamt solchen, die „in Bezug auf die ordnungsgemäße Ausführung der Bauleistungen“ (BT-Drucks 18/8486, 65) zur Verfügung gestellt werden müssen. **Überzeugender** ist es hingegen den Begriff „spätestens“ zwar als absolute Zeitgrenze auszulegen. Dieser Begriff soll jedoch den Zeitpunkt bestimmen, zum dem noch die letzten Nachweise erbracht werden müssen, **ohne die jeweilige Zeitgrenze des jeweils zu erbringenden, konkreten Nachweises zu regeln – relative Zeitgrenze**. Die relativen Zeitgrenzen müssen sodann im Laufe der Bauausführung, ua nach den öffentlich-rechtlichen Fristen, determiniert werden. Verzögert der Unternehmer die relativen Zeitgrenzen, macht er sich **nach §§ 280 Abs 1, 2, 286 BGB schadenersatzpflichtig.**

V. Erstellung und Herausgabe von Unterlagen gerichtet an Dritte (§ 650n Abs 3 BGB)

1. Berechtigte Erwartungen des Verbrauchers

In § 650n Abs 3 BGB erweitert der Gesetzgeber die Erstellungs- und Herausgabeverpflichtung auf Nachweise, die der Besteller gegenüber Dritten zum Nachweis der Einhaltung von diesen gestellten Bedingungen erbringen muss. Erforderlich dafür ist zentral, dass der Unternehmer die berechtigte Erwartung des Bestellers geweckt hat, die entsprechenden Bedingungen zu erfüllen. Als Beispiel führt der Gesetzgeber etwa an, wenn der Besteller das Bauprojekt zu einem Teil über die Förderbank KfW finanziert und der Unternehmer auf Fördermöglichkeiten durch die KfW hingewiesen hat. Dies geschieht oft durch Hinweise in Broschüren, Prospekten oder im Rahmen sonstiger Werbemaßnahnahmen. 21

Für die Entstehung von berechtigten Erwartungen des Bestellers sind **zwei Merkmale** notwendig. **Zum einen** muss der Unternehmer auf mögliche Finanzierungs- oder Fördermöglichkeiten aufmerksam gemacht haben. Dafür ist nicht erforderlich, dass die Initiative vom Unternehmer kommt (BeckOK-BGB/Voit [1. 2. 2024] § 650n Rn 6). Ausreichend dürfte bereits sein, wenn der Unternehmer der Initiative des Bestellers nicht widersprochen hat. **Zum anderen** muss sich die Absicht des Verbrauchers **hinreichend manifestiert haben**, die jeweils angepriesenen Fördermöglichkeiten in Anspruch zu nehmen und die aufgestellten Förderbedingungen der jeweiligen Förderer zu erfüllen (BT-Drucks 18/8486, 66). Diese Absicht muss dem Unternehmer bekannt (BT-Drucks 18/8486, 66) bzw grobfahrlässig unbekannt sein. Nicht entscheidend ist dabei, ob der Verbraucher im Nachhinein tatsächlich den Förderantrag stellt, noch weniger notwendig ist für diese Voraussetzung, dass der Verbraucher die Förderung bewilligt bekommt. Ausreichend ist, dass die jeweiligen Erwartungen des Verbraucher-Bestellers berechtigterweise geweckt wurden. 22

2. Nachweisverlangen (kumulativ)

Kumulativ für die Herausgabeverpflichtung ist erforderlich, dass der Dritte die jeweiligen Nachweise verlangt. Erforderlich ist, dass Dritte ihr Verlangen auf bestimmte privatrechtlich begründete Pflichten des Bestellers gründen und die Unterlagen nicht etwa aus bloß wirtschaftlichem Interessen verlangen. 23

3. Dritte

Als Dritte sind Darlehensgeber oder sonstige Förderer, etwa die staatliche Kreditanstalt für Wiederaufbau (KfW), gemeint. Dritte sind dabei nicht auf bestimmte Förderformen beschränkt. Zudem ist § 650n Abs 3 BGB überhaupt nicht nur auf Förderer beschränkt. Dritte können Personen sein, denen gegenüber der Besteller aus privatrechtlichen Gründen zur Bereitstellung der jeweiligen Unterlagen verpflichtet ist. Dies können etwa zukünftige Mieter oder Entleiher sein (Soergel/Glöckner § 650n Rn 44). 24

4. Zeitpunkt

25 Im § 650n Abs 3 BGB wird auf Absätze 1 und 2 verwiesen. Umfasst sind damit Unterlagen, beginnend mit der Phase vor dem Baubeginn bis zur Fertigstellung des Werks.

Kapitel 4
Unabdingbarkeit

§ 650o
Abweichende Vereinbarungen

Von § 640 Absatz 2 Satz 2, den §§ 650i bis 650l und 650n kann nicht zum Nachteil des Verbrauchers abgewichen werden. Diese Vorschriften finden auch Anwendung, wenn sie durch anderweitige Gestaltungen umgangen werden.

Schrifttum

s Vorbem zu §§ 650i–650n.

Systematische Übersicht

I.	**Normzweck**	1
II.	**Umfang der Unabdingbarkeit (§ 650o S 1 BGB)**	
1.	Erfasste Vorschriften	2
2.	Nicht erfasste Vorschriften	3
a)	Dispositive Vorschriften zu Abschlagszahlungen (§§ 632a, 650m BGB)	4
b)	Vertragliche Vereinbarungen zu Sicherheitsleistungen (§§ 650f Abs 6, 650m Abs 4 BGB)	7
III.	**Anderweitige Gestaltungen (§ 650o S 2 BGB)**	8
IV.	**Ausweitung der Unabdingbarkeit auf den Bauträgervertrag (§§ 650u Abs 1 S 2, 650o BGB)**	9
V.	**Rechtsfolgen**	12

I. Normzweck

Zur **Sicherung der verbraucherschützenden Vorschriften** in Kapitel 3 und in § 640 Abs 2 S 2 BGB wird ihre Unabdingbarkeit in § 650o S 1 BGB ausgesprochen (BT-Drucks 18/8486, 66). Die darin zum Inhalt genommenen Vorschriften dürfen **weder durch Allgemeine Geschäftsbedingungen noch durch Individualvereinbarungen** angetastet werden. Nicht alle Vorschriften aus dem Kapitel 3 werden für unabdingbar erklärt. Abweichungen zu Abschlagszahlungen in §§ 632a, 650m BGB sowie zur Stellung von Sicherheiten (§§ 650f Abs 6, 650m Abs 4 BGB) sind eingeschränkt möglich (Rn 3 ff). Die Unabdingbarkeit erfasst nach § 650o S 2 BGB auch **anderweitige Umgestaltungen**. Eine solche Komplettierung des Verbraucherschutzes ist methodisch bekannt, so sie sich doch in § 476 Abs 4 BGB oder in § 512 S 2 BGB prominent wiederfindet. Dadurch wird dem Missbrauch von Umgehungen des Unabdingbarkeitsbefehls vorgebeugt. **1**

II. Umfang der Unabdingbarkeit (§ 650o S 1 BGB)

1. Erfasste Vorschriften

2 Die Unabdingbarkeit erfasst folgende Vorschriften:

- § 640 Abs 2 S 2 BGB – Hinweis in Textform auf die Rechtsfolgen der Abnahme
- § 650i BGB
- § 650j BGB
- § 650k BGB
- § 650l BGB
- § 650n BGB

2. Nicht erfasste Vorschriften

3 Der Unabdingbarkeitsbefehl erfasst nicht alle verbraucherschützenden Vorschriften. Nicht unabdingbar sind die Vorschriften zu **Abschlagszahlungen nach §§ 632a, 650m BGB** sowie zu **Bauhandwerkersicherung nach §§ 650f Abs 6, 650m Abs 4 BGB**. Diese Vorschriften enthalten **eigene differenzierende Wirksamkeitsgrenzen**, nach denen die Interessen der Parteien zu einem Ausgleich gebracht werden. Die jeweiligen spezifischen Grenzen werden durch Unwirksamkeitsverdikte bzw durch eine strengere Prüfung der Allgemeinen Geschäftsbedingungen erreicht.

a) Dispositive Vorschriften zu Abschlagszahlungen (§§ 632a, 650m BGB)

4 Vom Unabdingbarkeitsbefehl nicht umfasst ist insbesondere die Vorschrift des § 650m BGB. Die Grenzen von §§ 632a, 650m Abs 1 BGB finden auf **vertraglich vereinbarte Abschlagszahlungen**, etwa in Form von **Zahlungsplänen** (BeckOK-BGB/Voit [1. 2. 2024] § 650m Rn 3), grundsätzlich keine Anwendung. Den Parteien bleibt es daher grundsätzlich unbenommen, die Abschlagszahlungen nach einem bestimmten Plan und in einer bestimmten Höhe zu vereinbaren. Während **individualvertragliche Abschlagszahlungsvereinbarungen** nur äußeren Grenzen (§§ 134, 138, 242 BGB) unterworfen sind, werden für diesbezügliche **Allgemeine Geschäftsbedingungen** die Wirksamkeitsgrenzen in **§ 309 Nr 15 BGB** gesetzt. Unwirksam ist nach **§ 309 Nr 15 lit a BGB** eine Bestimmung nach der der Verwender für Teilleistungen Abschlagszahlungen vom anderen Vertragsteil verlangen kann, die **wesentlich höher** sind als die nach §§ 632a Abs 1, **650m Abs 1** BGB zu leistenden Abschlagszahlungen. Das Kriterium der Wesentlichkeit ist kritisch zu sehen und führt zu Rechtsunsicherheit (§ 650m Rn 14 ff).

5 Für **Verbraucherbauverträge** eröffnet sich konkret das Problem, wann die in § 650m Abs 1 BGB vorgesehene Obergrenze von 90 % „wesentlich“ überschritten ist. Diese Fragestellung kann nur **normativ** entschieden werden. Entscheidend ist, dass die festgelegte Obergrenze den Verbraucher **vor verdeckten Vorleistungen** schützt und ihm ermöglicht, sein Recht aus § 641 Abs 3 BGB effektiver geltend zu machen. Je höher

die Obergrenze angesetzt wird, desto größer ist die Gefahr, dass Verbraucher für verdeckte Vorleistungen zahlen müssen. Dies könnte im Falle von Mängeln dazu führen, dass weitreichende Abschlagszahlungen den Betrag aufzehren, den der Besteller gem § 641 Abs 3 BGB zurückbehalten kann. **Wesentlichkeit iSd § 309 Nr 15 lit a BGB** ist daher insbesondere bei Formularklauseln anzunehmen, die Abschlagszahlungen iHv 100 % der Gesamtvergütung vorsehen. Dahin entschied auch das **LG Halle** (LG Halle 22. 4. 2021 – 4 O 208/19, BeckRS 2021, 28641 Rn 21). Ein strenger Maßstab sollte indes für geringfügigere Abweichungen gelten, wobei die Grenze bei **maximal 95 %** zu ziehen ist. Das **LG Frankfurt aM** (LG Frankfurt aM 28. 6. 2019 – 2-33 O 248/18, BeckRS 2019, 50481 Rn 63 ff) hielt eine Vereinbarung, die Abschlagszahlungen in **Höhe von 95,5 %** des Pauschalfestpreises vorsah, für unwirksam.

Die Vorschriften zur Sicherheit nach § 650m **Abs 2** BGB sind **grundsätzlich auch dispositiv**. Der Gesetzgeber wollte den Verbraucher **nicht bevormunden**. Im Rahmen einer Individualvereinbarung können Vertragsparteien eine höhere Sicherheit oder auch gar den Entfall der Sicherheitsleistungen vereinbaren. Im Falle von Allgemeinen Geschäftsbedingungen ist dies anders. Im Gegensatz zu § 309 Nr 15 lit a BGB gestattet **§ 309 Nr 15 lit b BGB keinerlei Abweichungen** zulasten des Verbrauchers. Eine Differenzierung anhand eines **Wesentlichkeitskriteriums** ist in diesem Zusammenhang **nicht** vorgesehen. Folglich sind Vereinbarungen, die das **5-%-Niveau unterschreiten, ausnahmslos unwirksam**. Ebenso wenig sind formularvertragliche Sicherheitsausschlüsse zulässig. 6

b) Vertragliche Vereinbarungen zu Sicherheitsleistungen (§§ 650f Abs 6, 650m Abs 4 BGB)

Eine weitere Beschränkung sieht **§ 650m Abs 4 BGB** vor. Gemäß **§ 650f Abs 6 S 1 Nr 2 BGB** ist eine Absicherung des Vergütungsanspruchs durch die Stellung einer Bauhandwerkersicherung bei einem Verbraucherbauvertrag nämlich ausgeschlossen. Eine solche Möglichkeit eröffnet sich nur dann, wenn dem Verbraucher ein zur Betreuung des Bauvorhabens durch einen zur Verfügung über die Finanzierungsmittel des Bestellers ermächtigter Baubetreuer zur Seite steht (§ 650f Abs 6 S 2 BGB). Sich durch diese Einschränkungen ergebende Sicherheitsbedürfnis des Unternehmers wird dieser durch vertragliche Vereinbarungen zu schließen versuchen. In prospektiver Erwartung, dass der Unternehmer entsprechende Vertragsklauseln stellen wird, setzte der Gesetzgeber durch **§ 650m Abs 4 BGB präventive Schranken**. Danach sind bei einem Abschlagszahlungsverlangen des Unternehmers Vereinbarungen unwirksam, die den Verbraucher zu einer Sicherheitsleistung für die vereinbarte Vergütung verpflichtet, die die nächste Abschlagszahlung oder 20 % der vereinbarten Vergütung übersteigt (s dazu § 650m Rn 38 ff). Das Gleiche gilt gem § 650m Abs 4 S 2 BGB für den Fall, dass die Parteien Abschlagszahlungen vereinbart haben. 7

III. Anderweitige Gestaltungen (§ 650o S 2 BGB)

Komplettiert wird der Verbraucherschutz schließlich mit dem **Umgehungsverbot in § 650o S 2 BGB**. Die Vorschrift ist etwa in § 476 Abs 4 BGB oder in § 512 BGB parallelisiert. In **§ 306a BGB** findet die AGB-Kontrolle auch dann Anwendung, wenn sie durch anderweitige Gestaltungen umgangen werden sollen. Für eine Umgehung ist erforderlich, dass ein Rechtsgeschäft **objektiv dem Zweck dient, den Eintritt einer gesetzlich vorgesehen Rechtsfolge zu verhindern** (BGH 9. 2. 1990 – V ZR 274/88, NJW 1990, 8

1473, 1474; BeckOGK/Augenhofer [15. 10. 2024] § 476 Rn 88). Ein **subjektives Element** im Sinne einer **Umgehungsabsicht** ist nach der Rechtsprechung des BGH **nicht erforderlich**. Auch bei sog **Strohmanngeschäften** wird ein Umgehungsverbotsverstoß angenommen (BeckOGK/Augenhofer [15. 10. 2024] § 476 Rn 99). Dabei wird ein Verbraucher anstatt des Unternehmers vorgeschoben (Verbrauchsgüterkauf).

IV. Ausweitung der Unabdingbarkeit auf den Bauträgervertrag (§§ 650u Abs 1 S 2, 650o BGB)

9 Die Vorschriften im Untertitel 1 (Werkvertrag), demnach auch die Unabdingbarkeitsregelung aus Kapitel 4, findet auch auf den Bauträgervertrag hinsichtlich der werkvertraglichen Komponente Anwendung. Gem § 650u Abs 2 BGB sind jedoch folgende verbraucherschutzrechtliche Vorschriften ausgenommen:

- **§ 650k Abs 1 BGB**
- **§ 650l BGB**
- **§ 650m Abs 1 BGB**

10 Der Anwendungsausschluss von § 650k Abs 1 BGB ist dadurch zu erklären, dass es der transformativen Wirkung der Baubeschreibung nach § 650k Abs 1 BGB aufgrund der **notariellen Beurkundung des Bauträgervertrages gem § 311b Abs 1 BGB** nicht bedarf (BT-Drucks 18/8486, 72). Die Baubeschreibung gehört zum notwendigen Inhalt des Vertrages und muss im Rahmen der notariellen Beurkundung Eingang in den Vertrag finden. Ein Widerrufsrecht sowie die Belehrung über dieses muss bereits der Vorschrift des § 650l BGB nach nicht zur Anwendung gebracht werden, wenn der Vertrag notariell beurkundet wird (BT-Drucks 18/8486, 72). Die Anwendung des § 650m Abs 1 BGB würde einen Verstoß gegen § 3 Abs 2 MaBV verursachen, nach der Zahlung von Teilbeträgen nur je nach dem jeweils erreichten Baufortschritt zu leisten ist (BT-Drucks 18/8486, 73).

11 Von § 650m Abs 1 BGB kann ohnehin abgewichen werden. Das Unabdingbarkeitsverdikt erfasst diese Vorschrift in § 650o BGB nicht. Hinsichtlich §§ 650k Abs 1, 650l BGB stellt § 650u Abs 2 BGB eine einschränkende Regelung der Unabdingbarkeit nach § 650o BGB dar und kann insofern als eine Rückausnahme betrachtet werden.

V. Rechtsfolgen

12 Die Unabdingbarkeit führt dazu, dass das jeweilige Umgehungsgeschäft unwirksam ist. Die Umgehung führt freilich **nicht** dazu, dass die Unwirksamkeit des jeweiligen Teilgeschäfts zur Gesamtunwirksamkeit führt. Vielmehr ist im § 650o BGB eine spezielle Regelung zum § 139 BGB enthalten. **Im Zweifel ist die Gesamtnichtigkeit** beim Verstoß gegen das Umgehungsverbot gerade **nicht anzunehmen** (BeckOGK/Merkle [1. 1. 2025] § 650o Rn 26). Der Vertrag bleibt im Übrigen wirksam. Eine Gesamtnichtigkeit ist vielmehr nur dann anzunehmen, wenn der Zweck des Gesetzes und/oder des Vertrages nicht anders erreicht werden kann (BeckOGK/Merkle [1. 1. 2025] § 650o Rn 26). Diese Fälle fristen jedoch eher ein theoretisches Dasein.

Die durch den Verstoß gegen das Umgehungsverbot entstandene Lücke wird gerade durch die Anwendung jener Vorschriften geschlossen, von denen versucht wurde, abzuweichen. Ebenso wie im AGB-Recht muss auch im Hinblick auf § 650o BGB das **Verbot der geltungserhaltenden Reduktion** gelten. Eine Absenkung auf das jeweils noch wirksame Maß muss aus teleologischen Gründen des § 650o BGB ausscheiden. Die Zwecküberlegung des § 650o BGB ist nämlich nicht nur die Aussprache der Unwirksamkeit der Umgehungsvereinbarungen, sondern auch die **Prävention des Umgehungsmissbrauchs**. 13

Bereits im vorvertraglichen Stadium ist der Unternehmer bei **Allgemeinen Geschäftsbedingungen** verpflichtet nur wirksame Vereinbarungen zu stellen. Die Verletzung dieser Pflicht führt zu Schadensersatzansprüchen nach §§ 280 Abs 1, 241 Abs 2 BGB. Beim Verbraucherbauvertrag enthält § 650o BGB **auch bei Individualvereinbarungen** eine solche gesetzliche Verpflichtung. Ein inhaltsgleicher Schadensersatzanspruch wird demnach auch hier ausgelöst. 14

Untertitel 2
Architektenvertrag und Ingenieurvertrag

Redaktioneller Hinweis: Die §§ 650p–650t BGB werden im STAUDINGER-Band §§ 631–650h; §§ 650p–650t (Werkvertrag, Bauvertrag, Architekten- und Ingenieurvertrag) kommentiert.

Untertitel 3
Bauträgervertrag

§ 650u
Bauträgervertrag; anwendbare Vorschriften

(1) Ein Bauträgervertrag ist ein Vertrag, der die Errichtung oder den Umbau eines Hauses oder eines vergleichbaren Bauwerks zum Gegenstand hat und der zugleich die Verpflichtung des Unternehmers enthält, dem Besteller das Eigentum an dem Grundstück zu übertragen oder ein Erbbaurecht zu bestellen oder zu übertragen. Hinsichtlich der Errichtung oder des Umbaus finden die Vorschriften des Untertitels 1 Anwendung, soweit sich aus den nachfolgenden Vorschriften nichts anderes ergibt. Hinsichtlich des Anspruchs auf Übertragung des Eigentums an dem Grundstück oder auf Übertragung oder Bestellung des Erbbaurechts finden die Vorschriften über den Kauf Anwendung.

(2) Keine Anwendung finden die §§ 648, 648a, 650b bis 650e, 650k Absatz 1 sowie die §§ 650l und 650m Absatz 1.

Materialien: BT-Drucks 18/11437; BT-Drucks 18/8486.

Schrifttum

Ampferl, Insolvenz des Bauträgers, ZWE 2006, 214 (Teil 1), 268 (Teil 2), 327 (Teil 3)
Bagaric, Insolvenz des Bauträgers, ZMR 2019, 655
Bahr, Haftungsbeschränkungen gegenüber „Nachzügler-Erwerbern", ZfIR 2022, 62
Basty, Der Bauträgervertrag (11. Aufl 2023)
ders, Das Freigabeversprechen nach der Makler- und Bauträgerverordnung, DNotZ 1992, 131
ders, Die Nachzüglerproblematik beim Bauträgervertrag, BauR 2012, 316
Baumgärtel, Die Beweislastverteilung bei einem Gewährleistungsausschluß im Rahmen eines Bauträgervertrages, ZfBR 1988, 101
Bayer, Planung und Bauausführung in einer Hand, in: Seminar Pauschalvertrag (1991) 85
Blank, Bauträgervertrag (6. Aufl 2023)
Brambring, Sachmängelhaftung beim Bauträgervertrag und bei ähnlichen Verträgen, NJW 1987, 87
Brych, Die Bevollmächtigung des Treuhänders im Bauherrenmodell, in: FS Korbion (1986) 1
Brych/Pause, Bauträgerkauf und Baumodelle (4. Aufl 2004)
dies, Bauträgerkauf: Vom Generalübernehmer zum Mehrwertsteuermodell, NJW 1990, 545
Bueren, Die Regulierung von Sonderwünschen im Bauträgervertrag, NJW 2011, 2245
vCraushaar, Zur vertraglichen Eigenhaftung des Baubetreuers als Vertreter des Bauherrn, in: FS vCaemmerer (1978) 87
Cramer, Unwirksame Clauseln in Bauträgerverträgen, ZfIR 2021, 193
ders, Unwirksame Zahlungsvereinbarungen in Bauträgerverträgen, BauR 2020, 187
ders, Die Verjährungsverkürzung im Nachzüglerbauträgervertrag – taugliches Instrument zur Synchronisierung der Verjährung der Gewährleistungsansprüche wegen Mängeln des Gemeinschaftseigentums?, MittBayNot 2017, 547
Cramer/Stock, Die Abnahme des Gemein-

schaftseigentums nach vorheriger technischer Begehung, RNotZ 2024, 380
Derleder, Der Bauträgervertrag nach der Schuldrechtsmodernisierung: Die Auswirkungen auf die Sachmängelgewährleistung, NZBau 2004, 237
Dietrich, Zur Sicherungspflicht des Bauträgers, MittBayNot 1992, 178
Dören, Die rechtliche Einordnung des Bauträgervertrages nach der Schuldrechtsmodernisierung, in: FS Kraus (2003) 497
Doerry, Die Rechtsprechung des BGH zur Gewährleistung beim Haus- und Wohnungsbau unter besonderer Berücksichtigung von Bauträgerschaft und Baubetreuung, ZfBR 1982, 189
ders, Bauträgerschaft, Baubetreuung und Bautreuhandschaft sowie Prospekthaftung bei Baumodellen in der Rechtsprechung des Bundesgerichtshofs, WPM Sonderbeil Nr 8/1991
Dötsch, Abnahme des Gemeinschaftseigentums, NZM 2017, 832
Eufinger/Jahn, Die Abnahme des Gemeinschaftseigentums und typische Fehler, NZBau 2020, 417
Fuchs, Absicherung des Bestellers in der Insolvenz des Bauträgers, BauR 2020, 371
Greiner, Wohnungseigentumsrecht (5. Aufl 2022)
Grziwotz, Vertragliche Gewährleistungsregelungen im Bauträgervertrag, NJW 1989, 193
ders, Waffengleichheit im Bauträgervertrag?, in: FS Thode (2005) 243
Grziwotz/Koeble, Handbuch Bauträgerrecht (2. Aufl 2022)
Halbgewachs, Die vorzeitige Abnahme, NZBau 2025, 203
Hafkesbring/Selle, Die rechtliche Behandlung nachträglicher Vereinbarung zur Bauausführung in Bauträgerverträgen, BauR 2016, 1369
Harder, Der Auskunftsanspruch gegen den Treuhänder einer Bauherrengemeinschaft, BauR 1985, 50
Hauf, Der Bauträgervertrag (Diss Würzburg 1994)
Heiliger, Vertragliche Gestaltung von Sonderwünschen in Bauträgerverträgen, NJW 2012, 2278
Heinemann, Mängelhaftung im Bauträgervertrag nach der Schuldrechtsreform, ZfIR 2002, 167
Hertel, Werkvertrag und Bauträgervertrag nach der Schuldrechtsreform, DNotZ 2002, 6
Hildebrandt, Die rechtliche Einordnung des Bauträgervertrages nach der Schuldrechtsmodernisierung, ZfBR 2003, 489
Hippel, Bei Mängelstreitigkeiten mit dem Bauträger ist auch nach der Reform ein Heranziehungsbeschluss nötig, Grundeigentum 2022, 772
Hogenschurz, Bauträgervertrag – Die Abnahme des Gemeinschaftseigentums, MDR 2012, 386
Hügel, Wohnungseigentum (5. Aufl 2021)
Hügel/Elzer, Wohnungseigentumsgesetz (4. Aufl 2025)
Jakobi, Vertragliche Möglichkeiten zur krisenbedingten Preisanpassung in Bauträgerverträgen, NZBau 2024, 732
Jötten, Der untätige Bauträger, BauR 2021, 1
Jurgeleit, Beschaffenheitsvereinbarung beim Erwerb vom Bauträger, NJW 2019, 2649
ders, Befugnis zur Geltendmachung von Mängelrechten in Bezug auf das Gemeinschaftseigentum, NJW 2022, 2641
J Kaiser, Die Klage des Bauunternehmers auf Abnahme, NZBau 2023, 710
Kanzleiter, Der Schutz des Erwerbers durch Vormerkung im Bauträgervertrag, in: FS Wenzel (2005) 309
Karczewski, Der neue alte Bauträgervertrag, NZBau 2018, 328
ders, Der neue alte Bauträgervertrag, NZBau 2019, 328
ders, Reform des Bauträgerrechts, NZBau 2020, 349
ders, Die Abnahme des Gemeinschaftseigentums – Ein Problem des Bauträgers, NJW 2021, 528
Kaup, Stellung des Planers beim schlüsselfertigen Bauen, in: Seminar Pauschalvertrag (1991) 111
Kesseler, Das Kündigungsrecht aus wichtigem Grund nach dem neuen Bauträgervertragsrecht, ZfIR 2018, 473
Klein, (Teil-)Wirksamkeit von Freigabeversprechen trotz MaBV-widriger Bedingungen, NZBau 2014, 612

Klühs, Preisanpassungsklauseln in Bauträgerverträgen, ZfIR 2012, 850
Kniffka, Rechtliche Probleme des Generalunternehmervertrages, ZfBR 1992, 1
Koch, Zur Gewährleistung im Bauträgervertrag nach VOB/B, ZfBR 1983, 167
Koeble, Die Rechtsnatur der Verträge mit Bauträgern (Baubetreuern), NJW 1974, 721
ders, Die Haftung des Treuhänders bei Bauherrenmodellen, in: FS Korbion (1986) 215
ders, Probleme der Sanierungsmodelle, BauR 1992, 569
ders, Probleme des Generalübernehmermodells, NJW 1992, 1142
ders, Strukturprobleme des Bauträgervertrages, in: FS Thode (2005) 267
ders, Hinterlegungsklauseln und Mängelansprüche als Gegenrechte, NJW 2020, 2308
Krauss, Erschließungskosten und Sicherung der Nutzbarkeit von Erschließungsanlagen im Bauträgervertrag, RNotZ 2023, 1
Krick, Die Abnahme des Gemeinschaftseigentums, MittBayNot 2014, 404
Krick/Sagmeister, Die Baubeschreibung in Bauträgerverträgen, MittBayNot 2014, 205
Kümmel, Beschlusskompetenz der Wohnungseigentümer zur gemeinschaftlichen Durchsetzung von Rechten aus Bauträgerverträgen, ZfIR 2014, 464
Kürschner, Eigenverantwortlichkeit des Bauherrn und Haftung des Treuhänders im Bauherrenmodell, ZfBR 1988, 2
Leupertz, Die „Abnahme" des Gemeinschaftseigentums, Ein Plädoyer für die Abschaffung der Abnahme beim Bauträgervertrag – Die Beratungen der Arbeitsgruppe Bauträgervertragsrecht im BMJV, BauR 2020, 380
Lieder, Entstehung der Wohnungseigentümergemeinschaft und Ausübung von Mängelrechten, DNotZ 2018, 177
Locher, Aktuelle Fragen zum Baubetreuungs- und Bauträgerrecht (4. Aufl 1989)
Locher/Koeble, Baubetreuungs- und Bauträgerrecht (4. Aufl 1985)
Locher/König, Bauherrenmodelle in zivil- und steuerrechtlicher Sicht (1982)
Löffelmann, Die Finanzierungsbestätigung in Bauträgerverträgen, BauR 1981, 320
Maier, Rechtskenntnis als Verjährungsvoraussetzung, NJW 2024, 3557
Marcks, Makler- und Bauträgerverordnung (10. Aufl 2019)
Matkovic, Die Baubeschreibungspflicht des Unternehmers im neuen Verbraucherbauvertrag
Mehrings, Einbeziehung der VOB in den Bauträgervertrag, NJW 1998, 3457
Messerschmid/Leidig, Rechtsfolgen unwirksamer Abnahmeklauseln zum Gemeinschaftseigentum in notariellen Bauträgerverträgen, BauR 2014, 1
Moritz, Erwerberschutz bei Bauherrenmodellen, JZ 1980, 714
Müller, Kein Verbraucherschutz bei Bauträgerverträgen unterhalb der Kernsanierung, BauR 2020, 167
Neuhöfer, „Fix und Flip" in der Vertragsgestaltung, ZfIR 2025, 185
Niedenführ/Schmidt-Räntsch/Vandenhouten, Kommentar und Handbuch zum Wohnungseigentumsrecht (13. Aufl 2020)
Ott, Ausübung von Mängelrechten aus Bauträgerverträgen durch die Gemeinschaft, ZWE 2017, 106
ders, Die Abnahme des Gemeinschaftseigentums vom Bauträger, ZWE 2013, 253
Pauly, Zur Problematik unklarer Baubeschreibungen in Bauträgerverträgen, ZMR 2016, 513
ders, Die Abnahme beim BGB-Bauvertrag – Grundlegendes und Aktuelles, ZfIR 2019, 553
ders, Die Abnahme von Sonder- und Gemeinschaftseigentum beim Bauträgerkauf – Typische Probleme der Praxis, BauR 2025, 176
Pause, Die Entwicklung des Bauträgerrechts und der Baumodelle seit 1998, NZBau 2001, 603, 661
ders, Auswirkungen der Schuldrechtsreform auf den Bauträgervertrag, NZBau 2002, 648
ders, Intransparente Baubeschreibungen im Bauträgervertrag, in: FS Thode (2005) 275
ders, Unbegrenzte Vergemeinschaftung der Erwerberrechte auf den dem Bauträgervertrag, BauR 2012, 305
ders, Der Sachverständige bei der Abnahme der Bauträgerleistung, notar 2013, 262
ders, Bauträgerverträge – Strukturelle Probleme und unzulässige Klauseln, ZfIR 2014, 127

PAUSE/VOGEL, Bauträgerkauf und Baumodelle (7. Aufl 2022)
dies, Vorschläge zum Verbraucherbau- und Bauträgervertrag, NZBau 2015, 667
dies, Die Folgen einer unwirksamen Abnahmeklausel im Bauträgervertrag, BauR 2014, 764
PFEIFFER, Vertretungsprobleme bei Verträgen mit Bauträgern, NJW 1974, 1449
PFENNIG, Die Baubeschreibung in der notariellen Praxis – unter Berücksichtigung des neuen Bauvertragsrechts, RNotZ 2018, 585
PIOCH, Die Folgen einer unerkannt gescheiterten Abnahme iSv § 640 BGB, JA 2015, 650
POPESCU, Sekundäransprüche des Bestellers beim Verzug des Bauträgers mit der Fertigstellung des Bauvorhabens, BauR 2012, 1314
PRESSLER, Das Bauherrenmodell (Diss Bremen 1990)
RAPP, Abnahme und Gewährleistung bezüglich des Gemeinschaftseigentums, MittBayNot 2012, 169
REITHMANN, Bauherrenmodell und Bauträgermodell in zivilrechtlicher Hinsicht, BB 1984, 681
ders, Zur Entwicklung des Bauträgerrechts, WM 1986, 377
ders, Das Generalübernehmer- und Architektenmodell im Bauträgerrecht, WM 1987, 61
ders, Neue Vertragstypen des Immobilienerwerbs, NJW 1992, 649
REITHMANN/TERBRACK, Kauf vom Bauträger (9. Aufl 2024)
SAGMEISTER, Probleme des Bauträgerrechts, ZfIR 2023, 157
SCHLIE, Die allgemein anerkannten Regeln der Technik als Leistungssoll in Bauträgerverträgen, BauR 2021, 884
SCHMIDT, Ende der VOB/B im Bauträgervertrag, ZfBR 1986, 53
ders, Bauträgerfragen, MittBayNot 1995, 434
SCHNEIDER, Der Ausschluss des Selbstvornahmerechts in AGB, NJW 2022, 2582
SCHULZ, Ausschließliche Abnahmezuständigkeit in Bauträgerverträgen unwirksam, BWNotZ 2012, 62
SCHULZE-HAGEN, Aktuelle Probleme des Bauträgervertrages, BauR 1992, 320
ders, Der Wohnungsbauvertrag und die VOB/B-Vereinbarung, in: FS vCraushaar (1997) 169
SELK, Abnahmeklauseln in Bauträgerverträgen: Droht Intransparenz? „Sag mir was zum Sondereigentum gehört“, NZM 2023, 920
SCHEFFELT, Wirksame Abnahmevollmachten in Bauträgerverträgen, BauR 2014, 163
STAUDINGER, Der Bauträgervertrag auf dem Prüfstand des Gemeinschaftsrechts, DNotZ 2002, 166
STERNER, Teilabnahmen von Sonder- und Gemeinschaftseigentum im Bauträgervertrag, BauR 2012, 1160
STRETZ, Die unklare Baubeschreibung und ihre Auslegung gem § 650k II BGB, BauR 2022, 554
THEUERSBACHER, Die Auswirkungen der Reform des Bauvertragsrechts auf den Bauträgervertrag
THEUERSBACHER/BERNERT, Bauzeitverlängerung und Preisanpassung beim Bauträgervertrag, DNotZ 2023, 824
THODE, Bauträgervertrag – Gestaltungsfreiheit im Rahmen der neuen Gesetzgebung und Rechtsprechung, in: THODE/UECHTRITZ/WOCHNER, Immobilienrecht (RWS-Forum 19) (2000) 267
TSCHÄPE/TREFZGER, Unwirksame Abnahmeklauseln in Bauträgerverträgen vor dem Hintergrund des Verjährungsbeginns, ZfBR 2022, 523
dies, Begrenzung der Mängelhaftung bei unwirksamen Abnahmeklauseln – neue Entwicklungen in der Rechtsprechung, ZfBR 2024, 486
ULLMANN, Der Bauträgervertrag – quo vadit?, NJW 2002, 1073
USINGER, Kann die Geltung der VOB im Bauträgervertrag vereinbart werden?, NJW 1984, 153
VOGEL, Verkauf von Wohneigentum nach Abnahme des Gemeinschaftseigentums, BauR 2010, 1992
ders, Der neue Vertragstyp „Bauträgervertrag“ als haftungsrechtliche Grundlage, NZM 2017, 681
ders, Der ungewollte Tod, BauR 2018, 717
ders, § 650f Abs 6 BGB und die Erosion des Verbraucherschutzes, BauR 2020, 388
ders, Auswirkungen des Wohnungseigentumsmodernisierungsgsetzes (WeMoG) auf die Verfolgung von Mängelansprüchen gegen den Bauträger, BauR 2021, 420 = ZMR 2021, 181
ders, Vorformulierte Haftungsbeschränkungen im Bauträgervertrag – eine kritische Bespre-

chung von OLG Koblenz, Urteil vom 11. 4. 2018 – 10 U 1167/16, in: FS Pause (2022) 401
ders, Abweichung von den allgemein anerkannten Regeln der Technik „nach unten" in Allgemeinen Geschäftsbedingungen, in: FS Locher (2021) 559
ders, Die AGB-Kontrolle bei Verbraucherverträgen, insb bei Bauträgerverträgen, BauR 2024, 313
Wagner, Abnahmeklauseln zum Gemeinschaftseigentum in notariellen Bauträgerverträgen – Die andere Sicht der Dinge, ZfBR 2014, 328
Wagner, Die Prospekthaftungsrechtsprechung des VII. Senats des BGH im Spannungsfeld des Gewährleistungs- und Bauhaftungsrechts, ZfBR 1991, 133
ders, Projektmanagement, Treuhandschaft, Immobiliendevelopment, BauR 1991, 665
ders, Der Bauträgervertrag und die Verbraucherschutzrichtlinie, ZfBR 2004, 317
Wellensiek/Alexander/Scharfenberg, Die Bauinsolvenz (7. Aufl 2024)
Weise, Der Bauträgervertrag nach der Baurechtsreform, NJW-Spezial 2018, 236
Werner, Rechtsfolgen einer unwirksamen förmlichen Abnahme des Gemeinschaftseigentums im Rahmen eines Bauträgervertrags, NZBau 2014, 80
Wittchen, Der Baubetreuungsvertrag (1969)
Zimmermann, Verbraucherkreditgesetz und notarieller Kauf- oder Bauträgervertrag, BWNotZ 1994, 49.

Vgl auch das bei Staudinger/Leupertz/Popescu (2024) § 632a angegebene Schrifttum zum Bauträgervertrag.

Systematische Übersicht

I.	**Historische Einführung**	1
II.	**Bedeutung der Vorschrift**	6
III.	**Reformbestrebungen**	7
IV.	**Anwendungsbereich**	8
1.	Errichtung eines Hauses oder eines vergleichbaren Bauwerks	9
2.	Abgrenzung zum Kaufvertragsrecht	10
3.	Umbau eines Hauses oder eines vergleichbaren Bauwerks	14
4.	Abgrenzung zu dem gewerberechtlichen Bauträgerbegriff von § 34c GewO	17
5.	Abgrenzung zu Generalübernehmerkonstellationen	19
V.	**Besonderheiten des Vertragsschlusses**	
1.	Beurkundungsbedürftigkeit	20
2.	Unangemessen lange Bindefristen	23
3.	Koppelungsverbot gem Art 10 § 3 MRVG	27
4.	Einbeziehung der VOB/B	28
VI.	**Anwendbare Vorschriften des Werkvertragsrechts**	29
1.	Herstellungsverpflichtung	30
2.	Vergütung und Abschlagszahlung (§§ 632, 632a BGB)	31
a)	Vergütung	31
b)	Abschlagszahlung	34
3.	Sachmängelhaftung	36
4.	Verjährung	37
a)	Anspruch auf Eigentums- und Besitzverschaffung	37
b)	Erfüllungs- und Schadensersatzansprüche vor Abnahme	38
c)	Mängelansprüche	39
5.	Abnahme	40
a)	Abnahmegegenstand und -fähigkeit	41
b)	Fiktive Abnahme	43
c)	Teilabnahme	45
aa)	Zulässigkeit der Vereinbarung von Teilabnahmen	46
bb)	Erklärung der Teilabnahme	48
cc)	Abnahme durch die Gemeinschaft der Wohnungseigentümer	49
dd)	Bevollmächtigungen usw	52
ee)	Nachzügler	57
ff)	Rechtsfolgen aus AGB-rechtlichen Gründen gescheiterter Abnahmen	61
gg)	Empfehlungen für die Praxis	67

VII. Anwendbare Vorschriften des Bauvertragsrechts 70
1. Zustandsfeststellung bei Abnahmeverweigerung (§ 650g Abs 1 bis Abs 3 BGB) 71
2. Schlussrechnung und Abnahmeerfordernis (§ 650g Abs 4 BGB) 73

VIII. Anwendbare Vorschriften des Verbraucherbauvertragsrechts
1. Baubeschreibungspflichten (§ 650j BGB) 78
2. Sicherung von Ansprüchen vor Abnahme (§ 650m Abs 2 und Abs 3 BGB) 79
a) Gesetzgeberische Intention 80
b) Gesetzlicher Anspruch 82
c) Verhältnis zu den Sicherungen nach der Makler- und Bauträgerverordnung 85
d) Sicherungsumfang 86
e) Sicherungshöhe 88
f) Rückgabe der Sicherheit 89
3. Herausgabe von Unterlagen (§ 650n BGB) 90
a) Herausgabe vor Bauausführung 91
b) Herausgabepflicht mit Fertigstellung 93
c) Herausgabepflicht für Darlegungsgeber usw (§ 650n Abs 3 BGB) 95
d) Herausgabeanspruch nach allgemeinen Grundsätzen 96

IX. Nicht anwendbare Vorschriften des Werkvertragsrechts 100
1. Freie Kündigung (§ 648 BGB) 101
2. Außerordentliche Kündigung (§ 648a BGB) 102

X. Nicht anwendbare Vorschriften des Bauvertragsrechts 105
1. Anordnungsrecht und Anordnungsfolgen (§§ 650b, 650c, 650d BGB) 106
2. Exkurs: Sonderwünsche 108
a) Einführung 108
b) Sonderwunschvertrag mit dem Bauträger 110
aa) Beurkundungspflicht 111
bb) Vergütung für den Sonderwunsch, Auswirkungen auf den Fertigstellungstermin 112
cc) Barzahlungsverbot 114
dd) Auswirkungen der Lastenfreistellungserklärung und der MaBV 115
ee) Haftungsfolgen 118
c) Eigenleistungen 119
d) Handwerkersonderwunschvertrag 121
3. Sicherungshypothek (§ 650e BGB) 125
4. Bauhandwerkersicherung (§ 650f BGB) 126

XI. Nicht anwendbare Vorschriften des Verbraucherbauvertragsrechts
1. Inhalt des Vertrags (§ 650k Abs 1 BGB) 129
2. Widerrufsrecht (§ 650l BGB) 130
3. Begrenzung der Abschlagszahlungen (§ 650m Abs 1 BGB) 133

XII. Anwendbare Vorschriften des Kaufrechts 134
1. Umfang des Verweises 135
2. Pflicht zur Besitzverschaffung und zur Übereignung 137
3. Fälligkeit 138
4. Haftung für Sach- und Rechtsmängel 143
5. Haftungsbeschränkungen 146
a) Kaufvertragliche Komponente 147
b) Werkvertragliche Komponente 149
aa) Vorformuliert 150
bb) Individuell 158
6. Immanente Untersuchungs- und Planungspflichten 159

XIII. Exkurs: Durchsetzung von Mängeln beim Erwerb von Wohneigentum
1. Einführung 161
2. Ausübungsbefugnis 165
3. Verbleibende individuelle Rechtsinhaberschaft 168
4. Vergemeinschaftungsbeschluss 172
a) Inhaltliche Anforderungen 173
b) Rechtsfolgen 179
5. Anspruchsverfolgung nach einem Vergemeinschaftungsbeschluss 184
a) Erfüllungs- und Nacherfüllungsanspruch 184

b) Aufwendungsersatz- und Vorschussanspruch 186
c) Minderung und kleiner Schadensersatz 190
d) Besonderheiten für Folgeschäden? 192
e) Rücktritt, großer Schadensersatz 193
f) Vergleich 195
6. Rechtsgeschäftliche Ermächtigung 198

XIV. Insolvenz des Bauträgers 200
1. Vorläufiges Insolvenzverfahren 201
2. Eröffnetes Insolvenzverfahren 204
a) Schutz durch § 106 Abs 1 InsO 205
b) Durchsetzung des Eigentumsübertragungsanspruchs 210
c) Bauvertragliche Elemente 213
3. Exkurs: Wohnungseigentumsrechtliche Risiken 222

Alphabetische Übersicht

Abnahme 40 ff
– Abnahmegegenstand 41 f
– AGB-rechtliche Beurteilung von Abnahmeklauseln 52 ff
– Besonderheiten von Nachzüglererwerbern 57 ff
– Bevollmächtigungen 52 ff
– durch die Gemeinschaft der Wohnungseigentümer 49 ff
– durch jeden Vertragspartner 40
– Empfehlungen für die Praxis 67 ff
– Erklärung der Teilabnahme 48
– europarechtliche Einflüsse 64
– fiktive Abnahme 43 ff
– Rechtsfolgen unwirksamer Abnahmeklauseln 61 ff
– Teilabnahme 45 ff
– Verwirkung 65
– Zulässigkeit von Teilabnahmen 46 f
Anwendbarkeit bauvertraglicher Vorschriften 70 ff
– Schlussrechnung 73 ff
– Zustandsfeststellung 71 f
Anwendbarkeit kaufvertraglicher Vorschriften 134 ff
– Anspruch auf Besitzverschaffung 137
– Anspruch auf Übereignung 137
– Durchbrechung der Zug-um-Zug-Verknüpfung 139 ff
– Fälligkeit des Besitzverschaffungsanspruchs 138
– Fälligkeit des Übereignungsanspruchs 138
– Haftung 143 ff
– Haftungsbeschränkung 146 ff
– Streitwert Auflassungsklage 142
– Umfang des Verweises 135 f
Anwendbarkeit verbraucherbauvertraglicher Vorschriften 78 ff
– Baubeschreibungspflicht 78
– Erfüllungssicherheit 79 ff
– Herausgabe von Unterlagen 90 ff
Anwendbarkeit werkvertraglicher Vorschriften 29 ff
– Abnahme 40 ff
– Abschlagszahlung 34 f
– Festpreis 33
– Mängelhaftung 36 ff
– Vergütung 31 ff
– Verjährung 37 ff
Anwendungsbereich 8 ff
– Abgrenzung zum GÜ-Modell 19
– Abgrenzung zum Kaufvertragsrecht 10 ff
– Errichtung eines Hauses 9
– gewerberechtlicher Bauträgerbegriff 17 ff
– Umbau eines Hauses 14 ff
– Untersuchungspflichten bei Teilsanierung 16, 159 f
– Verweis auf das Verbraucherbaurecht 15

Besonderheiten des Vertragsschlusses 23 ff
– Bindefristen 23 ff
– Koppelungsverbot 27
– VOB/B 28
Bindefristen 23 ff
– AGB-rechtliche Beurteilung 23 f
– Notarhaftung 26
– Rechtsfolgen 25

Formbedürftigkeit 20 ff
– Heilung 21
– Sonderwünsche 22
– Umfang 20

Geschichtliche Entwicklung 1 ff
– gewerberechtliches Schutzsystem 3
– Reformbedarf 5, 7
– Reform des Bauvertragsrechts 4

Handwerkersonderwunschvertrag 121 ff
– Haftung 123 f
– Schnittstellenprobleme 123
– Zustimmung des Bauträgers 122

Insolvenz des Bauträgers 200
– Aufrechnungsbefugnis, begrenzte 221
– Eigentumsverschaffungsanspruch, Durchsetzung 210 ff
– Bauvertragliche Kompomente 213 ff
– Erfüllungswahl 215
– Insolvenzverfahren, eröffnetes 204
– Insolvenzverfahren, vorläufiges 201 ff
– Mängel 220
– Nichterfüllungswahl 216 ff
– Schutz der kaufvertraglichen Komponenten 205 ff
– wohnungseigentumsrechtliche Risiken 222 ff

Kündigung 101 ff
– außerordentliche 102 ff
– ordentliche 101

Mängelhaftung, Gemeinschaftseigentum 161 ff
– Abtretung, Umdeutung 199
– Aufwendungsersatz- und Vorschussanspruch 186 ff
– Ausübungsbefugnis der Gemeinschaft 165 ff
– Einführung 161
– Erfüllungs- und Nacherfüllungsanspruch 184 f
– Folgeschäden 192
– Minderung und kleiner Schadensersatz 190 ff
– rechtsgeschäftliche Ermächtigung 198 f
– Rücktritt, großer Schadensersatz 193 f
– verbleibende individuelle Rechtsinhaberschaft 168 ff
– Vergemeinschaftungsbeschluss 172 ff
– Vergemeinschaftungsbeschluss, Anforderungen 173 ff
– Vergemeinschaftungsbeschluss, Rechtsfolgen 179 ff
– Vergleich 195 ff
Mängelhaftung, Haftungsbeschränkung 146 ff
– kauvertragliche 147 ff
– Untersuchungspflicht 148, 159 f
– werkvertragliche 149 ff

Sonderwünsche 108 ff
– Abgrenzung zum Handwerkersonderwunschvertrag 108
– Anspruch auf 109
– Auswirkungen auf den Fertigstellungstermin 113
– Auswirkungen der Lastenfreistellungserklärung 115 ff
– Eigenleistungen 119 ff
– Formbedürftigkeit 111
– Haftung für Sonderwünsche 118
– Sonderwunschvergütung 112 ff

Unanwendbare Vorschriften des Bauvertragsrechts 105 ff
– Anordnungsrecht 106 f
– Sonderwünsche 108 ff
Unanwendbare Vorschriften des Verbraucherbauvertragsrechts 129 ff
– Begrenzung Abschlagszahlung (§ 650m Abs 1 BGB) 133
– Vorvertragliche Information (§ 650k Abs 1 BGB) 129
– Widerrufsrecht (§ 650l BGB) 130 ff
Unanwendbare Vorschriften des Werkvertragsrechts 100 ff
– außerordentliche Kündigung 102 ff
– Bauhandwerkersicherung (§ 650f BGB) 126 ff
– ordentliche Kündigung 101
– Sicherungshypothek (§ 650e BGB) 125
Unterlagen 90 ff
– Empfangszuständigkeit 98
– Herausgabeanspruch durch Vertragsauslegung 96 ff
– Herausgabeanspruch gesetzlich vor Bauausführung 91 ff
– Herausgabeanspruch gesetzlich für Darlehensgeber 95
– Herausgabeanspruch gesetzlich mit Fertigstellung 93 ff

Verjährung 37 ff
– Besitzverschaffung 37

– Eigentumsverschaffung 37
– Erfüllungs- und sonstige Ansprüche vor Abnahme 38
– Mängelansprüche 39

I. Historische Einführung

Erst durch die Zwänge der Nachkriegszeit und die gesetzgeberischen Antworten hierauf, namentlich durch die Kodifikation des Wohnungseigentumsgesetzes, erstarkte die serielle Errichtung von Wohn- und Gewerbeeinheiten und es entstand das eigentliche Bauträgergeschäft. Bereits seit dem 19. Jahrhundert errichteten Wohnungsbauunternehmen Mehrfamilienhäuser auf eigenem Grund und Boden, auf eigenes Risiko und auf Vorrat, um sie hiernach mit Gewinn zu veräußern (zur Geschichte des Bauträgergeschäfts SEUSS ZdWBay 1993, 508). Erwerber waren typischerweise Kapitalanleger, die das gesamte Objekt erwarben (PAUSE/VOGEL Kap 1 Rn 2). Der Schaffung von einzelnen Einheiten in Mehrfamilienhäusern zur Deckung des Wohnbedarfs der Bevölkerung und zur Vermögensbildung der Mittelschicht waren aber enge Grenzen gesetzt. Vor dem Inkrafttreten des BGB war vereinzelt die Bildung von sog Stockwerkseigentum in Deutschland rechtlich möglich. Die rechtlichen Voraussetzungen hierfür waren recht eng und die Abgrenzung der Eigentumsbereiche im Detail unklar, so dass es sich in der Praxis kaum durchsetzen konnte (zutreffend BR-Drucks 75/51, 3 f). Auch galt das Stockwerkseigentum als streitanfällig („Streit und Händelhäuser"). Mit dem Erlass des Bürgerlichen Gesetzbuches (BGB) war das Stockwerkseigentum nicht mehr zulässig, was aus den §§ 93, 94 BGB folgte. Bereits gebildetes Stockwerkseigentum blieb unangetastet (Art 182, 189 Abs 1 S 3, 131, 218 EGBGB). Bauträgerverträge blieben aber noch im 19. Jahrhundert die Ausnahme, weil „Bauherren" auf ihren Grundstücken zur Eigen- oder Fremdnutzung sich selbst als Bauherr betätigten, also selbst Verträge mit Planern und Bauhandwerkern abschlossen. 1

Das änderte sich mit der Wohnungsnot nach dem zweiten Weltkrieg, sei es durch den oft katastrophalen Zustand des noch verbliebenen Wohnungsbestands, sei es durch Zuzug von Flüchtlingen und Vertriebenen. Zu Beginn der 1950er Jahre fehlten über 5 Millionen Wohnungen und wegen des beginnenden Wirtschaftswunders war weiterer Wohnungsbedarf zu erwarten. Diese Wohnungsnot sollte über die Wiedereinführung gesonderten Eigentums an Raumeinheiten gelindert werden. Die sozial- und wirtschaftspolitischen Zwecke für die Kodifizierung des Wohnungseigentumsgesetzes im Jahre 1951 (BGBl 1951 I 175) hat deren „Mitautor" (WEITNAUER ZWE 2001, 126, 128) entsprechend der Begründung des Gesetzgebers wie folgt zutreffend zusammengefasst: 2

> „Man erhoffte sich von dem Gesetz, es werde einen Anreiz zur Investierung privater Mittel im Wohnungsbau schaffen, es werde dem Unwesen und den Unsicherheiten der damals weit verbreiteten Baukostenzuschüsse der Mieter durch das Angebot sachgemäßer Rechtsformen ein Ende bereiten, es werde städtebaulich sinnvolle Lösungen für den Wiederaufbau der zerstörten Stadtkerne durch Zusammenfassung und einheitlicher Bebauung kleinerer Grundstücke erleichtern, es werde schließlich dem Ziele der Vermögensbildung in privater Hand dienen und einem weiten Kreis von Bürgern, die auf andere

Weise nicht zum Erwerb von Grund und Boden gelangen können, den Erwerb eines „Eigenheims in der Etage" ermöglichen."

Die über die staatlichen Förderungen zunächst vermehrt in Anspruch genommenen Baubetreuungsleistungen wurden deshalb von der Bauträgertätigkeit vornehmlich privater Wohnungsunternehmen ersetzt (Pause/Vogel Kap 1 Rn 6). Der Vorteil gegenüber der Abwicklung über einen Baubetreuer war, dass der Bauträgererwerber das Objekt nicht zu einem Abrechnungs-, sondern Festpreis erwerben konnte. Der Betreuer musste nicht mehr gegenüber einer Vielzahl von Erwerbern abrechnen und Rechnung legen. Gleichzeitig gingen Wohnungsbauunternehmen dazu über, mit der Realisierung der Objekte nicht zuzuwarten, bis alle Einheiten veräußert waren, sondern auf „Vorrat" zu bauen. Die Bauträger erwarben und erschlossen das Grundstück, ließen den Bau und die Außenanlagen planen und vergaben die Planungs- und Bauaufträge im eigenen Namen.

3 Im Interesse der Bauträger lag es, möglichst frühzeitig für die zu errichtenden Objekte Erwerber zu finden, um geringere Eigenmittel oder Kosten für die Fremdfinanzierung einzusetzen. Nach der Rezession 1966/67 stieg die Nachfrage nach Wohnimmobilien so stark an, dass Bauträger Objekte zu einem sehr frühen Zeitpunkt veräußern konnten, zu welchem die Bauerrichtung noch nicht hinreichend gesichert war. Dies begünstigte den Trend, dass Erwerber entweder privatschriftlich sich Reservierungsrechte sicherten, was auf Grund der Fassung von § 313 aF wirksam war, und erhebliche Anzahlungen leisteten oder dass sie den Erwerbspreis im Voraus ohne Absicherung leisteten (näher Vogel/Pause Kap 1 Rn 9 ff). Die geänderten Marktverhältnisse schlugen sich dadurch nieder, dass Kreditinstitute, die auch Erwerber finanzierten, den Kapitalfluss und den objektbezogenen Einsatz der Finanzmittel im Eigeninteresse überwachten. Namentlich die Notarkammer Bayern sorgte berufsrechtlich mit ihrem Merkblatt 1971 (dazu Messerschmidt/Voit/Wagner Kap 3 Rn 3) dafür, ua den Erwerberschutz durch Freigabeversprechen des globalfinanzierenden Kreditinstituts, bautenstandsabhängige Zahlung und Sicherung durch Vormerkung zu erhöhen. Gleichzeitig überhitzte Anfang der 1970er Jahre die Baukonjunktur trotz der gesetzgeberischen Eingriffe so erheblich, dass der Bauträgermarkt auf Grund der gesamtwirtschaftlichen Lage 1973/74 teilweise zusammenbrach. Insolvenzen in der Bauträgerbranche waren die Folge. Am 1. 2. 1973 trat – politisch damals kaum umstritten (Marcks § 34c GewO Rn 1) – zum Zwecke der Regulierung des Bauträgermarkts § 34c GewO in Kraft (Gesetz zur Änderung der Gewerbeordnung vom 16. 8. 1972, BGBl 1972 I 1465) und hiernach am 20. 6. 1974 die hierauf basierende Makler- und Bauträgerverordnung (Verordnung vom 20. 6. 1974, BGBl 1974 I 1314). Sie zementierte das damals bestehende Verbraucherschutzniveau weitgehend bis heute. Die späteren Änderungen der Makler- und Bauträgerverordnung verbesserten zwar ihre Anwendbarkeit (so durch die Änderungsverordnung vom 13. 5. 1975, BGBl 1975 I 1351, dazu Locher NJW 1976, 607 ff), indes das Schutzniveau nicht erheblich (Marcks Vorbemerkung MaBV Rn 2 ff). Deshalb wurden Reformen des Bauträgerrechts sehr eingehend vom Deutschen Baugerichtstag diskutiert. Vor allem die Empfehlungen des Arbeitskreises V des 3. und 5. Deutschen Baugerichtstages haben die Regelungsdefizite beschrieben und Lösungen vorgeschlagen (Empfehlungen des 3. und 5. Deutschen Baugerichtstages, Arbeitskreis V, Bauträgerrecht, BauR 2010, 1392 ff und BauR 2014, 1617 ff). So war empfohlen worden, die Entgegennahme von Abschlagszahlungen von der Übergabe einer Rückzahlungsbürgschaft abhängig zu machen oder alterna-

tiv die Zahlung der Vergütung frühestens bei Übergabe der bezugsfertigen Übergabe des Erwerbsobjekts zu erlauben (Empfehlungen des 5. Deutschen Baugerichtstages, Arbeitskreis V, Bauträgerrecht, BauR 2014, 1617, 1632 f). Neben der Forderung, für den Bauträgervertrag gesetzlich eine Baubeschreibungs- und eine Dokumentationspflicht einzuführen, sollte die Abnahme des Gemeinschaftseigentums geregelt werden. Für sie war eine Zuständigkeit der Wohnungseigentümergemeinschaft erwogen worden, deren Beschlüsse sich auch auf Nachzüglererwerber erstreckt hätten (Empfehlungen des 5. Deutschen Baugerichtstages, Arbeitskreis V, Bauträgerrecht, BauR 2014, 1617, 1632 f). Die Anregungen des Deutschen Baugerichtstags blieben ungehört.

Mit der Reform des Bauvertragsrechts (Gesetz zur Reform des Bauvertragsrechts, zur Änderung der kaufrechtlichen Mängelhaftung, zur Stärkung des zivilprozessualen Rechtsschutzes und zum maschinellen Siegel im Grundbuch- und Schiffsregisterverfahren vom 28. 4. 2017, BGBl 2017 I 969) zum 1. 1. 2018 blieb das Bauträgerrecht weitgehend unverändert (Karczewski NZBau 2018, 328; Pause BauR 2017, 430, 441). § 650u BGB ist im Wesentlichen eine „Platzhalternorm" (Pause/Vogel Kap 1 Rn 26a). Die Reform des Bauträgerrechts sollte später in Angriff genommen werden (BT-Drucks 188486, 27), nämlich eine Verbesserung des Verbraucherschutzes des Erwerbers in der Insolvenz des Bauträgers (dazu Fuchs BauR 2020, 371 ff) und eine Erleichterung der rechtssicheren Abnahme der im Gemeinschaftseigentum stehenden Bausubstanz (dazu Leupertz BauR 2020, 380 ff). 4

Die Zurückhaltung des Gesetzgebers überrascht angesichts des erheblichen Reformbedarfs. Die Regelungen zum Bauträgerrecht beschränkten sich vor 2018 auf die privatrechtlichen und die öffentlich-rechtlichen Normen zur Vereinbarung von Abschlagszahlungen in § 632a Abs 2 aF bzw in §§ 3 und 7 MaBV, was sich als unzulänglich erwiesen hatte (näher ibrOK-BauVertrR/Pause [7. 2. 2025] § 650u Rn 1 ff). Wichtige Weichenstellungen sind nach wie vor nicht befriedigend geregelt. Das gilt etwa für den Inhalt der üblicherweise verwendeten Baubeschreibungen, die Dokumentation der erbrachten Bauleistung und die Abnahme des Gemeinschaftseigentums. Als völlig unzureichend erwies und erweist sich, dass die Regelungen zu Abschlagszahlungen in das Gewerberecht (§ 34c GewO, §§ 3 und 7 MaBV) ausgelagert sind. Nicht zuletzt war zu bemängeln, dass der Schutz bei der Zahlungsabwicklung im sog Vormerkungsmodell nach § 3 MaBV gerade bei wirtschaftlichen Schwierigkeiten des Bauträgers lückenhaft ist (vgl Glöckner BauR 2015, 1619 ff; Pause/Vogel BauR 2014, 1628 ff). Die Verbesserung des Verbraucherschutzes sowie die rechtssichere Gestaltung der Abnahme der im Gemeinschaftseigentum stehenden Bausubstanz wurden vom Gesetzgeber in der 19. Legislaturperiode nicht mehr in Angriff genommen. Der Abschlussbericht der Arbeitsgruppe Bauträgervertragsrecht beim BMJV vom 1. 8. 2019 (zur Diskussion Schomburg/Fuchs NZM 2019, 744 ff) blieb ohne konkretes gesetzgeberisches Ergebnis (zu dem Bericht kritisch Karczewski NZBau 2020, 349 ff), auch weil sich die Arbeitsgruppe uneinig war (Pause/Vogel Kap 1 Rn 26a). Die Reform des Bauvertragsrechts hat den Verbraucherschutz sogar partiell reduziert (dazu Vogel BauR 2018, 717 ff). Im Koalitionsvertrag der „Ampel" ist eine Reform des Bauträgerrechts nicht einmal mehr erwähnt. Überraschend hat das Bundesjustizministerium mögliche Eckpunkte zum Reformbedarf im Bauträgervertragsrecht Anfang 2023 vorgestellt und die Verbände um Stellungnahme zu verpflichtenden bzw optionalen Absicherungsmöglichkeiten des Erwerbers in der Insolvenz des Bauträgers gebeten. Die Vorlage eines konkreten Gesetzesentwurfs steht aus. Im Koalitionsvertrag zwischen CDU, 5

CSU und SPD für die 21. Legislaturperiode vom 9. 4. 2025 ist in Zeile 2789 (https://www.spd.de/fileadmin/Dokumente/Koalitionsvertrag2025_bf.pdf) lediglich aufgenommen, dass man prüfen werde, wie der Verbraucher besser vor der Insolvenz des Bauträgers geschützt werden kann.

II. Bedeutung der Vorschrift

6 Die mit der Reform des Bauvertragsrechts zum 1. 1. 2018 in Kraft getretene Vorschrift definiert erstmals im Zivilrecht den Bauträgervertrag. Diese Definition fand sich vorher an versteckter Stelle in § 632a Abs 2 aF, in welchem zur Vereinbarung von Abschlagszahlungen auf Art 244 EGBGB verwiesen wurde. Der Bauträgervertrag wird erstmals gesetzlich als eigenständiger Vertragstyp festgeschrieben. Die Norm regelt ergänzend, welche Vorschriften des allgemeinen Werkvertrags-, des Bauvertrags- und des Verbrauchbauvertragsrechts auf den Bauträger anwendbar bzw unanwendbar sind.

III. Reformbestrebungen

7 Die Reform des Bauträgerrechts war erklärtes Ziel der „alten" Bundesregierung und war Inhalt des Koalitionsvertrags vom 2. 3. 2018. Die vorhandenen Schutzlücken sollten durch wirksame Absicherung des Erwerbers im Fall der Insolvenz des Bauträgers geschlossen und die Abnahme des Gemeinschaftseigentums erleichtert werden (www.cdu.de/system/tdf/media/dokumente/koalitionsvertrag_2018.pdf?file, Zeilen 5840-5842). Im Ergebnis wurde dieses Ziel nicht umgesetzt (vgl Rn 5). Der Schutz des Verbrauchers vor der Insolvenz des Bauträgers findet sich 2025 wieder im neuen Koalitionsvertrag in Zeile 2789. Die Vorschläge zur Abnahme des Gemeinschaftseigentums waren zu konträr; sie sahen von der Abschaffung der Abnahme der im Gemeinschaftseigentum stehenden Bausubstanz (Leupertz BauR 2020, 382 ff; bereits generell zur Abschaffung der Abnahme für den Werk- und Bauvertrag Muffler BauR 2020, 703, 707 ff) eine Art Vergemeinschaftung der Abnahme vor (Abschlussbericht, 18 ff). Die Abschaffung der Abnahme nur des Gemeinschaftseigentums lässt sich dogmatisch stringent nicht begründen (hierzu kritisch wie hier Karzewski NZBau 2020, 349, 350 ff). Mit dem Wohnungseigentumsmodernisierungsgesetz (BGBl 2020 I 2187) und dem neuen § 9a Abs 2 WEG wäre es ein dogmatischer Bruch, wenn die Gemeinschaft der Wohnungseigentümer durch Beschluss die Abnahme „vergemeinschaften" könnte; das neue Recht wollte die Rechte des einzelnen Erwerbers bzw Wohnungseigentümers stärken (Hügel/Elzer § 9a WEG Rn 136).

IV. Anwendungsbereich

8 Nach § 650u Abs 1 BGB ist ein Bauträgervertrag ein Vertrag, der die Errichtung oder den Umbau eines Hauses oder eines vergleichbaren Bauwerks zum Gegenstand hat und zugleich die Verpflichtung des Unternehmers enthält, dem Besteller das Eigentum an dem Grundstück zu übertragen oder ein Erbbaurecht zu bestellen oder zu übertragen. Diese Formulierung entspricht § 632a aF, der auf § 1 der Abschlagszahlungsverordnung (Verordnung vom 23. 5. 2001, BGBl 2001 I 981) zurückgeht. Charakteristisch für den Bauträgervertrag ist damit einerseits eine Herstellungsverpflichtung, andererseits eine Verschaffungsverpflichtung. Es handelt sich um einen typengemischten, einheitlichen Vertrag eigener Art, der auch die für die Bauerrich-

tung notwendigen Planungsleistungen, die dem Werkvertragsrecht unterliegen, und oftmals auch sonstige Leistungen mit Geschäftsbesorgung beinhaltet (KompBauR/Koeble Teil 10 Rn 165 f; näher Vogel NZM 2017, 681 ff zur dogmatischen Grundlage und den Folgen).

1. Errichtung eines Hauses oder eines vergleichbaren Bauwerks

§ 650u Abs 1 S 1 BGB erfasst die Errichtung eines Hauses oder eines vergleichbaren Bauwerks. Die vom Gesetz verwendete Beschreibung entspricht der des § 632a Abs 2 aF und damit der Abschlagszahlungsverordnung (Verordnung vom 23. 5. 2001, BGBl 2001 I 981). Nach allgemeinem Sprachgebrauch ist unter einem „Haus" jedes Gebäude zu verstehen, das für den ständigen Aufenthalt von Menschen bestimmt ist; dazu gehört selbstverständlich auch eine Nutzung durch Wohnen (ibrOK-BauVertrR/Pause [7. 2. 2025] § 650u Rn 8). Bauwerke sind unbewegliche, mit dem Erdboden fest verbundene Sachen, die unter Einsatz von Arbeit und Material hergestellt werden. Ein Bauwerk ist jedoch nur dann mit einem „Haus" vergleichbar, wenn es ebenfalls eine Nutzung durch Menschen ermöglicht; dies ist etwa bei einer Schwimmhalle, einer Garage oder einer Gartenlaube der Fall (Messerschmidt/Voit/Thode § 650u Rn 12). Gleiches gilt für oberirdisch genutzte Gewerbebauten. Für die neu zu errichtenden Häuser enthält das Gesetz keine Beschränkung auf bestimmte Nutzungen, so dass alle Arten von Wohngebäuden (Mehrfamilienhäuser, Einfamilienhäuser, Reihenhäuser), aber auch Häuser mit anderen Nutzungen tatbestandlich erfasst sind, insbesondere alle Häuser, die gewerblichen Zwecken dienen (ibrOK-BauVertrR/Pause [7. 2. 2025] § 650u Rn 9). 9

2. Abgrenzung zum Kaufvertragsrecht

§ 650u Abs 1 BGB lässt sich nicht entnehmen, ob ein Bauträgervertrag iSd Gesetzes auch dann vorliegt, wenn zum Zeitpunkt des Vertragsschlusses das Erwerbsobjekt bereits fertiggestellt ist. Damit stellen sich Abgrenzungsfragen zum Grundstückskaufvertrag. 10

Für das vor dem 1. 1. 2002 geltende Recht war in ständiger Rechtsprechung (BGH 21. 2. 1985 – VII ZR 72/84, NJW 1985, 1551: Wohnung stand bis zur Veräußerung zwei Jahre leer; BGH 6. 5. 1982 – VII ZR 74/81, NJW 1982, 2243: Veräußerung eines Musterhauses; BGH 5. 11. 1981 – VII ZR 5/81, BauR 1982, 58 Wohnung wurde zunächst über ein halbes Jahr vom Bauträger selbst genutzt) vertreten worden, dass für neu hergestellte Objekte auch dann noch Werkvertragsrecht und nicht Kaufvertragsrecht anzuwenden ist, wenn das Objekt nach der Verkehrsanschauung noch als neu anzusehen ist. Vor allem wegen des werkvertraglichen Nachbesserungsanspruchs und der kürzeren Gewährleistungsfrist beim Kauf war die Anwendung des Werkvertragsrechts in diesen Fällen interessengerecht (vgl BGH 21. 2. 1985 – VII ZR 72/84, NJW 1985, 1551). Die gleichen Grundsätze galten für grundlegende Sanierungen, die nach Umfang und Bedeutung Neubauarbeiten gleichkamen (BGH 26. 4. 2007 – VII ZR 210/05, NJW 2007, 3275 Rn 19). Lange ungeklärt war, ob diese Grundsätze auch nach der Schuldrechtsreform fortgalten (offengelassen ausdrücklich von BGH 26. 4. 2007 – VII ZR 210/05, NJW 2007, 3275 Rn 19). Hintergrund der Diskussion war, dass die kaufvertragliche Mängelhaftung und die dortige Mängelverjährungsfrist der des Werkvertragsrechts weitgehend angepasst worden sind, also nicht von vornherein einem interessengerechten Ausgleich widersprachen; in der Literatur (Brambring DNotZ 2001, 904, 906; Hertel DNotZ 2002, 6, 18; Ott NZBau, 2003, 233,

238 f; Teichmann ZfBR 2002, 13, 19) wurde deshalb die Anwendung des Kaufvertrags befürwortet mit der Folge, dass kein Bauträgervertrag vorgelegen hätte.

11 Der Bundesgerichtshof (BGH 12. 5. 2016 – VII ZR 171/15, BGHZ 210, 206 Rn 23) hat den Streit dahin entschieden, dass auch nach der Reform des Schuldrechts für bereits fertiggestellte, aber noch neue Bauwerke wegen Mängeln an der Bausubstanz Werkvertragsrecht anzuwenden ist, so dass ein Bauträgervertrag vorliegt. Dies entsprach der überwiegenden Ansicht in der Literatur (Blank, in: FS Thode [2005] 233 f; Derleder NZBau 2004, 237; Pause NZBau 2002, 648, 649; Thode NZBau 2002, 297, 298; Vogel BauR 2010, 1992, 1994 f), weil diese dogmatische Einordnung nach wie vor interessengerecht war (und ist). Sie widersprach auch nicht dem Willen des Gesetzgebers (Vogel BauR 2010, 1992, 1995). Der Bundesgerichtshof (BGH 12. 5. 2016 – VII ZR 171/15, BGHZ 210, 206 Rn 25; BGH 25. 2. 2016 – VII ZR 156/13, NJW 2016, 1575 Rn 25) hat aber zugleich eine wichtige Abgrenzung dahin vorgenommen, dass eine vom Bauträger vermietete und erst drei Jahre nach Fertigstellung veräußerte Wohnung nach der Verkehrsanschauung nicht mehr als „neu“ gilt und sich in diesem Fall die Rechte des Erwerbers ausschließlich nach Kaufvertragsrecht richten. Ungeklärt bleibt, ob nach der maßgeblichen Verkehrsanschauung auch Wohnungen, die weniger als drei Jahre vermietet waren (oder leer standen), als gebraucht und damit nicht mehr als „neu“ anzusehen sein können (vgl Pause NZBau 2017, 22). Hierbei dürfte es uU auch auf den Inhalt des Vertrags ankommen. Etwa dann, wenn der Bauträger die Wohnung – Sonder- und Gemeinschaftseigentum – noch um- und ausbaut sowie unbegrenzt Herstellungspflichten eingeht, könnte ein Bauträgervertrag mit werkvertraglicher Mängelhaftung vorliegen (näher Theuersbacher 43 ff).

12 Die zum alten Recht entwickelten Rechtsgrundsätze gelten auch für § 650u Abs 1 BGB (ibrOK-BauVertrR/Pause [7. 2. 2025] § 650u Rn 11; Pfennig RNotZ 2018, 585, 588). Das Gesetz beschreibt den Bauträgervertrag so, wie er regelmäßig, aber nicht zwangsläufig abgeschlossen wird, als einen Vertrag mit Herstellungsverpflichtung. Dass die Regelungen der §§ 650u, 650v BGB auf bereits hergestellte Erwerbsobjekte nicht angewendet werden dürften, kann dem Gesetz – und der Gesetzesbegründung (Begründung des Gesetzesentwurfs der Bundesregierung, BT-Drucks 18/8486, 71 f) nicht entnommen werden. Der Gesetzgeber hat die Gelegenheit, dies uU im Zuge der Reform des Bauvertragsrechts anders zu regeln, nicht genutzt (Basty Kap 1 Rn 12). Diesem Schweigen des Gesetzes ist zu entnehmen, dass die Vorschriften der §§ 650u und 650v BGB im Sinne der bereits bekannten Rechtsprechung des Bundesgerichtshofs (BGH 12. 6. 2016 – VII ZR 171/15, BGHZ 210, 206 Rn 23) auszulegen sein sollen, also auf den Erwerb bereits fertiggestellter, aber noch neuer Wohnungen und Häuser angewendet werden kann.

13 In der Vertragsgestaltung empfiehlt es sich für Verträge, die wegen einer uU bestehenden Herstellungsverpflichtung dem werkvertraglichen Haftungsregime unterliegen könnten, vorsichtshalber eine Abnahme zum Verjährungsbeginn vorzusehen (Basty MittBayNot 2016, 502). Allein die Vereinbarung einer solchen Abnahme führt nämlich noch nicht dazu, dass der Bauträger nach werkvertraglichen Grundsätzen für Mängel haftet (BGH 25. 2. 2016 – VII ZR 156/13, NJW 2016, 1575 Rn 32).

3. Umbau eines Hauses oder eines vergleichbaren Bauwerks

Mit der Formulierung „dem Umbau eines Hauses oder eines vergleichbaren Bauwerks" werden Sanierungsvorhaben beschrieben. Der Betriff des Umbaus ist in zwei Richtungen abzugrenzen: Er ist weiter, als derjenige beim Verbraucherbauvertrag (§ 650i Abs 1 BGB), erfasst indes nicht jede Instandsetzungsmaßnahme und Renovierung. 14

Die Formulierung „Umbau eines Hauses" ist § 632a Abs 2 aF entnommen. Sie orientiert sich damit – wie schon die frühere Gesetzesfassung – am honorarrechtlichen Umbaubegriff der HOAI. Die Gesetzesbegründung zu § 632a Abs 2 aF (BT-Drucks 16/511, 15) verwies auf die Begriffsbestimmung in § 3 Nr 5 HOAI 1996. Nach § 3 Nr 5 HOAI 1996 sind Umbauten „Umgestaltungen eines vorhandenen Objekts mit wesentlichen Eingriffen in Konstruktion oder Bestand" (ebenso § 2 Abs 5 HOAI 2021). Das entscheidende Abgrenzungskriterium ist dabei der wesentliche Eingriff in die Konstruktion oder den Bestand. Unter Berücksichtigung dieses Hintergrunds sind von § 650u Abs 1 BGB umfassende Entkernungen, also Baumaßnahmen, die einem Neubau gleichkommen, erfasst, darüber hinaus aber auch solche Vorhaben, bei denen nur partielle Bauleistungen erbracht werden, sofern sie ebenfalls mit wesentlichen Eingriffen in die Konstruktion oder den Bestand einhergehen. Das können zB der Einbau einer Aufzugsanlage, der Dachgeschoßausbau oder die Erneuerung der Heizanlage sein. § 650u Abs 1 BGB setzt – im Unterschied zum Verbraucherbauvertrag (so ausdrücklich BT-Drucks 18/8486, 61) – keine erheblichen Umbauten (vgl § 650i Abs 1 BGB) voraus, worunter nur solche Umbauten fallen, die dem Bau eines neuen Gebäudes vergleichbar sind (vgl LG Stuttgart 2. 6. 2016 – 23 O 47/16, BauR 2017, 570 zu § 312 Abs 2 Nr 3 aF), sondern nach der bisherigen Rechtsprechung des Bundesgerichtshofs (Kern-)Sanierungen, die einem Neubau gleichkommen (BGH 26. 4. 2007 – VII ZR 210/05, NJW 2007, 3275 Rn 18; BGH 6. 10. 2005 – VII ZR 117/04, NJW 2006, 214 Rn 11; BGH 16. 12. 2004 – VII ZR 257/03, NJW 2005, 1115; BGH 7. 5. 1987 – VII ZR 366/85, BGHZ 100, 391, 396), aber auch die Vorhaben unter der Schwelle einer Kernsanierung, also punktuelle Sanierungen (BGH 8. 11. 2004 – AnwZ (B) 84/03, NJW 2005, 214 Rn 16; OLG Nürnberg 15. 12. 2005 – 13 U 1911/05, BauR 2007, 413; OLG Jena 30. 4. 2020 – 8 U 674/19, BauR 2021, 720; vgl umfassend Fuchs BauR 2007, 264 ff). Ein Bedürfnis, den Anwendungsbereich von § 650u BGB auf den europarechtlichen Begriff der „erheblichen" Umbaumaßnahme iSv § 650i BGB, also auf Kernsanierungen zu begrenzen, besteht nicht (ibrOK-BauVertrR/Pause [7. 2. 2025] § 650u Rn 13; Neuhöfer ZfIR 2025, 185, 186; **aA** und unzutreffend noch Pause/Vogel NZBau 2015, 667, 672). Aus dem Verweis des Gesetzgebers (BT-Drucks 18/8486, 61) für den Verbraucherbauvertrag auf den 26. Erwägungsgrund der Verbraucherrechterichtlinie vom 25. Oktober 2011 (ABl L 304 vom 22. 11. 2011, 64) folgt, dass das Gesetz zwischen Umbaumaßnahmen (Bauträgervertrag) und erheblichen Umbaumaßnahmen (Verbraucherbauvertrag) bewusst differenziert. Dies, der Wortlaut von § 650u Abs 2 BGB sowie die Regelungssystematik legen es nahe, dass es sich bei § 650u Abs 2 BGB um eine Rechtsfolgenverweisung handelt, es also auf die „Erheblichkeit" für die Anwendbarkeit der Vorschriften des Verbraucherbauvertrags nicht ankommt (Neuhöfer ZfIR 2025, 185, 187 mwNw; str). Für die Einordnung als Bauträgervertrag ist es unerheblich, dass die Parteien den Vertrag als „Kaufvertrag" bezeichnet haben (BGH 26. 4. 2007 – VII ZR 210/05, NJW 2007, 3275 Rn 18; BGH 16. 12. 2004 – VII ZR 257/03, NJW 2005, 1115). Entscheidend für die Abgrenzung ist der geschuldete Umfang der Herstellungsarbeiten, die sich aus den Umständen (zB Prospekte, Anpreisungen, 15 vorvertragliche Angaben, tatsächlich erbrachte Arbeiten) ergeben können, die zum Vertragsschluss geführt haben (BGH 6. 10. 2005 – VII ZR 117/04, NJW 2006, 214 Rn 35; BGH 16. 12. 2004 – VII ZR 257/03, NJW 2005, 1115; BGH 29. 6. 1989 – VII ZR 151/88, BauR 1989, 597). Die genaue rechtliche Einordnung hängt stets von den Umständen des Einzelfalls ab (KG 16. 10. 2007 – 6 U 140/06, ZWE 2008, 185, 188).

16 Die Folge der Einordnung als Bauträgervertrag mit werkvertraglicher Herstellungsverpflichtung ist, dass sich die Mängelhaftung für auf dem Grundstück befindliche Anlagen, die zwar nicht unmittelbar dem Altbauobjekt zuzuordnen sind, jedoch dessen Funktion dienen, ebenfalls nach Werkvertragsrecht richtet (BGH 16. 12. 2004 – VII ZR 257/03, NJW 2005, 1115). Gleiches gilt für die unverändert gebliebene Altbausubstanz (BGH 26. 4. 2007 – VII ZR 210/05, NJW 2007, 3275 Rn 18; BGH 7. 5. 1987 – VII ZR 366/85, BGHZ 100, 391, 396). AGB-rechtlich ist eine Haftungsbeschränkung nach § 309 Nr 8 b aa BGB unwirksam, weil die Bausubstanz „neu" ist (BGH 26. 4. 2007 – VII ZR 210/05, NJW 2007, 3275 Rn 22; BGH 16. 12. 2004 – VII ZR 257/03, NJW 2005, 1115). Ist die vom Bauträger geschuldete Bauleistung nach Umfang und Bedeutung mit Neubauarbeiten nicht vergleichbar, ist Werkvertragsrecht auf die unveränderte Bausubstanz unanwendbar. Dies sind Vorhaben, die nicht mit wesentlichen Eingriffen in die Konstruktion oder den Bestand verbunden sind. Sie sind keine „Bauvorhaben" iSv § 650u Abs 1 BGB, mögen sie auch aufwendig und finanziell bedeutsam sein. Modernisierungs-, Renovierungs-, Instandhaltungs- und Instandsetzungsmaßnahmen, die nicht zugleich mit einem wesentlichen Eingriff in die Konstruktion oder den Bestand verbunden sind, werden also von § 650u Abs 1 BGB nicht erfasst (ebenso BeckOK-BauVertrR/Karczewski [15. 2. 2025] § 650u Rn 42; weiter Neuhöfer ZfIR 2025, 185, 187). Der Vertrag unterliegt in diesen Fällen nur hinsichtlich der Verletzung der Herstellungspflichten den Regelungen der §§ 633 ff BGB; soweit der Veräußerer keine Herstellungspflichten übernommen hat, ist wegen Mängeln Kaufrecht anwendbar (BGH 6. 10. 2005 – VII ZR 117/04, NJW 2006, 214 Rn 16; OLG Jena 30. 4. 2020 – 8 U 674/19, BauR 2021, 720). Denkbar ist es allerdings, dass der aufteilende Veräußerer uU auch für die unverändert gebliebene Altbausubstanz aus dem Gesichtspunkt der Verletzung einer Untersuchungs- und Aufklärungspflicht dennoch werkvertragsähnlich haftet (Fuchs BauR 2007, 264, 270/274). Schuldet der Unternehmer nur die sachenrechtliche Umwandlung eines Altbaus in Wohneigentum ohne jegliche bauliche Veränderung, liegt insgesamt ein Kaufvertrag vor (BGH 23. 6. 1989 – V ZR 40/88, NJW 1989, 2534). Die fehlende Anwendbarkeit des gesetzlichen Bauträgerrechts stimmt mit dem gemäß § 34c Abs 1 S 1 Nr 3 a GewO beschränkten Anwendungsbereich der gewerberechtlichen Vorschriften der MaBV auf die Durchführung von „Bauvorhaben" überein (vgl Marcks § 3 MaBV Rn 45).

4. Abgrenzung zu dem gewerberechtlichen Bauträgerbegriff von § 34c GewO

17 Der gewerberechtliche Bauträgerbetriff unterscheidet sich insofern von dem zivilrechtlichen, als er nicht auf die typischen Vertragspflichten (Herstellungs- und Eigentumsverschaffungspflicht) abstellt, sondern auf die gewerberechtlich relevante Berufsausübung. Die Erlaubnispflicht in § 34c Abs 1 S 1 Nr 3 a GewO (und damit die Anwendung der MaBV) stellt auf die Verwendung von finanziellen Mitteln des Erwerbers durch den Bauträger als Gewerbetreibenden für ein von ihm als Bauherr durchgeführtes Bauvorhaben ab. Diese Definition ist enger, als sie allein auf eine (gewerbliche) Tätigkeit abstellt, nämlich die Entgegennahme von Zahlungen nach § 34c Abs 1 S 1 Nr 3 a GewO (vgl Pause/Vogel Kap 2 Rn 15 f). Zivilrechtlich kann auch ein nicht gewerblich tätiger „Unternehmer" Bauträger sein. Vor allem unterscheiden sich die Tatbestandsmerkmale für die maßgeblichen Bauleistungen mit der Folge, dass für den zivilrechtlich geregelten Bauträgerbegriff der Anwendungsbereich enger ist als für den gewerberechtlichen. Bereits der Begriff des Bauvorhabens iSv § 34c Abs 1 S 1 Nr 3 a GewO unterscheidet sich inhaltlich von dem zivilrechtlichen, weil es dort (§ 650u Abs 1 S 1 BGB) um die Errichtung neuer Häuser und vergleichbarer Bauwerke geht. Nach § 34c Abs 1 S 1 Nr 3 a GewO werden Gewerbetreibende erfasst und dem Anwendungsbereich der MaBV unterstellt, die „Bauvorhaben" als Bauherr durchführen. Von diesem weiteren Begriff werden nicht nur Häuser und vergleichbare Bauwerke (§ 650u Abs 1 S 1 BGB) erfasst, sondern jedes Bauvorhaben (Grziwotz/Everts MaBV § 1 Rn 11 f), also auch Teilleistungen, die bereits als Bauvorhaben gelten, etwa die Errichtung eines Rohbaus (Pause/Vogel Kap 2 Rn 24). Das hat zur Folge, dass auf Verträge, die zwar ein Bauvorhaben, nicht aber die Errichtung eines neuen Hauses oder eines vergleichbaren Bauwerks zum Gegenstand haben, die §§ 3 und 7 MaBV anzuwenden sind, nicht jedoch die Vorschriften über den Bauträgervertrag (§§ 650u, 650v BGB). Dem sollte dadurch begegnet werden, dass durch eine weite Auslegung der Formulierung „vergleichbarer Bauwerke" in § 650u Abs 1 S 1 BGB sämtliche Bauvorhaben iSv § 34c GewO miterfasst werden (ibrOK-BauVertrR/Pause [7. 2. 2025] § 650u Rn 15).

Für die Sanierung von Altbauten besteht ein terminologischer Unterschied. Zu den **18**
Bauvorhaben iSv § 34c Abs 1 S 1 Nr 3 a GewO gehören auch Altbausanierungen. Es besteht keine Einigkeit darüber, welche Anforderungen an eine Sanierungsmaßnahme im Einzelnen zu stellen sind, um gewerberechtlich als Bauvorhaben qualifiziert zu werden (Grziwotz/Everts § 1 MaBV Rn 11 f; Pause/Vogel Kap 2 Rn 28 ff). Die Einbeziehung von Maßnahmen mit bautechnisch geringen Anforderungen ist aber begrifflich nicht ausgeschlossen. Die Ausführung von Renovierungsarbeiten mit dem Ziel, einen zeitgemäßen Wohnkomfort herzustellen, könnte dafür ausreichen (so Grziwotz/Everts § 1 MaBV Rn 11). Ob man zur Vermeidung von Wertungswidersprüchen zwischen § 650u Abs 1 BGB einerseits und § 34c Abs 1 S 1 Nr 3 a GewO andererseits den relativ engen Umbaubegriff des § 650u Abs 1 BGB, der nur wesentliche Eingriffe in die Konstruktion oder den Bestand erfasst (und damit einfache Modernisierungen oder Renovierungen ausschließt), auch für die Auslegung von § 34c GewO heranziehen muss (ibrOK-BauVertrR/Pause [7. 2. 2025] § 650u Rn 16), ist nicht zweifelsfrei. Hierbei müsste man nämlich in Kauf nehmen, dass ein Teil der Renovierungs- und Modernisierungsmaßnahmen erlaubnisfrei und vom Anwendungsbereich der strafbewehrten, also wortlautgetreu auszulegenden MaBV freigestellt bleibt (Pause/Vogel Kap 2 Rn 30).

5. Abgrenzung zu Generalübernehmerkonstellationen

Dem Bauträgervertrag sind kumulativ die Veräußerungs- und Herstellungspflichten **19**
einer Person immanent. Bei den Generalübernehmermodellen werden diese Pflichten in zwei verschiedene Verträge mit unterschiedlichen Beteiligten verlagert, die zumeist, weil „sie miteinander stehen und fallen" gemeinsam beurkundet werden (ausführlich Pause/Vogel Kap 19 Rn 38). Anders als beim Vormerkungsmodell des Bauträgervertrags erhält der Erwerber typischerweise frühzeitig lastenfreies Grundeigentum (vgl KompBauR/Koeble Teil 10 Rn 60). Ein solcher Vertrag ist kein Bauträgervertrag. Auf ihn sind die gewerberechtlichen Vorschriften der §§ 3 ff MaBV un-

anwendbar (Marcks § 3 MaBV Rn 5a; Pause/Vogel Kap 2 Rn 20 ff; **aA** OLG München 17. 3. 2015 – 9 U 1662/11, MittBayNot 2017, 45 Rn 12 ff mit zustimmender Anmerkung Grziwotz MittBayNot 2017, 47), auch wenn der Verkäufer „im Lager" des Unternehmers stehen sollte (in der Praxis findet sich oft der nichtssagende Begriff des verdeckten Bauträgervertrags). Die Anwendung des Bauträgerrechts ist bereits gewerberechtlich weder vom Wortlaut noch von Sinn und Zweck des § 34c Abs 1 S 1 Nr 3a GewO bzw des § 3 MaBV gedeckt (KompBauR/Koeble Teil 10 Rn 48), der durch § 12 MaBV als strafbewehrtes Gewerberecht nicht entsprechend angewandt werden kann (ibrOK-BauVertrR/Pause [7. 2. 2025] § 650v Rn 9). Eine entsprechende Anwendung, um vermeintliche Umgehungsgeschäfte zu erfassen, verbietet sich also (**aA** OLG Hamm 22. 4. 1998 – 12 U 37-97, NJW-RR 1999, 530). Anders ist dies, wenn zwar die Veräußerungs- und Herstellungspflichten in zwei Verträge verlagert werden, der Unternehmer aber zum Zeitpunkt des Vertragsschlusses Eigentümer war; dann handelt es sich um einen Bauträgervertrag, so dass auch die §§ 3 ff MaBV greifen (BGH 22. 3. 2007 – VII ZR 268/05, BGHZ 171, 364 = NJW 2007, 1947 Rn 18).

V. Besonderheiten des Vertragsschlusses

1. Beurkundungsbedürftigkeit

20 Der Bauträgervertrag ist gemäß § 311b Abs 1 S 1 BGB insgesamt beurkundungsbedürftig. Das gilt nicht nur für das Grundstücksgeschäft, sondern auch für die übernommene Herstellungsverpflichtung und alle sonstigen Abreden, insbesondere die Baubeschreibung und die Pläne (Pause/Vogel Kap 3 Rn 38/60 ff mwNw; KompBauR/Koeble Teil 10 Rn 341 ff mwNw), zudem alle sonstigen Vereinbarungen bezüglich der Beschaffenheit (BGH 6. 11. 2015 – V ZR 78/14, NJW 2016, 1815 Rn 16). Aber auch aus sonstigen Unterlagen können sich Pflichten für die Art und Weise der Herstellung des Bauvorhabens herleiten lassen; sie sind ebenfalls beurkundungspflichtig. Die Rechtsprechung des Bundesgerichtshofs dazu ist nicht ganz widerspruchsfrei und für den Notar schwer kalkulierbar. So hat der Bundesgerichtshof (BGH 14. 3. 2003 – V ZR 278/01, NJW-RR 2003, 1136; im Anschluss hieran BGH 30. 10. 2003 – III ZR 32/00, NJW-RR 2004, 284) einerseits mit fragwürdigen Erwägungen die Notwendigkeit der Beurkundung eines Bodengutachtens verneint, da es nach den vertraglichen Vereinbarungen nur „zu beachten" gewesen sei. Derselbe Senat des Bundesgerichtshofs hat dann aber andererseits erklärt, dass durch vorvertragliche Angaben des Verkäufers (zur Größe der Wohnfläche in einem Exposé) mit dem Vertragsschluss konkludent eine entsprechende Beschaffenheitsvereinbarung nach § 434 Abs 1 S 1 BGB zustande komme (BGH 19. 1. 2012 – V ZR 141/11, BeckRS 2012, 4374). Von dieser Rechtsprechung ist der Grundstückssenat aber dann wieder abgerückt (BGH 6. 11. 2015 – V ZR 78/14, BGHZ 207, 349 = NJW 2016, 1815 Rn 15/21; BGH 22. 4. 2016 -V ZR 23/15, NJW 2017, 150 Rn 17) und hat festgestellt, dass eine Beschreibung von Eigenschaften eines Grundstücks oder Gebäudes vor Vertragsschluss durch den Verkäufer, die in der notariellen Urkunde keinen Niederschlag finde, in aller Regel nicht zu einer Beschaffenheitsvereinbarung nach § 434 Abs 1 S 1 BGB führe. Diese Rechtsprechung ist in sich dogmatisch nicht widerspruchsfrei (Vogel PiG 104 [2017] 1, 10 f) und übersieht auch die einschlägige Rechtsprechung des VII. Zivilsenats des Bundesgerichtshofs (BGH 25. 10. 2007 – VII ZR 205/06, NJW-RR 2008, 258 Rn 16 ff). Angesichts dieser widersprüchlichen Rechtsprechung muss zu einer möglichst umfassenden Beurkundung geraten werden, wenn gleich sich andeutet, dass weiterhin großzügig vorvertragliche Angaben (mündliche

Anpreisungen, Prospekte usw) wegen der Unterschiede zum Kaufvertrag für den Bauträgervertrag (Stichwörter: vertragsimmanente Unvollständigkeit) weiterhin auch ohne Beurkundung relevant sein können (Jurgeleit NJW 2019, 2649, 2653 ff).

Die Formunwirksamkeit des Bauträgervertrags kann durch Auflassung und Eintragung des Erwerbers als Eigentümer im Grundbuch gem § 311b Abs 1 S 2 BGB geheilt werden. Das gilt auch für Beschaffenheitsangaben in Prospekten und sonstigen Werbematerialen (Pause/Vogel Kap 3 Rn 147 f mwNw). Wurde der Vertrag vor der Auflassung geschlossen, so muss die Willensübereinstimmung über alle Teile der Vereinbarung, die geheilt werden soll, zur wirksamen Auflassung, aber nicht darüber hinaus bis zur Eigentumsumschreibung im Grundbuch fortdauern (RG 1. 4. 1905 – Rep. V. 448/04, RGZ 60, 338, 340; RG 18. 6. 1913 – Rep. V. 75/13, RGZ 82, 413, 416; BGH 20. 1. 1993 – VIII ZR 22/92, NJW-RR 1993, 522 auch zur Vermutung der Willensübereinstimmung). Die heilende Wirkung von Auflassung und Eintragung erstreckt sich nur auf die Gesamtheit der vertraglichen Vereinbarungen, die bei der Auflassung Inhalt des Vertrages waren, so dass nachträgliche, formbedürftige Änderungen nicht formwirksam werden (BGH 14. 9. 2018 – V ZR 213/17, NJW 2018, 3523 Rn 18). 21

Grundsätzlich formbedürftig sind auch Sonderwünsche, wenn sie direkt zwischen dem Bauträger und dem Erwerber vereinbart werden, weil sie die Herstellungsverpflichtung des Bauträgers tangieren (OLG München 14. 8. 2018 – 9 U 3345/17 Bau, BauR 2019, 1326; OLG München 18. 10. 2006 – 27 U 790/04, BauR 2007, 1782; Pause/Vogel Kap 3 Rn 136 ff mwNw). Die Formunwirksamkeit der nachträglichen Sonderwunschvereinbarung führt aber nicht dazu, dass der (ursprünglich wirksame) Bauträgervertrag gem § 139 BGB (nachträglich) nichtig wird (OLG München 14. 8. 2018 – 9 U 3345/17 Bau, BauR 2019, 1326; LG Nürnberg-Fürth 29. 6. 2016 – 17 O 9162/13, BeckRS 2016, 129537 Rn 52; **aA** noch Vogel ZfIR 2005, 139, 140). Bauträger und Erwerber können sich hiernach allenfalls auf die Unwirksamkeit des Sonderwunschvertrags nach § 125 S 1 BGB berufen. Dies ist nach ständiger höchstrichterlicher Rechtsprechung (BGH 14. 9. 2018 – V ZR 213/17, NJW 2018, 3523 Rn 6/10 ff mwNw; BGH 28. 9. 1984 – V ZR 43/83, NJW 1985, 266) zum Grundstückskaufvertrag anders, wenn diese Vertragsänderung den Eigentumsverschaffungsanspruch nicht ändert und die Auflassung bereits erklärt wurde. Mit der Erfüllung der Übereignungspflicht soll der gesetzgeberische Grund des gesetzlichen Formerfordernisses, den Veräußerer vor übereilten Entschließungen zu bewahren und ihm die Bedeutung des Geschäfts bewusst zu machen, entfallen. Das ist dogmatisch kaum begründbar, entspricht aber gewohnheitsrechtlich verdichteter Rechtsprechung (BGH 14. 9. 2018 – V ZR 213/17, NJW 2018, 3523 Rn 6/10 ff mwNw). In solchen Fällen ist die Vereinbarung einer Vertragsänderung formfrei möglich. Dies gilt auch für den Bauträgervertrag (**aA** ohne Begründung KompBauR/Koeble Teil 10 Rn 345). 22

2. Unangemessen lange Bindefristen

Ein Bauträgervertrag kommt durch übereinstimmende Willenserklärungen, also Angebot und eine Annahme, zustande. Problematisch sind die Fälle, in denen der Bauträger sich in der von ihm vorformulierten Angebotserklärung des Erwerbers eine übermäßig lange Annahmefrist formularmäßig vorbehalten hat. Nach § 308 Nr 1 BGB ist die Klausel eines Bauträgers, nach der er berechtigt ist, den Antrag des Erwerbers auf Abschluss des Bauträgervertrages binnen einer Frist von zehn Wochen anzunehmen, erstmals vom Oberlandesgericht Dresden (OLG Dresden 26. 6. 2003 – 19 U 23

512/03, BauR 2005, 559; Revision nicht zugelassen durch BGH 13. 5. 2004 – VII ZR 370/03, BeckRS 2004, 17281; dazu WEBER NJW 2007, 125, 127) für unwirksam gehalten worden, weil die Bindung unangemessen lang sei. Eine Annahme ist dann nach § 306 Abs 2 BGB iVm § 147 Abs 2 BGB möglich; über fünf Wochen ist verspätet (BGH 11. 6. 2010 – V ZR 85/09, NJW 2010, 2873 Rn 12: vier Wochen noch gerade rechtzeitig; ferner OLG Brandenburg 30. 6. 2005 – 5 U 118/03, BauR 2005, 1685). Eine verspätete Annahme gilt als neuer Antrag, der seinerseits wieder der notariellen Beurkundung bedarf; eine schlüssige Annahme – etwa durch Zahlung des Kaufpreises – scheidet aus (BGH 17. 1. 2014 – V ZR 5/12, NJW 2014, 857 Rn 12; OLG Dresden 26. 6. 2003 – 19 U 512/03, BauR 2005, 559). Wirksam ist eine Klausel in einem Vertrag über die Erstellung eines Ausbauhauses, nach der der Besteller vier Wochen an sein Angebot gebunden sein sollte. Dem Unternehmer muss nämlich ein angemessener Zeitraum zur Prüfung eingeräumt werden, ob in dem vorgesehenen Zeitraum der Hausbau für ihn möglich ist, zumal er in aller Regel auch eine Bonitätsprüfung vornehmen wird. Eine Bindefrist von einem Monat ist daher auch unter Berücksichtigung der Interessen des Bestellers an möglichst schneller Klärung, ob der Vertrag realisiert wird, noch nicht unangemessen lang (BGH 5. 5. 2011 – VII ZR 181/10, NJW 2011, 1954 Rn 17 ff; BGH 11. 6. 2010 – V ZR 85/09, NJW 2010, 2873 Rn 8). Zeitlich darüber hinaus gehende formularmäßige Bindefristen, sind hiernach bedenklich. Der V. Senat des Bundesgerichtshofs (BGH 11. 6. 2010 – V ZR 85/09, NJW 2010, 2873 Rn 12; BGH 17. 1. 2014 – V ZR 5/12, NJW 2014, 857 Rn 8) hat klargestellt, auch bei finanzierten und beurkundungsbedürftigen Grundstückskaufverträgen könne der Eingang der Annahmeerklärung regelmäßig innerhalb eines Zeitraums von vier Wochen nach § 147 Abs 2 BGB erwartet werden.

24 Für den Bauträgervertrag gilt nichts anderes (BGH 27. 9. 2013 – V ZR 52/12, NJW 2014, 854 Rn 12). Vorformulierte Klauseln des Bauträgers, nach denen der den Abschluss eines Bauträgervertrages Antragende an sein Angebot länger als drei Monate gebunden ist, sind mit § 308 Nr 1 BGB unvereinbar (BGH 27. 9. 2013 – V ZR 52/12, NJW 2014, 854 Rn 17). Eine vom Bauträger vorformulierte Bindefrist, nach der der Erwerber an sein Angebot auf Abschluss eines Bauträgervertrages für sechs Wochen oder länger gebunden sei, überschreite die regelmäßige gesetzliche Frist des § 147 Abs 2 BGB von vier Wochen wesentlich; sie sei nur dann nicht unangemessen lang iSv § 308 Nr 1 BGB, wenn der Verwender hierfür ein schutzwürdiges Interesse geltend machen könne, hinter dem das Interesse des Kunden am baldigen Wegfall der Bindung zurückstehen müsse (BGH 17. 1. 2014 – V ZR 5/12, NJW 2014, 857 Rn 11). Klauseln in Allgemeinen Geschäftsbedingungen, nach denen der den Abschluss eines Bauträgervertrags Antragende an sein Angebot länger als drei Monate gebunden ist, sind auch dann mit § 308 Nr 1 BGB unvereinbar, wenn dem Antragenden ein (inhaltlich beschränktes) Lösungsrecht eingeräumt wird. In Allgemeinen Geschäftsbedingungen ist eine Klausel unwirksam, wonach das Angebot zum Abschluss eines Bauträgervertrags durch die Erklärung des Antragenden aufschiebend bedingt ist, dass die Finanzierung gesichert ist (BGH 26. 2. 2016 – V ZR 208/14, NJW 2016, 2173, 2174 Rn 11 ff). Unwirksam sind nach diesen Gesichtspunkten auch Fortgeltungsklauseln, wonach Angebote von Erwerbern bis zum ausdrücklichen Widerruf gültig sein sollen (BGH 7. 6. 2013 – V ZR 10/12, NJW 2013, 3434 Rn 18 ff).

25 Eine andere Frage ist, ob sich ein Bauträger als Verwender auf die Folge der zu langen Bindefrist, nämlich der materiell-rechtlich unwirksamen Einigung, nach Treu und Glauben (§ 242 BGB) berufen kann. Dies dürfte auch nach den Grundsätzen der personalen Teilunwirksamkeit eher nicht der Fall sein (näher BASTY Kap 1 Rn 153). Zweifelhaft ist, ob der Erwerber einfach auf die Geltendmachung der Unwirksamkeit verzichten kann (so aber KompBauR/KOEBLE Teil 10 Rn 339). Jedenfalls dürfte keine Heilung durch Auflassung und Eigentumsumschreibung auf Grund des Doppelmangels (Einigung, Form) in Betracht kommen (BGH 13. 5. 2016 – V ZR 265/14, NJW-RR 2017, 114 Rn 28 ff; **aA** BASTY Kap 1 Rn 153). Höchstrichterlich sind diese Folgefragen nicht sämtlich geklärt.

Verwendet der Notar unwirksame Klauseln über die Bindefrist oder unwirksame Fortgeltungsklauseln, kommt seine Haftung in Betracht (zusammenfassend BGH 24. 8. 2017 – III ZR 558/16, NJW 2017, 3161 zu den diversen Fallkonstellationen und dem Verschulden). Darüber hinaus kommt eine Haftung gemäß § 3 Abs 1 S 1 Nr 1 MaBV wegen unzutreffender notarieller Wirksamkeitsbescheinigung in Betracht. **26**

3. Koppelungsverbot gem Art 10 § 3 MRVG

Art 10 § 3 MRVG sieht vor, dass eine Vereinbarung, durch die der Erwerber eines Grundstücks sich im Zusammenhang mit dem Erwerb verpflichtet, bei der Planung oder Ausführung eines Bauwerks auf dem Grundstück die Leistungen eines bestimmten Ingenieurs oder Architekten in Anspruch zu nehmen, unwirksam ist. Auch der Erwerber eines Bauträgervertrages besitzt keine Möglichkeit, einen Architekten oder Ingenieur seiner Wahl zu beauftragen. Hierin liegt indes kein Verstoß gegen das Koppelungsverbot. Dieses enthält nämlich kein leistungsbezogenes, sondern ein berufsbezogenes Verbot, richtet sich also nur an Architekten und Ingenieure, nicht an Bauträger (BGH 22. 12. 1983 – VII ZR 59/82, BGHZ 89, 240 = NJW 1984, 732; BGH 29. 9. 1988 – VII ZR 94/88, NJW-RR 1989, 147; bestätigt durch BGH 22. 7. 2010 – VII ZR 144/09, NJW 2010, 3154 Rn 40). Das gilt jedenfalls dann, wenn ein Bauträger sich zur Erbringung der notwendigen Planungsleistungen mit verpflichtet. Noch nicht endgültig entschieden ist aber die Frage, ob das Koppelungsverbot nicht doch eingreift, wenn ein Architekt sich als Bauträger betätigt (BGH 29. 9. 1988 – VII ZR 94/88, NJW-RR 1989, 147; BGH 27. 9. 1990 – VII ZR 324/89, NJW-RR 1991, 143). Danach könnte es darauf ankommen, ob der Architekt mit einer Erlaubnis nach § 34c GewO als Bauträger gehandelt hat und deshalb vom Verbot des MRVG befreit war oder ob er ohne eine solche Erlaubnis wie ein Bauträger aufgetreten ist (eingehend PAUSE/VOGEL Kap 3 Rn 152 ff). **27**

4. Einbeziehung der VOB/B

Die inzwischen recht alte Rechtsprechung (BGH 4. 11. 1982 – VII ZR 53/82, NJW 1983, 453; BGH 10. 11. 1983 – VII ZR 373/82, NJW 1984, 725; BGH 17. 9. 1987 – VII ZR 166/86, NJW 1988, 142) hat offengelassen, ob die VOB/B zulässigerweise in den Bauträgervertrag einbezogen werden kann, aber erhebliche Zweifel geäußert. Die Literatur (PAUSE/VOGEL Kap 3 Rn 185 ff mwNw) verneint dies zutreffend, da die VOB/B von der Übertragung von Bauleistungen ausgeht, beim Bauträgervertrag aber die Ausführung von Bauleistungen im Sinne der VOB/B nicht beauftragt wird. Strukturell erbringt der Bauträger auf eigenem Grund auf Grund eigener Planung auch Bauleistungen, wobei die VOB/B für die öffentliche Hand gemacht ist, die auf Basis der vorgegebenen Planung Bauleistungen an gewerbliche Unternehmer vergibt. Die VOB/B „passt" also auf Bauträgerverträge nicht (hierzu und den Folgen, wenn sie doch vereinbart wird ibrOK-BauVertrR/PAUSE [7. 2. 2025] § 650u Rn 33 ff). **28**

VI. Anwendbare Vorschriften des Werkvertragsrechts

29 § 650u Abs 1 S 2 BGB verweist für den Bauträgervertrag bezüglich der Errichtung bzw des Umbaus auf die Vorschriften des Untertitels 1, also die §§ 631–650o BGB, soweit nachfolgend (§ 650u Abs 2 BGB) deren Anwendbarkeit nicht ausgeschlossen wird.

1. Herstellungsverpflichtung

30 Die vertragstypischen Pflichten des Werkvertrags sind auch auf die herstellungsspezifischen Elemente des Werkvertrags anwendbar. Auf die Kommentierung zu § 631 BGB kann daher verwiesen werden.

2. Vergütung und Abschlagszahlung (§§ 632, 632a BGB)

a) Vergütung

31 Typischerweise, aber nicht zwangsläufig vereinbaren die Parteien eines Bauträgervertrags für sämtliche von dem Bauträger geschuldeten Leistungen eine Gesamtvergütung. Hiervon gehen auch die gewerberechtlichen Entgegennahmeverbote der §§ 3, 7 MaBV aus. Sie legen lediglich fest, unter welchen Voraussetzungen und bis zu welcher Höhe Abschlagszahlungen vereinbart werden dürfen (Pause/Vogel Kap 2 Rn 13). Mit der Gesamtvergütung sind alle geschuldeten Bauleistungen abgegolten. Diese werden in der regelmäßig funktionalen Baubeschreibung und den Plänen vielfach nur ungenau oder unvollständig beschrieben. Das führt oftmals zu Streit, welche Arbeiten von der Vergütungsvereinbarung umfasst sind und welche zusätzlich verlangt werden können. Da die geschuldeten Teilleistungen in den Vertragsunterlagen üblicherweise nur funktional beschrieben sind, handelt es sich beim Bauträgervertrag in der Regel um einen Globalpauschalvertrag, bei dem das geschuldete Leistungssoll durch das Leistungsziel und die funktionale Beschreibung bestimmt wird (KompBauR/Kniffka Teil 4 Rn 138b). Der Bauträger muss alle Arbeiten erbringen, die zur Herstellung eines den vertraglichen Vereinbarungen entsprechenden und für den vorgesehenen Vertragszweck geeigneten Bauwerks erforderlich sind, ohne dafür eine zusätzliche Vergütung beanspruchen zu können (ibrOK-BauVertrR/Pause [7. 2. 2025] § 650u Rn 41). Das gilt namentlich dann, wenn ausdrücklich oder konkludent ein schlüsselfertiges Objekt versprochen worden ist. Entgegenstehende, vom Bauträger vorformuliert verwendete Vertragsklauseln sind unangemessen im Sinne von § 307 Abs 1 BGB (OLG Stuttgart 21. 7. 1998 – 12 U 50-98, NJW-RR 1998, 1715) bzw überraschend im Sinne von § 305c BGB (BGH 29. 9. 1983 – VII ZR 225/82, NJW 1984, 171).

32 Entsprechend § 448 Abs 2 BGB trägt der Erwerber regelmäßig die Kosten der Beurkundung des Bauträgervertrags und die der Auflassung nebst Kosten der Grundbucheintragungen und der hierzu erforderlichen Kosten. Gleiches gilt für die sonstigen Kaufnebenkosten wie zB die Grunderwerbssteuer. Alle diese Kosten sind also von der Gesamtvergütung nicht umfasst (ibrOK-BauVertrR/Pause [7. 2. 2025] § 650u Rn 42). Selbstverständlich ist es möglich, Abweichendes zu regeln. Regeln die Vertragsparteien nichts, verbleibt es bei der gesetzlichen Regelung.

33 Die Gesamtvergütung ist – wie grundsätzlich jede Preisvereinbarung – ein Festpreis. Der Bauträger kann daher keine Nachforderungen geltend machen, wenn die Herstellung unerwarteten Aufwand oder aus anderen Gründen höhere Kosten verursacht, als er kalkuliert hat. Nur in seltenen Ausnahmefällen ist eine Störung der Geschäftsgrundlage gemäß § 313 BGB zu bejahen (BGH 25. 5. 1977 – VIII ZR 196/75, NJW 1977, 2262; Pause/Vogel Kap 4 Rn 13; Theuersbacher/Bernert DNotZ 2023, 824, 834; **aA** Jakobi NZBau 2024, 732, 734). Preisanpassungsklauseln sind nicht generell unzulässig, müssen sich aber inhaltlich an § 309 Nr 1 BGB iVm Anhang Nr 1 lit l RiL 93/13/EWG messen lassen (großzügig hierbei Jakobi NZBau 2024, 732, 734 ff; Klühs ZfIR 2012, 850, 854 ff; Theuerbacher/Bernert DNotZ 2023, 824, 836 ff). Ob daher dem Erwerber zusätzlich ein Lösungsrecht eingeräumt werden muss, wenn und weil der erhöhte Preis im Verhältnis zum ursprünglichen „zu hoch ist", ist im Einzelnen ungeklärt (Wolf/Horn/Lindacher/Pfeiffer/Dammann § 309 Nr 1 Rn 131 mwNw; dafür Jakobi NZBau 2024, 732, 738; **aA** Klühs ZfIR 2012, 850, 861).

b) Abschlagszahlung

Anders als nach § 632a Abs 1 S 1 BGB kann der Bauträger während der Bauausführung nicht einfach Abschlagszahlungen nach Baufortschritt verlangen. Der gesetzliche Anspruch auf Abschlagszahlungen wird für den Bauträgervertrag durch § 650v BGB als lex specialis verdrängt, als nach dieser Vorschrift Abschläge nur in Betracht kommen, wenn sie „vereinbart" worden sind (ibrOK-BauVertrR/Pause [7. 2. 2025] § 650u Rn 44). § 632a Abs 1 S 1 BGB ist daher trotz des allgemeinen Verweises in § 650u Abs 1 S 2 BGB auf den Bauträgervertrag nicht anwendbar. **34**

Anwendbar sind indes § 632a Abs 1 S 2 und BGB. Nach § 632a Abs 1 S 2 BGB kann die Zahlung eines angemessenen Teils der Vergütung verweigert werden, wenn die Leistung nicht vertragsgemäß ist. § 641 Abs 3 BGB, also das Leistungsverweigerungsrecht wegen Mängeln, gilt für Abschlagszahlungen und damit vor Abnahme entsprechend. Deshalb stellt in der Regel das Doppelte der für die Mängelbeseitigung erforderlichen (Fremdbeseitigungs-)Kosten den angemessenen Einbehalt dar (vgl ibrOK-BauVertrR/Pause [7. 2. 2025] § 650u Rn 45). Durch die Gesetzesreform ist aber der bisherige Satz 2 des § 632a Abs 1 BGB, nach dem bei wesentlichen Mängeln sämtliche Abschlagszahlungen verweigert werden konnten (hierzu OLG München 13. 1. 2016 – 28 U 2481/15 Bau, BeckRS 2016, 137479; OLG Brandenburg 26. 11. 2008 – 4 U 58/08, NJW-RR 2009, 233), entfallen. Auch bei wesentlichen Mängeln ist nach neuem Recht das Leistungsverweigerungsrecht des Erwerbers nun (mit Druckzuschlag) beschränkt. **35**

3. Sachmängelhaftung

Es gelten die allgemeinen Grundsätze für die werk- und auch bauvertragliche Haftung des Bauträgers als Unternehmer (§ 650u Abs 1 S 2 BGB). Die Besonderheit besteht darin, dass der Bauträger nicht nur „baut", sondern zuvor das Erwerbsobjekt konzeptioniert und plant, auch wenn die Planungspflichten keine selbständigen sind (näher Theuersbacher 110 ff), so dass seine Haftung die eines Generalübernehmers ist. Dies hat Konsequenzen: Eine Berücksichtigung von Sowieso-Kosten zu Gunsten des Bauträgers scheidet regelmäßig aus, weil er zu einem bestimmten Pauschalfestpreis einen bestimmten Erfolg versprochen hat, ohne dass daraus die Verpflichtung nur zu einer ganz bestimmten Art und Weise der Ausführung folgt. Dann hat der Bauträger diesen Erfolg herbeizuführen, auch wenn sich die beabsichtigte Ausführungsart nachträglich als unzureichend erweist und aufwändigere als die zunächst intern kalkulierten Maßnahmen erforderlich werden (OLG Hamburg 11. 9. 2019 – 5 U 128/16, ZWE **36**

2020, 28 Rn 50; OLG Hamburg 19. 2. 2015 – 4 U 111/13, NJW 2016, 412 Rn 87 f). Der Bauträger schuldet grundsätzlich die zum Zeitpunkt der Abnahme geltenden allgemein anerkannten Regeln der Technik (BGH 7. 3. 2013 – VII ZR 134/12, NJW 2013, 1226 Rn 9; BGH 14. 5. 1998 – VII ZR 184-97, BGHZ 139, 16 = BauR 1998, 872). Will er hiervon abweichen, muss er den Erwerber hierüber sowie über die damit verbundenen Risiken und Gefahren aufklären (BGH 14. 11. 2017 – VII ZR 65/14, BGHZ 217, 13 = NJW 2018, 391 Rn 29; BGH 7. 3. 2013 – VII ZR 134/12, NJW 2013, 1226 Rn 15; BGH 20. 12. 2012 – VII ZR 209/11, NJW 2013, 684 Rn 23; zu weit OLG Stuttgart 17. 12. 2024 – 10 U 38/24, BeckRS 2024, 40074 Rn 53 ff), wobei unklar ist, ob neben einer Transparenz- auch eine Inhaltskontrolle vorzunehmen ist (dafür Vogel, in: FS Locher [2021] 559, 563 ff). Die Aufklärung ist transparent nur sehr bedingt leistbar (zutr Schlie BauR 2021, 884, 886 f). Es gibt aber (aufwendige) Klauselvorschläge, die wirksam sein könnten (vgl Schlie BauR 2021, 884, 887). Die Abbedingung muss aus Transparenzgründen im Bauträgervertrag selbst erfolgen; eine Regelung in einer Baubeschreibung, die in eine Bezugsurkunde ausgelagert wurde, reicht also nicht (OLG Düsseldorf 12. 1. 2023 – 5 U 254/21, IBRRS 2023, 0554).

4. Verjährung

a) Anspruch auf Eigentums- und Besitzverschaffung

37 Für die Verjährung ist zwischen den kauf- und werkvertraglichen Ansprüchen des Erwerbers zu differenzieren. Die zehnjährige Verjährungsfrist (§ 196 BGB) umfasst nicht unmittelbar die werkvertraglichen Ansprüche (OLG München 27. 3. 2015 – 9 U 3997/14 Bau, BauR 2015, 1194). Ansprüche auf (lastenfreie) Übereignung verjähren innerhalb einer Frist von zehn Jahren (§§ 196, 200 BGB). Verjährungsrechtliche Fälligkeit tritt idR mit Zahlung der letzten Erwerbspreisrate, also der Schlussforderung, ein (Pause/Vogel Kap 5 Rn 273). Zu diesem Zeitpunkt ist nämlich der Eigentumsverschaffungsanspruch regelmäßig erst fällig (so zum Kaufrecht BGH 15. 3. 2024 – V ZR 224/22, NJW 2024, 1960 Rn 11 ff). § 196 S 1 BGB ist auf den Besitzverschaffungsanspruch entsprechend anwendbar (BGH 29. 1. 2021 – V ZR 139/19, NJW 2021, 2510 Rn 25 ff).

b) Erfüllungs- und Schadensersatzansprüche vor Abnahme

38 Für die Erfüllungs- und Schadensersatzansprüche aus dem Bauträgervertrag gilt die regelmäßige Verjährungsfrist von drei Jahren (§§ 195, 199 BGB). Die Verjährung beginnt mit Fälligkeit des jeweiligen Anspruchs. Bezüglich des Erfüllungsanspruchs ist dies der vereinbarte Fertigstellungstermin. Ist ein solcher Termin – entgegen dem anwendbaren § 650k Abs 3 BGB (vgl Sagmeister ZfIR 2023, 157, 160) – nicht vereinbart, wird der Erfüllungsanspruch nach Ende einer angemessenen Herstellungsphase nach § 271 Abs 1 BGB fällig (Pause/Vogel Kap 5 Rn 213 unter Verweis auf BGH 8. 3. 2001 – VII ZR 470/99, NJW-RR 2001, 806).

c) Mängelansprüche

39 Die Mängelansprüche des Erwerbers wegen Konzeptions- und Baumängeln iSv § 633 BGB verjähren nach § 634a Abs 1 Nr 2 BGB binnen fünf Jahren gem § 634a Abs 2 BGB beginnend mit der Abnahme (OLG München 3. 12. 2013 – 9 U 1043/13, BauR 2014, 712; vgl Pause/Vogel Kap 10 Rn 1 ff und Kap 8 Rn 127 ff). In vorformulierten Vertragsklauseln ist eine Differenzierung der Länge der Mängelverjährungsfristen auf Grund der Einheitlichkeit des Vertrags nicht möglich (näher Vogel NZM 2017, 681, 685; vgl BGH 8. 3. 1973 – VII ZR 43/71, BauR 1973, 246). Eine Verkürzung der Frist für vermeintliche Verschleißteile ist nach § 309 Nr 8 b ff BGB vorformuliert nicht möglich, in der

Sache auch entbehrlich (näher PAUSE/VOGEL Kap 8 Rn 126). Gleiches gilt für die Anknüpfung des Beginns der Verjährungsfrist an die Abnahme durch Dritte (BGH 25. 2. 2016 – VII ZR 49/15, BGHZ 209, 128 = NJW 2016, 1572 Rn 27).

5. Abnahme

Gegenüber dem allgemeinen Werkvertragsrecht gibt es keine grundsätzlichen Besonderheiten. Der Erwerber ist verpflichtet, dass vertragsgemäß hergestellte Bauträgerwerk abzunehmen (ibrOK-BauVertrR/PAUSE [7. 2. 2025] § 650u Rn 102). Damit die Verjährungsfristen im Verhältnis zu allen Erwerbern beim Geschoßwohnungsbau zu laufen beginnen, muss der Bauträger nicht nur mit jedem einzelnen Erwerber die im Sondereigentum stehende Bausubstanz, sondern auch diejenige im Gemeinschaftseigentum stehende abnehmen (OLG München 26. 1. 2015 – 9 U 1995/14, BeckRS 2015, 117595; OLG Dresden 30. 5. 2014 – 1 U 1899/13, IBRRS 2015, 2187). Fehlt es gegenüber einem Erwerber an einer wirksamen Abnahme des Gemeinschaftseigentums, führt dies faktisch zu einer Verlängerung der Mängelverjährungsfrist. Denn jeder Erwerber hat einen nicht auf die Eigentumsquote beschränkten Mängelanspruch; der Bauträger hat ihm mangelfreie Herstellung bezüglich des gemeinschaftlichen Eigentums versprochen (BGH 21. 2. 1985 – VII ZR 72/84, NJW 1985, 1551; BGH 25. 2. 1999 – VII ZR 208-97, BGHZ 141, 63 = NJW 1999, 1705; BGH 15. 4. 2004 – VII ZR 130/03, NJW-RR 2004, 949, 950; BGH 15. 1. 2010 – V ZR 80/09, NJW 2010, 933 Rn 10; BGH 12. 5. 2016 – VII ZR 171/15, BGHZ 210, 206 = NJW 2016, 2880 Rn 33; BGH 25. 2. 2016 – VII ZR 156/13, NJW 2016, 1575 Rn 36). **40**

a) Abnahmegegenstand und -fähigkeit

Die Abnahme eines Erwerbsobjekts von einem Bauträger erfordert nach dem zweigliedrigen Abnahmebegriff neben der Billigung als im Wesentlichen vertragsgemäß die Übergabe des Objekts und der Wohnanlage an den Erwerber (BGH 18. 9. 1967 – VII ZR 88/65, BGHZ 48, 257, 262; BGH 6. 5. 1968 – VII ZR 33/66, BGHZ 50, 160, 162; BGH 30. 6. 1983 – VII ZR 185/81, BauR 1983, 573 = BeckRS 1983, 31076021). § 633 Abs 1 BGB in der Fassung der Schuldrechtsreform verpflichtet den Bauträger dazu, dem Erwerber als Besteller das Werk frei von Sach- und Rechtsmängeln zu verschaffen. Ungeklärt war, ob dies Auswirkung auf die Beurteilung der Abnahmereife hat. Nach THODE (THODE NZBau 2002, 297, 301 f, ebenso VORWERK BauR 2003, 1, 7) folgt hieraus, dass der Bauträger erst dann die Abnahme verlangen kann, wenn dem Erwerber auch lastenfreies Eigentum verschafft wurde. Hiergegen spricht, dass es sich beim Bauträgervertrag nach dem gesetzlichen Modell in § 650u Abs 1 BGB um einen einheitlichen typengemischten Vertrag handelt, der aus kauf- und werkvertraglichen Elementen besteht (so bereits BGH 12. 7. 1984 – VII ZR 268/83, NJW 1984, 2573 vor der Schuldrechtsreform; BGH 26. 4. 2007 – VII ZR 210/05, NJW 2007, 3275 Rn 18 f). Nur soweit hinsichtlich einzelner Pflichten das Werkvertragsrecht prägend ist, verdrängt es die anderen rechtlichen Elemente. Die Verpflichtung, lastenfreies Eigentum zu verschaffen, ist dem Kaufrecht zuzuordnen (vgl § 650u Abs 1 S 3 BGB). Abnahmegegenstand ist nicht das Eigentum als solches, sondern die hergestellte Bausubstanz (missverständlich BGH 12. 9. 2013 – VII ZR 308/12, NJW 2013, 3360 Rn 8 ff). **41**

Bei Mehrhausanlagen muss der Erwerber grundsätzlich sämtliche Gebäude abnehmen. Ob man wirksam Abweichendes vereinbaren kann, ist ungeklärt (dafür BASTY Kap 12 Rn 36; EUFINGER/JAHN NZBau 2020, 417, 419; PAULY BauR 2025, 176, 184). Mutmaßlich dürfte eine Beschränkung der Herstellungsverpflichtung und eine Trennung in wirt- **42** schaftliche Untergemeinschaften in der Gemeinschaftsordnung am Transparenzgebot (§ 307 Abs 1 S 2, Abs 3 S 2 BGB) scheitern. Im Ergebnis bestehen jedenfalls massive Zweifel an der Wirksamkeit (Ott ZWE 2013, 253, 256). Soweit eine Entscheidung des OLG Stuttgart (OLG Stuttgart 12. 5. 2015 – 10 U 114/14, NJW-RR 2016, 56 Rn 17 ff; zustimmend Grziwotz/Koeble/Koeble Kap 7 Rn 19) angeführt wird, bezieht sich diese auf die Besonderheiten einer Reihenhausanlage mit strikter Trennung der Herstellungsverpflichtung und einer wirtschaftlichen Trennung „wie eine Realteilung" sowie umfassenden Sondernutzungsrechten.

b) Fiktive Abnahme

43 Die in § 640 Abs 2 BGB geregelte fiktive Abnahme ist auch auf den Bauträgervertrag anwendbar. Hiernach gilt ein Werk als abgenommen, wenn der Unternehmer dem Besteller nach Fertigstellung des Werks eine angemessene Frist zur Abnahme des Werks gesetzt und der Besteller die Abnahme nicht innerhalb der Frist unter Angabe wenigstens eines Mangels verweigert hat. Ist der Erwerber ein Verbraucher, tritt diese nur ein, wenn der Erwerber vom Bauträger zusammen mit der Aufforderung zur Abnahme auf die Folgen einer unterlassenen Abnahmeweigerung oder einer Abnahmeweigerung ohne Angabe von Mängeln in Textform hingewiesen wurde. Entgegen dem Gesetzeswortlaut, bei dem es sich um einen Redaktionsfehler handelt (vgl BT-Drucks 18/11437, 47), genügt die Abnahmeverweigerung wegen eines Mangels. Ein Hinweis, der nur dem Wortlaut von § 640 Abs 2 S 2 BGB genügt, kann also gegenüber einem Verbraucher die Abnahmefiktion nicht herbeiführen (zutreffend Messerschmidt/Voit/Thode § 650u Rn 20).

44 Das Werk muss fertiggestellt sein (§ 640 Abs 2 S 1 BGB). Nach der Vorgängerfassung des Gesetzes war der Besteller zur Abnahme nur verpflichtet, wenn das Werk abnahmereif hergestellt ist (vgl § 640 Abs 1 S 3 aF), was der Gesetzgeber fallen gelassen hat. Durch diese Änderung soll verhindert werden, dass der Bauträger bereits vor Fertigstellung des Bauwerks durch ein vorzeitiges Abnahmeverlangen missbräuchlich eine fiktive Abnahme herbeiführt (ibrOK-BauVertrR/Pause [7. 2. 2025] § 650u Rn 105). Damit stellen sich auch für den Bauträgererwerb schwierige Abgrenzungsfragen, in welchen Fällen quantitativ das Leistungsprogramm, von minimalen Restarbeiten abgesehen, abgearbeitet wurde (KompBauR/Jurgeleit Teil 3 Rn 68 mwNw). Für den Erwerb vom Bauträger ist ungeklärt, ob sich die von § 640 Abs 2 S 1 BGB vorausgesetzte Fertigstellung des Werks von der für die Fälligkeit der letzten Rate nach § 3 Abs 2 MaBV verlangten „vollständigen Fertigstellung" unterscheidet. Bei der Anwendung von § 3 Abs 2 MaBV geht man davon aus, dass zur vollständigen Fertigstellung des Bauwerks zusätzlich auch die Beseitigung sämtlicher (vgl BGH 27. 10. 2011 – VII ZR 84/09, NJW 2012, 56 Rn 23; OLG Celle 30. 10. 2014 – 16 U 90/14, BauR 2018, 851), namentlich der im Abnahmeprotokoll vorbehaltenen Mängel (OLG Hamm 3. 7. 2007 – 21 U 14/07, BeckRS 2008, 10111 Rn 6; KG 26. 2. 2019 – 27 U 9/18, DNotZ 2019, 634), oder doch wenigstens der wesentlichen Mängel gehört, denn nur dann kann von einer fertigen Bauleistung gesprochen werden (OLG Schleswig 2. 10. 2019 – 12 U 10/18, NZBau 2020, 376 Rn 114 ff; Pause/Vogel Kap 7 Rn 19). Ansonsten sollen die Abnahmefähigkeit iSv § 640 Abs 1 BGB einerseits und die vollständige Fertigstellung iSv § 3 Abs 2 MaBV andererseits identisch sein (Pause/Vogel Kap 7 Rn 19; **aA** Basty Kap 5 Rn 115; Blank Rn 272, fordert für die „vollständige Fertigstellung" nicht nur die Abnahmefähigkeit, sondern sogar die erklärte Abnahme). Der Gesetzesbegründung (BT-Drucks 18/8486, 49) ist zu entnehmen, dass diese Überlegungen für § 640 Abs 2 S 1 BGB nicht gelten sollen, also wesentliche Mängel der fiktiven Abnahme im Grundsatz nicht entgegenstehen; es genügt, wenn das Bauwerk rein quantitativ fertiggestellt ist (OLG Brandenburg 21. 11. 2024 – 10 U 131/23, NJW-RR 2025, 87 Rn 21). Hiernach wäre auch bei Vorliegen eines eindeutig wesentlichen Mangels eine fiktive Abnahme möglich, und es läge im Verantwortungsbereich des Erwerbers, die Abnahmewirkungen durch eine ausdrückliche Erklärung zu verhindern. Danach wäre im Falle eines beispielsweise erkennbar undichten Kellers, eines eindeutig wesentlichen Mangels, eine fiktive Abnahme möglich, während die letzte Rate iSv § 3 Abs 2 MaBV wegen fehlender „vollständigen Fertigstellung" nicht fällig werden könnte. Zur Vermeidung dieses Ergebnisses könnte daran gedacht werden, für den Bauträgervertrag bei der Abnahmefiktion eine fertiggestellte und zusätzlich abnahmereife Leistung vorauszusetzen (so Dammert/Lenkeit/Oberhauser/Pause/Stretz/Pause § 6 Rn 32). Im Ergebnis richtig ist es indes, einen unterschiedlichen Fertigstellungsbegriff in § 640 Abs 2 BGB und in § 3 Abs 2 MaBV hinzunehmen, zumal der Gesetzgeber für § 640 Abs 2 BGB bewusst von dem strengeren Fertigstellungsbegriff des § 3 Abs 2 MaBV abgewichen ist (vgl die Begründung des Gesetzesentwurfs der Bundesregierung, BT-Drucks 18/8486, 49; hierzu Karczewski NZBau 2018, 328, 334). Dogmatisch begründbar ist der Unterschied immerhin mit der zusätzlichen Anforderung in § 3 Abs 2 MaBV, wonach die Fertigstellung zum gewerberechtlichen Schutz des Erwerbers „vollständig" sein muss. Deshalb gilt auch im Anwendungsbereich des Bauträgervertragsrechts, dass für die Abnahmefiktion die Fertigstellung als Voraussetzung für eine Andienung des Werks genügt und wesentliche Mängel dem nur dann entgegenstehen, wenn der Bauträger von ihnen bei seiner Aufforderung zur Abnahme positiv Kenntnis hat.

c) Teilabnahme

Das Gesetz enthält keine Regelungen zur Teilabnahme, die die Besonderheiten des Erwerbs von Wohneigentum, sei es die getrennte Abnahme von Sonder- und Gemeinschaftseigentums, sei es die Abnahme von Bauabschnitten usw, berücksichtigen. 45

aa) Zulässigkeit der Vereinbarung von Teilabnahmen

Ohne entsprechende Vereinbarung kann der Bauträger die Abnahme vom Erwerber erst dann verlangen, wenn das versprochene Bauträgerwerk, also Sonder- und Gemeinschaftseigentum und alle Bauabschnitte, abnahmereif fertiggestellt sind. In der Praxis hat sich dies nicht als besonders praktikabel erwiesen, weswegen die gesonderte Abnahme zumindest der im Sonder- und im Gemeinschaftseigentum stehenden Bausubstanz als Teilabnahme vereinbart wird. Oftmals wird zudem eine gesonderte Abnahme der im Gemeinschaftseigentum stehenden Bausubstanz, etwa einzelner Häuser einer Wohnanlage, der Außenanlagen oder des Tiefgaragenbauwerks vereinbart. Solche Vereinbarung sind nach der hM (BGH 30. 6. 1983 – VII ZR 185/81, BauR 1983, 573; bestätigt durch BGH 12. 5. 2016 – VII ZR 171/15, NJW 2016, 2878 Rn 29; ibrOK-BauVertrR/Pause [7. 2. 2025] § 650u Rn 110; NK-BGB/Schulz § 650u Rn 51; **aA** mit beachtlichen Gründen Sterner BauR 2012, 1160, 1162; ferner Selk NZM 2023, 920, 923 ff) sowohl individualvertraglich als auch in Allgemeinen Geschäftsbedingungen, die dem Bauträger als Verwender zugerechnet werden, zulässig. Dies ist rechtlich zweifelhaft, weil die Zuordnung zu Sonder- und Gemeinschaftseigentum bereits für den Juristen, erst recht aber für einen Verbrauchererwerber nicht hinreichend klar und verständlich ist. Oftmals scheitern bereits Notare an der (nach § 5 Abs 1 und Abs 2 WEG) zwingenden Zuordnung zum Gemeinschaftseigentum. Es wird daher zumindest erforderlich sein, in der Abnahmeklausel klar und verständlich zu beschreiben, welche Teil- 46 leistungen Gegenstand der Teilabnahme sein sollen (ansatzweise KompBauR/Jurgeleit Teil 3 Rn 84). Der globale Verweis darauf, dass Gemeinschaftseigentum gesondert abgenommen werden muss, dürfte nicht wirksam sein (§ 307 Abs 1 S 2 BGB). Allerdings kann die Teilabnahme auch noch mit deren einvernehmlichen Vornahme schlüssig vereinbart werden (dazu BGH 20. 8. 2009 – VII ZR 205/07, BGHZ 182, 158 Rn 56 = NZBau 2009, 707). Eine solche Vereinbarung kann in der beiderseitigen Unterzeichnung eines Teilabnahmeprotokolls liegen. Wird lediglich die gesonderte (Teil-)Abnahme der im Gemeinschaftseigentum stehenden Bausubstanz vereinbart und wird das Gemeinschaftseigentum sodann in mehreren Teilen abgenommen, ohne dass insoweit weitere Teilabnahmen vereinbart worden sind, soll das Gemeinschaftseigentum erst mit der letzten (Teil-)Abnahmehandlung abgenommen sein; die Mängelverjährungsfrist soll dann erst mit der letzten Abnahmehandlung zu laufen beginnen (OLG Nürnberg 12. 12. 2006 – 9 U 429/06, BeckRS 2010, 12542). Dies dürfte unzutreffend sein, weil mit der Erklärung der eigentlich nicht vereinbarten Teilabnahme die Abnahmewirkungen hinsichtlich des abgenommen Teils des Gesamtwerks bereits eintreten (vgl BGH 6. 5. 1968 – VII ZR 33/66, NJW 1968, 1524).

47 Nach dem herrschenden zweigliedrigen Abnahmebegriff (BGH 27. 2. 1996 – X ZR 3/94, NJW 1996, 1749; KompBauR/Jurgeleit Teil 3 Rn 3 mwNw) setzen Regelungen zur Teilabnahme voraus, dass dem Erwerber mit der Abnahmeerklärung der abzunehmenden Teilleistung auch Besitz eingeräumt wird; die Abnahme erfordert jedenfalls bei körperlich abnehmbaren Werken die Übergabe in dem Sinne, dass der Bauträger das Werk dem Erwerber ausdrücklich oder stillschweigend als im Wesentlichen fertig gestellt überlässt (BGH 30. 6. 1983 – VII ZR 185/81, BauR 1983, 573; ebenso BGH 20. 1. 2000 – VII ZR 224/98, NJW 2000, 1403). Eine von einem Bauträger vorformuliert gestellte Klausel, die die Abnahme von Teilen des Erwerbsobjekts ohne gleichzeitige Übergabe vorsieht, ist AGB-rechtlich höchst bedenklich (ebenso LG München I 23. 4. 2015 – 8 O 6509/15, BeckRS 2015, 20227; LG München I 23. 6. 2016 – 11 O 10314/16, BeckRS 2016, 15947; ibrOK-BauVertrR/Pause [7. 2. 2025] § 650u Rn 112; hierzu Sagemeister ZfIR 2023, 159, 162 f) Hierdurch träten alle Rechtswirkungen der Abnahme ein, ohne dass der Bauträger die Sachherrschaft verlöre und der Erwerber sie erhielte. So trüge der Erwerber das Risiko des zufälligen Untergangs und die Beweislast, ohne selbst auf den bereits abgenommenen Teil einwirken bzw Einwirkungen verhindern zu können. Deshalb allein ist eine rückwirkende Abnahme AGB-rechtlich unzulässig (Bahr ZfIR 2022, 62, 64). Eine fehlende Verknüpfung von Besitzübergabe und Abnahme wäre wohl, wenn sie mit dem üblichen Ratenzahlungsplan verwoben ist, MaBV-widrig und damit sogar nach § 134 BGB nichtig (OLG München 25. 10. 2016 – 9 U 34/16, MittBayNot 2019, 137; OLG München 28. 1. 2019 – 28 U 3555/18, IBRRS 2020, 1107). Denn hierdurch treten die Rechtswirkungen der Abnahme ein, ohne dass der Bauträger die Sachherrschaft verliert und der Erwerber sie erhält. So trüge der Erwerber das Risiko des zufälligen Untergangs und die Beweislast, ohne selbst auf das abgenommene Teilwerk einwirken bzw Einwirkungen verhindern zu können.

bb) Erklärung der Teilabnahme

48 Ob tatsächlich eine Teilabnahme vorliegt, hängt von dem bei der Abnahme zum Ausdruck gebrachten Willen des Erwerbers ab (vgl zu den Besonderheiten, wenn entgegen einer Abnahmeklausel doch der einzelne Erwerber abnehmen soll OLG München 8. 1. 2024 – 9 U 1803/23 Bau). An die Annahme einer schlüssigen Teilabnahmeerklärung sind allerdings strenge Anforderungen zu stellen (BGH 8. 9. 2016 – VII ZR 168/15, NJW 2017, 265

Rn 40). Von der Abnahme der im Sondereigentum stehenden Bausubstanz kann nicht, jedenfalls nicht ohne weiteres, auf die Abnahme der im Gemeinschaftseigentum stehenden Bausubstanz geschlossen werden; dies gilt jedenfalls, wenn sich das Protokoll nur mit der Sondereigentumseinheit befasst und das Gemeinschaftseigentum erst viel später fertig gestellt wird (BGH 4. 6. 1981 – VII ZR 9/80, BGHZ 81, 35 = BauR 1981, 467). Unzutreffend ist es vorbehaltlich abweichender Umstände im Einzelfall generell von der Abnahme einer Sondereigentumseinheit auf die gleichzeitige Abnahme der im Gemeinschaftseigentum stehenden Bausubstanz zu schließen (OLG Dresden 26. 6. 2012 – 9 U 39/12, IMR 2012, 465; OLG Schleswig 27. 8. 2009 – 5 U 49/08, BeckRS 2011, 6865; **aA** OLG Hamm 14. 12. 1995 – 17 U 3/94, NJW-RR 1996, 1301). Um solche Unklarheiten zu vermeiden ist bei der Gestaltung von Abnahmeprotokollen größte Sorgfalt erforderlich.

cc) Abnahme durch die Gemeinschaft der Wohnungseigentümer

Ob die Gemeinschaft der Wohnungseigentümer die Abnahme der im Gemein- **49**
schaftseigentum stehenden Bausubstanz erklären konnte, wenn sie durch Beschluss die Verfolgung der Mängelrechte an sich gezogen hatte, war für das bis zum Ablauf des 30. 11. 2020 geltende Recht zunächst streitig (vgl ibrOK-BauVertrR/Pause/ [7. 2. 2025] § 650u Rn 114 mwNw). Dogmatisch war eine solche Beschlusskompetenz der Gemeinschaft nicht begründbar, weil die Abnahme eine individuelle Pflicht, aber auch ein individuelles Recht der einzelnen Erwerber war (iE Vogel, in: FS Riecke [2019] 455 ff). Zu der Rechtslage vor dem 1. 12. 2020 hat der Bundesgerichtshof (BGH 12. 5. 2016 – VII ZR 171/15, BGHZ 219, 206 Rn 37 = NJW 2016, 2878) entsprechende Beschlüsse zutreffend mangels Beschlusskompetenz für nichtig gehalten. Auch diese Entscheidung war nicht unumstritten (näher ibrOK-BauVertrR/Pause [7. 2. 2025] § 650u Rn 115 mwNw). Sie ist aber von einer damaligen Richterin des für Wohnungseigentumsrecht zuständigen V. Zivilsenats des Bundesgerichtshofs ausdrücklich als zutreffend übernommen worden (Niedenführ/Schmidt-Räntsch/Vandenhouten/Schmidt-Räntsch Anh zu § 10 WEG Rn 78). Auf Grund der bewusst engen Fassung von § 9a Abs 2 WEG in der Fassung des Wohnungseigentumsmodernisierungsgesetzes – WEMoG – vom 16. 10. 2020 (BGBl 2020 I 2187), wonach nur noch in engen Grenzen individuelle Rechte und Pflicht der einzelnen Erwerber/Wohnungseigentümer durch die Gemeinschaft verfolgt werden können, ist eine entsprechende Beschlusskompetenz nicht mehr begründbar (Hügel/Elzer § 9a WEG Rn 136; Sagemeister ZfIR 2023, 159, 163; Wobst MittBayNot 2021, 1, 9). Die Ausübung des Abnahmerechts erfordert keine einheitliche Rechtsverfolgung.

In der Gemeinschaftsordnung ist eine Regelung, dass die Gemeinschaft für die Er- **50**
werber die Abnahme erklären kann, nicht wirksam (BGH 12. 5. 2016 – VII ZR 171/15, BGHZ 210, 206 = NJW 2016, 2878 Rn 32 ff; Karzcewski NJW 2021, 528 530; Wolf/Horn/Lindacher/Pamp 5. Teil Rn B 151). Die Begründung der höchstrichterlichen Rechtsprechung (BGH 12. 5. 2016 – VII ZR 171/15, BGHZ 210, 206 = NJW 2016, 2878 Rn 33), Inhalt einer Vereinbarung nach § 10 Abs 1 S 2 WEG könnten nur Regelungen über das Verhältnis der Wohnungseigentümer untereinander sein, die Abnahme beziehe sich aber auf das Verhältnis des Erwerbers gegenüber dem Bauträger. Dass richtiger Regelungsort hierfür nur der Bauträgervertrag sei, zumal es der Abnahme am notwendigen Bezug zur gemeinschaftlichen Verwaltung, die eine Zuständigkeit der Wohnungseigentümergemeinschaft begründen könne, geht aber bei genauerer Betrachtung an der Sache vorbei (**aA** noch Vogel NZM 2010, 377, 382). Inhalt einer Vereinbarung iSv § 10 Abs 1 S 2, Abs 3 S 1 WEG kann auch sein, wie sich die Erwerber gleichförmig nach

Außen über das Vehikel der Gemeinschaft der Wohnungseigentümer verhalten (näher ELZER ZWE 2017, 113, 115). Allerdings unterläge eine solche Regelung der Inhaltskontrolle und im Falle der Beteiligung eines Verbrauchers auf Grund der mittelbaren Einwirkung auf die Rechte und Pflichten aus dem Bauträgervertrag der Missbrauchskontrolle nach § 310 Abs 3 BGB (BGH 20. 11. 2020 – V ZR 196/19, BGHZ 227, 289 = NZM 2021, 278 Rn 18 ff, 32). Eine Transferierung der Befugnis, die Abnahme zu erklären, nimmt dem Erwerber das zur Abnahmepflicht spiegelbildlich zustehende originäre Abnahmerecht, selbst über die Abnahme zu entscheiden (BGH 12. 5. 2016 – VII ZR 171/15, BGHZ 210, 206 = NJW 2016, 2878 Rn 33 unter Verweis auf VOGEL NZM 2010, 377, 382).

51 Erst recht besteht keine Ausübungskompetenz der Gemeinschaft für die Abnahme der im Sondereigentum stehenden Bausubstanz; dies ist stets Sache der einzelnen Erwerber (LIEDER DNotZ 2018, 177, 203; POPESCU ZWE 2014, 109, 110). Vor diesem Hintergrund ist es zweifelhaft, ob wechselseitige Bevollmächtigung der Erwerber für das jeweils sondernutzungsgebundene Gemeinschaftseigentum einer in Wohnungseigentum aufgeteilten Reihenhausanlage, die einer Realteilung rechtlich soweit wie möglich angenähert ist, wirksam ist, selbst wenn die Erhaltungslast und deren Kosten dem jeweiligen Sondernutzungsberechtigten aufgebürdet wird (**aA** OLG Stuttgart 12. 5. 2015 – 10 U 114/14, NZM 2016, 137). Schützenswerte Belange der übrigen Erwerber werden nämlich auch hierdurch tangiert (**aA** KompBauR/KOEBLE Teil 10 Rn 365). Es ist nämlich ungeklärt, ob die Übertragung der Erhaltungslast und deren Kosten auch die erstmalige Ersterstellung betreffen (HÜGEL/ELZER § 19 WEG Rn 94 f mwNw).

dd) Bevollmächtigungen usw

52 Die Erklärung der Abnahme der im Gemeinschaftseigentum stehenden Bausubstanz ist das originäre Recht des einzelnen Erwerbers, weil er auf Grund der oftmals differierenden Herstellungspflicht entscheiden darf, ob er das Bauträgerwerk als abnahmereif akzeptiert (grundlegend BGH 12. 5. 2016 – VII ZR 171/15, BGHZ 210, 206 = NJW 2016, 2878 Rn 33). Damit sind alle vorformulierten dem Erwerber gestellten Klauseln gem § 307 Abs 1 BGB unwirksam, die ihm dieses Abnahmerecht endgültig nehmen oder signifikant beschneiden (WOLF/HORN/LINDACHER/PAMP 5. Teil Rn B 151). Der Erwerber muss also stets entscheiden können, ob er selbst von seinem Abnahmerecht Gebrauch macht oder hiermit eine Person seines persönlichen Vertrauens beauftragt und bevollmächtigt. Unwirksam sind Regelungen, wonach die Person, die die Abnahme erklären soll, wie der vom Bauträger eingesetzte Erstverwalter (BGH 12. 9. 2013 – VII ZR 308/12, NJW 2013, 3360 Rn 7 ff; BGH 30. 6. 2016 – VII ZR 188/13, NJW-RR 2016, 1143 Rn 22), aus dem „Lager des Bauträgers" stammt, oder von dieser Person oder direkt vom Bauträger ausgewählt (und bezahlt) wird (OLG München 8. 1. 2024 – 9 U 1803/23 Bau, IBRRS 2025, 0851; OLG Düsseldorf 23. 10. 2012 – I-23 U 112/11, BauR 2013, 470; OLG Karlsruhe 27. 9. 2011 – 8 U 106/10, NJW 2012, 237; OLG München 15. 12. 2008 – 9 U 4149/08, BauR 2009, 1444; LG Hamburg 11. 3. 2010 – 328 O 179/09, BauR 2010, 1953; **aA** OLG Dresden 8. 1. 2010 – 1 U 1371/09, IBR 2013, 82 mit Hinweisen VOGEL zur Prozessgeschichte). Erst recht unwirksam sind Klauseln, wonach der Bauträger selbst das Gemeinschaftseigentum abnimmt (BGH 30. 6. 2016 – VII ZR 188/13, NJW-RR 2016, 1143 Rn 22; OLG Brandenburg 13. 6. 2013 – 12 U 162/12, MittBayNot 2014, 434 mAnm PAUSE). Auch der „TÜV" ist nicht neutral, so dass dessen Bestimmung als Abnahmebevollmächtigter unangemessen und damit unwirksam ist (OLG Frankfurt 2. 10. 2018 – 29 U 163/17, BeckRS 2018, 53663 Rn 37 ff; **aA** OLG Dresden 8. 1. 2010 – 1 U 1371/09, IBR 2013, 82). Unwirksam ist auch eine Klausel, die vorsieht, dass der Erwerber die Abnahme erklären muss, wenn der vom Verwalter beauftragte Sachverständige keine relevanten Mängel feststellt; hierdurch wird der Erwerber zumindest faktisch an die sachverständige Beurteilung gebunden (OLG Celle 1. 2. 2023 – 3 U 60/22, ZfBR 2023, 564, 566; **aA** Cramer/Stock RNotZ 2024, 380, 382 ff).

Die Vertretungsregelung darf nicht dazu führen, dass der Erwerber keine Möglichkeit mehr hat, selbst die Abnahmereife zu prüfen und abzunehmen (OLG Karlsruhe 27. 9. 2011 – 8 U 106/10, NJW 2012, 237; Vogel NZM 2010, 377, 379; Wolf/Horn/Lindacher/Pamp 5. Teil Rn B 151), etwa als „verdrängende Vollmacht" oder als „unwiderrufliche Vollmacht" (OLG Koblenz 17. 10. 2002 – 5 U 263/02, NJOZ 2002, 2732; Vogel NZM 2010, 377, 379; Wolf/Horn/Lindacher/Pamp 5. Teil Rn B 151). Deshalb sind Regelungen zur Abnahme durch einen vom Bauträger oder durch den von ihm bestimmten Erstverwalter ausgewählten Sachverständigen unwirksam (OLG Celle 1. 2. 2023 – 3 U 60/22, ZfBR 2023, 564, 566; OLG Frankfurt 30. 9. 2013 – 1 U 18/12, NJW-RR 2013, 1487; OLG Karlsruhe 27. 9. 2011 – 8 U 106/10 NJW 2012, 237; OLG München 15. 12. 2008 – 9 U 4149/08, BauR 2009, 1444), zumal sie nur über technische Gegebenheiten, aber nicht rechtlich über den Umfang und Inhalt der Herstellungspflicht entscheiden können. Ihnen fehlt hierfür – wie auch etwa Verwaltungsbeiräten – als Bevollmächtigte die notwendige Sachkunde (Vogel NZM 2010, 377, 379; **aA** Blank DNotZ 2014, 166, 175). Nichts anderes gilt, wenn die Abnahme durch einen von der ersten Eigentümerversammlung bestimmten Sachverständigen erklärt werden soll, zumal nach dem Transparenzgebot (§ 307 Abs 1 S 2 BGB) unklar ist, ob die Vollmacht frei widerruflich ist (OLG Stuttgart 31. 3. 2015 – 10 U 46/14, NJW-RR 2015, 1226). Soll die Abnahme durch Sachverständige erklärt werden, ist zu beachten, dass diese oftmals nur in technischer Hinsicht die Abnahmereife prüfen, indes nicht die rechtsgeschäftliche Abnahme selbst erklären wollen (OLG Frankfurt 30. 9. 2013 – 1 U 18/12, NJW-RR 2013, 1487; OLG Stuttgart 31. 3. 2015 – 10 U 46/14, NJW-RR 2015, 1226 Rn 72). **53**

Sieht eine Abnahmeklausel vor, dass der Erwerber unwiderruflich eine bestimmte Person bevollmächtigt, so ist die Klausel allein deshalb unwirksam (OLG Karlsruhe 27. 9. 2011 – 8 U 106/10, NJW 2012, 237; OLG Düsseldorf 23. 10. 2012 – I-23 U 112/11, BauR 2013, 470; OLG Nürnberg 26. 4. 2018 – 13 U 1908/16, BauR 2020, 1010). Dem Erwerber muss also die Befugnis zum Widerruf der erteilten Vollmacht verbleiben (OLG Koblenz 17. 10. 2002 – 5 U 263/02, BauR 2003, 546, 548). Das gilt selbst dann, wenn die Wohnungseigentümergemeinschaft den Vertreter bestellt (OLG Stuttgart 31. 3. 2015 – 10 U 46/14, NJW-RR 2015, 1226; für einen Abnahmeausschluss OLG Hamburg 11. 9. 2019 – 5 U 128/16, ZWE 2020, 28 Rn 34). Das Transparenzgebot dürfte indes einen ausdrücklichen Hinweis in der Klausel erfordern, dass die Vollmacht bis zur Erklärung der Abnahme frei widerruflich ist und vom Erwerber selbst erklärt werden kann (OLG Karlsruhe 27. 9. 2011 – 8 U 106/10, NJW 2012, 237; OLG Düsseldorf 23. 10. 2012 – I-23 U 112/11, BauR 2013, 470; OLG Brandenburg 13. 6. 2013 – 12 U 162/12, BauR 2013, 1734; offen gelassen von BGH 12. 9. 2013 – VII ZR 308/12, NJW 2013, 3360 Rn 12). **54**

Nicht abschließend geklärt ist, ob und insbesondere mit welcher Ausgestaltung nicht verdrängende und frei widerrufliche Bevollmächtigungsklauseln wirksam sind. Dies ist zu erwägen, wenn nicht der Bauträger, sondern die Erwerber als Gruppe den Bevollmächtigten auswählen (Wolf/Horn/Lindacher/Pamp 5. Teil Rn B 151). So soll es wirksam sein, wenn die Erwerber im Geschoßwohnungsbau aus ihrer Mitte drei Personen als ihre Vertreter zu bestimmen haben (Wolf/Horn/Lindacher/Pamp 5. Teil Rn B 151; hiergegen zutr OLG Nürnberg 26. 4. 2018 – 13 U 1908/16, BauR 2020, 1010). Dies ist nicht **55** der Fall, weil bei gebotener kundenfeindlichster Auslegung eine solche Klausel auch Nachzügler bindet und gegenüber diesen die Mängelverjährungsfrist reduziert und diesen sowie alle übrigen, nicht bevollmächtigten Erwerber von der Abnahme ausschließt (Vogel IMR 2009, 358; ähnlich Schulz BWNotZ 2012, 62, 64). Von daher müsste eine Klausel zu ihrer Wirksamkeit wohl vorsehen, dass jeder Erwerber über die Abnahmebegehungen informiert werden muss und ihm die Möglichkeit der persönlichen Teilnahme (und Abnahmeerklärung) eröffnet wird (wohl auch Häublein DNotZ 2002, 608, 614; Hügel, ZMR 2008, 855, 857).

56 Nicht abschließend geklärt ist, ob die Bevollmächtigung des Verwalters oder eines Sachverständigen zur Abgabe der rechtsgeschäftlichen Abnahmeerklärung bereits gegen das Rechtsdienstleistungsgesetzt (§ 3 RDG) verstößt und daher nichtig (§ 134 BGB) ist; dies dürfte eher zu bejahen sein (Basty/Vogel ZfIR 2002, 171, 175; Hildebrandt BTR 2003, 211, 214; Riesenberger NZM 2004, 537, 539; **aA** OLG Düsseldorf 20. 9. 2005 – 20 U 213/04, NJW-RR 2006, 562 wohl zum Sachverständigen und zu Art 1 § 1 RBerG). Dem Verwalter dürfte nach § 5 Abs 2 Nr 2 RDG ein Tätigwerden nicht verboten sein (Pause/Vogel Kap 7 Rn 71; str).

ee) Nachzügler

57 Nachzüglererwerber sind die Erwerber, denen trotz des späten Erwerbers bezüglich der Bausubstanz noch werkvertragliche Mängelrechte zustehen, weil das Erwerbsobjekt noch als „neu“ anzusehen ist (Rn 11). Dies ist nicht mehr der Fall, wenn eine Wohnung vermietet war und nach drei Jahren veräußert wird; diese Wohnung ist „alt“ (BGH 25. 2. 2016 – VII ZR 156/13, NJW 2016, 1575 Rn 25). Noch „neu“ sollen Wohnungen sein, die vor ihrer Veräußerung etwa zweieinhalb Jahre ungenutzt leer standen (BGH 26. 4. 2007 – VII ZR 210/05, NJW 2007, 3275; BGH 21. 2. 1985 – VII ZR 72/84, NJW 1985 1551). Vorformulierte Klauseln, wonach der Vertrag als „Kaufvertrag“ bezeichnet wird, um die werkvertragliche Mängelhaftung und die Abnahmeproblematik zu vermeiden, sind zum Scheitern verurteilt, weil es auf den materiellen Vertragsinhalt nach entsprechender Vertragsauslegung ankommt (BGH 29. 6. 1989 – VII ZR 151/88, NJW 1989, 2748). Karczewski (BeckOK-BauVertrR/Karczewski [15. 2. 2025] § 650u Rn 62) führt zutreffend aus:

> „Ob eine Sache neu oder gebraucht ist, ist nach einem objektiven Maßstab zu bestimmen und einer Parteivereinbarung entzogen.“

Nach der Rechtsprechung (BGH 21. 11. 2013 – VII ZR 275/12, NJW 2014, 620 Rn 11) und § 650k Abs 2 BGB kommt es für die Auslegung nicht nur auf den Vertragstext, sondern auch auf sonstige vertragsbegleitende Umstände, die konkreten Verhältnisse des Bauwerks und seines Umfelds, den qualitativen Zuschnitt, den architektonischen Anspruch und die Zweckbestimmung des Gebäudes an.

58 Nach dem gesetzlichen Grundmodell beginnt die Mängelverjährungsfrist für den Nachzüglererwerber erst mit der Erklärung der Abnahme des Gemeinschaftseigentums (bereits BGH 21. 2. 1985 – VII ZR 72/84, NJW 1985, 1551). Da der Erwerber selbst das Recht hat, zu entscheiden, selbst die Bausubstanz zu prüfen und die Abnahme zu erklären, ist jede vorformulierte Regelung, die ihm dies nimmt, nach § 307 Abs 1 BGB unwirksam (BGH 12. 5. 2016 – VII ZR 171/15, BGHZ 210, 206 = NJW 2016, 2878 Rn 43 f; OLG Frankfurt 30. 9. 2013 – 1 U 18/12, NJW-RR 2013, 1487; Cramer ZfIR 2018, 712, 713; bereits

Basty BauR 2012, 316, 322 f; Vogel BauR 2010, 1992, 1996; **aA** OLG Koblenz 8. 4. 2013 – 2 U 1123/12, ZMR 2013, 912). Die Unwirksamkeit ergibt sich auch daraus, dass Klauseln den Eintritt der Abnahmewirkungen an die Übergabe oder an die Abnahmeerklärungen Dritter oder der übrigen Erwerber knüpfen wollen; dies führt faktisch zu einer nach § 309 Nr 8 b ff BGB unwirksamen Verkürzung der Mängelverjährungsfrist (BGH 25. 2. 2016 – VII ZR 49/15, BGHZ 209, 128 = NJW 2016, 1572 Rn 37; BGH 12. 5. 2016 – VII ZR 171/15, BGHZ 210, 206 = NJW 2016, 2878 Rn 49; bereits Vogel BauR 2010, 1992, 1197). Unwirksam sind damit auch sonstige Fristenangleichungsklauseln (BGH 25. 2. 2016 – VII ZR 49/15, BGHZ 209, 128 = NJW 2016, 1572 Rn 37). Dies ist für den Bauträger besonders misslich, weil jeder Erwerber und damit auch der Nachzügler nicht nur auf die Miteigentumsquote beschränkte Mängelrechte geltend machen kann (BGH 6. 3. 1995 – II ZR 97/94, NJW 1995, 1551; BGH 25. 2. 1999 – VII ZR 208-97, NJW 1999, 1705; BGH 7. 6. 2001 – VII ZR 420/00, BGHZ 148, 85 = NJW 2002, 140; BGH 15. 4. 2004 – VII ZR 130/03, NJW-RR 2004, 949, 950). Möglich ist natürlich eine individualvertragliche Übernahme einer früheren Abnahme durch einen Dritten (Basty BauR 2012, 316, 323); vorformuliert wäre sie unwirksam (Bahr ZfIR 2022, 62, 64).

Aus den dargelegten Gründen (Rn 150) kann der Nachzüglererwerber nicht an einen Beschluss auf Grund einer Regelung in der Teilungserklärung nebst Gemeinschaftsordnung gebunden werden (BGH 12. 5. 2016 – VII ZR 171/15, BGHZ 210, 206 = NJW 2016, 2878 Rn 33 f), zumal er zum Beschlusszeitpunkt noch nicht einmal seine Wohnung erworben haben muss. Zudem fehlt es an der Beschlusskompetenz, so dass ein entsprechender Beschluss nichtig ist (BGH 12. 5. 2016 – VII ZR 171/15 BGHZ 210, 206 = NJW 2016, 2878 Rn 34; OLG München 6. 12. 2016 – 28 U 2388/16 Bau, BeckRS 2016, 112671 Rn 63; OLG München 26. 1. 2015 – 9 U 1995/14, BeckRS 2015, 117595; grundlegend LG München 7. 4. 2016 – 36 S 17586/15 WEG, ZWE 2017, 39; **aA** noch BayObLG 30. 4. 1999 – 2Z BR 153/98, NJW-RR 2000, 13; AG München 7. 7. 2010 – 482 C 287/10, NJW 2011, 2222). Die darauf basierende Abnahme wäre für den Erwerber nicht verbindlich. 59

Da der Nachzüglererwerber oft kein ungebrauchtes, rechtlich aber neues Gemeinschaftseigentum erwirbt, welches bereits Abnutzungserscheinungen besitzt, ist es notwendig, diesen Zustand konkret durch eine sog negative Beschaffenheitsvereinbarung transparent zu beschreiben (Bahr ZfIR 2022, 62, 65; näher Basty Kap 11 Rn 46 ff). Ansonsten würde der Bauträger gegenüber dem Erwerber das Gemeinschaftseigentum „unbenutzt" schulden, soweit sich nicht aus den konkreten Umständen Abweichendes ergibt. 60

ff) Rechtsfolgen aus AGB-rechtlichen Gründen gescheiterter Abnahmen

Abnahmeerklärungen auf Basis einer AGB-rechtlich unwirksamen Abnahmeklausel binden den Erwerber nicht (BGH 12. 5. 2016 – VII ZR 171/15, BGHZ 210, 206 = NJW 2016, 2878 Rn 37). Die Abnahmewirkungen treten nicht ein. Namentlich beginnt die Mängelverjährungsfrist nicht zu laufen. Wird durch die unwirksame Klausel und deren „Abwicklung" der Anschein erweckt, eine Abnahme des Gemeinschaftseigentums bedürfte es durch den einzelnen Erwerber wegen der bereits erfolgten Abnahme nicht mehr, bringt die rügelose Nutzung des Gemeinschaftseigentums und die Zahlung des Resterwerbspreis regelmäßig keinen Abnahmewillen zum Ausdruck; es soll am Erklärungsbewusstsein fehlen (BGH 12. 5. 2016 – VII ZR 171/15, BGHZ 210, 206 = NJW 2016, 2878 Rn 52; BGH 25. 2. 2016 – VII ZR 49/15, BGHZ 209, 128 = NJW 2016, 1572 Rn 39; OLG München 19. 10. 2023 – 9 U 1358/23 Bau, IBRRS 2025, 0956; OLG München 15. 12. 2008 – 9 U 4149/ 61

08, BauR 2009, 1444; Pause/Vogel BauR 2014, 764, 766; **aA** Messerschmidt/Leidig BauR 2014, 1, 4). Richtigerweise fehlt es aus Sicht des redlichen Bauträgers am potenziellen Erklärungsbewusstsein des Erwerbers, weil letzterer davon ausgeht, dass seine Abnahmeklausel und die hierauf basierende Abnahmeerklärung wirksam sind (Hogenschurz MDR 2012, 386, 389; Vogel jurisPR-PrivBauR 12/2011 Anm 1 unter C). Eine Abnahme durch schlüssiges Verhalten kommt nur in Ausnahmefällen in Betracht (KompBauR/Jurgeleit Teil 3 Rn 58; **aA** OLG Karlsruhe 10. 5. 2019 – 15 U 57/18, IBRRS 2021, 2809). Eine solche kann vorliegen, wenn zwar die Abnahmeklausel AGB-rechtlich unwirksam ist, nach ihr aber erkennbar für die Erwerber nicht gehandelt wurde, sie das Gemeinschaftseigentum rügelos genutzt und den vollständigen Erwerbspreis gezahlt haben (zu weit, aber in diese Richtung OLG Bamberg 9. 12. 2015 – 8 U 23/15, BauR 2016, 688 zu LG Schweinfurt 23. 1. 2015 – 22 O 135/13, ZMR 2016, 309) oder der Erwerber aus sonstigen Gründen Kenntnis von der Unwirksamkeit der Klausel hat bzw mit ihr konkret rechnet (OLG München 19. 10. 2023 – 9 U 1358/23 Bau, IBRRS 2025, 0956). Eine solche Abnahme durch schlüssiges Verhalten muss vom Bauträger gegenüber jedem einzelnen Erwerber dargelegt und bewiesen werden (zutreffend LG Heidelberg 28. 2. 2018 – 4 O 118/17, IBRRS 2018, 1040).

62 Mangels Abnahme befinden sich die Bauträgerverträge noch im Erfüllungsstadium. In den Fällen unwirksamer Abnahmeklauseln und deshalb nicht eingetretener Abnahmewirkungen ist es dem Bauträger als Verwender einer unwirksamen Klausel nach § 242 BGB verwehrt, sich auf die Unwirksamkeit der eigenen Klausel und den hiermit verbundenen Rechtsfolgen zu berufen; er muss sich also so behandeln lassen, als befände sich der Vertrag nicht mehr in der Erfüllungsphase (BGH 9. 11. 2023 – VII ZR 241/22, ZWE 2024, 164 Rn 35; BGH 12. 5. 2016 – VII ZR 171/15, BGHZ 210, 206 = NJW 2016, 2878 Rn 59; BGH 25. 2. 2016 – VII ZR 49/15, BGHZ 209, 128 = NJW 2016, 1572 Rn 41; OLG Hamburg 16. 5. 2019 – 8 U 42/18, BeckRS 2019, 49947 Rn 88; Wolf/Lindacher/Pfeiffer/Lindacher/Hau § 306 Rn 44 zur personalen Teilunwirksamkeit; speziell Wolf/Horn/Lindacher/Pamp 5. Teil Rn B 151). Die hiergegen erhobene Kritik (Thode jurisPR-PrivBauR 7/2016 Anm 2 unter C) ist unzutreffend. Dogmatisch lässt sich das Ergebnis mit der personalen Teilunwirksamkeit von vorformulierten Klauseln erklären. Es gibt nämlich keinen Grund, den Verwender vor seinen eigenen (unwirksamen) Klauseln zu schützen (vgl BGH 20. 7. 2017 – VII ZR 259/16, NJW 2017, 2762 Rn 31). Nichts anderes gilt für Verbraucherverträge. Art 6 Abs 1 der Klauselrichtlinie (Richtlinie 93/13/EWG des Rates vom 5. 4. 1993) sieht für missbräuchliche Klauseln nur vor, dass sie „für den Verbraucher" unverbindlich sind.

63 Die Geltendmachung von in Geld übergegangen Mängelansprüchen bewirkt jedenfalls dann nicht den Übergang in ein Abrechnungsverhältnis, wenn der Erwerber nach wie vor noch Erfüllung bzw Mangelbeseitigung verlangen könnte. So führt die Klage auf Zahlung von Kostenvorschuss für die Mangelbeseitigung allein nicht zum Abrechnungsverhältnis mit der Folge, dass auch die Mängelverjährungsfrist nicht beginnt (OLG München 24. 4. 2018 – 28 U 3042/17, ZWE 2019, 29 Rn 104; LG München I 20. 2. 2020 – 8 O 16867/16, BeckRS 2020, 27573 Rn 45). Auch die zweimalige gerichtliche Durchsetzung von Mängelansprüchen bezüglich anderer Mängel hat nicht zur Folge, dass sich der Erwerber treuwidrig verhält (BGH 9. 11. 2023 – VII ZR 241/22, ZWE 2024, 164 Rn 39 ff; **aA** Tschäpe/Trezger ZfBR 2024, 486, 489). Dies beruht darauf, dass sich der Erwerber nach den Grundsätzen der personalen Teilunwirksamkeit immer auf die ihm günstigen Rechtsfolgen berufen bzw hiernach handeln kann.

Auch wenn sich die Bauträgerverträge noch im Erfüllungsstadium befinden, worauf sich der Bauträger nicht berufen kann, führt die Verjährung der Mängelansprüche nicht dazu, dass die Mängelansprüche deswegen undurchsetzbar wären. Zwar verjährt der Erfüllungsanspruch aus § 631 Abs 1 BGB regelmäßig und damit „absolut" in zehn Jahren gem § 199 Abs 4 BGB (OLG Köln 21. 8. 2020 – 19 U 5/20, ZfBR 2021, 263 = ZWE 2021, 160; ebenso OLG Rostock 2. 2. 2021 – 4 U 70/19, ZfIR 2021, 377 m Anm PAUSE; vermittelnd OLG Stuttgart 30. 3. 2010 – 10 U 87/09, BauR 2010, 1240 jedenfalls nicht vor Ablauf von fünf Jahren). In den Ausnahmefällen AGB-rechtlich unwirksamer Abnahmen kann der Erwerber aber nach wie vor nach § 242 BGB ohne laufende Mängelverjährungsfrist Mängelrechte geltend machen (OLG Karlsruhe 10. 4. 2018 – 8 U 19/14, BeckRS 2018, 17599 Rn 90 f = ZMR 2019, 523; OLG Köln 13. 1. 2017 – 19 U 92/16, BauR 2018, 1295 Rn 54 ff; näher PRAUN jurisPR-PrivBauR 2/2021 Anm 5, wonach beide Entscheidungen des OLG Köln die gleiche Gemeinschaft der Wohnungseigentümer betraf). Zudem könnten die Erwerber jederzeit noch in den Grenzen der Verwirkung durch Abnahmeerklärung unverjährte Mängelrechte generieren (PAUSE ZfIR 2021, 388, 389; PAUSE/VOGEL BauR 2014, 764, 769; THODE jurisPR-BGHZivilR 3/2021 Anm 4 Ziff C). Ob die Mängelrechte unabhängig von den AGB-rechtlichen Besonderheiten überhaupt vor der Abnahme verjähren können, ist anders als zum „alten" Recht vor der Schuldrechtsreform ungeklärt (offengelassen von BGH 28. 5. 2020 – VII ZR 108/19, NJW 2020, 2270 Rn 16 ff, 26; bereits BGH 8. 7. 2010 – VII ZR 171/08, NZBau 2010, 768 Rn 28; vgl KompBauR/JURGELEIT Teil 5 Rn 142). Soweit das OLG Stuttgart (OLG Stuttgart 2. 4. 2024 – 10 U 13/23, ZfBR 2024, 515, 525 ff) dies annimmt, so ist der Ausgangspunkt einer 15jährigen Verjährung (Mängelverjährungsfrist von fünf Jahren und Absolutverjährung von 10 Jahren) unzutreffend (OLG Stuttgart 6. 6. 2024 – 13 U 419/19, ZWE 2024, 454 Rn 42 ff; STEFFEN NJW-Spezial 2024, 333; VOGEL IBR 2024, 301). Hierfür gibt es keine rechtliche Grundlage (**aA** TSCHÄPE/TREFZGER ZfBR 2024, 486, 488 ff, die den AGB-rechtlichen Grundsatz der personalen Teilunwirksamkeit mangels überwiegender Schutzwürdigkeit des Erwerbers und aufgrund dessen Kooperations- und Treupflichten einschränken wollen). Europarechtlich dürfte eine solch kenntnisunabhängige Begrenzung jedenfalls bei Verbraucherbeteiligung und damit der Anwendung der Klauselrichtlinie (Richtlinie 93/13/EWG des Rates vom 5. 4. 1993) nicht zulässig sein (vgl VOGEL BauR 2024, 313, 328). Der EuGH (EuGH 25. 1. 2024 – C-810/21, C-811/21, C-812/21, C-813/21, NJW 2024, 3577 Rn 49 ff; dazu MAIER NJW 2024, 3557 ff) hat bekräftigt, dass Art 6 Abs 1, 7 Abs 1 dieser Richtlinie eine Art Strafcharakter haben und nach dem Effektivitätsgrundsatz ein Verjährungsbeginn ohne qualifizierte Sach- und Rechtskenntnis des Verbrauchers hiermit unvereinbar ist. Die Ersetzung der Vertragslücke aufgrund der Unwirksamkeit der Klausel durch das nationale Recht (Treu und Glauben, §§ 133, 242 BGB) ist europarechtlich zudem nicht zulässig (AG Hanau 15. 3. 2024 – 32 C 243/21, NZM 2024, 903 Rn 71 nwN; VOGEL BauR 2024, 313, 328 mwNw). **64**

Die sich aus der fehlenden Abnahme ergebenden Rechte sind im Regelfall nicht verwirkt (OLG München 24. 4. 2018 – 28 U 3042/17, ZWE 2019, 29 m Anm PAUSE; EUFINGER/JAHN NZBau 2020, 417, 420; KompBauR/JURGELEIT Teil 3 Rn 58; PAUSE/VOGEL BauR 2014, 764, 770; PAUSE ZWE 2019, 34, 37; **aA** LG München I 30. 7. 2013 – 8 O 27875/12, BeckRS 2013, 18700 = BauR 2013, 2066, wobei die II. Instanz [9 U 3544/13 Bau] dies nicht geteilt hat). Eine Verwirkung (§ 242 BGB) setzt neben einem Zeit- auch ein Umstandsmoment voraus. An letzterem wird es im Regelfall fehlen, weil der Bauträger auf Grund mehrfacher Pflichtverletzungen (Verwendung unwirksamer Geschäftsbedingungen, mangelhafte Leistung, Fristablauf zur Mangelbeseitigung) selten überwiegend schutzwürdig sein dürfte (**aA** TSCHÄPE/TREFZGER ZfBR 2024, 486, 490 f). In Betracht kommt eine Verwirkung **65** wohl allenfalls dann, wenn der Erwerber die Unwirksamkeit der Abnahme, deren Folgen und einen konkreten Mangel kennt (vgl Vogel ZWE 2024, 167, 168). Dann kommt eine Verwirkung bezüglich dieses konkreten Mangels in Betracht (Pause ZWE 2019, 34, 37). Das OLG Brandenburg (OLG Brandenburg 6. 2. 2018 – 12 U 197/16, BeckRS 2018, 55589 Rn 12) hat dies unter Anwendung der höchstrichterlichen Rechtsprechung wie folgt begründet:

> „Dieses im Rahmen des Umstandsmoments notwendige Vertrauen kann nicht entstehen, wenn der Gewährleistungsschuldner schon in der Annahme, die Gewährleistungsfrist sei abgelaufen, nicht mehr mit der Geltendmachung von Gewährleistungsrechten rechnet."

Der Bundesgerichtshof (BGH 15. 9. 1999 – I ZR 57/97, NJW 2000, 140, 142) führt in anderem Zusammenhang aus:

> „Denn es fehlt jedenfalls am für eine Verwirkung erforderlichen Vertrauenstatbestand, wenn der Schuldner – wie hier – davon ausgehen muss, dass der Berechtigte von den ihm zustehenden Ansprüchen nichts weiß."

66 Der Bauträger muss sich gegenüber den Erwerbern regelmäßig nicht bis zur wirksamen Abnahme an den laufenden Kosten der Verwaltung, Instandhaltung und Instandsetzung beteiligen, weil üblicherweise auf Grund der wirksamen vertraglichen Gestaltung mit Übergabe auch Besitz, Nutzen und Lasten übergehen (OLG München 9. 5. 2017 – 9 U 2687/16, BauR 2018, 278). Werden erst recht spät erkannte Mängel geltend gemacht, soll sich der Erwerber uU einen Abzug „neu für alt" anrechnen lassen müssen (OLG Stuttgart 6. 6. 2024 – 13 U 419/19, ZWE 2024, 454 Rn 44 unter Verweis auf BGH 27. 9. 2018 – VII ZR 45/17, NJW 2019, 421 Rn 86; OLG München 24. 4. 2018 – 28 U 3042/17, ZWE 2019, 29 m Anm Pause). Dies ist wertungsmäßig zweifelhaft, weil die längere Nutzbarkeit auf der mehrfachen Vertragswidrigkeit des Bauträgers beruht (so OLG Hamburg 11. 9. 2019 – 5 U 128/16, ZWE 2020, 28 Rn 52 f).

gg) Empfehlungen für die Praxis

67 Die Versuche von Bauträgern und Notaren, die Abnahme der im Gemeinschaftseigentum stehenden Bausubstanz in der einen oder anderen Form zu zentralisieren, sind gescheitert. Sie greifen in das individuelle Abnahmerecht des Erwerbers regelmäßig ein und sind daher in Allgemeinen Geschäftsbedingungen unwirksam mit fatalen Folgen für den Bauträger (Rn 61 ff). Von daher empfiehlt es sich für die Vertragspraxis, die Abnahme nach wie vor individuell vom Erwerber erklären zu lassen. Um unnötige rechtliche Unsicherheiten zu vermeiden, sollte die Abnahme förmlich erklärt werden. Zwar kann man durchaus daran denken, dass der Bauträger oder – besser – die Gemeinschaft der Wohnungseigentümer einen Sachverständigen mit der Prüfung des Gemeinschaftseigentums beauftragen muss, um eine Abnahmeempfehlung abzugeben, auf der dann die Erwerber selbst – ggf nach einer eigenen Begehung – über die Abnahmeerklärung entscheiden können (so Eufinger/Jahn NZBau 2020, 417, 420). Sobald aber dessen Feststellungen irgendwie bindend sein sollen, wäre die Klausel unwirksam (OLG Celle 1. 2. 2023 – 3 U 60/22, RNotZ 2023, 607 Rn 44 f = ZfBR 2023, 564; **aA** Cramer/Stock RNotZ 2024, 380, 382). Ob die auf Basis einer solchen Klausel erklärte Abnahme ebenfalls unwirksam ist, ist zweifelhaft (so OLG Celle 1. 2. 2023 – 3 U 60/22, RNotZ 2023, 607 Rn 54 ff = ZfBR 2023, 564; **aA** Cramer/Stock RNotZ 2024, 380, 384).

Vom Bauträger zur Verfügung gestellte Abnahmeformulare für die förmliche Abnahme können Allgemeine Geschäftsbedingungen sein, wofür der Anscheinsbeweis spricht (OLG Brandenburg 27. 8. 2020 – 12 U 28/20, NJW-RR 2020, 1472). Die § 305 ff BGB gelten auch für einseitige Erklärungen (BGH 25. 6. 2015 – IX ZR 199/14, NJW 2015, 3029 Rn 6 mwNw). Hierin enthaltene zeitliche Rückbewirkungen der Abnahme dürften ebenso unwirksam sein (vgl § 309 Nr 8 b ff BGB) wie vorbehaltlose Erklärungen, wenn dem Bauträger Mängel positiv bekannt sind. Ob hierdurch die gesamte Abnahmeerklärung unwirksam oder AGB-rechtliche Teilbarkeit vorliegt, ist eine Frage des Einzelfalls. Sieht der Erwerbsvertrag die getrennte Abnahme der im Sonder- und Gemeinschaftseigentum stehenden Bausubstanz vor, lädt der Bauträger nur zur Abnahme des Sondereigentums ein und sieht das Protokoll diese Abnahme ohne drucktechnische Hervorhebung vor, dass auch das Gemeinschaftseigentum abgenommen werden soll, dürfte dies überraschend sein (§ 305c Abs 1 BGB). 68

Aus Sicht des Bauträgers besteht oft Unsicherheit, ob und zu welchem Zeitpunkt die Abnahmewirkungen eingetreten sind. Dann bietet sich an Stelle einer Leistungsklage, bei der die Abnahmewirkungen erst mit Rechtskraft eines Urteils eintreten (§ 894 ZPO), die Feststellungsklage an (BGH 9. 5. 2019 – VII ZR 154/18, NZBau 2019, 572 Rn 27; BGH 27. 2. 1996 – X ZR 3/94, BGHZ 132, 96 = NJW 1996, 1749; näher hierzu Kaiser NZBau 2023, 710, 712). 69

VII. Anwendbare Vorschriften des Bauvertragsrechts

Von den Vorschriften des Bauvertragsrechts (§§ 650a–650h BGB) ist im Wesentlichen nur eine Vorschrift (§ 650g BGB) anwendbar. 70

1. Zustandsfeststellung bei Abnahmeverweigerung (§ 650g Abs 1 bis Abs 3 BGB)

Bezüglich der Zustandsfeststellung bei Abnahmeverweigerung kann bezüglich der im Sondereigentum stehenden Bausubstanz oder der im Sondernutzungsrecht des konkreten Erwerbers stehenden Bausubstanz auf die Kommentierung zu § 650g BGB verwiesen werden. 71

Dogmatisch zweifelhaft ist, ob § 650g Abs 1 bis 3 BGB auch uneingeschränkt auf die im Gemeinschaftseigentum stehende Bausubstanz angewendet werden kann, wenn der Erwerber nicht alle Einheiten erwirbt. Gerade die Vermutungsregelung in § 650g Abs 3 S 1 BGB setzt voraus, dass das Werk dem Erwerber „verschafft" wurde. Nach der Gesetzbegründung (BT-Drucks 18/8486, 60) fußt diese Vermutungsregelung auf der alleinigen Sachherrschaft des Erwerbers. Diese ist bezüglich des Gemeinschaftseigentums nicht gegeben, wenn es noch andere Erwerber gibt bzw geben kann. Die gesetzliche Regelung zielt aber darauf ab, dass der Besteller eher als der Unternehmer Beeinträchtigungen der Werkleistung vermeiden kann (so BT-Drucks 18/8486, 60). Dies ist nicht der Fall, wenn der Bauträger noch Miteigentümer, zum Teil noch Mitbesitzer und zahlreiche Erwerber Mitbesitzer sind. § 650g Abs 3 S 1 BGB ist daher dahin *teleologisch* zu reduzieren, dass er in diesem Fall nicht anwendbar ist. Anderenfalls trüge nämlich der Erwerber das Risiko von mängelrelevanten Veränderungen durch die übrigen Erwerber (**aA** Karczewski NZBau 2018, 328, 335). 72

2. Schlussrechnung und Abnahmeerfordernis (§ 650g Abs 4 BGB)

73 Ohne Vereinbarung von Voraus- oder Abschlagszahlungen ist zivilrechtlich der Erwerbspreis erst mit Abnahme zur Zahlung fällig. § 650v BGB setzt nämlich für den Anspruch auf Abschlagszahlung eine entsprechende Vereinbarung voraus. Sind Abschlagszahlungen entsprechend dem Ratenzahlungsplan von § 650v BGB iVm § 3 Abs 2 MaBV vereinbart, gelten neben den zivilrechtlichen Vorgaben parallel die gewerberechtlichen. Nach § 650g Abs 4 BGB ist die sog Fertigstellungsrate erst mit Vorliegen der gewerberechtlichen Voraussetzungen und zusätzlich der zivilrechtlichen Abnahme sowie der Vorlage einer Schlussrechnung zur Zahlung fällig (OLG Oldenburg 27. 10. 2022 – 8 U 38/21, BeckRS 2022, 58762 Rn 28; Karczewski NZBau 2018, 328, 332; ibrOK-BauVertrR/Pause [7. 2. 2025] § 650u Rn 138). Eine teleologische Reduktion des Verweises in § 650u Abs 1 S 2 BGB auf § 650g Abs 4 S 1 Nr 2 BGB mit dem Argument, die Vergütung ändere sich typischerweise nicht, so dass es keiner Schlussrechnung bedürfte (so etwa Basty MittBayNot 2017, 445, 448; BeckNotar-Hdb/Esbjörnsson § 2 Rn 154), ist unzutreffend. Auch bei einem Pauschalpreisvertrag hat der Unternehmer nämlich Schlussrechnung zu legen.

74 Verstößt der vereinbarte Zahlungsplan gegen die gewerberechtlichen (§§ 3, 12 MaBV) oder zivilrechtlichen Vorgaben (§§ 307 ff BGB), soll die Vergütung erst fällig werden, wenn die Bauträgerleistung abgenommen wurde (so BGH 22. 12. 2000 – VII ZR 310/99, BGHZ 146, 250 = NJW 2001, 818, 820; OLG Celle 6. 8. 2003 – 7 U 36/03, NJW-RR 2004, 592, 593). Weder § 3 Abs 2 MaBV noch § 632a BGB enthalten einen Ersatzzahlungsplan (BGH 22. 3. 2007 – VII ZR 268/05, BGHZ 171, 364 = NJW 2007, 1947 Rn 27 ff). Das ist im Ausgangspunkt zutreffend, wenngleich auch die gewerberechtlichen Voraussetzungen des § 3 MaBV im Übrigen erfüllt sein müssen; dies wird bei der Betrachtung immer wieder vergessen (zutreffend mit weiterer Diskussion Basty Kap 1 Rn 43 ff). Die gewerberechtlichen Verbote der §§ 3 ff MaBV sind nicht mehr einschlägig, wenn der Bauträger Eigentum an den Erwerber übertragen hat.

75 Ein Verstoß gegen die Vorgaben des § 3 Abs 2 MaBV liegt vor, wenn die dortigen Höchstsätze überschritten oder die Anzahl der „Raten“ mehr als sieben betragen soll. MaBV-widrig ist auch die Vermischung der gewerberechtlichen Sicherheitensysteme des § 3 MaBV mit dem des § 7 MaBV (OLG Schleswig 7. 5. 2010 – 4 U 126/08, BauR 2012, 545 = IBR 2012, 86: Hinterlegung des Resterwerbspreises von 3,5 % bei Besitzübergabe und Fälligkeit des Erwerbspreises im Übrigen).

76 Nimmt der der Bauträger entgegen § 3 MaBV Zahlungen des Erwerbers entgegen, hat er gegen ein gesetzliches Verbot (§ 134 BGB) verstoßen und ist bereicherungsrechtlich (§ 817 Abs 1 BGB) zur Rückzahlung verpflichtet. § 813 Abs 2 BGB ist nach dem Schutzzweck der §§ 3, 12 MaBV grundsätzlich unanwendbar (BGH 22. 3. 2007 – VII ZR 268/05, BGHZ 171, 364 = NJW 2007, 1947 Rn 31). Anders ist dies, wenn es eines Rückforderungsanspruchs nicht mehr bedarf, weil der von der MaBV bezweckte Schutz im Einzelfall bereits eingetreten ist, etwa durch zwischenzeitlich eingetretenen Baufortschritt, bzw weil die Zahlungen bei wirksamer Vereinbarung eines Zahlungsplans nach § 3 MaBV gewerberechtlich nicht zu beanstanden gewesen wären (BGH 22. 3. 2007 – VII ZR 268/05, BGHZ 171, 364 = NJW 2007, 1947 Rn 33).

Daneben muss der Bauträger dem Erwerber ersparte Zinsen nach Bereicherungsgrundsätzen gem §§ 817 S 1, 818 Abs 1 BGB vergüten (BGH 7. 11. 2013 – VII ZR 167/11, NJW 2014, 1728 Rn 14; OLG München 17. 6. 1999 – 19 U 6498/98, NJW-RR 2001, 13) oder im Wege des Schadensersatzes vom Erwerber gezahlte Zinsen ersetzen (OLG Karlsruhe 26. 10. 2010 – 8 U 170/09, BeckRS 2010, 31047; BeckOK-BauVertrR/Karczewski [31. 10. 2021] § 650v Rn 55). In Anlehnung an § 246 BGB beträgt der Mindestschaden 4 % (OLG Karlsruhe 20. 5. 2010 – 12 U 232/09, BeckRS 2010, 142485 Rn 21). 77

VIII. Anwendbare Vorschriften des Verbraucherbauvertragsrechts

1. Baubeschreibungspflichten (§ 650j BGB)

Gem § 650u Abs 1 S 2 BGB gilt § 650j BGB auch für den Bauträgervertrag. Voraussetzung ist indes, dass der Erwerber ein Verbraucher und der Bauträger ein Unternehmer ist. Auf die dortige Kommentierung (Staudinger/J Meier § 650j Rn 40 ff) wird verwiesen. Besonders virulent ist die Frage, ob für eine Baubeschreibung, die dem Anwendungsbereich der §§ 305 ff BGB unterfällt, was im Geschoßwohnungsbau zwangsläufig ist, neben Art 249 § 2 Abs 1 EGBGB, der eine Beschreibung in „klarer Weise" erfordert, auch das Transparenzgebot des § 307 Abs 1 S 2, Abs 3 S 2 BGB gilt (dafür Karzewski NZBau 2018, 328, 329; ibrOK-BauVertrR/Pause [7. 2. 2025] § 650u Rn 197; Stretz BauR 2022, 554, 559 ff; **aA** Pfennig RNotZ 2018, 585, 593). Nähme man dies an, würde man entgegen der Intention des Gesetzgebers (BT-Drucks 18/8486, 74) dem Klarheitsgebot ein Verständlichkeitsgebot anfügen (hierzu umfassend Matkovic 170 ff). Ob dies europarechtlich zwingend ist (so Basty Kap 11 Rn 87; Pause/Vogel Kap 5 Rn 47), ist ungeklärt. Die Klauselrichtlinie dürfte den Verzicht auf die Transparenzkontrolle wegen Art 1 Abs 2 und dem 13. Erwägungsgrund zulassen. Das primärrechtliche Verschlechterungsverbot des Verbraucherschutzes in Art 169 AEUV gilt nicht absolut, so dass man sich fragen muss, ob nicht die Erhöhung des Verbraucherschutzes durch das Klarheitsgebots den Verlust durch das Verständlichkeitsgebot aufwiegt. Praxisrelevant wird die Frage, ob zusätzlich eine Transparenzkontrolle für vorformuliert gestellte Baubeschreibungen vorzunehmen ist, dann, wenn in der Baubeschreibung auf technische Fachbegriffe und technische Normen verwiesen wird, die einem Laien nicht ohne externe fachliche Hilfe verständlich sind. 78

2. Sicherung von Ansprüchen vor Abnahme (§ 650m Abs 2 und Abs 3 BGB)

Für den Fall, dass im Bauträgervertrag die Zahlung von Abschlägen vereinbart ist, sind § 650m Abs 2 und Abs 3 BGB mit den Vorgaben zur Vertragserfüllungssicherheit anwendbar (Erman/Schwenker/Rodemann § 650u Rn 10). Voraussetzung ist, dass der Erwerber Verbraucher ist. 79

a) Gesetzgeberische Intention

Diese Vorschriften entsprechen fast wortlautgleich § 632a Abs 2 und Abs 3 aF des Forderungssicherungsgesetzes (vom 23. 10. 2008, BGBl 2008 I 2022) für Verträge mit Verbrauchern für den Fall, dass Abschlagszahlungen gefordert werden konnten. § 632a Abs 3 aF gewährte einen gesetzlichen Anspruch auf Stellung einer Sicherheit für die rechtzeitige Herstellung ohne wesentliche Mängel. Durch diese Absicherung dieser Vertragserfüllungsansprüche sollte berücksichtigt werden, dass der Verbraucher in der Regel eine Sicherung dieser Ansprüche bei Vertragsabschluss nicht 80 durchzusetzen vermag. Die Sicherheit schuf eine Kompensation dafür, dass mit der Zahlung von Abschlägen das Vorleistungsrisiko des Unternehmers reduziert wurde. § 632a Abs 3 BGB galt auch für den Bauträgervertrag, was durch § 1 S 1 der Abschlagszahlungsverordnung gesetzgeberisch (BT-Drucks 15/3594, 24 f; BT-Drucks 16/511, 15/24) klargestellt wurde.

81 Nichts anderes gilt heute durch die ausdrücklichen Verweise in § 650v BGB und Art 244 EGBGB auf § 1 S 3 der Abschlagszahlungsverordnung, worin es klarstellend hat:

> „§ 650m Absatz 2 und 3 des Bürgerlichen Gesetzbuchs findet Anwendung."

b) Gesetzlicher Anspruch

82 Der Erwerber hat einen gesetzlichen Anspruch auf Stellung der Vertragserfüllungssicherheit. Einer vertraglichen Begründung bedarf es also eigentlich nicht. Der Anspruch wird fällig mit der Vereinbarung von Abschlagszahlungen und der Anforderung der ersten Zahlung durch den Bauträger (ibrOK-BauVertrR/Pause [7. 2. 2025] § 650u Rn 206). Der Anspruch ist zwar grundsätzlich einklagbar, was sich aus Sinn und Zweck der Norm ergibt (**aA** BeckOK-BauVertrR/Wellensiek [1. 5. 2022] § 650m Rn 23a mwNw). Solange der Erwerber aber die Sicherheit durch Bareinbehalt von fälligen Abschlagsforderungen realisieren kann, fehlt seiner Klage das Rechtsschutzbedürfnis (ibrOK-BauVertrR/Pause [7. 2. 2025] § 650u Rn 206). In allen anderen Fällen kann der Erwerber die Sicherheit nur als vertretbare Handlung einklagen, weil der Bauträger nach § 650m Abs 3 BGB ein Wahlrecht zwischen den gesetzlich vorgesehenen Sicherheiten besitzt (OLG Schleswig 2. 10. 2019 – 12 U 10/18, NZBau 2020, 376 Rn 135 ff, 171); die Vollstreckung muss dann nach § 887 ZPO erfolgen.

83 § 650m Abs 2 und Abs 3 BGB sind nach § 650o BGB kein zwingendes Recht. In vorformulierten Vertragsbedingungen des Bauträgers, die regelmäßig vorliegen (zum Anscheinsbeweis zu Lasten des Bauträgers BGH 14. 5. 1992 – VII ZR 204/90, BGHZ 118, 229 = NJW 1992, 2160), kann indes nicht von einer Vertragserfüllungssicherheit zu Lasten des Erwerbers abgesehen werden (OLG Schleswig 2. 10. 2019 – 12 U 10/18, NZBau 2020, 376 Rn 141, 142; BGH 8. 11. 2012 – VII ZR 191/12, NJW 2013, 219 Rn 23). Für ab 1. 1. 2018 abgeschlossene Verträge ergibt sich dies aus § 309 Nr 15 b BGB.

84 Zudem ist eine in den Allgemeinen Geschäftsbedingungen eines Bauträgers enthaltene Klausel, die isoliert die Fälligkeit und die Höhe der ersten Abschlagszahlung mit einem Verbraucher vereinbart, ohne auf die nach § 632m Abs 2 BGB gesetzlich geschuldete Sicherheitsleistung einzugehen, unwirksam, weil sie den Verbraucher von der Geltendmachung seines Rechts auf diese Sicherheitsleistung abhalten kann (BGH 8. 11. 2012 – VII ZR 191/12, NJW 2013, 219 Rn 17).

c) Verhältnis zu den Sicherungen nach der Makler- und Bauträgerverordnung

85 § 650m Abs 2 BGB geht als zivilrechtliches Sicherungselement über das gewerberechtliche in § 3 MaBV hinaus, so dass zu Gunsten des Erwerbers beide Sicherungsebenen parallel anwendbar sind (Pause/Vogel Kap 4 Rn 50). Nichts anderes gilt für die Abwicklung von Abschlagszahlungen nach § 7 Abs 1 MaBV. Die Sicherheit nach § 7 Abs 1 MaBV umfasst zwar auch Erfüllungsansprüche, aber keine Ansprüche wegen verspäteter Herstellung (zu den Einzelheiten Basty Kap 6 Rn 26 mwNw). Der Erwerber kann daher neben einer Bürgschaft nach § 7 Abs 1 MaBV auch eine Sicherheit nach § 650m Abs 2 BGB verlangen (Basty Kap 6 Rn 3).

d) Sicherungsumfang

86 Nach dem Gesetzeswortlaut sichert die Erfüllungssicherheit nach § 650m Abs 2 BGB Ansprüche wegen der nicht rechtzeitigen Herstellung ohne wesentliche Mängel. Abgesichert werden Verzugsschadensersatzansprüche und Ansprüche wegen wesentlicher Schlechtleistungen vor Abnahme, ebenso Ansprüche wegen bei Abnahme vorbehaltener Restarbeiten und jedenfalls wesentlicher Mängel (ibrOK-BauVertrR/Pause [7. 2. 2025] § 650u Rn 210). Trotz massiver Kritik in der Literatur (Pause/Vogel NZBau 2015, 667, 670) hat der Gesetzgeber an der unklaren Umschreibung des Sicherungszwecks „Herstellung des Werks ohne wesentliche Mängel" festgehalten. Dies könnte dazu führen, dass unwesentliche Schlechtleistungen – das Gesetz spricht ungenau von Mängeln – vom Sicherungszweck nicht umfasst sind (Basty Kap 5 Rn 19; BeckOK-BauVertrR/Wellensiek [31. 5. 2022] § 650m Rn 33), es sei denn, man sieht die Formulierung nach wie vor als Redaktionsversehen des Gesetzgebers an (Messerschmidt/Voit/Lenkeit § 650m Rn 54). ibrOK-BauVertrR/Pause [7. 2. 2025] § 650u Rn 211 führt aus:

> „Da der Wortlaut mit der Reform des Bauvertragsrechts nicht geändert wurde, sondern trotz der Diskussion unverändert übernommen wurde, muss angenommen werden, dass die Ausklammerung der unwesentlichen Mängel nicht nur auf einem Redaktionsversehen, sondern auf einer bewussten gesetzgeberischen Entscheidung beruht (Pause, BauR 2017, 430, 437)."

87 Richtigerweise finden sich in den Gesetzesmaterialien für diese sehr enge Sichtweise keine Anhaltspunkte (ibrOK-BauVertrR/Stretz [7. 2. 2025] § 650m Rn 14; BT-Drucks 16/511, 15 der wortlautvergleichbaren Vorgängerfassung spricht für eine weite Auslegung), zumal dieser Sicherungszweck kaum praxistauglich und in der Sache auch unbefriedigend wäre. Ob ein Mangel wesentlich oder unwesentlich ist, hängt maßgeblich von der Beschaffenheitsvereinbarung und den berechtigten Erwartungshaltungen des Erwerbers ab, die der Bauträger kennt. Eine sinnvolle Voraussage, ob ein Mangel wesentlich ist, ist kaum möglich. Zudem können auch viele Mängel in der Summe die Wesentlichkeitsschwelle des § 640 Abs 1 S 2 BGB erfüllen, so dass der Erwerber die Abnahme verweigern könnte. Die korrespondierenden Ansprüche des Erwerbers wären dann ungesichert, wenn man nicht die Sicherheit auf diese vielen, in der Summe dann doch wesentlichen Mängel erstreckt (zutreffend Messerschmidt/Voit/Lenkeit § 650m Rn 30; vgl ferner Pause BauR 2017, 430, 437).

e) Sicherungshöhe

88 Durch den Verweis auf § 650m Abs 2 BGB ist die Sicherheit nicht nur auf den auf die Bauleistung entfallenden Teil der Vergütung, sondern auf den Gesamterwerbspreis bezogen; der auf Grund und Boden gedanklich entfallende Teil des Erwerbspreises ist also für die Bemessung von fünf Prozent in § 650m Abs 2 S 1 BGB mit zu berücksichtigen (Pause/Vogel Kap 4 Rn 56).

f) Rückgabe der Sicherheit

89 Die Sicherheit ist vom Erwerber zurückzugewähren, wenn der Sicherungszweck weggefallen ist. Dies ist der Fall, wenn keine von der Sicherheit mehr erfassten An-

sprüche unerfüllt sind (KG 15. 5. 2018 – 21 U 90/17, BeckRS 2018, 9634 Rn 50; vgl BT-Drucks 16/511, 15). UU kommt ein Anspruch auf Teilenthaftung nach den allgemeinen Grundsätzen des Sicherheitenrechts in Betracht, wenn die gesicherten, unerfüllten Ansprüche geringfügig sind (ähnlich Messerschmidt/Voit/Lenkeit § 650m Rn 34). Für die Bemessung des zu enthaftenden Teils einer Sicherheit dürfte der Erwerber jedenfalls für Erfüllungs- und Mängelansprüche vor Abnahme auch einen Druckzuschlag ausüben dürfen, weil er diesen auch dem offenen Erwerbspreis entgegenhalten darf (ähnlich Pause/Vogel Kap 4 Rn 64).

3. Herausgabe von Unterlagen (§ 650n BGB)

90 Zunächst ist auf die Kommentierung zu § 650n BGB zu verweisen, so dass nachfolgend nur die Besonderheiten des Bauträgervertrags erläutert werden.

a) Herausgabe vor Bauausführung

91 Gem § 650n Abs 1 BGB hat der Bauunternehmer rechtzeitig vor Ausführungsbeginn dem Verbraucherbesteller die Planunterlagen herauszugeben, die dieser gegenüber den Behörden braucht, um nachweisen zu können, dass die einschlägigen öffentlich-rechtlichen Vorschriften bei der Ausführung eingehalten werden. Hierzu gehören etwa Brandschutz-, Standsicherheits-, Schallschutz- und Wärmeschutznachweise. Dem Wortlaut nach sind Ausführungs- und Fachplanungen oder Bestands- oder Bedienungsunterlagen umfasst, aus denen sich die genaue Konstruktion ergibt und die für den späteren Betrieb, die Unterhaltung und Erhaltung iwS erforderlich sind. Gleiches gilt für Wartungsanleitungen und Prüfzeugnisse. Der Zweck von § 650n Abs 1 BGB, dass der Verbraucherbesteller den öffentlich-rechtlichen Vorgaben nachkommt und deren Erfüllung gegenüber den Behörden nachweise kann, ist beim Bauträgervertrag nicht einschlägig (Pause/Vogel Kap 5 Rn 185). Bei diesem ist nämlich nicht der Erwerber Bauherr, sondern der Bauträger (Rn 17). Normativ folgt dies auch aus § 3 Abs 1 S 1 Nr 4 MaBV (BeckOK-BauVertrR/Karczewski [31. 10. 2021] § 650u Rn 151).

92 Dieses Ergebnis ist misslich, denn es entspricht zwar dem eindeutigen Gesetzeswortlaut, widerspricht aber eigentlich der Regelungsabsicht des Gesetzgebers (BT-Drucks 18/8486, 65). Hiernach soll, allerdings nur wenn der Verbraucherbesteller auch Bauherr ist, er baubegleitend durch einen sachverständigen Dritten überprüfen lassen können, ob die öffentlich-rechtlichen Vorgaben eingehalten werden, um größere Vermögensschäden zu vermeiden. Dieses Risiko besteht auch beim Bauträgervertrag, weshalb es sinnvoll wäre, diese Verpflichtung auch für diesen Vertrag gesetzlich zu regeln. So kann eine begrenzte Herausgabeverpflichtung nur aus allgemeinen Grundsätzen hergeleitet werden (Rn 96).

b) Herausgabepflicht mit Fertigstellung

93 Nach § 650n Abs 2 BGB, der auch durch Verweis in § 650u Abs 1 S 2 BGB für den Bauträgervertrag gilt, muss der Bauträger spätestens mit Fertigstellung die Unterlagen herausgeben, die der Erwerber dafür benötigt, um die Errichtung des Gebäudes in Übereinstimmung mit den öffentlich-rechtlichen Vorschriften nachweisen zu können. Umfasst sind sämtliche Unterlagen, die der Verbrauchererwerber gegenüber den Behörden hierfür benötigt. Nicht erfasst sind nach § 650n Abs 2 BGB solche Unterlagen, die für den späteren Betrieb, die Unterhaltung und die Erhaltung erforderlich sein können.

Der originäre Anwendungsbereich für den Bauträgervertrag ist eher gering: Der Verbrauchererwerber muss nach Landesrecht entsprechende Nachweise regelmäßig nicht mehr führen. Er ist als Vertragspartner des Bauträgers und als späterer Eigentümer nicht Baubeteiligter im Sinne des Bauordnungsrechts (§§ 52 ff MBO) und damit untauglicher Adressat (ibrOK-BauVertrR/PAUSE [7. 2. 2025] § 650u Rn 219). Anders ist dies, wenn der Erwerber als Eigentümer, also Rechtsnachfolger des Bauträgers, nach dem einschlägigen Landesrecht ausnahmsweise zur Vorlage bestimmter Nachweise verpflichtet sein sollte (iE PAUSE/VOGEL Kap 5 Rn 186; ferner KARCZEWSKI NZBau 2018, 328, 336). ibrOK-BauVertrR/PAUSE [7. 2. 2025] § 650u Rn 219 führt insoweit zutreffend ergänzend aus:

> „Soweit der Erwerber und spätere Eigentümer des Bauwerks als denkbarerer Störer für den Zustand des Bauvorhabens haftet (§ 80 Satz 2 MBO; vgl etwa Art. 76 Satz 2 BayBO), ist diese Möglichkeit von § 650n BGB offensichtlich nicht erfasst, denn der Eigentümer ist bei einer etwaigen Zustandsstörung nicht zur Nachweisführung, sondern zur Beseitigung des bauordnungswidrigen Zustandes verpflichtet (vgl SIMON/BUSSE/DIMBERGER, Art. 76 BayBO Rn 182 ff.)."

Herausgabepflichten ergeben sich auch aus speziellen Gesetzen, zum Beispiel aus dem GEG (vgl BT-Drucks 18/8486, 65).

Unklar ist, ob sich auf den Bauträger auch die Verwendbarkeitsnachweispflicht nach dem Bauprodukterecht erstreckt, weil der Bauträger diese Unterlagen nicht selbst erstellt. Diese Nachweise erfolgen nämlich durch Herstellererklärung oder durch spezielle Zertifikate von zuständigen Prüfstellen. Deshalb geht die Literatur (PAUSE BauR 2017, 430, 438) davon aus, dass eine Herausgabepflicht des Bauträgers nicht existiert. Soweit dies in Zweifel gezogen wird (BeckOK-BauVertrR/KARCZEWSKI [15. 2. 2025] § 650u Rn 153), sind die Bedenken auf Grundlage des derzeitigen Rechts nicht begründet. Der Verbrauchererwerber selbst ist grundsätzlich nicht zur Herausgabe verpflichtet. Auch begründet das Fehlen etwa der Vorlage von CE-Kennzeichen als solche keinen Sachmangel, weil dieses Kennzeichen nichts darüber aussagt, ob das verbaute Produkt den anerkannten Regeln der Technik genügt oder sonst gebrauchstauglich ist (LG Flensburg 11. 3. 2022 – 2 O 244/19, BeckRS 2022, 8216 Rn 55; OLG Oldenburg 4. 9. 2018 – 2 U 58/18, NJW 2019, 863 Rn 51; OLG Düsseldorf 16. 4. 2020 – 5 U 131/18, BeckRS 2020, 53141 Rn 104). 94

c) Herausgabepflicht für Darlegungsgeber usw (§ 650n Abs 3 BGB)

§ 650n Abs 3 BGB regelt die Herausgabe der Nachweise durch den Bauträger, die der Verbrauchererwerber gegenüber Dritten vor Bauausführung bzw mit der Fertigstellung benötigt, um Subventionen oder zinsgünstige Darlehen zu erhalten. Insoweit gelten keine Besonderheiten zur Kommentierung zu § 650n BGB. Dh, dass eine Pflicht nur dann besteht, wenn der Bauträger durch Vertrags- und Werbeangaben entsprechende Erwartungshaltungen geweckt hat (PAUSE/VOGEL Kap 5 Rn 187). 95

d) Herausgabeanspruch nach allgemeinen Grundsätzen

§ 650n BGB hat beim Bauträgervertrag nach dem Vorstehenden keinen großen Anwendungsbereich. Entgegen der Vorstellung des Gesetzgebers (BT-Drucks 18/8486, 65) decken sich die Unterlagen, die für die Behörden und die Darlehensgeber benötigt werden, gerade nicht mit denen, die der Erwerber für den Betrieb, die Erhaltung 96 und den Umbau des Erwerbsobjekts benötigt (Pause BauR 2017, 430, 440). Der Verweis auf § 650n BGB dürfte daher nicht abschließend sein (Pause/Vogel Kap 5 Rn 190). Unter Hinweis auf die höchstrichterliche Rechtsprechung zum Architektenvertrag (BGH 24. 6. 2004 – VII ZR 259/02, BGHZ 159, 376 = NJW 2004, 2588) dürfte daher der Erwerber – unabhängig davon, ob er Verbraucher ist – auch nach der Reform des Bauvertragsrechts einen Anspruch auf Herausgabe derjenigen Unterlagen haben, die er für den Betrieb, die Unterhaltung und Erhaltung des Erwerbsobjekts typischerweise benötigt (OLG Köln 13. 5. 2015 – 11 U 96/14, BeckRS 2015, 12572 Rn 18 ff; OLG München 18. 11. 2019 – 27 U 2703/19 Bau, BeckRS 2019, 55358 Rn 36; LG Baden-Baden 21. 6. 2021 – 3 O 344/20, IBR 2021, 465; Vogel NZM 2017 681, 687); die Rechtslage vor der Entscheidung des Bundesgerichtshofs am 24. 6. 2004 und der Reform des Bauvertragsrechts war eher ablehnend (etwa OLG Frankfurt 26. 10. 2006 – 26 U 2/06, IBR 2007, 9 – nur bei konkretem, akuten Interesse). Welche Unterlagen dies im Einzelfall sind, ist im Wege der Vertragsauslegung in Bezug auf das konkrete Erwerbsobjekt (Größe, Komplexität, berechtigte Erwartungshaltungen) zu ermitteln (hierzu OLG Zweibrücken 21. 9. 2016 – 7 U 51/14, BeckRS 2016, 135364 Rn 94). Die Auslegung kann also im Einzelfall ergeben, dass der Bauträger etwa bestimmte Teile der Ausführungs- und Bestandspläne, die statische Berechnung mit Schutzkonzept der Tiefgarage, die haustechnischen Berechnungen und Pläne für die Heiz- und Warmwasserversorgung oder die Planung für die Be- und Entlüftung herausgeben oder Bedienungsanleitungen ggf – je nach Üblichkeit – erst erstellen lassen muss. Eine Planerstellungspflicht wird sich – je nach Größe und Art des Bauvorhabens – daraus ergeben können, dass ohne die Planunterlagen ein Betrieb, eine Unter- sowie Erhaltung angesichts des bautechnischen Fortschritts gar nicht möglich wäre. Insbesondere der bautechnische Fortschritt wird es erfordern, dass wesentliche umfangreichere Unterlagen herausgegeben und ggf erst erstellt werden müssen.

97 Grundsätzlich nicht verpflichtet ist der Bauträger, solche Unterlagen vorzulegen, die die ordnungsgemäße Herstellung belegen sollen (Lotz BauR 2012, 157, 165). Gleiches gilt etwa für Druckprüfungsprotokolle der Ver- und Entsorgungsleitungen sowie für den Nachweis der Luftdichtigkeit der Gebäudehülle (vgl Glöckner BauR 2014, 1619, 1627). Dies kann aber anders zu beurteilen sein, wenn der Bauträger verspricht, die Vorgaben der technischen Regelwerke einzuhalten und in diesen ein entsprechender Nachweis vorgesehen ist (zB Schichtdickenmessung einer kunststoffmodifizierten Bitumendickbeschichtung nach Abschnitt 9.2.5.2 der DIN 18533-3 oder einer Badabdichtung nach Abschnitten 8.2.2. und 8.2.3 der DIN 18534-3).

98 Bei dem Erwerb von Wohneigentum sind die Unterlagen, die das Gemeinschaftseigentum betreffen, regelmäßig an den Verwalter der Gemeinschaft der Wohnungseigentümer herauszugeben (OLG Köln 13. 5. 2015 – 11 U 96/14, BeckRS 2015, 12572 Rn 19; OLG Stuttgart 16. 11. 2016 – 3 U 98/16, ZWE 2017, 129). Der Anspruch ist nach § 9a Abs 2 WEG „gemeinschaftsbezogen“ (zweifelnd Messerschmidt/Voit/Lenkeit § 650n Rn 71).

99 Die Verpflichtung, die vorgenannten Dokumentationen zu übergeben und ggf zuvor herstellen zu lassen, ist keine Hauptleistungspflicht, sondern eine leistungsbezogene Nebenpflicht (Pause/Vogel Kap 5 Rn 202; **aA** Messerschmidt/Voit/Thode § 650u Rn 35: Mangel). Sie kann nach § 241 Abs 1 BGB selbständig eingeklagt werden, wenn an den Unterlagen ein konkretes Interesse geltend gemacht werden kann (BeckOK-BauVertrR/Karczewski [15. 2. 2025] § 650u Rn 155). Nach Abnahme gelten die Mängelrechte analog den §§ 634 ff BGB (OLG Frankfurt 24. 2. 2015 – 16 U 135/14, BeckRS 2016, 2578 Rn 46; näher PAUSE/VOGEL Kap 5 Rn 202; so wohl auch BT-Drucks 18/8486, 65). Zudem kann der Erwerber ein Leistungsverweigerungsrecht in Höhe der Kosten der Erstellung der Unterlagen zzgl Druckzuschlag geltend machen (OLG Brandenburg 4. 7. 2012 – 13 U 63/08, NJW-RR 2012, 982; OLG Frankfurt 24. 2. 2015 – 16 U 135/14, BeckRS 2016, 2578 Rn 46). UU kann der Erwerber auch die Abnahme mangels Abnahmereife verweigern, wenn die Unterlagen für die Funktionstauglichkeit ausnahmsweise von entscheidender Bedeutung sind (konkret verneint von OLG Köln 7. 8. 2015 – 19 U 104/14, NJW-RR 2016, 343 Rn 24; vgl ibrOK-BauVertrR/PAUSE [7. 2. 2025] § 650u Rn 225).

IX. Nicht anwendbare Vorschriften des Werkvertragsrechts

Nicht anwendbar sind nach § 650u Abs 2 BGB die Kündigungsvorschriften des allgemeinen Werkvertragsrechts (§§ 648, 648a BGB). 100

1. Freie Kündigung (§ 648 BGB)

Das freie Kündigungsrecht des Erwerbers ist gesetzlich ausgeschlossen. Nach der Vorstellung des Gesetzgebers (BT-Drucks 18/8486, 72) liefe ein freies Kündigungsrecht dem wirtschaftlichen Ziel des Vertrags (Gesamtleistung, typengemischter und einheitlicher Vertrag usw) zuwider, zumal es sonst beim Geschoßwohnungsbau wegen der Herstellungspflicht des Bauträgers gegenüber allen Erwerbern zu erheblichen Problemen bei der Vollendung des Bauvorhabens käme. So heißt es in der Gesetzesbegründung (BT-Drucks 18/8486, 72): 101

> „Grundsätzlich ist der Bauträger zur Erbringung einer Gesamtleistung, zusammengesetzt aus Grundstücksveräußerung und Bauwerkserrichtung, verpflichtet – aber auch zur Erbringung der gesamten Leistung berechtigt. Die verschiedenen Elemente sind aus kalkulatorischen und bautechnischen Gründen für den Bauträger miteinander verknüpft und sollen gegenüber einem vertragstreuen Bauträger nicht durch eine freie Kündigung des Erwerbers getrennt werden können."

Genau dies entspricht den Erwägungen der Rechtsprechung (BGH 21. 11. 1985 – VII ZR 366/83, BGHZ 96, 275 = NJW 1986, 925; OLG Karlsruhe 24. 10. 2016 – 19 U 108/14, IBRRS 2017, 1554) zum vorherigen Recht, ua um zu vermeiden, dass der Erwerber jederzeit den einheitlichen Vertrag wieder aufteilen und das Baugrundstück mit einem dritten Unternehmer zu günstigeren Konditionen bebauen könnte.

2. Außerordentliche Kündigung (§ 648a BGB)

Ebenfalls kraft Gesetzes ausgeschlossen ist das Recht, den Bauträgervertrag nach § 648a BGB kündigen zu können. Der Gesetzgeber ging damit – unreflektiert – über die Rechtsprechung (BGH 21. 11. 1985 – VII ZR 366/83, BGHZ 96, 275 = NJW 1986, 925; OLG Düsseldorf 26. 11. 2019 – 21 U 4/19, BeckRS 2019, 55852 Rn 66; OLG Düsseldorf 22. 6. 2017 – 5 U 114/16, BeckRS 2017, 145403 Rn 80; OLG Düsseldorf 31. 1. 2012 – I-23 U 20/11, BauR 2012, 970) zum vorherigen Recht hinaus, die es für sinnvoll hielt, dem Erwerber jedenfalls außerhalb des Geschoßwohnungsbaus ein auf die Bauleistung bezogenes Teilkündigungsrecht aus wichtigem Grund einzuräumen. Seine Begründung (BT-Drucks 18/8486, 72) 102

„Mit Blick auf die Einheitlichkeit des Vertrages und die Ausübung der Rechte daraus soll es künftig nicht mehr möglich sein, sich teilweise aus einem Bauträgervertrag zu lösen. Vielmehr soll nur noch eine Gesamtabwicklung des Vertrages im Rahmen eines Rücktritts möglich sein."

ist in mehrfacher Hinsicht schief. Zunächst ist das Dogma der Einheitlichkeit des Vertrags kein Grund, eine Kündigung für den Fall des Vorliegens eines wichtigen Grunds zuzulassen. Der Verweis auf das Rücktrittsrecht – sei es nach den §§ 634 Nr 3 636, 323, 326 Abs 5 BGB bei gravierenden Mängeln nach der Abnahme, sei es vor der Abnahme wegen Verzug (§§ 286 Abs 1, 323 Abs 1 BGB) oder prognostiziertem Verzug (§ 323 Abs 4 BGB) oder sonstiger, nicht leistungsbezogener Unzumutbarkeit (§§ 241 Abs 2, 324 BGB) – führt nicht weiter, weil sich der Vertrag dann insgesamt mangels Teilbarkeit in ein Rückgewährschuldverhältnis wandelt (Vogel BauR 2018, 717, 718; **aA** Popescu BauR 2012, 1314, 1315). Ein Teilrücktritt ist – auch wegen der kodifizierten Vorstellungen des Gesetzgebers – nicht möglich (Dammert/Lenkeit/Oberhauser/Pause/Stretz/Pause § 6 Rn 42 unter Verweis auf BGH 30. 4. 1976 – V ZR 143/7, NJW 1976, 1931, 1932; Messerschmidt/Voit/Thode § 650u Rn 37; Vogel BauR 2018, 717, 718). Im Falle des Rücktritts erlischt der Schutz des Erwerbers durch die akzessorische Auflassungsvormerkung, weil der Eigentumsverschaffungsanspruch mit dem Rücktritt untergeht (BGH 5. 4. 2001 – VII ZR 498/99, NJW 2001, 2249; Wellensiek/Alexander/Scharfenberg Rn 1260). In der Insolvenz des Bauträgers ist das Zurückbehaltungsrecht des Erwerbers gegen den Löschungsanspruch des Insolvenzverwalters nicht insolvenzfest (BGH 22. 1. 2009 – IX ZR 66/07, NJW 2009, 1414 Rn 8 ff). Der Anspruch auf Rückzahlung des abschlagsweise gezahlten Erwerbspreises ist nach § 38 InsO eine ungesicherte Insolvenzforderung, so dass der Erwerber bedingt durch den Rücktritt den ggf schon übertragenen Besitz am Erwerbsobjekt zurück übertragen und sich mit der Insolvenzquote begnügen muss (Karczewski NZBau 2018, 328, 337). Auch außerhalb der Insolvenz kann das Zurückbehaltungsrecht des Erwerbers an der erloschenen Vormerkung elegant umgangen werden. Nach § 29 Abs 1 GBO wird nämlich eine Vormerkung von Amts wegen gelöscht, wenn der Bauträger durch öffentliche Urkunde den Untergang des der Vormerkung zugrunde liegenden Eigentumsverschaffungsanspruchs nachgewiesen hat; dies ist durch ein Feststellungsurteil möglich (OLG Frankfurt 8. 9. 2014 – 20 W 160/14, NJW-RR 2015, 1045 Rn 15; Schöner/Stöber Rn 1543).

103 Man mag einräumen, dass der Gesetzgeber diese Konsequenzen für den Erwerber übersehen hat (vgl Pause BauR 2017, 430, 441). Einer Heranziehung des außerordentlichen Kündigungsrechts in § 314 BGB (so Koeble Editorial BauR 9/2017, II; KompBauR/Koeble Teil 10 Rn 288) steht neben dem eindeutigen Wortlaut von § 650 Abs 2 BGB auch der sehr klar formulierte, freilich rechtspolitisch zu hinterfragende Ausschluss des außerordentlichen Kündigungsrechts entgegen (ibrOK-BauVertrR/Pause [7. 2. 2025] § 650u Rn 131; Karczewski NZBau 2018, 328, 337; Vogel BauR 2018, 717, 718; Wellensiek/Alexander/Scharfenberg Rn 1269; **aA** Kesseler ZfIR 2018, 511, 514). Zudem wollte der Gesetzgeber (BT-Drucks 18/8486, 50) in § 648a BGB alle denkbaren Fälle der Kündigung aus wichtigem Grund erfassen, so dass ein Rückgriff auf das Kündigungsrecht in § 314 BGB ausscheidet (zutreffend BeckOK-BauVertrR/Karczewski [31. 10. 2021] § 650u Rn 174). Gleiches gilt für einen Teilrücktritt (Wellensiek/Alexander/Scharfenberg Rn 1270). Eine andere Frage ist es, ob individualvertraglich oder in vorformulierten Klauseln den Parteien des Bauträgervertrags ein außerordentliches Teilkündigungsrecht eingeräumt werden kann, was ungeklärt ist (vgl BeckOGK/Matkovic [1. 4. 2022]

§ 650u Rn 149.1). Dies dürfte jedenfalls dann möglich sein, wenn wie zum vorherigen Recht beiden Vertragsparteien das gleiche Kündigungsrecht eingeräumt wird. Das Kündigungsrecht nützt dem Erwerber aber nichts, wenn es nicht mit dem Freigabeversprechen des globalfinanzierenden Kreditinstituts des Bauträgers abgestimmt ist, etwa weil dieses sich wahlweise auch für diesen Fall die Rückzahlung vorbehält (zutreffend Grziwotz NZBau 2019, 218, 224).

Der Ausschluss der Kündigung aus wichtigem Grund ist auch für den Bauträger misslich (zutreffend KompBauR/Koeble Teil 10 Rn 289). Er wird nämlich im Falle groben Fehlverhaltens des Erwerbers (endgültige Abnahmeverweigerung, Zahlungsverzug) gezwungen, entweder insgesamt vom Vertrag zurückzutreten oder insgesamt Schadensersatz statt der Leistung zu verlangen. Dies kann in der Praxis zu völlig unbilligen Ergebnissen führen. 104

X. Nicht anwendbare Vorschriften des Bauvertragsrechts

Nach § 650u Abs 2 BGB sind auch die §§ 650b bis 650e BGB nicht auf den Bauträgervertrag kraft Gesetzes anwendbar. 105

1. Anordnungsrecht und Anordnungsfolgen (§§ 650b, 650c, 650d BGB)

Der Gesetzgeber (BT-Drucks 18/8486, 72) hat die fehlende Anwendung der Vorschriften über das Anordnungsrecht damit begründet, dass die Einführung eines derartigen Anordnungsrechts auch bei Bauträgerverträgen zu erheblichen rechtlichen und tatsächlichen Problemen führe. So könne im Geschosswohnungsbau kaum einem einzelnen Erwerber ein Anordnungsrecht in Bezug auf das Gemeinschaftseigentum eingeräumt werden. Ein Anordnungsrecht in Bezug auf das Sondereigentum brächte ebenfalls Schwierigkeiten mit sich, da eine so bewirkte Änderung auch Auswirkungen auf das Gemeinschaftseigentum oder das Sondereigentum anderer Erwerber haben könne, mit der Folge, dass der Bauträger die Änderung nur nach entsprechenden Vertragsänderungen im Verhältnis zu den anderen Wohnungseigentümern umsetzen könne. Diese Begründung ist nicht konsistent, da gerade in diesen Fällen der Bauträger nach § 650b Abs 1 Nr 1 BGB die Anordnung wegen Unzumutbarkeit nicht ausführen müsste (Pause BauR 2017, 430, 441). Zudem verkennt der Gesetzgeber, dass es regelmäßig nach Vertragsschluss zur Vereinbarung von Sonderwünschen mit dem Bauträger kommt. Diese Praxis wird durch den Ausschluss der Anwendung der Rechte über das Anordnungsrecht nicht berührt (Pause/Vogel NZBau 2015, 667, 674). Die Anwendbarkeit gerade von § 650c BGB hätte aber den häufigen Streit in der Praxis über die Art und Weise der Berechnung und die Höhe der Sonderwunschvergütung entschärfen können (zutreffend BeckOK-BauVertrR/Karczewski [15. 2. 2025] § 650u Rn 183). 106

Noch weniger überzeugt der Ausschluss der Anordnung einer Änderung iSv § 650b Abs 1 S 1 Nr 2 BGB, also für eine Änderung, die zur Erreichung des vereinbarten Werkerfolges notwendig ist. Bei dieser Änderung soll es nämlich nach der Vorstellung des Gesetzgebers (BT-Drucks 18/8486, 53) um die Änderung der Rechtslage, behördliche Vorgaben oder die Beseitigung von Lücken und Fehlern in der Baubeschreibung gehen. Dahingehende Anordnungen einzelner Erwerber dürfte der Bauträger nicht nur gegenüber den übrigen Erwerbern erbringen müssen; er müsste 107 sie zur Erreichung des funktionalen Werkerfolgs auch ohne Anordnung realisieren (ibrOK-BauVertrR/Pause [7. 2. 2025] § 650u Rn 144).

2. Exkurs: Sonderwünsche

a) Einführung

108 Abweichungen von der eigentlichen Baubeschreibung können bereits im eigentlichen Bauträgervertrag abgeschlossen werden; sie sind nach § 311b Abs 1 S 1 BGB mit zu beurkunden (Basty Kap 11 Rn 160). Dann liegen nach dem üblichen Sprachgebrauch keine Sonderwünsche vor. Diese sollen den Fall betreffen, dass nach Vertragsschluss die Herstellungsverpflichtung des Bauträgers geändert werden soll. Man unterscheidet Vereinbarungen mit dem Bauträger, die eigentliche Sonderwunschvereinbarung, und Vereinbarungen mit den Nachunternehmern des Bauträgers oder dritten Unternehmern, dem Handwerkersonderwunschvertrag. Ein Unterfall des Sonderwunschvertrags sind nachträglich vereinbarte Eigenleistungen des Erwerbers.

109 Auch ohne entsprechende Regelung im Bauträgervertrag soll der Erwerber einen Anspruch auf die Umsetzung eines Sonderwunsches aus Treu und Glauben besitzen (näher Pause/Vogel Kap 5 Rn 135 mwNw). Die Konturen, unter welchen Voraussetzungen dieser Anspruch bestehen soll, ist unklar. Dogmatisch herleiten ließe sich der Anspruch aus der bauvertraglichen Kooperationspflicht (BGH 28. 10. 1999 – VII ZR 393/98, BGHZ 143, 89 = NJW 2000, 807). Sie ist in den Fällen, in denen Meinungsverschiedenheiten über etwaige Änderungen der Bauleistungen auftreten, einschlägig und beinhaltet die wechselseitige Pflicht, diese durch Verhandlungen einvernehmlich beizulegen. Damit kann realistisch nur in Extremfällen ein Anspruch des Erwerbers auf nachträgliche Vereinbarung von Sonderwünschen von ihm durchgesetzt werden. Der Gesetzgeber hat nämlich durch seine – rechtspolitisch zweifelhafte (Rn 106) – Wertentscheidung deutlich gemacht, dass es im Grundsatz nur konsensuale Veränderungen des Bauträgervertrags gibt (ähnlich Basty Kap 11 Rn 168).

b) Sonderwunschvertrag mit dem Bauträger

110 Bauträgerverträge sehen häufig vor, dass der Bauträger nachvertragliche Änderungswünsche des Erwerbers gegen gesonderte Vergütung berücksichtigen muss, wenn die Änderung technisch möglich ist und den Bauablauf nicht stört. Dies ist unzureichend, weil beim Geschoßwohnungsbau auch Risiken berücksichtigt werden müssen, dass sich der Bauträger gegenüber den übrigen Erwerbern haftbar macht bzw machen kann, wenn er einen Sonderwunsch baulich realisiert (Rn 118, 124). Sinnvollerweise sollte der Bauträgervertrag regeln, unter welchen weiteren Voraussetzungen und bis zu welchem Zeitpunkt der Erwerber von dem Bauträger zu welcher Sonderwunschvergütung die Berücksichtigung von Sonderwünschen verlangen kann. Damit müssten auch die Parameter der Bemessung der Sonderwunschvergütung geregelt werden. Wie der eigentliche Erwerbspreis unterliegt auch die zusätzliche Vergütung für nachträglich vereinbarte Sonderwünsche der Grunderwerbssteuer (BFH 30. 10. 2024 – II R 15/22, BeckRS 2024, 42424 Rn 14 ff). Dies gilt indes nicht für Hausanschlusskosten, wenn der Erwerber sich zur Übernahme dieser Kosten bereits im Erwerbsvertrag verpflichtet hatte (BFH 30. 10. 2024 – II R 18/22, DStR 2025, 518 Rn 37 f).

aa) Beurkundungspflicht

Die Vereinbarung eines Sonderwunsches ist rechtlich eine Vertragsänderung. Sie ist grundsätzlich wie der Bauträgervertrag selbst beurkundungspflichtig (§ 311b Abs 1 S 1 BGB). Allerdings gibt es Ausnahmen von dem Beurkundungsbedürfnis (Rn 22). Fehlt es an der erforderlichen Beurkundung, ist nur der Sonderwunschvertrag, nicht der ursprünglich formwirksam abgeschlossene Bauträgervertrag formnichtig (Rn 22). Die Formnichtigkeit nach § 311b Abs 1 S 2 BGB kann indes geheilt werden durch Auflassung und Eintragung im Grundbuch (Pause/Vogel Kap 3 Rn 147; **aA** ohne Begründung § 313 S 2 aF OLG Braunschweig 23. 11. 2006 – 8 U 21/06, BeckRS 2008, 2758 = BauR 2007, 2067). Nach dem Wortlaut von § 311b Abs 1 S 2 BGB erstreckt sich die Heilung auf den gesamten Inhalt des Vertrags und damit auch auf Änderungen und Ergänzungen (Staudinger/Meier [2023] § 311b Rn 405 mwNw). **111**

bb) Vergütung für den Sonderwunsch, Auswirkungen auf den Fertigstellungstermin

Die Höhe der Vergütung für den Sonderwunsch und etwaige Gutschriften für entfallene Leistungen sind zunächst Vereinbarungssache. Einigen sich die Vertragsparteien nur über die Realisierung eines Sonderwunsches und nicht über die Höhe des Erwerbspreises hierfür, kann der Bauträger nach § 632 Abs 1 BGB hierfür eine Vergütung verlangen. Es wäre dann – wie immer das in der Praxis auch funktionieren mag – die übliche Vergütung nach § 632 Abs 2 BGB zu ermitteln. Angesichts der Unklarheiten, wie etwaig entfallene Arbeiten, die der Bauträger gegenüber den von ihm beauftragten Nachunternehmern uU sogar ordentlich kündigen muss, zusätzlicher Planungs- und Koordinierungsaufwand sowie zusätzliches Wagnis für Sonderwünsche finanziell zu bewerten sind, ist dringend eine Einigung anzuraten (ein Muster findet sich bei Heiliger NJW 2012, 3497). **112**

Üblicherweise werden in Bauträgerverträgen verbindliche Fertigstellungstermine vereinbart. Sonderwünsche können uU erhebliche Auswirkungen auf die Bauzeit haben. Sind diese Auswirkungen für einen Erwerber nicht offenkundig und legen die Parteien des Bauträgervertrags keinen neuen Fertigstellungstermin fest, darf der Erwerber davon ausgehen, dass der ursprünglich vereinbarte Termin verbindlich bleibt. Vorformulierte Klauseln des Bauträgers, die im Falle der Vereinbarung von Sonderwünschen generell einen ursprünglich vereinbarten Fertigstellungstermin für hinfällig erklären, sind AGB-rechtlich bedenklich (**aA** Theuerbacher/Bernert DNotZ 2024, 824, 831). Nicht jeder Sonderwunsch ist bauzeitrelevant (Vogel PiG 74 [2006], 83, 90). Die Klausel ist daher unangemessen (§ 307 Abs 1 BGB) und überraschend (§ 305c Abs 1 BGB). **113**

cc) Barzahlungsverbot

§ 16a Abs 1 GwG enthält für Immobiliengeschäfte im weiteren Sinne ein Barzahlungsverbot, welches auch auf die Zahlung einer Sonderwunschvergütung passen würde. Ob bei einem Verstoß die Sonderwunschvereinbarung nach § 134 BGB nichtig ist, ist nicht geklärt (offengelassen von BGH 15. 3. 2024 – V ZR 115/22, NJW 2024, 2310 Rn 12). Wenn man dies annähme, dürfte analog § 139 BGB dies nicht auf den eigentlichen Bauträgervertrag „durchschlagen" (tendenziell Basty Kap 11 Rn 200), weil § 16a Abs 1 GwG kein „klassisches" Verbotsgeschäft ist (vgl BR-Drucks 541/22, 72 f). **114**

dd) Auswirkungen der Lastenfreistellungserklärung und der MaBV

115 Wurde der Erwerbspreisanspruch – wie regelmäßig – an das den Bauträger finanzierende Kreditinstitut abgetreten, muss dieses, soweit er sich infolge eines Sonderwunsches verringert, diesem Sonderwunsch zustimmen. Der Bauträger ist aufgrund der Abtretung zu Verfügungen und damit Reduktionen bezüglich des Erwerbspreisanspruchs nicht mehr berechtigt. Es ist regelmäßig auch nicht anzunehmen, dass das Kreditinstitut den Bauträger (stillschweigend) zur Reduktion der an sie abgetretenen Forderung ermächtigt hat. Bei einer Erhöhung des Erwerbspreises infolge eines Sonderwunsches wird dieser wohl in Folge einer interessengerechten Auslegung der (Voraus-)Abtretung ebenfalls von ihr erfasst und kann schuldbefreiend nur an das Kreditinstitut als Zessionar mit Erfüllungswirkung gezahlt werden.

116 Nach § 3 Abs 2 MaBV ist unter Berücksichtigung der Sonderwunschvergütung und etwaiger Gutschriften ein neuer (Gesamt-)Erwerbspreis zu bilden. Bei der Bildung des neuen Gesamtpreises müssen sämtliche Abschlagszahlungsraten aus dem so berechneten Gesamterwerbspreis neu gebildet werden (KG 27. 6. 2019 – 21 U 144/18, BeckRS 2019, 14967 Rn 47). Führt der Sonderwunsch zu einem insgesamt höheren Erwerbspreis, kann für bereits vorher fällig gewordene Abschlagszahlungsraten ein entsprechender Betrag nachberechnet werden; die zukünftigen Abschlagszahlungsraten erhöhen sich entsprechend (Basty Kap 11 Rn 183; Marcks § 3 Rn 25); die Nachberechnung darf aber uU zur Einhaltung der zulässigen Gesamtratenanzahl (§ 3 Abs 2 S 1 MaBV) erst mit der nächsten Abschlagszahlungsrate verlangt werden. Es ist gewerberechtlich unzulässig, nach erbrachter Sonderwunschleistung eine gesonderte Zahlung für den Sonderwunsch zu fordern oder entgegenzunehmen; mit dieser Verfahrensweise würde gegen die Vorschriften der MaBV, die auf (vereinbarte) Abschlagszahlungsraten abstellt, verstoßen (Basty Kap 11 Rn 189). Zudem würde dies ggf zu einer Erhöhung der maximal sieben Abschlagszahlungen (§ 3 Abs 2 S 1 MaBV) führen mit der Folge, dass spätere Raten bei Überschreitung der Höchstanzahl unter Einschluss der „Zahlung“ für die Sonderwünsche nicht mehr gefordert werden könnten. Die gesonderte Abrechnung der zusätzlichen Vergütung mit der Schlusszahlungsrate ist möglich. Führt der Sonderwunsch zu einer Verringerung der Gesamtvergütung, ist die Differenz für bereits zuvor geleistete Abschlagszahlungsraten zurückzubezahlen; die späteren Abschlagszahlungshöhen des Ratenplans vermindern sich entsprechend (Basty Kap 11 Rn 183). Ein originärer gewerberechtlicher Rückzahlungsanspruch besteht indes nicht.

117 Sonderwünsche können auch die Fälligkeit der vereinbarten Abschlagszahlungsraten beeinflussen. Die Raten, denen inhaltlich der Sonderwunsch zuzuordnen ist, werden erst fällig, wenn die den Sonderwunsch betreffenden Arbeiten erbracht worden sind (näher Basty Kap 11 Rn 189 f auch zu den Folgen).

ee) Haftungsfolgen

118 Für die Erfüllungs- und Mängelhaftung des Bauträgers ergeben sich keine Besonderheiten. Verspricht er dem Erwerber die Realisierung von Sonderwünschen, muss er diese vertragsgerecht herbeiführen. Zudem schuldet der Bauträger eine ordnungsgemäße Aufklärung über die Risiken und Gefahren eines Sonderwunsches (BGH 11. 7. 2002 – VII ZR 437/01, BeckRS 2002, 7082). Führen die Sonderwünsche gegenüber den übrigen Erwerbern zu einer mangelhaften Leistung, haftet der Bauträger diesen Erwerbern gegenüber (vgl BGH 17. 6. 2005 – V ZR 328/03, NZBau 2005, 587; hierzu Weise NJW-Spezial 2005, 504 zur Umwandlung von Wohn- in Teileigentum einer „reinen" Wohnanlage). Der hieraus resultierende Konflikt zwischen den Erwerbern lässt sich nur im Einzelfall, zumeist mit finanziellem Ausgleich durch den Bauträger regeln.

c) Eigenleistungen

Im Falle der Vereinbarung von Eigenleistungen erbringt der Erwerber anstelle des Bauträgers selbst bestimmte Arbeiten. Werden die Eigenleistungen nicht in dem ursprünglichen Bauträgervertrag vereinbart, geltend die obigen Grundsätze (Rn 20) zur Beurkundungspflicht für Sonderwünsche, für die Neuverteilung der Abschlagszahlungsraten bei Reduktion des Gesamterwerbspreises und der Zustimmungspflicht des global den Bauträger finanzierenden Kreditinstituts im Hinblick auf die Abtretung des Erwerbspreises und der Lastenfreistellungserklärung. **119**

Neben den im Geschoßwohnungsbau aufgezeigten Risiken, gegenüber den übrigen Erwerbern zu haften, treffen den Bauträger mannigfaltige Prüf- und Hinweispflichten gegenüber den die Eigenleistung ausführenden Erwerbern, insbesondere dann, wenn er auf diese aufbauend weitere Arbeiten ausführt, sie also als „Vorunternehmerleistung" verwendet (OLG Hamm 12. 10. 2010 – 19 W 33/10, NJW 2011, 237; OLG Düsseldorf 28. 2. 2012 – 23 U 59/11, BauR 2012, 1427). **120**

d) Handwerkersonderwunschvertrag

Bei dem Handwerkersonderwunschvertrag vergibt der Erwerber bestimmte Sonderwünsche – oft mit Zustimmung des Bauträgers – direkt an einen oder mehrere am Bau beteiligte Handwerker. Der Umfang und Inhalt, die Vergütung sowie die Fälligkeit ergeben sich aus der konkreten Vereinbarung mit dem Handwerker. Notfalls muss man mit den §§ 271, 632 Abs 1 und 2 BGB arbeiten. Die Einzelheiten könnten hier nicht dargestellt werden (näher Pause/Vogel Kap 5 Rn 160 ff). Oftmals gibt es Vermischungen (sog scheinselbstständiger Sonderwunschvertrag), wenn der Erwerber zwar mit dem Handwerker eine vertragliche Abrede über höherwertigere Ausstattung trifft und diesem insoweit eine höhere Vergütung als diejenige für eine Standardausführung schuldet, der Grundpreis der Ausstattung jedoch Gegenstand des Bauträgervertrages bleibt (OLG Köln 18. 12. 2019 – 16 U 114/19, BeckRS 2019, 52753 Rn 48), so dass im Zweifel der Bauträger alleiniger Vertragspartner des Erwerbers bleibt (ebenso Basty Kap 11 Rn 174). Die Vorschriften der MaBV sind auf den Handwerkersonderwunschvertrag nicht anwendbar, so dass der Erwerber etwa im Falle einer Rückabwicklung seine Aufwendungen nicht ersetzt bekommt, da er auf fremden Grund und Boden baut. Auch deshalb ist zweifelhaft, ob der Bauträger den Erwerber für Sonderwünsche generell auf den Handwerker verweisen kann. **121**

Der Handwerkersonderwunschvertrag ist unbedenklich, wenn er den von dem Bauträger geschuldeten Leistungsumfang unberührt lässt. Dann muss der Bauträger streng genommen nicht zustimmen. Führt der Handwerkersonderwunsch (auch) zur Änderung der vom Bauträger geschuldeten Leistung, muss der Bauträger zustimmen (näher Pause/Vogel Kap 5 Rn 126). Dies gilt namentlich im Hinblick auf mögliche Auswirkungen auf den Bauablauf und die übrige Bauerrichtung, etwaige Schnittstellenproblematiken oder erhöhte Haftungsrisiken. Die Zustimmung unterliegt wiederum den obigen Grundsätzen zur Beurkundungspflicht (Rn 111). Ob der Bauträger für seine Zustimmung eine Vergütung erhält, ist Vereinbarungssache. **122**

123 Grundsätzlich haftet der Handwerker allein dem Erwerber für die ordnungsgemäße Herstellung des Sonderwunsches. Ist der Mangel nur auf die mit dem Bauhandwerker vereinbarte abweichende Ausführung (zB anderes Material und abweichende Ausführung) zurückzuführen, dann haftet nur der Bauhandwerker (OLG Koblenz 30. 4. 1996 – 3 U 1392/95, NJW-RR 1996, 919). Da es aber Schnittmengen zur ursprünglichen Bauträgerleistung gibt (zB alternatives Baumaterial), haften der Handwerker und der Bauträger im Zweifel beide dem Erwerber gegenüber (OLG Celle 10. 12. 1997 – 6 U 308/96, BauR 1998, 802). Beruht der Mangel auch auf einer fehlerhaften Planung oder Koordinierung, die (auch) dem Bauträger obliegt, haftet der Bauträger ggf neben dem Handwerker gesamtschuldnerisch, wenn er den Mangel im Zuge der Prüfung und Freigabe der Änderung hätte erkennen und unterbinden müssen (OLG Hamm 19. 9. 2006 – 21 U 44/06, NZBau 2007, 41 = DNotZ 2007, 291 m Anm Pause; vgl ferner OLG Düsseldorf 17. 3. 1995 – 22 U 139/94, NJW-RR 1995, 1108). Gleiches gilt jedenfalls dann, wenn dem Bauträger auf Grund der Besonderheiten des Falles eine Koordinationspflicht trifft, ob sich die Sonderwünsche in das Gesamtkonzept störungsfrei einfügen lassen (OLG Karlsruhe 15. 1. 2016 – 19 U 133/14, NJW 2016, 1829).

124 Führt der Handwerkersonderwunsch zur Beeinträchtigung der Herstellungsverpflichtung gegenüber den übrigen Erwerbern beim Geschoßwohnungsbau (zB Schallmangel), haftet der Bauträger diesen gegenüber (Pause/Vogel Kap 5 Rn 174), richtigerweise aus einer ihn treffenden Koordinierungsverpflichtung. Ansprüche der übrigen Erwerber gegen den Erwerber, der den Handwerkersonderwunsch beauftragt hat, kommen grundsätzlich nicht in Betracht; wohnungseigentumsrechtliche Ansprüche könnten bei baulichen Änderungen erst nach Entstehung der (werdenden) Gemeinschaft geltend gemacht werden.

3. Sicherungshypothek (§ 650e BGB)

125 Der Ausschluss des Rechts des Bauträgers, die Eintragung einer Sicherungshypothek zu verlangen, entsprach in der Sache bereits der Rechtslage vor der Reform des Bauvertragsrechts. Der Bauträger errichtet das Erwerbsobjekt regelmäßig auf eigenem Grund und Boden und übereignet erst nach vollständiger Zahlung des Erwerbspreises. Es besteht weder ein Absicherungsbedürfnis noch ist § 650e BGB begrifflich einschlägig („an dem Baugrundstück des Bestellers").

4. Bauhandwerkersicherung (§ 650f BGB)

126 § 650f BGB ist zwar grundsätzlich auch auf den Bauträgervertrag anwendbar (ibrOK-BauVertrR/Schmitz [7. 2. 2025] § 650f Rn 219). Dies ist aber rechtspolitisch verfehlt, weil der Bauträger auf eigenem Grund und Boden „baut" und daher ein Absicherungsbedürfnis auf Grund üblicherweise vereinbartem späteren Eigentumsübergang generell nicht besteht (vgl Vogel BauR 2020, 388, 389). Mittelbar hinreichend abgesichert ist der Bauträger auch über die zu Gunsten des ihn finanzierenden Kreditinstituts eingetragene (Global-)Grundschuld, was der Gesetzgeber (BT-Drucks 18/8486, 72) sogar erkannt hat. Auch deshalb hatte die Rechtsprechung (OLG München 15. 1. 2008 – 13 U 4378/07, BauR 2008, 1163; OLG Celle 6. 8. 2003 – 7 U 36/03, BauR 2004, 1107, 1010) § 648a aF dahin teleologisch reduziert, dass der Bauträger generell keine Bauhandwerkersicherung verlangen konnte. Für das nach der Reform des Bauvertragsrechts geltende Recht muss nunmehr der Erwerber, der kein Verbraucher ist, erstmals dem Bauträger Sicherheit leisten (Vogel BauR 2020, 388, 396; **aA** Kniffka/Retzlaff BauR 2017, 1747, 1822).

Nicht anwendbar ist aber diese Norm auf solche Bauträgerverträge, bei denen der Erwerber ein Verbraucher iSv § 13 BGB ist, was aus der Gesetzessystematik des § 650f Abs 6 S 1 Nr 2 BGB und der Gesetzesbegründung folgt (iE Vogel BauR 2020, 388, 394; ferner Leinemann/Kues/Koppmann § 650f Rn 14). Auch dies ist rechtpolitisch wenig durchdacht (Vogel BauR 2020, 388, 395). Verbrauchererwerber sind nicht zwingend solider finanziert als alle übrigen Erwerber. Damit stellen sich die üblichen Abgrenzungsprobleme, ob der Erwerber als Verbraucher oder als Unternehmer handelt (Staudinger/Fritzsche [2024] § 13 Rn 67 ff). **127**

Rechtspolitisch wäre es klug, alle Bauträgererwerber von § 650f BGB auszunehmen, jedenfalls dann, wenn eine späte Eigentumsübertragung wie im Vormerkungsmodell vorgesehen ist (iE Vogel BauR 2020, 388 396). **128**

XI. Nicht anwendbare Vorschriften des Verbraucherbauvertragsrechts

1. Inhalt des Vertrags (§ 650k Abs 1 BGB)

§ 650k Abs 1 BGB regelt wie für den Verbraucherbauvertrag, dass eine Baubeschreibung, die Gegenstand einer vorvertraglichen Information war, vorbehaltlich einer anderen, ausdrücklichen Vereinbarung Vertragsinhalt wird. Hierdurch sollen vorvertragliche Angaben zum Vertragsinhalt werden. § 650k Abs 1 BGB gilt auf Grund der Beurkundungspflicht in § 311b Abs 1 S 1 BGB nach der Vorstellung des Gesetzesgebers (BT-Drucks 18/8486, 72) für den Bauträgervertrag nicht. Gleichwohl gibt es beim Bauträgervertrag auch solche Abweichungen, sei es, dass die vor Vertragsschluss ausgehändigte Baubeschreibung nicht der entspricht, die der Bezugsurkunde beigefügt ist, sei es, dass in den Werbematerialien anderes vorgegeben wird. Diese Abweichungen lassen sich nach wie vor durch interessengerechte Auslegung des Bauträgervertrags lösen, weil diese vertragsbegleitenden Umstände mit zu berücksichtigen sind. Die sehr restriktive Rechtsprechung zum Grundstückskaufvertrag (BGH 6. 11. 2015 – V ZR 78/14, BGHZ 207, 349 = NJW 2016, 1815 Rn 15 ff; BGH 22. 4. 2016 – V ZR 23/15, NJW 2017, 150 Rn 16 ff) kann auf Grund der strukturellen Unterschiede nicht auf den Bauträgervertrag (**aA** OLG Köln 23. 11. 2016 – 11 U 173/15, BeckRS 2016, 124161 Rn 17) übertragen werden (grundlegend Jurgeleit NJW 2019, 2649 ff; ferner Pause BauR 2017, 430, 435; Vogel NZM 2017, 681, 686). Näher dazu Rn 143. Es dürfte daher die Rechtsprechung des VII. Zivilsenats (BGH 25. 10. 2007 – VII ZR 205/06, NJW-RR 2008, 258 Rn 16; BGH 8. 1. 2004 – VII ZR 181/02, NJW 2004, 2156, 2157) fortgelten, wonach auch vorvertragliche Angaben, seien sie mündlich oder schriftlich, für die Auslegung relevant sind, wenn sie berechtigte Erwartungshaltungen des Erwerbers begründen und der Bauträger diese bzw kraft Fiktion (§ 166 Abs 1 BGB) kennt. **129**

2. Widerrufsrecht (§ 650l BGB)

§ 650l BGB räumt dem Verbraucherbesteller ein generelles, von der Vertriebsform unabhängiges Widerrufsrecht ein, um ihn bei Verträgen über die Errichtung eines Neubaus bzw dem grundlegenden Umbau eines Bestandsgebäudes vor übereilten Vertragsschlüssen zu schützen (BT-Drucks 18/8486, 63). Der Bauträgervertrag ist nach **130**

§ 311b Abs 1 BGB notariell zu beurkunden, wobei der Erwerber nach der Vorstellung des Gesetzgebers (BT-Drucks 18/8486, 72) durch die Übermittlung des Vertrags mindestens zwei Wochen vor Beurkundung (§ 17 Abs 2a BeurkG) und durch die notarielle Belehrungspflicht vor unbedachten und übereilten Vertragsschlüssen geschützt sein soll. Auch das von der konkreten Vertriebsform abhängige Widerrufsrecht für Verbraucherverträge in § 312g Abs 1 BGB ist beim Bauträgervertrag nach § 312 Abs 2 Nr 1 BGB nicht anwendbar.

131 Für den Verbraucherbauvertrag sieht § 650l S 1 BGB vor, dass das Widerrufsrecht ausgeschlossen ist, wenn der Vertrag notariell beurkundet wurde. Daraus folgt indes nicht im Umkehrschluss, dass ein Bauträgervertrag, der nicht ordnungsgemäß notariell beurkundet wurde, widerrufen werden kann (Pause BauR 2017, 430, 435; **aA** Lenkeit BauR 2017, 454, 466). Es ist vielmehr auf die Folgen einer Formnichtigkeit und deren Heilung zu verweisen (Rn 21, 111).

132 Der Abschluss von nachträglichen Sonderwunschverträgen mit dem Bauträger unterliegt nicht dem Widerrufsrecht, auch wenn es an einer notariellen Beurkundung fehlt. Dies folgt aus § 650u Abs 2 BGB. Nichts anderes gilt für Handwerkersonderwunschverträge, weil die Tatbestandsvoraussetzungen des § 650i Abs 1 BGB nicht erfüllt sind (ibrOK-BauVertrR/Pause [7. 2. 2025] § 650u Rn 202). Denkbar ist ein von der Vertriebsform abhängiges Widerrufsrecht (Lenkeit BauR 2017, 615, 628 f).

3. Begrenzung der Abschlagszahlungen (§ 650m Abs 1 BGB)

133 Der Verbraucherbauvertrag begrenzt in § 650m Abs 1 BGB die Gesamtsumme der Abschlagszahlungen auf 90 % der Gesamtvergütung, um verdeckten Vorauszahlungen des Bauunternehmers durch überhöhte Abschlagszahlungen zu begegnen (BT-Drucks 18/8486, 64). Der Gesetzgeber (BT-Drucks 18/8486, 73) meinte, eine solche Begrenzung wäre mit der in § 3 Abs 2 MaBV enthaltenen Vorgabe über die Zahlung von Teilbeträgen je nach Baufortschritt unvereinbar. Dies ist in dieser Allgemeinheit unzutreffend, wenn Grund und Boden ausnahmsweise einen unüblich geringen Wert haben und damit der Zahlungsplan der MaBV ebenfalls zu Vorauszahlungen führen kann. Sowohl der Gesetzeswortlaut als auch die Gesetzgebungsgeschichte sind insoweit eindeutig, so dass § 650m Abs 1 BGB auf den Bauträgervertrag unanwendbar ist.

XII. Anwendbare Vorschriften des Kaufrechts

134 Hinsichtlich der Übertragung des Eigentums am Grundstück oder der Übertragung oder Bestellung des Erbbaurechts verweist § 650u Abs 1 S 3 BGB auf die Vorschriften des Kaufs.

1. Umfang des Verweises

135 Nach dem Wortlaut des Gesetzes könnte der Verweis hierauf beschränkt sein. Richtigerweise geht der Verweis aber weiter, soweit für das Grundstück die kaufrechtliche Mängelhaftung gilt (Pause BauR 2017, 430, 440). Vor der Reform war höchstrichterlich (BGH 6. 10. 2005 – VII ZR 117/04, BGHZ 164, 225 = NJW 2006, 214 Rn 16) für punktuelle Altbausanierungen anerkannt, dass für das Grundstück und für die unsanierten Bauteile das kaufrechtliche Mängelhaftungsregime galt. Gleiches galt für reine Grundstücksmängel eines Neubaus (für die Flächenabweichung des Grundstücks BGH 27. 4. 1984 – V ZR 137/83, BeckRS 1984, 31074176) oder für Mängel, die nicht aus einer Abweichung der Bauleistung herrühren, sondern sich auf das Grundstück beziehen (BGH 17. 9. 1971 – V ZR 143/68, BeckRS 1971, 128 für den unverbaubaren Blick auf das Wattenmeer; OLG Köln 14. 11. 1994 – 2 U 76/93, NJW-RR 1995, 531 für die Lage des Grundstücks in einer Einflugschneise eines Großflughafens; OLG Frankfurt 12. 11. 2015 – 3 U 4/14, ZMR 2016, 326 für den zugesicherten Skyline-Blick). Der Reformgesetzgeber wollte hieran erkennbar nichts ändern, weil er lediglich die bestehende Rechtslage normieren, aber nicht grundlegend neu regeln wollte (BT-Drucks 18/8486, 27). Deshalb ist der Verweis korrigierend auszulegen, weil anderenfalls nach § 309 Nr 8b BGB keinerlei Haftungsbeschränkungen möglich wären (Messerschmidt/Voit/Thode § 650u Rn 5).

Hiervon ist die Frage zu differenzieren, nach welchem Regime sich die Mängelhaftung richtet, wenn die Planungs- und Bauleistungen einen Grundstücksbezug haben. Dann gilt die werkvertragliche Haftung. So liegt es etwa, wenn die Planung die tatsächlichen Baugrundverhältnisse nicht hinreichend berücksichtigt; dann liegt ein werkvertraglich zu beurteilender Gründungsmangel vor (Pause/Vogel Kap 9 Rn 9). Soweit eine Bebauung üblicherweise vorab entsprechende Untersuchungen und Planungen erfordert, haftet der Bauträger werkvertraglich dafür, dass er diese Untersuchungen und Planungen nicht oder nicht ordnungsgemäß durchgeführt hat, wenn diese Versäumnisse negative Auswirkungen auf das Erwerbsobjekt haben. Für Bodenverunreinigungen wird man differenzieren müssen. Führen diese zur eingeschränkten oder fehlenden Nutzbarkeit des Erwerbsobjekts, etwa wegen Ausgasungen, liegt ebenfalls ein werkvertraglich zu beurteilender Mangel vor (Jurgeleit NJW 2019, 2649, 2655; Pause/Vogel Kap 9 Rn 6). Auch die Herbeiführung der vereinbarten Wohn- und Nutzfläche betrifft den Herstellungsanspruch und unterliegt der werkvertraglichen Mängelhaftung (Jurgeleit NJW 2019, 2649, 2655). 136

2. Pflicht zur Besitzverschaffung und zur Übereignung

Nach dem Gesetzeswortlaut (§ 650u Abs 1 S 3 BGB) ist der Bauträger nach Kaufvertragsrecht verpflichtet, das Grundstück zu übertragen oder das Erbbaurecht zu übertragen bzw zu bestellen. Die Eigentumsverschaffungspflicht richtet sich also nach § 433 Abs 1 S 1 BGB (Messerschmidt/Voit/Thode § 650u Rn 3). Die in § 433 Abs 1 S 1 vorgesehene Besitzverschaffungspflicht ist in § 650u Abs 1 S 3 BGB nicht ausdrücklich angesprochen. Der Verweis ist aber so zu verstehen, dass den Bauträger eine Besitzverschaffungspflicht trifft. Dies entspricht der Rechtsprechung vor der Reform des Bauvertragsrechts (BGH 24. 1. 2008 – III ZR 156/07, NJW 2008, 1319 Rn 9). Dies folgt auch aus § 633 Abs 1 BGB, weil das Werk „zu verschaffen" ist (Pause/Vogel Kap 5 Rn 21). 137

3. Fälligkeit

Der Anspruch auf Besitz- und Eigentumsverschaffung aus § 433 Abs 1 S 1 BGB wäre bei üblicher Vertragsgestaltung eines Grundstückkaufvertrags erst mit Zahlung des Kaufpreises fällig (BGH 15. 3. 2024 – V ZR 224/22, NJW 2024, 1960 Rn 14; BGH 23. 6. 2023 – V ZR 89/22, NJW 2023, 2942 Rn 11). Damit wäre der Erwerber vorleistungspflichtig. Jedenfalls für die bautenstandsabhängige Zahlung wird dies in Anlehnung an § 650v 138

BGB iVm Art 244 EGBGB und § 1 S 1 HausbauV nach § 3 Abs 2 S 2 Nr 2 drittletzter bzw letzter Spiegelstrich dahin modifiziert, dass Besitz Zug um Zug gegen den dort vorgesehenen Zahlungsstand und Eigentum mit vollständiger Zahlung übertragen werden muss. Der Erwerber ist damit nicht vorleistungspflichtig. Allgemeine Vertragsbedingungen des Bauträgers, die die Eigentumsverschaffung nicht von der Zahlung des geschuldeten, sondern vom vereinbarten „gesamten Kaufpreis" abhängig machen, sind jedoch unwirksam (§ 307 Abs 2 Nr 1 BGB), weil dadurch der Erwerber vorleistungspflichtig würde und seine Gegenrechte eingeschränkt würden (BGH 7. 6. 2001 – VII ZR 420/00, BGHZ 148, 85 = NJW 2002, 140; OLG Düsseldorf 31. 3. 2025 – 22 U 106/24; OLG Rostock 21. 12. 2021 – 4 U 79/18, DNotZ 2023, 361 Rn 37 mwNw; LG München I 19. 4. 2007 – 5 O 8732/06, BauR 2008, 1011). Der Bauträger kann zwar grundsätzlich die Übereignung von der vollständigen Bezahlung des geschuldeten Erwerbspreises abhängig machen (Pause/Vogel Kap 5 Rn 17 f). Er darf aber Aufrechnungs- und Leistungsverweigerungsrechte des Erwerbers nicht beschneiden, weil es bei dem Zug-um-Zug-Prinzip zu verbleiben hat (näher Basty Kap 10 Rn 25 ff). Ebenfalls ist es nicht wirksam (§ 307 Abs 1 BGB), die Auflassung von der Abnahme des Sonder- und Gemeinschaftseigentums abhängig zu machen (OLG Karlsruhe 24. 10. 2016 – 19 U 109/14, IBRRS 2018, 3681; näher Pause/Vogel Kap 5 Rn 11; **aA** Basty Kap 10 Rn 37). So könnte nämlich der Bauträger – bei kundenfeindlichster Auslegung – aus der fehlenden abnahmereifen Herstellung noch einen Vorteil ziehen (so auch OLG Nürnberg 18. 5. 2001 – 2 W 1363/01 BeckRS 2001, 30471359).

139 Die Zug-um-Zug-Verknüpfung von Zahlung und Besitz- bzw Eigentumsverschaffung kann aber nach § 320 Abs 2 BGB durchbrochen sein, wenn der zur Erreichung der Fälligkeit zu zahlende Erwerbspreis geringfügig ist, nicht nur unerhebliche Mängel vorliegen und sich der Bauträger ansonsten vertragswidrig verhält (BGH 7. 6. 2001 – VII ZR 420/00, BGHZ 148, 85 = NJW 2002, 140; weitergehend BGH 25. 8. 2005 – VII ZR 6/04, BauR 2005, 1798). Insofern überlagert das werk- das kaufvertragliche Element des einheitlichen Vertrags. Eine starre Grenzen des noch offenen Resterwerbspreises gibt für die Durchbrechung nicht (OLG Düsseldorf 31. 3. 2025 – 22 U 106/24; OLG Brandenburg 12. 9. 2024 – 12 U 93/23, BeckRS 2024, 28418 Rn 13: 8,5 % geringfügig; OLG Nürnberg 29. 4. 2022 – 13 U 4656/21, BeckRS 2022, 51116 Rn 32: 2,5 % geringfügig; OLG München 13. 8. 2020 – 27 U 2211/20 Bau, IBRRS 2022, 0016: 8 % geringfügig; KG 18. 10. 2022 – 7 U 41/21, BeckRS 2022, 38249 Rn 23: 8,5 % noch geringfügig; OLG Hamburg 17. 4. 2015 – 9 U 35/14, RNotZ 2016, 29 Rn 90: auch 10 % können geringfügig sein; OLG Karlsruhe 24. 10. 2016 – 19 U 108/14, BeckRS 2016, 122085 Rn 28 f: 3,2 % geringfügig; OLG Karlsruhe 18. 7. 2006 – 17 U 326/05, BeckRS 2015, 11528: 3,5 % nicht geringfügig; LG München I 19. 4. 2007 – 5 O 8732/06, BauR 2008, 1011: 2 % jedenfalls geringfügig; LG Heilbronn 11. 7. 2001 – 2 O 3003/00 IV, BauR 2002, 107: ca 1 %). Es bedarf nämlich immer auch einer Abwägung im Einzelfall, so dass es auf das übrige Verhalten des Bauträgers (Verzug mit der Mangelbeseitigung, Leugnung der Mängel, Bedeutung der Mängel usw) ankommt (OLG München 14. 8. 2018 – 9 U 3345/17 Bau, BeckRS 2018, 43199 Rn 36; BeckNotar-HdB/Esbjörnsson § 2 Rn 110a; Pause/Vogel Kap 5 Rn 18). Dies folgt aus dem Wortlaut von § 320 Abs 2 BGB, der auf die konkreten Umstände sowie einen Verstoß gegen Treu und Glauben abstellt. Zu ähnlichen Ergebnissen kommt man, wenn man anstelle von § 320 Abs 2 BGB den Rechtsgedanken von § 162 Abs 1 BGB bemüht (OLG Karlsruhe 10. 4. 2018 – 8 U 19/14, BauR 2019, 266 Rn 308; OLG München 15. 11. 2011 – 13 U 15/11, RNotZ 2012, 503, 506). Hierbei ist immer zu bedenken, dass dem Bauträger so ein faktisches Sicherungsmittel (Eigentumsverschaffung nur mit Zahlung) genommen wird (Basty Kap 10 Rn 34 ff).

Die Darlegungs- und Beweislast für die Voraussetzungen des § 320 Abs 2 BGB trifft den Erwerber (OLG München 14. 8. 2018 – 9 U 3345/17 Bau, BeckRS 2018, 43199 Rn 36). 140

§ 320 Abs 2 BGB ist nicht einschlägig, wenn der Erwerber gegen den Resterwerbspreisanspruch aufrechnen könnte, so dass dann der „geschuldete" Erwerbspreis gezahlt wäre (OLG Köln 19. 6. 2024 – 11 U 73/23, BauR 2024, 1707, 1711). In einem solchen Fall bedarf der Erwerber nicht des Schutzes des § 320 Abs 2 BGB (zutr BeckOGK/Matkovic [1. 1. 2025] § 650u Rn 58). Macht der Bauträger seinerseits den Resterwerbspreisanspruch geltend, kann in der Erklärung des Erwerbers, ihm stünden in Geld übergegangene Mängelansprüche zu, im Einzelfall eine Aufrechnungserklärung (§ 388 S 1 BGB) liegen. 141

Begehrt der Erwerber die Auflassung und streitet er mit dem Bauträger nur noch über einen Teil des Erwerbspreises (zB letzte Rate), bemisst sich der Streitwert der Auflassungsklage nicht nach dem Verkehrswert des Erwerbsobjekts (so noch OLG München 10. 3. 1997 – 28 W 2542-96, NJW-RR 1998, 142; Pause/Vogel Kap 5 Rn 13 mwNw; str), sondern nach dem noch streitigen Erwerbspreisteil (OLG Koblenz 17. 2. 2025 – 3 W 53/25; OLG Celle 20. 4. 2023 – 5 W 15/23, NJW-RR 2023, 770; OLG Karlsruhe 17. 1. 2022 – 8 W 38/21, IBRRS 2022, 0519; OLG Stuttgart 25. 1. 2019 – 3 W 5/19, ZMR 2019, 465; OLG Zweibrücken 11. 7. 2017 – 6 W 56/17, BeckRS 2017, 142536 Rn 5 ff; LG München I 19. 4. 2007 – 5 O 8732/06, BauR 2008, 1011; Pause/Vogel Kap 5 Rn 13 mwNw). In den Fällen, in denen aufgrund der konkreten Umstände eindeutig zu erkennen ist, dass der wirtschaftliche Wert des Verfahrens für den Erwerber weit unter dem sich aus § 6 ZPO ergebenden Streitwert liegt, ist schon von Verfassungs wegen die tatsächliche wirtschaftliche Bedeutung des Rechtsstreits bei der Streitwertfestsetzung zu berücksichtigen, auch um dem Justizgewährleistungsanspruch zu genügen (BVerfG 16. 11. 1999 – 1 BvR 1821/94, NJW-RR 2000, 946, 947; OLG Nürnberg 8. 12. 2010 – 2 W 2145/10, NJW-RR 2011, 1007). Dies entspricht der höchstrichterlichen Rechtsprechung (BGH 6. 12. 2001 – VII ZR 420/00, NJW 2002, 684; BGH 11. 10. 2007 – VII ZR 235/05, BauR 2008, 400) für den Fall, dass im Bauträgervertrag die Auflassung bereits erklärt wurde, die Eigentumsumschreibung nur noch vom Nachweis der vollständigen Zahlung oder einer entsprechenden Anweisung des Bauträgers gegenüber dem Notar abhängt und deshalb der Bauträger auf Abgabe der Bestätigung bzw Erteilung der Anweisung verklagt wird. Hinreichende Gründe dafür, die Auflassungsklage für den Fall, dass sie noch nicht erklärt wurde, anders zu behandeln, gibt es nicht (OLG Stuttgart 23. 9. 2009 – 8 W 392/09, BeckRS 2009, 27265; **aA** Musielak/Voit/Heinrich § 3 ZPO Rn 23 mwNw: Vereinfachungsfunktion von § 6 ZPO). Allerdings steht eine höchstrichterliche Klärung aus. 142

4. Haftung für Sach- und Rechtsmängel

Wie das Werkvertragsrecht geht nunmehr auch das modernisierte Kaufvertragsrecht vom subjektiven Mangelbegriff aus. Hiernach ist das Grundstück frei von Mängeln, wenn es die vereinbarte Beschaffenheit aufweist (§ 434 Abs 1 BGB). Zur Beschaffenheitsvereinbarung können die das Grundstück beschreibenden Angaben im Erwerbsvertrag und in der Baubeschreibung gehören (vgl ibrOK-BauVertrR/Pause [7. 2. 2025] § 650u Rn 234 mwNw). Bezüglich des Grundstücks bzw für die unveränderte Altbausubstanz bei einer punktuellen Altbausanierung ist die neuere Rechtsprechung des V. Zivilsenats des Bundesgerichtshofs (BGH 6. 11. 2015 – V ZR 78/14, BGHZ 207, 349 = NJW 2016, 1815 Rn 15 ff; BGH 22. 4. 2016 – V ZR 23/15, NJW 2017, 150 Rn 17 f) zur Formbe- 143 dürftigkeit einer Beschaffenheitsvereinbarung nach § 311b Abs 1 S 1 BGB zu beachten, auch wenn sie für die Herstellungsverpflichtung wohl nach der Rechtsprechung des VII. Zivilsenats des Bundesgerichtshofs (vgl Jurgeleit NJW 2019, 2649, 2653 f; Vogel NZM 2017, 681, 682) und durch die Auslegungsregel in § 650k Abs 2 S 1 BGB (Auslegung unter Berücksichtigung „sämtlicher vertragsbegleitender Umstände") nicht gilt; die Formbedürftigkeit ist für die kaufvertraglichen Pflichten wohl uneingeschränkt anwendbar. Ansonsten kommt es – unter Beachtung des Formgebots – auf die vertraglich vorausgesetzte und ansonsten auf die gewöhnliche Verwendungseignung an (§ 434 Abs 1 Nr 1 und 2 BGB).

144 Die Mängelrechte des Kaufvertragsrechts sind mit der Schuldrechtsmodernisierung weitgehend denjenigen des Werkvertragsrechts angepasst (zu den Differenzen BGH 8. 10. 2020 – VII ARZ 1/20, NJW 2021, 53 Rn 64 ff: unterschiedlicher Unverhältnismäßigkeitsmaßstab; Rn 70 f: fehlender Vorschussanspruch im Kaufvertragsrecht; vgl zur Unverhältnismäßigkeit auch BGH 4. 4. 2014 – V ZR 275/12, BGHZ 200, 350 = NJW 2015, 468 Rn 25 ff beim Grundstückskauf). Das Kaufrecht kennt nunmehr auch einen Nacherfüllungsanspruch. Der Käufer kann als Nacherfüllung entweder die Beseitigung des Mangels (Nachbesserung) oder die Neulieferung verlangen; das Recht zur Wahl zwischen diesen Möglichkeiten steht dabei anders als beim Werkvertrag nach den §§ 437, 439 Abs 1 BGB dem Käufer zu. Nur wenn die konkret gewählte Nacherfüllung unmöglich, unverhältnismäßig teuer oder unzumutbar ist, richtet sich der Anspruch des Käufers auf die andere Art (§ 439 Abs 4 BGB). Ist auch die andere Art der Nacherfüllung unmöglich, unverhältnismäßig teuer oder unzumutbar, so ist der Käufer auf Rücktritt, Minderung und uU auf Schadensersatz beschränkt. Das gilt im Grundsatz auch für den Bauträgervertrag, soweit nicht die Herstellungspflicht, sondern die kaufvertraglichen Pflichten betroffen sind. Eine Ersatzlieferung dürfte aber bei einem mangelhaften Grundstück regelmäßig unmöglich sein, weil es sich um eine nachhaltig gebrauchte Sache handelt (ibrOK-BauVertrR/Pause [7. 2. 2025] § 650u Rn 235); die Nacherfüllung durch Mangelbeseitigung wird deshalb die Regel sein.

145 Nach Ablauf einer angemessenen Frist zur Nacherfüllung kann der Erwerber wegen eines Grundstücksmangels zurücktreten (§§ 437, 440, 323, 326 BGB), außer bei unwesentlichen Mängeln nach § 323 Abs 5 S 2 BGB.

5. Haftungsbeschränkungen

146 Für die Frage der Haftungsbeschränkungen wird nachfolgend zwischen der kauf- und bauvertraglichen Komponente differenziert. Bei letzterer werden auch gesondert individualvertragliche und vorformulierte Haftungsbeschränkungen dargestellt. Es wird hierbei stets unterstellt, dass der Bauträger Verwender iSv § 305 Abs 1 S 1 BGB ist.

a) Kaufvertragliche Komponente

147 Nach § 433 Abs 1 S 2 BGB hat der Verkäufer den Vertragsgegenstand frei von Sach- und Rechtsmängel zu verschaffen. Dies spräche dafür, diese Pflicht nicht nur als Haupt-, sondern als Kardinalpflicht anzusehen, so dass Haftungsbeschränkungen in AGB unwirksam wären (von Westphalen NJW 2002, 12, 22; Heinemann ZfIR 2002, 167, 169; Vogel ZWE 2016, 442, 446; Greiner NZM 2017, 713, 718). Die Gegenauffassung, die darauf verweist, dass selbst für den Verbrauchsgüterkauf bei gebrauchten Sachen nach

§ 475 BGB eine Haftungsbeschränkung zugelassen sei (so PAUSE NZBau 2017, 22, 24), oder die meint, aus § 309 Nr 7 BGB und der jahrzehntelangen Übung folge Gegenteiliges (so KRAUSS Rn 318 ff), ist nicht zu folgen. Hierfür besteht ungeachtet der fehlenden Haftungsfreizeichnungsmöglichkeit für Kardinalpflichten auch das praktische Bedürfnis, weil gerade der Bauträger den Zustand des Grundstücks, das er ja sowieso in Grenzen untersuchen sowie beplanen muss, in der Baubeschreibung hinreichend realitätsnah beschreiben kann. Dann liegt keine (negative) Beschaffenheit vor. In jedem Fall muss der Haftungsausschluss die Klauselverbote des § 309 Nr 7 BGB beachten, weil er ansonsten regelmäßig insgesamt unwirksam sein wird (BGH 24. 3. 2022 – III ZR 263/20, ZIP 2022, 1655 Rn 35; BGH 15. 11. 2006 – VIII ZR 3/06, BGHZ 170, 31 Rn 21 f = NJW 2007, 674).

Mängel der kaufvertraglichen Komponente können aber auf das Bauwerk und seine Nutzbarkeit übergreifen (BLANK Rn 452; BASTY Kap 14 Rn 10). Dann liegt auch ein Mangel der werkvertraglichen Komponente vor, so dass Haftungseinschränkungen anhand der §§ 307 Abs 1, 309 Nr 8 b BGB zu beurteilen sind (Rn 16, 150 ff). Dies folgt schon aus den vertragsimmanenten Untersuchungs-, Koordinierungs- und Planungsverpflichtungen des Bauträgers (Rn 136, 159). **148**

b) Werkvertragliche Komponente

Soweit es um die Herstellungsverpflichtung geht, gilt Werkvertragsrecht. Hier ist zwischen vorformulierten und individuellen Haftungsbeschränkungen zu differenzieren: **149**

aa) Vorformuliert

Ist das Bauwerk „neu", gilt das besondere Klauselverbot des § 309 Nr 8 b BGB. Dieses Klauselverbot ließe eigentlich eine subsidiäre Haftung des Bauträgers bei Abtretung von Ansprüchen gegen die an der Planung und am Bau Beteiligten zu. Dennoch hat die Rechtsprechung (BGH 21. 3. 2002 – VII ZR 493/00, BGHZ 150, 226 = NJW 2002, 2470, 2472; näher PAUSE/VOGEL Kap 11 Rn 18 ff) – zutreffend – entsprechende Klauseln nach § 307 Abs 2 Nr 2 BGB für unwirksam erklärt, weil der Erwerber so Mangelsymptome einzelnen Planern und Unternehmern zuordnen müsse, was dem Zweck des Vertrags, „alles aus einer Hand" zu erhalten, widerspreche. Der Bauträgervertrag als typengemischter Vertrag ist kein „Bauvertrag", weshalb § 309 Nr 8 b bb BGB nicht anwendbar ist; der Anspruch auf Rückgängigmachung kann damit nicht wirksam ausgeschlossen werden (BGH 28. 9. 2006 – VII ZR 303/04, NJW-RR 2007, 59 Rn 15). Auch wenn dies § 309 Nr 8 b BGB nicht regelt, scheitert der Ausschluss des Aufwendungsersatz- und Vorschussanspruchs an § 307 Abs 2 Nr 2 BGB und an § 307 Abs 1, Abs 2 Nr 1 BGB, weil es sich um zentrale Besonderheiten des Werkvertragsrecht handelt (ausführlich VOGEL, in: FS Pause [2022] 401, 407 ff; auch BASTY Kap 13 Rn 67; BeckOGK/MATKOVIC [1. 1. 2025] § 650u Rn 130; PAUSE/VOGEL Kap 11 Rn 35; SCHNEIDER NJW 2022, 2582, 2584 f; VOGEL BauR 2024, 313, 330 f; **aA** OLG Koblenz 11. 4. 2018 – 10 U 1167/16, IBRRS 2019, 3455; BLANK Rn 470). Letztlich geht die Rechtsprechung (Einzelheiten bei PAUSE/VOGEL Kap 11 Rn 28 ff) davon aus, dass alle Abweichungen vom dispositiven Gesetzesrecht tendenziell unwirksam sind. Deshalb sind Verkürzungen der Mängelverjährungsfrist für Nachzügler (BGH 25. 2. 2016 – VII ZR 49/15, BGHZ 209, 128 = NJW 2016, 1572 Rn 37; BGH 12. 5. 2016 – VII ZR 171/15, BGHZ 210, 206 = NZBau 2016, 551 Rn 48 ff; **aA** BASTY Kap 14 Rn 96) ebenso unwirksam wie für Verschleißteile (OLG München 3. 12. 2013 – 9 U 1043/13 Bau, BauR 2014, 712, 713; SCHÖNER/STÖBER Rn 3227; VOGEL NZM 2017, 681, 685: im Ansatz auch BGH 20. 4. 1993 – X ZR 67/92, BGHZ 122, 241 = NJW 1993, 2054, 2055). Unwirksam ist eine Haftungsbe- **150** schränkung auf Protokollmängel, also auf Mängel, die nur im Abnahmeprotokoll enthalten sind (Basty Kap 14 Rn 101; Pause/Vogel Kap 11 Rn 30) oder der Vorbehalt eigener Regressmöglichkeiten (Pause/Vogel Kap 11 Rn 32). Unwirksam dürfte auch eine Haftungsbeschränkung auf die Miteigentumsquote sein (ebenso wohl Basty Kap 14 Rn 99), weil die Mängelansprüche auch bezüglich des Gemeinschaftseigentums nicht quotal bestehen (für das Kaufrecht: BGH 11. 11. 2022 – V ZR 213/21, NJW 2023, 217 Rn 74; für das Werkvertragsrecht: BGH 21. 2. 1985 – VII ZR 72/84, NJW 1985, 1551; BGH 25. 2. 1999 – VII ZR 208-97, NJW 1999, 1705; BGH 7. 6. 2001 – VII ZR 420/00, BGHZ 148, 85 = NJW 2002, 140; BGH 12. 5. 2016 – VII ZR 171/15, BGHZ 2210, 206 Rn 33 = NJW 2016, 2878).

151 Die Verpflichtung, mangelfrei und fristgerecht herzustellen, ist eine Kardinalpflicht (Pause/Vogel Kap 11 Rn 43). Deswegen kann die Haftung auch für leicht fahrlässig herbeigeführte Mangelschäden nicht wirksam ausgeschlossen werden (BGH 27. 7. 2006 – VII ZR 276/05, BGHZ 169, 1 = NJW 2006, 3275 Rn 39; OLG Hamm 16. 1. 1998 – 12 U 66-97, NJW-RR 1998, 1031). Gleiches gilt für verzugsbedingte Schäden (OLG München 15. 11. 2011 – 13 U 15/11, RNotZ 2012, 503, 505). Nicht abschließend geklärt ist, ob die Haftung für Mangelfolgeschäden eingeschränkt werden kann. Jedenfalls sind die besonderen Klauselverbote des § 309 Nr 7 a und b BGB kumulativ zu beachten, weil die Haftungsbegrenzungsklausel, zumeist der Höhe oder der Verschuldensform (leichte Fahrlässigkeit) nach, sonst insgesamt unwirksam ist (BGH 4. 2. 2015 – VIII ZR 26/14, NJW-RR 2015, 738 Rn 16 ff). Tendenziell dürfte eine Haftung für Folgeschäden AGB-rechtlich nicht einschränkbar sein, weil sie sonst das Vertrauen des Erwerbers in die ordnungsgemäße Vertragserfüllung unterläuft (BGH 20. 12. 1984 – VII ZR 340/83, NJW-RR 1986, 271, 272; Blank Rn 469).

152 Unwirksam sind auch vorformulierte Baubeschreibungen, die ohne deutlichen Hinweis und hinreichende Aufklärung über die damit verbundenen Gefahren und Risiken eine „Beschaffenheit nach unten" vorsehen (Kues/vKriedrowski/Bolz/Kleinjohann § 21 Rn 49). ME (Vogel, in: FS Locher [2021] 559, 563 ff mwNw) unterliegt eine solche Vereinbarung aufgrund der engen Verknüpfung zwischen Vereinbarung und Aufklärung der Inhalts- und Missbrauchskontrolle, weswegen eine solche Beschaffenheitsvereinbarung nicht nur an einer Transparenzkontrolle scheitern wird, sondern auch an § 309 Nr 8 b BGB. Überhaupt muss die Abweichung im Erwerbsvertrag selbst geregelt werden, weil alles andere nach § 305c Abs 1 BGB überraschend wäre (OLG Düsseldorf 12. 1. 2023 – 5 U 254/21, IBR 2023, 195; ebenso Basty Kap 11 Rn 56). Es ist daher zweifelhaft, ob es für eine Haftungsfreizeichnung genügt, für barrierefreie Austritte auf (Dach-)Terrassen in der Baubeschreibung auf die Gefahr eintretender Feuchtigkeit zu verweisen (so aber Kues/vKriedrowski/Bolz/Kleinjohann § 21 Rn 90).

153 Die Wohnfläche gehört nach der Rechtsprechung (BGH 8. 1. 2004 – VII ZR 181/02, NJW 2004, 2156 mwNw) zu den Beschaffenheitsmerkmalen des Erwerbsobjekts. Dies zeigt für den Verbraucherbauträgervertrag anschaulich § 650j BGB iVm Art 249 § 2 Nr 3 EGBGB (vgl MünchKommBGB/Busche § 650f BGB Rn 6). Wichtig ist, transparent den Berechnungsmodus aufzuführen (zu den verschiedenen Modi Basty Kap 11 Rn 123). Verweist man auf die Wohnflächenverordnung (BGBl 2003 I 2346) aus dem Jahre 2003, muss verständlich angegeben werden, wie ihm Rahmen von § 4 Nr 4 WoFlV Balkone, Loggien, Dachgärten und Terrassen für die Flächenangabe berücksichtigt werden. Angesichts der Einstufung der Wohnfläche als Beschaffenheit, sind Toleranzklauseln von 10 % indiskutabel (zutreffend Kues/vKriedrowski/Bolz/Kleinjohann § 21

Rn 69 mwNw). Bereits 1996 hatte das LG Augsburg (LG Augsburg 11. 3. 1996 – 6 O 1654/94, MittBayNot 1997, 167) entschieden, dass allenfalls Angaben von „ca. 1 %“ tolerabel seien, so dass allenfalls minimale Toleranzen vereinbart werden können (Kues/vKriedrowski/Bolz/Kleinjohann § 21 Rn 69; Sagemeister ZfIR 2023, 157, 160: max 1 %). Die Einzelheiten sind streitig und letztlich ungeklärt (Basty Kap 11 Rn 138 mwNw). Werden dem Erwerber vor Vertragsschluss bemaßte Pläne vom Bauträger überlassen, prägt dies seine berechtigten Erwartungshaltungen. Diese sind etwa relevant, wenn er in eine Küche Einbauten mit Standardmaßen einbauen will. Um eine Haftung zu vermeiden, muss also der klare Hinweis enthalten sein, dass es sich um Planmaße handelt, die sich im Zuge der Bauausführung üblicherweise minimal verändern (Blank Rn 169). Ob es hilft, eine bestimmte Wohnfläche zwar anzugeben, aber nur eine geringere als Beschaffenheit zu vereinbaren (so Basty Kap 11 Rn 140), ist zweifelhaft und rechtlich ungeklärt.

Die Nutzbarkeit von Parkplätzen hängt entscheidend von deren Länge und Breite sowie der Zufahrtsmöglichkeiten gerade für Tiefgaragenstellplätze ab. Entgegen landläufiger Meinung regeln die landesrechtlichen Stellplatzverordnungen nur die öffentlich-rechtlichen Mindestmaße, zumal diese seit Jahrzehnten der Vergrößerung der Kraftfahrzeugmaße nicht angepasst worden sind (anschaulich Kern Der Bausachverständige 2021, 55 ff). Es verwundert daher wenig, wenn die obergerichtliche Rechtsprechung (OLG Braunschweig 20. 6. 2019 – 8 U 62/18, NJW 2019, 3655 Rn 21 ff; OLG Stuttgart 3. 5. 2012 – 7 U 182/11, BeckRS 2013, 22736) davon ausgeht, dass allein mit der Einhaltung der Mindestmaße eine funktions- und gebrauchstaugliche Leistung im Allgemeinen nicht erreichbar ist. Erforderlich ist vielmehr, dass der Bauträger als Beschaffenheit eine Stellplatzgröße vereinbart, die sich nur für kleinere Kraftfahrzeuge eignet (ähnlich Kues/vKriedrowski/Bolz/Kleinjohann § 21 Rn 73). Die gleichen Erwägungen gelten für die Frage, mit welchem Rangieraufwand der Erwerber sein Kraftfahrzeug abstellen darf, wobei es ergänzend auf das ansonsten versprochene Komfortniveau ankommt (OLG Frankfurt 12. 2. 2014 – 3 U 110/13, IBR 2015, 76; **aA** tendenziell OLG München 7. 8. 2012 – 9 U 601/12 Bau, IBR 2012, 579; KG 12. 3. 2025 – 21 U 138/24, BeckRS 2025, 4460). 154

Schiedsgutachterklauseln sind wegen der damit verbundenen Rechtsschutzverkürzung unzulässig, was höchstrichterlich (BGH 10. 10. 1991 – VII ZR 2/91, BGHZ 115, 329 = NJW 1992, 433, 434) für den Fertighausvertrag entschieden wurde. Für den Bauträgervertrag gilt nichts anderes (Blank Rn 473; Pause/Vogel Kap 11 Rn 45). Nach umstrittener Auffassung (BGH 13. 1. 2005 – III ZR 265/03, BGHZ 162, 9 = NJW 2005, 1125, 1126; BGH 1. 3. 2007 – III ZR 164/06, NJW-RR 2007, 1466 Rn 15 ff) sollen Schiedsgerichtsklauseln demgegenüber wirksam sein. Dem ist jedenfalls bei einem Verbrauchererwerber wegen der Wertung in Art 3 Abs 3 Anh Nr 1 q der RiL 93/13/EWG, was die Entscheidung des BGH (BGH 1. 3. 2007 – III ZR 164/06, NJW-RR 2007, 1466 Rn 15 ff) übersehen hatte, und der Verkürzung der Rechtsschutzmöglichkeiten (fehlende Information über die Unterschiede zwischen einem Schiedsgerichtsverfahren und einem ordentlichen Gerichtsverfahren, keinen Instanzenzug, keine Prozesskostenhilfe, höhere Prozesskosten, keine Vorlagemöglichkeit an den EuGH usw) nicht zu folgen (Graf von Westphalen ZIP 2013, 2184, ff; Thode ZfBR 2007, 430, 431; Thode DNotZ 2007, 401, 405 ff; Vogel ZfIR 2007, 365, 366; Bedenken auch bei Wolf/Horn/Lindacher/Pamp Teil 5 ABC der Klauseln und Vertragstypen B153). Hierauf deuten die – zugegebenermaßen kryptischen – Ausführungen des EuGH (EuGH 3. 4. 2014 – C-342/13, BeckRS 2014, 81587 Rn 36) hin. Auch wenn ein Schiedsspruch ergangen ist, ist im Rahmen der Klage auf Aufhebung eines 155

Schiedsspruchs und damit im Zuge der Vollstreckbarkeitserklärung zu prüfen, ob die Schiedsvereinbarung eine missbräuchliche Klausel zu Lasten des Verbrauchererwerbers enthält (EuGH 26. 10. 2006 – C-168/05, NJW 2007, 135 Rn 34 ff). Dies müssen die Gerichte von Amts wegen prüfen (EuGH 6. 10. 2009 – C-40/08, EuZW 2009, 852 Rn 32/53 ff).

156 Ebenfalls nicht möglich ist es, durch vermeintlich geschickte Vertragsgestaltung ein Erwerbsobjekt, welches noch „neu" ist, „als gebraucht" zu verkaufen (BGH 15. 11. 2006 – VIII ZR 3/06, BGHZ 170, 31 = NJW 2007, 674 Rn 33 f zum Kaufrecht). Dieses Kriterium ist objektiv und damit nach der Verkehrsauffassung zu bestimmen (Basty Kap 14 Rn 104). Untauglich ist es auch, einfach die Geltung des kaufrechtlichen Mängelhaftungsregimes zu vereinbaren, weil damit die Klauselverbote in §§ 307 Abs 1, 309 Nr 8 b bb BGB unterlaufen würden (ebenso Basty Kap 14 Rn 105). Vertragsfreiheit bedeutet nur, dass die Parteien den Vertragsinhalt und damit die Rechte sowie Pflichten frei vereinbaren, nicht indes das anzuwendende Recht (BGH 25. 2. 2016 – VII ZR 49/15, BGHZ 209, 128 = NJW 2016, 1572 Rn 27; BGH 12. 5. 2016 – VII ZR 171/15, BGHZ 210, 206 = NJW 2016, 2878 Rn 22 mwNw), erst recht nicht im Rahmen des Rechts der Allgemeinen Geschäftsbedingungen.

157 Nicht höchstrichterlich geklärt ist, ob die VOB/B in Bauträgerverträgen wirksam vereinbart werden kann. Dies ist im Ergebnis zu verneinen, weil die Bauträgerleistung keine Bauleistung ist (Blank Rn 475). Allerdings wäre der Bauträger als Klauselverwender an die Vorgaben der VOB/B gebunden. Der Erwerber könnte sich auf die Unwirksamkeit berufen, etwa der Verjährungsfrist in § 13 Abs 4 Nr 1 VOB/B (BGH 10. 10. 1985 – VII ZR 325/84, BGHZ 96, 129 = NJW 1986, 315, 316) oder der fiktiven Abnahme in § 12 Abs 5 VOB/B (BGH 10. 10. 1996 – VII ZR 224/95, NJW 1997, 394, 395; Blank Rn 476).

bb) Individuell

158 Individuell lässt sich die Mängelhaftung für noch „neu" errichtete oder im Bau befindliche oder noch zu errichtende Erwerbsobjekte kaum beschränken (BGH 21. 4. 1988 – VII ZR 146/87, NJW 1988, 1972 mwNw). Bei der Verwendung von formelhaften Klauseln ist ein Haftungsausschluss nach § 242 BGB nur dann wirksam, wenn zugleich ausführlich über die einschneidende Tragweite einer solchen Regelung belehrt wird (BGH 8. 3. 2007 – VII ZR 130/05, NJW-RR 2007, 895 Rn 27; BGH 16. 12. 2004 – VII ZR 257/03, NJW 2005, 1115; BGH 29. 6. 1989 – VII ZR 151/88, BGHZ 108, 164 = NJW 1989, 2748; BGH 17. 9. 1987 – VII ZR 153/86, BGHZ 101, 350, 353 = NJW 1988, 135). Von der eingehenden Erörterung und der ausführlichen Belehrung kann nur dann ausnahmsweise abgesehen werden, wenn sich der Notar davon überzeugt hat, dass sich der Erwerber über die Tragweite und das damit verbundene Risiko vollständig im Klaren ist und dennoch die konkrete Vertragsgestaltung ernsthaft will (BGH 8. 3. 2007 – VII ZR 130/05, NJW-RR 2007, 895 Rn 29; BGH 27. 10. 1994 – IX ZR 12/94, NJW 1995, 330, 331; OLG Köln 23. 2. 2011 – 11 U 70/10, DNotZ 2012, 126, 129 ff). Ohne Bedeutung ist es, wenn der Erwerber von seiner Ausbildung her die grundsätzliche Bedeutung eines Haftungsausschlusses für Mängel kennt und die Freizeichnungsklausel verständlich abgefasst ist (BGH 8. 3. 2007 – VII ZR 130/05, NJW-RR 2007, 895 Rn 30). Diese strengen Maßstäbe gelten auch bei dem Erwerb durch einen gewerblichen Investor oder einem vor Vertragsschluss anwaltlich beratenen Erwerber (OLG Oldenburg 21. 12. 2006 – 8 U 149/06, IBR 2008, 519; OLG Hamm 20. 12. 2007 – 24 U 53/06, BauR 2009, 1320; Pause/Vogel Kap 3 Rn 171). Der Bauträger, der sich auf die Wirksamkeit eines individuellen, aber formelhaften Ausschlusses der

Mängelhaftung beruft, muss die Aufklärung über die einschneidenden Rechtsfolgen darlegen und beweisen (BGH 29. 6. 1989 – VII ZR 151/88, BGHZ 108, 164 = NJW 1989, 2748, 2750). Die Details der dogmatischen Rechtfertigung dieser Rechtsprechung sind zwar eher dunkel. Die Rechtsprechung rechtfertig sich aber trotz allerlei Widerstände namentlich der notarrechtlichen Literatur (Schöner/Stöber Rn 3174 mwNw; **aA** und wie hier letztlich Schuschke NZM 2009, 108, 111 mwNw) aus der Pflicht des Notars, auf eine angemessen Vertragsgestaltung hinzuwirken, und der Schutzwürdigkeit des Erwerbers.

6. Immanente Untersuchungs- und Planungspflichten

Gerade im Fall einer teilweisen Altbausanierung aber auch bei einem Neubau auf einem unbebauten Grundstück geht der eigentlichen Bauausführung und damit der Erstellung der Baubeschreibung denknotwendig eine gewisse Untersuchung und Planung voraus (BGH 6. 10. 2005 – VII ZR 117/04, BGHZ 164, 225 = NJW 2006, 214 Rn 35; Neuhöfer ZfIR 2025, 185, 188 f). Aber auch durch die Formulierungen im Erwerbsvertrag kann der Bauträger ausdrücklich oder immanent Untersuchungs- und Planungspflichten übernehmen. Ob der Bauträger AGB-rechtlich diese Pflichten vollständig „wegvereinbaren“ kann, ist ungeklärt. Hieran bestehen Zweifel, weil sie notwendigerweise immer vorab erbracht werden müssen, wenn auch sicherlich in unterschiedlichem Umfang. Jedenfalls für übernommene Untersuchungs- und damit Planungspflichten kann die Haftung nicht ausgeschlossen werden (Fuchs BauR 2007, 264, 278; Pause/Vogel Kap 8 Rn 22; vgl Basty Kap 11 Rn 158; Kues/vKiedrowski/Bolz/Kleinjohann Kap 4 Rn 118; BGH 6. 10. 2005 – VII ZR 117/04, BGHZ 164, 225 = NJW 2006, 214 Rn 35: individualvertraglich ist eine Haftungsbeschränkung ohne notarielle Belehrung und Erörterung der Freizeichnungsregelung auf Vorsatz und grobe Fahrlässigkeit wirksam). Etwa für die Teilsanierung hat dies zur Folge, dass für objektiv erforderliche Sanierungsarbeiten, die man bei einer ordentlichen Untersuchung vor und während der Arbeiten hätte feststellen können, die indes nicht ausgeführt werden, der Bauträger haftet; er kann sich also nicht darauf berufen, dass diese (zusätzlichen) Arbeiten nicht in der Baubeschreibung aufgenommen wurden (so bereits BGH 7. 5. 1987 – VII ZR 366/85, BGHZ 100, 391, 392 = NJW 1988, 490; OLG Frankfurt 23. 5. 1984 – 17 U 109/83, NJW 1984, 2586, 2587; OLG Hamm 4. 5. 1995 – 17 U 25/94, NJW-RR 1996, 213). **159**

Tendenziell keine Untersuchungs- und Planungspflichten treffen einen Bauträger, wenn er das Erwerbsobjekt ohne jede Renovierungs- und Bauverpflichtung veräußert (Blank Rn 1128). Dann gelten die Grundsätze über die Veräußerung gebrauchter Immobilien. **160**

XIII. Exkurs: Durchsetzung von Mängeln beim Erwerb von Wohneigentum

1. Einführung

Der Bauträger schuldet jedem Erwerber aus dem individuellen Bauträgervertrag auch die vertragsgerechte Herstellung des gesamten Gemeinschaftseigentums; eine Beschränkung auf einen Miteigentumsanteil findet nicht statt (BGH 12. 5. 2016 – VII ZR 171/15, BGHZ 210, 206 = NJW 2016, 2878 Rn 33; BGH 25. 2. 2016 – VII ZR 156/13, NJW 2016, 1575 Rn 18; BGH 25. 2. 1999 – VII ZR 208-97, NJW 1999, 1705, 1706). Jeder Ersterwerber ist also Inhaber der Erfüllungs- und Mängelansprüche bezüglich der im Gemeinschaftsei- **161** gentum stehenden Bausubstanz; nur er ist als Rechtsinhaber aktivlegitimiert (BGH 12. 4. 2007 – VII ZR 236/05, BGHZ 172, 42 = NJW 2007, 1952 Rn 14; WENZEL NJW 2007, 1905).

162 Für das Gemeinschaftseigentum stellte sich das Problem, dass die Wohnungseigentümergemeinschaft sich im Verhältnis der zu Wohnungseigentümern gewordenen Erwerber nach § 21 Abs 5 Nr 2 WEG aF um die Instandhaltung und Instandsetzung kümmern musste. Hierzu gehörte und gehört auch die Verfolgung anfänglicher, also vom Bauträger verursachter Baumängel (BGH 12. 4. 2007 – VII ZR 236/05, BGHZ 172, 42 = NJW 2007, 1952 Rn 16; BGH 10. 5. 1979 – VII ZR 30/78, BGHZ 74, 258 = NJW 1979, 2207, 2208; BGH 5. 5. 1977 – VII ZR 36/76, BGHZ 68, 3722, 377 f = NJW 1977, 1336; BGH 21. 6. 1974 – V ZR 164/72, BGHZ 62, 388, 393 = NJW 1974, 1552). Dieser quasi dingliche Bereich wird überlagert von einem vertragsrechtlichen, nämlich der immanenten Einschränkung der Rechte des Erwerbers, weil der Bauträger mehreren Erwerbern bezüglich des Gemeinschaftseigentums gegenübersteht. Der Bauträger soll davor geschützt werden, von den Erwerbern mit nicht koordinierten Rechten mehrfach in Anspruch genommen zu werden (BGH 10. 5. 1979 – VII ZR 30/78, BGHZ 74, 258 = NJW 1979, 2207, 2208). Gleichzeitig konnte nicht ein Teil der Erwerber primäre Mängelrechte und ein anderer sekundäre Mängelrechte geltend machen, weil sich diese Rechte ausschlossen (näher BGH 10. 5. 1979 – VII ZR 30/78, BGHZ 74, 258 = NJW 1979, 2207, 2208). Hieraus folgerte die Rechtsprechung, dass über die Verfolgung bestimmter Mängelrechte kraft Gesetzes die Gemeinschaft nur durch und nach Beschluss entscheiden könne, soweit dies erforderlich sei und nicht individuelle Interessen der übrigen Erwerber als Wohnungseigentümer und der Wohnungseigentümergemeinschaft tangiere (BGH 12. 4. 2007 – VII ZR 236/05, BGHZ 172, 42 = NJW 2007, 1952 Rn 16 ff). Nahm sich die Gemeinschaft – nach Beschlussfassung – der Mängelverfolgung an, handelte sie als Ermächtigte und verfahrensrechtlich in gesetzlicher Prozessstandschaft (BGH 12. 4. 2007 – VII ZR 236/05, BGHZ 172, 42 = NJW 2007, 1952 Rn 15).

163 Eine von der Aktivlegitimation und Prozessführungsbefugnis zu differenzierende Frage war, an wen die Erfüllung verlangt werden konnte. Welche rechtliche Form der Gläubigermehrheit zwischen den einzelnen Erwerbern vorliegt, war außerordentlich streitig und im Ergebnis wenig zielführend. Neben der Mitgläubigerschaft (§ 432 BGB) kam noch die Gesamtgläubigerschaft (§ 428 BGB) in Betracht. Für die Gesamtgläubigerschaft hatte sich am Rande eine ältere höchstrichterliche Entscheidung (BGH 10. 5. 1979 – VII ZR 30/78, BGHZ 74, 258 = NJW 1979, 2207) ausgesprochen. Die Teilgläubigerschaft hatte sie als nicht interessengerecht sofort ausgeschieden, weil dann der Erwerber nur eine Quote erhalten hätte und diese Gläubigerform eine Teilbarkeit voraussetzt (BGH 10. 5. 1979 – VII ZR 30/78, BGHZ 74, 258 = NJW 1979, 2207). Später hat der Bundesgerichtshof dies tendenziell verneint (BGH 21. 2. 1985 – VII ZR 72/84, NJW 1985, 1551 = BauR 1985, 314). Die Annahme einer Gesamtgläubigerschaft passt bereits deshalb nicht, weil dann jeder Erwerber Zahlung an sich verlangen könnte. Dies widerspricht etwa der Zweckbestimmung des Vorschusses, weil dann die zweckentsprechende Mittelverwendung nicht sichergestellt wäre und die übrigen Erwerber das Bonitäts- und Insolvenzrisiko des die Zahlung erhaltenden Miterwerbers trügen.

164 Seit längerem lässt die Rechtsprechung (BGH 21. 7. 2005 – VII ZR 304/03, NJW-RR 2005, 1472 = BauR 2005, 1623, 1624; BGH 15. 4. 2004 – VII ZR 130/03, NJW-RR 2004, 949, 950; BGH 26. 9. 1991 – VII ZR 291/90, NJW 1992, 435; BGH 27. 2. 1992 – IX ZR 57/91, NJW 1992, 1881) die Frage ausdrücklich offen. Andere (OLG Karlsruhe 1. 2. 1989 – 7 U 279/87, BauR 1990, 622;

BayObLG 19. 3. 1973 – BReg 2 Z 5/73, NJW 1973, 1086) gehen bei den gemeinschaftsbezogenen Ansprüchen von Mitgläubigerschaft aus. Der doch sehr tastende und immer korrigierende Weg seitens der höchstrichterlichen Rechtsprechung mag dogmatisch nur schwer nachvollziehbar sein und stellte die Praxis gerade in Randbereichen immer wieder aufgrund des „Case Law“ vor Problemen. Sie ist aber letztlich alternativlos, weil sie einerseits eine effektive Rechtsverfolgung gegen den Bauträger erleichtern, anderseits diesen vor Mehrfachinanspruchnahmen nicht kompatibler Ansprüche schützen will. Hinzu kommen die nicht bruchlos zu lösenden Verquickungen zwischen schuldrechtlicher (Bauträger und Erwerber) und dinglicher Ebene (Gemeinschaft der Wohnungseigentümer mit Anspruch auf ordnungsgemäße Ersterstellung).

2. Ausübungsbefugnis

Mängelansprüche bezüglich der im Gemeinschaftseigentum stehenden Bausubstanz **165**
beziehen sich zugleich auf das gemeinschaftlich zu verwaltende Eigentum. Es besteht bei der Ausübung von Wahlrechten, bei der Entscheidung darüber, ob und wie die Mängel nachgebessert oder wie vom Bauträger erlangte Zahlungen verwendet werden sollen, ein erheblicher Koordinationsbedarf, der die gemeinschaftliche Wahrnehmung der Mängelrechte durch sämtliche Erwerber nahe legt. Diese sind notwendigerweise Mitglieder der Gemeinschaft der Wohnungseigentümer, die sich nach den §§ 18 Abs 1, 19 Abs 2 Nr 2 WEG dieses Koordinierungsbedarfs annehmen müssen. Konflikte, die sich aus der Vielzahl der Anspruchsinhaber ergeben können, beruhen auch auf den unterschiedlichen und sich teilweise widersprechenden Mängelrechten. Aufgrund der zuweilen individuellen Vertragsgestaltung, unterschiedlichen Leistungspflichten und aufgrund unterschiedlicher berechtigter Erwartungshaltungen der Erwerber, ergeben sich auch Konflikte dahin, wie der geschuldete „Soll-Zustand“ des Gemeinschaftseigentums aussehen soll. Solche Konflikte kann sinnvollerweise nur die Gemeinschaft für alle Erwerber verbindlich entscheiden (Kniffka, in: FS Ganten [2007] 125, 134). Wird der Bauträger von einem Erwerber auf Nacherfüllung, von anderen auf Minderung oder kleinen Schadensersatz in Anspruch genommen, könnte sich daraus sogar die zuvor dargestellte doppelte, inkompatible Inanspruchnahme ergeben. Deshalb hatte die höchstrichterliche Rechtsprechung (BGH 10. 5. 1979 – VII ZR 30/78, BGHZ 79, 420 = NJW 1979, 2207) eine Zuständigkeit der Gemeinschaft für die Verfolgung von Mängeln angenommen, zumal sich § 21 Abs 1, 5 Nr 2 WEG aF auch auf die erstmalige ordnungsgemäße Herstellung des Gemeinschaftseigentums und damit auf die Beseitigung anfänglicher Baumängel bezog. Schon vor der WEG-Novelle 2007 hat sie (BGH 12. 4. 2007 – VII ZR 236/05, BGHZ 172, 42 = NJW 2007, 1952 Rn 16 ff; BGH 12. 4. 2007 – VII ZR 50/06, BGHZ 172, 63 = NJW 2007, 1957 Rn 26) eine solche Kompetenz nach der Rechtsprechung (BGH 2. 6. 2005 – V ZB 32/05, BGHZ 163, 154 = NJW 2005, 2061; BGH 18. 4. 2005 – II ZR 151/03, NJW 2005, 316) zur Teilrechtsfähigkeit der Wohnungseigentümergemeinschaft angenommen. Diese hat sie nach dem WeMoG vom 16. 10. 2020 (BGBl 2020 I 2187) unter Berufung auf die §§ 18 Abs 1, 19 Abs 2 Nr 2 WEG unverändert fortgesetzt (BGH 26. 3. 2014 – IV ZR 422/12, NJW 2014, 2039 Rn 14; BGH 9. 11. 2023 – VII ZR 241/22, NJW-RR 2024, 503 Rn 32; BGH 15. 2. 2023 – VII ZR 13/22, ZfBR 2023, 342 Rn 1; BGH 11. 11. 2022 – V ZR 213/21, NJW 2023, 217 Rn 30). Sie beruft sich weiterhin darauf, dass nur so eine verbindliche und koordinierte Willensbildung möglich ist und der Bauträger nicht verschiedenartigen Ansprüchen ausgesetzt wäre (BGH 23. 2. 2024 – V ZR 132/23, NJW 2024, 2039 Rn 15). Zudem sei nur so eine effektive Anspruchs-

durchsetzung im Verhältnis zum Bauträger möglich, was nicht nur für Erfüllungs- oder Nacherfüllungsansprüche, sondern auch für Ansprüche auf Vorschuss oder Aufwendungsersatz gelte, die nämlich davon abhingen, wie die Selbstvornahme bewirkt worden sei (BGH 23. 2. 2024 – V ZR 132/23, NJW 2024, 2039 Rn 16).

166 Die Rechtsprechung hat dadurch einen Streit beendet, der durch Streichung von § 10 Abs 6 S 3 Hs 2 WEG aF im Zuge des WeMoG vom 16. 10. 2020 (BGBl 2020 I 2187) entstanden war, praxistauglich entschieden und letztlich alles beim Alten gelassen. Durch § 9a Abs 2 WEG sollte nach Auffassung des Gesetzgebers (BT-Drucks 19/18791, 46) die Möglichkeit der Gemeinschaft deutlich eingeschränkt werden, die einzelnen Rechte ihrer Mitglieder geltend zu machen. Dies hätte nach Auffassung des Gesetzgebers (BT-Drucks 19/18791) zur Folge, dass Beschlüsse, die sich nicht auf eine gesetzliche Kompetenz stützen können, nichtig geworden wären; dies war und ist zweifelhaft (Vogel BauR 2021, 420, 425). Anderseits wäre so die Mängelverfolgung durch die Gemeinschaft alles andere als effizient gewesen, weswegen der Vorsitzende des VII. Zivilsenats an die Präsidentin des Bundesgerichtshofs im Rahmen der Anhörung zu § 9a Abs 2 WEG-RefE am 12. 2. 2020 schrieb:

> „Es sollte klargestellt werden, dass unbeschadet der mit § 9a Abs. 2 des Entwurfs beabsichtigten konzeptionellen Änderung die bisherige, langjährig gefestigte und von keiner Seite ernsthaft in Zweifel gezogene Rechtsprechung des Bundesgerichtshofs, wonach eine Wohnungseigentümergemeinschaft im Rahmen der ordnungsmäßigen Verwaltung die Ausübung der den einzelnen Erwerbern aus den jeweiligen Verträgen mit dem Veräußerer zustehenden Rechte auf ordnungsgemäße Herstellung des Gemeinschaftseigentums gemäß § 10 Abs. 6 Satz 3 Halbsatz 2 i.V.m. § 21 Abs. 1 und 5 Nr. 2 WEG durch Mehrheitsbeschluss an sich ziehen kann, unverändert gültig bleibt. Die Entwurfsbegründung ist aus hiesiger Sicht in diesem Punkt zumindest nicht hinreichend klar und eindeutig."

Bei unverändertem Gesetzestext wies die Gesetzesbegründung (BT-Drucks 19/18791, 47) darauf hin, dass die Rechtsprechung, wonach die Gemeinschaft nach Beschlussfassung bestimmte Mängelrechte ausüben könne, unberührt bleibe, denn diese Rechtsprechung beruhe nicht auf § 10 Abs 6 S 3 WEG aF, sondern sei noch vor der WEG-Novelle 2007, mit der § 10 WEG überhaupt in das Wohnungseigentumsgesetz aufgenommen worden sei, auf Grundlage von § 21 Abs 5 Nr 2 WEG aF ergangen; die Streichung der gekorenen Ausübungsbefugnis nach § 10 Abs 6 S 3 WEG aF habe deshalb keine Auswirkungen. Dies war gesetzgeberisch naturgemäß keine Glanzleistung (Jurgeleit NJW 2022, 2641 Rn 14 ff; Pause NZBau 2021, 230, 231 ff), weil es die verfassungsrechtlichen Vorgaben weitgehend ignorierte (Pause BauR 2022, 374, 377 ff; vgl Vogel BauR 2021, 420, 424) und dem alleinigen Willen des Gesetzgebers den Vorrang gab, und wurde durch die in Rn 172 dargestellte Rechtsprechung mit einigen methodischen Kunstgriffen im Ergebnis übernommen. Damit stellen sich schwierigste Übergangsprobleme nicht (Pause NZBau 2021, 230, 233; Vogel BauR 2021, 420, 425).

167 Jedenfalls ausdrücklich vertan wurde durch die Rechtsprechung die Möglichkeit, die Befugnisse der Gemeinschaft im Zusammenhang mit der Verfolgung von Mängeln der am Gemeinschaftseigentum stehenden Bausubstanz neu zu justieren (hierfür Pause NZBau 2021, 230, 232; Pause BauR 2022, 374, 384 f). Man könnte durchaus überlegen, ob auf Basis der neueren höchstrichterlichen Rechtsprechung (BGH 8. 10. 2020 – VII ARZ 1/20 NJW 2021, 53 Rn 20 ff; BGH 22. 2. 2018 – VII ZR 46/17, BGHZ 218, 1 = NJW 2018, 1463 Rn 31 ff; BGH 6. 12. 2018 – VII ZR 71/15, NJW-RR 2019, 406 Rn 18), wonach keine fiktiven Mangelbeseitigungskosten für ab dem 1. 1. 2002 geschlossene Verträge verlangt werden können, und sich eine Minderung nicht mehr nach den Mangelbeseitigungskosten richtet (BGH 22. 2. 2018 – VII ZR 46/17, BGHZ 218, 1 = NJW 2018, 1463 Rn 40/42), wirklich noch gemeinschaftsbezogen sind, wenn die Gemeinschaft die Weichenstellung für diese sekundären Mängelrechte beschlossen hat (so Pause BauR 2022, 374, 384 f). Zur Erhaltung des Gemeinschaftseigentums besteht dann nämlich nur noch ein mittelbarer Bezug, weil sich diese Ansprüche individuell berechnen. Hier ist das letzte Wort mE noch nicht gesprochen (vgl Pause/Vogel Kap 13 Rn 22 ff mwNw). Jedenfalls dann, wenn die Gemeinschaft auch diese sekundären Mängelrechte nach Beschlussfassung mitverfolgen will, besteht wie bei auf das Sondereigentum bezogenen Ansprüchen, die die Gemeinschaft mitverfolgen kann, ein noch ausreichender Zusammenhang zur gemeinschaftlichen Verwaltung, ohne dass der einzelne Erwerber zustimmen müsste.

3. Verbleibende individuelle Rechtsinhaberschaft

Schon die Formulierung in § 9a Abs 2 WEG zeigt, dass der Gemeinschaft der Wohnungseigentümer nur die Befugnis zur Wahrnehmung fremder Rechte eingeräumt wird. Die Rechtsinhaberschaft des einzelnen Erwerbers bleibt also durch einen entsprechenden Beschluss (Rn 172 ff) unberührt. Der Erwerber bleibt Rechtsinhaber, so dass lediglich Rechtsinhaberschaft und Ausübungsbefugnis auseinanderfallen können (BGH 12. 4. 2007 – VII ZR 236/05, BGHZ 172, 42 = NJW 2007, 1952 Rn 14). Davon ging die Rechtsprechung schon vor der WEG-Novelle 2007 aus (BGH 12. 4. 2007 – VII ZR 236/05, BGHZ 172, 42 = NJW 2007, 1952 Rn 14). 168

Nicht hinreichend geklärt ist, wie sich die Gemeinschaftsbezogenheit auf das Leistungsverweigerungsrecht (§ 320 Abs 1 BGB) der einzelnen Erwerber wegen Mängeln am Gemeinschaftseigentum auswirkt. Bei unbeschränkter Leistungsverweigerung in gesetzlicher Höhe (§ 641 Abs 3 BGB) durch mehrere Erwerber bestünde die Gefahr, dass wegen unerheblicher Mängel am Gemeinschaftseigentum insgesamt ungerechtfertigt hohe Erwerbspreisbeträge einbehalten werden. Die höchstrichterliche Rechtsprechung (BGH 10. 11. 1983 – VII ZR 373/82, NJW 1984, 725, 727; ferner BGH 30. 4. 1998 – VII ZR 47-97, NJW 1998, 2967, 2968) hat offengelassen, ob und wie der Umfang des Leistungsverweigerungsrechts eingeschränkt wird. Vorgeschlagen wird, nach dem Grundsatz der Verhältnismäßigkeit den Verweigerungsbetrag auf den auf den Miteigentumsanteil quotal entfallenden Betrag zu beschränken (OLG Saarbrücken 22. 11. 2005 – 4 U 501/04-143, BauR 2006, 1321; NK-BGB/Schulz § 650u Rn 56; Werner/Pastor/Manteufel Rn 449). Daran dürfte richtig sein, dass jedenfalls dann, wenn mehrere Erwerber von ihrem Leistungsverweigerungsrecht insoweit Gebrauch machen, aus Treu und Glauben (§ 242 BGB) man eine Beschränkung herleiten wird (näher Pause/Vogel Kap 13 Rn 104; OLG Oldenburg 27. 4. 2023 – 12 U 114/22, IBR 2024, 299: quotal; **aA** Ott ZWE 2017, 106, 108 f). Solange aber nur ein Erwerber hiervon – aus welchen Gründen auch immer – Gebrauch macht, kann er das Leistungsverweigerungsrecht uneingeschränkt ausüben (so auch BGH 30. 4. 1998 – VII ZR 47-97, NJW 1998, 2967, 2968 f). Dies hat zur Folge, dass der Bauträger konkret, wenn mehrere Erwerber von ihrem Leistungsverweigerungsrecht wegen gemeinschaftlichen Mängeln Gebrauch machen, 169 dies allen Erwerbern offenlegen muss, damit die Ausübung der Höhe nach als unverhältnismäßig angesehen werden kann. Dazu muss er gegenüber diesen Erwerbern die geltend gemachten Mängel des Gemeinschaftseigentums und die Höhe der deshalb einbehaltenen Erwerbspreise offenlegen. Diese Erwerber müssen die Möglichkeit haben, sich abzustimmen. Die Darlegungs- und Beweislast für die Unangemessenheit der Einbehalte trägt der Bauträger (zutr WERNER/PASTOR/MANTEUFEL Rn 449).

170 An dem Leistungsverweigerungsrecht des Erwerbers ändert sich nichts, wenn die Gemeinschaft einen Beschluss zur gemeinschaftlichen Mängelverfolgung gefasst hat (OLG Oldenburg 27. 4. 2023 – 12 U 114/22, IBR 2024, 299; OLG München 5. 11. 2019 – 9 U 3774/18 Bau, BeckRS 2019, 63140 Rn 11; OLG Düsseldorf 2. 3. 2010 – 21 W 8/10, BauR 2010, 1236, 1237; OLG Saarbrücken 22. 11. 2005 – 4 U 501/04-143, BauR 2006, 1321; WERNER/PASTOR/MANTEUFEL Rn 450). Macht die Gemeinschaft Vorschuss geltend, entfällt das Leistungsverweigerungsrecht, weil Nacherfüllung und Vorschuss nicht gleichzeitig geltend gemacht werden können (OLG Stuttgart 3. 7. 2012 – 10 U 33/12, NJW 2013, 699, 700; PAUSE/VOGEL Kap 13 Rn 107). Um den Erwerber nicht schutzlos zu stellen, wenn der Bauträger den Vorschuss noch nicht bezahlt hat, steht im indes – dogmatisch nur durch den Verlust der Verfügungsbefugnis begründbar – ein Zurückbehaltungsrecht zu (OLG Stuttgart 3. 7. 2012 – 10 U 33/12, NJW 2013, 699, 700; näher VOGEL NJW 2013, 656, 657; **aA** GRZIWOTZ/KOEBLE/KOEBLE Kap 7 Rn 185).

171 Das Leistungsverweigerungsrecht ist prozessual eine Einrede und muss erhoben werden, um eine Zug-um-Zug-Verurteilung zu erreichen (BGH 7. 10. 1998 – VIII ZR 100-97, NJW 1999, 53). Hierfür genügt es aber, wenn der Erwerber uneingeschränkt Klageabweisung beantragt und deutlich macht, dass er den Erwerbspreis wegen Mängeln nicht zu zahlen gewillt ist (BGH 7. 10. 1998 – VIII ZR 100/97, NJW 1999, 53, 54; BGH 6. 12. 2017 – VIII ZR 219/16, NJW 2018, 822 Rn 42). Das Leistungsverweigerungsrecht schließt bereits objektiv, soweit es greift, den Schuldnerverzug aus (BGH 23. 3. 1999 – VI ZR 101-98, NJW 1999, 2110; OLG Düsseldorf 2. 3. 2010 – I-21 W 8/10, BauR 2010, 1236, 1238). In diesem Umfang schuldet der Erwerber weder Verzugs- noch Rechtshängigkeitszinsen (BGH 8. 7. 2004 – VII ZR 317/02, NJW-RR 2004, 1461, 1462). Der Bauträger ist dann gehindert, wirksam den Rücktritt zu erklären (OLG München 9. 8. 2022 – 20 U 3568/21).

4. Vergemeinschaftungsbeschluss

172 Die Gemeinschaft der Wohnungseigentümer entsteht mit Anlegung der Wohnungsgrundbücher (§ 9a Abs 1 S 1 HS 1 WEG). Dies gilt auch für den Fall der Teilung nach § 8 WEG durch den Bauträger (vgl § 9a Abs 1 S 1 HS 2 WEG). Wie dargestellt (Rn 166), folgt die Beschlusskompetenz der Gemeinschaft, die Mängelrechte der in ihr verbundenen Erwerber „an sich zu ziehen", trotz § 9a Abs 2 WEG aus den §§ 18, 19 Abs 2 Nr 2 WEG (BGH 11. 11. 2022 – V ZR 213/21, NJW 2023, 217 Rn 30; BGH 9. 11. 2023 – VII ZR 241/22, NJW-RR 2024, 503 Rn 32; BGH 23. 2. 2024 – V ZR 132/23, NJW 2024, 2039 Rn 15 ff für die geregelte Mehrhausanlage). Dies gilt auch dann, wenn nur noch einem der Erwerber unverjährte Mängelrechte gegen den Bauträger zustehen (BGH 15. 1. 2010 – V ZR 80/09, NJW 2010, 933 Rn 7; BGH 25. 2. 2016 – VII ZR 156/13, NJW 2016, 1575 Rn 17; BGH 20. 9. 2019 – V ZR 258/18, NJW-RR 2020, 72 Rn 7; OLG Brandenburg 5. 7. 2012 – 12 U 231/11, IBR 2014, 452). Die Beschlussfassung bezüglich der Mängelansprüche erfolgt durch die Gemeinschaft der Wohnungseigentümer in ihrer gegenwärtigen Zusammensetzung, also unabhängig davon, ob ihr noch alle Ersterwerber angehören (WENZEL NJW 2007,

1905, 1907). Dies ist dogmatisch nicht ganz unproblematisch (Pause/Vogel Kap 13 Rn 155; **aA** BGH 12. 4. 2007 – VII ZR 236/05, BGHZ 172, 42 = NJW 2007, 1952 Rn 222; Wenzel ZWE 2006, 109, 111), aber im Regelfall nicht virulent, weil die Ersterwerber bei Veräußerung an einen Zweiterwerber unter Ausschluss der Mängelhaftung regelmäßig schlüssig die Ansprüche gegen den Bauträger an den Zweiterwerber abtreten oder diesen zur Mängelverfolgung ermächtigen (BGH 19. 12. 1996 – VII ZR 233/95, NJW 1997, 2173, 2174; Pause/Vogel Kap 8 Rn 285 mwNw).

a) Inhaltliche Anforderungen

173 Ein Beschluss der Gemeinschaft ist rechtliche Grundlage für die Verfolgung von Mängelrechten bezüglich der im Gemeinschaftseigentum stehenden Bausubstanz, soweit die Ansprüche aus den individuellen Erwerbsverträgen mit den einzelnen Erwerbern herrühren. Er muss die Mängel des Gemeinschaftseigentums bezeichnen, die die Gemeinschaft gegenüber dem Bauträger geltend machen will, wobei sich der Beschluss auf bestimmte Mängelbereiche, Gewerke oder eben „alle" Mängel beziehen kann (Pause/Vogel Kap 13 Rn 149). Ist der Beschluss – wie zumeist – bestandskräftig geworden, so kommt es nur darauf an, ob er einen noch bestimmbaren Inhalt, also nach gebotener Auslegung irgendeine durchführbare Regelung enthält; die Nichtigkeit ist die absolute Ausnahme (LG Frankfurt aM 27. 7. 2023 – 2-13 S 94/22, ZWE 2023, 460 Rn 7 mwNw). Beschlüsse sind wegen der Bindung von Rechtsnachfolgern objektiv, also anhand ihres Wortlautes sowie des Sinnes, die ihnen ein unbefangener Betrachter beimisst, auszulegen (BGH 10. 9. 1998 – V ZB 11-98, BGHZ 139, 288 = NJW 1998, 3713, 3714; BGH 26. 6. 2020 – V ZR 199/19, NZM 2020, 715 Rn 7; stRspr). Umstände außerhalb des Beschlusses sind nur dann relevant, wenn sie für jedermann sofort erkennbar sind (BGH 10. 9. 1998 – V ZB 11-98, BGHZ 139, 288 = NJW 1998, 3713, 3714; stRspr). Zu diesen Umständen gehört auch der Inhalt der Niederschrift oder ausdrücklich in Bezug genommene Unterlagen (BGH 10. 9. 1998 – V ZB 11-98, BGHZ 139, 288 = NJW 1998, 3713, 3714; BGH 18. 3. 2016 – V ZR 75/15, NJW 2016, 2177 Rn 20; BayObLG 5. 8. 1999 – 2Z BR 32/99, NJW-RR 2000, 891). Im Zuge der Auslegung ist zu unterstellen, dass die Mitglieder der Gemeinschaft etwas Sinnvolles zur Mängelverfolgung und Rechtmäßiges beschließen wollten (BGH 28. 5. 2009 – VII ZR 206/07, NJW 2009, 2449 Rn 11; BGH 25. 10. 2023 – V ZB 9/23, NJW-RR 2024, 217 Rn 14 mwNw). Die Gemeinschaft hat zwar keine Kompetenz, die auf Rückabwicklung gerichteten Ansprüche des Erwerbers zu „vergemeinschaften" (BGH 12. 4. 2007 – VII ZR 236/05, BGHZ 172, 42 = NJW 2007, 1952 Rn 18). Ob es aber zwingend ist, diese Rechte im Beschluss ausdrücklich auszunehmen, ist nicht geklärt, aber dringend zu empfehlen (Vogel ZWE 2016, 442, 447). Soweit irgendwie möglich, dürfte der Beschluss analog § 139 BGB nur teilnichtig sein (Vogel NJW 2019, 1309).

174 Selbst wenn in der Gemeinschaftsordnung einer Mehrhausanlage weitgehend verselbständigte Untergemeinschaften gebildet wurden, kann nur die Gesamtgemeinschaft die dem einzelnen Erwerber aus den Bauträgerverträgen wegen Mängeln des Gemeinschaftseigentums zustehenden Rechte auf ordnungsgemäße Herstellung durch Mehrheitsbeschluss an sich ziehen; dies gilt selbst dann, wenn die Mängel nur den einer Untergemeinschaft zuzuordnenden Teil der Wohnanlage betrifft (BGH 23. 2. 2024 – V ZR 132/23, NJW 2024, 2039 Rn 15 f). Es liegt nämlich nicht im Interesse des Bauträgers, wegen des gleichen Sachmangels an verschiedenen Gebäuden durch unterschiedliche Untergemeinschaften, die zudem nicht rechtsfähig sind, mit unterschiedlichen Mängelrechten in Anspruch genommen zu werden (BGH 23. 2. 2024 – V ZR 132/23, NJW 2024, 2039 Rn 15). Auch lässt sich ein Mangel oft nicht klar einer Un-

tergemeinschaft zuordnen, zumal es ineffizient wäre, dies vorab zu klären (BGH 23. 2. 2024 – V ZR 132/23, NJW 2024, 2039 Rn 16). Nicht ausdrücklich entschieden ist, ob es bei der Beschlusskompetenz nur der Gesamtgemeinschaft bleibt, wenn in der Gemeinschaftsordnung der Untergemeinschaft auch die ordnungsgemäße Erstherstellung zugewiesen wurde. Die besseren Gründe dürften dafür sprechen, weil die Gesamtgemeinschaft nach außen handelt und zunächst (vgl § 9b Abs 4 WEG) von den Kosten einer Rechtsverfolgung alle Wohnungseigentümer betroffen sind (Staudinger/Häublein [2023] § 23 WEG Rn 348.3: vgl BGH 10. 11. 2017 – V ZR 184/16, NJW 2018, 1309 Rn 18). Die Frage spielt in der Praxis regelmäßig keine Rolle, weil selbst dann, wenn nur die Teilversammlung einen Beschluss hätte fassen dürfen, der Beschluss der Gesamtgemeinschaft nicht nichtig, sondern nur anfechtbar wäre. Vergemeinschaftungsbeschlüsse werden aber regelmäßig nicht angefochten.

175 Ein Beschluss, der sich auch auf das Sondereigentum bezieht, ist zumindest teilnichtig. Für das Sondereigentum hat die Gemeinschaft keine Beschlusskompetenz (BGH 8. 2. 2013 – V ZR 238/11, NJW 2013, 3092 Rn 14; BGH 8. 7. 2022 – V ZR 207/21, NJW-RR 2022, 1598 Rn 11; Lieder DNotZ 2018, 177, 203). UU kann der Beschluss aber in eine rechtsgeschäftliche Ermächtigung umgedeutet werden (vgl § 140 BGB), wenn ihm die betroffenen Sondereigentümer zugestimmt haben. Die Gemeinschaft dürfte auch befugt sein, die Herausgabe von Unterlagen durch einen Beschluss zu vergemeinschaften, jedenfalls soweit diese Unterlagen für den Betrieb, zur Unterhaltung und Erhaltung des Gemeinschaftseigentums zweckdienlich sind (Pause/Vogel Kap 13 Rn 77; **aA** OLG Nürnberg 30. 3. 2022 – 2 U 2777/21, ZWE 2023, 30 Rn 65 f). Sähe man dies anders, müsste man in der Zustimmung zu einem entsprechenden Beschluss eine individuelle Ermächtigung der einzelnen Erwerber sehen, so dass die Gemeinschaft in gewillkürter Prozessstandschaft tätig werden könnte. Bei bestimmten Gegenständen ist die Gemeinschaft übrigens wegen des Zwecks originär allein wahrnehmungsbefugt (OLG Stuttgart 16. 11. 2016 – 3 U 98/16, ZWE 2017, 129: Schließplan und Schließkarte).

176 Der Beschluss muss regeln, welche Mängelrechte geltend gemacht werden (Pause/Vogel Kap 13 Rn 150 mwNw). In Grenzen ist es möglich, diese Wahl auf den Verwalter oder den Beirat zu delegieren, wenn die Entscheidungsgrenzen und Parameter im Beschluss grob festgelegt werden (Vogel ZWE 2016, 442, 447). Die inhaltlichen Anforderungen dürfen indes nicht überspannt werden. Es genügen weit gefasste und auslegungsfähige (bestandskräftige) Beschlüsse (BGH 19. 8. 2010 – VII ZR 113/09, NJW 2010, 3089 Rn 23). Es muss lediglich erkennbar sein, gegen wen vorgegangen werden soll; die Benennung der Bauträgerin ist entbehrlich (BGH 26. 4. 2007 – VII ZR 210/05, NJW 2007, 3275 Rn 15; BGH 4. 7. 2014 – V ZR 183/13, NJW 2014, 2861 Rn 25; **aA** AG Dortmund 26. 8. 2014 – 512 C 13/14, NZM 2015, 224, 225). Nachzüglererwerber müssen im Beschluss nicht zwingend abstrakt benannt sein (OLG München 19. 4. 2016 – 9 U 3566/15 Bau, IBR 2018, 563; **aA** OLG München 3. 7. 2012 – 13 U 2506/11 Bau, ZWE 2012, 380). Bei gebotener Auslegung muss sich „nur" ergeben, dass die Gemeinschaft die Mängelrechte der einzelnen Erwerber verfolgen will (Pause/Vogel Kap 13 Rn 151 mwNw). Damit ist die Formulierung „zieht an sich" oder „vergemeinschaftet" zwar sinnvoll, aber nicht zwingend notwendig (OLG München 19. 4. 2016 – 9 U 3566/15 Bau, IBR 2018, 563; OLG Frankfurt 10. 12. 2018 – 29 U 123/17, NZBau 2019, 307 Rn 38). Die Gerichte (BGH 10. 7. 2015 – V ZR 169/14, NJW 2016, 53 Rn 5; OLG München 19. 4. 2016 – 9 U 3566/15 Bau, IBRRS 2018, 2675; OLG Düsseldorf 2. 7. 2019 – 23 U 205/18, ZWE 2020, 71 Rn 22; OLG Karlsruhe 10. 4. 2018 – 8 U 19/14, BeckRS 2018, 17599 Rn 47) legen zutreffend bestandskräftige Beschlüsse im Sinne einer effektiven Anspruchsverfolgung gegen den Bauträger aus. Die Verfolgung von „allen“ Mängeln ist etwa hinreichend bestimmt (AG Achim 3. 5. 2018 – 10 C 347/17, BeckRS 2018, 18782 Rn 12).

Die Gemeinschaft hat zwar grundsätzlich ein Ermessen, ob und wie sie die Mängelrechte geltend macht (zu den weiten Grenzen und der Anfechtbarkeit nur in Ausnahmefällen Dötsch ZWE 2016, 149, 153). Da sie sich indes nach den §§ 18 Abs 1, 19 Abs 2 Nr 2 WEG um die Erhaltung des Gemeinschaftseigentums kümmern muss, ist das Ermessen regelmäßig dahin reduziert, einen Vergemeinschaftungsbeschluss zu fassen (BGH 15. 1. 2010 – V ZR 80/09, NJW 2010, 933 Rn 11; dazu Vogel ZWE 2016, 442, 445). Hiervon darf sie absehen, wenn hierfür ausnahmsweise gewichtige Gründe sprechen (BGH 15. 1. 2010 – V ZR 80/09, NJW 2010, 933 Rn 11). Dies ist etwa der Fall, wenn die Ansprüche offenkundig nicht bestehen oder mit ganz überwiegender Wahrscheinlichkeit nicht mehr durchsetzbar sind (BayObLG 30. 4. 1999 – 2Z BR 153/98, NJW-RR 2000, 13, 15; BayObLG 23. 4. 1998 – 2Z BR 41-98, NZM 1999, 175; Pause, WEG-Novelle und Mängelansprüche aus dem Bauträgervertrag, in: Schröder (Hrsg), Drei Jahre nach der WEG-Reform – eine Zwischenbilanz [2010] 97, 107). Zur ordnungsgemäßen Ermessensausübung ist es erforderlich, vorab die Wohnungseigentümer über den Sachverhalt sowie die rechtlichen Leitlinien grob zu informieren (umfassend Greiner § 5 Rn 62 ff). 177

Ist der Bauträger noch Mitglied der Gemeinschaft, so ist er von einer Beschlussfassung kraft Gesetzes (§ 25 Abs 4 Var 2 WEG) ausgeschlossen (BayObLG 22. 12. 2004 – 2Z BR 181/04, BeckRS 2005, 1583 Rn 18; BayObLG 27. 6. 2001 – 2Z BR 24/01, NZM 2001, 766, 767; BayObLG 31. 1. 1992 – BReg. 2 Z 143/91, NJW 1993, 603, 604; OLG Köln 10. 12. 1990 – 16 Wx 134/90, NJW-RR 1991, 850, 851; AG Landsberg 10. 5. 2011 – 1 C 1146/10 WEG, IMR 2011, 425; Lieder DNotZ 2018, 177, 194; offengelassen von OLG Karlsruhe 10. 4. 2018 – 8 U 19/14, BeckRS 2018, 17599 Rn 42 = ZMR 2019, 523). Soweit er deshalb an einer Stimmabgabe gehindert ist, werden nur die übrigen Wohnungseigentümer bei der Beurteilung der Beschlussfähigkeit der Versammlung gewertet (BayObLG 10. 1. 2002 – 2Z BR 180/01, ZMR 2002, 527, 528). Der Bauträger muss sich als Mitglied auch nach § 16 Abs 2 S 1 WEG an den Kosten der Anspruchsvorbereitung und -verfolgung beteiligen (LG München I 13. 5. 2013 – 1 S 10826/12, NJW-RR 2013, 1285, 1286; BayObLG 11. 4. 2001 – 2Z BR 27/01, NZM 2001, 766, 767; BayObLG 31. 1. 1992 – BReg 2 Z 143/91, NJW 1993, 603, 604; **aA** Fritsch ZMR 2014, 253, 254). 178

b) Rechtsfolgen

Wenn und soweit die Gemeinschaft einen wirksamen Beschluss gefasst hat, kann der einzelne Erwerber die auf Herstellung mangelfreien Gemeinschaftseigentums gerichteten Ansprüche außergerichtlich geltend machen, solange durch sein Vorgehen gemeinschaftlich artikulierte Interessen der Wohnungseigentümer oder schützenswerte Interessen des Veräußerers nicht beeinträchtigt werden (BGH 12. 4. 2007 – VII ZR 236/05, BGHZ 172, 42 = NJW 2007, 1952 Rn 18; BGH 6. 3. 2014 – VII ZR 266/13, BGHZ 200, 263 = NJW 2014, 1377 Rn 32 ff; OLG München 1. 12. 2015 – 9 U 4504/14 Bau, BeckRS 2015, 126837 Rn 12 ff). Der einzelne Erwerber ist als Wohnungseigentümer nach § 10 Abs 3 S 2 WEG an den Beschluss gebunden, was auch für einen Rechtsnachfolger gilt (LG München I 31. 1. 1995 – 8 O 17363/94, NJW-RR 1996, 333). So kann der einzelne Erwerber im Grundsatz den Bauträger noch zur Nacherfüllung auffordern, auch wenn die Gemeinschaft Vorschuss verlangt, um sich selbst vom Vertrag lösen zu können (BGH 19. 8. 2010 – VII ZR 113/09, NJW 2010, 3089 Rn 28 f; bereits BGH 27. 7. 2006 – VII ZR 276/05, BGHZ 169, 1 = NJW 2006, 3275 Rn 21). Dies soll indes anders sein, wenn die Gemein- 179 schaft zu verstehen gegeben hat, vorerst eine Mangelbeseitigung nicht mehr zuzulassen, etwa weil sie noch sachverständige Feststellungen und Bewertungen abwarten möchte (BGH 6. 3. 2014 – VII ZR 266/13, BGHZ 200, 263 = NJW 2014, 1377 Rn 38 ff). Der Beschluss begründet grundsätzlich die alleinige Zuständigkeit der Gemeinschaft, wobei die Rechte auf Rückabwicklung (Rücktritt, großer Schadensersatz) nicht gemeinschaftsbezogen sind und – soweit bereits als Rückabwicklungsverhältnis entstanden – unberührt bleiben (BGH 27. 7. 2006 – VII ZR 276/05, BGHZ 169, 1 = NJW 2006, 3275 Rn 29 ff; BGH 6. 3. 2014 – VII ZR 266/13, BGHZ 200, 263 = NJW 2014, 1377 Rn 32; Wenzel ZWE 2006, 109, 111/115). Ein selbständiges gerichtliches Vorgehen ist im Übrigen ausgeschlossen, so dass der einzelne Erwerber nicht (mehr) prozessführungsbefugt ist (BGH 26. 3. 2014 – IV ZR 422/12, NJW 2014, 2039 Rn 15; BGH 11. 11. 2022 – V ZR 213/21, NJW 2023, 217 Rn 34; BGH 10. 7. 2015 – V ZR 169/14, NJW 2016, 53 Rn 6; OLG Frankfurt 28. 5. 2019 – 14 U 253/10, BeckRS 2019, 56810 Rn 25). Eine Klage des einzelnen Erwerbers wäre unzulässig (näher Pause/Vogel Kap 13 Rn 158).

180 Hat der einzelne Erwerber vor Beschlussfassung bereits Ansprüche bezüglich des Gemeinschaftseigentums geltend gemacht, so wird mit dem Beschluss seine Klage mangels Prozessführungsbefugnis unzulässig (KG 20. 10. 2016 – 27 U 160/15, IMR 2017, 381; Pause/Vogel Kap 13 Rn 164 mwNw; **aA** OLG Hamm 5. 11. 2009 – 15 Wx 15/09, IMR 2010, 151, welches §§ 265, 325 ZPO analog anwenden will). Damit erledigt sich die Klage des Erwerbers (Dötsch ZWE 2016, 149, 152; Ott ZWE 2017, 106, 111; **aA** OLG Hamm 5. 11. 2009 – 15 Wx 15/09, IMR 2010, 151). Der Klageabweisung kann sich der Erwerber durch Erledigungserklärung (§ 91a ZPO) entziehen, was misslich sein kann, weil – bei Anschluss des Bauträgers – nur eine summarische Prüfung erfolgt. Unberührt vom Beschluss bleiben materiell-rechtliche Schadensersatzansprüche des einzelnen Erwerbers auf Prozesskostenerstattung (Dötsch ZWE 2016, 149, 152). Möglich ist ein Parteiwechsel durch „Einstieg" der Gemeinschaft, was uU noch in der Rechtsmittelinstanz möglich ist (BGH 10. 7. 2015 – V ZR 169/14, NJW 2016, 53 Rn 8; Ott ZWE 2017, 106, 112). Hierauf hat der Erwerber keinen Anspruch (Dötsch ZWE 2016, 149, 152; MünchKommBGB/Rüscher § 18 WEG Rn 127), weil im Einzelfall zahlreiche Gesichtspunkte gegen (Konzentrationseffekt, Kostenersparnis des Erwerbers usw) und für (fachkundige Baukammer, anerkannter Gerichtssachverständiger usw) eine solche Übernahme sprechen können. Möglich ist alternativ eine Rückermächtigung (BGH 12. 4. 2007 – VII ZR 236/05, BGHZ 172, 42 = NJW 2007, 1952 Rn 22; AG Oberhausen 9. 3. 2021 – 37 C 1585/20, ZMR 2021, 690). Ob der Verwalter der Gemeinschaft hierfür einen Beschluss benötigt, weil § 9b Abs 1 WEG teleologisch zu reduzieren sein dürfte, ist ungeklärt (so AG Oberhausen 9. 3. 2021 – 37 C 1585/20, ZMR 2021, 690; **aA** Hügel/Elzer § 18 WEG Rn 16). § 9 Abs 2 WEG schließt jedenfalls eine solche Rückermächtigung durch Beschluss nicht aus (LG Frankfurt aM 30. 3. 2023 – 2-13 S 14/22, ZWE 2023, 359 Rn 13 mwNw; AG Friedberg 16. 2. 2022 – 2 C 819/21, ZMR 2022, 413; Hügel/Müller § 17 WEG Rn 36). Ggf ergibt erst die Auslegung eines Beschlusses, dass eine solche Rückermächtigung erfolgt ist, etwa wenn nur ein einzelner Eigentümer von einem Mangel des Gemeinschaftseigentums betroffen ist (OLG Karlsruhe 14. 8. 2015 – 13 U 218/13, BeckRS 2016, 9987). Allein die Zuweisung von Teilen des Gemeinschaftseigentums zu einem Sondernutzungsrecht führt noch nicht zu einer solchen Rückermächtigung (OLG Düsseldorf 10. 6. 2021 – I-5 U 47/18, ZWE 2022, 406 Rn 28; BeckOGK/Falkner [1. 3. 2025] § 9a WEG Rn 175.4). Hierzu bedarf es in der Gemeinschaftsordnung spezieller Regelungen, weil die ordnungsgemäße Erstherstellung mangels ausdrücklich abweichender Regelung auch der Gemeinschaft obliegt (ebenso Burgmair ZWE 2022, 341, 346). UU gilt anderes, wenn klar und eindeutig dem Sondernutzungsberechtigten die Erhaltungs- und Kostenlast überbürdet wird, was gerade bei geregelten Mehrhausanlagen der Fall sein kann (BGH 12. 11. 2021 – V ZR 204/20, ZWE 2022, 123 Rn 18 f mAnm SOMMER). ME muss die Auslegung in solchen Fällen ergeben, dass diese Überbürdung auch die ordnungsgemäße Erstherstellung umfasst. Dies kann bei Mehrhausanlagen einmal der Fall sein (so BGH 26. 6. 2020 – V ZR 199/19, ZWE 2020, 386 Rn 10 ff).

Der Beschluss begründet verfahrensrechtlich eine gesetzliche Prozessstandschaft der Gemeinschaft (BGH 12. 4. 2007 – VII ZR 236/05, BGHZ 172, 42 = NJW 2007, 1952 Rn 15 ff). Sie ist nach § 9a Abs 1 S 1 WEG partei- und prozessfähig. Anders als vor der WEG-Novelle 2007 ist die Bezeichnung der einzelnen Erwerber nicht erforderlich, uU sogar missverständlich. Die Gemeinschaft handelt unabhängig von dem Wechsel ihrer Mitglieder. Die Ermächtigung und gesetzliche Prozessstandschaft haben zur Folge, dass die einzelnen Erwerber nicht Parteien sind; sie können also Zeugen sein (PAUSE/VOGEL BauR 2007, 1298, 1299). Möglich ist auch eine Nebenintervention (näher DÖTSCH ZWE 2016, 149, 154). 181

Soweit es bei der Durchsetzung der Rechte auf die Kenntnis oder die grob fahrlässige Unkenntnis ankommt, muss sich die Gemeinschaft die Kenntnis ihres Verwalters ab dem Zeitpunkt zurechnen lassen, zu dem sie die Durchsetzung der Mängelrechte an sich gezogen hat (BGH 4. 7. 2014 – V ZR 183/13, NJW 2014, 2861 Rn 15 ff). Dies gilt auch für Schadensersatzansprüche, weil die Aufgabenübertragung erst mit Beschlussfassung auf den Verwalter der Gemeinschaft erfolgt (zutr OTT ZWE 2014, 397, 398). 182

Ist die Gemeinschaft mangels eines ausreichenden Beschlusses nicht sachbefugt, lösen Rechtsverfolgungsmaßnahmen keine Verjährungshemmung aus (LG Karlsruhe 20. 12. 2024 – 6 O 136/21, BeckRS 2024, 31036). Holt die Gemeinschaft den Beschluss nach, wirkt dieser verjährungsrechtlich nicht ex tunc, sondern ex nunc, weil die Gemeinschaft zunächst als Nichtberechtigter handelte (BGH 20. 6. 2013 – VII ZR 71/11, NJW-RR 2013, 1169 Rn 12; OLG Dresden 31. 3. 2010 – 1 U 1446/09, ZMR 2011, 312). Allerdings wirken Hemmungstatbestände zwischen dem Bauträger und einzelnen Erwerbern bis zur Vergemeinschaftung auch zugunsten der Gemeinschaft; nach der Vergemeinschaftung kommt es darauf an, ob diese selbst die Verjährung gehemmt hat (vgl OLG Frankfurt 10. 12. 2018 – 29 U 123/17 NJW 2019, 1304 Rn 67). Die Beschlussfassung kann aber dazu führen, dass unbefugte Mängelrügen der Gemeinschaft analog § 177 Abs 1 BGB rückwirkend (§ 184 Abs 1 BGB) genehmigt werden (OLG Düsseldorf 10. 6. 2021 – I-5 U 47/18, ZWE 2022, 406 Rn 111). 183

5. Anspruchsverfolgung nach einem Vergemeinschaftungsbeschluss

a) Erfüllungs- und Nacherfüllungsanspruch

Die Gemeinschaft kann vor Abnahme die Erfüllungs- und nach Abnahme die Nacherfüllungsansprüche geltend machen (BGH 11. 11. 2022 – V ZR 213/21, NJW 2023, 217 Rn 30 f; BGH 15. 1. 2010 – V ZR 80/09, NJW 2010, 933 Rn 10; BGH 12. 4. 2007 – VII ZR 236/05, BGHZ 172, 42 = NJW 2007, 1952 Rn 20; bereits BGH 10. 5. 1979 – VII ZR 30/78, BGHZ 74, 258 = NJW 1979, 2207, 2209). Dies gilt auch dann, wenn nur noch ein Erwerber Inhaber von durchsetzbaren Ansprüchen ist (BGH 25. 2. 2016 – VII ZR 156/13, NJW 2016, 1575 Rn 17; BGH 15. 1. 2010 – V ZR 80/09, NJW 2010, 933 Rn 7 ff). Auch der Anspruch auf Verschaffung von Miteigentum an einem dritten Grundstück, kann „vergemeinschaftet“ werden, 184 wenn der Anspruch aus dem Bauträgervertrag herrührt (BGH 20. 9. 2019 – V ZR 258/18, NJW-RR 2020, 72 Rn 8 ff).

185 Diese Rechtsprechung gilt auch für kaufrechtlich zu beurteilende Erfüllungs- und Nacherfüllungsansprüche (BGH 20. 9. 2019 – V ZR 258/18, NJW-RR 2020, 72 Rn 7; BGH 25. 2. 2016 – VII ZR 156/13, NJW 2016, 1575 Rn 18).

b) Aufwendungsersatz- und Vorschussanspruch

186 Hat ein einzelner Erwerber bereits Mängel am Gemeinschaftseigentum auf eigene Kosten fachgerecht beseitigt, kann er – jedenfalls dann, wenn inhaltlich kein Beschluss entgegensteht – Aufwendungsersatz an sich verlangen (BGH 21. 7. 2005 – VII ZR 304/03, NJW-RR 2005, 1472). Innerhalb der Gemeinschaft ist eine „Eigennachbesserung“ nicht gemeinschaftsgemäß, weil der Erwerber hierfür nicht zuständig ist. Die Gemeinschaft entscheidet, ob und wie ein anfänglicher Baumangel beseitigt wird (BGH 12. 3. 2010 – V ZR 147/09, NJW 2010, 1805 Rn 11). Dieses Innenverhältnis ist aber für die Haftung des Bauträgers irrelevant (Greiner § 5 Rn 50). Dies gilt jedenfalls dann, wenn die Ersatzvornahme im Verhältnis zwischen dem Erwerber und dem Bauträger berechtigt erfolgte.

187 Im Übrigen kann der Erwerber nur Zahlung eines Vorschusses an die Gemeinschaft der Wohnungseigentümer verlangen, weil die Verwendung zweckgebunden für das Gemeinschaftseigentum ist und damit allen Erwerbern gleichermaßen zusteht (BGH 12. 4. 2007 – VII ZR 50/06, BGHZ 172, 63 = NJW 2007, 1957 Rn 55; BGH 15. 4. 2004 – VII ZR 130/03, NJW-RR 2004, 949; BGH 15. 2. 1990 – VII ZR 269/88, BGHZ 110, 258 = NJW 1990, 1663). Diese Zweckbedingung hindert den Bauträger, gegen einen Kostenvorschuss aufzurechnen (BGH 26. 9. 1991 – VII ZR 291/90, NJW 1992, 435). Ebenso kann der einzelne Erwerber nicht einfach gegen den Erwerbspreisanspruch mit einer Vorschussforderung aufrechnen; es fehlt rechtlich an der Gegenseitigkeit (BGH 12. 4. 2007 – VII ZR 50/06, BGHZ 172, 63 = NJW 2007, 1957 Rn 75; OLG Stuttgart 3. 7. 2012 – 10 U 33/12, NJW 2013, 699, 700; **aA** OLG München 22. 5. 2007 – 9 U 3081/06, BauR 2008, 373).

188 Der einzelne Erwerber kann auch nicht durch die Gemeinschaft per Beschluss dazu ermächtigt werden, mit einem Vorschussanspruch (teilweise) gegen die Resterwerbspreisforderung des Bauträgers aufzurechnen (OLG Stuttgart 3. 7. 2012 – 10 U 33/12, NJW 2013, 699, 700). Die Begründung ist indes zweifelhaft, weil die höchstrichterliche Rechtsprechung die Aufrechnungsmöglichkeit nicht generell, sondern nur „grundsätzlich“ ausschließen wollte, um eine entsprechende Mittelverwendung sicher stellen zu können (wie hier Weyer NZBau 2012, 775). Richtig dürfte sein, dass die durch Beschluss herbeiführte Einziehungsermächtigung aber nur zur Aufrechnung gegen einen Anspruch befugt, der gegenüber dem Ermächtigenden, also der Gemeinschaft, besteht, nicht gegenüber dem Ermächtigten (näher Vogel NJW 2013, 656, 657).

189 Es kann im Wege der Rückermächtigung durch die Gemeinschaft beschlossen werden, dass der Erwerber ausnahmsweise Zahlung an sich verlangen kann (OLG München 30. 6. 2015 – 9 U 1755/14 Bau, BeckRS 2016, 17653, welches aber – zu weit – jeden Rückermächtigungsbeschluss so auslegt). Sinnvoll ist dies nicht, weil dann die Gemeinschaft und deren Mitglieder das Bonitäts- und Insolvenzrisiko des Ermächtigten tragen.

c) Minderung und kleiner Schadensersatz

Minderung und Schadensersatz kann grundsätzlich nur die Gemeinschaft geltend machen (BGH 19. 8. 2010 – VII ZR 113/09, NJW 2010, 3089 Rn 20; BGH 12. 4. 2007 – VII ZR 236/05, BGHZ 172, 42 = NJW 2007, 1952 Rn 19; BGH 23. 2. 2006 – VII ZR 84/05, NJW 2006, 2254 Rn 15; BGH 23. 2. 2006 – VII ZR 84/05, ZfBR 2006, 457). Das gilt für die Schaffung der Voraussetzungen dieser Rechte (BGH 12. 4. 2007 – VII ZR 236/05, BGHZ 172, 42 = NJW 2007, 1952 Rn 19). Die hiergegen angeführte Kritik (Pause BauR 2022, 374, 384 f; Ott NZM 2007, 505, 506 ff) ist beachtlich, hat sich aber aus Gründen der vereinfachten Geltendmachung und der Kontinuität der Rechtsprechung nicht durchgesetzt. 190

Von diesem Grundsatz machte die Rechtsprechung zahlreiche, kaum zu durchschauende Ausnahmen: Wenn ein Mangel nicht nachbesserungsfähig ist und sich nur auf ein Sondereigentum auswirkt, kann der betroffene Erwerber selbst mindern (BGH 15. 2. 1990 – VII ZR 269/88, BGHZ 110, 258 = NJW 1990, 1663, 1664; BGH 6. 6. 1991 – VII ZR 372/89, BGHZ 114, 383 = NJW 1991, 2480, 2482). Hier soll es am Interesse der Gemeinschaft an einer gemeinsamen Rechtsverfolgung fehlen (BGH 15. 2. 1990 – VII ZR 269/88, BGHZ 110, 258 = NJW 1990, 1663, 1664). Nichts anderes soll heute noch geltend, wenn ein Tiefgaragenstellplatz zu klein ist, dessen ausreichende Größe verhältnismäßig nicht mehr hergestellt werden kann (OLG Braunschweig 20. 6. 2019 – 8 U 62/18, NJW 2019, 3655 Rn 14). Auch soll die Durchsetzung nicht daran scheitern, dass der alleinige Miteigentümer der Bauträger selbst ist (BGH 7. 6. 2001 – VII ZR 420/00, BGHZ 148, 85 = NJW 2002, 140 f). Dahinter steht der Gedanke, dass eine Wahl zwischen den verschiedenen Mängelrechten in diesen Fallgestaltungen nicht in Betracht kommt und der Bauträger auch vor einer doppelten Inanspruchnahme nicht geschützt werden muss, da er auch von den übrigen Erwerbern nicht auf Nacherfüllung usw in Anspruch genommen werden kann (OLG München 23. 8. 2016 – 9 U 4327/15, BauR 2017, 574, 575; Pause NJW 2019, 3655). Man darf aber keinesfalls voreilig die Nacherfüllungsmöglichkeiten – notfalls mit Maßnahmen im Bereich des Sondereigentums – verneinen (zutr Greiner § 5 Rn 59; zweifelhaft daher OLG München 23. 8. 2016 – 9 U 4327/15, BauR 2017, 574, 575). 191

d) Besonderheiten für Folgeschäden?

Nicht abschließend geklärt ist die Frage, ob die Gemeinschaft aufgrund eines Vergemeinschaftungsbeschlusses auch den Ersatz von Folgeschäden am Sondereigentum aufgrund eines Mangels am Gemeinschaftseigentum geltend machen kann (§§ 280 Abs 1, 634 Nr 1 BGB bzw § 823 Abs 1 BGB). Ob die Geltendmachung dieses Anspruchs der Beschlusskompetenz der Gemeinschaft unterfällt, ist zweifelhaft (dagegen Müller ZWE 2022, 297, 302). Verneint man diese Kompetenz, kommt eine Ermächtigung wie bei der Verfolgung von Mängeln des Sondereigentums in Betracht. Richtigerweise wird man eine Beschlusskompetenz bereits deshalb verneinen müssen, weil der Schadensersatz nicht auf die Wiederherstellung des gemeinschaftlichen Eigentums gerichtet ist. Das ist zwar nicht unbedingt zweckmäßig, lässt sich aber durch individuelle Ermächtigungen lösen. Ohne Beschluss der Gemeinschaft ist es unproblematisch, dass der einzelne betroffene Erwerber seinen Folgeschaden selbst geltend macht (zutr Müller ZWE 2022, 297, 302). 192

e) Rücktritt, großer Schadensersatz

Weder Rücktritt noch großer Schadensersatz sind gemeinschaftsbezogen; sie sind keine Rechte, die die Gemeinschaft zur Geltendmachung an sich ziehen könnte; beide Rechte können grundsätzlich jederzeit individuell und ohne Rücksicht auf die 193 von der Gemeinschaft beabsichtigte weitere Vorgehensweise geltend gemacht werden (BGH 23. 2. 2006 – VII ZR 84/05, NJW 2006, 2254 Rn 15; BGH 12. 4. 2007 – VII ZR 236/05, BGHZ 172, 42 = NJW 2007, 1952 Rn 18; BGH 19. 8. 2010 – VII ZR 113/09, NJW 2010, 3089 Rn 22). Sie erfordern keine einheitliche Rechtsverfolgung.

194 Rücktritt und großer Schadensersatzanspruch können vom Erwerber ohne Rücksicht auf die von der Gemeinschaft beabsichtigte Vorgehensweise durchgesetzt werden, sofern dies nicht mit den Interessen der Gemeinschaft kollidiert (BGH 19. 8. 2010 – VII ZR 113/09, NJW 2010, 3089 Rn 28 f). Die Rechtsprechung (BGH 19. 8. 2010 – VII ZR 113/09, NJW 2010, 3089 Rn 28) hat diese Prämisse für einen Fall formuliert, in dem die Gemeinschaft die Mängelverfolgung bereits durch Beschluss an sich gezogen hatte und der sich vom Vertrag lösende Erwerber erst später eine Frist mit Ablehnungsandrohung (nach altem Recht) zur Vorbereitung seines großen Schadensersatzanspruchs setzte. Eine Kollision mit den Interessen der Gemeinschaft hat die Rechtsprechung (BGH 6. 3. 2014 – VII ZR 266/13, BGHZ 200, 263 = NJW 2014, 1377 Rn 38 f) indes angenommen, wenn die Gemeinschaft eine Nacherfüllung nicht zulässt; der Bauträger könne in dieser Situation die Mängel nicht gegen den Willen der Gemeinschaft beseitigen, um der Nacherfüllungsforderung eines einzelnen Erwerbers zu entsprechen. Dies ist – freilich zu Unrecht – auf Kritik (Ott ZWE 2014, 253) gestoßen. Auch ohne eine Kollision kann der einzelne Erwerber noch den Vertrag rückabwickeln, wenn der Bauträger an die Gemeinschaft für die Beseitigung der noch vorhandenen Mängel des Gemeinschaftseigentums Vorschuss gezahlt hat, die Mängel aber noch nicht beseitigt wurden (KompBauR/Koeble Teil 10 Rn 525; Vogel ZWE 2016, 442, 445; Wenzel NJW 2007, 1005, 1906; **aA** OLG Hamm 13. 2. 2007 – 21 U 69/06, NJW-RR 2007, 897, 900). Der vertragswidrige Zustand dauert nämlich bis zur tatsächlichen Mangelbeseitigung an und der Bauträger partizipiert anteilig am Vorschuss im Falle der Rückabwicklung; er wird an der Stelle des Erwerbers wieder Mitglied der Gemeinschaft.

f) Vergleich

195 Nicht ausdrücklich höchstrichterlich entschieden ist, ob die Gemeinschaft nach einem Beschluss die Befugnis besitzt, sich bezüglich solcher Mängelrechte mit dem Bauträger zu vergleichen, die das Gemeinschaftseigentum betreffen (BGH 27. 7. 2006 – VII ZR 276/05, NJW 2006, 3275 Rn 31; dazu Vogel ZWE 2016, 442, 450). Richtigerweise ist dies allein aus Gründen des Sachzusammenhangs zu bejahen (Kniffka, in: FS Ganten [2007] 125, 133; Wenzel NJW 2007, 1905, 1090; **aA** Kreuzer, in: FS Bub [2007] 155, 164/166). Die obergerichtliche Rechtsprechung hat hiermit keine Probleme (OLG Karlsruhe 21. 2. 2013 – 9 U 172/11, IBR 2015, 490; OLG Köln 23. 10. 2013 – 11 U 109/13, ZWE 2014, 26, 27; KG 27. 4. 2012 – 21 U 91/11, IBR 2014, 214; OLG Jena 8. 9. 2006 – 9 W 225/06, BeckRS 2007, 1459; OLG München 23. 5. 2007 – 32 Wx 30/07, NJW 2007, 2418). Der einzelne Erwerber ist daher an den Vergleich gebunden (KG 27. 4. 2012 – 21 U 91/11, BeckRS 2015, 6342; OLG Köln 23. 10. 2013 – 11 U 109/13, ZWE 2014, 26, 27; Greiner § 5 Rn 54). Zutreffend dürfte das jedenfalls sein, wenn der Vergleichstext des geschlossenen Vergleichs ausdrücklich oder durch Inbezugnahme Inhalt eines Beschlusses ist, um Rechtsnachfolger nach § 10 Abs 3 S 2 WEG zu binden (vgl MünchKommBGB/Burmair § 9a WEG Rn 25 mwNw). Bereits entstandene Rückabwicklungsansprüche bleiben unberührt, weil hierfür der Gemeinschaft die Beschlusskompetenz fehlt (OLG Köln 23. 10. 2013 – 11 U 109/13, ZWE 2014, 26, 27; Müller ZWE 2022, 297, 304; Vogel ZWE 2016, 442, 445).

Man könnte hiergegen argumentieren, dass die Gemeinschaft durch den Beschluss nur die Ausübungs-, aber nicht die Verfügungsbefugnis erhält (so Dötsch NZM 2013, 625, 636). Dies überzeugt im Ergebnis aber nicht (Müller ZWE 2022, 297, 304). Nur mit der Übertragung der Verfügungsbefugnis kann die Gemeinschaft ihre Treuhandfunktion gegenüber allen ihren Mitgliedern effektiv wahrnehmen. Dies entspricht auch der Vorstellung des Gesetzgebers (BT-Drucks 18791, 46 f) zum WeMoG. 196

Ohne entsprechende Ermächtigung der Gemeinschaft ist der einzelne Erwerber nicht befugt, sich über Mängel der im Gemeinschaftseigentum stehenden Bausubstanz zu vergleichen; der Vergleich ist mangels Verfügungsbefugnis schwebend unwirksam (KG 7. 1. 2004 – 24 W 210/02, NZM 2004, 303, 304; OLG Hamm 18. 6. 2001 – 17 U 167/99, NZM 2001, 1144, 1145). Die Gemeinschaft kann die Verfügung nachgenehmigen und vom Erwerber nach § 816 Abs 1 S 1 BGB den entsprechenden Vergleichsbetrag herausfordern (KG 7. 1. 2004 – 24 W 210/02, NZM 2004, 303, 304). Alternativ kann sie dem Vergleich die Genehmigung versagen und ungeschmälert Mängelrechte bezüglich der Mängel geltend machen, die vergleichsgegenständlich sind (OLG Hamm 18. 6. 2001 – 17 U 167/99, NZM 2001, 1144, 1145). 197

6. Rechtsgeschäftliche Ermächtigung

Die Gemeinschaft der Wohnungseigentümer ist nach § 9a Abs 1 S 1 WEG rechtsfähig. Ihre Verwaltungskompetenz bezieht sich auf die aus dem Gemeinschaftseigentum ergebenden Rechte und Pflichten (§ 9a Abs 2 Var 1 WEG). Konkretisiert wird dies in den §§ 18, 19 WEG. Zudem nimmt sie solche Rechte und Pflichten ihrer Mitglieder wahr, die eine einheitliche Rechtsverfolgung erfordern (§ 9a Abs 2 Var 1 und 2 WEG). Die Gemeinschaft kann aber rechtsgeschäftlich ermächtigt werden, mit der Verfolgung der Mängel am Gemeinschaftseigentum zusammenhängende Ansprüche der einzelnen Erwerber bezüglich des Sondereigentums mit geltend zu machen (BGH 12. 4. 2007 – VII ZR 236/05, BGHZ 172, 42 = NJW 2007, 1952 Rn 24). Wirksam ist eine entsprechende Ermächtigung etwa auch, wenn Ansprüche aus Bürgschaften der einzelnen Erwerber gegen den Bürgen geltend gemacht werden sollen, wenn und soweit die Bürgschaften wegen Mängeln des Gemeinschaftseigentums in Anspruch genommen werden (BGH 12. 4. 2007 – VII ZR 50/06, BGHZ 172, 63 = NJW 2007, 1957 Rn 29 ff). Auch kann die Gemeinschaft von den einzelnen Erwerbern ermächtigt werden, die Lastenfreistellungsansprüche gegen die globalfinanzierende Bank mit geltend zu machen, wenn es darum geht, dass der „geschuldete“ Erwerbspreis gezahlt wurde (BGH 12. 4. 2007 – VII ZR 50/06, BGHZ 172, 63 = NJW 2007, 1957 Rn 39). Entscheidend für die Wirksamkeit der rechtsgeschäftlichen Ermächtigung ist der enge rechtliche und wirtschaftliche Zusammenhang mit der Verwaltung des Gemeinschaftseigentums, wobei die Rechtsprechung (BGH 12. 4. 2007 – VII ZR 236/05, BGHZ 172, 42 = NJW 2007, 1952 Rn 24) auf die Effizienz der Mängelverfolgung und die wirtschaftliche Sinnhaftigkeit abstellt. Deshalb dürfte die Gemeinschaft nach Ermächtigung auch Systemmängel am Gemeinschaftseigentum und – zweifelsfrei – auch Folgeschäden am Sondereigentum oder Eigentum aufgrund von Mängeln der im Gemeinschaftseigentum stehenden Bausubstanz durchsetzen können. Ist die Gemeinschaft ermächtigt, handelt sie in gewillkürter Prozessstandschaft. 198

Eine aus Rechtsgründen unwirksame Abtretung kann in eine rechtsgeschäftliche Ermächtigung umgedeutet (§ 140 BGB) werden (BGH 12. 4. 2007 – VII ZR 50/06, BGHZ 199

172, 63 = NJW 2007, 1957 Rn 34 f). Die gewillkürte Prozessstandschaft entspricht regelmäßig in diesen Fallgestaltungen den beiderseitigen Interessen, weil auch der Bauträger kein Interesse daran hat, mit einer Vielzahl von Rechtsstreitigkeiten wegen derselben Rechtsfragen von den einzelnen Erwerbern überzogen zu werden. Deshalb kann eine Ermächtigung auch schlüssig darin liegen, dass die Erwerber in ihrer Rolle als Wohnungseigentümer in der Eigentümerversammlung einer bestimmten Art der Anspruchsverfolgung im Rahmen der Beschlussfassung zustimmen.

XIV. Insolvenz des Bauträgers

200 Die ebenfalls in letzter Zeit häufige Insolvenz des Erwerbers soll nachfolgend ausgeklammert werden. Im Zuge der Zinserhöhungen der EZB, der damit steigenden Kreditzinsen, und der gleichzeitig durch den Ukraine-Konflikt verstärkten Steigerung der Baupreise ist der Neuimmobilienmarkt in Deutschland seit dem Jahr 2022 massiv eingebrochen. Die Bauträgerinsolvenzen haben in letzter Zeit gravierend zugenommen. Nachfolgend kann nur ein sehr grober Überblick gegeben werden.

1. Vorläufiges Insolvenzverfahren

201 Auf den Insolvenzantrag des Bauträgers oder einer seiner Gläubiger wird, wenn das Vermögen des Bauträgers die voraussichtlichen Kosten des Insolvenzverfahrens decken wird, ein vorläufiges Insolvenzverfahren eröffnet. Die Bestellung eines vorläufigen „starken" Verwalters, auf den die Verfügungsbefugnis übergeht (§§ 21 Abs 2 Nr 1 Var 1, 22 Abs 1 InsO), ist der absolute Ausnahmefall. Dies beruht darauf, dass ein solch vorläufiger Insolvenzverwalter bereits Masseverbindlichkeiten begründet (§ 55 Abs 2 S 1 InsO). Regelmäßig wird ein „schwacher" vorläufiger Verwalter bestellt, bei dem das Insolvenzgericht bestimmte Maßnahmen anordnet bzw untersagt (§ 21 Abs 2 Nr 2 und 3 InsO). Faktisch ist der Bauträger aber auch in diesem Fall handlungsunfähig; dem „schwachen" vorläufigen Insolvenzverwalter wird so die Möglichkeit eröffnet, sich über die laufenden Projekte und die sonstigen Vermögensverhältnisse zu informieren (umfassend hierzu Koeble/Grziwotz/Schmitz Kap 9 Rn 4).

202 In dieser Situation kann sich der Erwerber nicht von dem bauvertraglichen Teil des Bauträgervertrags durch Kündigung lösen, weil § 650u Abs 2 BGB bewusst nicht auf die §§ 648, 648a BGB verweist (Rn 102). § 314 BGB ist als allgemeinere Regelung zu § 648a BGB auch nicht ersatzweise anwendbar (Jötten BauR 2021, 1, 3; Wellensiek/Alexander/Scharfenberg Rn 1269; **aA** Kessler ZfIR 2018, 511, 514). Dies ist zwar eine fatale Fehlentscheidung des Gesetzgebers (Grziwotz NZBau 2018, 218, 224; Jötten BauR 2021, 1, 3; Vogel BauR 2018, 717 ff). Sie stellt den Erwerber faktisch rechtlos (Erman/Schwenker/Rodemann § 650u Rn 5). Soweit der Gesetzgeber (BT-Drucks 18/8486, 72) auf die Möglichkeit des Rücktritts verweist, ist dies keine realistische Möglichkeit, weil damit der Eigentumsverschaffungsanspruch und damit der Schutz der Auflassungsvormerkung entfällt; der Erwerber wäre ungesichert (iE Rn 103 f). Die Fehlentscheidung lässt sich aber nicht mit dem Argument unterlaufen, der Ausschluss der Kündigung gelte nicht gegenüber dem insolventen Bauträger, weil der Gesetzgeber vermeintlich nur den „vertragstreuen" Bauträger schützen wolle (so Koeble/Grziwotz/Schmitz Kap 9 Rn 13). Dies geben die Gesetzesmaterialien gerade nicht her, ganz im Gegenteil (vgl BT-Drucks 18/8486, 72). Von daher ist es für den Erwerber auch nicht möglich (so aber Grziwotz/Koeble/Schmitz Kap 9 Rn 12), auf Grundlage des § 281 Abs 1 S 1 BGB sich schadensersatzrechtlich vom bauvertraglichen, noch unerfüllten Teil des Bauträgervertrags zu lösen. Die Anwendung des § 281 Abs 1 S 1 BGB scheidet nämlich aus, wenn die Leistung nach dem Gesetz unteilbar ist (Staudinger/Schwarze [2019] § 281 Rn B 160). Die Folge, dass die Vereinbarkeit der Sicherung des Erwerbers vor den wirtschaftlichen Unbilden im Bereich des Bauträgers mit europarechtlichen Standards noch zweifelhafter geworden ist (Vogel BauR 2018, 717, 718; näher Schmid BauR 2023, 1584, 1589 ff).

Während des vorläufigen Insolvenzverfahrens werden regelmäßig keine relevanten Baumaßnahmen mehr erbracht werden. Die am Bau beteiligten Unternehmer und Planer müssen nämlich konkret befürchten, hierfür anteilig nur eine Insolvenzforderung zu erhalten. Vielmehr wird der vorläufige Verwalter versuchen, sich einen Überblick zu verschaffen, ob er als „endgültiger" Verwalter die Erfüllung nach § 103 Abs 1 InsO wählt und das Projekt doch noch realisiert (dazu Rn 216). Denkbar sind aber unterschiedliche Formen einer Restabwicklungsvereinbarung unter Einbeziehung des den Bauträger finanzierenden Kreditinstituts und ggf des Insolvenzgerichts (hierzu Ampferl ZWE 2006, 268 ff; Wellensiek/Alexander/Scharfenberg Rn 1278; zu den Risiken Grziwotz/Koeble/Schmitz Kap 9 Rn 16 f). 203

2. Eröffnetes Insolvenzverfahren

Die Verwaltungs- und Verfügungsbefugnis geht auf den Insolvenzverwalter über (§ 80 Abs 1 InsO). In der formellen Insolvenz des Bauträgers sind verschiedene Probleme relevant. 204

a) Schutz durch § 106 Abs 1 InsO

Als Sonderregelung zu § 103 InsO schützt § 106 Abs 1 S 2 InsO, der nach § 119 InsO zwingend ist, den Erwerber (BGH 25. 3. 2021 – IX ZR 70/20, NJW 2021, 1538 Rn 39). Der kauf- und werkvertragliche Teil des einheitlichen Bauträgervertrags werden kraft Gesetzes aufgespalten und der Erwerber bleibt hinsichtlich des Eigentumsverschaffungsanspruchs des kaufrechtlichen Teils gesichert (BGH 21. 11. 1985 – VII ZR 366/83, NJW 1986, 925, 927 zu § 24 KO als Vorgängervorschrift zu § 106 InsO); der Insolvenzverwalter muss insoweit den Vertrag erfüllen und kann nicht die Erfüllung ablehnen (zu den Einzelheiten Grziwotz/Koeble/Schmitz Kap 9 Rn 19 f). Hinsichtlich der übrigen Elemente des Bauträgervertrags bleibt es aber bei den nachfolgend dargestellten Grundsätzen (Rn 213 ff). Diese Teilbarkeit folgt nicht nur aus § 105 InsO, sondern der einschlägigen höchstrichterlichen Rechtsprechung (BGH 28. 4. 2022 – IX ZR 69/21, NJW 2022, 2185 Rn 26 ff mwNw; BGH 25. 4. 2002 – IX ZR 313/99, BGHZ 150, 353, 356 = NJW 2002, 2783), die den Begriff der Teilbarkeit weit auslegt. Sie hat für den Bauträgervertrag zur Folge, dass der Vertrag mindestens in eine kauf- und werkvertragliche Komponente insolvenzrechtlich aufspalten wird (Reithmann/Terbrack/Meyer G 42). 205

Dem Insolvenzverwalter bleiben die allgemeinen Einwendungen aus dem kaufrechtlichen Teil des Bauträgervertrags vollumfänglich erhalten. Er kann einwenden, dass der Vertrag nach § 311b Abs 1 S 1 BGB (Rn 20) oder aus sonstigen Gründen nichtig ist. Er kann geltend machen, dass der anteilige Grundstückskaufpreis noch nicht vollständig bezahlt ist (§ 320 Abs 1 BGB). Denkbar ist auch, dass sich der Insolvenzverwalter auf den nachträglichen Wegfall des Eigentumsverschaffungsanspruchs und damit der Vormerkung berufen kann, etwa wenn der Erwerber wirksam vom Vertrag 206 zurückgetreten ist (§§ 323 Abs 1, 346 Abs 1 BGB) oder insgesamt Schadensersatz statt der Leistung gefordert hat (§ 281 Abs 1, Abs 4 BGB). Das außerhalb der Insolvenz bestehende Zurückbehaltungsrecht wegen des Rückzahlungsanspruchs gegen die Löschung der Vormerkung (vgl BGH 28. 10. 1988 – V ZR 94/87, NJW-RR 1989, 201, 202), welches sich durch Feststellungsurteil unterlaufen lässt (vgl Vollmer ZfIR 2002, 543 f), ist in der Insolvenz kraft Gesetzes (arg § 51 Nr 2, Nr 3 InsO) ausgeschlossen (zuletzt BGH 22. 1. 2009 – IX ZR 66/07, NJW 2009, 1414 Rn 9, 18 ff).

207 § 106 InsO steht einer Insolvenzanfechtung nicht entgegen (MünchKommInsO/Vuia § 106 Rn 19 mwNw). Angefochten werden kann die Eigentumsverschaffung regelmäßig nur nach § 130 InsO, weil der Erwerber einen Anspruch auf Auflassung besitzt. § 140 Abs 2 S 1 InsO stellt dann nicht auf den Zeitpunkt der Eintragung im Grundbuch ab, wenn der Erwerber selbst den Antrag auf Rechtsänderung gestellt hat. Nach § 143 InsO ist das Eigentum an die Insolvenzmasse zurück zu übertragen. Angefochten werden kann auch das Grundgeschäft, also der Bauträgervertrag; dann fehlt es an einem vormerkungsfähigen Anspruch, so dass der Schutz der Vormerkung nicht greift (MünchKommInsO/Vuia § 106 Rn 19 mwNw). Schließlich kann die Auflassungsvormerkung angefochten werden; insoweit gilt ggf wiederum für den maßgeblichen Zeitpunkt § 140 Abs 2 S 2 InsO. Die im Bauträgervertrag (und der MaBV) vorgesehene Vormerkung ist ein kongruentes Sicherungsmittel iSv § 130 Abs 1 InsO (BGH 21. 12. 1960 – VIII ZR 204/59, BGHZ 34, 254 = NJW 1961, 456, 457).

208 § 106 InsO schützt nicht den Anspruch des Erwerbers auf Befreiung von Lasten, die im Rang vor der Auflassungsvormerkung eingetragen sind, oder die sonstigen vorrangig im Grundbuch eingetragenen Rechte (BGH 22. 9. 1994 – V ZR 236/93, NJW 1994, 3231). Nach der Vormerkung eingetragene Rechte stellen sich regelmäßig als vormerkungswidrige Verfügungen iSv § 883 Abs 2 BGB dar, so dass insoweit § 106 InsO ausnahmsweise den schuldrechtlichen Anspruch auf rechtsmangelfreie Erfüllung der Übereignungsverpflichtung mittelbar über § 888 BGB gegenüber dem Drittberechtigten Wirksamkeit verleiht (weitergehend wohl BGH 9. 3. 2006 – IX ZR 55/04, NZI 2006, 350 Rn 15). Jedenfalls sind Mängelansprüche nicht insolvenzfest und von der Vormerkungswirkung nicht umfasst (OLG Stuttgart 18. 8. 2004 – 5 U 62/03, MittBayNot 2005, 162, 163). Gleiches gilt für den schuldrechtlichen Anspruch auf Lastenfreistellung (RG 11. 7. 1903 – Rep. V. 144/03, RGZ 55, 270, 274; Pause/Vogel Kap 15 Rn 19). Ebenfalls nicht abgesichert werden Ansprüche auf Schadensersatz, wie zB Finanzierungskosten, Eigenleistungen (Wellensiek/Alexander/Scharfenberg Rn 1222).

209 Die Vormerkung kann aber auch dann erlöschen, wenn die Gemeinschaft der Wohnungseigentümer die Zwangsvollstreckung wegen offener Hausgeldansprüche betreibt, wenn der Bauträger noch Eigentümer des Erwerbsobjekts ist (hierzu Wellensiek/Alexander/Scharfenberg Rn 1271). Dieser Anspruch fällt nämlich in die Rangklasse 2 des § 10 Abs 1 Nr 2 ZVG, währenddessen die Vormerkung der Rangklasse 4 gemäß § 10 Abs 1 Nr 4 ZVG zugehörig ist. Folglich wäre die Vormerkung nachrangig, unabhängig von dem Entstehen der Hausgeldforderung, und wäre beim geringsten Gebot nicht zu berücksichtigen; sie erlischt mit dem Zuschlag (BGH 9. 5. 2014 – V ZB 123/13, BGHZ 201, 157 = NJW 2014, 2445 Rn 16 ff). Der Erwerber kann dies verhindern, indem er die bevorrechtigte Forderung der Gemeinschaft nach § 268 BGB ablöst. Allerdings tritt ex nunc an die Stelle des Bauträgers als Eigentümer der Erwerber als Hausgeldschuldner, wenn er bereits sog werdender Eigentümer geworden ist (BGH 11. 5. 2012 – V ZR 196/11, BGHZ 193, 219 = NJW 2012, 2650 Rn 16 ff). Die Stellung als werdender Wohnungseigentümer hat der Erwerber dann, wenn ein wirksamer Eigentumsverschaffungsanspruch mit einer Vormerkung gesichert ist und er vom Bauträger Besitz an der Wohn- bzw Teileigentumseinheit eingeräumt bekommen hat (BGH 11. 12. 2015 – V ZR 80/15, NJW-RR 2016, 461 Rn 11 ff).

b) Durchsetzung des Eigentumsübertragungsanspruchs

Im Regelfall weist der Bauträgervertrag, dessen Abschlagszahlungsraten sich an § 3 Abs 2 MaBV orientieren, den anteilig auf das Grundstück wertmäßig entfallenden Erwerbspreis gesondert aus. Dies ist aber nicht automatisch der anteilige Erwerbspreis für das Grundstück, so dass der Insolvenzverwalter den Eigentumsverschaffungsanspruch des Erwerbers (noch nicht) aus dem kraft Gesetzes geteilten Bauträgervertrag erfüllen muss. Gemäß § 3 Abs 2 S 2 Nr 1 MaBV beträgt die erste Zahlungsrate aus gewerberechtlichen Gründen 30 %, weil eine generelle Bewertung (mit Grundstückspreisen aus den 1970er Jahren), die zum Schutz des Erwerbers erfolgt, nichts mit dem materiell angemessen, auf den Erwerb des Grundstücks entfallenden Erwerbspreis zu tun hat (**aA** KompBauR/Koeble Teil 10 Rn 322; wohl auch OLG Stuttgart 18. 8. 2004 – 5 U 62/03, MittBayNot 2005, 162, 165). Dies beruht auch darauf, dass der Wert des Baugrundstücks je nach Lage und Ort stark schwanken kann (so zutreffend Grziwotz/Koeble/Schmitz Kap 9 Rn 40) und die 30 % heute auch unter dem Gesichtspunkt des öffentlich-rechtlichen Mindestschutzes den Marktwert des Grundstücksanteils kaum mehr realistisch abbilden dürfte. Deswegen stellt die höchstrichterliche Rechtsprechung (BGH 7. 11. 1980 – V ZR 163/79, BGHZ 79, 103 = NJW 1981, 991, 993) darauf ab, den anteiligen Grundstückskaufpreis jedenfalls im Wege der ergänzenden Vertragsauslegung zu ermitteln. Wirklich geholfen ist damit weder dem Insolvenzverwalter noch dem Erwerber, weil zumeist gutachterlich später ähnlich einem gekündigten Pauschalpreisvertrag wertmäßig die Grundstücks- und Bauleistung kalkulatorisch bewertet werden müssen (zu den Einzelheiten Grziwotz/Koeble/Schmitz Kap 9 Rn 42 ff). Ob man die Zahlungen des Erwerbers nur auf den Grundstücksanteil oder auch anteilig auf Planungs- und Baubetreuungsleistungen anrechnen muss, ist nicht abschließend geklärt (Wellensiek/Alexander/Scharfenberg Rn 1233 mwNw). 210

Nur dann, wenn ausnahmsweise die Parteien des Bauträgervertrags bewusst – unabhängig von § 3 Abs 2 S 1 Nr 1 MaBV – den Grundstückspreis gesondert ausweisen, kommt es hierauf wegen der Fälligkeit des Anspruchs auf Eigentumsübertragung auf die Bewertung des Grundstücks nicht mehr an (OLG Koblenz 10. 7. 2006 – 12 U 711/05, NJW-RR 2007, 964, 966). Der Einwand des Insolvenzverwalters, die Bewertung sei nur aus steuerlichen Gründen oder sonst unzutreffend erfolgt oder der Erwerber müsse noch Nebenkosten zahlen, ist ebenso unerheblich wie der Einwand des Erwerbers, der Ausweis sei zu hoch (KG 22. 12. 1998 – 27 U 429/98, BauR 2000, 114). 211

Die nach § 106 Abs 1 S 2 InsO angeordnete Aufspaltung hat zur Folge, dass dem Insolvenzverwalter aus der bauvertraglichen Komponente keine Einwände zustehen (BGH 7. 11. 1980 – V ZR 163/79, BGHZ 79, 103 = NJW 1981, 991, 992). Er muss den Anspruch auf Eigentumsübertragung aus der Masse erfüllen. Ein Wahlrecht nach § 103 InsO steht ihm nicht zu (BGH 12. 10. 2017 – IX ZR 288/14, BGHZ 216, 136 = NJW-RR 2018, 48 Rn 17). Er kann insbesondere die Zahlung nicht von dem offenen, auf die Bauerrichtung entfallenden Teil des Erwerbspreises abhängig machen (Grziwotz/Koeble/Schmitz Kap 9 Rn 55). Hat der Erwerber also den auf den Eigentumserwerb anteilig 212 entfallenden Erwerbspreis gezahlt, hat er gegen den Insolvenzverwalter einen durchsetzbaren Anspruch auf Eigentumsübertragung so, wie er von der Vormerkung gesichert wird (PAUSE/VOGEL Kap 15 Rn 11; WELLENSIEK/ALEXANDER/SCHARFENBERG Rn 1228). Vor dieser Zahlung steht dem Verwalter der Einwand aus § 320 Abs 1 BGB zu. Der Anspruch auf Eigentumsverschaffung kann auch nicht durch einen Insolvenzplan umgestaltet oder modifiziert werden (BVerfG 28. 10. 2020 – 2 BvR 765/20, NZI 2020, 1112 Rn 61). Eine etwaige Masseunzulänglichkeit hat auf ihn keinen Einfluss (OLG Stuttgart 18. 8. 2003 – 5 U 62/03, BauR 2005, 111). Umgekehrt kann der Insolvenzverwalter die Zahlung dieses anteiligen Erwerbspreises verlangen; der Erwerber kann die Zahlung nicht von der Lastenfreistellung abhängig machen (vgl BGH 22. 9. 1994 – V ZR 236/93, NJW 1994, 3231). Ist der Erwerbspreis an das gobalfinanzierende Kreditinstitut des Bauträgers abgetreten worden, kann an dieses gezahlt werden (PAUSE/VOGEL Kap 15 Rn 12). Kosten eines etwaigen Rechtsstreits gegen den Insolvenzverwalter sind nach § 55 Abs 1 Nr 1 InsO Masseverbindlichkeiten.

c) Bauvertragliche Elemente

213 Die bauvertragliche Komponente unterfällt § 103 InsO, wenn der Bauträgervertrag als gegenseitiger Vertrag von beiden noch nicht vollständig erfüllt ist (BGH 16. 5. 2019 – IX ZR 44/18, BGHZ 222, 114 = NJW 2019, 2166 Rn 14 ff). Für die Frage, ob der Erwerber und der Bauträger ihre Pflichten vollständig erfüllt haben, kommt es nur auf die beiderseitigen synallagmatisch verknüpften Pflichten, also nicht auf die Nichterfüllung von Neben- und Nebenleistungspflichten an (BGH 16. 5. 2019 – IX ZR 44/18, BGHZ 222, 114 = NJW 2019, 2166 Rn 16 ff). Dies sind die ordnungsgemäße Bauerrichtungsverpflichtung einerseits und die Verpflichtung zur Erwerbspreiszahlung sowie die Erklärung der Abnahme andererseits. Der Anwendungsbereich des § 103 InsO ist auch dann eröffnet, wenn der Erwerbspreis nicht vollständig bezahlt wurde, aber trotz Abnahme noch Mängel bestehen (GRZIWOTZ/KOEBLE/SCHMITZ Kap 9 Rn 60). Tendenziell dürfte die Norm unanwendbar sein, wenn der Erwerber vollständig gezahlt, aber noch nicht die Abnahme erklärt hat (für die Abnahme von Nacherfüllungsleistungen BGH 16. 5. 2019 – IX ZR 44/18, BGHZ 222, 114 = NJW 2019, 2166 Rn 22/27, wobei in Rn 29 die Frage für die eigentliche Abnahme offengelassen wird; weiter GRZIWOTZ/KOEBLE/SCHMITZ Kap 9 Rn 60). Unanwendbar ist sie jedenfalls dann, wenn seitens des Erwerbers nur noch die Rückgabe einer Sicherheit gemäß § 7 MaBV oder gemäß § 650m Abs 2, Abs 3 BGB aussteht, weil es sich um keine im Synallagma stehenden Hauptpflichten handelt (wie hier GRZIWOTZ/KOEBLE/SCHMITZ Kap 9 Rn 60).

214 Regelmäßig fällt der Bauträger während der Bauerrichtung in Insolvenz, so dass mangels mangelfreier Herstellung und mangels vollständiger Zahlung § 103 InsO anwendbar ist. Die Eröffnung des Insolvenzverfahrens gestaltet den bauvertraglichen Teil des Bauträgervertrags nicht automatisch um; vielmehr sind die wechselseitigen Hauptleistungspflichten entsprechend § 320 Abs 1 BGB nicht durchsetzbar (vgl grundlegend BGH 25. 4. 2002 – IX ZR 313/99, BGHZ 150, 353 = NJW 2002, 2783; BGH 16. 5. 2019 – IX ZR 44/18, BGHZ 222, 114 = NJW 2019, 2166 Rn 14 ff). Der Erwerber kann dem Insolvenzverwalter eine Frist zur Erfüllungswahl setzen. Lehnt dieser die Erfüllung ab oder erklärt er sich nicht „unverzüglich", wobei er sich angeblich (BGH 1. 3. 2007 – IX ZR 81/05, NJW 2007, 1594 Rn 13; **aA** zutreffend BGH 14. 9. 2017 – IX ZR 261/15, BGHZ 216, 10 = NJW 2017, 3369 Rn 29: angemessene Überlegungspflicht, ob Betriebsfortführung realistisch ist) bis zum Berichtstermin Zeit lassen kann (vgl § 107 Abs 2 InsO), verbleibt es zwar bei den gerade dargestellten Suspensivwirkungen. Im Insolvenzverfahren kann der

Erwerber aber wegen der nicht mehr erfüllten Teile der bauvertraglichen Komponente Schadensersatz wegen Nichterfüllung nach § 103 Abs 2 S 1 InsO verlangen.

Wählt der Insolvenzverwalter ausnahmsweise Erfüllung, ist § 105 S 1 InsO anwendbar, weil sich die bis zur Verfahrenseröffnung erbrachte Teilleistung feststellen und finanziell bewerten lässt (BGH 25. 4. 2002 – IX ZR 313/99, BGHZ 150, 353, 356 = BGH NZI 2002, 375, 376). Dahinter steht der Gedanke, dass der Erwerber einfacher Insolvenzgläubiger mit solchen Ansprüchen ist, die sich auf Arbeiten beziehen, die vor Verfahrenseröffnung erbracht wurden, der Insolvenzverwalter für die nach Verfahrenseröffnung erbrachten Arbeiten indes die volle Vergütung zur Masse verlangen kann (Grziwotz/Koeble/Schmitz Kap 9 Rn 61 mwNw). Der Vertrag wird damit gedanklich aus insolvenzrechtlichen Gründen in drei Teile geteilt: Erstens in die kaufvertragliche Komponente, dann in eine bauvertragliche Komponente vor Verfahrenseröffnung und dann in eine hiernach. Wie in Rn 210 ausgeführt, muss für jede entsprechend den Grundsätzen des Pauschalpreisvertrags ein anteiliger Erwerbspreis ermittelt werden. § 105 S 1 InsO bewirkt also, dass sich eine Erfüllungswahl nur auf den nicht erfüllten Teil der bauvertraglichen Komponente bezieht (Grziwotz/Koeble/Schmitz Kap 9 Rn 71 ff mit Berechnungsbeispielen). Der Insolvenzverwalter kann also für die von ihm noch zu erbringende Teilleistung den entsprechenden Erwerbspreis vollständig und ohne Rücksicht auf vom Erwerber bereits geleistete Zahlungen verlangen (Pause/Vogel Kap 15 Rn 29). Unklar ist, ob und wie sie sich das auf noch unerkannte, objektiv aber vorliegende Mängel auswirkt (für eine Erstreckung hierauf OLG Stuttgart 5. 4. 2017 – 9 U 2/17, BeckRS 2017, 158876; Gottwald NZI 2005, 588, 590; **aA** MünchKommInsO/Huber § 103 Rn 146a f; Wellensiek BauR 2005, 186, 197). **215**

Der Insolvenzverwalter kann ausdrücklich Erfüllung wählen. Möglich ist auch eine Erklärung durch schlüssiges Verhalten (BGH 19. 11. 2015 – IX ZR 198/14, NJW 2016, 711 Rn 21 f), etwa die Fortführung des Bauvorhabens mit seiner Kenntnis (vgl Grziwotz/Koeble/Schmitz Kap 9 Rn 75). Die Anforderungen an ein konkludentes Erfüllungsverlangen sind indes hoch (BGH 13. 2. 2014 – IX ZR 313/12, NZI 2014, 400 Rn 12; näher MünchKommInsO/Huber § 103 Rn 156 f). Allein die Geltendmachung offener Erwerbspreise ist demgegenüber kein Erfüllungsverlangen (OLG Dresden 24. 1. 2002 – 13 U 2215/01, ZIP 2002, 815). **216**

Wegen der ungeklärten steuerrechtlichen Folgen und haftungsrechtlichen Risiken sowie der zumeist erforderlichen Einbindung des den Bauträger finanzierenden Kreditinstituts behilft sich die Praxis regelmäßig mit dem Abschluss von Restabwicklungsvereinbarungen (näher Ampferl ZWE 2006, 268m 269 f; Grziwotz/Koeble/Schmitz Kap 9 Rn 77 ff; Reithmann/Terbrack/Meyer Rn G 150 ff). Diese regeln die ungeklärten Rechtsfragen, wobei ungeklärt ist, inwieweit solche Vereinbarungen teilweise gegen zwingendes Recht verstoßen oder in welchem Umfang sie einer AGB-rechtlichen Inhalts- und Missbrauchskontrolle standhalten. Das beruht auch darauf, dass bezüglich des Gemeinschaftseigentums die Wahl durch den Insolvenzverwalter nur einheitlich möglich ist, ob er erfüllen will oder nicht (Reithmann/Terbrack/Meyer Rn G 98). **217**

Wählt der Insolvenzverwalter Nichterfüllung, so kann der Erwerber einen Anspruch wegen Nichterfüllung (§ 103 Abs 2 S 1 InsO) nur als Insolvenzforderung geltend machen. Diese Erklärung hat nur insoweit gestaltende Wirkung, dass der Verwalter nicht mehr Erfüllung verlangen kann. Die Nichterfüllungswahl lässt den Vertrag zunächst **218** unberührt und führt allein auch nicht zum Entstehen eines Abrechnungsverhältnisses (OLG Oldenburg 23. 4. 2024 – 2 U 128/23, ZIP 2024, 1151; str). Die Erwerbspreisforderung, die sich auf den bis zur Verfahrensöffnung erbrachten Teil der bauvertraglichen Komponente bezieht, bleibt damit für den Insolvenzverwalter undurchsetzbar, wenn wesentliche Mängel vorliegen, keine Abnahme erfolgt ist und die Abnahme auch nicht aus anderen Gründen ausnahmsweise entbehrlich erscheint (Thode ZfBR 2006, 638, 640). Dies beruht darauf, dass die Nichterfüllungswahl die gesetzlich eingetretene Suspendierung der Hauptleistungspflichten mit Erfüllungswahl nur bestätigt (BGH 15. 12. 2016 – IX ZR 117/16, NJW-RR 2017, 173 Rn 16). Das Schlussrechnungserfordernis ergibt sich aus den §§ 650u Abs 1 S 2, 650g Abs 4 S 1 Nr 2 BGB. Macht der Erwerber von der nach § 103 Abs 2 S 1 InsO eröffneten Möglichkeit, seinen Anspruch wegen Nichterfüllung zur Insolvenztabelle anzumelden, keinen Gebrauch, bleibt ihm sein (bauvertraglicher) Erfüllungsanspruch erhalten (vgl BGH 7. 2. 2013 – IX ZR 218/11, BGHZ 196, 160 = NJW 2013, 1245 Rn 8). Meldet der Erwerber hingegen zur Tabelle an, so kann er seinen Anspruch nach den §§ 280 ff BGB berechnen, wobei unklar ist, ob § 103 Abs 2 S 1 InsO eine originäre Anspruchsgrundlage ist (MünchKommInsO/Huber § 103 Rn 184); hierauf kommt es im Ergebnis nicht an. Ob durch die Geltendmachung der Nichterfüllungsforderung neben einem insolvenzrechtlichen auch ein bauvertragliches Abrechnungsverhältnis mit der Folge entsteht, dass es auf die Abnahme nicht mehr ankäme, ist höchstrichterlich nicht entschieden. Richtigerweise dürfte es hierauf nicht mehr ankommen (Grziwotz/Koeble/Schmitz Kap 9 Rn 94), weil eine Vertragserfüllung ausscheidet, so dass der Insolvenzverwalter (neben dem anteiligen Erwerbspreis für die kaufrechtliche Komponente vgl Rn 215) den anteiligen Erwerbspreis für das bis zur Verfahrenseröffnung erbrachte Teilwerk der bauvertraglichen Komponente verlangen kann.

219 In das durch Geltendmachung der Nichterfüllungsforderung (§ 103 Abs 2 S 1 InsO) entstandene Abrechnungsverhältnis sind zugunsten der Insolvenzmasse der anteilige Erwerbspreis für das bis zur Verfahrenseröffnung erbrachte (bauvertragliche) Teilwerk einzustellen. Analog § 648a Abs 4 S 1 BGB dürfte dem Verwalter ein Anspruch gegen den Erwerber auf Leistungsstandfeststellung zustehen, so dass im Verweigerungsfalle zugunsten der Insolvenzmasse die Beweislastregeln der § 648a Abs 4 S 2 und S 3 BGB gelten dürften. Ansonsten gelten die Grundsätze, die zur anteiligen Ermittlung des auf die kaufvertragliche Komponente entfallenden Erwerbspreises dargestellt wurden (Rn 215), entsprechend. Auf die gewerberechtliche Bemessung der „Raten" gem § 3 Abs 2 MaBV kommt es wiederum nicht an.

220 Als aufrechenbare Gegenforderungen des Erwerbers kommt nach § 103 Abs 2 S 1 InsO ein Schadensersatzanspruch wegen Nichterfüllung bezüglich der nicht mehr erfüllten bauvertraglichen Komponente in Betracht. Nach der Rechtsprechung (BGH 25. 11. 1999 – VII ZR 468/98, NJW 2000, 1116, 1117) muss der Erwerber die durch Dritte zur Restfertigstellung erbrachten Arbeiten, die damit verbundenen Kosten und die infolge der vorzeitigen Vertragsbeendigung nicht mehr an den Bauträger zu zahlende Restvergütung darlegen und die sich hieraus ergebende Differenz berechnen, wozu eine Abgrenzung der bis zur Verfahrenseröffnung erbrachten und nicht zu erbringenden Teile der Leistung erforderlich ist (zu den Einzelheiten Grziwotz/Koeble/Schmitz Kap 9 Rn 131 mwNw). Zu den Schadensersatzansprüchen zählen auch Verzugs- und Verzögerungsschadensersatzansprüche. Ebenfalls stehen dem Erwerber Ansprüche wegen Mängeln des teilweise erbrachten Bauwerks zu, wobei es bei der grundsätzlichen Abwendungsbefugnis des Insolvenzverwalters verbleibt (Grziwotz/Koeble/

Schmitz Kap 9 Rn 100). Der Erwerber muss also den Verwalter grundsätzlich bezüglich jedes Mangels unter Benennung des Mangelsymptoms und des Mangelorts zur Nacherfüllung unter Fristsetzung auffordern (näher und zu den Ausnahmen Grziwotz/Koeble/Schmitz Kap 9 Rn 101 ff mwNw). Lässt der Erwerber den Mangel nicht beseitigen, kann er wohl auch nicht in der Insolvenz mit den fiktiven Mangelbeseitigungskosten aufrechnen, sondern muss sich mit dem mangelhaften Gesamtwert zufriedengeben (vgl Grziwotz/Koeble/Schmitz Kap 9 Rn 105; Wellensiek/Alexander/Scharfenberg Rn 1236 ff). Beim Geschoßwohnungsbau bestehen für Mängel am Sondereigentum insoweit keine Besonderheiten (Wellensiek/Alexander/Scharfenberg Rn 1235). Ungeklärt ist, wie sich die Rechtslage bei Mängeln am Gemeinschaftseigentum darstellt, weil bei solchen Mängeln Besonderheiten wegen der Gemeinschaftsbezogenheit und zum Schutz des Bauträgers bestehen. Dies bedeutet, dass der einzelne Erwerber, der sowohl hinsichtlich der kaufrechtlichen Komponente (BGH 11. 11. 2022 – V ZR 213/21, NJW 2023, 217 Rn 73 ff) als auch der bauvertraglichen (BGH 21. 2. 1985 – VII ZR 72/84, NJW 1985, 1551, 1552; **aA** Bagaric ZMR 2019, 655, 658 für die Insolvenz) einen ungeschmälerten Anspruch auf Erfüllung bzw Nacherfüllung hat, die Zustimmung zur Aufrechnung durch die übrigen Erwerber benötigt. Ob ein Beschluss hierfür ausreicht, ist rechtlich ungeklärt, aber eher zu verneinen (OLG Stuttgart 3. 7. 2012 – 10 U 33/12, NJW 2013, 699, 701; Vogel NJW 2013, 656, 657; Wellensiek/Alexander/Scharfenberg Rn 1252; **aA** ohne Begründung Grziwotz/Koeble/Schmitz Kap 9 Rn 121; Weyer NZBau 2012, 771). Insolvenzrechtlich ist ungeklärt, ob eine solche Aufrechnungsmöglichkeit dem Grundsatz der Gläubigergleichbehandlung widerspräche (so mit Begrenzung auf die „Miteigentumsqoute“: Bagaric ZMR 2019, 655, 658; Reithmann/Terbrack/Meyer Rn G 99). Dies widerspräche aber dem Anspruch jedes einzelnen Erwerbers auf mangelfreie Herstellung auch des Gemeinschaftseigentums (zutr Grziwotz/Koeble/Schmitz Kap 9 Rn 120 ff). § 96 Abs 1 Nr 2 InsO dürfte einer Aufrechnung im Insolvenzverfahren gegen Ansprüche der Insolvenzmasse nicht entgegenstehen, wenn der Erwerber eine fruchtlose Frist zur (Nach-)Erfüllung gesetzt hat, weil die Norm den „Forderungsübergang“ auf einen Mitgläubiger nicht erfasst (BGH 15. 7. 1997 – XI ZR 154/96, BGHZ 136, 254 = NJW 1997, 2754, 2755; Wellensiek/Alexander/Scharfenberg Rn 1253 f; **aA** KompBauR/Koeble Teil 10 Rn 514). Die wohnungseigentumsrechtliche Treuepflicht dürfte es gebieten, dass ein Erwerber, der der Masse noch eine Resterwerbsforderung schuldet, die Aufrechnung mit Mängelansprüchen erklärt, soweit er das Aufrechnungspotential nicht für individuelle Ansprüche und Mängel am Sondereigentum oder zur Lastenfreistellung von der Globalgrundschuld benötigt (Abramenko IMR 2006, 81; Aktor NZM 2002, 239; **aA** Grziwotz/Koeble/Schmitz Kap 9 Rn 124; Pause/Vogel Kap 13 Rn 140; wohl auch OLG München 26. 4. 2006 – 34 Wx 168/05, ZWE 2006, 498, 501).

Der Aufrechnung im Abrechnungsverhältnis zugunsten des Erwerbers steht § 95 **221**
Abs 1 S 3 InsO nicht entgegen. Diese Norm ist für synallagmatisch verbundene Forderungen teleologisch nach der höchstrichterlichen Rechtsprechung (BGH 22. 9. 2005 – VII ZR 117/03, BGHZ 164, 159 = NJW 2005, 3574, 3576; vgl auch BGH 7. 2. 2013 – IX ZR 218/11, BGHZ 196, 160 = NJW 2013, 1245 Rn 12; Fortgeltung dieser Rechtsprechung offengelassen von BGH 19. 10. 2023 – IX ZR 249/22, NJW 2024, 212 Rn 15) aus demselben Vertrag zu reduzieren, so dass auch mit einem während des Insolvenzverfahrens fällig gewordenen Schadensersatzanspruch auf Ersatz der Mängelbeseitigungskosten gegen den vorher fällig gewordenen Erwerbspreisanspruch aufgerechnet werden kann. Gleiches gilt für Ansprüche des Erwerbers auf Ersatz der Restfertigstellungsmehrkosten aus dem identischen Vertrag (BGH 23. 6. 2005 – VII ZR 197/03, BGHZ 163, 274 = NJW 2005, 2771,

2773). Nicht im Synallagma des identischen Vertrags stehende Ansprüche unterliegen indes den Aufrechnungsbeschränkungen der §§ 94, 95 InsO. Das betrifft die Ansprüche wegen Mangelfolgeschäden, Vertragsstrafe oder Verzögerungsschäden (Uhlenbruck/Sinz § 95 InsO Rn 40).

3. Exkurs: Wohnungseigentumsrechtliche Risiken

222 Die Beitragspflicht gegenüber der Gemeinschaft der Wohnungseigentümer obliegt grundsätzlich den im Grundbuch eingetragenen Wohnungseigentümern. Im Gründungsstadium gibt es indes Besonderheiten. Die Gemeinschaft entsteht bereits mit der Anlegung der Wohnungsgrundbücher (§ 9a Abs 1 S 2 WEG). Wenn der Anspruch auf Eigentumsübertragung von Wohnungseigentum durch Eintragung einer Vormerkung im Grundbuch gesichert ist und dem Erwerber der Besitz an den zum Sondereigentum gehörenden Räumen übergeben wurde, wird er im Innenverhältnis werdender Wohnungseigentümer (§ 8 Abs 3 WEG). Ab diesem Zeitpunkt tritt der Erwerber als werdender Eigentümer an die Stelle des Bauträgers als aufteilender Eigentümer (BGH 5. 6. 2008 – V ZB 85/07, BGHZ 177, 53 = NJW 2008, 2639 Rn 12 ff; BGH 11. 5. 2012 – V ZR 196/11, BGHZ 193, 210 = NJW 2012, 2650 Rn 5; BGH 24. 7. 2015 – V ZR 275/14, BGHZ 206, 281 = NJW 2015, 2877 Rn 5). Bezüglich der konkret betroffenen Sondereigentumseinheit hat die Gemeinschaft gegen den Bauträger als (Noch-)Eigentümer keine Ansprüche mehr, die ab diesem Zeitpunkt entstehen; eine gesamtschuldnerische Haftung von Erwerber und Bauträger scheidet aus (BGH 11. 5. 2012 – V ZR 196/11, BGHZ 193, 210 = NJW 2012, 2650 Rn 5; BGH 24. 7. 2015 – V ZR 275/14, BGHZ 206, 281 = NJW 2015, 2877 Rn 5; kritisch Pause/Vogel Kap 7 Rn 133). Veräußert der werdende Wohnungseigentümer seine Einheit unter Abtretung des vorgemerkten Übereignungsanspruchs und Besitzübertragung, wird dessen Käufer Zweiterwerber. Dieser haftet der Gemeinschaft erst mit Eintragung im Grundbuch als Eigentümer; bis dahin haftet der werdende Wohnungseigentümer der Gemeinschaft allein (BGH 24. 7. 2015 – V ZR 275/14, BGHZ 206, 281 = NJW 2015, 2877 Rn 6, 11 ff).

223 Schuldet der Bauträger gegenüber der Gemeinschaft der Wohnungseigentümer Hausgelder (Wirtschaftsplan, Sonderumlage, Jahresabrechnung), die nach § 10 Abs 1 Nr 2 ZVG in die Rangklasse 2 fallen, kann sie trotz Eintragung der Auflassungsvormerkung zugunsten des Erwerbers vorrangig die Zwangsvollstreckung betreiben. Die Vormerkung fällt nämlich in die Rangklasse 4 gem § 10 Abs 1 Nr 4 ZVG mit der Folge, dass sie nicht im geringsten Gebot zu berücksichtigen ist und mit dem Zuschlag erlischt. Dies gilt auch dann, wenn die Vormerkung zeitlich vor dem Entstehen der so bevorrechtigten Hausgeldansprüche im Grundbuch eingetragen worden ist (BGH 9. 5. 2014 – V ZB 123/13, BGHZ 201, 157 = NJW 2014, 2445 Rn 14 ff; BGH 8. 12. 2017 – V ZR 82/17, NJW 2018, 1613 Rn 10). Wird der vormerkungsgesicherte Erwerber nach Beschlagnahme Eigentümer, so ist das Verfahren fortzusetzen und nicht gem § 28 Abs 1 S 1 ZVG einzustellen. Dieser vorteilhaften Lage für die Gemeinschaft stehen die Gefahren des Erwerbers vor dem Verlust der Vormerkung gegenüber. Den Verlust des Schutzes seiner Vormerkung kann der Erwerber in dieser Situation nur durch Zahlung an die Gemeinschaft „retten“. Der persönliche Anspruch gegen den Bauträger geht dann auf ihn nach § 268 Abs 3 BGB über. Zur Ablösung ist der Erwerber gem § 268 Abs 1 BGB berechtigt.

§ 650v
Abschlagszahlungen

Der Unternehmer kann von dem Besteller Abschlagszahlungen nur verlangen, soweit sie gemäß einer Verordnung auf Grund von Artikel 244 des Einführungsgesetzes zum Bürgerlichen Gesetzbuche vereinbart sind.

Materialien: BT-Drucks 18/11437; BT-Drucks 18/8486.

Schrifttum

Basty, Gesetz zur Beschleunigung fälliger Zahlungen, DNotZ 2000, 260
ders, Pflichten des Globalgläubigers nach Aufhebung des Bauträgervertrags, MittBayNot 2000, 507
ders, Das Bauträgerrecht – Bestandsaufnahme und Ausblick, MittBayNot 2007, 189
ders, Die vollständige Fertigstellung beim Bauträgervertrag, BauR 2020, 1691
Behmer, Bedeutung und Wesen des Freigabeversprechens, DNotZ 1985, 195
Cramer, Unwirksame Zahlungsvereinbarungen in Bauträgeverträgen, BauR 2020, 187
Depré/Cranshaw, Insolvenzsicherung des Käufers beim Erwerb vom Bauträger, ZfIR 2023, 459
Drasdo, Der Zeitpunkt der Bezugsfertigkeit, Trockenwohnen durch den Erwerber, ZfIR 2019, 14
Ehrlich, Neuerungen im Bauträgervertragsrecht und deren Auswirkungen auf die notarielle Vertragsgestaltung, NotBZ 2018, 1
Fischer, Reichweite der Bürgschaften nach der Makler- und Bauträgerverordnung, WM 2003, 1
Fuchs, Absicherung des Bestellers in der Insolvenz des Bauträgers, BauR 2020, 371
Glöckner, Verbraucherschutz bei Bauträgeren, 5 Jahre nach dem Gesetz zur Reform des Bauvertragsrechts, VuR 2003, 403
Grziwotz, Makler- und Bauträgerverordnung (4. Aufl 2022)
ders, Vertragsgestaltung im Niemandsland – Nachruf auf den Bauträgervertrag, NotBZ 2001, 1
ders, Freistellungsverpflichtung und Wahlrecht der Bank beim Bauträgervertrag, ZIP 2002, 825
ders, Mehr- und Reihenhausanlagen unter MaBV, NZM 2003, 961
ders, Waffengleichheit im Bauträgervertrag, in: FS Thode (2005) 243
ders, Anmerkung zu BGH 9. 12. 2010 – VII ZR 206/09, EWiR 2011, 197
ders, Ratenzahlungsmodell, Fertigstellungsverpflichtung und Bankenwahlrecht, ZfIR 2013, 2
ders, Bauträgervertrag – vertragliche Gestaltungen zur Risikominimierung des Erwerbers bei mangelnder Bebaubarkeit, MDR 2014, 433
ders, Der Bauträgervertrag – Finanzierungsinstrument für Banken mit immer weniger Verbraucherschutz, NZBau 2019, 218
Hermanns, Die sieben Raten des neuen § 3 Abs 2 MaBV – vertragliche Festlegung oder flexible Leistungsbestimmung, ZfIR 1997, 568
Herrler, Fälligkeit des Zahlungsanspruchs und Rückforderbarkeit geleisteter Zahlungen im Falle eines gegen § 3 MaBV verstoßenden Ratenplans, DNotZ 2007, 895
Karczewski/Vogel, Abschlagszahlungsläne im Generalübernehmer- und Bauträgervertrag, BauR 2001, 859
Kleinjohann, Überlegungen zur „vollständigen Fertigstellung nach § 3 II MaBV, NZBau 2025, 278
Kniffka, Verbotswidriger Einzug von Raten durch Bauträger, NZBau 2000, 552
Kniffka/Retzlaff, Das neue Recht nach dem Gesetz zur Reform des Bauvertragsrechts, zur Änderung der kaufrechtlichen Mängelhaftung und zur Stärkung des zivilprozessualen Rechtsschutzes (BauVG), Teil 2, BauR 2017, 1881
Marcks, Makler- und Bauträgerverordnung (10. Aufl 2019)

MONREAL, Die Sicherheit gemäß § 632a BGB in der notariellen Praxis, DNotZ 2015, 173
PAUSE, Verstoßen Zahlungspläne gem § 3 II MaBV gegen geltendes Recht, NZBau 2001, 181
PAUSE/VOGEL, Die Bankenkrise und die Lastenfreistellungserklärung der globalfinanzierenden Bauträgerbank, NZBau 2009, 10
dies, Vorschläge zum Verbraucherbau- und zum Bauträgervertrag, der Referenentwurf des Bundesjustizministeriums, NZBau 2015, 667
POHLMANN, Fälligkeit nach Bauträgerverordnung, BauR 1978, 351
RETZLAFF, Die Schlussrate der Bauträgervergütung, in: FS Pause (2022) 345 ff
SCHMID, Die vorrangige Grundschuld und die sich daraus ergebenden Probleme des Bauträgerkäufers, BauR 2000, 971
ders, Deutsches Bauträgervertragsrecht und Staatshaftung, BauR 2023, 1584
SCHMIDT, Die sukzessive Begründung von Wohnungseigentum bei Mehrhausanlagen, ZWE 2005, 58
SCHOMBURG/FUCHS, Bauträgervertragsrecht: Abschlussbericht der Arbeitsgruppe beim BMJV vom 19. 6. 2019, NZM 2019, 744
SCHWAB, AGB-Recht (3. Aufl 2019)
THEUERSBACHER, Der Bauträgervertrag und die Reform des Bauvertragsrechts, ZNotP 2022, 125 und ZNotP 2022, 173
THODE, Die Vormerkungslösung im Bauträgervertrag und die Gestaltungsrechte des Erwerbers, ZNotP 2004, 210
ders, Die Rechtsprechung des BGH zum Bauträgerrecht in der Zeit vom Januar 2003 bis Februar 2005, ZNotP 2005, 162
VOGEL, Das magische Dreieck, BauR 1999, 992
ders, Anmerkung zu BGH 6. 5. 2003 – XI ZR 33/02, ZIP 2003, 1292
ders, Anmerkung zu KG 20. 2. 2003 – 10 U 403/01, EWiR 2003, 1102
ders, Sicherungen beim Bauträgervertrag – einige unerkannte Probleme aus der Praxis, BauR 2007, 224
ders, Sicherungen beim Bauträgervertrag – einige unerkannte Probleme aus der Praxis, BauR 2007, 224
ders, Verhältnis zwischen der Bank des Bauträgers und dem Erwerber/Wohnungseigentümer – die Lastenfreistellungserklärung, NZM 2009, 71
ders, Rechtsprechungsübersicht Bauträgerrecht, Partner im Gespräch (PiG) 102 (2016) 107 ff
ders, Haftung des Bauträgergeschäftsführers im Zusammenhang mit der Baugeldverwendung und den Vorgaben der makler- und Bauträgerverordnung, in: FS Kainz (2019) 641 ff
ders, Michael und das 3. Semester – eine Lehrstunde zum Zusammenspiel zwischen Privatrecht und öffentlichem Recht, in: FS Drasdo (2023) 263 ff
WAGNER, Auswirkungen der Neufassung baugesetzlicher Regelungen für den Bauträgervertrag, ZfBR 2018, 635
WARDA, Ausgewählte Probleme der Makler- und Bauträgerverordnung, MittBayNot 1988, 1
WEBER, Die Auswirkungen des neuen Bauvertragsrechts auf das Bauträgerrecht, notar 2017, 379
WEINGART, Der Bauträger und die MaBV, BauR 2020, 1833
WEISE/HÄNSEL, Der Bauträgervertrag nach der Baurechtsreform, NJW-Spezial 2018, 44.

Systematische Übersicht

I. **Einführung** 1

II. **Dogmatische Verortung und rechtspolitische Bewertung** 3

III. **Einzelheiten** 8
1. Zahlungsregelung nach § 3 MaBV 11
a) Allgemeine Fälligkeitsvoraussetzungen 12
aa) Wirksamer Vertrag und Notarbestätigung 13
bb) Auflassungsvormerkung 15
cc) Sicherung der Lastenfreistellung 18
(1) Gewerberechtliche Vorgaben 19
(2) Zivilrechtliche Fragen und Folgeprobleme 27
(3) Beurteilung von vorformulierten Regelungen in Lastenfreistellungserklärungen 37

dd) Baugenehmigung oder Baugenehmigungssurrogat 42
b) Erreichung Bautenstand 50
aa) Gewerbe- und zivilrechtliche Sichtweise 51
bb) Sonderproblem: Barsicherheit nach § 650m Abs 2 BGB 62
cc) Zulässigkeit eines flexiblen Ratenplans 63
2. Zahlung nach § 7 MaBV 65
a) Erfasste und nicht erfasste Fallgestaltungen 65
b) Sicherungsumfang einer Bürgschaft nach § 7 Abs 1 MaBV 67
c) Art und Form der Sicherheit 68
d) Besondere Anforderungen an die Vertragsabwicklung 69
e) Abweichung nach § 7 Abs 2 MaBV 73
f) Verhältnis zur Sicherheit nach § 650m Abs 2 BGB 74

IV. Rechtspolitische Wertung 75
1. Unzulänglichkeit des Vormerkungsmodells (§ 3 MaBV) 76
2. Lücken des Sicherungsmodells nach § 7 Abs 1 MaBV 79

V. Rechtsfolgen MaBV-widriger Regelungen und MaBV-widriger Zahlungsweisen 80

Alphabetische Übersicht

Abschlagszahlung (§ 3 Abs 2 BGB)
– Allgemeine Fälligkeitsvoraussetzungen 12 ff
– Anspruch auf 5
– Auflassungsvormerkung 15 ff
– Baugenehmigung, Baugenehmigungssurrogate 42
– Bautenstand, gewerberechtliche Betrachtung 51 ff
– Bautenstand, zivilrechtliche Betrachtung 53 ff
– Bezugsfertigstellung 56 ff
– „flexibler Ratenplan“ 63 ff
– Mehrhausanlagen 59 ff
– Sicherung Lastenfreistellung 18 ff
– Vollständige Fertigstellung 54 ff
– Wirksamkeit der Vereinbarung 6
– wirksamer Vertrag 13 f

Entstehungsgeschichte 1 ff
– Sicherungsniveau 6 f
– Verordnungsermächtigung 2

HausbauVO
– Rechtliche Einordnung 3, 8
– Wirksamkeit von Vereinbarungen 4 ff

Lastenfreistellungserklärung
– AGB-rechtliche Beurteilung 37 ff
– AGB-Kontrolle 29 f
– Auslegung 29
– „doppelter Leistungszweck“ 32
– Empfangskonto 36
– Ersetzungsbefugnis 25, 39
– gewerberechtliche Vorgabe 19 ff
– Nichtvollendung 23 ff, 33 ff
– Rückzahlungsvorbehalt 26, 40
– zivilrechtliche Beurteilung 27 ff
– zusätzliche Voraussetzungen 30 ff

MaBV
– Anwendungsbereich 10
– keine zivilrechtliche Ersatzordnung 9
– Schutzniveau 6
– Verstöße 80 ff

Rechtspolitische Bewertung der Sicherungssysteme 75 ff
– Ausschluss der außerordentlichen Kündigung 4
– Lücken des Vormerkungsmodells 76 ff
– Lücken des Sicherungsmodells (§ 7 MaBV) 79 ff
– veraltetes Schutzniveau 6 f

Sicherheitseinbehalt (§ 650m Abs 2 BGB)
– Kollision mit Gewerberecht 62

Verstöße gegen MaBV 80 ff
– persönliche Haftung 84
– Rechtsfolgen 80 ff
– Rückzahlung 81 ff
– Verjährung 86

Zahlung gegen Bürgschaft (§ 7 MaBV)
- Abgrenzung Voraus- und Abschlagszahlung 65 ff
- Anforderung an Bürgen 68
- Sicherungsumfang Bürgschaft (Abschlagszahlung) 67 ff
- Verhältnis zu § 650m Abs 2 BGB 74
- Vertragsabwicklung 70 ff
- zulässige Abweichung 73

I. Einführung

1 Der Bauträgervertrag ist seit der Reform des Bauvertragsrechts (Gesetz v 28. 4. 2017, BGBl 2017 I 969) im BGB geregelt. Bezüglich des Rechts des Bauträgers, Abschlagszahlungen zu verlangen, verweist das Gesetz aber nach wie vor auf Art 244 EGBGB. § 650v BGB entspricht dem bis zum 31. 12. 2017 geltenden § 632a Abs 2 aF. Eine inhaltliche Änderung ist hiermit nicht verbunden (Erman/Schwenker/Rodemann § 650v Rn 1). § 650v BGB ist auf alle Verträge anwendbar, die ab einschließlich dem 1. 1. 2018 geschlossen wurden (Art 229 § 39 EGBGB). Er ist zwingendes Recht (Soergel/Glöckner § 650v Rn 20).

2 Art 244 EGBG enthält eine Verordnungsermächtigung, dass auch unter Abweichung von den §§ 632a, 650m BGB der Verordnungsgeber regeln kann, ob und welche Abschlagszahlungen der Bauträger vom Erwerber verlangen kann. Die Verordnungsermächtigung erstreckt sich nicht nur auf Bauträgerverträge (§ 650u BGB), sondern auch auf Umbauten mit geringer Eingriffstiefe in den Bestand (vgl BT-Drucks 16/511, 15). Auf Grundlage von Art 244 EGBGB wurde die Verordnung über Abschlagszahlungen bei Bauträgerverträgen (HausbauVO) vom 23. 5. 2001 (BGBl 2001 I 981) idF vom 28. 4. 2017 (BGBl 2017 I 969) erlassen. Sie lautet heute:

> § 1 Zulässige Abschlagszahlungsvereinbarungen
>
> In Werkverträgen, die die Errichtung oder den Umbau eines Hauses oder eines vergleichbaren Bauwerks auf einem Grundstück zum Gegenstand haben und zugleich die Verpflichtung des Unternehmers enthalten, dem Besteller das Eigentum an dem Grundstück zu übertragen oder ein Erbbaurecht zu bestellen oder zu übertragen, kann der Besteller zur Leistung von Abschlagszahlungen entsprechend § 3 Abs. 2 der Makler- und Bauträgerverordnung unter den Voraussetzungen ihres § 3 Abs. 1 verpflichtet werden. Unter den Voraussetzungen des § 7 der Makler- und Bauträgerverordnung kann der Besteller auch abweichend von ihrem § 3 Abs. 1 und 2 zur Leistung von Abschlagszahlungen verpflichtet werden. § 650m Absatz 2 und 3 des Bürgerlichen Gesetzbuchs findet Anwendung.

Die Änderungen im Zuge der Reform des Bauvertragsrechts waren rein redaktioneller Natur.

II. Dogmatische Verortung und rechtspolitische Bewertung

3 Die HausbauVO sollte aufgrund berechtigter Zweifel in der Literatur (Karczewski/Vogel BauR 2001, 859, 861 ff; Pause NZBau 2001, 181, 183; Thode ZfIR 2001, 345) die AGB-Wirksamkeit von Zahlungsplänen in Anlehnung an § 3 Abs 2 MaBV gewährleisten.

Nach der höchstrichterlichen Rechtsprechung (BGH 22. 3. 2007 – VII ZR 268/05, BGHZ 171, 364 = NJW 2007, 1947 Rn 28) war nämlich § 632a aF auf Bauträgerverträge nicht anwendbar, weil § 3 Abs 2 MaBV eine gewerberechtliche Vorschrift ist (zutreffend Messerschmidt/Voit/Thode § 650v Rn 2 mwNw). Gesetzliches Leitbild wären damit die §§ 632, 641 BGB gewesen, so dass an § 3 Abs 2 MaBV orientierte Zahlungspläne einer Inhalts- und Missbrauchskontrolle nicht standgehalten hätten. Ob der deutsche Gesetzgeber im Nachhinein durch den Kunstgriff, eine Verordnung zu erlassen, von der europarechtlichen Missbrauchskontrolle der Klauselrichtlinie (RiL 93/13/EWG) befreite, ist umstritten (dagegen BeckOK-BauVertrR/Karczewski [15. 2. 2025] § 650v Rn 30 f; Messerschmidt/Voit/Thode § 650v Rn 2; Thode ZNotP 2010, 213, 214; Vogel BauR 2018, 717 mwNw). Basty (Basty DNotZ 2000, 260, 266) sprach nicht zu Unrecht von einer vorweggenommenen Inhaltskontrolle. Der VII. Zivilsenat des Bundesgerichtshofs (BGH 22. 3. 2007 – VII ZR 268/05, BGHZ 171, 365 = NJW 2007, 1947 Rn 24) hat diese Frage ausdrücklich offengelassen. Der III. Zivilsenat des Bundesgerichtshofs (BGH 22. 7. 2010 – III ZR 293/09, NJW 2010, 3243 Rn 18) geht sogar davon aus, dass an § 3 Abs 2 MaBV angelehnte Zahlungen in Wahrheit sogar Vorauszahlungen seien. Ginge man hiervon aus, wäre die Verordnung von der Ermächtigungsgrundlage nicht gedeckt und damit nichtig. Entsprechende Zahlungsvereinbarungen wären AGB-rechtlich wohl unwirksam.

Das Problem der AGB-rechtlichen Wirksamkeit von Zahlungsplänen wird dadurch massiv verschärft, dass durch vollständigen Kündigungsausschluss der Erwerber im Falle von erheblichen, vom Bauträger zu vertretenden Vertragsstörungen nicht mehr ohne große Risiken aus dem Vertrag rechtssicher aussteigen kann (§ 650u Rn 100 ff). Die Sicherungslücke ist also im Zuge der Reform des Bauvertragsrechts größer geworden (Pause/Vogel NZBau 2015, 671, 675; ebenso Kniffka/Retzlaff BauR 2017, 1881, 1886). Diese zusätzliche Absenkung des nationalen Schutzniveaus zu Lasten des Verbrauchererwerbers ist europarechtlich höchst problematisch (näher Vogel BauR 2018, 717, 719 f). Sie spricht jedenfalls dafür, dass ohne Kündigungsmöglichkeit für den Erwerber oder ohne hinreichende Absicherung das bautenstandsabhängige Zahlungsmodell gegenüber Verbrauchern AGB-widrig ist (ähnlich Messerschmidt/Voit/Thode § 650v Rn 2 f; **aA** BeckOGK/Matkovic [1. 1. 2025] § 650v Rn 22 ff; Langen/Berger/Dauner-Lieb/Langen § 650v Rn 2; Leinemann/Kues/Altenburg § 650v Rn 7; auch Pause/Vogel Kap 4 Rn 72; unentschieden Soergel/Glöckner § 650v Rn 7 f). Unerheblich ist, was sich der Gesetzgeber (vgl Beschlussempfehlung und Bericht des Rechtsausschusses in BT-Drucks 14, 2752, 14) hierzu bei Erlass von Art 244 EGBGB gedacht haben mag. Er kann nicht von dem europarechtlichen Schutzniveau suspendieren. **4**

Einigkeit besteht darüber, dass § 650v BGB dem Bauträger nicht kraft Gesetzes einen Anspruch auf Abschlagszahlung gewährt; hierfür bedarf es einer ausdrücklichen Vereinbarung (BeckOGK/Matkovic [1. 1. 2025] § 650v Rn 1; BeckOK-BauVertrR/Karczewski [15. 2. 2025] § 650v Rn 2; Grüneberg/Retzlaff § 650v Rn 2; MünchKommBGB/Busche § 650v Rn 2; Soergel/Glöckner § 650v Rn 10: § 650v BGB ist zu § 632a BGB lex specialis). **5**

Bei der Beurteilung des Sicherungssystems der §§ 3, 7 MaBV, die teilweise durch § 650v BGB in das Zivilrecht implementiert wurden, muss man sich immer vor Augen halten, wann und warum es die Regelungen in der MaBV gibt. Seit den 1960er Jahren gab es im Zuge der konjunkturellen Einbrüche größere Bauträgerinsolvenzen. Bauträger hatten am Markt oft ungesicherte Vorauszahlungen durchsetzen kön- **6** nen. Es ist der Verdienst der Landesnotarkammer Bayern aufgrund einiger verdienstvoller Notare, berufsrechtlich eine Mindestsicherung der Erwerber durch Lastenfreistellungserklärung und Vormerkung sowie einer bautenstandsabhängigen Zahlung mittels ausgewogener Vertragsgestaltung von den Notaren zu fordern (hierzu BASTY MittBayNot 2007, 187). Das Merkblatt zur „Gestaltung von Verträgen über den Erwerb neuer Wohngebäude und Eigentumswohnungen" der Landesnotarkammer Bayern stammt vom März 1971 (vgl hierzu GRZIWOTZ NZBau 2019, 218 mwNw). Unmittelbar hiernach hatte der Gesetzgeber mit Gesetz vom 30. 5. 1973 (BGBl 1973 I 501) die Beurkundungspflicht in § 313 aF so erweitert, dass Bauträgerverträge beurkundet werden müssen, so dass ein gewisser Mindestschutz durch das notarielle Beurkundungsverfahren gewährleistet werden konnte. Der Gesetzgeber hat durch Erlass der Verordnungsermächtigung in § 34c Abs 3 GewO mittels Änderungsgesetz zur Gewerbeordnung vom 15. 8. 1974 (BGBl 1974 I 1937) die Möglichkeit eröffnet, eine Verordnung zu erlassen, um die Entgegennahme und Verwendung von Vermögenswerten zu beschränken. Hiervon hat der Verordnungsgeber mit Verordnung zur Durchführung der Gewerbeordnung vom 20. 6. 1974 (BGBl 1974 I 1314) erstmals Gebrauch gemacht und die Makler- und Bauträgerverordnung (MaBV) erlassen (zu den Änderungen vgl MARCKS Vorbemerkung §§ 1 ff MaBV Rn 1 ff). Der Gesetz- und Verordnungsgeber erhoffte sich über die gewerbepolizeiliche Schiene ein schnelleres Abstellen der Missstände in der Bauträgerbranche (GRZIWOTZ NZBau 2018, 219 mwNw).

7 Diese gewerberechtliche Verordnung beinhaltet damit im Wesentlichen das Verbraucherschutzniveau der 1970er Jahre (zutr GRIWOTZ/GRZIWOTZ Einleitung MaBV Rn 9 ff), was damals teilweise revolutionär war. § 3 MaBV wird damit immer noch als zentrale Verbraucherschutznorm bezeichnet (so MARCKS § 3 MaBV Rn 1). Mit den neueren Entwicklungen und hieraus erwachsenden Problemen aufgrund der geänderten öffentlich-rechtlichen Vorgaben zur Baufreiheit, der Freiheit und Sicherung von öffentlichen (Erschließungs-)Lasten (zur Absicherung umfassend KRAUSS RNotZ 2023, 1 ff), der Verlagerung von Kompetenzen auf die Gemeinschaft der Wohnungseigentümer sowie der ansonsten gesetzlich bzw europarechtlich etablierten Inhalts- und Missbrauchskontrolle hat sie nicht ansatzweise Schritt gehalten (GRIWOTZ/GRZIWOTZ Einleitung MaBV Rn 14 f). Schon immer sicherte die MaBV nicht den Anspruch auf Rückzahlung geleisteter Erwerbspreise im Falle einer Rückabwicklung oder Unwirksamkeit gegen den Bauträger (BGH NJW 2010, 3243 Rn 18) und nach § 3 Abs 1 S 2 MaBV nicht automatisch den Rückzahlungsanspruch gegen das globalfinanzierende Kreditinstitut des Bauträgers (BeckOK-BauVertrR/KARCZEWSKI [15. 2. 2025] § 650v Rn 11 mwNw). Ein solcher Zahlungsanspruch kann sich allenfalls bei einem nichtigen Vertrag ergeben, wenn der Erwerber an das globalfinanzierende Kreditinstitut des Bauträgers zahlt, an das der Erwerbspreisanspruch (unwirksam) abgetreten wurde, um den Erwerbspreis zu erfüllen und die Lastenfreistellung nach den Voraussetzungen in der Lastenfreistellungserklärung zu bekommen; dann liegt ausnahmsweise bereicherungsrechtlich gegenüber dem Kreditinstitut ein eigener Leistungszweck vor, so dass nach § 812 Abs 1 S 1 Var 1 BGB die Zahlungen von ihm durch den Erwerber zurückverlangt werden können (BGHZ 162, 157 = NJW 2005, 1356). Ob ein solch direkter Rückzahlungsanspruch auch dann gegeben ist, wenn eine Freistellung wegen Rückabwicklung des Bauträgervertrags nicht mehr möglich ist, ist ungeklärt (hierzu noch tendierend VOGEL NZM 2009, 71, 75; zutr ablehnend BeckOK-BauVertrR/KARCZEWSKI [15. 2. 2025] § 650v Rn 15.1). Dies hängt ua davon ab, ob durch das Lastenfreistellungsversprechen ein eigenes Schuldverhältnis zwischen Erwerber und globalfinanzierendem Kreditinstitut des Bauträgers zustande kommt.

III. Einzelheiten

§ 650v BGB verweist über Art 244 EGBGB zivilrechtlich auf § 1 der HausbauVO. **8**
Nur unter den Voraussetzungen der „entsprechend" geltenden Normen der öffentlich-rechtlichen §§ 3, 7 MaBV darf der Bauträger Abschlagszahlungen vereinbaren. § 650v BGB hat zur Folge, dass die Möglichkeit, beim Bauträgervertrag Abschläge zu vereinbaren, deutlich eingeschränkt wird (zutr SOERGEL/GLÖCKNER § 650v Rn 11). Der Verweis hat weiter zur Folge, dass die gewerberechtlichen Anwendungsvoraussetzungen der MaBV nicht vorliegen müssen. Der zivilrechtliche Bauträger muss also nicht zwingend ein Gewerbetreibender sein, wie dies § 34c Abs 3 GewO als Verordnungsermächtigung der MaBV voraussetzt. Auch der „Bauträger", der privat handelt, ist also Normadressat von § 1 S 1 HausbauVO. Gleichwohl wird im Regelfall der zivilrechtliche Bauträger auch gewerblich handeln (näher WEINGART BauR 2020, 1833, 1839 ff). Dieses Durcheinander von Gewerbe- und Zivilrecht führt zu erheblichen Auslegungs- und Differenzierungsproblemen (ausführlich WEINGART BauR 2020, 1833, 1834 f).

Die MaBV enthält kein unmittelbar verbindliches Vertragsrecht, sondern hat öffent- **9**
lich-rechtlichen Charakter (BGH 28. 9. 2000 – VII ZR 372/99, BGHZ 145, 250 = NJW 2001, 818, 819; BGH 22. 10. 1998 – VII ZR 99/97, BGHZ 139, 387 = NJW 1999, 51, 52). Sie verbietet dem Bauträgern öffentlich-rechtlich die Vereinbarung und die tatsächliche Entgegennahme von Zahlungen, die nicht den Vorgaben der §§ 3, 7 MaBV entsprechen. Sie ist strafbewehrt (§ 12 MaBV). Dies hat zur Folge, dass von der MaBV abweichende Zahlungsvereinbarungen nach § 134 BGB nichtig sind; der Vertrag bleibt im Übrigen nach dem Schutzzweck der MaBV wirksam (BGH 28. 9. 2000 – VII ZR 372/99, BGHZ 145, 250 = NJW 2001, 818, 819 f; BGH 22. 3. 2007 – VII ZR 268/05, BGHZ 171, 364 = NJW 2007, 1947 Rn 19: nur die Zahlungsvereinbarung ist nichtig). Als gewerberechtliche Norm kann § 3 MaBV keine zivilrechtliche Ersatznorm sein, so dass der Bauträger nach der höchstrichterlichen Rechtsprechung (BGH 28. 9. 2000 – VII ZR 372/99, BGHZ 145, 250 = NJW 2001, 818, 820; BGH 22. 3. 2007 – VII ZR 268/05, BGHZ 171, 364 = NJW 2007, 1947 Rn 21 ff) nur nach § 641 BGB Zahlung verlangen kann. Diese Formulierung ist missverständlich, weil dann, wenn die MaBV (noch) anwendbar ist, gewerberechtlich also zusätzlich deren Voraussetzungen vorliegen müssen (vgl PAUSE/VOGEL Kap 4 Rn 342; VOGEL, in: FS Drasdo [2023] 263, 265).

Die Makler- und Bauträgerverordnung ist nach § 1 MaBV gewerberechtlich nur auf **10**
Gewerbetreibende, die einer Erlaubnis nach § 34c Abs 1 GewO bedürfen, also dann, wenn der Gewerbetreibende das Objekt als Bauherr errichtet und dabei Vermögenswerte der Erwerber verwendet. Die Verordnung ist gewerberechtlich unanwendbar auf andere Erwerbsformen, also insbesondere nicht auf den Generalübernehmervertrag, insbesondere dann, wenn Verkäufer und Unternehmer nicht personenidentisch sind (GRZIWOTZ/KOEBLE/RIEMENSCHNEIDER/ZAHN Kap 3 Rn 38; MARCKS § 3 MaBV Rn 5a; PAUSE/VOGEL Kap 4 Rn 84; VOGEL, in: FS Drasdo [2023] 263, 266 f; **aA** OLG München 17. 3. 2015 – 9 U 1662/11, MittBayNot 2017, 45 f; GRZIWOTZ MittBayNot 2017, 47 f). Als strafbewehrtes Gewerberecht (vgl §§ 12, 18 Abs 1 Nr 2–8 MaBV, §§ 34 Abs 4, 144 Abs 2 Nr 2 GewO) ist die Verordnung wortlautorientiert auszulegen und nicht analogiefähig. Der aus Art 103 Abs 2 GG folgende Bestimmtheitsgrundsatz ist nicht nur bei der öffentlich-

rechtlichen, sondern auch bei der „zivilrechtlichen" Anwendung der einschlägigen gewerberechtlichen Normen zu beachten, so dass der Wortsinn die Auslegungsgrenze bildet (BGH 16. 11. 2022 – VIII ZR 290/21, BeckRS 2022, 37860 Rn 41 ff; dazu Vogel, in: FS Drasdo [2023] 263, 265 f).

1. Zahlungsregelung nach § 3 MaBV

11 Aus § 3 MaBV ergeben sich allgemeine Fälligkeitsvoraussetzungen und als besondere Fälligkeitsvoraussetzung die Erreichung eines bestimmten Bautenstands.

a) Allgemeine Fälligkeitsvoraussetzungen

12 Die allgemeinen Fälligkeitsvoraussetzungen sind in § 3 Abs 1 MaBV geregelt. Entsprechend seines Wortlauts enthält er zwei Varianten. Hierdurch ist gewerberechtlich der umfassende Schutz des Erwerbers bezweckt (BGH 22. 10. 1998 – VII ZR 99/97, BGHZ 139, 387 = NJW 1999, 51, 52); es ist nicht ganz zweifelsfrei, ob ein solcher Schutz mit einer strafbewerten Norm des öffentlichen Rechts, die streng am Wortlaut ausgelegt werden muss, erreicht werden kann. In der üblicherweise nur kommentierten zweiten Variante geht es um die vereinbarte Verwendung von Vermögenswerten des Erwerbers, also typischerweise um Fälligkeitsvereinbarungen (GrziwotzBischoff § 3 MaBV Rn 18 ff). Die erste Variante behandelt, ohne dass dies näher kommentiert wird, unabhängig von einer Vereinbarung ua die tatsächliche Entgegennahme von Vermögenswerten des Erwerbers (Marcks § 3 MaBV Rn 7). Diese Variante begrenzt also die Anzahl der Zahlungen, die der Bauträger entgegennehmen darf.

aa) Wirksamer Vertrag und Notarbestätigung

13 Der Bauträger darf nach § 3 S 1 Nr 1 MaBV Vermögenswerte erst entgegennehmen, wenn ein rechtswirksamer Vertrag vorliegt, so dass ein Vorvertrag oder ein bindendes Angebot nicht ausreichen (ibrOK-BauVertrR/Pausel [7. 2. 2025] § 650v Rn 10). Der Vertrag muss also die essentialia negotii enthalten, er muss formwirksam beurkundet sein und alle erforderlichen Genehmigungen müssen vorliegen bzw alle Bedingungen müssen eingetreten sein (zu den Details Basty Kap 4 Rn 4 ff; Pause/Vogel Kap 4 Rn 90 ff). Zu der notwendigen Genehmigung gehört auch bei Wohneigentum eine etwaige Zustimmung des Verwalters, wenn die in der Gemeinschaftsordnung vorgesehen ist (BGH 21. 2. 1991 – V ZB 13/90, BGHZ 113, 374 = NJW 1991, 1613; zu den Auswirkungen der WEG-Reform Hügel/Elzer § 12 WEG Rn 14 f). Etwaige vertragliche Rücktrittsrechte des Bauträgers müssen erloschen sein (zu den Details Basty Kap 4 Rn 30 ff).

14 Zudem muss der Notar schriftlich bestätigen, dass der Vertrag wirksam zustande gekommen ist und alle erforderlichen Genehmigungen vorliegen (§ 3 S 1 Nr 1 MaBV). Üblicherweise bescheinigt der Notar auch die übrigen Fälligkeitsvoraussetzungen (Eintragung der Auflassungsvormerkung, Sicherung der Lastenfreistellung und Erteilung der Baugenehmigung bzw der Baugenehmigungssurrogate). Diese notarielle Fälligkeitsmitteilung hat erhebliche haftungsrechtliche Auswirkungen, weil der Notar auch auf etwaige Zweifel an der Rechtswirksamkeit hinweisen muss; entscheiden muss er etwaige Rechtsfragen nicht (näher Pause/Vogel Kap 4 Rn 106). Erfährt der Notar nachträglich, dass seine Mitteilung unrichtig (geworden) ist oder Zweifel hieran bestehen, so muss er die Vertragsparteien hierüber informieren (näher Basty Kap 4 Rn 16 ff). Es handelt sich um eine selbständige Betreuungstätigkeit (§ 24 Abs 1 S BNotO), so dass der Notar originär haftet und nicht auf eine anderweitige Ersatz-

möglichkeit verweisen kann (BGH 4. 5. 1984 – V ZR 255/82, VersR 1984, 779; BGH 24. 10. 1985 – IX ZR 91/84, BGHZ 96, 157 = DNotZ 1986, 406, 407; BGH 17. 6. 1999 – IX ZR 100/98, NJW-RR 1999, 1579; BGH 17. 1. 2002 – IX ZR 266/00, NJW 2002, 1344; BGH 11. 7. 2002 – IX ZR 68/01, DNotZ 2002, 716).

bb) Auflassungsvormerkung

Nach § 3 Abs 1 S Nr 2 MaBV muss die Auflassungsvormerkung an der vereinbarten **15** Rangstelle im Grundbuch eingetragen sein. Angeblich soll es nicht genügen, wenn durch die Eintragung das Grundbuch unrichtig geworden ist (so Basty Kap 4 Rn 52). Dies mag sich zwar aus Sinn und Zweck der MaBV ergeben, aus dem Wortlaut der strafbewehrten gewerberechtlichen Verordnung indes nicht. Die Vormerkung (§ 883 BGB) sichert den schuldrechtlichen Anspruch des Erwerbers gegen den Bauträger auf Eigentumsübertragung. Sie ist nach § 106 InsO insolvenzfest (§ 650u Rn 205). Nicht gesichert wird hierdurch der Anspruch auf ordnungsgemäße Herstellung des Erwerbsobjekts. Der Erwerber trägt somit das Herstellungs- und Fertigstellungsrisiko (zutr Basty Kap 4 Rn 44). § 3 MaBV unterstellt hierbei, dass der Bauträger noch Grundstückseigentümer ist (zutr Marcks § 3 MaBV Rn 9). Damit reicht es nicht aus, wenn der Bauträger seinen Eigentumsverschaffungsanspruch gegenüber einem Dritten an den Erwerber abtritt (Marcks § 3 MaBV Rn 10). Der Erwerber hinge damit auch von dem Bestand des abgetretenen Übereignungsanspruchs ab, zumal ungeklärt ist, ob in einer solchen Konstellation § 106 InsO anwendbar wäre (hierzu Pause/Vogel Kap 4 Rn 118).

Sofern sich der Verschaffungsanspruch des Erwerbers auf Wohn- oder Teileigentum **16** bzw Wohn- oder Teilerbbaurecht bezieht, muss dieses als „Vertragsobjekt" (hierzu und zu weiteren Problemen näher Basty Kap 4 Rn 54 ff) bereits im Grundbuch existieren, also das entsprechende Grundbuchblatt angelegt sein (zu den Voraussetzungen hierfür näher Pause/Vogel Kap 4 Rn 128 ff). Eine Vormerkung am ungeteilten Grundstück genügt also nicht. Werden mehrere im Grundbuch gebildete „Grundstücke" einheitlich ohne getrennte Ausweisung des Erwerbspreises veräußert, muss die Vormerkung in allen Grundbuchblättern eingetragen sein (Basty Kap 4 Rn 55; Grziwotz/Bischoff § 3 MaBV Rn 37).

Oftmals dauert Vollzug einer Teilungserklärung geraume Zeit, etwa wenn Grundstü- **17** cke zusammengelegt oder geteilt werden müssen oder der Bauträger den Ankauf mit einem Dritten noch nicht vollenden konnte. Dann kann der Bauträger nur unter Absicherung gem § 7 Abs 1 MaBV Zahlungen verlangen bzw vereinbaren (Grziwotz/Bischoff § 3 MaBV Rn 40).

cc) Sicherung der Lastenfreistellung

Durch die Auflassungsvormerkung wird nur der Anspruch des Erwerbers auf Über- **18** tragung des Grundeigentums gesichert, nicht aber auf Übertragung eines lastenfreien Grundstücks. Deshalb sieht § 3 Abs 1 S 1 Nr 3, S 2 bis 5 MaBV vor, dass und wie die Lastenfreistellungserklärung gesichert sein muss.

(1) Gewerberechtliche Vorgaben

Die Lastenfreistellungserklärung muss nach § 3 Abs 1 S 4 MaBV dem Erwerber aus- **19** gehändigt sein. Es genügt, wenn sie dem Notar übergeben wurde und er diese treuhänderisch für den Erwerber aufbewahrt (OLG Düsseldorf 14. 10. 2008 – 23 U 36/08, BauR

2011, 538 = BeckRS 2009, 7176; zur Bürgschaft nach § 7 MaBV ebenso BGH 11. 1. 2007 – VII ZR 229/05, NJW 2007, 1360 Rn 20). Erforderlich ist eine Verwahrungsabrede, dass die Erklärung ausdrücklich für den Erwerber verwahrt wird. Es genügt nämlich nicht, wenn der Notar die Erklärung tatsächlich verwahrt, es aber an einer entsprechenden Verwahrungsabrede fehlt (OLG Celle 6. 8. 2003 – 7 U 36/03, BauR 2004, 1007 = NJW-RR 2004, 592). Existiert die Lastenfreistellungserklärung zum Zeitpunkt der Beurkundung des Bauträgervertrags noch nicht, muss der Vertrag die Pflicht des Bauträgers zur Aushändigung gem § 3 Abs 1 S 5 Var 2 MaBV ausdrücklich vorsehen. Liegt die Erklärung vor, muss der Vertrag hierauf nach § 3 Abs 1 S 5 Var 1 MaBV Bezug nehmen. Die Verletzung der Bezugnahme führt indes nicht zur Unwirksamkeit des Vertrags (BGH 7. 11. 2013 – VII ZR 167/11, BGHZ 199, 19 = NJW 2014, 1728 Rn 30 f).

20 Aus dem Wortlaut der Regelung in der MaBV und der Ermächtigungsgrundlage in § 34c Abs 3 GewO folgt, dass der Globalgrundpfandrechtsgläubiger nicht unmittelbarer Normadressat der gewerberechtlichen Regelungen ist (BGH 19. 7. 2001 – IX ZR 319/00, BeckRS 2001, 6751 noch zur Bürgschaft nach § 7 MaBV; BGH 6. 5. 2003 – IX ZR 33/02, NJW-RR 2003, 1171, 1172; BGH 16. 4. 2009 – VII ZR 240/06, BeckRS 2009, 44705; Vogel NZM 2009, 71 mwNw). Das schließt aber nicht aus, dass er zivilrechtlich aus Verschulden bei Vertragsschluss (§ 311 Abs 2 BGB) haftet, wenn er eine Erklärung abgibt, die keine MaBV-konforme Abwicklung ermöglicht, ohne dass dies hinreichend deutlich wird (so zur Bürgschaft nach § 7 MaBV Fischer WM 2003, 1, 5; Vogel ZIP 2003, 1292, 1293). Die Einzelheiten sind rechtlich ungeklärt, insbesondere ob als Gläubiger eines solchen Anspruchs nur der Bauträger oder auch der Erwerber in Betracht kommt.

21 Die MaBV enthält keine gewerberechtlichen Vorgaben zur Person des Grundpfandrechtsgläubigers, der die Lastenfreistellungserklärung abgeben muss (zutr LG Düsseldorf 13. 10. 2004 – 19 T 159/04, RNotZ 2005, 294, 295). Ihr liegt wohl der Gedanke zugrunde, dass Grundpfandrechtsgläubiger ein Kreditinstitut ist, das der deutschen Finanzaufsicht unterliegt (so Reithmann/Terbrack/Schiffner Rn C 346). Gewerberechtlich kommt es auf den Sitz und die etwaige Geschäftstätigkeit nicht an (Basty Kap 4 Rn 84). Dies beruht darauf, dass die MaBV als strafbewehrtes öffentliche Recht streng am Wortlaut orientiert auszulegen ist. Zivilrechtlich ist dieses Ergebnis aber zweifelhaft (**aA** noch Vogel BauR 2007, 224, 233). Indes lässt sich das Problem durch eine erwerberfreundliche Vertragsgestaltung umschiffen (näher DNotI-Report 2015, 25 ff; DNotI-Report 2004, 21 ff; Reithmann/Terbrack/Schiffner Rn C 346).

22 Gewerberechtlich gibt es aus § 3 Abs 1 S 1 Nr 3 MaBV auch keine Anforderungen an die genaue zivilrechtliche Ausgestaltung der Lastenfreistellung. Neben einem Freigabeversprechen kommen noch eine Rangrücktrittserklärung des Globalgrundpfandrechtsgläubigers, eine (vollständige oder teilweise) Übernahme der Grundpfandrechte durch den Erwerber oder eine Löschungsbewilligung in Betracht (näher DNotI-Report 2015, 25 ff; Pause/Vogel Kap 4 Rn 134). Üblicherweise legt der Bauträger eine Freistellungsverpflichtungserklärung des ihn finanzierenden Kreditinstituts als Globalgrundpfandrechtsgläubiger vor. Hierin verpflichtet es sich zur Löschung der nicht vom Erwerber übernommenen Grundpfandrechte, wobei die Löschung unverzüglich nach Zahlung der „geschuldeten Vertragssumme“ erfolgen muss. Die Freistellungserklärung muss sich nach § 3 Abs 1 S 2 MaBV sowohl auf den Fall beziehen, dass das Objekt vollendet wird, wie auch auf denjenigen, dass das Bauvorhaben nicht vollendet wird. Im zweiten Fall darf sich das Kreditinstitut gem § 3 Abs 1 S 3 MaBV vorbehalten, statt der Freistellung dem Erwerber sämtliche von ihm bereits geleisteten Zahlungen zurückzuzahlen. Das Erwerbsobjekt und damit das Grundstück müssen in der Erklärung eindeutig bezeichnet sein (OLG Bamberg 14. 9. 2005 – 3 U 3/05, BauR 2006, 122 = BeckRS 2005, 30362526).

Die Lastenfreistellungserklärung muss für den Fall, dass das Bauvorhaben vollendet wird, enthalten, dass die Globalgrundschuld gelöscht wird, wenn die „geschuldete Vertragssumme" gezahlt wurde. Fehlt es hieran, ist die Zahlungsregelung gem §§ 12 MaBV, 134 BGB nichtig (OLG Celle 6. 8. 2003 – 7 U 36/03, NJW-RR 2004, 592). Nicht ganz klar ist, was gewerberechtlich unter dem Begriff der „Vollendung" zu verstehen ist. Da nicht der Begriff der „vollständigen Fertigstellung" verwendet wird, dürfte es wortlautgetreu nur darauf ankommen, dass das Leistungsprogramm im Wesentlichen abgearbeitet wurde und keine wesentlichen Mängel bestehen, die eine Nutzung ausschließen (OLG Hamburg 3. 7. 1998 – 1 U 20/98, DNotZ 1999, 406, 408; Marcks § 3 MaBV Rn 14a; **aA** OLG Frankfurt NJOZ 23. 12. 2004 – 24 U 85/03, 2005, 2664, 2666 = BauR 2005, 1040). Für die Vollendung (und damit den Verlust des Wahlrechts nach § 3 Abs 1 S 3 MaBV) kommt es nicht auf die vollständige Bezahlung des Erwerbspreises an (**aA** Grziwotz ZfIR 2013, 2, 4). Die Verordnung stellt auf das „Bauvorhaben" ab, so dass gewerberechtlich nicht zulässig ist, für die Vollendung nur auf die konkrete Wohn- oder Teileigentumseinheit abzustellen (**aA** Grziwotz/Bischoff § 3 MaBV Rn 56). Aus der Formulierung „geschuldete Vertragssumme" ergibt sich gewerberechtlich jedenfalls, dass der Lastenfreistellungsschuldner sich jedenfalls Reduktionen des Erwerbspreises wegen Mängeln entgegenhalten lassen muss (BGH NJW 1984, 169, 170; näher Pause/Vogel Kap 4 Rn 152). Hierfür genügt die Geltendmachung eines Leistungsverweigerungsrechts nicht (Grziwotz/Koeble/Zahn Kap 6 Rn 92; Reithmann/Terbrack/Meyer Rn D 190). Stellt die Lastenfreistellungserklärung auf den nominellen Erwerbspreis ab und lässt sie sich nicht im Wege der gesetzeskonformen Auslegung dahin interpretieren, dass es doch auf die „geschuldete Vertragssumme" ankommt, müsste der Erwerber die volle nominelle Summe zahlen; dies widerspräche den Vorgaben der MaBV (hierzu eingehend Vogel BauR 1999, 992, 996 f; **aA** OLG Dresden 27. 6. 1997 – 7 U 860/97, NJW-RR 1997, 1506). Gewerberechtlich zulässig ist es, wenn das Kreditinstitut als Freistellungsschuldner die Aufrechnung mit vertragsfremden Forderungen ausschließt (OLG Bamberg 14. 9. 2005 – 3 u 3/05, BauR 2006, 122). Gleiches gilt für sonstige einvernehmliche Reduktionen des Erwerbspreises (OLG Dresden NJW-27. 6. 1997 – 7 U 860/97, RR 1997, 1506). **23**

Für den Fall der Nichtvollendung muss die Lastenfreistellungserklärung nach § 3 Abs 1 S 2 MaBV gewerberechtlich vorsehen, dass das globalfinanzierende Kreditinstitut die Grundschuld löscht, wenn der dem erreichten Bautenstand entsprechende Teil der geschuldeten Vertragssumme durch den Erwerber gezahlt wurde (erste Variante). Alternativ darf er sich gem § 3 Abs 1 S 3 MaBV vorbehalten, an Stelle der Lastenfreistellung alle vom Erwerber vertragsgemäß im Rahmen des Zahlungsplans geleisteten Zahlungen bis zum anteiligen Wert des Vertragsobjektes zurückzuzahlen (zweite Variante). Wann gewerberechtlich von einer Nichtvollendung auszugehen, regelt die MaBV nicht. Einigkeit besteht nur darüber, dass eine nur vorübergehende Einstellung der Bautätigkeit nicht genügt (Basty Kap 4 Rn 106; Grziwotz/Koeble/Zahn Kap 6 Rn 93 mwNw). Erforderlich dürfte es gewerberechtlich sein, wenn feststeht, dass der Bauträger das Bauvorhaben nicht mehr selbst zu Ende führen kann, sei es durch längere Untätigkeit mangels finanzieller Mittel, sei es durch Ablehnung der Eröffnung des Insolvenzverfahrens mangels Masse oder durch Nichterfüllungswahl des **24**

Insolvenzverwalters gem § 103 Abs 2 S 1 InsO (vgl OLG Karlsruhe 19. 2. 2008 – 4 U 123/06, MittBayNot 2009, 39, 40; Grziwotz/Koeble/Schmitz Kap 9 Rn 156). Bedingt Klarheit kann sich der Erwerber dadurch verschaffen, indem er dem Bauträger nach Fälligkeit eine angemessene Frist zur Wiederaufnahme der Arbeiten setzt und diese ohne Reaktion fruchtlos verstreicht (weitergehend Pause/Vogel Kap 4 Rn 157).

25 In der ersten Variante, in der die Grundschuld gelöscht werden muss, kommt es für die Fälligkeit auf die Zahlung des dem erreichten Bautenstands entsprechenden Teil des geschuldeten Erwerbspreises an. Bezugspunkt ist nicht der Verkehrswert des unvollendeten Erwerbsobjekts, sondern nach dem Wortlaut der MaBV der Vertragswert (OLG Nürnberg 13. 7. 1983 – 4 U 150/83, BeckRS 1983, 31335483 = BauR 1984, 533; Blank Rn 238). Dies hat zur Folge, dass der Erwerber den Mehrwert an das globalfinanzierende Kreditinstitut noch zahlen muss, wenn der Vertragswert höher als der Verkehrswert ist, wobei die Darlegungs- und Beweislast nicht beim Erwerber, sondern beim Bauträger und damit bei dem Kreditinstitut liegt (OLG Karlsruhe 19. 2. 2008 – 4 U 123/06, MittBayNot 2009, 39, 40 = NJW-RR 2009, 315). Erbrachte Eigenleistungen des Erwerbers spielen jedenfalls gewerberechtlich keine Rolle (Marcks § 3 MaBV Rn 14b; Vogel BauR 1999, 992, 999). Durch die Formulierung in § 3 Abs 1 S 2 MaBV wird deutlich, dass es eben nicht auf den Ratenplan des § 3 Abs 2 MaBV ankommt. Die weiteren Einzelheiten der Ermittlung des Teilerwerbspreises für das unvollendete Bauvorhaben sind streitig (näher Pause/Vogel Kap 4 Rn 159 mwNw). Jedenfalls sind vorhandene Mängel und Schäden wertmindernd zu berücksichtigen; dies entspricht auch Nr 3.3.1.3 S 3 MaBVwV (Grziwotz/Bischoff § 3 MaBV Rn 69). Hat der Erwerber überzahlt, kann er nur vom Bauträger, nicht aus der Lastenfreistellungserklärung von dem Lastfreistellungsschuldner Rückzahlung verlangen. Dies gilt auch und gerade nach einer Aufhebungsvereinbarung (OLG Nürnberg 3. 6. 1998 – 12 U 4241/97, IBR 2000, 172; näher Basty MittBayNot 2000, 507, 508).

26 In der zweiten Variante darf sich der Globalgrundpfandrechtsgläubiger nach § 3 Abs 1 S 3 MaBV vorbehalten, an Stelle der Lastenfreistellung alle vom Erwerber tatsächlich vertragsgemäß gem § 3 Abs 2 MaBV geleisteten Zahlungen bis zum anteiligen Wert des Vertragsobjekts zurückzuzahlen. Wie dieser Vorbehalt zivilrechtlich auszugestalten ist, also als Ersetzungsbefugnis oder als Wahlrecht, regelt die MaBV nicht (Grziwotz/Koeble/Zahn Kap 6 Rn 100); diese gewerberechtliche Frage ist höchstrichterlich ungeklärt. Der zurückzuzahlende Betrag umfasst nicht etwaige Zinsen, sondern nur effektiv vom Erwerber geleistete Zahlungen (Basty Kap 4 Rn 126; Grziwotz/Koeble/Zahn Kap 6 Rn 100). Die Zahlungen waren auch nur „vertragsgemäß", wenn sie auf die in der Lastenfreistellungserklärung angegebenen Kontoverbindung gezahlt wurden (LG Aschaffenburg WM 1997, 1849). Der Rückzahlungsanspruch ist zusätzlich auf den (anteiligen) objektiven Verkehrswert des Vertragsobjekts begrenzt, was sich aus der abweichenden Wortwahl in § 3 Abs 1 S 3 MaBV und der Verordnungsbegründung (BR-Drucks 179/75, 7) hinreichend deutlich ergibt (Grziwotz/Bischoff § 3 MaBV Rn 76; Grziwotz ZfIR 2013, 2, 3; Grziwotz/Koeble/Zahn Kap 6 Rn 101; **aA** Blank Rn 242 ff). Der Erwerber trägt so das Risiko, dass die Zahlungen den Wert des erreichten Bautenstands übersteigen.

(2) Zivilrechtliche Fragen und Folgeprobleme

27 Indem die MaBV keine Anforderungen an den Lastenfreistellungsschuldner stellt, kommt theoretisch eine Privatperson aus dem außereuropäischen Ausland in Betracht. Ob das zivilrechtlich eine adäquate Sicherung der Lastenfreistellung sein kann, wenn der Erwerber auch das Risiko der Seriosität und Bonität des Freistellungsschuldners usw trägt, ist zweifelhaft (zutr KG 29. 8. 2011 – 8 U 90/10, BauR 2012, 103 = BeckRS 2011, 22610; bereits VOGEL BauR 2007, 224, 233). Auch dann, wenn Lastenfreistellungsschuldner ein deutsches Kreditinstitut ist, ist der Anspruch in dessen Insolvenz nicht gesichert; dem Erwerber steht weder ein Aussonderungsrecht (§ 47 InsO) noch ein Recht zur abgesonderten Befriedigung (§§ 49 ff InsO) zu. Auch der Einlagensicherungsfonds greift nicht (PAUSE/VOGEL NZBau 2009, 10 f). Die Lastenfreistellungsverpflichtung ist also zivilrechtlich ein fragiles Instrument.

Das wird sie noch mehr, wenn man sich vor Augen führt, dass die genaue zivilrechtliche Konstruktion unklar ist. Auch wenn für den Freistellungsschuldner durch § 3 Abs 1 S 4 MaBV klar ist, dass die Erklärung dem Erwerber ausgehändigt werden muss, ist die genau rechtliche Konstruktion unklar. So kommen neben einem unmittelbaren Vertrag mit dem Erwerber auch ein Vertrag zwischen dem Globalgrundpfandrechtsgläubiger und dem Erwerber in Betracht; die MaBV macht insoweit keine Vorgaben (näher PAUSE/VOGEL Kap 4 Rn 140 f mwNw). Die Rechtsprechung (BGH 10. 6. 1983 – V ZR 252/80, NJW 1984, 169, 170 tendiert zu einem Vertrag zugunsten Dritter; ebenso BGH 28. 5. 1976 – V ZR 203/75, NJW 1976, 2340, 2341; BGH 30. 1. 1992 – IX ZR 64/91, NJW 1992, 1390 spricht davon, dass es sich sogar im Regelfall um einen Vertrag zugunsten Dritter handelt) hat dies offengelassen und jedenfalls dem Erwerber einen unmittelbaren Anspruch zugebilligt. Die Literatur (BASTY Kap 4 Rn 92 f; PAUSE/VOGEL Kap 4 Rn 140; SCHMID BauR 2000, 971, 976; VOGEL BauR 1999, 992, 995) tendiert zu einem unmittelbaren Vertrag. Richtigerweise wird es auf die konkreten Umstände des Einzelfalls ankommen. Jedenfalls gebieten es Sinn und Zweck der gewerberechtlichen Regelung, dass der Anspruch des Erwerbers nicht mit Einwendungen zwischen dem Grundpfandrechtsgläubiger und dem Bauträger belastet wird, so dass – zivilrechtlich – § 334 BGB ausgeschlossen sein dürfte (dazu PAUSE/VOGEL Kap 4 Rn 140). 28

Die Lastenfreistellungserklärung unterliegt, wenn sie wie eigentlich immer, nicht vom Erwerber vorformuliert wurde, als vom Globalgrundpfandrechtsgläubiger gestellte Formularerklärung nach § 305 Abs 1 BGB (zu den Folgen Rn 37 ff) zu seinen Gunsten der AGB-Kontrolle (bereits BGH 10. 6. 1983 – V ZR 252/80, NJW 1984, 169, 170; OLG Nürnberg 22. 2. 2006 – 4 U 2591/05, BauR 2009, 1340; LG München I 5. 5. 2011 – 11 O 14092/10, BauR 2011, 1379 = IBRRS 2011, 1869; umfassend VOGEL NZM 2009, 71, 73). Als zwingendes öffentliches Recht kommt die MaBV aber nicht als AGB-rechtlicher Kontrollmaßstab in Betracht (VOGEL NZM 2009, 71, 73; wohl auch LG München I 5. 5. 2011 – 11 O 14092/10, BauR 2011, 1379 = IBRRS 2011, 1869; unklar BGH 7. 11. 2013 – VII ZR 167/11, BGHZ 199, 19 = NJW 2014, 1728 Rn 24); indes begründen in der üblichen Vertragsgestaltung die Vorgaben der MaBV mittelbar für den objektiven Empfängerhorizont gewisse Erwartungshaltungen, bei deren Verletzung § 307 Abs 1 S 1, Abs 2 Nr 2 BGB eingreifen kann (zutr LG München I 5. 5. 2011 – 11 O 14092/10, BauR 2011, 1379 = IBRRS 2011, 1869). Nach AGB-rechtlichen und allgemeinen zivilrechtlichen Grundsätzen ist die Lastenfreistellungserklärung so auszulegen, dass sich der Erklärende rechtskonform verhält (vgl BGH 23. 4. 2015 – VII ZR 131/13, NZBau 2015, 429 Rn 35) und dies auch seinem Vertragspartner, dem Bauträger, ermöglichen will (BGH 11. 10. 2007 – VII ZR 235/05, NJW-RR 2008, 179 Rn 19). Damit sind Lastenfreistellungserklärungen im Zweifel mindestens MaBV-konform auszulegen, jedenfalls dann, wenn der Globalgrundpfandrechtsgläubiger selbst die MaBV zitiert und nicht eindeutig hiervon abweichen will (KG 20. 2. 29

2003 – 10 U 403/01, ZIP 2003, 1881 = BeckRS 2003, 12725 Rn 28 ff; OLG Nürnberg 13. 7. 1983 – 4 U 150/83, BeckRS 1983, 31335483 = BauR 1984, 533; Vogel NZM 2009, 71, 72). Ist eine Lastenfreistellungserklärung unklar, greift zudem § 305c Abs 2 BGB (BGH 30. 9. 2004 – VII ZR 458/02, BGHZ 160, 277 = NZBau 2005, 38, 39 zur Bürgschaft nach § 7 MaBV). Weicht sie hinreichend klar von den Vorgaben der MaBV ab, kommt eine MaBV-konforme Auslegung nicht in Betracht (BGH 5. 4. 2001 – VII ZR 498/99, NJW 2001, 2249).

30 Macht der Erklärende die Freistellung von der Zahlung des Erwerbspreises abhängig, wird hiernach der Erwerber im Zweifel nicht gezwungen, den nominellen Erwerbspreis zu zahlen, sondern darf durch Aufrechnung mit Sekundär- und Mängelansprüchen den Erwerbspreis im Hinblick auf die Lastenfreistellung reduzieren (BGH 10. 6. 1983 – V ZR 252/80, NJW 1984, 169, 170 f; BGH 8. 12. 2005 – IX ZR 200/04, BeckRS 2006, 197). Regelt die Freistellungserklärung nicht, dass mit vertragsfremden Ansprüchen nicht aufgerechnet werden darf, was gewerberechtlich zulässig wäre (Rn 23), folgt aus der Formulierung „geschuldete Vertragssumme“ nicht, dass nicht mit vertragsfremden Ansprüchen aufgerechnet werden kann (OLG Bamberg 14. 9. 2005 – 3 U 3/05, BeckRS 2005, 30362526 = BauR 2006, 122; Blank Rn 237; Pause/Vogel Kap 4 Rn 154; Vogel NZM 2009, 71, 75; **aA** KG 20. 2. 2003 – 10 U 403/01, ZfIR 2003, 860 = BeckRS 2003, 12725; **aA** noch Vogel BauR 1999, 992, 998). AGB-rechtlich kann dies anders sein (Rn 38). Eine sonstige Herabsetzung des Erwerbspreises muss der Lastenfreistellungsschuldner zivilrechtlich sich regelmäßig deshalb nicht entgegenhalten lassen, weil üblicherweise der Erwerbspreisanspruch offen an ihn abgetreten wird; es fehlt an der Verfügungsbefugnis des Bauträgers (Basty Kap 4 Rn 108). Dies betrifft namentlich Sonderwünsche und Eigenleistungen, die sich erwerbspreisreduzierend auswirken (Reithmann/Terbrack/Meyer Rn D 192).

31 Zulässig (auch mit den Vorgaben der MaBV vereinbar) ist es, wenn die Lastenfreistellung von der Zahlung auf einem bestimmten Konto abhängig macht (BGH BeckRS 2006, 197). Eine „Vertreten-müssen-Klausel“, wonach die Nichtvollendung der Baumaßnahme nicht vom Erwerber zu vertreten sein darf, oder eine „Zug-um-Zug-Klausel“, die die Rückzahlung des Erwerbspreises von der Löschung der Vormerkung abhängig macht, sind in der Erklärung unwirksam, führen aber aufgrund der AGB-rechtlichen Teilbarkeit nicht zur zivilrechtlichen Unwirksamkeit der gesamten Freigabeerklärung (BGH 7. 11. 2013 – VII ZR 167/11, BGHZ 199, 19 = NJW 2014, 1728 Rn 25 f; **aA** und für Wirksamkeit der „Zug-um-Zug-Klausel“ OLG Nürnberg 22. 2. 2006 – 4 U 2591/05, BauR 2009, 1340). Dies kann zur Folge haben, dass nach der AGB-Kontrolle die konkrete Freigabeerklärung doch den Mindestvorgaben der MaBV genügt (LG München I 5. 5. 2011 – 11 O 14092/10, BauR 2011, 1379 = IBRRS 2011, 1869; zutr dazu Vollmer DNotZ 2014, 280, 281).

32 Das Rechtsverhältnis zwischen Erwerber und dem globalfinanzierenden Kreditinstitut ist regelmäßig ein selbständiger Rechtsgrund für die Zahlungen des Erwerbers an dieses, weil der Erwerber hiermit nicht nur die Erwerbspreisschuld gegenüber dem Bauträger erfüllen will, sondern zugleich auch die Lastenfreistellung bezweckt. Ist der Bauträgervertrag nichtig, hat der Erwerber einen eigenen bereicherungsrechtlichen Rückzahlungsanspruch gegenüber dem globalfinanzierenden Kreditinstitut (BGH 10. 2. 2005 – VII ZR 184/04, BGHZ 162, 157 = NJW 2005, 1356, 1347; zustimmend MünchKommBGB/Schwab § 812 Rn 181). Weder die MaBV noch die Lastenfreistellungserklärung schließen diesen Anspruch aus § 812 Abs 1 S 1 Var 1 BGB aus (Basty Kap 4

Rn 138; **aA** Lorenz LMK 2005, 84, 85). Ob darüber hinaus auch im Falle des Rücktritts der Erwerber bereicherungsrechtlich Rückzahlung gegenüber dem globalfinanzierenden Kreditinstitut verlangen kann (so Basty Kap 4 Rn 138; unklar Blank Rn 235; offen Pause/Vogel Kap 4 Rn 166), ist unsicher und wohl zu verneinen (**aA** noch Vogel NZM 2009, 71, 75). Man kann die Freistellungsvereinbarung kaum so auslegen, dass sie einerseits unter der aufschiebenden Bedingung eines wirksamen Bauträgervertrags und andererseits unter der auflösen Bedingung steht, dass bei Rückabwicklung die Auflassungsvormerkung vor Eigentumsübertragung endgültig wegfällt (zutr BeckOK-BauVertrR/Karczewski [15. 2. 2025] § 650v Rn 15.1). Ziel der Rechtsprechung (BGHZ 162, 157 = NJW 2005, 1356, 1347) war es „nur", dass im Falle der Insolvenz des Bauträgers das globalfinanzierende Kreditinstitut durch die Globalgrundschuld gesichert bleibt und zugleich die Zahlungen der Erwerber behält (Thode ZNotP 2005, 162, 175). Nichts anderes gilt für den Rücktritt des Erwerbers, weil ihm gegenüber dem Globalgrundpfandrechtsgläubiger kein vertragliches oder gesetzliches Rücktrittsrecht zusteht (**aA** Basty Kap 4 Rn 138; Reithmann/Terbrack/Meyer Rn D 203).

Hat sich der Globalgrundpfandrechtsgläubiger ein Wahlrecht für den Fall der Nichtvollendung ausbedungen, sind die zivilrechtlichen Folgen nicht abschließend geklärt. Jedenfalls muss der Vorbehalt auch im Bauträgervertrag hinreichend deutlich vereinbart sein, um die gewerberechtliche Fälligkeit zu gewährleisten (zur erforderlichen Abstimmung zwischen Bauträgervertrag und Lastenfreistellungserklärung Grziwotz/Bischoff § 3 MaBV Rn 73). Es genügt wohl nicht, wenn der Vertrag auf ein „Freigabeversprechen nach § 3 MaBV" verweist (zutr OLG Düsseldorf 28. 5. 1990 – 18 U 268/89, DNotZ 1992, 153, 154; str). Auch dann, wenn – wie üblich – der Rückzahlungsvorbehalt als Ersetzungsbefugnis ausgestaltet ist, kann der Erwerber dem Globalgrundpfandrechtsgläubiger eine Frist setzen, sich zu entscheiden, ob er lastenfrei stellt oder zurückzahlt; nach Fristablauf entfällt die Ersetzungsbefugnis (BeckNotar-HdB/Esbjörnsson § 2 Rn 137; Pause/Vogel Kap 4 Rn 171). **33**

Dann stellt sich die Frage, ob diese Konstruktion AGB-rechtlich (Rn 39 f) wirksam ist. Es fragt sich vorher, ob der Globalgrundpfandrechtsgläubiger die Interessen des Erwerbers angemessen berücksichtigen muss, namentlich dann, wenn das Bauvorhaben weit fortgeschritten oder bereits bewohnt ist (so Basty Kap 4 Rn 140 zum alten Musterfreigabeversprechen der Bundesnotarkammer). Ob ohne eine Regelung im Freigabeversprechen der Globalgrundpfandrechtsgläubiger auch die berechtigten Interessen des Erwerbers (zu den wechselseitigen Interessen Basty Kap 4 Rn 140 f) mitberücksichtigen muss (Basty Kap 4 Rn 140; Pause/Vogel Kap 4 Rn 172; eher ablehnen Blank Rn 224), ist zweifelhaft. Bei dem Freigabeversprechen handelt es sich um einen einseitig verpflichtenden Vertrag mit konträren Interessen. Und warum der Globalgrundpfandrechtsgläubiger nicht die zwischenzeitliche Wertsteigerung realisieren darf, erschließt sich vor diesem Hintergrund nicht (**aA** Basty Kap 4 Rn 142). Enthält demgegenüber die Erklärung sinngemäß die Formulierung, dass der Globalgrundpfandrechtsgläubiger angemessen die Interessen des Erwerbers im Zuge der Wahlrechtsausübung berücksichtigen wird, muss er dies natürlich tun. Auf diese Differenzierung kommt es aber selten an, weil auch die Ersetzungsbefugnis der AGB-Kontrolle unterliegt (Rn 39). **34**

Sieht die Lastenfreistellungserklärung für den Fall der Nichtvollendung ausnahmsweise im Wege der Wahlschuld eine Rückzahlung iSv § 262 BGB vor, so geht im Falle des Rücktritts der Eigentumsverschaffungsanspruch unter, so dass die Lastenfrei- **35** stellung unmöglich wird und der Erwerber nur noch (vgl § 265 S 2 BGB) Rückzahlung verlangen kann (BGH 30. 9. 2004 – VII ZR 458/02, BGHZ 160, 277 = NZBau 2005, 38, 39). Selbiges gilt für die Rückabwicklung im Wege des Schadensersatzes. Sieht die Freistellungserklärung in Anlehnung zu § 3 Abs 1 S 3 BGB einen Vorbehalt für den Fall der Nichtvollendung vor, handelt es sich indes um eine Ersetzungsbefugnis, so dass die §§ 262 ff BGB nicht gelten (näher Pause/Vogel Kap 4 Rn 170).

36 Lastenfreistellungserklärungen sehen üblicherweise vor, dass das globalfinanzierende Kreditinstitut die Freistellung nur bewirken muss, wenn der Erwerber auf eine bestimmte Kontoverbindung zahlt. Dem liegt zugrunde, dass der Erwerbspreisanspruch regelmäßig vom Bauträger vorab an das Kreditinstitut abgetreten wird. Oftmals legt der Bauträgervertrag die Abtretung offen und nennt sogleich das Empfangskonto. Dies ist aber nicht zwangsläufig. Der Notar muss jedenfalls bei der Fälligkeitsmitteilung darauf achten, dass die Kontoverbindungen im Bauträgervertrag und der Lastenfreistellungserklärung identisch sind. Die Angabe eines solchen Empfangskontos ist jedenfalls gewerbe- und zivilrechtlich zulässig (BGH 8. 12. 2005 – IX ZR 200/04, BeckRS 2006, 197; Grziwotz/Koeble/Zahn Kap 6 Rn 88). Die Zahlung auf eine andere Kontoverbindung hat keine Erfüllungswirkung (BGH 8. 12. 2005 – IX ZR 200/04, BeckRS 2006, 197; OLG Brandenburg 30. 10. 2003 – 5 U 17/03, RNotZ 2004, 392; KG 21. 9. 2004 – 4 U 62/03, NJOZ 2007, 1125, 1127; LG Aschaffenburg 15. 11. 1996 – 3 O 177/96, WM 1997, 1849). Das Kreditinstitut trifft insoweit keine Warn- oder Überwachungspflicht (LG Aschaffenburg 15. 11. 1996 – 3 O 177/96, WM 1997, 1849; Reithmann/Terbrack/Meyer Rn D 195). Umso wichtiger ist, dass der Notar auf diese Folgen eindringlich hinweist.

(3) Beurteilung von vorformulierten Regelungen in Lastenfreistellungserklärungen

37 Üblicherweise sind es die den Bauträger finanzierenden Kreditinstitute, die als (Global-)Grundpfandrechtsgläubiger Lastenfreistellungserklärungen abgeben. Diese sind in der Praxis nahezu ausnahmslos von den Kreditinstituten vorformuliert gestellt (§ 305 Abs 1 S 1 BGB). Sie unterliegen damit auch als einseitige Erklärung der Inhaltskontrolle (OLG Nürnberg 22. 2. 2006 – 4 U 2591/05, BeckRS 2011, 18313 Rn 16; näher Vogel NZM 2009, 71, 73 mwNw). Kontrollmaßstab ist damit primär § 307 BGB, wobei es kein gesetzliches Leitbild gibt. Insbesondere ist die MaBV als zwingendes Recht kein gesetzliches Leitbild (Vogel NZM 2009, 71, 73; unklar BGH 8. 12. 2005 – IX ZR 200/04, BeckRS 2006, 197). Dementsprechend spärlich ist eine fundierte Rechtsprechung. Die bloße Übernahme des Textes der MaBV dürfte zu nicht unerheblichen Transparenzproblemen (§ 307 Abs 1 S 2, Abs 3 S 2 BGB) führen (hierzu Vogel BauR 2007, 224, 232). Die Einzelheiten sind ungeklärt.

38 Stellt die Lastenfreistellungserklärung nur auf die „geschuldete Vertragssumme" ab, dürfte hierin gem § 305c Abs 2 BGB allein kein Aufrechnungsausschluss mit Ansprüchen aus dritten Verträgen liegen (Vogel NZM 2009, 71, 74; **aA** KG 20. 2. 2003 – 10 U 403/01, ZIP 2003, 1881, 1884 ohne Beachtung der AGB-Problematik, dazu Vogel EWiR 2003, 1101, 1102). Für die Nichtvollendung des Bauvorhabens dürfte es nach § 305c Abs 2 BGB genügen, wenn der Bauträger über mehrere Monate keinerlei Bautätigkeit entfaltet (Grziwotz/Koeble/Schmitz Kap 9 Rn 156; bereits Vogel NZM 2009, 71, 74). Nicht hinreichend klar iSV § 305c Abs 2 BGB dürfte es sein, ob für den Vertragswert (§ 3 Abs 1 S 2 MaBV) oder den Verkehrswert (§ 3 Abs 1 S 3 MaBV) Restfertigstellungskosten

wertmindernd zu berücksichtigen sind (näher Vogel NZM 2009, 71, 74), wenn dies nicht näher – mit dem Risiko gewerberechtlicher Unzulänglichkeit – definiert wird.

Die Ausbedingung einer Ersetzungsbefugnis fällt unter § 308 Nr 4 BGB (MünchKommBGB/Krüger § 262 Rn 8; MünchKommBGB/Wurmnest § 308 Nr 4 Rn 6; NK-BGB/Kollmann § 308 Rn 108; vgl BGH NJW 1970, 992). Nahezu ausnahmslos alle Lastenfreistellungserklärungen enthalten keine hinreichend bestimmten Kriterien für dessen Ausübung, die sich an § 308 Nr 4 BGB und der Wertung von Anh Nr 1 lit k zu Art 3 Abs 3 Klauselrichtlinie (93/13/EWG) orientieren; sie sind daher unwirksam (Bedenken bereits bei Grziwotz ZfIR 2013, 2, 4). Anlass, Inhalt und Umfang des Änderungsrechts sowie die Kriterien der Zumutbarkeit für den Erwerber als Klauselgegner müssten hinreichend bestimmt vorab festgelegt werden. Auf die Unwirksamkeit kann sich nur der Erwerber als Klauselgegner, nicht indes das Kreditinstitut als Klauselverwender berufen. Im Ergebnis läuft damit der Rückzahlungsvorbehalt des globalfinanzierenden Kreditinstituts leer (iE auch Grziwotz ZfIR 2013, 2, 5; **aA** BeckOK-BauVertrR/Karczewski [15. 2. 2025] § 650v Rn 13). 39

Ob im Übrigen ein Rückzahlungsvorbehalt, wie ihn § 3 Abs 1 S 3 MaBV als Möglichkeit vorsieht, unangemessen ist (§ 307 Abs 1 BGB), ist streitig (vgl Grziwotz/Bischoff § 3 MaBV Rn 74 ff) und ungeklärt (für die zivilrechtliche Unwirksamkeit Blank Rn 242 ff, wenn man vom Verkehrswert ausginge). Richtig ist, dass der Verkehrswert als Begrenzung des Rückzahlungsanspruchs ungünstiger sein kann als der Vertragswert (so Blank Rn 245), jedenfalls dann, wenn der Grundstückswert nicht massiv angestiegen ist. Die Benachteiligung kann etwa bei einer Eigentumswohnanlage zu verneinen sein, wenn der Bautenstand noch nicht weit fortgeschritten ist, der Abverkaufsstand eher gering ist und der Bau erhebliche Mängel aufweist bzw über geraume Zeit ungeschützt war. Ob dann die Gemeinschaft der Wohnungseigentümer für die Erwerber in der Lage wäre, im Falle der Pfandfreistellung und Besitzübergabe die Wohnanlage fertigzustellen, ist angesichts der neueren Rechtsprechung (BGH NZM 2025, 99) zweifelhaft. Von daher wird aus diesem Grund eher keine Unwirksamkeit zu bejahen sein (**aA** Grziwotz ZIP 2002, 825, 827; Grziwotz ZfIR 2013, 2, 3). Es ist zwar richtig, dass durch die Begrenzungen auf den objektiven Verkehrswert und die tatsächlich geleisteten vertragsgemäßen Zahlungen der Globalgrundpfandrechtsgläubiger die Risiken auf den Erwerber verlagert werden (ausführlich Grziwotz ZfIR 2013, 2 ff). Die MaBV als zwingendes Recht hat dies aber bewusst (BR-Drucks 179/15, 9; hierzu Warda MittBayNot 1988, 1, 15) zugelassen. Auch wird man dem Globalgrundpfandrechtsgläubiger kaum versagen dürfen, seine Grundschulden werthaltig zu machen (Behmer DNotZ 1985, 195, 196; **aA** Grziwotz ZfIR 2013, 2, 3 f; Vogel BauR 2007, 224, 234). Damit dürfte eher europarechtlich kein materieller Konflikt bestehen, allenfalls aus Transparenzgründen (hierzu Vogel NZM 2009, 71, 74). Das hängt davon ab, wie die Lastenfreistellungserklärung formuliert und insbesondere erläutert ist (zutr Grziwotz, in: FS Thode [2005] 2043, 256 f). Man kann vertreten, dass dem Erwerber kaum verständlich wird, dass Handwerkersonderwünsche und Eigenleistungen in dieser Variante verloren gehen (Grziwotz ZfIR 2013, 2, 3). 40

Wegen der verwendeten Klauseln und deren Wirksamkeit ist im Übrigen auf die Spezialliteratur (Basty Kap 4 Rn 154 ff mwNw; Blank Rn 249 ff; Grziwotz/Bischoff § 3 MaBV Rn 84 ff mwNw; Reithmann/Terbrack/Meyer Rn D 172 ff; Vogel NZM 2009, 71, 75 f) zu verweisen. 41

dd) Baugenehmigung oder Baugenehmigungssurrogat

42 Für genehmigungspflichtige Bauvorhaben muss die erforderliche Baugenehmigung existieren. Ist sie widerrufen oder erloschen, ist dies wie eine fehlende Genehmigung zu behandeln (Basty Kap 4 Rn 209). § 3 Abs 1 S 1 Nr 4 MaBV erfasst gewerberechtlich nicht den Fall, dass die Baugenehmigung noch widerrufbar ist; diese Schutzlücke kann nur zivilrechtlich gelöst werden (Basty Kap 4 Rn 209). Eine Teilbaugenehmigung reicht nicht aus (Pause/Vogel Kap 4 Rn 192). Stehen Auflagen oder Nebenbestimmungen der Realisierung des vereinbarten Erwerbsobjekts entgegen, sind die gewerberechtlichen Voraussetzungen nicht erfüllt (Basty Kap 4 Rn 209). Nur insoweit ist es gewerberechtlich richtig, dass eine abweichende, gegen die Baugenehmigung verstoßende Bauausführung schädlich ist, wenn sich daraus öffentlich-rechtlich konkrete Einschränkungen für die Nutzbarkeit ergeben (OLG Oldenburg 27. 10. 2022 – 8 U 38/21, IBR 2024, 298; OLG Frankfurt 9. 1. 2023 – 29 U 176/20m BeckRS 2023, 50625 Rn 22; weiter OLG München 30. 6. 2011 – 9 U 1977/10, DNotZ 2011, 929, 930). Der Bauträger unterliegt dann und nur dann dem gewerberechtlichen Entgegennahme- und Vereinbarungsverbot (näher Pause/Vogel Kap 4 Rn 34 ff).

43 Die MaBV sieht gewerberechtlich nicht vor, dass die Baugenehmigung unanfechtbar sein muss (Grziwotz/Bischoff § 3 MaBV Rn 107; Pause/Vogel Kap 4 Rn 194). Nr 3.3.1.4 MaBVwV ist als nachrangige Verwaltungsvorschrift, die eine unanfechtbare Baugenehmigung vorsieht, irrelevant (ähnlich Marcks § 3 MaBV Rn 22). Zivilrechtlich könnte eine Vertragsgestaltung darüber hinaus vorsehen, dass der Erwerber erst zahlen muss, wenn die Baugenehmigung den möglicherweise Betroffenen zugestellt wurde und die Anfechtungsfrist abgelaufen ist (hierzu Basty Kap 4 Rn 211). Der Erwerber trägt damit auch das Risiko, dass die Baugenehmigung noch angefochten wird. Die MaBV regelt auch diesen Fall dem Wortlaut nach nicht (Grziwotz/Bischoff § 3 MaBV Rn 108). Soweit dies anders gesehen wird (so Basty Kap 4 Rn 198), sei es auch nur, dass eine Anfechtung „offensichtlich unbegründet“ sein müsste, entbehrt dies einer Grundlage im Verordnungstext und würde zu einer fehlenden Abgrenzbarkeit führen (ähnlich Grziwotz/Bischoff § 3 MaBV Rn 108). Jedoch müsste der Bauträger oder der Notar eine Anfechtung der Baugenehmigung dem Erwerber zivilrechtlich mitteilen, sodass dieser weitere Zahlungen verweigern darf (BGH 22. 6. 1995 – IX 122/94, DNotZ 1996, 118, 119; Basty Kap 4 Rn 215).

44 Ggf sind weitere Genehmigungen für die Errichtung des Gebäudes und dessen vertragsgemäßer Nutzung erforderlich (hierzu eingehend Basty Kap 4 Rn 229 ff mwNw). Mangels Konzentrationswirkung ersetzt die Baugenehmigung diese Genehmigungen nicht. Es wäre zwar sinnvoll, die Entgegennahme von dem Vorliegen dieser Genehmigungen abhängig zu machen (so zutr Grziwotz, in: FS Pause [2022] 105, 109). Mit dem Wortlaut von § 3 Abs 1 S 1 Nr 4 MaBV als strafbewehrte Norm des Gewerberechts ist dies indes unvereinbar (Grziwotz/Bischoff § 3 MaBV Rn 104; teils **aA** Pause/Vogel Kap 4 Rn 196 mwNw). Damit bleibt nur die Möglichkeit, dies zivilrechtlich zugunsten des Erwerbers zu regeln (Basty Kap 4 Rn 229).

45 Sieht der Vertrag vor, dass dem Bauträger die Entgegennahme von Zahlungen trotz des Fehlens der öffentlich-rechtlich erforderlichen Baugenehmigung erlaubt ist, so führt dies zur Unwirksamkeit des gesamten Zahlungsplans gem §§ 12 MaBV, 134 BGB (OLG Oldenburg 27. 10. 2022 – 8 U 38/21, IBRRS 2024, 1026). Bei sonstigen Abweichungen von § 3 Abs 1 S 1 Nr 4 MaBV sieht dies nicht anders aus.

Ursprünglich sah § 3 Abs 1 S 1 Nr 4 MaBV in der bis zum Jahre 1995 geltenden Fassung vor, dass die Vereinbarung bzw Entgegennahme von Zahlungen von der Erteilung der „Baugenehmigung" abhängig gemacht wird. Hiermit sollte der Erwerber davor geschützt werden, Vermögenswerte in Bauvorhaben zu investieren, die möglicherweise nicht oder nicht so realisiert werden können (BR-Drucks 179/75, 10; hierzu anschaulich GRZIWOTZ, in: FS Pause [2022] 105, 208). Im Zuge der Deregulierung des öffentlichen Baurechts in den Bundesländern wurde die Bestimmung mit Änderungsverordnung vom 6. 9. 1995 (BGBl 1995 I 1134) neu gefasst, so dass als gleichwertige Alternative zur Baugenehmigung nunmehr auch eine Bestätigung durch die landesrechtlich zuständige Behörde (§ 3 Abs 1 S 1 Nr 4 a MaBV) oder durch den Bauträger selbst genügt (§ 3 Abs 1 S 1 Nr 4 b MaBV), dass entweder die Baugenehmigung als erteilt gilt oder nach den baurechtlichen Vorschriften mit den Baumaßnahmen begonnen werden darf. In der Variante der Eigenbestätigung muss zudem mindestens ein Monat bis zur Zahlung vergangen sein. Damit ist der Schutz des Erwerbers massiv reduziert worden (ausführlich GRZIWOTZ, in: FS Pause [2022] 105, 108 f, 113 ff; GRZIWOTZ NZBau 2019, 218, 222). Selbst bei der Fremdbestätigung findet je nach landesrechtlicher Regelung keine umfassende baurechtliche Prüfung mehr statt, so dass uU Abstandsflächen, die Erschließung des Baugrundstücks oder der Stellplatznachweis nicht geprüft werden (näher GRZIWOTZ NZBau 2019, 218, 222). Gewerberechtlich gibt es keine Pflicht, eine Baugenehmigung zu beantragen, wenn diese fakultativ nach Landesrecht möglich ist (GRZIWOTZ MDR 2014, 433, 434). 46

Auch eine erteilte Baugenehmigung gibt aufgrund des deutlich verringerten Prüfungsumfangs der Genehmigungsbehörden nur noch begrenzte Sicherheit; die Genehmigung ist nicht mehr der „Schlusspunkt" jeder öffentlich-rechtlichen Prüfung (eingehend GRZIWOTZ, in: FS Pause [2022] 105, 107 f mwNw; GRZIWOTZ MDR 2014, 433, 434). Es droht also nachträgliches bauaufsichtliches Eingreifen (zB Nutzungsuntersagung, Teil- oder Totalrückbau) mit dem Totalverlust der geleisteten Zahlungen und weiteren Schäden. Durch die Novelle der MaBV im Jahre 1995 wurde also das Schutzniveau des Erwerbers drastisch abgesenkt (näher VOGEL BauR 2007, 224, 226 f). 47

Diese Risiken sind einem Erwerber nicht hinreichend bekannt (GRZIWOTZ, in: FS Pause [2022] 105, 115). Es gäbe mannigfaltige zivilrechtliche Vertragsgestaltungen (zB Bestätigung des Architekten des Bauträgers mit Versicherungsnachweis, Information über Rechtsmittel gegen die Baugenehmigung, Zahlungsaussetzung bis zur Bestandskraft), um die Risiken für den Erwerber zu minimieren (hierzu näher GRZIWOTZ MDR 2014, 433, 437). Der Notar muss zwar nicht prüfen, ob und mit welchem Inhalt eine Baugenehmigung existiert (OLG Jena 29. 7. 2003 – Not W 347/03, NotBZ 2003, 359). Doppelte Belehrungspflichten des Notars hält die bauträgerrechtliche Literatur (BeckOGK/MATKOVIC [1. 1. 2025] § 650v Rn 53; REITHMANN/TERBRACK/SCHIFFNER Rn C 349 ff) insofern für entbehrlich bzw problematisiert diesen Punkt nicht hinreichend. Die Rechtsprechung (BGH 17. 1. 2008 – III ZR 136/07, BGHZ 175, 111 = NJW 2008, 1321 Rn 11) zur doppelten Belehrungspflicht des Notars im Falle ungesicherter Vorleistungen passt mE auch auf die Fälle, in denen keine bestandskräftige Baugenehmigung vorliegt. Es ist deshalb zweifelhaft, ob die Vereinbarung von bautenstandsabhängigen Zahlungen einer Inhalts- und Missbrauchskontrolle standhalten, wenn die öffentlich-rechtlichen Risiken nicht besser – wie derzeit nicht – gesichert werden (so bereits VOGEL BauR 2007, 224, 226 ff). Ob durch den mittelbaren Verweis in § 650v BGB europarechtlich für den 48

Verweis dieser Diskussion der Boden entzogen ist, ist zweifelhaft (**aA** für die nationale AGB-Kontrolle PAUSE/VOGEL Kap 4 Rn 186; Rn 3).

49 Führt der Bauträger das Erwerbsobjekt entgegen der existierenden Baugenehmigung aus, führt dies konsequenterweise nur zu Erfüllungsansprüchen des Erwerbers und korrespondierenden „Zurückbehaltungsrechten" gem § 320 Abs 1 BGB (BGH 7. 11. 2013 – VII ZR 167/11, BGHZ 199, 19 = NJW 2014, 1728 Rn 38 unter Verweis auf OLG Naumburg 13. 11. 2009 – 10 U 20/09, NJW-RR 2010, 1323, 1328). Die MaBV regelt diesen Fall nicht.

b) Erreichung Bautenstand

50 Nachfolgend können aus Platzgründen nur grundlegende systematische Zusammenhänge dargestellt werden.

aa) Gewerbe- und zivilrechtliche Sichtweise

51 § 3 Abs 2 S 2 MaBV enthält Höchstsätze, die der Bauträger gewerberechtlich entsprechend des Bautenstands maximal entgegennehmen bzw vereinbaren darf. Die MaBV hat die Wertverhältnisse abstrakt bewertet. Aufgrund der hohen Grundstückswerte handelt es sich regelmäßig bei der ersten Rate (§ 3 Abs 2 S 2 Nr 1 MaBV) nicht um eine „Vorauszahlung". Dies kann im Einzelfall anders sein, so dass es dann zivilrechtlich teilweise um eine – nicht wirksam vereinbarungsfähige (§ 650v BGB und Art 244 EGBGB regeln nur Abschlagszahlungen) – Vorauszahlung handelt (hierzu CRAMER BauR 2020, 187, 188 mwNw). Andererseits darf der Bauträger auch bei einem hohen Einstandspreis die erste Rate gewerberechtlich nicht erhöhen (ibrOK-BauVertrR/PAUSE [7. 2. 2025] § 650v Rn 49). Nicht zulässig ist eine Unterteilung bzw Aufteilung der in § 3 Abs 2 S 2 MaBV vorgesehenen Bauabschnitte, um hierdurch früher Zahlungen für einzelne Bauleistungen zu erhalten (REITHMANN/TERBRACK/SCHIFFNER Rn C 383, C 391). Ebenfalls unzulässig ist die Aufnahme einzelner Bauleistungen über die Bauabschnitte in § 3 Abs 2 S 2 MaBV hinaus (GRZIWOTZ/BISCHOFF § 3 MaBV Rn 123; PAUSE/VOGEL Kap 4 Rn 212).

52 Die Bautenstände in § 3 Abs 2 S 2 Nrn 1 und 2 MaBV sind zunächst gewerberechtlich auszulegen. Als öffentlich-rechtliche, strafbewerte Norm ist eine am Wortlaut orientierte Auslegung angezeigt. Im ersten Schritt ist also zu prüfen, ob der Bauträgervertrag diese Vorgaben einhält. Bezieht sich der Zahlungsplan im Vertrag erkennbar auf die gewerberechtlichen Begriffe, greift der Grundsatz der rechts- bzw MaBV-konformen Auslegung, also dass der Bauträger im Zweifel nicht von den gewerberechtlichen Vorgaben abweichen will (näher VOGEL NZM 2009, 71, 72; VOGEL, in: FS Drasdo [2023] 263, 269). Weicht der Vertrag erkennbar von der MaBV ab, ist eine solche Auslegung nicht möglich und der Zahlungsplan nach den §§ 3, 12 MaBV iVm § 134 BGB nichtig. Anders als bei der AGB-rechtlichen Kontrolle der Lastenfreistellungserklärung (BGH 7. 11. 2913 – VII ZR 167/11, BGHZ 199, 19 = NJW 2014, 1728) führt diese nicht dazu, dass der Zahlungsplan aufgrund der Inhalts- und Missbrauchskontrolle doch wirksam sein kann. Der Bauträger unterliegt anders als der Globalgrundpfandrechtsgläubiger als Normadressat unmittelbar der MaBV.

53 Für Allgemeine Geschäftsbedingungen gelten andere Regeln (näher VOGEL, in: FS Drasdo [2023] 263, 269 mwNw). Die Auslegung richtet sich nicht nach den allgemeinen Auslegungsregeln (§§ 133, 157 BGB). Der Grundsatz, dass sich eine Partei im Zweifel rechtskonform verhalten will, kollidiert uU mit dem des Verbots der geltungserhaltenden Reduktion (vgl VOGEL, in: FS Drasdo [2023] 263, 269). Allgemeine Geschäftsbedingungen sind nach den Verständnismöglichkeiten eines rechtlich nicht vorgebildeten Durchschnittskunden einheitlich auszulegen, wie der Wortlaut von einem verständigen und redlichen Vertragspartner unter Abwägung der Interessen der normalerweise beteiligten Kreise verstanden wird (vgl BGH 19. 4. 2018 – III ZR 255/17, NJW 2018, 2117 Rn 18; BGH 18. 1. 2022 – XI 505/21, NJW 2022, 1086 Rn 12). In vorformulierten Vertragsklauseln verwendete Rechtsbegriffe sind nur dann entsprechend ihrer juristischen Fachbedeutung zu verstehen, wenn sie erkennbar auf die gesetzliche Regelung Bezug nehmen (BGH 29. 4. 2014 – II ZR 395/12, NZG 2014, 661 Rn 24; SCHWAB Teil 3 Rn 22 ff) Ansonsten kommt es auf den allgemeinen Sprachgebrauch an, insbesondere dann, wenn die Begriffe sowohl in der Fach- als auch in der Umgangssprache verwendet und unterschiedlich verstanden werden (BGH 14. 6. 2017 – IV ZR 161/16, NJW-RR 2017, 992 Rn 16; BGH 19. 6. 2013 – IV ZR 228/12, NJW-RR 2013, 1252 Rn 20 ff).

Diese Vorüberlegungen haben gravierende Auswirkungen, je nachdem, ob man ver- **54**
tragliche Regelungen gewerberechtlich, zivil- oder AGB-rechtlich beurteilt; dies wird in Rechtsprechung und Literatur vermischt:

Wie gewerberechtlich der Begriff der „vollständigen Fertigstellung" iSv § 3 Abs 2 S 2 Nr 2 letzter Spiegelstrich MaBV auszulegen ist, ist streitig. Die einschlägigen Urteile und Stellungnahmen in der Literatur hierzu helfen wenig weiter, da sie nicht immer konsequent zwischen der gewerbe- und der zivilrechtlichen Ebene differenzieren (vorbildlich indes BASTY BauR 2020, 1691 ff; **aA** KLEINJOHANN NZBau 2025, 278, 281 ff, der gewerbe-, zivil- und AGB-rechtliche Aspekte vermischt). Gewerberechtlich kommt es bei wortlautgetreuer Auslegung nur darauf an, ob alle vereinbarten Arbeiten erbracht wurden (so auch MARCKS § 3 MaBV Rn 42). Dies entspricht Ziffer 3.3.2.1 MaBVwV, also der Interpretationsleitlinie des Verordnungsgebers, worin es heißt:

> „Das Gebäude ist erst dann vollständig fertig gestellt, wenn alle vertragsmäßig vereinbarten Leistungen erbracht sind, also ggf. auch die Außenanlagen (z.B. Zugangswege, Anpflanzungen, Kinderspielplätze) und Garagen erstellt worden sind. Wenn bei einer etwaigen vom Gewerbetreibenden und Auftraggeber durchgeführten Schlussabnahme Restarbeiten festgelegt worden sind, ist die Fertigstellung erst nach deren Erledigung gegeben. Für Mängelrügen und sonstige sich aus dem Bürgerlichen Recht etwa ergebende Rechte gelten die Ausführungen im vorstehenden Absatz entsprechend."

Folgt man dieser Lesart, die dem Willen des historischen Verordnungsgebers (BR-Drucks 179/75, 11) entspricht, käme es nur darauf an, dass das vertragliche Leistungsprogramm abgearbeitet wurde (so auch LG Düsseldorf 12. 5. 2015 – 7 O 115/14, BeckRS 2015, 19324 für Wohneigentum). Dies wäre eine rein quantitative Betrachtung. Ob Mängel vorliegen oder nicht, wäre gewerberechtlich grundsätzlich irrelevant, es sei denn, sie wären wesentlich, so dass bei „natürlichem" Begriffsverständnis die Bauträgerleistung noch nicht „vollständig fertig" ist; dies könnte der Fall sein, wenn wesentliche Mängel vorliegen, die der Nutzbarkeit entgegenstehen (so BGH 30. 4. 1998 – VII ZR 47/97, NJW 1998, 2967, 2968; OLG Hamburg 16. 7. 2020 – 8 U 61/19, NJW-RR 2021, 90 Rn 79; OLG Schleswig 2. 10. 2019 – 12 U 12/10/18, NZBau 2020, 376 Rn 115; BASTY BauR 2020, 1691; KLEINJOHANN NZBau 2025, 278, 284; PAUSE/VOGEL Kap 4 Rn 263; RETZLAFF, in: FS Pause [2022] 345, 348 f; wohl auch

BGH 8. 12. 2009 – XI 181/08, NJW 2010, 1284 Rn 17). In einem solchen Fall beeinflusst die qualitative Betrachtung ausnahmsweise die quantitative. Diese Beurteilung entspräche dem Verständnis des Gesetzgebers (BT-Drucks 18/8486, 49) für den Begriff der „Fertigstellung" in § 640 Abs 2 S 1 BGB; dort kommt es nur darauf an, ob die Arbeiten erbracht wurden, unabhängig davon, ob und welche Mängel vorliegen. Den „kleinen" Unterschied kann man damit erklären, dass der gewerberechtliche Betriff der Fertigstellung abweichend von dem zivilrechtlichen eine „vollständige" voraussetzt. Zu berücksichtigen ist, dass der Verordnungsgeber mit der strafbewehrten MaBV keine Regelungen zu Mängeln treffen wollte; es würde an der Ermächtigungsgrundlage hierfür fehlen (zutreffend Basty BauR 2020, 1691 f). An die zivilrechtlichen Begriffe der Abnahme oder der Abnahmereife hat er sich bewusst nicht angelehnt.

55 AGB-rechtlich könnte man bei gebotener objektiver Auslegung den in einer vorformulierten Klausel verwendeten Begriff „vollständige Fertigstellung" so verstehen, dass überhaupt keine Mängel mehr vorhanden sein dürfen (so OLG Celle 30. 10. 2014 – 16 U 90/14, BauR 2018, 851 Rn 25; LG Düsseldorf 14. 4. 2015 – 7 O 115/15, notar 2016, 92; Cramer BauR 2020, 187, 192 ff; **aA** Basty BauR 2020, 1691, 1693 f). Dies dürfte tendenziell der zivilrechtlichen Lesart der höchstrichterlichen Rechtsprechung (BGH 27. 10. 2011 – VII ZR 84/09, NJW 2012, 56 Rn 23) entsprechen, wonach bei einem Erwerbspreis von 515.000 EUR streitige Mängel mit behaupteten Mängelbeseitigungskosten von 1.666 EUR einer „vollständigen Fertigstellung" ohne vertragliche Definition dieses Begriffs entgegenstehen können. Die berechtigte Erwartungshaltung des Erwerbers geht AGB-rechtlich bei der Verwendung eines solchen Begriffs eher dahin, dass das gesamte Leistungsprogramm auch vertragsgemäß abgearbeitet sein muss. Allenfalls kann man dieses Ergebnis dahin korrigieren, dass ganz unwesentliche Mängel oder minimale Restarbeiten keine Rolle spielen, weil ansonsten nie eine „vollständige Fertigstellung" erreicht werden könnte (vgl Vogel, in: FS Drasdo [2023] 263, 271). Vereinbaren die Parteien, dass eine förmliche Abnahme durchgeführt werden soll und der Bauträger die dabei festgestellten Mängel zu beseitigen hat, dürfte zivilrechtlich der Begriff so ausgelegt werden, dass alle sog Protokollmängel beseitigt sein müssen, bis vollständig fertiggestellt ist (KG 26. 2. 2019 – 27 U 9/18, RNotZ 2019, 615 Rn 26; OLG Düsseldorf 30. 9. 2002 – 21 U 16/02, BeckRS 2002, 12503 Rn 15; Pause/Vogel Kap 4 Rn 266 mwNw).

56 Nicht anders sieht dies für den Begriff der Bezugsfertigkeit aus. Gemeinsam ist der gewerbe- und zivilrechtlichen Betrachtungsweise jedenfalls für die Veräußerung von Wohnraum nur, dass das Erwerbsobjekt für die üblichen „Wohnverhältnisse" ohne Gefahr für die Sicherheit genutzt und den Bewohnern die Nutzung auch zugemutet werden kann (so Marcks § 3 MaBV Rn 40a). Dieses enge Normverständnis dokumentiert Nr 3.3.2.1 Abs 2 MaBVwV, der lautet:

> „Ein Gebäude oder eine Wohnung ist dann als bezugsfertig anzusehen, wenn der Bau so weit fortgeschritten ist, dass den zukünftigen Mietern oder sonstigen Bewohnern zugemutet werden kann, das Gebäude oder die Wohnung zu beziehen. Wann dieser Zeitpunkt gegeben ist, ist nach der Verkehrsauffassung zu beurteilen. Die behördliche Genehmigung zum Beziehen des Gebäudes oder der Wohnung (Schlussabnahmeschein der Baugenehmigungsbehörde) ist nicht entscheidend. Ebenso wenig genügt eine einseitig vom Verkäufer abgegebene Erklärung über die Bezugsfertigkeit, die mit der tatsächlichen Sachlage nicht im Einklang steht. Sachmängel, die nicht so schwerwiegend sind, dass sie

> die Bezugsfertigkeit ausschließen, hindern den Gewerbetreibenden nicht, die zweitletzte Rate entgegenzunehmen oder von einer Ermächtigung zur Verwendung von Vermögenswerten des Auftraggebers Gebrauch zu machen. Demgemäß ist auch der Auftraggeber nach den Vorschriften der Verordnung unter diesen Umständen nicht berechtigt, die Zahlung der zweitletzten Rate zu verweigern; unberührt hiervon bleiben jedoch die sich aus dem Bürgerlichen Recht im Einzelfall etwa ergebenden Rechte des Auftraggebers, wie z.B. die Ausübung des Zurückbehaltungsrechts des § 320 BGB."

Damit spielen Mängel sowie deren Auswirkungen – von Ausnahmen abgesehen – für die gewerberechtliche Beurteilung keine Rolle. Auch ausstehende Fassadenarbeiten, deren Erbringung naturgemäß mit Lärm und Gerüsten verbunden ist, verhindern die gewerberechtliche „Bezugsfertigkeit" nicht zwangsläufig (Vogel, in: FS Drasdo [2023] 263, 272). Dies machte der Verordnungsgeber durch die Änderungsverordnung vom 14. 2. 1997 (BGBl 10 v 25. 2. 1997, 272; vgl BR-Drucks 1004, 96, 97) deutlich, indem er die gewerberechtliche Aufteilung änderte und aus der Bezugsfertigkeitsrate die Fassadenarbeiten abspaltete (Basty Kap 5 Rn 83; Marcks § 3 MaBV Rn 41). Zudem zeigt die Reihenfolge der Bautenstandsraten in § 3 Abs 2 Satz 2 MaBV, dass nach der Vorstellung des Verordnungsgebers die „Bezugsfertigkeit" nicht (mehr) von der vorherigen Erbringung der Fassadenarbeiten, die in der zwölften Rate geregelt ist, abhängig sein soll (zutr Basty Kap 5 Rn 85 mwNw). Gewerberechtlich „bezugsfertig" muss die Wohnanlage deshalb sein, weil auch alle übrigen Bautenstände nicht auf die einzelnen Einheiten abstellen, so dass es nicht nur auf die vom Erwerber erworbene Wohnung, sondern auch auf die übrigen Wohnungen ankommt (vgl OLG Naumburg 13. 11. 2009 – 10 U 20/09, NJW-RR 2010, 1323, 1326; Grziwotz/Bischoff § 3 MaBV Rn 171 unter Verweis auf BGH 10. 10. 2013 – VII ZR 269/12, BauR 2014, 141 Rn 15; Pause/Vogel Kap 4 Rn 251 unter Verweis auf OLG Hamm 23. 10. 2003 – 21 U 58/03, NJOZ 2004, 832). Der im Hinblick auf eine etwaige Insolvenz des Bauträgers gebotene Schutz des Erwerbers gebietet, dass dieser nicht vor Erreichung eines bestimmten Bautenstands Zahlungen ohne hinreichenden Gegenwert leistet. Daher muss der Zustand des Gemeinschaftseigentums berücksichtigt werden.

Zivilrechtlich ist dies je nach Vertragsgestaltung anders zu beurteilen (vgl BGH 10. 10. 2013 – VII ZR 269/12, BauR 2014, 141 Rn 15 = BeckRS 2013, 18984). Falls bei Nutzungsbeginn erhöhte Feuchtewerte im Gebäude vorhanden sind, befürchtet Drasdo (Drasdo ZfIR 2019, 14 f) – zutreffend – Risiken für die Gesundheit der Bewohner, auch wenn es noch nicht zu einem Schaden (zB Schimmelbefall) kam. Die gewerberechtlichen Vorschriften blenden, weil es ihnen allein um den Bautenstand und nicht die Mängelhaftung oder Nutzungsrisiken geht, solche Gedanken aus (Drasdo ZfIR 2019, 14, 15; ebenso Vogel, in: FS Drasdo [2023] 263, 272). Bei AGB-rechtlicher Auslegung des Begriffs der „Bezugsfertigkeit" dürfte es über die gewerberechtliche Sichtweise hinaus eher darauf ankommen, ob man in absehbarer Zeit gefahrlos, also ohne das Risiko von feuchtigkeitsbedingten Schäden, das Objekt bewohnen kann. Einem Erwerber kann kaum zugemutet werden, in ein Gebäude mit erhöhten Feuchtigkeitswerten einzuziehen, die mit hoher Wahrscheinlichkeit bei üblicher Nutzung (zB Einbau und Aufstellen von Möbeln) zu gesundheitsrelevanten Schimmelbelastungen führen (Vogel, in: FS Drasdo [2023] 263, 272; **aA** Basty Kap 5 Rn 83). Zivilrechtlich können noch erhebliche Restarbeiten der „Bezugsfertigkeit" entgegenstehen, so dass man angesichts der zu erwartenden Beeinträchtigung durch Lärm und Dreck – beim **57**

Geschoßwohnungsbau auch durch Arbeiten in „fremden" Einheiten – nicht von einer ungestörten Nutzungsmöglichkeit sprechen kann (OLG Hamm 31. 5. 2007 – 24 U 150/04, NZBau 2007, 709 Rn 87 ff; Vogel, in: FS Drasdo [2023] 263, 273). Die hiergegen angeführten Argumente (Basty Kap 5 Rn 53) betreffen allein die gewerberechtliche Ebene, die für die zivil- und namentlich AGB-rechtliche nicht von Relevanz sind. Der Begriff der „Bezugsfertigkeit" ist erkennbar für den relevanten Kreis der Klauselgegner nicht allein der MaBV entlehnt und unterliegt daher mit seiner Verwendung in vorformulierten Bauträgerverträgen der objektiven Auslegung (näher Vogel, in: FS Drasdo [2023] 263, 273). Ungeachtet eines wohl als verbreitet anzusehenden abstrakten Verständnisses, dass ein Objekt nur dann als bezugsfertig gelten kann, wenn es den späteren Nutzern zumutbar ist, es entsprechend seiner Funktion als Wohn- oder Geschäftsgebäude zu benutzen, wird es zu Einzelfragen (zB Austrocknungsgrad, Mängeln bzw offenen Restarbeiten in der Einheit, Zustand der übrigen Einheiten) zahlreiche Unklarheiten geben, die sich kaum sicher im Wege der Auslegung eindeutig lösen lassen. Nach § 305c Abs 2 BGB trägt dann der Bauträger das Risiko, dass ohne klare vertragliche Begriffsbestimmung Gerichte die AGB-Klausel hinsichtlich dieser Fragen zu seinen Lasten auslegen. Man könnte etwa überlegen, ob entgegen der gewerberechtlichen Interpretation (OLG Hamm MittBayNot 1995, 142; Reithmann/Terback/Schiffner Rn C 425) auch oberirdische Stellplätze, Carports oder Balkone und Terrassen, wenn sie als selbständige Erwerbsobjekte veräußert werden, nutzbar und damit ebenfalls „bezugsfertig" sein müssen, namentlich dann, wenn der Vertrag hierzu keine differenzierende Regelung enthält (vgl Vogel, in: FS Drasdo [2023] 263, 273 unter Verweis auf BGH 15. 4. 2004 – VII ZR 397/02, NJW-RR 2004, 954, 955 zum Architektenvertrag und zum Verjährungsbeginn bei „Bezugsfertigkeit").

58 Wegen der tatsächlichen Voraussetzungen der Fälligkeit der einzelnen in § 3 Abs 2 S 2 MaBV vorgesehenen Ratenpläne wird auf die Spezialliteratur (Basty Kap 5 Rn 68 ff mwNw; Blank Rn 304 ff; Grziwotz/Bischoff § 3 MaBV Rn 147 ff mwNw; Marcks § 3 MaBV Rn 33; Pause/Vogel Kap 4 Rn 236 ff mwNw) verwiesen. Die dort nachgewiesene Rechtsprechung und Literatur ist stets kritisch dahin zu prüfen, ob sie die gewerbe- oder zivilrechtliche Betrachtungsweise einnimmt.

59 Verpflichtet sich der Bauträger zur Errichtung einer Mehrhausanlage und damit zur anteiligen Übertragung von Gemeinschaftseigentum, kommt es für die Erreichung des Bautenstands grundsätzlich auf das Gesamtbauvorhaben an (OLG Naumburg 13. 11. 2009 – 10 U 20/09, NJW-RR 2010, 1323, 1325 f; Marcks § 3 MaBV Rn 34; ausführlich Drasdo, in: FS Pause [2023] 51, 55 ff; Schmidt ZWE 2005, 58, 61). Die Differenzierung danach, ob es sich etwa um eine unselbständige Nebenanlage (Garage, Stellplatz) handelt oder nicht, findet in der MaBV keine Stütze (Basty Kap 5 Rn 190; Grziwotz/Koeble/Leidner Kap 5 Rn 210; **aA** Grziwotz/Bischoff § 3 MaBV Rn 139). Anders kann man das nur für die Frage der Rate der Bezugsfertigkeit sehen, weil diese definitionsmäßig auf das konkrete Erwerbsobjekt abstellt, wobei die Bezugsfertigkeit auch einen gewissen Bautentand der Restwohnanlage und damit des Gemeinschaftseigentums voraussetzt (zutr Drasdo, in: FS Pause [2023] 51, 57; näher Pause/Vogel Kap 4 Rn 233). Für die Bezugsfertigkeit soll es gewerberechtlich irrelevant sein, wenn der Stellplatz noch nicht benutzbar ist (so OLG Hamm 3. 11. 1994 – 21 W 16/92, MittRhNotK 1995, 142, 143). Es ist gewerberechtlich nicht möglich, durch Gestaltung der Gemeinschaftsordnung oder durch die Begrenzung der Herstellungspflicht im Erwerbsvertrag auf einzelne Häuser das Problem zu umgehen, dass es für die Erreichung des jeweiligen Bautenstands auf das

Gesamtbauvorhaben ankommt (zutr DRASDO, in: FS Pause [2023] 51, 58 f; DRASDO NZM 2003, 961, 963; **aA** BASTY Kap 11 Rn 158); dies verbietet gerade § 12 MaBV (**aA** BLANK Rn 303; GRZIWOTZ/KOEBLE/LEIDNER Kap 5 Rn 208 f). Dies zeigt übrigens auch der Umkehrschluss zu § 4 Abs 1 Nr 2 MaBV, der nämlich einen von § 3 MaBV erkennbaren Schutzzweck hat (zutr DRASDO NZM 2003, 961, 963). Zivilrechtlich gilt dies erst recht, zumal nur teilweise geklärt ist, in welchen Fällen der einzelne Erwerber die ordnungsgemäße Erstherstellung verlangen kann (BGH 20. 12. 2024 – V ZR 243/23, NZM 2025, 99; ähnlich DRASDO, in: FS Pause [2023] 51, 59). Eine begrenzte Herstellungsverpflichtung lässt sich nämlich zumeist im Schnittstellenbereich nicht transparent regeln.

Diese Grundsätze gelten auch dann, wenn Reihen- oder Doppelhäuser aufgeteilt als **60** Wohnungseigentum veräußert werden (zutr DRASDO, in: FS Pause [2023] 51, 60 f; POHLMANN BauR 1978, 351, 352; **aA** noch PAUSE/VOGEL Kap 4 Rn 234). Unproblematisch kann nur dann auf das einzelne Reihen- oder Doppelhaus abgestellt werden, wenn es sich um realgeteilte Grundstücke handelt.

Veräußert der Bauträger an einen Erwerber mehrere Erwerbsobjekte, ist es zulässig, **61** den Erwerbspreis gesondert auszuweisen und für die Erwerbsobjekte gesonderte Ratenpläne zu vereinbaren (GRZIWOTZ/BISCHOFF § 3 MaBV Rn 133, 140). Der Bauträger könnte nämlich auch zwei Verträge abschließen.

bb) Sonderproblem: Barsicherheit nach § 650m Abs 2 BGB

§ 650u Abs 1 S 3 BGB sieht auch vor, dass der Verbrauchererwerber nach § 650m **62** Abs 2 BGB Sicherheit verlangen kann. Sieht der Vertrag einen abzulösenden Bareinbehalt vor, ist ungeklärt, ob hierdurch, wenn im Übrigen sieben Zahlungen bereits vorgesehen sind, quasi durch das Ablösungsrecht gegen Sicherheitenstellung eine achte Zahlungsrate vereinbart wird (hierzu VOGEL, in: FS Drasdo [2023] 263, 267). Üblicherweise sehen Verträge vor, dass von der „Grundstücksrate" über 40 % des Gesamterwerbspreises ohne Sicherheitenstellung 5 % des Gesamterwerbspreises einbehalten werden dürfen. Zum Zeitpunkt des Erlasses der MaBV gab es keine mit § 650m Abs 2 BGB vergleichbare Regelung. Der Verordnungsgeber hatte ein recht „starres" Verständnis der Anzahl der Zahlungen (vgl VOGEL, in: FS Drasdo [2023] 263, 267). Dies spricht dafür, dass solche Ablöseregelungen gewerberechtlich mit § 3 Abs 2 S 1 MaBV kollidieren könnten. Im Wege der Vertragsgestaltung sollten also nur sechs Zahlungsraten vereinbart werden, wenn der Bareinbehalt durch Sicherheitenstellung abgelöst werden darf. Zivilrechtlich problematisch – nach § 307 Abs 1 BGB mE unwirksam – sind Regelungen, wonach eine gestellte Sicherheit mit der letzten Rate zurückzugewähren ist; die Rückgabe der Sicherheit und die Fertigstellungsrate haben unterschiedliche Voraussetzungen (umfassend MONREAL DNotZ 2015, 173, 181). Ein Erwerbsobjekt kann nämlich fertigstellt sein, obwohl noch gesicherte Ansprüche (zB wegen Verzug) offen sind. In diesem Fall muss der Erwerber die Sicherheit mangels Wegfalles des Sicherungszwecks nicht zurückgeben (KG 15. 5. 2018 – 21 U 90/17, BauR 2018, 2025 = BeckRS 2018, 9634 Rn 49 f). Die Sicherheit darf so lange behalten werden, bis der Sicherungsfall endgültig nicht mehr eintreten kann (MESSERSCHMIDT/VOIT/LENKEIT § 650m Rn 34).

cc) Zulässigkeit eines flexiblen Ratenplans

Der Wortlaut von § 3 Abs 2 S 1 MaBV, der lautet „ferner in bis zu sieben Teilbeträ- **63** gen entsprechend dem Bauablauf entgegennehmen oder sich zu deren Verwendung ermächtigen lassen", ist nicht eindeutig, ob der Bauträger aus dem Ratenplan in § 3 Abs 2 S 2 MaBV die sieben Teilbeträge vorab festlegen muss oder der Abruf in sein Ermessen gestellt werden darf. Er steht dem aber nicht entgegen (**aA** noch Vogel PiG 102, 107, 111). Die besseren Gesichtspunkte (Gegenkontrolle des Notars, Abstimmung der Finanzierung des Erwerbers usw) sprechen dafür, bereits gewerberechtlich einen flexiblen Ratenzahlungsplan für unwirksam zu halten (so LG Karlsruhe 12. 2. 2016 – 10 O 477/15, BeckRS 2016, 121738 Rn 23; LG München I 23. 4. 2015 – 8 O 6509/15, BeckRS 2015, 20227; DNotI-Report 1997, 148, 149; Grziwotz NotBZ 2001, 1, 2; Hermanns ZfIR 1997, 578; Marcks § 3 MaBV Rn 23; unklar noch Vogel PiG 102, 107, 110 f; **aA** Basty Kap 5 Rn 44 f; BeckOK-BauVertrR/Karczewski [15. 2. 2025] § 650v Rn 43; Cramer BauR 2020, 187, 190; Grziwotz/Bischoff § 3 MaBV Rn 131; Grziwotz/Koeble/Leidner Kap 5 Rn 278; Pause/Vogel Kap 4 Rn 209; OLG Celle 6. 8. 2003 – 7 U 36/03, NJW-RR 2004, 592). Hiervon ging tendenziell auch der Verordnungsgeber (BR-Drucks 1004/96, 6 f) bei Neufassung von § 3 Abs 2 MaBV aus:

> „Der Ratenplan des § 3 Abs 2 soll flexibilisiert und modernen Produktionsverfahren angepasst werden. Nachteilig ist insbesondere, dass nach dem geltenden Recht sechs Raten zwingend vorgeschrieben sind, deren Fälligkeitsvoraussetzungen nicht immer moderne Bauabläufe widerspiegeln bzw. in der Wertung der einzelnen Gewerke untereinander nicht mehr zeitgemäß sind .... Die Neufassung des § 3 Abs 2 geht von diesem starren Ratenplan ab. Der Bauträger wird ermächtigt, Abschlagszahlungen nach Bauablauf in bis zu sieben Raten anzufordern (Satz 1), wobei er die Ratenhöhe beliebig nach den insgesamt vorgesehenen dreizehn Bauabschnitten gestalten kann (Satz 2). Selbstverständlich muss dies vertraglich fixiert werden."

64 Auch zivilrechtlich wäre ein flexibler Ratenzahlungsplan unwirksam, weil ihm Gesichtspunkte der Planungs- und Finanzierungssicherheit des Erwerbers entgegenstünden (LG Karlsruhe BeckRS 2016, 121738 Rn 23; Vogel PiG 102, 107, 111). Kein zivilrechtlich tragfähiges Argument ist es, dem Bauträger hinreichende Flexibilität einräumen zu wollen, weil dies AGB-rechtlich zur fehlenden Bestimmtheit und Transparenz aus Sicht des Erwerbers führt; hierauf kann er seine Finanzierung und den Mittelfluss nicht abstimmen (Hermanns ZfIR 1997, 578; Vogel PiG 102, 107, 111).

2. Zahlung nach § 7 MaBV

a) Erfasste und nicht erfasste Fallgestaltungen

65 § 7 Abs 1 MaBV umfasst dem Wortlaut nach, neben „echten" Vorauszahlungsfällen, in denen der Bauträger noch nicht mit dem Bau auf eigenem Grundstück angefangen hat, auch bautenstandsabhängige Zahlungen, in denen „nur" die Voraussetzungen des § 3 Abs 1 MaBV noch nicht vorliegen, etwa weil das Grundstück noch nicht in Wohneigentum aufgeteilt werden konnte oder noch öffentlich-rechtliche Genehmigungen fehlen. Der Staffelverweis in § 650v BGB auf Art 244 EGBGB und weiter auf § 1 S 2 HausbauV erfasst nur den letzteren Fall, also Abschlagszahlungen, so dass sich die Höhe der Zahlungen ansonsten am tatsächlichen Baufortschritt bemessen muss (OLG Schleswig 7. 5. 2010 – 4 U 126/08, IBRRS 2011, 5254; Basty Kap 6 Rn 18 mwNw; Pause/Vogel Kap 4 Rn 78). Dies folgt zudem aus § 309 Nr 15 a BGB (Grziwotz NZBau 2019, 218, 223; Pause/Vogel Kap 4 Rn 79; str). Auf den Ratenplan des § 3 Abs 2 MaBV ist der Bauträger aber nicht beschränkt (Pause/Vogel Kap 4 Rn 286).

Die Vereinbarung von Zahlungen unabhängig vom Bautenstand, also „echte" Vorauszahlungen gegen Stellung einer Sicherheit nach § 7 Abs 1 MaBV, wäre AGB-rechtlich unwirksam (zutr OLG Karlsruhe 19. 4. 2001 – 4 U 83/00, MittBayNot 2001, 478, 479 = IBR 2001, 423). Nachdem der EuGH (EuGH 1. 4. 2004 – Rs C-237/02, DNotZ 2004, 767 = NJW 2004, 1647) auf Vorlagefrage des BGH (BGH 2. 5. 2002 – VII ZR 178/01, DNotZ 2002, 652, 655 = NJW 2002, 2816) diese Frage wieder an das nationale Gericht zurückverwiesen hatte, hatte der VII. Zivilsenat des Bundesgerichtshofs (vgl Basty DNotZ 2005, 94; Vogel IBR 2005, 156) zutreffend darauf hingewiesen, dass eine solche Vereinbarung nach § 307 BGB unwirksam wäre; daraufhin wurde die Revision zurückgenommen. Dies beruht ua darauf, dass der Erwerber hiermit seine Leistungsverweigerungs- und Zurückbehaltungsrechte verliert und nicht alle Ansprüche, derentwegen diese Einreden geltend machen könnte, von einer Sicherheit nach § 7 Abs 1 MaBV abgesichert sind und zudem die „Angriffslast" auf den Erwerber verlagert wird (vgl Pause/Vogel Kap 4 Rn 77 mwNw). 66

b) Sicherungsumfang einer Bürgschaft nach § 7 Abs 1 MaBV

Was die jeweilige Sicherheit nach § 7 Abs 1 MaBV sichert, ergibt sich nicht nur anhand ihres Wortlauts, sondern maßgeblich durch Sinn und Zweck der gewerberechtlichen Regelungen und insbesondere durch den Anlass ihrer Vereinbarung bzw Stellung (BGH 18. 6. 2002 – XI ZR 359/01, BGHZ 151, 147 = NJW 2002, 2563 Rn 19; näher ibrOK-BauVertrR/Pause [7. 2. 2025] § 650v Rn 57 ff mwNw). Betrachtet wird hier nur die Sicherheit, die dafür vereinbart ist, dass die allgemeinen Fälligkeitsvoraussetzungen des § 3 Abs 1 MaBV nicht vorliegen. Anders als bei einer Sicherheit nach § 7 Abs 1 MaBV, die in einer Situation gestellt wird, in der der Erwerber abweichend vom Bautenstand nach § 3 MaBV zahlen muss (hierzu BGH 12. 4. 2007 – VII ZR 50/06, BGHZ 172, 63 = NJW 2007, 1957 Rn 52; BGH 29. 1. 2008 – XI 160/07, BGHZ 175, 161 = NJW 2008, 1729 Rn 17; BGH 18. 9. 2007 – XI ZR 211/06, BGHZ 173, 366 = NJW 2008, 523 Rn 30; BGH 18. 6. 2002 – XI ZR 359/01, BGHZ 151, 147, 151 = NJW 2002, 2563; bestätigt durch BGH 9. 12. 2010 – VII 206/09, BGHZ 188, 8 = NJW 2011, 1347 Rn 15), so sichert eine solche Sicherheit mangels „echter" Vorleistung keine Mängelansprüche, weil der Erwerber durch sein Leistungsverweigerungsrecht aus § 320 Abs 1 BGB immer noch ausreichend geschützt ist (BGH 9. 12. 2010 – VII ZR 206/09, BGHZ 188, 8 = NJW 2011, 1347 Rn 18 ff; ebenso OLG Düsseldorf 30. 6. 2015 – 21 U 231/14, BauR 2016, 1933, 1933 = BeckRS 2016, 4229; Basty Kap 6 Rn 28 mwNw; krit Grziwotz EWiR 2011, 197, 198; Messerschmidt/Voit/Wagner Kap E Rn 117a ff). Eine Bürgschaft, mit der die allgemeinen Fälligkeitsvoraussetzungen ersetzt werden sollen, reicht also nicht weiter als der Schutz, der sich aus § 3 Abs 1 S 1 Nrn 1 bis 4 MaBV ergibt. Nie abgesichert – auch nicht für die Stellung im Vorauszahlungsfall – sind Ersatzansprüche des Erwerbers wegen erwarteter Steuervorteile und Nutzungen (BGH 18. 6. 2002 – XI ZR 359/01, BGHZ 151, 147 = NJW 2002, 2563, 2565), Schadensersatzansprüche wegen verspäteter Fertigstellung oder pauschalierte Nutzungsausfallentschädigungen (BGH 18. 6. 2002 – XI ZR 359/01, BGHZ 151, 147 = NJW 2002, 2563, 2565; Grziwotz/Koeble/Zahn Kap 6 Rn 164), Mietausfallschäden (BGH 22. 10. 2002 – XI ZR 393/01, NJW 2003, 285, 286) oder sonstige Verzugsschäden (BGH 21. 1. 2003 – XI ZR 145/02, NJW-RR 2003, 592, 593). Ob man anders als für den Vorauszahlungsfall (dort BGH 30. 9. 2004 – VII ZR 458/02, BGHZ 160, 277 = NZBau 2005, 38, 39) auch davon ausgehen kann, dass Ansprüche aus einem Aufhebungsvertrag gesichert werden, wenn zum Zeitpunkt dessen Abschlusses die Voraussetzungen für einen Rücktritt vorlagen, ist nicht höchstrichterlich entschieden, aber wohl zu bejahen (Basty Kap 6 Rn 26). Gleiches gilt – für den Vorauszahlungsfall entschieden (BGH 29. 1. 2008 – XI 160/07, BGHZ 175, 161 = NZBau 2008, 377 67

Rn 18 f) – für Rückzahlungsansprüche, wenn der Bauträgervertrag formunwirksam ist. Ob eine Sicherheit, die nur bestimmte Voraussetzungen des § 3 Abs 1 S 1 Nr 1 bis 4 MaBV ersetzten soll, generell auch die Eigentumsverschaffung sichert, ist anders als für den Vorauszahlungsfall (hierzu BGH NJW 2009, 673 Rn 14), nicht abschließend geklärt (dafür Basty Kap 6 Rn 25).

c) Art und Form der Sicherheit

68 Aus § 7 Abs 1 S 2 MaBV und den dortigen Verweis auf § 2 Abs 2 MaBV folgt, dass die Sicherheit nur durch Bürgschaft geleistet werden kann. Taugliche Bürgen können nur Körperschaften des öffentlichen Rechts mit Sitz im Geltungsbereich der MaBV, im Inland tätige Kreditinstitute und zum Betrieb der Bürgschaftsversicherung befugte Versicherungsunternehmen sein. Die Bürgschaft muss schriftlich erteilt werden und den Verzicht auf die Einrede der Vorausklage enthalten.

d) Besondere Anforderungen an die Vertragsabwicklung

69 Wie die Lastenfreistellungserklärung (Rn 19) ist die Sicherheit dem Erwerber auszuhändigen (§§ 7 Abs 1 S 2, 2 Abs 4 S 3 MaBV). Eine Hinterlegung beim Urkundsnotar genügt nur dann, wenn dieser die Urkunde auf Grund eines Treuhandauftrages des Erwerbers nur für diesen entgegennimmt und ausschließlich für ihn verwahrt (BGH 11. 1. 2007 – VII ZR 229/05, NJW 2007, 1360 Rn 20).

70 § 7 Abs 1 S 4 MaBV gestattet einen Austausch der gewerberechtlich vorgesehenen Sicherungssysteme. Will der Bauträger hiervon Gebrauch machen, muss er dies zunächst vertraglich vorsehen (Basty Kap 6 Rn 35; Pause/Vogel Kap 4 Rn 326). Hierbei ist vertraglich sicher zu stellen, dass der Freistellungsschuldner, der mit dem Bürgen nicht personenidentisch sein muss, sich die bereits geleisteten Zahlungen anrechnen lässt (OLG Bamberg 15. 1. 2004 – 1 U 96/03, NZBau 2004, 329). Den Sicherheitenaustausch kann nur der Bauträger selbst, nicht sein finanzierendes Kreditinstitut herbeiführen (KG 29. 11. 1999 – 12 U 3527/98, NZBau 2000, 566).

71 Zulässig ist gewerberechtlich nur ein vollständiger Austausch der Sicherungssysteme, nicht indes eine Vermischung (BGH 6. 5. 2003 – XI ZR 33/02, NJW-RR 2003, 1171, 1172; OLG Schleswig 7. 5. 2010 – 4 U 126/08, IBRRS 2011, 5254). Ist eine Vermischung im Bauträgervertrag vorgesehen, führt dies zur Unwirksamkeit des gesamten Zahlungsplans (OLG Schleswig 7. 5. 2010 – 4 U 126/08, IBRRS 2011, 5254). Die Wirksamkeit der Bürgschaft wird hierdurch nicht berührt (BGH 6. 5. 2003 – XI ZR 33/02, NJW-RR 2003, 1171, 1172). Weicht nur die Bürgschaft von den gewerberechtlichen Vorgaben ab, darf der Bauträger keine Zahlungen entgegennehmen (BGH 5. 12. 2008 – V ZR 144/07, NJW 2009, 673 Rn 20). Übliche Fälle der Vermischung sind Abschichtungs-, Abschmelzungs- oder Rückgabeklauseln, Bürgschaften nur für die letzte oder die beiden letzten Raten, um den Erwerbspreis vollständig entgegen nehmen zu können, genügen also nicht den gewerberechtlichen Vorgaben (OLG Frankfurt 13. 11. 2002 – 23 U 248/01, NZBau 2003, 380; OLG Brandenburg 29. 7. 2010 – 5 U 142/06, BeckRS 2010, 20520; näher Basty Kap 6 Rn 39 f mwNw; Pause/Vogel Kap 4 Rn 322 ff). Ebenfalls nicht zulässig ist es, die letzte Rate bereit bei Besitzübergabe gegen Stellung einer Sicherheit nach § 7 Abs 1 MaBV in Höhe dieser letzten Rate zu vereinbaren; weil eine solche Bürgschaft die Rückgewähransprüche in voller Höhe sichern muss (OLG Schleswig 7. 5. 2010 – 4 U 126/08, IBRRS 2011, 5254; Pause/Vogel Kap 4 Rn 324). Vielmehr ist die Sicherheit nach § 7 Abs 1 S 2 MaBV solange in voller Höhe aufrechtzuerhalten, bis kumulativ die Vorausset-

zungen des § 3 Abs 1 MaBV vorliegen und das Erwerbsobjekt vollständig fertig gestellt ist (BGH 22. 10. 2002 – XI ZR 393/01, NJW 2003, 285, 286).

Ist die Sicherungsabrede im Erwerbsvertrag unwirksam, beeinflusst dies die Ausle- 72
gung und die Haftung aus einer Bürgschaft nach § 7 Abs 1 MaBV nicht (BGH 9. 12. 2010 – VII ZR 206/09, BGHZ 188, 8 = NJW 2011, 1347 Rn 25).

e) Abweichung nach § 7 Abs 2 MaBV

Ist der Erwerber eine juristische Person des öffentlichen Rechts, ein öffentlich-recht- 73
liches Sondervermögen oder ein in das Handels- oder Genossenschaftsregister eingetragener Kaufmann, kann der Erwerber nach § 7 Abs 2 S 1 MaBV in gesonderter Urkunde auf die Absicherung nach § 7 Abs 1 MaBV verzichten. Dies erklärt sich daraus, dass der Verordnungsgeber davon ausging, dass diese Erwerber das Risiko überblicken und zur Absicherung ihrer Vermögenswerte entsprechende Maßnahmen ergreifen werden (MARCKS § 7 MaBV Rn 11). Um dies diesem Erwerberkreis nochmals zu verdeutlichen, muss der Verzicht zwingend in gesonderter Urkunde ausgesprochen werden. Die formellen Anforderungen hieran sollen gering sein (vgl GRZIWOTZ/KRAUSE § 7 MaBV Rn 86). Ein solch gesonderter Verzicht wird gerne für die Errichtung und Veräußerung von Großprojekten (zB Einkaufzentren) vergessen, weil der Begriff des Bauträgervertrags umgangssprachlich mit solchen Projekten nicht in Verbindung gebracht wird.

f) Verhältnis zur Sicherheit nach § 650m Abs 2 BGB

Die Sicherheiten nach § 7 Abs 1 MaBV im Abschlagszahlungsfall und nach § 650m 74
Abs 2 BGB haben unterschiedliche Sicherungszwecke. Die Sicherheit nach § 650m Abs 2 BGB sichert als „normale" Vertragserfüllungssicherheit auch alle Ansprüche wegen nicht fristgerechter Herstellung. Dies ist bei einer Sicherheit nach § 7 Abs 1 BGB anders (BGH NJW-RR 2003, 592 f). Das bedeutet, dass der Verbrauchererwerber neben einer Sicherheit nach § 7 Abs 1 MaBV zusätzlich auch eine solche nach § 650m Abs 2 BGB verlangen kann (HÜGEL/MÜLLER, Wohnungseigentum § 3 Rn 60; PAUSE/VOGEL Kap 4 Rn 50 mwNw). Dies entspricht dem ausdrücklichen Willen des Gesetzgebers (BT-Drucks 16/511, 24).

IV. Rechtspolitische Wertung

Die Orientierung an den gewerberechtlichen Regelungen (§§ 3, 7 MaBV) beruht ei- 75
nerseits auf wirtschaftlichen Grundannahmen (ebenso SOERGEL/GLÖCKNER § 650v Rn 9), die veraltet sind. Zudem wird so das Schutzniveau der 1970er Jahre manifestiert, über welches man anderenorts weit hinausgegangen ist. Andererseits sind die Vorgaben der gewerberechtlichen Regelungen oft zu starr (SOERGEL/GLÖCKNER § 650v Rn 9).

1. Unzulänglichkeit des Vormerkungsmodells (§ 3 MaBV)

Wie oben dargestellt (Rn 76 ff), schützt das Vormerkungsmodell den Erwerber im Fal- 76
le der wirtschaftlichen Schwierigkeiten oder sogar der Insolvenz des Bauträgers unzureichend. Die Vormerkung sichert nur den Eigentumserwerb ab. Wegen der Lastenfreistellung muss sich der Erwerber regelmäßig schuldrechtlich an eine dritte Person halten. Die Voraussetzungen der Lastenfreistellung sind gewerberechtlich unzureichend (Rn 18 ff) und zivilrechtlich unklar (Rn 27 ff). Der Ratenplan führt zu-

mindest faktisch zu Vorausleistungen des Erwerbers (Glöckner VuR 2003, 403, 409 f). Dies war auch die Meinung der Arbeitsgruppe Bauvertragsrecht, die im Bundesjustizministerium vom Januar 2010 bis 2013 im Vorfeld der Reform des Bauvertragsrechts eingesetzt war, weil es im Abschlussbericht hieß:

> „Das Bauträgerrecht ist in § 632a BGB, § 1 der Verordnung über Abschlagszahlungen bei Bauträgerverträgen (BGBl. 2001 I, 981) und der Makler- und Bauträgerverordnung sehr unübersichtlich und nur fragmentarisch geregelt. Darüber hinaus wird die Absicherung des Bestellers durch das sog. Vormerkungsmodell zunehmend kritisch gesehen. Insbesondere im Fall der Insolvenz des Bauträgers haben sich in der Vergangenheit Schutzlücken mit zum Teil existenzvernichtenden Folgen gezeigt. Da das Bauträgerrecht nicht Gegenstand der Erörterungen war, ist auch nicht geprüft worden, ob die Vorschläge der Arbeitsgruppe auf dieses Gebiet übertragen werden können."

Durch den Ausschluss des Rechts zur außerordentlichen Kündigung (§ 648a BGB) durch § 650u Abs 2 BGB hat sich die Situation für den Erwerber durch die Reform des Bauvertragsrechts massiv verschlechtert (§ 650u Rn 100). Auch insolvenzrechtlich gibt es zahlreiche ungeklärte Fragen (Depré/Cranshaw ZfIR 2023, 459, 465). Dies hat die Arbeitsgruppe zum Bauträgervertragsrecht auch in ihrem Abschlussbericht vom 19. 6. 2019 eindrucksvoll bestätigt (vgl Schomburg/Fuchs NZM 2019, 744, 745), ohne dass der Gesetzgeber bis heute tätig geworden ist. Die Vorschläge (vgl Fuchs BauR 2020, 371 ff; zu den Diskussionen und Beschlüssen des Arbeitskreises XII des 8. Deutschen Baugerichtstags vgl BauR 2021, 1986 ff) liegen auf dem Tisch (vgl den Problemaufriss aus insolvenzrechtlicher Sicht Depré/Cranshaw ZfIR 203, 459, 469 ff).

77 Unabhängig von diesen, in der Literatur diskutierten Schwachstellen zeigen sich in der Praxis weitere. Üblicherweise können Erwerber mangels frühem Eigentumsübergang das Erwerbsobjekt während der Herstellungsphase nicht als Bauherr gegen Naturgewalten oder sonstige Zerstörung (zB Brand) versichern. Kommt es zum Schaden, fließt jedenfalls dem Erwerber keine Versicherungsleistung zu. Zudem sind hohe quotale Selbstbeteiligungen vorgesehen. Starke Beschädigungen oder Zerstörungen führen also dazu, dass anders als bei dem „normalen" steckengebliebenen Bau die Situation für den Erwerber noch nachteiliger ist.

78 Durch die weitere Verschlechterung durch die Reform des Bauvertragsrechts mit dem Ausschluss des außerordentlichen Kündigungsrechts wird in der Literatur die Staatshaftung der Bundesrepublik Deutschland diskutiert (Schmid BauR 2003, 1584, 1591 ff).

2. Lücken des Sicherungsmodells nach § 7 Abs 1 MaBV

79 In den oben behandelten Fällen, in denen die Sicherheit nur die allgemeinen Fälligkeitsvoraussetzungen nach § 3 Abs 1 MaBV überwinden, aber gleichzeitig bautenstandsabhängig iSv § 3 Abs 2 MaBV gezahlt werden soll, hat eine Sicherheit nach § 7 Abs 1 MaBV nur einen sehr eingeschränkten Sicherungszweck. Sie ist keine umfassende Vorauszahlungs- und Erfüllungssicherheit. Sie sichert nur das Äquivalenzverhältnis insoweit ab, als sie eine der allgemeinen Fälligkeitsvoraussetzungen „ersetzen" soll. Das Sicherungsmodell teilt damit die Bedenken, die für die bautenstandsabhän-

gige Zahlung bestehen (Rn 3 ff). Hinzu kommt, dass diese Sicherheit – wie ausgeführt (Rn 67) – anlassbezogen ausgelegt wird, so dass für den juristischen Laien nicht erkennbar ist, dass eine wortlautidentische Sicherheit einen abweichenden Sicherungsumfang haben kann. Es bestehen erhebliche Transparenzbedenken. Zudem erschwert sie für den Erwerber seine Finanzierung nicht unerheblich (näher Pause/Vogel Kap 4 Rn 327 ff).

V. Rechtsfolgen MaBV-widriger Regelungen und MaBV-widriger Zahlungsweisen

Orientiert sich der Zahlungsplan nicht an den Vorgaben der §§ 3, 7 MaBV ist der Zahlungsplan nichtig (§§ 12, 134 BGB); der Vertrag bleibt iÜ wirksam (BGH 22. 3. 2007 – VII ZR 268/05, BGHZ 171, 364 = NJW 2007, 1947 Rn 19; BGH 22. 12. 2000 – VII ZR 310/99, BGHZ 146, 250 = NJW 2001, 818, 820; OLG Oldenburg 27. 10. 2022 – 8 U 38/21, BeckRS 2022, 58762 Rn 43; OLG Schleswig 2. 10. 2019 – 12 U 10/18, NZBau 2020, 376 Rn 53; OLG Zweibrücken 4. 4. 2014 – 8 U 53/12, BeckRS 2014, 121210 Rn 23 ff). Ein Rückgriff auf die MaBV ist aufgrund ihres gewerberechtlichen Charakters nicht möglich, § 1 S 1 HausbauVO enthält keine zivilrechtliche Auffangregelung (ibrOK-BauVertrR/Pause [7. 2. 2025] § 650v Rn 48; Rn 9). Dasselbe soll gelten, wenn der Zahlungsplan frühzeitige „freiwillige" Zahlungen des Erwerbers vorsieht, um vorzeitig Besitz zu erlangen (OLG Schleswig 2. 10. 2019 – 12 U 10/18, NZBau 2020, 376 Rn 50 ff). Nimmt der Bauträger tatsächlich entgegen § 3 Abs 2 S 1 Var 1 MaBV Zahlungen entgegen, so ist ihm das gewerberechtlich verboten. Bis zur Stellung der nach den §§ 3, 7 MaBV vorgesehenen Sicherheiten kann der Erwerber die Zahlung verweigern (BGH 8. 11. 1984 – VII ZR 42/84, NJW 1985, 438; KG 29. 8. 2011 – 8 U 90/10, BauR 2012, 103 = BeckRS 2011, 22610). Daneben kann er Schadensersatz verlangen, wenn ihm dadurch ein Schaden entstanden ist, oder, wenn die Voraussetzungen hierfür vorliegen, auch den Rücktritt erklären (näher Pause/Vogel Kap 4 Rn 337 mwNw). Dies folgt aus den §§ 280, 241 Abs 2 BGB (OLG Karlsruhe 20. 5. 2010 – 12 U 232/09, BeckRS 2010, 142485; Kniffka NZBau 2000, 552, 553). 80

Hat der Bauträger Zahlungen entgegen der Entgegennahmeverbote der MaBV entgegengenommen, so hat der Erwerber einen Anspruch auf Rückzahlung aus § 817 S 1 BGB (BGH 22. 3. 2007 – VII ZR 268/05, BGHZ 171, 364 = NJW 2007, 1947 Rn 31). Die Vorgaben der MaBV richten sich nur an den Bauträger, so dass er sich nicht auf den Kondiktionsausschluss in § 817 S 2 BGB berufen kann (OLG Koblenz 18. 12. 1998 – 10 U 362/98, NJW-RR 1999, 671). § 814 BGB (Kenntnis der Nichtschuld) ist unanwendbar (OLG Schleswig 2. 10. 2019 – 12 U 10/18, NZBau 2020, 376 Rn 104; KG 26. 2. 2019 – 27 U 9/18, DNotZ 2019, 634, 636). Gleiches gilt auch für § 813 Abs 2 BGB, es sei denn, es handelt sich um Zahlungen, die etwa bei wirksamer Vereinbarung nicht zu beanstanden gewesen wären (BGH 22. 3. 2007 – VII ZR 268/05, BGHZ 171, 364 = NJW 2007, 1947 Rn 32 f). Wenn und soweit der Erwerber bei einer wirksamen Zahlungsvereinbarung zur Zahlung in entsprechender Höhe hätte verpflichtet werden können, wird der bereicherungsrechtliche Anspruch nach dem Schutzzweck der Höhe nach begrenzt (BGH 22. 3. 2007 – VII ZR 268/05, BGHZ 171, 364 = NJW 2007, 1947 Rn 32 f; OLG Schleswig 2. 10. 2019 – 12 U 10/18, NZBau 2020, 376 Rn 107 ff; OLG Naumburg 13. 11. 2009 – 10 U 20/09, NJW-RR 2010, 1323, 1324; hierzu Cramer BauR 2020, 187, 188); das ist nicht ganz zweifelsfrei (zutr Herrler DNotZ 2007, 895, 906 ff). 81

82 Der bereicherungsrechtliche Rückforderungsanspruch umfasst auch die Erstattung der vom Bauträger ersparten Zinsen (OLG München 17. 6. 1999 – 19 U 6498/98, NJW-RR 2001, 13; Kniffka NZBau 2000, 552, 553; Pause/Vogel Kap 4 Rn 339; **aA** OLG München 14. 4. 2015 – 9 U 1138/14 Bau, IBR 2015, 666). Gleiches gilt für den schadensersatzrechtlichen Anspruch (OLG Karlsruhe 20. 5. 2010 – 12 U 232/09, BeckRS 2010, 142485; Pause/Vogel Kap 4 Rn 339).

83 Die §§ 3, 7 Abs 1 MaBV sind Schutzgesetze iSv § 823 Abs 2 BGB (hierzu BGH NJW 2009, 673 Rn 10 ff; OLG Schleswig 2. 10. 2019 – 12 U 10/18, NZBau 2020, 376 Rn 131; OLG Frankfurt 9. 1. 2023 – 29 U 176/20, BeckRS 2023, 50625 Rn 18; **aA** noch OLG Dresden 27. 6. 1997 – 7 U 860/97, NJW-RR 1997, 1506, 1507). Bei den übrigen Bestimmungen der MaBV ist dies nicht abschließend geklärt (näher Vogel, in: FS Kainz [2019] 641, 646 f).

84 Persönlich haftet der Geschäftsführer des Bauträgers, wenn er vorsätzlich handelte (OLG Düsseldorf 15. 7. 2011 – 23 U 87/09, BeckRS 2011, 28762; OLG Celle 12. 2. 2001 – 4 U 289/99, BauR 2001, 1278 = BeckRS 2011, 11735; OLG Hamm 22. 4. 1998 – 12 U 37/97, NJW-RR 1999, 530, 531; LG Hamburg 24. 10. 2022 – 317 O 63/21, BeckRS 2022, 29642 Rn 51). Wegen § 9 Abs 1 OWiG iVm § 18 MaBV kommt nur eine persönliche Haftung des vertretungsberechtigten Organs oder eines sonstigen gesetzlichen Vertreters des Bauträgers in Betracht (näher Vogel, in: FS Kainz [2019] 641, 647). Dieser muss wegen § 830 Abs 1, Abs 2 BGB vorsätzlich handeln (näher Vogel, in: FS Kainz [2019] 641, 647 f mwNw). Die persönliche Haftung spielt bei der Insolvenz des Bauträgers eine größere Rolle (Grziwotz/Koeble/Schmitz Kap 9 Rn 211).

85 Auch dieser Anspruch kann entsprechend dem Schutzzweck der Höhe nach begrenzt sein (BGH 5. 12. 2008 – V ZR 144/07, NJW 2009, 673 Rn 22; OLG Frankfurt 9. 1. 2023 – 29 U 176/20, BeckRS 2023, 50625 Rn 26; hierzu näher Vogel, in: FS Kainz [2019] 641, 648 f mwNw). Dies ist etwa der Fall, wenn Zahlungen vor Erteilung der Baugenehmigung eingefordert wurden, diese aber zwischenzeitlich existiert (OLG 9. 1. 2023 – 29 U 176/20, Frankfurt BeckRS 2023, 50625 Rn 26). Stellt der Bauträger eine gewerberechtlich nicht genügende Bürgschaft, ist der Schadensersatzanspruch darauf begrenzt, wie der Erwerber stünde, wenn eine § 7 Abs 1 MaBV genügende Bürgschaft gestellt worden wäre (BGH 5. 12. 2008 – V ZR 144/07, NJW 2009, 673 Rn 22).

86 Der Anspruch aus § 823 Abs 2 BGB iVm §§ 3, 7 Abs 1 MaBV verjährt nach § 195 BGB regelmäßig, so dass es auch auf die subjektiven Voraussetzungen des § 199 Abs 1 Nr 2 BGB ankommt (OLG Frankfurt 9. 1. 1023 – 29 U 176/20, BeckRS 2023, 50625 Rn 23).

Sachregister

Die fetten Zahlen beziehen sich auf die Paragraphen, die mageren Zahlen auf die Randnummern.

Abnahme
Bauträgervertrag **650u** 40 ff
Abnahmegegenstand/-fähigkeit **650u** 41 f
Abnahmewirkungen, Zeitpunkt **650u** 69
AGB-rechtliche Unwirksamkeit, Rechtsfolgen **650u** 61 ff
Bevollmächtigung **650u** 52 ff
Bevollmächtigungsklauseln, frei widerrufliche **650u** 55
fiktive Abnahme **650u** 43 f
Mehrhausanlagen **650u** 42
Nachzüglererwerber **650u** 57 ff
Schlussrechnung **650u** 73 ff
Teilabnahme **650u** 45 ff
s a dort
Vergütung, Fälligkeit **650u** 74
Vollmacht, Widerruf **650u** 54
Wohnungseigentümergemeinschaft **650u** 49 ff

Abnahmeverweigerung
Zustandsfeststellung **650u** 71 f

Abschlagszahlungen
Bauträgervertrag **650u** 34 f; **650v** 11 ff
MABV **650v** 11 ff, 65 ff, 80 ff
Sicherung der Ansprüche **650u** 80 ff; **650v** 67 ff
Sonderwünsche **650u** 117
Bürgschaft **650v** 67 ff
Hinterlegung der Urkunde **650v** 69
taugliche Bürgen **650v** 68
Fälligkeitsvoraussetzungen **650v** 11 ff
Auflassungsvormerkung **650v** 15 ff
Notarbestätigung **650v** 14
wirksamer Vertrag **650v** 13 f
Sicherheitsleistung **650v** 65 ff
Austausch der Sicherungssysteme **650v** 70 ff
Bürgschaft **650v** 67 ff
Rechtsfolgen bei Verstoß **650v** 80 ff
Abschlagszahlungen, Begrenzung
Abdingbarkeit **650o** 4
Bauträgervertrag **650u** 133
Bezugsgegenstand **650m** 18 f
herabgesetzte Anforderungen **650i** 13
Historie **650m** 1 ff
Höhe **650m** 19
Nachtragsleistungen **650m** 20 ff
Normzwecke **650m** 1 ff
Rechtsnatur **650m** 7 ff
Sicherheitsleistung **650m** 22 ff
Abdingbarkeit **650m** 34; **650o** 7
Alternativen **650m** 36 ff

Abschlagszahlungen (Forts)
Bauträgervertrag, Ausschluss **650m** 28
Bezugspunkt **650m** 30
Einbehalt **650m** 36
Erhöhung, Bestelleranordnung **650m** 35
Garantie **650m** 37
Inhalt **650m** 24
Neutralität der Sicherheit **650m** 25, 33
pauschale **650m** 40
Sicherungszweck **650m** 24
Umbaumaßnahmen **650m** 26 ff
Vergütungsanspruch, Absicherung **650m** 6
vertragliche Vereinbarungen **650m** 11 ff
Allgemeine Geschäftsbedingungen **650m** 11
Individualvereinbarungen **650m** 11
Wesentlichkeitskriterium **650m** 14 ff; **650o** 4 f
Vertragserfüllungsbürgschaft **650m** 31 ff
Vertragserfüllungssicherheit **650m** 31 ff

Allgemeine Geschäftsbedingungen
Abschlagszahlungsvereinbarungen **650m** 11
Bauträgervertrag **650u** 16, 31, 36
Haftungsbeschränkungen **650u** 146 ff
unwirksame Abnahmeerklärung, Rechtsfolgen **650u** 61 ff
Vertragserfüllungssicherheit **650u** 84
Baubeschreibung **650j** 37 ff; **650k** 22 f
materielle Inhaltskontrolle **650j** 39 ff
Transparenzgebot **650k** 22
Vertragslücke bei Unwirksamkeit **650k** 23
Lastenfreistellungserklärung **650v** 29, 34, 37, 53, 55, 66
vertraglicher Wirksamkeitsschutz **650i** 13

Altbausanierung
Beschaffenheitsvereinbarung **650u** 143

Anbau
Umbaumaßnahme, erhebliche **Vorbem §§ 650i-650n** 5
Verbraucherbauvertragsrecht, Anwendbarkeit **Vorbem §§ 650i-650n** 41

Auflassungsvormerkung
s Vormerkung

Aufrechnung
Insolvenzverfahren **650u** 218 ff
Lastenfreistellungserklärung **650v** 30

Auslegung vertragsbegleitender Umstände
Baubeschreibung **650k** 27 ff

Außenanlage
Verbraucherbauvertrag, Anwendbarkeit **Vorbem §§ 650i–650n** 40

Baubeschreibung
Abweichungen **650u** 108
Allgemeine Geschäftsbedingungen **650j** 37 ff
Aufrechterhaltungsfunktion **650k** 2
Auslegung
verbraucherfreundliche **650k** 30
vertragsbegleitende Umstände **650k** 27 ff
Zweifel **650k** 4, 30
Bauausführungsdauer **650k** 31 ff
Beschaffenheit nach unten **650u** 152
defizitäre **650k** 17 ff
ergänzende Vertragsauslegung **650k** 2 ff
Erstellung, Zeitrahmen **650j** 12
fehlende **650j** 61 ff; **650k** 3, 24 ff
Rechtsfolge **650k** 26
vertragsbegleitende Umstände, Auslegung **650k** 27 ff
Vertragslücke **650k** 27 ff
Fertigstellungszeitpunkt **650k** 31 ff
mehrere **650k** 12
Mindestangaben **650j** 15 ff
Angaben nach EGBGB **650j** 22 ff
Fertigstellungszeitpunkt **650j** 31 ff, 40; **650k** 19
überobligatorische Angaben **650j** 35 f; **650k** 10 f, 15
Vergütung, Preisgabe **650j** 19; **650m** 18
wesentliche Eigenschaften des Werks **650j** 17 ff
Normzwecke **650j** 1 ff
Planungsfunktion **650j** 5; **650k** 33
Überprüfungsfunktion **650j** 3
Vertrauensfunktion **650j** 2
Vergleichs-/Wettbewerbsfunktion **650j** 4
notarielle Beurkundung
Bauträgervertrag **650u** 20 ff
bei rechtlicher Einheit mit Grundstückskaufvertrag **650j** 10
Planungsvorgaben, wesentliche **650j** 47
Rücktritt **650k** 31
Schadensersatz **650k** 6, 31
Textform **650j** 7
transformative Wirkung **650k** 1, 7 ff
Abbedingung **650k** 11
Ausschluss **650k** 14 ff
Beweislast **650k** 14
Formmangel **650k** 13
Reichweite **650k** 8
überobligatorische Informationen **650k** 10 f, 15
verspätete Stellung **650k** 13
Transparenzgebot **650j** 41 ff
Untersuchungs-/Planungspflicht **650u** 159 f
unverständliche Darstellung **650j** 20
unvollständige/unklare Darstellung **650j** 57 ff; **650k** 18 ff
Begriff **650k** 18, 20
Fertigstellungszeitpunkt **650k** 19

Baubeschreibung (Forts)
Preis, Angabe **650k** 18
Sachverständigengutachten **650k** 21
Transparenzgebot **650k** 22
Verständlichkeit **650k** 21
vertragsbegleitende Umstände, Auslegung **650k** 27 ff
Vertragslücke **650k** 27 ff
Vertragsbestandteil **650i** 13
verzögerte **650j** 64
Vorlage
Zeitpunkt **650j** 11 ff
Zeitangaben, verbindliche **650k** 5 f
Zeitangaben, fehlende/widersprüchliche **650k** 35 ff
Baubeschreibung, nicht im Vertrag **650k** 36
Vertrag, nicht in Baubeschreibung **650k** 37
weder in Baubeschreibung noch in Vertrag **650k** 38
widersprüchliche **650k** 39

Baubeschreibungspflicht
Ausschluss **650j** 46
Bauträgervertrag **650u** 79
Erfüllungsanspruch **650j** 55, 60
Informationspflicht, Erfüllungsanspruch **650j** 53 ff
Pflichtverletzung **650j** 50 ff
vorvertragliche **650j** 52 ff
vertragliche **650j** 57 ff
Rechtsnatur **650j** 6, 51
Schadensersatz **650j** 56, 59
Beweislast **650j** 59
Vergütung, Preisgabe **650j** 19
Verstoß, Rechtsfolgen **650j** 6, 50 ff

Baugenehmigung
Planungsunterlagen **650n** 8
Lastenfreistellungserklärung, Voraussetzung **650v** 42 ff
Surrogat **650v** 46

Bauhandwerkersicherung
Bauträgervertrag, Anwendbarkeit **650u** 126 ff

Bauherr
Eigenleistungen **650u** 119 ff
Informationsdefizit ggü Unternehmer **650i** 17
Sonderwünsche **650u** 108 ff

Baumaßnahmen
genehmigungsfreie/-bedürftige **650n** 7 f

Bauordnungsrecht
Planungsunterlagen **650n** 6

Bauplanungsrecht
Planungsunterlagen **650n** 6

Bautenstand
Lastenfreistellungserklärung, Erreichung **650v** 50 ff
Mehrhausanlagen **650v** 59

Bautenstand (Forts)
Zahlungen unabhängig vom Bautenstand **650v** 66
Bauträger
Geschäftsführer, persönliche Haftung **650v** 84
Handwerkersonderwunschvertrag, Zustimmung **650u** 122
Insolvenz **650u** 200 ff
Untersuchungs-/Planungspflicht **650u** 159 f
Bauträgervertrag
Abnahme **650u** 40 ff
Abnahmegegenstand/-fähigkeit **650u** 41 f
Abnahmeerfordernis **650u** 73 ff
Abnahmeverweigerung **650u** 71 f
Abnahmewirkungen, Zeitpunkt **650u** 69
Fertigstellung **650u** 44
fiktive Abnahme **650u** 43 f
Mehrhausanlagen **650u** 42
Schlussrechnung **650u** 73 ff
Teilabnahme **650u** 45 ff
s a dort
Zustandsfeststellung **650u** 71 f
Abschlagszahlungen **650u** 34 f; **650v** 11 ff
s a dort
Abschlagszahlungen, Begrenzung **650u** 133
Abschlagszahlungen, Sicherung **650u** 80 ff; **650v** 67 ff
Anspruch, gesetzlicher **650u** 83 f
Höhe **650u** 88
Mängel, unwesentliche **650u** 86 f
Normzweck **650u** 81 f
Rückgabe der Sicherheit **650u** 89
Umfang **650u** 86 f
Anordnungsrecht/-folgen **650u** 106 f
Baubeschreibungspflichten **650u** 79
Bauhandwerkersicherung **650u** 126 ff
Begriff **650u** 8 ff
Fertigstellung **650u** 44
Generalübernehmer, Abgrenzung **650u** 19
Gemeinschaftseigentum **650u** 161 ff
s a dort
GewO, Abgrenzung **650u** 17 f
Globalpauschalvertrag **650u** 31
Haftungsbeschränkungen **650u** 146 ff
kaufvertragliche Komponente **650u** 147 f
werkvertragliche Komponente **650u** 149 ff
Herstellungsverpflichtung **650u** 30
Historie **650u** 1 ff
Kaufvertragsrecht, Abgrenzung **650u** 10 ff
Kaufvertragsrecht, Anwendbarkeit **650u** 134 ff
Besitzverschaffung **650u** 137
Fälligkeit **650u** 138 ff
Mängelhaftung **650u** 143 ff
Übereignung **650u** 137
Koppelungsverbot **650u** 27

Bauträgervertrag (Forts)
Lastenfreistellungserklärung, Aushändigung **650v** 19
Mängelhaftung **650u** 36, 143 ff
Mangelfolgeschäden **650u** 151
Nachzüglererwerber **650u** 57 ff
notarielle Beurkundung **650u** 20 ff
Formunwirksamkeit, Heilung durch Eintragung **650u** 21
Kosten **650u** 32
Rechtsnatur **650u** 8
Reformbestrebungen **650u** 7
Rücktritt **650u** 102
Schlussrechnung **650u** 73 ff
Sicherheitsleistung, Ausschluss **650m** 28
Sicherungshypothek, Ausschluss **650u** 125
Sicherungssysteme, Austausch **650v** 70 ff
Sonderwünsche **650u** 22, 108 ff
Abschlagszahlungsraten **650u** 117
Barzahlungsverbot **650u** 114
Begriff **650u** 108
Beurkundungspflicht **650u** 111
Eigenleistungen **650u** 119 f
Fertigstellungstermin, Auswirkungen **650u** 113
Gesamtpreis, Bildung eines neuen **650u** 116
Haftungsfolgen **650u** 118
Handwerkersonderwunschvertrag **650u** 108, 121 ff
s a dort
Lastenfreistellungserklärung **650u** 115 ff, 119
Sonderwunschvertrag **650u** 108, 110 ff
Vergütung **650u** 112
Widerruf **650u** 132
Transparenzgebot **650u** 79
Umbaumaßnahmen **650u** 14 ff
Haftungsbeschränkung, AGB-rechtliche **650u** 16
Reichweite **650u** 15
werkvertragliche Herstellungsverpflichtung **650u** 16
Unabdingbarkeit **650o** 9 ff
Unterlagen, Herausgabeanspruch **650u** 90 ff
Darlehensgeber **650u** 95
Fertigstellung **650u** 93 f
Gemeinschaftseigentum **650u** 98
Herausgabeanspruch, Inhalt **650u** 96 ff
Herstellung, ordnungsgemäße **650u** 97
Schadensersatz **650u** 99
Verwendbarkeitsnachweispflicht **650u** 94
vor Bauausführung **650u** 91 f
Verbraucherbauvertrag, nicht anwendbare Vorschriften **650u** 129 ff
Vergütung **650u** 31 ff
Verjährung **650u** 37 ff
Eigentums-/Besitzverschaffung **650u** 37

Bauträgervertrag (Forts)
Erfüllungs-/Schadensersatzansprüche vor Abnahme **650u** 38
Mängelansprüche **650u** 39
Vertragsschluss **650u** 20 ff
Beurkundungsbedürftigkeit **650u** 20 ff
Bindefristen, unangemessene **650u** 23 ff
Formunwirksamkeit, Heilung durch Eintragung **650u** 21
Sonderwünsche **650u** 22
Verwirkung **650u** 65
VOB/B, Einbeziehung **650u** 28
Werkvertragsrecht, Anwendbarkeit **650u** 29 ff
Bauverpflichtung
des Unternehmers **650i** 66
Bauvertrag
neues Gebäude **650i** 67
Verbraucherbauvertrag **650i** 1 ff
Abgrenzung **Vorbem §§ 650i–650n** 37 ff
Bauvertragsrecht
Reform **Vorbem §§ 650i–650n** 14
Bauvorhaben
Fertigstellung **650v** 54
Vollendung/Nichtvollendung **650v** 23 ff
Bauwerk
Abnahmereife **650n** 19
Begriff **650u** 9
Beseitigungsanspruch **650l** 39
Fertigstellung, Zeitpunkt **650j** 31 ff; **650k** 31 ff; **650n** 19; **650u** 44
Umbau **650u** 14 ff
wesentliche Eigenschaften **650j** 17 ff
Bauwerkvertragsrecht
Systematik **Vorbem §§ 650i–650n** 34 ff
Beschaffenheitsvereinbarung
Altbausanierung **650u** 143
Mängelrechte **650u** 143
Wohnfläche als Merkmal **650u** 153
Beschaffenheitsvereinbarung, negative
Nachzüglererwerber **650u** 60
Bevollmächtigung
Bauträgervertrag, Abnahme **650u** 52 ff
Bezugsfertigkeit
Begriff **650v** 56 f
Mehrhausanlagen **650v** 59
Reihen-/Doppelhaus **650v** 60
Bindefristen
Bauträgervertrag **650u** 23 ff
Bruchteilsgemeinschaft
Verbrauchereigenschaft **650i** 41
Bürgschaft
Abschlagszahlungen, Sicherung **650v** 67 ff
Hinterlegung beim Notar **650v** 69

DIN-Normen
Baubeschreibung, Einhaltung **650k** 29
Doppelhaus
Bezugsfertigkeit **650v** 60

Eheliche Gütergemeinschaft
Verbrauchereigenschaft **650i** 41
Eigenleistungen
Bauträgervertrag, Sonderwünsche **650u** 119 f
Prüf-/Hinweispflichten **650u** 120
Eigentumverschaffungsanspruch
Abtretung an Dritten **650v** 15
nachträglicher Wegfall **650u** 206
Lastenfreistellungserklärung, Rücktritt **650v** 35
Wohn-/Teileigentum **650v** 16
Erbengemeinschaft
Verbrauchereigenschaft **650i** 41
EU-Recht
Verbraucher, Begriff **650i** 21
Verbraucherrechte-RL **650i** 44 ff

Fernabsatzrichtlinie
Verbraucherschutz **Vorbem §§ 650i–650n** 3, 9 ff, 21 ff
Fertigstellung
Begriff **650n** 19
Lastenfreistellungserklärung **650v** 54
Feststellungsklage
Abnahmewirkungen, Zeitpunkt **650u** 69
Forderungssicherungsgesetz (FoSiG)
Abschlagszahlungen **650m** 3, 23

Garage
Bauwerk **650u** 9
Umbaumaßnahme, erhebliche **Vorbem §§ 650i–650n** 5
Gartenlaube
Bauwerk **650u** 9
Gebäude
Begriff **650i** 68 f
Gebäudeteil
Verbraucherbauvertrag, Anwendbarkeit **Vorbem §§ 650i–650n** 40
Gemeinschaftseigentum
Insolvenz des Bauträgers **650u** 222 f
Mängelrechte, Durchsetzung **650u** 161 ff
Ausübungsbefugnis **650u** 165 ff
Ermächtigung, rechtsgeschäftliche **650u** 198 f
Gläubigermehrheit Eigentümer **650u** 163
individuelle Rechtsinhaberschaft **650u** 168 ff
Leistungsverweigerungsrecht **650u** 169 ff
Vergemeinschaftungsbeschluss **650u** 172 ff
s a dort
Generalübernehmer
Abgrenzung Bauträger **650u** 19

Geschäftsführer
Haftung, persönliche **650v** 84
Gewerberecht
Lastenfreistellungserklärung, Vorgaben **650v** 19 ff
Verstoß **650u** 74 ff

Handwerkersonderwunschvertrag
Bauträger, Zustimmung **650u** 122
Begriff **650u** 108, 121
Geschosswohnungsbau **650u** 124
Haftung **650u** 123
Widerruf **650u** 132
Haftung
Geschäftsführer, persönliche **650v** 84
Haftungsbeschränkungen
Bauträgervertrag **650u** 146 ff
Haus
Begriff **650u** 9
Umbau **650u** 14 ff
Haustürgeschäftsrichtlinie
Verbraucherschutz **Vorbem** §§ **650i–650n** 3, 12 f, 21 ff

Insolvenz
Bauträger **650u** 200 ff
Anfechtung **650u** 207
Auflassungsvormerkung **650u** 206 ff
Aufrechnung der Forderungen **650u** 218 ff
bauvertragliche Elemente **650u** 213 ff
Eigentumsübertragungsanspruch, Durchsetzung **650u** 210 ff
eröffnetes Insolvenzverfahren **650u** 204 ff
Nichterfüllungsforderung **650u** 218 f
Restabwicklungsvereinbarungen **650u** 217
vorläufiges Insolvenzverfahren **650u** 201 ff
Wohnungseigentum **650u** 222 f
Insolvenzverwalter
Einwendungen, Geltendmachung **650u** 206
Erfüllungsverlangen, konkludentes **650u** 216
Verfügungsbefugnis **650u** 204
Instandhaltungsmaßnahmen
Umbau **650i** 78; **Vorbem** §§ **650i–650n** 38
Verbraucherbauvertrag, Anwendbarkeit **Vorbem** §§ **650i–650n** 40
Instandsetzungs-/Renovierungsmaßnahmen
Abgrenzung **650i** 77; **650l** 12; **Vorbem** §§ **650i–650n** 5
VRRL, Anwendbarkeit **Vorbem** §§ **650i–650n** 41
Italien
VRRL, Umsetzung **Vorbem** §§ **650i–650n** 33

Kaufvertragsrecht
Abgrenzung Bauträgervertrag **650u** 10 ff
Klimaschutz
Verbraucherrechte-Richtlinie **Vorbem** §§ **650i–650n** 29
Koppelungsverbot
Bauträgervertrag **650u** 27
Kredite
Privatpersonen, Statistik **650i** 10
Wohnungsbaukredite **650i** 10 f
Kreditinstitut
Freistellungsverpflichtungserklärung **650v** 22
Lastenfreistellungserklärung **650u** 115 ff, 119; **650v** 21
Insolvenz des Kreditinstituts **650v** 27
Rechtsverhältnis Erwerber **650v** 32
vorformulierte Regelungen **650v** 37 ff
Kündigung
außerordentliche **650u** 102 ff
freie **650u** 101

Lastenfreistellung
Sicherung **650v** 18 ff
Lastenfreistellungserklärung
Bauträgervertrag **650u** 115 f, 119; **650v** 18 ff
Baugenehmigung **650v** 42 ff
Baugenehmigungssurrogate **650v** 46
Bautenstand, Erreichung **650v** 50 ff
AGB-Kontrolle **650v** 53, 55
Barsicherheit **650v** 62
Bezugsfertigkeit **650v** 56 f
gewerberechtliche Auslegung **650v** 52
Ratenplan, flexibler **650v** 63 f
Zahlungen unabhängig vom Bautenstand **650v** 66
gewerberechtliche Vorgaben **650v** 19 ff
Freigabeversprechen **650v** 22
Freistellungsverpflichtungserklärung **650v** 22
Grundpfandrechtsgläubiger **650v** 21
Nichtvollendung des Bauvorhabens **650v** 24
Rangrücktrittserklärung **650v** 22
Vollendung des Bauvorhabens **650v** 23
vorformulierte Regelungen **650v** 37 ff
AGB-Kontrolle **650v** 37 ff
Ersetzungsbefugnis **650v** 39
Rückzahlungsvorbehalt **650v** 40
zivilrechtliche Vorgaben **650v** 27 ff
AGB-Kontrolle **650v** 29, 34
Aufrechnung Sekundär-/Mängelansprüche **650v** 30
Bonität des Freistellungsschuldners **650v** 27
Kontoverbindung, bestimmte **650v** 31, 36
Nichtigkeit des Bauträgervertrags **650v** 32

Lastenfreistellungserklärung (Forts)
Wahlrecht bei Nichtvollendung **650v** 33
Zahlung des Erwerbspreises **650v** 30
Leistungsverweigerungsrecht
Gemeinschaftseigentum **650u** 169 ff; **650v** 23

Mängelhaftung
Bauträgervertrag **650u** 36, 143 ff, 146 ff
Handwerkersonderwunschvertrag **650u** 123
Sicherheitsleistung **650u** 86 f
Sonderwünsche **650u** 118
subjektiver Mangelbegriff **650u** 143
Mängelhaftung, Beschränkung
Bauträgervertrag **650u** 149 ff, 158
Mängelrechte
Abrechnungsverhältnis, Übergang **650u** 63
Durchsetzbarkeit **650u** 64
Durchsetzung, Gemeinschaftseigentum **650u** 161 ff
s a dort
Verjährung vor Abnahme **650u** 64
Makler-/Bauträgerverordnung
Anwendbarkeit **650v** 10
Bürgschaft **650v** 67
Handwerkersonderwunschvertrag **650u** 121
Lastenfreistellungserklärung **650v** 19 ff
s a dort
(Nicht-)Vollendung des Bauvorhabens **650v** 23 f
Sicherungsebenen, mehrere **650u** 85
Verstoß, Rechtsfolgen **650v** 80 ff
Mehrhausanlagen
Abnahme **650u** 42
Bautenstand **650v** 59
Miteigentümergemeinschaft
Verbrauchereigenschaft **650i** 41

Nachtragsleistungen
Abschlagszahlungen **650m** 20 ff
Nachzüglererwerber
Begriff **650u** 57 ff
Beschaffenheitsvereinbarung, negative **650u** 60
Mängelverjährung **650u** 58
Neubau
VRRL, Anwendbarkeit **Vorbem §§ 650i–650n** 4 ff
Notar
Abschlagszahlungen, Bestätigung **650v** 14
Bindefrist, Haftung **650u** 26
Bürgschaft, Hinterlegung **650v** 69
Lastenfreistellungserklärung **650v** 19
Notarielle Beurkundung
Bauträgervertrag **650u** 20 ff
Formunwirksamkeit, Heilung durch Eintragung **650u** 21
Heilung durch Eintragung **650i** 90 ff

Notarielle Beurkundung (Forts)
rechtliche Einheit Bauvertrag/Grundstückskaufvertrag **650i** 86 ff; **650j** 10
Widerrufsrecht, Ausschluss **650l** 14

Österreich
VRRL, Umsetzung **Vorbem §§ 650i–650n** 31 f

Parkplatz
Nutzbarkeit **650u** 154
Pauschalpreisvertrag
Schlussrechnung **650u** 73
Personengesellschaften
Verbrauchereigenschaft **650i** 32 ff
Personenhandelsgesellschaften
Verbrauchereigenschaft **650i** 32 ff
Planungsunterlagen
Bauordnungs-/bauplanungsrechtliche Vorgaben **650n** 6
Begriff **650n** 5, 13
Behörden, zuständige **650n** 9
Erstellung **650n** 12
genehmigungsbedürftige Baumaßnahmen **650n** 7 f
genehmigungsfreie Baumaßnahmen **650n** 7
Planungsunterlagen, Erstellungs-/Herausgabeanspruch
Ausschluss **650n** 16
Bauträgervertrag **650u** 90 ff
Darlehensgeber **650u** 95
Fertigstellung **650u** 93 f
Gemeinschaftseigentum **650u** 98
Herausgabeanspruch, Inhalt **650u** 96 ff
Herstellung, ordnungsgemäße **650u** 97
Schadensersatz **650u** 99
Verwendbarkeitsnachweispflicht **650u** 94
vor Bauausführung **650u** 91 f
Dritte, Herausgabe an **650n** 21 ff
Erwartungen des Verbrauchers **650n** 21 f
Nachweisverlangen **650n** 23
Zeitpunkt **650n** 25
Erfüllungsort **650n** 15
Fertigstellung **650n** 17 ff
erfasste Unterlagen **650n** 17
Zeitpunkt **650n** 19 f
Leistungsort **650n** 14
Normzweck **650n** 1 ff
Rechtsfolgen **650n** 4
Rechtsnatur **650n** 4
Schadensersatz **650n** 4, 10
Unterlagen, Form **650n** 13
Zeitpunkt **650n** 10 f

Ratenzahlungsplan
flexibler **650v** 63 f
Reihenhaus
Bezugsfertigkeit **650v** 60

Rücktritt
Bauträgervertrag **650u** 102
Lastenfreistellungserklärung **650v** 35

Sachverständiger
Bauträgervertrag, Abnahme **650u** 53
Schlüsselfertiges Haus 650l 3
Schlussrechnung
Fertigstellungsrate, Fälligkeit **650u** 73 ff
Schwimmhalle
Bauwerk **650u** 9
Sicherheitsleistung
Abschlagszahlungen **650m** 22 ff; **650u** 80 ff; **650v** 67 ff
s a dort
Anspruch, gesetzlicher **650u** 83 f
Austausch der Sicherungssysteme **650v** 70 ff
Höhe **650u** 88
Lastenfreistellungserklärung **650u** 115 ff
Mängel, unwesentliche **650u** 86 f
Normzweck **650u** 81 f
Rückgabe der Sicherheit **650u** 89
Umfang **650u** 86 f
Sicherungshypothek
Bauträgervertrag, Ausschluss **650u** 125
Sonderwünsche
Abschlagszahlungsraten **650u** 117
Barzahlungsverbot **650u** 114
Begriff **650u** 22, 108
Beurkundungspflicht **650u** 111
Eigenleistungen **650u** 119 f
Fertigstellungstermin, Auswirkungen **650u** 113
Gesamtpreis, Bildung eines neuen **650u** 115
Haftungsfolgen **650u** 118
Handwerkersonderwunschvertrag **650u** 108, 121 ff
s a dort
Sonderwunschvertrag **650u** 108, 110 ff
Vergütung **650u** 112

Technische Regelwerke
Einhaltung
Baubeschreibung **650k** 29
Bauträgervertrag **650u** 36
Teilabnahme
Bauträgervertrag **650u** 45 ff
Erklärung **650u** 48
Zulässigkeit **650u** 46 f
Teilgewerke
mittlere Verbraucherbauverträge **Vorbem §§ 650i–650n** 40, 42
Teilungserklärung
Vollzug **650v** 17
Textform
Baubeschreibung **650j** 7 ff
Verstoß **650j** 8 f
Verbraucherbauvertrag **650i** 80 ff

Textform (Forts)
rechtliche Einheit Grundstückskaufvertrag, notarielle Beurkundung **650i** 86 ff; **650j** 10
Tiefgaragenstellplatz
Nutzbarkeit **650u** 154
Transformation
der Baubeschreibung **650k** 1, 7 ff
Transparenzgebot
Baubeschreibung **650j** 41 ff; **650k** 22
Bauträgervertrag **650u** 79
TÜV
Bauträgervertrag, Abnahme **650u** 52

Umbau
Abschlagszahlungen **650m** 26 ff
Begriff **650i** 75 ff; **650u** 14 ff; **Vorbem §§ 650i–650n** 5
Erheblichkeit der Maßnahme **650i** 71, 72 ff; **650l** 11; **650m** 27; **Vorbem §§ 650i–650n** 5, 19
Instandhaltungsmaßnahmen **650i** 78; **Vorbem §§ 650i–650n** 38
Verbraucherbauvertragsrecht, Anwendbarkeit **Vorbem §§ 650i–650n** 41
Instandsetzungs-/Renovierungsarbeiten, Abgrenzung **650i** 77; **650l** 12; **Vorbem §§ 650i–650n** 5
Verbraucherbauvertragsrecht, Anwendbarkeit **Vorbem §§ 650i–650n** 41
VRRL, Vorgaben **650i** 70 f; **650l** 11
Widerruf **650l** 11 f
Umbauverpflichtung
des Unternehmers **650i** 66
Umgehungsverbot
verbraucherschutzrechtlicher Vorschriften **650o** 8
Unternehmer
Begriff **650i** 42
Planungsunterlagen, Herausgabe **650n** 1 ff
Unterlagen, Herausgabe
s Planungsunterlagen, Erstellungs-/Herausgabeanspruch

VDI-Richtlinien
Baubeschreibung, Einhaltung **650k** 29
Verbraucher
Begriff **650i** 21, 24 ff
juristische Personen **650i** 27 ff
natürliche Personen **650i** 26
Personen(handels-)gesellschaften **650i** 32 ff
Überwiegen nicht-gewerblicher Zwecke **650i** 25
EU-rechtlicher Hintergrund **650i** 20 ff, 44 ff
Verbraucherbauvertrag
Abschlagszahlungen, Begrenzung **650m** 4
Wesentlichkeitskriterium **650m** 14 ff; **650o** 4 f

Verbraucherbauvertrag (Forts)
Anwendungsbereich
Vorbem §§ 650i–650n 40
Außenanlage, (Wieder-)Herstellung/ Umbau **Vorbem §§ 650i–650n** 40
Bauausführungsdauer, Vertragsinhalt **650k** 31 ff
Bauträgervertrag, nicht anwendbare Vorschriften **650u** 129 ff
Bauvertrag, Abgrenzung
Vorbem §§ 650i–650n 37 ff
Beseitigung **Vorbem §§ 650i–650n** 40
erfasste Verträge **650i** 49 ff
große Verbraucherbauverträge **650i** 49; **Vorbem §§ 650i–650n** 6, 15
kleine Verbraucherbauverträge **650i** 50; **Vorbem §§ 650i–650n** 6, 16
mittlere Verbraucherbauverträge **650i** 51 ff; **Vorbem §§ 650i–650n** 17
Übersicht **Vorbem §§ 650i–650n** 18, 42
EU-Recht, Rahmen **650i** 20 ff; **Vorbem §§ 650i–650n** 15 ff
Fertigstellungszeitpunkt, Vertragsinhalt **650k** 31 ff
Gebäudeteil, (Wieder-)Herstellung/ Umbau **Vorbem §§ 650i–650n** 40
Günstigkeitskontrolle **650k** 13
Informationsdefizit Verbraucher **650i** 15, 17
Informationsschutzfunktionen **650i** 18
Klimaschutz **Vorbem §§ 650i–650n** 29
Kündigung
Fertigstellungszeitpunkt, Verstoß **650k** 31
freie/außerordentliche **650u** 101, 102 ff
Normzwecke, Trias **650i** 4 ff
Informationsdefizit **650i** 15 ff
Kostenfaktor **650i** 5, 9 ff
Verhandlungsmacht des Unternehmers **650i** 19
Rechtsentwicklung **650i** 3
schlüsselfertiges Haus **650l** 3
Schutzfunktion, vorvertragliche **650i** 13
Systematik **Vorbem §§ 650i–650n** 34 ff
Textform **650i** 80 ff
Rechtsfolgen fehlender Einhaltung **650i** 84 f
rechtliche Einheit mit Grundstückskaufvertrag, notarielle Beurkundung **650i** 86 ff
Umgehungsverbot **650o** 8
Unabdingbarkeit der Regelungen **650o** 1 ff
Rechtsfolgen **650o** 12 ff
Verständlichkeitsgebot **650j** 41 ff
Vertragserklärung, Abgabe **650j** 11 ff
Frist, angemessene **650j** 11
VRRL
Abgrenzung **650i** 44 ff
Ausschluss **Vorbem §§ 650i–650n** 19 ff

Verbraucherbauvertrag (Forts)
Eignung **Vorbem §§ 650i–650n** 25 f
Umsetzung **Vorbem §§ 650i–650n** 30 ff
Verhältnis **Vorbem §§ 650i–650n** 15 ff
Werkvertragsrecht, Unanwendbarkeit **650u** 100 ff
Widerruf
Ausschluss bei notarieller Beurkundung **650l** 14; **650u** 130
Belehrungspflicht **650l** 17 ff
s a dort
Demontageanspruch **650l** 39
Erlöschen **650l** 15 f
mittlere/große Verbraucherbauverträge **650l** 8 f
Musterbelehrung **650l** 22 f
Normzweck **650l** 1 ff
Rechtsfolgen **650l** 31 ff
Rückgewähr, Unmöglichkeit **650l** 35
Umbaumaßnahmen, erhebliche **650l** 11 f
Wertersatz **650l** 34, 36
Wohngebäude, keine Beschränkung **650l** 10
Zeitangaben, verbindliche **650k** 5 f
Verbraucherrechte-Richtlinie
Anwendungsbereich
Vorbem §§ 650i–650n 4, 19 ff
Bauwerk, wesentliche Eigenschaften **650j** 18
kleine/große Verbraucherbauverträge **Vorbem §§ 650i–650n** 6
Klimaschutz **Vorbem §§ 650i–650n** 29
Umbau, Vorgaben **650i** 70 f
Umsetzung **Vorbem §§ 650i–650n** 30 ff
Italien **Vorbem §§ 650i–650n** 33
Österreich **Vorbem §§ 650i–650n** 31 f
Verbraucherbauverträge, Eignung **Vorbem §§ 650i–650n** 25
Verbraucherbauvertragsrecht, Verhältnis **Vorbem §§ 650i–650n** 15 ff
Zweck **Vorbem §§ 650i–650n** 3
Verbraucherschutzrecht
Entwicklung **650i** 2 f; **Vorbem §§ 650i–650n** 1 ff, 14 ff
Informationsdefizit Verbraucher **650i** 15 ff
Informationsmodell **650i** 15 f
Unabdingbarkeit **650o** 1 ff
Rechtsfolgen **650o** 12 ff
Verbraucher, Begriff **650i** 21, 24 ff
VRRL **650i** 44 ff; **Vorbem §§ 650i–650n** 3 ff
Werkvertragsrecht
Vorbem §§ 650i–650n 1 ff
Vergemeinschaftungsbeschluss
Aufwendungs-/Vorschussanspruch **650u** 186 ff
Begriff **650u** 173
Erfüllungs-/Nacherfüllungsanspruch **650u** 184 f
Folgeschäden **650u** 192

Vergemeinschaftungsbeschluss (Forts)
Inhalt **650u** 173 ff
Minderung/kleiner Schadensersatz **650u** 190 f
Prozessstandschaft **650u** 181
Rechtsfolgen **650u** 179 ff
Rücktritt, großer Schadensersatz **650u** 193 f
Vergleich **650u** 195 ff
Vergütung
Baubeschreibung, Preisgabe **650j** 19
Bauträgervertrag **650u** 31 ff
Vergütungsanspruch
Absicherung **650m** 1 ff
Grenzen **650m** 38 ff
Fälligkeit **650u** 74
Höhe, Verbraucherschutz **650i** 13
Verjährung
Bauträgervertrag **650u** 37 ff
Mängelrechte **650u** 64
Nachzüglererwerber, Mängel **650u** 58
Verwendbarkeitsnachweispflicht
Bauträger **650u** 94
Verwirkung
Abnahme, fehlende **650u** 65
VOB/B
Bauträgervertrag, Einbeziehung **650u** 28, 157
Vormerkung
Abschlagszahlungen, Fälligkeitsvoraussetzung **650v** 15 ff
Insolvenz des Bauträgers **650u** 202, 206 ff; **650v** 15, 76
Lastenfreistellung, Sicherung **650v** 18 ff
Rücktritt **650u** 102
Sicherungsgegenstand **650v** 15

Werkvertragsrecht
Unanwendbarkeit **650u** 100 ff
Systematik **Vorbem §§ 650i–650n** 34 ff
Wesentlichkeitskriterium
Abschlagszahlungen **650m** 14 ff; **650o** 4 f
Widerrufsbelehrung
Nachholung **650l** 27 f
Textform **650l** 24
Verstoß, Rechtsfolgen **650l** 26 ff
Zeitpunkt **650l** 25
Widerrufsbelehrungspflicht
Deutlichkeitsgebot **650l** 19 ff
formale Anforderungen **650l** 20
materielle Anforderungen **650l** 21
Inhalt **650l** 17
Rechtsnatur **650l** 18
Widerrufsrecht
Ausschluss bei notarieller Beurkundung **650l** 14
Ausübung **650l** 29 f
Erklärung **650l** 29
Frist **650l** 30
Widerrufsrecht (Forts)
Belehrungspflicht **650l** 17 ff
s a dort
Demontageanspruch **650l** 39
Erlöschen **650l** 15 f
mittlere/große Verbraucherbauverträge **650l** 8 f
Musterbelehrung **650l** 22 f
Normzweck **650l** 1 ff
Rechtsfolgen **650l** 31 ff
Rückgewährschuldverhältnis **650l** 32 ff
Rückgewähr, Unmöglichkeit **650l** 35
Wertersatz **650l** 34, 36
Umbaumaßnahmen, erhebliche **650l** 11 f
Verbraucherschutz **650i** 14
Wertersatz **650l** 34, 36
Aufwendungen ohne Wertzuwachs **650l** 37
Zuviel-Leistung des Unternehmers **650l** 38
Wohngebäude, keine Beschränkung **650l** 10
Wintergarten
Umbaumaßnahme, erhebliche **Vorbem §§ 650i–650n** 5
Wohneigentum
s Gemeinschaftseigentum
Wohnfläche
Beschaffenheitsmerkmal **650u** 153
Wohnungsbaukredite
Marktanteile, Banken **650i** 11
Wohnungseigentümergemeinschaft
Abnahme **650u** 49 ff
Bauaufträge, Vergabe **650i** 40
Ermächtigung, rechtsgeschäftliche **650u** 198 f
Insolvenz des Bauträgers **650u** 222 f
Mängelhaftung, Abgrenzung Bauträger **650u** 162
Prozessfähigkeit **650i** 37
Prozessstandschaft **650u** 181
Rechtsfähigkeit **650i** 37
Verbrauchereigenschaft **650i** 36 ff
Vergemeinschaftungsbeschluss **650u** 172 ff
s a dort

Zahlungsplan
Abschlagszahlungen, vertraglich vereinbarte **650l** 11
Bautenstand **650v** 52
flexibler **650v** 63 f
gewerberechtliche Vorgaben, Verstoß **650u** 74
Nichtigkeit **650v** 52, 80
Unwirksamkeit **650v** 52, 64, 71
zivilrechtliche Vorgaben, Verstoß **650u** 74
Zustandsfeststellung
Abnahmeverweigerung **650u** 71 f

J. von Staudingers Kommentar zum Bürgerlichen Gesetzbuch mit Einführungsgesetz und Nebengesetzen

Übersicht vom 15. 8. 2025

Die Übersicht informiert über die Erscheinungsjahre der Kommentierungen in der 13. Bearbeitung und deren Neubearbeitungen (= Gesamtwerk Staudinger).

Die Übersicht ist für die 13. Bearbeitung und für deren Neubearbeitungen zugleich ein Vorschlag für das Aufstellen des „Gesamtwerk Staudinger“ (insbesondere für solche Bände, die nur eine Sachbezeichnung haben). Es wird empfohlen, die Austauschbände chronologisch neben den überholten Bänden einzusortieren, um bei Querverweisungen auf diese schnell Zugriff zu haben. Bei Platzmangel sollten die ausgetauschten Bände an anderem Ort in gleicher Reihenfolge verwahrt werden.

	Neubearbeitungen				
Buch 1. Allgemeiner Teil					
Einl BGB; §§ 1–14; VerschG	2004	2013	2018	2024	
§§ 21–79a	2005	2019	2023		
§§ 80–89	2017				
§§ 90–124; 130–133	2012	2016	2021		
§§ 125–129; BeurkG	2012	2017	2023		
§§ 134–138	2003	2011	2017	2021	2024
§§ 139–163	2003	2010	2015	2020	2025
§§ 164–240a	2004	2009	2014	2019	2024
Buch 2. Recht der Schuldverhältnisse					
§§ 241–243	2005	2009	2014	2019	2024
§§ 244–248; PrKG	2016	2021	2024		
§§ 249–254	2005	2016	2021		
§§ 255–304	2004	2009	2014	2019	2025
§§ 305–310; UKlaG	2006	2013	2019	2022	
Anh zu §§ 305–310			2019	2022	
§§ 311, 311a–c	2013	2018	2023		
§§ 312–312m	2013	2019	2024		
§§ 313, 314	*2026*				
§§ 315–326	2001	2004	2009	2015	2020
§§ 327–327u	2023				
§§ 328–345	2009	2015	2020		
§§ 346–354	2012	2022			
§§ 358–360	2016	2021			
§§ 362–396	2000	2006	2011	2016	2022
§§ 397–432	2005	2012	2017	2022	
§§ 433–480	2004	2013			
§§ 433–448			2023		
§§ 449–473; 480–487			2024		
Wiener UN-Kaufrecht (CISG)	1999	2005	2013	2017	2025
§§ 488–490; 607–609	2011	2015			
§§ 491–512	2004	2012			
§§ 516–534	2005	2013	2021		
§§ 535–556g	2011	2014	2017	2021	2024
§§ 557–580a; Anh AGG	2011	2014	2017	2021	2024
Leasing	2004	2014	2018	2023	
§§ 581–606	2005	2013	2018	2024	
§§ 607–610 (siehe §§ 488–490; 607–609)	./.				
§§ 611–613	2011	2015	2020	2022	2025
§§ 613a–619a	2011	2016	2019	2022	2025
§§ 620–630	2012	2016	2019	2022	2025
§§ 630a–630h	2021				
§§ 631–650h; §§ 650p–650t	2024				
§§ 650i–650o; §§ 650u–650v	2025				
§§ 651a–651y	2003	2011	2015	2024	
§§ 652–655; 656a–656d	2021				
§§ 655a–656; 657–661a	2020				
§§ 662–675b	2017				
§§ 675c–676c	2012	2020			
§§ 677–704	2015	2020			
§§ 705–740	2003				
§§ 741–764	2002	2008	2015	2021	
§§ 765–778	2013	2020			
§§ 779–811	2002	2009	2015		
§§ 779–782				2020	
§§ 809–811				2023	
§§ 812–822	1999	2007			
§§ 823 A–D	2016				
§§ 823 E–I, 824, 825	2009	2021			
§§ 826–829; ProdHaftG	2003	2009	2013	2018	2021
§§ 830–838	2002	2008	2012	2017	2022
§§ 839, 839a	2007	2013	2020		
§§ 840–853	2007	2015	2023		
AGG	2017	2020			
UmweltHR	2002	2010	2017		
Buch 3. Sachenrecht					
§§ 854–882	2000	2007	2012	2018	
§§ 883–888	2002	2008	2013	2020	
§§ 889–902	2019	2025			

§§ 903–924	2002	2009	2015	2020	
§§ 925–984; Anh §§ 929 ff	2004	2011	2016	2020	
§§ 985–1011	1999	2006	2013	2019	2023
ErbbauRG; §§ 1018–1112	2002	2009	2016		
§§ 1030–1112				2021	
ErbbauRG				2021	
§§ 1113–1203	2002	2009	2014	2019	
§§ 1204–1296; §§ 1–84 SchiffsRG	2002	2009	2018		
§§ 1–17 WEG	2017	2023			
§§ 18–49 WEG	2017	2023			
Buch 4. Familienrecht					
§§ 1297–1352	2007	2012	2015	2018	2023
LPartG	2010				
§§ 1353–1362	2007	2012	2018	2024	
§§ 1363–1407	2017				
§§ 1408–1563	2018	2023			
§§ 1564–1568b	2004	2010	2018	2024	
§§ 1569–1586b	2014				
§§ 1587–1588; VAHRG	2004				
§§ 1589–1600d	2000	2004	2011		
§§ 1601–1615n	2000	2018	2022		
§§ 1616–1625	2007	2014	2020		
§§ 1626–1633; §§ 1–11 RKEG	2007	2015	2020		
§§ 1638–1683	2004	2009	2015	2020	
§§ 1684–1717	2006	2013	2018	2023	
§§ 1741–1772	2007	2019	2023		
§§ 1773–1895	2004	2013	2020		
§§ 1896–1921	2006	2013	2017		
Buch 5. Erbrecht					
§§ 1922–1966	2000	2008	2016		
§§ 1967–2063	2002	2010	2016	2020	
§§ 2018–2063					2025
§§ 2064–2196	2003	2013	2019		
§§ 2197–2228	2003	2012	2016	2021	
§§ 2229–2302	2022				
§§ 2303–2345	2014	2021			
§§ 2346–2385	2010	2016			
§§ 2346–2352			2022		
§§ 2353–2370			2023		
EGBGB					
Einl EGBGB; Art 1, 2, 50–218	2005	2013	2018		
Art 219–232	2015				
Art 233–248	2015				
EGBGB/Internationales Privatrecht					
Einl IPR	2012	2018	2024		
Art 3–6	2013				
Art 3–4		2019	2025		
Art 7–12, 47, 48	2007	2013	2018	2024	
IntGesR	1998	2024			
Art 13–17b	2003	2011			
Art 18; Vorbem A + B zu Art 19	2003				
Haager Unterhaltsprotokoll (HUP)		2016	2021		
Vorbem C–H zu Art 19	2009				
EU-VO u Übk z Schutz v Kindern		2018			
IntVerfREhe 2	2016				
IntVerfREhe (Brüssel IIb-VO)	2014	2023			
Art 19–24	2008	2014	2018	2022	
Art 25, 26	2000	2007			
Art 1–10 Rom I-VO	2011	2016	2021		
Art 11–29 Rom I-VO; Art 46b, c; IntVertrVerfR	2011	2016	2021		
Art 1–3; 10–14 Rom II-VO	2023				
Art 38–42	2001				
IntWirtschR	2006	2010	2015	2019	2023
Art 43–46	2014				
Eckpfeiler des Zivilrechts	2014	2018	2020	2022	2024
Demnächst erscheinen					
§§ 305–310; UKlaG				2025	
Anh zu §§ 305–310				2025	
§§ 765–778				2025	

Verlag Dr. Otto Schmidt und Walter de Gruyter Verlag OHG
Genthiner Str. 13, 10785 Berlin, Telefon (030) 2 60 05-0, Fax (030) 2 60 05-222

www.ingramcontent.com/pod-product-compliance
Lightning Source LLC
LaVergne TN
LVHW081332011026
849161LV00013BB/2904